JN107628

山川出版社

まえがき

日本のどこにいても、私たちは世界と瞬時につながることができ、同時に私たちの生活も、直接、世界の政治や経済の影響を受けるようになった。食べ物や身の回りの物まで外国製が多くなり、私たちの日常の生活が、いやおうなしにグローバル化の波にさらされている。

こうした社会において、政治、経済、国際関係、国内外の諸課題等を読み解き、理解を深め考察していく力をつけるには、まずもって基礎的・基本的な用語の正確な理解が不可欠である。

これまで、広く利用されてきた『政治・経済用語集』であるが、今回、新たな社会の変化や複雑さに対応できるようにするため、また新しい学習指導要領に対応するため、改訂を行なった。

高等学校「政治・経済」の教科書をすべて分析し、そこから約3500語の用語を選び出し、解説してある。用語の配列を工夫し、節見出しのまとまりごとに前後の用語もあわせて読むと、全体の概念が容易に把握できるようになっている。

編集にあたっては、まず基礎的・基本的な用語を正確に理解できるように、そして学習が深められ諸課題について自ら考察できるようにと留意した。これまでと同様に、大学受験には万全を期している。さらに、広く豊かな教養を身につけられるようにしてあるので、就職試験対策にも万全である。

本書を、日々の学習や、大学受験、就職試験に大いに役立ててほしいものである。

2023年 9 月

政治・経済教育研究会

本書の特色と使用上の留意点

特 色

1. 本書は、高等学校公民科「政治・経済」全6冊の教科書(2023年度使用本)に記載されている用語から、学習に必要と思われる用語を選び、分野ごとに体系的に理解できるように配列し、適切な解説を加えたものである。
2. 巻末には、五十音順と欧文略語の「索引」をつけているので、簡潔な用語辞典としても使用できる。
3. 本書で取り上げた用語の数は、約3500である。
4. 本書は、高校生だけでなく、広く一般の方が政治や経済に関しての知識を整理するのにも役立たせることができる。

使用上の留意点

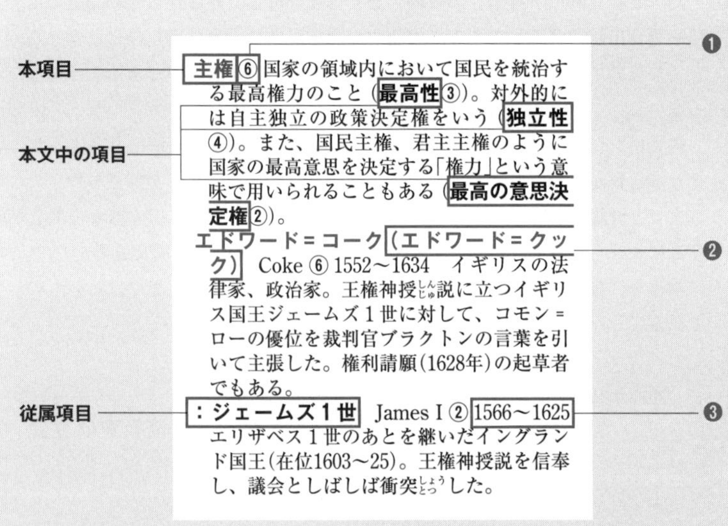

◆用語は、**本項目**、：を付した**従属項目**、解説文中に組み入れた**項目**に区分してある。

❶頻度数　6冊（2023年度使用本）の教科書のうち何冊に出ているかの頻度数を、①から⑥で示してある。頻度の多さが、重要度をそのまま示すとはいえないが、学習上の目安になるものと考えられる。ただし、同一の教科書については、その用語が何回出てきても頻度数は1回と算出してある。なお、頻度数が⑤以上の用語は、原則として色刷りにした。

❷教科書によって用語表記が違う場合は、なるべくより多くの教科書で使用されている表記や、より一般的と考えられる表記を採用し、必要に応じて他の表記を（　　）内に示した。ただし、「索引」では双方を取り上げてある。

❸年代は原則として西暦で示し、必要に応じて元号を付した。人物の生没年は、頻度数の後に記した。

＊書名には『　　』を、引用句などには「　　」を付した。

＊本書は、2023年8月現在で解説してある。情勢の変化で、その都度内容を改める予定である。

目次

第I部 現代の政治と民主社会

第II部 現代の経済

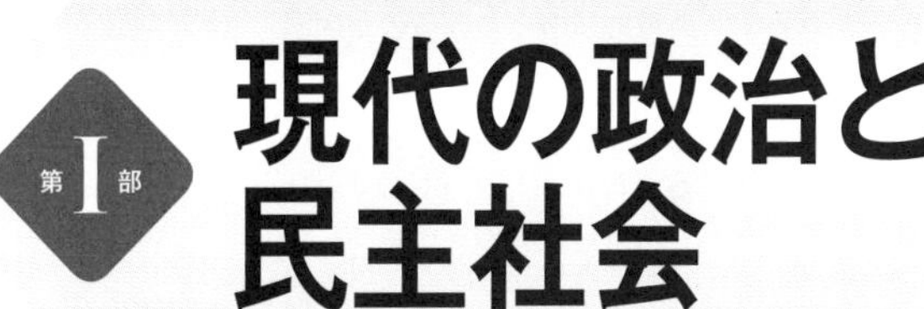

第Ⅰ部 現代の政治と民主社会

第1章　民主政治の基本原理

1　政治と国家と法

1　政治

政治⑥ 社会生活を営む人々の間で発生する考え方の相違や利害対立などを調整して、**社会秩序**⑥を維持し、争いのない望ましい社会を実現するための機能。その目的を達成するためには、社会の構成員が承諾しない事柄に対しても服従させる**強制力**⑥が不可欠となる。様々な社会集団でみられるが、典型的にあらわれるのが国家である。

社会⑥ 人間が生きていくときに、必ず参加する生活共同体のすべて。他人に働きかけ、他人から働きかけられる人々の交わりが持続的に成り立つ集合体。人間は生まれたときには、すでに家族という社会の一員であり、やがて地域社会の構成員となる。人間が生きるということは、社会において生活することを意味している。

権力⑥ 他人を自己の意思どおりに支配し、服従させる力。物理的な強制力の裏づけを持って、人々を**支配**③する力でもある。この力を持つ者、または行使する者は**権力者**②と呼ばれる。

マックス＝ウェーバー　Max Weber ④ 1864～1920　ドイツの社会学者、経済学者。彼は著書『支配の社会学』の中で、国家権力による支配の正統性を、合法的支配、伝統的支配、カリスマ的支配に分類して説明した。また、『プロテスタンティズムの倫理と資本主義の精神』では、資本主義を発展させた原動力は宗教倫理から生み出されたものであるとして、宗教が経済に規定されるとするマルクスの主張を批判した。

家父長制① 家長である男性が家族に対する統率権を持つ家族形態のこと。支配の正統性は伝統的支配に分類される。

政治権力⑥ 政治活動の場面で発動される権力。この権力は強制力であり、それは国民を対象とする。政治権力は、暴力とは異なり、基本的には多数の人々の同意と賛成によって支えられている。

国家権力⑤ 国家が持つ組織的な強制力。国民に対しては統治権、警察権、徴税権などの強制力を持つとともに、武力行使、経済制裁など、外国に対する強制力としてもあらわれる。

クーデタ　coup d'état ④ 政治支配者層内における政権獲得、または権力強化のための非合法的武力行使のこと。「内乱」を意味するフランス語。

革命① 比較的短期間のうちに実力によって支配権力を交代させることで、政治体制を抜本的に変革すること。

絶対主義⑥ 強大な政治権力を有する絶対君主が、王権神授説に基づいて、強力な常備軍や官僚制を背景に行なった専制支配の政治のしくみ。「絶対王政」ともいわれ、16～18世紀頃のヨーロッパにおける封建制から資本主義の過渡期にあらわれた政治形態。

専制政治② 絶対君主などの個人が、国民など他者からの制約を受けずに絶対的権力を持って恣意的に支配体制をとる政治形態。近代の「立憲政治」とは対立する概念。

自由主義③ 個人の自由を尊重し、国家の規制や干渉を排除しようとする近代思想の1つ。政治的には自由権や民主主義、経済的には資本主義などの思想の基礎になった。個人の自由と小さな政府を強調する古典的自由主義に対し、現代の自由主義では自己とともに他者の自由をも尊重する社会的公正を指向している。

アジア的価値観① 個人の自由よりも共同体の伝統的秩序を重視する考え。市民の自由を重視する**西欧的価値観**①に対して用いられる言葉。

国民主義② 近代国家の確立期において、自らの民族統一や国家の独立を目指す思想などをいう。「民族主義」ともいわれる。

アリストテレス　Aristoteles ④ 前384～前322　古代ギリシャの哲学者。プラトンに学び、諸学を集大成する。人間の社会的本性を指摘して政治体制を比較し、また正義の観念を分析した。主著に『政治学』『形而上学』などがある。

「人間は社会的（ポリス的、政治的）な動物である」④ アリストテレスの言葉。人間は本性上、孤立して生きられるものではなく、集団（ポリス）の中で生きるものであるということ。人間が社会的な存在であることを示している言葉。

2 国家

国家⑥ 一定の領域に住む人々（国民）に対して、権力（国家権力）によって社会秩序をつくるしくみや団体。国家は独立しており、外国からの干渉と支配を排除する。

国家の三要素⑤ 国家が成立するための、一定の領域（領土、領海、領空）、国民、主権の3つの要素のこと。ドイツの法学者イェリネックは独立国家としてこの3つが必要であるとした。

政府⑥ 広い意味では立法、司法、行政のすべての作用を含む国家や地方公共団体の統治機構をいうが、日本では主に行政を担当する内閣や中央官庁のことをいう。

立法④ 国家統治の作用の1つで、成文の法規範を制定すること。民主国家では議会が最高の立法機関である。

行政④ 法の定める内容を実行し、実現する政治の働き。それに対して、立法、司法を除く政治のすべての作用、という消極的な定義づけもある。

司法④ 社会生活から生まれる紛争を、法を適用して解決する国家の作用。三権分立のもとでその役割は裁判所が果たしている。

国民⑥ 一定の領域内において、政治的統一組織を持つ人々の集団。国家を成立させ、共通の歴史的体験と文化を持つ。必ずしも単一の人種や民族からのみなるものではなく、「民族」とは区別される。

主権⑥ 国家の領域内において国民を統治する最高権力のこと（**最高性**③）。対外的には自主独立の政策決定権をいう（**独立性**④）。また、国民主権、君主主権のように国家の最高意思を決定する「権力」という意味で用いられることもある（**最高の意思決定権**②）。

ボーダン Bodin ⑤ 1530～96 フランスの政治家、思想家。その著『国家論』（1576年）で上位に権威を持たない主権国家という概念を導入し、近代国家を理論的に基礎づけた。主権という概念を初めて用いた。

近代国家④ 近代ヨーロッパにおいて形成され、全世界に普及した国家の形態。主権国家と法治国家という2つの意味がある。前者は主権の確立、物理的強制力の集中、官僚制による行政組織の形成などの特徴を持つ国家、後者は憲法のもとで個人の自由や、法の下の平等などが保障された国家のこと。

絶対主義国家① 16～18世紀の中世封建社会から近代国家への過渡期に、ヨーロッパにあらわれた絶対君主による専制国家。常備軍や官僚制を整備し、経済的には重商主義政策をとった。

夜警国家⑥ 市民社会の秩序を維持するために、最小限度必要な治安維持と国防を任務とする国家。ドイツの社会主義者ラッサールが、近代市民社会における自由放任主義的な国家を批判して用いた言葉。

ラッサール Lassalle ⑤ 1825～64 ドイツの社会主義者。労働者階級の国家理念の実現を主張した。ラッサールは、当時の国家の自由放任主義的性格を批判的に「夜警国家」と呼んだ。

消極国家③「夜警国家」と同じ意味に使われ、国民の生活や活動に対して国家の介入をきわめて狭い範囲に限定した国家のあり方。小さな（安価な）政府を理想とする。「積極国家」に対する用語。

小さな政府⑥ 政府の役割を国防と治安維持などに限定して、できるだけ小さくした政府のこと。「安価な政府」ともいう。経済は自由放任のもとでも「見えざる手」によって健全に発展するというアダム＝スミスの考えが基本にある。

大きな政府⑥ 行政機能の増大に伴い、国がすすんで財政や経済の諸施策を行ない、国民福祉を充実させていく機能を持った政府。

積極国家② 国民の経済活動の諸過程にまで積極的に介入して利害を調整したり、経済的、社会的弱者に対して福祉政策を実施したりするなど、積極的な役割が期待される国家のこと。「消極国家」に対する用語。

行政国家③ 行政機能の役割が増大した国家。19世紀に、資本主義が独占段階に入るに従って、生活困窮、失業、企業の独占化など種々の社会問題が表面化し、それらの問題を解決するために社会保障を実施するなど国家の役割が増加し、なかでも特に行政機能の量的増大と役割の変化が進み、形成されてきた。

国家論② 国家を分析するための理論。代表的なものとしては、国家も社会の一部にすぎないと考える多元的国家論、国家を支配階級の利益追求の組織ととらえる階級国家論、国家を生物とみなし個人は全体の機能を分担するものとする有機的国家論、そのほかに夜警国家論、福祉国家論などがある。

3　法

法 ⑥ 社会秩序の形成、維持、発展のためにつくられた規範(行動基準)の一種で、国家権力に裏づけられた強制力を持つもの。法は権力の道具という側面を持つが、近代、現代の法は、国民の福祉や自由を守り、権力の濫用を抑制するために大きな役割を果たしている。

法律 ⑥ 国民生活を規律する規範。議会(国会)の議決を経て制定された成文法を指す。憲法のもとで、行政及び司法機関により定められた命令、**規則**②などに対して優先する効力を持つ。日本では、衆参両院の可決の後、天皇が公布する。

処分 ② 国、または地方公共団体が行なう行為のうち、国民に義務を課したり権利を付与したりするような、国民の権利や義務に直接具体的に影響を及ぼすことが法律上認められているもの。

社会規範 ⑤ 人間の行動や社会生活を律する基準。法、宗教、道徳、慣習などとして存在する。社会秩序の維持に不可欠なものであり、法は国家権力による強制を伴い、違反した場合は刑罰を科せられるなどの**制裁**②が加えられ、そのほかの規範はそれに反した場合、心理的圧迫(良心の呵責、恥など)や私的制裁(村八分など)を受けることになる。

道徳 ⑤ 社会規範の1つで、人間の良心に支えられ、権力の強制がなくても守るべきものとされる基準。刑罰など権力による制裁がないこと、内面の動機や良心が問題とされる点で法とは異なる。

慣習 ⑤ 特定の社会の中で、法や命令によらず、人々の間に受け継がれてきた行動様式。自然発生的なものであり、人々の意識、態度、行動の基準として重要な役割を果たしている。

権利 ③ 法規定及び法秩序が、一定の資格を有する者に認める権限、能力。すなわち、法の認めた意思の力及び法によって保護される利益のこと。権利を法的権利として保障することが、近代国家の基本的課題であった。

義務 ① 社会規範によって課せられる拘束、または負担のこと。法律上の概念としては、権利に対応するものとしてとらえられる。

憲法 ⑥ 国家の基本構造を定める最高法規。特に、人権の保障とそのための権力の制限という民主的原理が取り入れられているものを、「近代的憲法」と呼ぶ。フランス人権宣言第16条は「権利の保障が定かではなく、権力分立も定められていないような社会は、憲法を持つとはいえない」としている。

成文憲法 ② 文章化された条文から構成され、法典の形式をとった憲法。これに対して、具体的な憲法典を持たず、重要な法律や政治的慣習などを集大成したものを憲法とするものを「**不文憲法**」①という。現在、不文憲法の国家にはイギリスやニュージーランドなどがあるが、大多数の国家は成文憲法を持つ。

成文法 ③ 文書の形式をとってあらわされた法で、「制定法」とも呼ばれる。日本の代表的な成文法としては、憲法、民法、商法、民事訴訟法、刑法、刑事訴訟法などがあり、これらは総称して「六法」といわれる。

不文法 ③ 文章化されていないが、慣習や判例によって法規範として認められた法。慣習法や判例法など成文法以外の法のこと。

慣習法 ⑤ 不文法の代表的なもので、慣習が国民の法意識によって支持され、法に転化したもの。成文法を補充する役割を果たす。

判例法 ② 裁判所の判決の先例の累積によって成立した不文法。イギリスでは判例を法としている。日本では成文法を中心としているが、事実上、最高裁判所の判決は拘束力が大きい。

判例 ③ 裁判所の下した個別の事件や訴訟についての過去の判断の実例。類似のケースでは同一の判断が行なわれると推測されるので、判例は事実上の法的な拘束力を持つ。

公法 ⑥ 国家と国民(市民)との関係を規制する法をいう。憲法、刑法、**行政法**③など。

私法 ⑥ 市民社会の内部的ルール、国民(市民)相互の関係を規制する法をいう。民法、商法などを指す。公法的なものと私法的なものの両方を含む場合も多く、行政権の拡大とともに発達してきた新しい法領域。労働法や経済法などは「社会法」といわれる。

私的自治の原則 ⑤ 私法の基本原則の1つであり、国家権力の干渉を受けずに、各個人は売買などの私的な活動を自由に行なうことができるという原則。民法では、この原則に基づいて、誰でも契約内容や契約の可否を決定できるとしている(契約自由の原則)。

権利能力平等の原則 ② 私法の基本原則の1つであり、国籍・階級・職業・性別などにかかわらず、すべての人は等しく権利義務の主体となる資格(権利能力)を持つという原則。

商法 ④ 企業とその活動について規定する法のこと。私法に分類される。

実定法 ⑥ 慣習や立法機関による制定などの人間の行為によってつくり出された法で、実効性を持っているもの。制定法、慣習法、判例法のこと。人為を超えて超時代的に妥当するものと想定される「自然法」に対する用語。

社会法 ⑤ 個人主義や自由権の思想を基礎とする「市民法」に対して、生存権や労働基本権など社会権の思想を基礎とする法。**労働法**①、**経済法**①、社会保障法などが含まれる。

公正 ② 社会的決定に対する1つの評価軸であり、公平でかたよっていないことをあらわす用語。手続き、機会、結果の公正さなどがある。

実体法 ① 権利、義務などの法律関係や内容を規定する法律。民法、商法、刑法などがある。

手続法 ① 実体法を実現するための手続きを規定する法律。刑事訴訟法、民事訴訟法などがある。

刑事訴訟法 ⑤ 刑法の適用を受ける犯罪事件についての訴訟手続きを規定した法律。2016(平成26)年には、取り調べの録音・録画(可視化)を一部の事件で義務づける改正法が成立し、2018(平成28)年6月から施行されている。

民事訴訟法 ③ 私人間の生活関係に関する紛争を裁判所が法律的、強制的に解決するための手続きを規定した法律。

法的安定性 ① 法の制定や**解釈**①、**適用**①が安定的に行なわれ、ある行為に対してどのような法的効果を生じるか予見可能な状態のこと。法秩序に対する信頼を保護する原則の1つ。法の適用が安定的に行なわれる条件には、法の内容が明確であること(**明確性**①)や法の制定過程や法の内容が広く国民に周知されていること(**公開性**①)、法があらゆる人に一律にあてはまること(**一般性**①)がある。

裁判規範としての法 ① 具体的な紛争に際する裁判の基準となる法規範のこと。法の持つ役割の1つであり、法律上の概念としては、人間の社会における行為を規律するための法規範を意味する行為規範と対になる言葉。

2 民主政治の原理と歴史

1 民主政治の基本原理

民主主義（デモクラシー） democracy ⑥ 民主主義の語源は、ギリシャ語のdemos（民衆）とkratia（権力、支配）を結合したもので、国民の意思（**民意**①）に従って政治を行なう政治体制。市民革命以後の近代民主制は、人権の尊重、権力分立、法の支配、国民主権などを基本原理として発達した。

民主政治 ⑥ 民主主義の理念に従ってつくられた政治制度（民主制）のもとで行なわれる現実の政治のこと。古代社会では紀元前5世紀頃、ギリシャのアテネで行なわれていた政治形態で、市民が政治的意思をアゴラ（agora、市民が集う公共広場）で話し合いながら決定した。近代、現代では絶対主義を市民革命によって打倒し、民主政治が実現した。

ポリス（都市国家） polis ⑤ 古代ギリシャの政治的単位。中央に神殿とアゴラがあり、アテネなどでは自由民による民主政治が行なわれた。

直接民主制（直接民主主義） ⑤ 国民が直接に政治運営に参加するしくみ。古代ギリシャのポリスでの民会、現在、アメリカの一部の州で採用されているタウン・ミーティング、スイスの一部のカントン（州）で採用されている州民集会などはその代表的なもの。現在、多くの国家が、国民発案、国民投票、国民解職など直接民主制の手法を、間接民主制を補うものとして採用している。

間接民主制（間接民主主義） ⑥ 国民が自ら選んだ代表者（議員）を通じて、議会において間接的に国民の意思を国家意思の決定と執行に反映させる民主制のしくみ。直接民主制が困難である場合に、民主主義の理念をできるだけ実現しようとする制度である。**代表制**①ともいわれる。

議会制民主主義（代表民主主義） ⑥ 間接民主制を具体化した原理。議会を通じて民主政治を実現するという理念、原理をあらわす用語。現代の民主主義国家の一般的な政治のあり方。

議会 ③ 主として公選の議員を構成員とし、法律の制定、予算の審議などの活動を行ない、また政府を牽制、監視する機関。市民階級の砦として王権と対抗する中でその権限を強め、国民代表の機関として18世紀にイギリスで定着した。

議会政治（代議政治、代議制） ③ 公選の議員によって構成される議会が、国家の最高意思を決定していく政治方式。近代市民革命以後にイギリスで始まったもので、19～20世紀にかけて多くの国で採用された。

代表の原理（国民代表の原理） ② 議会政治における議員や議会は、それぞれの選挙区や選挙人に拘束されず、全国民の意思の代表であり、代表機関であるという原則。

審議の原理 ② 議決は公開の討論を経たのちに行なうという原則。全議員の参加する本会議における討論と採決を、議会の手続きの中心とするのはこの原理に基づく。

多数決の原理 ④ 数的多数によりその論議に決着をつける決定方式で、民主主義の基

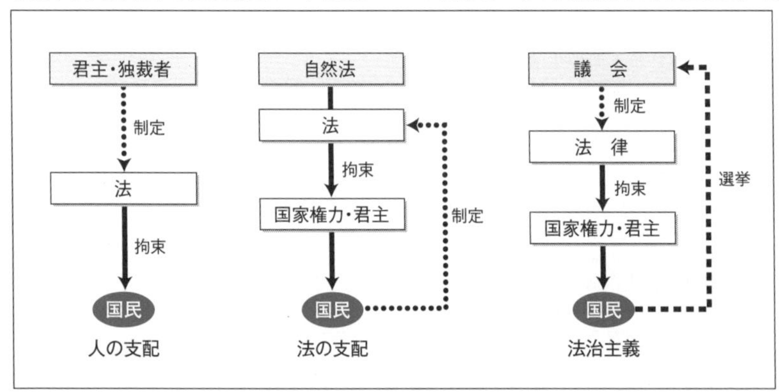

人の支配から法の支配・法治主義へ

本原理の１つ。自由な討論のあとに、多数の人々を説得し得た意見を採択する。単純多数決（過半数の支持を得た意見を採択する）と特別多数決（４分の３、３分の２などの多数を要求するもの）、相対多数決（過半数以下でも最も多い支持を得た意見を採択する）などがある。イギリス功利主義の哲学者ベンサムは「最大多数の最大幸福」を社会の目的として主張した。

多数者の専制 ③ 民主政治のもとで、多数者の名において行なわれる専制。19世紀にイギリスの功利主義者ミルが**『自由論』**①の中で当時の社会を批判して用いた言葉。トックビルも同様の指摘をしている。権力者の大衆操作によって、人々が自己の利益を見失い無関心になることで、多数決原理が空洞化され、少数者への支配が合理化、正当化されて実現する。この意味の専制は、古代のものとは区別される新しい形の合法的専制であり、現代民主主義に固有の傾向とされる。**世論の専制**①とも呼ばれる。

ミル Mill ③ 1806〜73 イギリスの哲学者、経済学者。ベンサムの唱えた「功利主義」を継承し、発展させた。ベンサムの「量的快楽主義」に対し、ミルは快楽、苦痛には質的差異があるとして「質的快楽主義」を唱えた。「満足な豚より不満足な人間の方がよい」という言葉は有名。経済分野では代表的な古典派経済学者として『経済学原理』を著した。政治分野ではイギリスにおけるリベラルデモクラシーの思想的背景をつくった。

少数意見の尊重 ② 少数者の意見発表や批判の自由が認められ、また意思決定に際しても多数と少数の交流が行なわれ、全体の意思が形成されていくこと。少数意見を尊重しないと、多数者の専制につながる。近年では参加者が理由と根拠を交換しながら考えを深め、議論を活発に行なう**熟議民主主義**①や単なる意思決定だけではなく、多様な言語集団や宗教、人種集団などの間で合意形成をはかる**多極共存型民主主義（合意民主主義）**①などもみられる。

ポリアーキー（多元主義） ① アメリカの政治学者ダールが提唱した、政府に対する公的な異議申し立てと、広範な政治参加がともに可能な政治体制。ダールは各政治体制の民主化度は公的異議申し立て（政治的競争）と広範な政治参加（包括性）という２つの次元から測定されると考え、ポリアーキーは、民主化度が最も高い政治体制であるとした。

権力分立制（権力分立の原理） ⑥ 政治権力を複数の機関に分散させ、それぞれの間に抑制と均衡の関係を保たせ、権力の濫用を防止し、基本的人権の保障を実現するしくみ。いわゆる三権分立制以外にも、地方分権などがある。

三権分立 ⑥ 権力分立制に基づいて、国家の政治権力を立法権、行政権、司法権に分け、権力の濫用を防ぎ、国民の権利・自由をできる限り保障しようとするしくみ。それを具体化した各国の制度は様々で、アメリカのように徹底した三権分立制もあれば、イギリスや日本の議院内閣制のように議会優位の場合もある。

権力の濫用 ⑥ 権力者がその地位と権限を利用して、民主主義的な手続きを経ずに、みだりにその権力を用いること。

権力の抑制と均衡 checks and balances ⑥ 権力分立主義を支えている原則の１つで、国家権力を立法、行政、司法の三権に分け、相互抑制・均衡により権力の絶対化を防ごうとすること。

法の支配 the rule of law ⑥ 法が権力行使の方向と限界を示し、すべての国家活動が憲法と法律を基準に営まれるという原則のこと。権力者の恣意による支配（人の支配）を否定し、治める者も治められる者と同様に法によって拘束されるべきであるとする。中世以来のイギリス法の原理で、その後は16〜17世紀のイギリス立憲政治の中で発達した。

人の支配 ⑤ 支配者が法に拘束されることなく、法を超越して行なう政治のこと。絶対王政下の政治に典型的にみられた。「法の支配」と対立する考え方。

マグナ・カルタ（大憲章） Magna Carta ⑥ 1215年、イギリスのジョン王（在位1199〜1216）の専制支配に抗議し、貴族が団結して、王に不当な逮捕・拘禁の制限、課税権の制限、正規の裁判手続きの保障などを認めさせたもの。「法の支配」というイギリス憲法の伝統の出発点となった。

ブラクトン Bracton ⑥ ？〜1268 13世紀のイギリスの裁判官。「国王といえども神と法のもとにある」とする彼の言葉は、のちにエドワード＝コークに法の支配を示すものとして引用された。

「国王といえども神と法のもとにある」 ⑥ ブラクトンが示した法の格言で、その前後は「王は人のもとにあってはならない。しかし、国王といえども神と法のもとにある。なぜなら、法が王を作るからである」というもの。

コモン・ロー common law ⑥ イギリスにおける中世以来の慣習法。それは人権保障を基礎としており、イギリスにおける法の支配の思想の源流となった。イギリスで裁判所の判例によって生まれた一般法（普通法）。

エドワード＝コーク（エドワード＝クック） Coke ⑥ 1552〜1634 イギリスの法律家、政治家。王権神授(しんじゅ)説に立つイギリス国王ジェームズ１世に対して、コモン・ローの優位を裁判官ブラクトンの言葉を引いて主張した。権利請願(1628年)の起草者でもある。

法治主義 ⑥ 為政者(いせいしゃ)が政治を行なうにあたっては、議会で定められた法律に従わなければならないという法治行政の原則で、ドイツで発達した考え方。権力者の恣意を排する点で法の支配と共通するが、法の支配が国王権力から国民の自由や権利を守るということを内容としているのに対し、法治主義では形式や手続きの適法性が重視される。**形式的法治主義**②とも呼ばれ、法の支配と同義語で用いられる**実質的法治主義**①とは区別される。今日では、法は守らなければならないものという遵法(じゅんぽう)精神の意味でも用いられることがある。

基本的人権の尊重 ⑤ 人間の生来持つ自由かつ平等の権利(自然権)が、最大限に尊重されること。国民主権や法の支配とともに近代民主政治の基本原理をなすものである。

人権保障 ⑤ 生命、自由、平等、財産などの基本的人権は、すべての人間が生まれながらに持っており、何人(なんぴと)も奪い得ない権利であること。この人権保障は、民主政治の根本目的をあらわした原理である。

人権 ⑥ 人間が生来持っている権利、自由の中で、最も基本的であり誰もが生まれながらにして持つ権利。「基本的人権」とも呼ばれる。近代市民革命によって確立されてきた近代の人権は、絶対主義時代の自由の抑圧(よくあつ)に対し、国家権力からの自由（自由権的基本権)がその中心となる。20世紀に入り、貧困や失業が社会問題化すると、国家に対し人間らしい生活を要求する「社会権的基本権」が主張され、認知されていった。人権の内容は社会の変化につれて多様化している。

自由 ⑥ 一般的には、拘束のない状態のこと。政治的には、個人がほかの個人や集団から制約されることなく、自らの意思に従って行動できることを指し、自由主義や民主主義の基本原理である。フランス人権宣言第４条では「自由は、他人を害しないすべてをなし得ることに存する」と述べている。

平等 ⑥ すべての人間に価値の差はないということ。平等の思想は古くからあったが、近代市民革命によって憲法上の原則となった。近代市民社会は形式的平等（自由競争に参加する資格の平等）が中心であり、実質的平等（社会生活、経済生活における実際の平等）思想は、20世紀の憲法に取り入れられた。

2 民主政治の思想

王権神授(しんじゅ)説 ⑥ 国王の支配権は神から授けられたものであり、その権力は法に拘束(こうそく)されないとする説。絶対君主制を支える理論であった。イギリスのジェームズ１世や政治思想家の**フィルマー**①、フランスのルイ14世（在位1643〜1715）や神学者の**ボシュエ**①らはその信奉(しんぽう)者であった。

：ジェームズ１世 James I ② 1566〜1625 エリザベス１世のあとを継いだイングランド国王(在位1603〜25)。王権神授説を信奉し、議会としばしば衝突(しょうとつ)した。

自然法 ⑥ 人間や人間社会の本性に根差し、あらゆる時代のあらゆる社会を通じて拘束力を持つと考えられる法。その存否(そんぴ)、内容などをめぐって古来から争われている。人間の行為によってつくり出された法である「実定法」に対する用語。

自然法思想 ② 自然法こそ最も普遍的規範であり、人間が定める法律の基盤をなすという考え方。自然法の根拠を人間の理性に求めたのは、ヨーロッパが近代に入ってからであり、王権神授説を批判し社会契約説を導くもととなった。

社会契約説 ⑥ 社会や国家は自然状態にあった諸個人の契約（**社会契約**③）によって成立したとする説。ホッブズ、ロック、ルソーらによって唱えられた政治理論で、近代市民革命を支える思想となった。自然状態とは社会が成立する前の状態を指し、社会契約説の前提として主張される概念。想定される状態は思想家によって異なり、ホッブズは「万人の万人に対する闘争」状態と考え、ロックは侵害に対して無防備な状態を想定した。

自然権 ⑥ 自然法上の権利。社会契約説においては自然状態で、人間が生きるために持っていたと想定される権利のこと。生命、自由、財産、幸福追求などの諸権利が考えられる。ホッブズは特に自己保存を、ロックは生命、自由、所有権を、ルソーは自由を自然権として強調した。

:**自然権思想（天賦人権説）** ③ 人類の普遍的価値とみなされている基本的人権の由来を、神が人間個々人に付与した天賦の権利、あるいは人間の本性に由来するゆずることのできない自然権とする思想。この考えを基礎づけたのはロックである。

ホッブズ Hobbes ⑥ 1588～1679 イギリスの哲学者、政治思想家。人間が**自己保存**②のため、互いに契約して国家をつくったとする社会契約説を説き、近代政治思想の原型をつくり上げた。

『リヴァイアサン』 Leviathan ⑥ 1651年に刊行されたホッブズの著作。リヴァイアサンは旧約聖書に出てくる巨大な怪獣で、転じて絶対的支配権を持つ国家を指す。ホッブズは、人間が平和をつくり出すために契約して国家を形成し、これに自らの自然権をすべて**譲渡**④することの必要性を力説した。

「万人の万人に対する闘争」 ⑥ ホッブズが自然状態を表現した言葉。自然状態では、人々は名誉心と利己心から互いに争い合うため、「万人の万人に対する闘争」に苦しむ。そこで、この悲惨さから理性に目覚め、契約を結んで国家をつくると考えた。

ロック Locke ⑥ 1632～1704 イギリスの哲学者、政治思想家。経験論を基盤とする認識論を『人間悟性論』で著すとともに、社会契約説に基づく『統治二論（市民政府二論）』を著し、民主主義の政治思想を展開した。

『統治二論』（『市民政府二論』） ⑥ 1690年刊。ロックはこの著書において、自然状態では、人間は自然法のもとに自由、平等で、生命、自由、財産を守る自然権を持っているとした。そして、この自然権をより確実にするために、契約によって国家をつくったと説き、政府は国民の信託によるという理論を説いた。名誉革命を擁護するために著わされたもので、近代民主政治の理論的根拠となった。

抵抗権（革命権） ⑥ 権力の不法な行使に対して人民が抵抗する権利。ロックは、自然権を否定するような権力の濫用に対しては、抵抗権を認めた。

信託 ⑤ 信用して他人に一定の仕事を任せること。ロックは、政府が権力を行使するのは国民の信託によるものと考えた。

ルソー Rousseau ⑥ 1712～78 フランスの啓蒙思想家。当時の文明社会を痛烈に批判し、その著書『社会契約論』では人民主権論を展開し、民主主義社会の実現を期待した。

『社会契約論』 ⑥ 1762年刊。ルソーはこの著書で、生まれながらにして自由である人間が、自らのつくった文化、社会のために、自由を失っていると考えた。それを克服するために、社会契約により、人民主権に基づく国家を形成することを説いた。近代民主主義思想を代表する古典として有名。

:**人民主権** ⑥ 国家の主権の行使者が、門地、財産などによって制限されない人民であることを指す。ルソーは人民主権による直接民主制を志向した。

一般意志 ⑥ 社会公共の幸福を心がける全人民の意志。利己的利益を求める個人の意志の総和である「全体意志」とは異なる。ルソーは、個々人は社会契約において、一般意志の形成に参加し、同時にその支配に自己をゆだねるとした。

執行権 ③ 議会によって制定された法律を具体的に執行していく権限であることから、行政権を「執行権」ということがある。

フランス人権宣言 ⑥ 1789年、フランス革命の中で出された「人および市民の権利の宣言」をいう。基本的人権の不可侵性と、その尊重を宣言したもの。アメリカ独立宣言と並び、基本的人権の保障を確立した歴史的文書である。

フランス人権宣言（抄）

第1条　人は、自由かつ権利において平等なものとして出生し、かつ生存する。社会的差別は、共同の利益の上にのみ設けることができる。

第3条　あらゆる主権の原理は、本質的に国民に存する。いずれの団体、いずれの個人も、国民から明示的に発するものでない権威を行ない得ない。

第4条　自由は、他人を害しないすべてをなし得ることに存する。その結果各人の自然権の行使は、社会の他の構成員にこれら同種の権利の享有を確保すること以外の限界を持たない。これらの限界は、法によってのみ、規定することができる。

第16条　権利の保障が確保されず、権力の分

> 立が規定されていないすべての社会は、憲法を持つものではない。
> 第17条　所有権は、一つの神聖で不可侵の権利であるから、何人も適法に確認された公の必要性が明白にそれを要求する場合で、かつ事前の正当な補償の条件のもとでなければ、これを奪われることがない。

モンテスキュー　Montesquieu ⑥ 1689～1755　フランスの政治思想家。当時の政治社会を批判し、立憲政治の必要性を説いた。イギリスの政治制度を模範とし、三権分立論を主張し、近代民主政治のあり方に大きな影響を与えた。主著は『法の精神』。

『法の精神』 ⑥ 1748年刊。モンテスキューの著書で、各国の様々な政治体制を比較しながら、自由と権力の均衡の重要性を説き、権力分立制を提唱した。

アメリカ独立宣言 ⑤ 1776年、植民地13州が一致してイギリスから独立することを宣言した文書。ロックの政治思想を継承し、自然権、社会契約論、国民主権、抵抗権が説かれ、後世に大きな影響を与えた。

> **アメリカ独立宣言(抄)**
> 　われわれは次のことが自明の真理であると信ずる。すべての人は平等に造られ、造物主によって、一定の譲ることのできない権利を与えられていること。その中には生命、自由、そして幸福の追求が含まれていること。これらの権利を確保するために、人類の間に政府がつくられ、その正当な権力は被支配者の同意に基づかねばならないこと。もしどんな形の政府であってもこれらの目的を破壊するものになった場合には、その政府を改革しあるいは廃止して人民の安全と幸福をもたらすに最も適当と思われる原理に基づき、そのような形で権力を形づくる新しい政府を設けることが人民の権利であること。

リンカン　Lincoln ⑥ 1809～65　アメリカ第16代大統領(在任1861～65)。南北戦争中の1863年に奴隷解放宣言を発表し、北軍を勝利に導き、アメリカの統一と民主政治の推進に貢献した。

「人民の、人民による、人民のための政治」「government of the people, by the people, for the people」⑥ 1863年11月、アメリカ初代大統領リンカンが南北戦争の激戦地であったゲティスバーグで行なった演説の最後の部分で述べた言葉。民主主義の原理を端的にあらわしたものとして有名。

年	国	事項
1215年	[英]	マグナ・カルタ(大憲章):王権を制限
1628	[英]	権利請願:議会、国民の権利に関する請願書を提出
42	[英]	ピューリタン革命(～49):国王を処刑し、共和制を宣言
51	[英]	ホッブズ『リヴァイアサン』
79	[英]	人身保護法:不法拘禁の制限及び救済を規定
88	[英]	名誉革命(～89):王権に対する議会の優位の確立
89	[英]	権利章典:国民の自由と権利を宣言
90	[英]	ロック『統治二論』:自然権・社会契約論を主張
1721	[英]	ウォルポール内閣成立
42	[英]	ウォルポール辞任で議院内閣制成立
48	[仏]	モンテスキュー『法の精神』:三権分立を主張
62	[仏]	ルソー『社会契約論』:国民主権を主張
75	[米]	アメリカ独立革命(戦争)(～83)
76	[米]	バージニア権利章典。アメリカ独立宣言
87	[米]	アメリカ合衆国憲法
89	[仏]	フランス革命(～99)。フランス人権宣言
1803	[米]	違憲立法審査権の確立
04	[仏]	ナポレオン法典発布
32	[英]	第1次選挙法改正
38頃	[英]	チャーチスト運動(～48頃):労働者階級が参政権要求
48	[仏]	二月革命:男性の普通選挙実現
63	[米]	奴隷解放宣言。リンカンのゲティスバーグ演説:「人民の、人民による、人民のための政治」
1911	[中]	辛亥革命:孫文の三民主義、アジア初の共和制
	[英]	議会法制定:下院優越の確立
17	[ソ]	ロシア革命:労働者階級による社会主義革命
19	[独]	ワイマール憲法:男女平等の普通選挙、社会権の規定
20		国際連盟成立
25	[日]	男性普通選挙の成立
45		国際連合成立
46	[日]	日本国憲法公布
48		世界人権宣言、ジェノサイド禁止条約
51		難民条約
60		植民地独立付与宣言
65		人種差別撤廃条約
66		国際人権規約
79		女子差別撤廃条約
89		児童(子ども)の権利条約
94	[南ア]	アパルトヘイト撤廃

近代民主主義と自由の歩み

国　名	男　性	女　性
フランス	1848年	1944年
アメリカ	1870	1920
イギリス	1918	1928
ドイツ	1871	1919
日本	1925	1945
中国	1953	1953

主な国の普通選挙制の確立

:ゲティスバーグ演説 ⑥ 1863年11月19日、ペンシルベニア州ゲティスバーグにある国立戦没者墓地で、アメリカ大統領リンカンが行なった演説。

3　民主政治の成立と展開

近代民主政治(近代政治) ③ 市民革命を通じて生み出された、民主主義に基づく政治のあり方を指す。国民主権と基本的人権の尊重を基調とする。選挙権の限定、経済的弱者の保護を欠いていたことなどが、のちに批判された。

封建制度 ② 領主が家臣に土地を与え、そのかわりに軍役の義務を課すという主従関係を中核とする封建社会の政治制度。

絶対君主制(絶対王政) ④ 中世の封建的な体制を克服し、君主の権力を基礎として統一国家を成立させた政治体制。市民階級は、最初は封建領主との闘争の過程で絶対君主と連合したが、やがて政治権力と自由を求めて市民革命へと向かった。フランス絶対王政の全盛期をつくり出したルイ14世の残した「朕(ちん)は国家なり」という言葉は、絶対君主の強大な権力、また君主の国家観を示すものとして知られている。

市民革命(ブルジョア革命) Bourgeois Revolution ⑥ 市民階級(ブルジョアジー)を中心とする民衆による社会変革。イギリスの名誉革命(1688～89年)、アメリカ独立革命(戦争)(1775～83年)とフランス革命(1789～99年)に代表される。絶対主義体制を倒し、議会政治の採用、市民的自由の実現など、近代民主政治を生み出した市民革命は、資本主義の確立、発展にも大きな影響を及ぼした。

市民階級(ブルジョアジー) bourgeoisie ④ 君主、貴族及び聖職者が支配していた絶対主義体制を打倒して、近代市民社会を生み出した商工業者を中心とする新興勢力。資本主義の発展により労働者階級(プロレタリアート)が成長すると、それと対比して資本家階級の意味に用いられるようになった。

:市民 ⑤ ブルジョアジーの政治的側面をあらわすもので、財産と教養を持ち、自律的に行動する人々を指す。現代では、自発的、主体的に政治に参加する人々を「市民」と呼んでいる。

市民社会(近代市民社会) ⑤ 封建社会の身分的秩序を打倒して成立した市民階級を基盤とする社会。自由と平等が尊重され、民主政治と資本主義経済が発展し、市民の権利が守られるようになった。

権利請願 ② 1628年にイギリス国王チャールズ1世(在位1625～49)に対し、議会の同意のない課税と不法逮捕などに反対して議会が提出した文書。国王はこれを裁可したが、それを無視したため、その後にピューリタン革命が起こった。この請願書はエドワード＝コークが中心となって起草した。

ピューリタン革命(清教徒(せいきょうと)革命) Puritan Revolution ⑤ 1642年から1649年にかけて、イギリスでピューリタン(清教徒)を中心とする議会派が、スチュアート王朝のチャールズ1世の絶対王政を打倒した市民革命。

:プロテスタント ① 16世紀の宗教改革の後、ローマカトリック教会に対して成立した、形式よりも個人の信仰(しんこう)を重んじるキリスト教の新しい教派。16～17世紀のイギリスにおける改革派プロテスタントが「ピューリタン(清教徒)」と呼ばれた。

人身保護法 Habeas Corpus Act ① 1679年、イングランドで国王による恣意(しい)的な逮捕や投獄を防ぐために、逮捕の理由や期間などを令状に書かなければならないことを定めた法。イギリスの基本的人権の保障を制定する法の1つ。

名誉革命 Glorious Revolution ④ 1688～89年にかけてイギリスで起こった市民革命。流血や混乱がなく達成されたため、この名がある。クロムウェルの死後に復活した王政が、再び議会を無視し専制政治を行なったために起こった。

権利章典 ④ 名誉革命の成功後、1689年にイギリスで制定された法律。国王が議会の同意なしに法律を停止したり課税を行なったりすることや、残虐(ざんぎゃく)な刑罰を科すことを禁じた。イギリス立憲政治の原点となった。

立憲政治(立憲主義) ⑥ 憲法に基づいて政

治が行なわれることで、法による権力の制限を通じて個人の権利と自由を守ろうとする政治のあり方。その最初の形態は、法の支配の原則に基づき、イギリスで発達した。一方、立法権を議会が持ち、君主が行政権を持つ体制は「立憲君主制」と呼ばれる。

アメリカ独立戦争(アメリカ独立革命) American Revolution ⑥ 1775〜1783年にかけて、イギリス本国の植民地政策に反対して起こったアメリカ植民地人民の独立戦争。アメリカ独立戦争の理念は、独立宣言の中に最もよくあらわされており、その理念はその後の各国の民主政治の模範(もはん)となった。

フランス革命 French Revolution ⑥ 1789〜99年にかけてフランスの絶対王政を崩壊させた市民革命。自由、平等、博愛をスローガンに、フランス社会を根底から変革すると同時に、各国の市民革命運動への刺激となった。

チャーチスト運動 Chartism ⑥ 1838年頃〜48年頃、イギリスで起こった世界最初の労働者による組織的な政治運動。普通選挙権など6項目の政治的要求を人民憲章に掲げ、大規模な請願行動を展開した。**普通選挙運動**①の1つとしてとらえられる。

人民憲章 People's Charter ④ 1838年発表。イギリスの労働者を中心に作成され、議会に請願された男性普通選挙など議会の民主化を目指した6カ条の綱領(こうりょう)。「チャーチスト運動」の語源。

公民権運動 Civil Rights Movement ① 広義には憲法が保障した権利の適用、実現を求めるマイノリティ(少数派)の運動全般のこと。狭義には黒人に対する人種差別の撤廃(てっぱい)を求める運動を指す。**キング牧師**①の非暴力による運動が支持を集め、アメリカでは1954年、最高裁が下した黒人に対する公立学校での分離教育の違憲判決、1955年のバス乗車拒否事件以降の公民権法の成立要求などの一連の運動を指す。

ロシア革命 ⑤ 帝政ロシアの専制政治を倒すとともに、マルクスの思想に共鳴したレーニンの指導のもとに、社会主義国家建設への道を開いたロシアの革命。1917年11月(ロシアの旧暦10月)、プロレタリアート独裁を樹立した。「十月革命」ともいう。世界最初の社会主義革命として、その後の世界に大きな影響を与えた。

> **社会主義革命**
> 資本主義社会の次の発展段階として、生産手段の公的所有に基づいた社会主義社会の実現を目指す体制変革のこと。マルクスやエンゲルスの理論に基づき、レーニンによって指導された1917年11月のロシア革命が代表的。労働者階級がその主体となるため、「プロレタリア革命」とも呼ばれる。

労働者階級(プロレタリアート) proletariat ① 生産手段を持たず、生きていくために自分の労働力を売ることを余儀なくされている階級。資本主義社会の発展に伴い登場した。労働者階級を中心とする資本主義社会の打倒と社会主義社会の建設を目指した革命を「プロレタリア革命」という。

3 主要国の政治体制

1 政治体制

政治体制 ⑥ 政治制度や政治組織の基本的なあり方。政治制度は政府の政治機構の中心をなすもので、政治組織は政党や圧力団体などの政治集団で、両者は深く関連し合って政治体制を形づくっている。

立憲君主制 ③ 憲法に従って君主が統治権を行使(こうし)する政治形態。「制限君主制」ともいわれることがある。議会に実権が移行しているイギリス型もあれば、プロイセンや大日本帝国憲法下の日本のように、実質的な権力が君主に集中している外見的立憲制もある。

君主主権 ② 国家の統治権を君主が持つとする国家原理。「主権在君」ともいう。プロイセン憲法及び大日本帝国憲法の統治原理は君主主権である。

貴族制 ① 家柄や財産などにより、特権を認められた少数者(貴族)が支配する政治の形態。貴族政ともいう。

議院内閣制 ⑥ 議会、特に下院の信任に基づいて内閣が存立する制度。内閣が、議会に対して責任を負うことから、「責任内閣制」ともいう。内閣総理大臣は、通常、下院第1党の党首が議会によって選ばれ、主要閣僚(かくりょう)は下院議員で構成される。従って議院内閣制は、**政党内閣制**①の側面を持っている。内閣には**議会解散権**②が、議会には**内閣不信任決議権**①が認められている。イギリスや日本などにみられる制度である。

大統領制 ⑥ 行政府の首長としての大統領が、国民によって選ばれ、議会に対して高度な独立性を持つ体制のこと。大統領が議会から独立して行政府を組織する型(アメリカなど)、**半大統領制**③と呼ばれる大統領の指名した内閣総理大臣に議会の信任を要求する型(フランスなど)など、多様な類型がある。

独裁政治(独裁政権) ④ 個人または特定の集団や階級が、国家権力を独占して政治を行なうことを指す。一般に社会の転換期にあらわれる一時的、過渡的な政治形態である。クロムウェルの独裁、プロレタリア独裁などがある。軍事独裁という軍人が政治権力を奪取、獲得して、軍部の力を背景に政治を強制的に支配する体制も、中東やラテンアメリカ、アフリカなどにみられ、クーデタによって成立することが多い。

プロレタリア独裁 ① 反革命を排除し、社会主義社会を建設する過程において、ブルジョアジーの権力を排除するために行なわれる政治形態。事実上、共産党の独裁となった。反対党の存在を許さず、一党支配の形態をとる。

権威主義体制 ① 独裁政権ではあるが国民の政治参加や結社、政治活動は限られた範囲で認められている政治体制。民主主義と全体主義の中間に位置づけられる。冷戦下の韓国やタイ、フィリピンなどではこの体制がとられ、経済開発を進めてきた(開発独裁)。

2 イギリスの政治

イギリスの政治機構 ⑤ 国王を元首とする立憲君主制、議院内閣制、二院制、不文憲法、二大政党制などを特色とする。

議会主権 ① 議会に最高権力があり、いかなる内容の法律も制定、改廃できるという原理。18世紀のイギリスで確立された。イギリスの憲法学者**ダイシー**① (Albert Venn Dicey) は議会主権と法の支配をイギリスの2大公法原理であるとした。議会の立法を規制する高次の規範としての憲法を持たず、法律の効力を審査する制度が存在しないことからこのように考えられた。

「国王は君臨(くんりん)すれども統治せず」 ② イギリス議会政治における国王の地位を、象徴的にあらわした言葉。ジョージ1世(在位1714～27) 以降の責任内閣制の発達につれて確立した。

イギリスの議院内閣制 ④ 下院の信任に基づいて内閣が存立するしくみ。首相は下院の第1党の党首が選ばれ、閣僚(かくりょう)を指名し、内閣を組織する。野党も陛下(へいか)の反対党として、影の内閣(シャドー・キャビネット)を組織する。

下院(庶民院) ⑥ 満18歳以上の国民などによる普通選挙制と小選挙区制のもとで選ばれた議員により構成される国民の代表機関。上院と合わせて国の立法機関であり、内閣選出の母体でもある。

上院(貴族院) ⑥ 国民の選挙によらない世襲(せしゅう)貴族、聖職者、代表貴族、法律貴族から構成され、定数がなく、原則として終身制である。

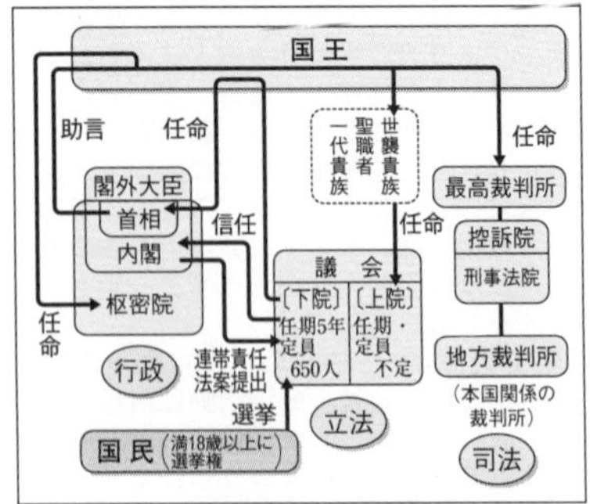

イギリスの政治機構

下院優越の原則 ② 二院制の議会において、下院に優越した権能を与えるという原則。イギリスでは1911年に制定され、1949年の議会法の改正により確立した。

議会任期固定法 ③ 2011年にイギリスで成立した、首相の下院解散権の行使を制限した法律。議会を解散する国王大権は廃止されること、議会総選挙は5年ごとに実施されることが規定された。この法が有効であった間は、首相の判断で庶民院を解散することはできなかったが、2022年に議会解散・召集法が成立することで廃止された。

労働党 Labour Party ③ 20世紀初期、イギリスで、漸進的改革により社会主義を実現しようとする人々が結集してつくった政党。保守党とともに、現代のイギリスで、二大政党政治を展開する。

保守党 Conservative Party ③ イギリスの保守政党。1830年代トーリ党から発展し、労働党とともに二大政党をなしている。貴族的・地主的要素を伝統的体質とするが、最近では時代の要求を入れる柔軟性を備えている。第二次世界大戦中のチャーチル(在任1940～45、51～55)首相、保守党初の女性党首で首相となったサッチャー(在任1979～90)が所属していたことで有名である。

トーリ党(Tory)とホイッグ党(自由党、Whig)

トーリ党は17世紀後半、イギリスで王権を擁護する人々が結集して組織した政党。イギリスの議会政治とともに発展し、現在の保守党となる。ホイッグ党は17世紀後半、イギリスで王権を制限し、議会の権利を主張する人々が結集して成立させた政党。イギリスの議会政治の発展とともに成長し、自由党として保守党と交互に政権を担当したが、労働党の台頭に伴い衰退した。現在の自由民主党は、その後継である。

影の内閣(シャドー・キャビネット) shadow cabinet ⑥ 政権交代に備え、野党内で構成する組織の俗称。イギリスの野党は、その運営に予算が計上され、ここで政府に対抗する政策を立案し、次の政権担当の準備をする。

ハングパーラメント ① 議院内閣制をとる政治体制の議会において、どの政党も議席の単独過半数を獲得していない状態。

ウォルポール Walpole ② 1676～1745 イギリスの政治家。ホイッグ党の中心で、初代首相として1721年から1742年まで政権を掌握し、議院内閣制の確立に貢献した。

最高裁判所 ③ 2009年10月1日に設立されたイギリスの最高裁判所。イングランド、ウェールズ、北アイルランドにおける刑事訴訟及び民事訴訟の終審裁判所。スコットランドの刑事訴訟の終審裁判所は、従来どおり、スコットランド最高法院である。

3 アメリカ合衆国の政治

アメリカ合衆国の政治機構 ④ 厳格な三権分立制、大統領の強い権限、司法権による違憲立法審査制、連邦制などがアメリカ合衆国政治の特色である。

バージニア憲法(バージニア権利章典) ⑤ 1776年に起草されたアメリカ合衆国バージニア州の憲法で、基本的人権の保障を宣言した世界最初の成文憲法として有名。バージニア権利章典は、もともとバージニア憲法とは別の文書として起草されたものであったが、のちにバージニア憲法の第1条として組み入れられた。

アメリカ合衆国憲法 ③ 1787年に採択され、翌年に発効された連邦憲法で、現行の各国憲法の中では最初の成文憲法。独立宣言に比べると保守的政治思想に立っているが、連邦制、民主主義、三権分立制を基本原理としている。

連邦制 ⑤ 2つ以上の国または州が1つの主権のもとに結合して形成する国家。アメリカ合衆国では、独立戦争が各州の連合軍によって戦われたことから、各州に広い自治権が認められている。連邦政府の権限は連邦憲法によって限定されており、各州は独自の憲法、法律、議会、裁判所を持ってい

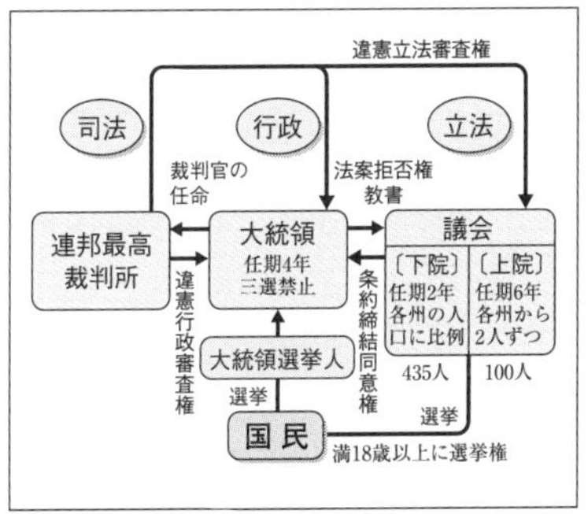

アメリカ合衆国の政治機構

る。

アメリカ合衆国の大統領制 ⑥ アメリカ合衆国大統領は、国家元首であり行政府の首長である。厳格な三権分立制をとるアメリカ合衆国では、大統領は議会の制定した法律を執行するのみで、議会への法案提出権や解散権はない。しかし、法案への署名拒否権や教書の議会送付権など、強い権限を持っている。

大統領 ⑥ 君主のいない共和国の元首、または政府の長の呼称の1つ。アメリカ合衆国大統領に代表されるように、選挙によって国民から選出される場合が一般的であるが、イタリア大統領のように議会から選出される場合もある。また、その権限も行政府の長として強い権限を持つものから、象徴としての存在で政治的権限をほとんど持たないものまで幅広く存在する。

国家元首 ③ 対外的に国家を代表する機関。共和制の国では大統領、君主制の国では君主が国家元首とされるのが通例。天皇は大日本帝国憲法では元首として規定されていたが、日本国憲法にその規定はない。

バイデン Biden ① 1942〜 トランプ前大統領との激しい選挙戦の末、2021年1月にアメリカ合衆国第46代大統領に歴代最高齢(78歳)で就任。世界保健機関(WHO)やパリ協定への復帰など前任者の政策を即時に転換した。同年8月末にアフガニスタンからアメリカ軍を完全撤退させたことや、新型コロナウイルス対策、ロシアのウクライナ侵攻に関する対応の是非が問われている。

トランプ Trump ① 1946〜 アメリカ合衆国第45代大統領、不動産業の実業家。2016年の大統領選に共和党から出馬し、民主党のヒラリー＝クリントンと熱戦を繰り広げた。**ラストベルト**①の労働者をはじめ、富裕層などの既得権益を批判する層から多くの支持を集めて当選し、合衆国大統領を1期務めた。2期目の再選を目指し、2020年アメリカ合衆国大統領選挙に出馬したが、民主党候補のジョー＝バイデンが勝利。トランプ陣営は、コロナ禍で急増した**郵便投票**①を含めた期日前投票に「不正があった」と主張し、法廷闘争を行なったが結果は変わらず、2021年にはトランプの支持者達によって**連邦議会議事堂襲撃事件**①が起きた。これをめぐり、トランプに対して「反乱の扇動」を行なったとの批判が高まり弾劾裁判が行なわれたが、無罪判決となった。

オバマ Obama ② 1961〜 アメリカ合衆国の政治家。アメリカ合衆国第44代大統領(在任2009〜17年)。2009年に、核なき世界に向けた国際社会への働きかけが評価され、ノーベル平和賞を受賞。アフリカ系、ハワイ州出身者。また1960年代以降の生まれとしてアメリカ合衆国史上初となる大統領。2016年5月、伊勢志摩サミット出席後、アメリカ合衆国大統領として初めて広島を訪問した。

拒否権 ⑥ 大統領が上下両院の可決した法案を拒否できる権限。ただし、上下両院が出席議員数の各3分の2以上の多数で再議決したものは法律となる。

教書 ⑥ 大統領が、連邦議会に送付する国政全般についての報告と必要な法案や予算の審議を勧告する文書。大統領には議会への法案提出権がなく、この教書によって国民への政策の周知をはかる。一般教書(年頭教書)、経済報告(経済教書)、予算教書を「三大教書」という。

一般教書 ② 大統領が上下両院の議員を対象にして、国の現状についての大統領の見解を述べ、主要な政治課題を説明する演説。憲法上の規定では、議会への文書を送付することになっているが、実際には、大統領による議会での演説が慣習化している。

法案提出権 ⑥ 法律案を議会に提出する権限。大統領にはこの権限が与えられていない。

大統領選挙 ⑥ 各州で有権者による選挙で選出された大統領選挙人が、大統領を選挙する間接選挙。大統領選挙人選出で大統領は事実上決定する。しかし、大統領は国民の選挙によって選ばれることにかわりはない。

大統領選挙人 ⑤ 大統領を選出するための選挙人。その数は各州の上院と下院の議員数と同じ人数(合計535人)であるが、どの州にも属さないワシントンD.C.には3人が割り当てられている(合計538人)。

：**勝者総取り方式** Winner-take-all ② 選挙区で最多得票を得た陣営が、その選挙区に割り当てられた議席や得点などのすべてを獲得する方式。この方式では、全国の総得票数が少ない候補が勝利することが稀に起こり、2016年のアメリカ大統領選挙では、総得票数に7万票以上もの差があったにもかかわらず、獲得した選挙人が多かったため、トランプ陣営が勝利した。

連邦議会 ⑤ アメリカ合衆国の立法府。上院(元老院)と下院(代議院)の二院制で成り立つ。法律案は両院で審議され、両院を通過し、大統領の承認を得て法律となる。

上院(元老院) ⑥ 各州から2人ずつを選出し、全部で100人の議員で構成される。6年の任期で、2年ごとに約3分の1が改選される。大統領の行なう条約締結や高級官吏の任命に対する承認権を持つ。

上院の同意権 ③ 大統領が行なう条約の批准と指名人事に関して、上院が持つ助言と同意を与える権限。

大統領の弾劾裁判権 ① 上院に専属する大統領罷免のための特別な権限。アメリカ合衆国憲法では大統領が「重大な罪または軽罪につき弾劾の訴追を受け、有罪の判決を受けたときは、その職を解かれる」と規定している。下院において弾劾訴追の決議案に過半数の賛成があったのちに上院による弾劾裁判が開かれ、そこで出席議員の3分の2以上の賛成票が集まれば、有罪判決となる。アメリカ史上初の大統領弾劾裁判は1868年にジョンソン大統領に対して行なわれた。

下院(代議院) ⑤ 435人の議員で構成される。議員は各州の人口比に応じて配分され、2年ごとに全議員が改選される。予算先議権を持つ。

連邦最高裁判所 ④ アメリカ合衆国の司法府を統括する最上級の裁判所。司法権の独立性が強く保たれているとともに、判例により**違憲審査権**①が確立されている。違憲審査には、立法行為に対して憲法違反を審査し判断する違憲立法審査と、行政行為に対する**違憲行政審査**①がある。

共和党 Republican Party ④ 民主党とともに、アメリカ合衆国の政治勢力を二分する政党。個人の自発性や企業の擁護を主張し、企業家などに支持が多い。

民主党 Democratic Party ④ 共和党よりリベラルな立場に立ち、政府による大規模な経済政策、社会福祉政策などの推進に積極的で、伝統的に労働者や少数民族に支持が多い。

4 中国の政治

中国の政治機構 ⑥ マルクス主義や毛沢東思想を理論的基礎とした、社会主義政権の政治制度をとっている。国会にあたるのが「全国人民代表大会(全人代)」、内閣にあたるのが「国務院」、最高裁判所にあたるのが「最高人民法院」である。しかし、権力分立を否定し、全国人民代表大会に、すべての権力が集中する権力集中(**民主的権力集中制**②)をとる。事実上、共産党の幹部による政治が行なわれている。

全国人民代表大会(全人代) ⑥ 国家権力の最高機関で、一院制の議会。立法権を持ち、国務院、最高人民法院を指導、監督する。しかし、年1回の開催であり、その常設機関である常務委員会が事実上の最高権力機関としての役割を果たす。

：**常務委員会** ④ 全国人民代表大会により選出された常設機関。法律の立案・解釈、条約の批准などに大きな政治的権限を持っている。

国務院 ⑥ 最高の国家行政機関。その総理(首相)は国家主席の指名に基づいて全国人民代表大会が承認し、国家主席が任命する。「中華人民共和国政府」のこと。

：**国務院総理** ③ 首相にあたる官職で、国務院を主宰する。

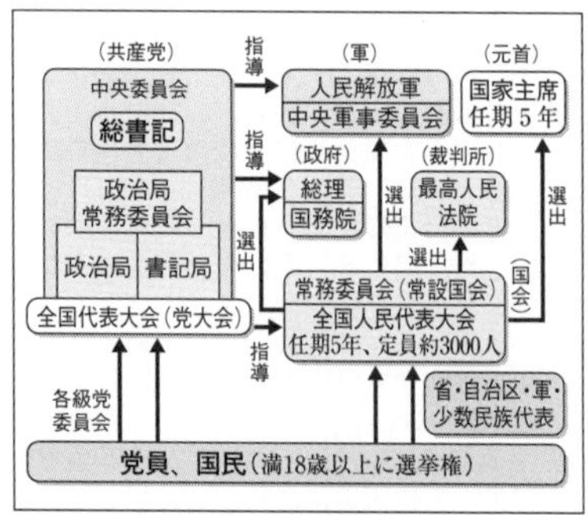

中国の政治機構

国家主席 ⑤ 全国人民代表大会により選出される中国の元首。全国人民代表大会の決定に基づき、法律の公布、国務院総理（首相）・閣僚の任免、外国使節の接受などの権限を持っている。

> **習近平**
> 1953～　中国の最高指導者。2012年から中国共産党中央委員会総書記、中国共産党中央軍事委員会主席を務め、2013年からは中華人民共和国主席、中華人民共和国中央軍事委員会主席も務める。2018年に憲法が改正され、国家主席の任期が撤廃されたため、その任期は無制限となった。
> 習政権は、国際社会に対して国際協調、平和協力の推進を強調しているが、その一方で軍事力の持続的な増強を背景に、強硬な大国主義外交を展開しているようにもみえる。アメリカに対しては、戦略的な駆引きではなく健全に競争することを踏まえた新タイプの大国関係の形成を呼びかけている。

最高人民法院 ⑤ 中国の裁判所で、最高の司法機関。そのもとに各級の人民法院がある。

中国共産党 ⑥ 1921年７月に結成された中国の政党。中華民国の時代に、中国国民党とは協力関係と敵対関係を繰り返した。日中戦争時には、抗日民族統一戦線を維持したが、第二次世界大戦後、国共内戦となり、国民党政府を台湾に追いやった。1949年10月、中華人民共和国の建国により政権政党となり、以来、現在まで共産党による事実上の**一党独裁**③体制が続いている。中国共産党の最高指導者を**総書記**①と呼ぶ。

> **毛沢東**
> 1893～1976　中国共産党の指導者、国家主席。中国共産党創立期より党を指導、抗日戦を戦い抜き、整風運動、人民公社運動などの社会主義建設を進めた。1966年からは中国における風俗、習慣、思想、文学から政治、経済、社会に及ぶ全面的な改革運動であるプロレタリア文化大革命を指導した。この運動は共産党内部の権力闘争と大衆運動という二重の性格を持ち、中国社会は激しく引き裂かれて悲劇をもたらし、大きな禍根を残して挫折した。主著に『新民主主義論』『実践論』などがある。

5　ソ連・東欧の政治

共産主義 ③ 生産手段を社会的に共有した社会の実現を目指す、政党活動や思想のこと。工場や原材料を持つ資本家が、労働力を提供するしかない労働者を搾取する社会構造を改めることを主張している。19世紀にマルクスとエンゲルスが『資本論』でこの考え方を体系的にまとめ、20世紀にはレーニンらによる革命によってソ連がつくられることで、その主張の一部が現実化した。

共産党 ⑤ マルクス・レーニン主義を指導原理とし、資本主義にかわり共産主義の実現を究極の目標とする政党。

> **マルクス主義**
> 資本主義の必然的崩壊、階級闘争による権力の奪取、プロレタリア独裁による階級のない共産社会の樹立などを説いたマルクス、エンゲルスの思想。20世紀の初めにレーニンは、その思想を時代に即して解釈し、ロシア革命の理論的基礎とした。「マルクス・レーニン主義」とも呼ばれている。

社会主義政権 ① 生産手段の公的所有を主張する社会主義国における権力集中制の政府のこと。最初の登場は、1917年のロシア革命により誕生したソ連であった。多くは共産党の一党独裁で、国民の経済的平等を実現しようとする政権ではあるが、政治に対する批判や反対の自由は制限する。

権力集中制 ④ 権力の分立制を否定し、全人民を代表する合議体にすべての権力を集中させるしくみ。「民主集中制」ともいう。社会主義体制をとる国々の特徴的な政治体制で、現実には共産党による一党独裁政治が行なわれてきた。東欧革命とソ連の崩壊により、現在、典型的な権力集中制をとっている国には、中国や朝鮮民主主義人民共和国（北朝鮮）などがある。

複数政党制 ② 複数の政党が併存する政治を認めること。ソ連や東欧諸国では、長らく事実上の共産党一党支配が続いていたが、ゴルバチョフ政権以後、一党支配に対する不満が各国で爆発し、共産主義政党による独占支配体制に終止符が打たれた。

ソ連（ソヴィエト連邦） ⑥ 世界初の社会主義国として1922年に成立した連邦国家。正式名称は「ソヴィエト社会主義共和国連邦」。**ソヴィエト**①とは、ロシア語で「会議」を意味する。建国当時は４つの共和国で構成されていたが、1940年までには15の共和国の連邦国家となった。1991年にソ連共産党の解体、バルト3国（エストニア、ラトビア、リトアニア）の独立などの流れの中で、ソ連は崩壊した。

スターリン Stalin ① 1878～1953 ソ連の政治指導者。レーニンの死後、トロツキーらの対立者を次々に失脚(しっきゃく)させ、1920年代末には事実上の独裁権を掌握(しょうあく)し、社会主義国家の建設を進めた。死後、スターリン主義（個人崇拝(すうはい)、大量粛清(しゅくせい)、大国主義）として批判された。

スターリン批判 ③ 1956年にソ連共産党第一書記のフルシチョフが発表した、スターリンによる独裁政治や粛清の事実暴露と個人崇拝に対する批判。

ペレストロイカ Perestroika ⑤ ゴルバチョフ共産党書記長が行なった立て直し（再建、改革）政策の総称。国内では言論の自由化、情報公開、複数政党制の導入などの民主化を進め、対外的にはデタント（緊張緩和）と軍縮政策の新思考外交を展開した。

グラスノスチ Glasnost' ④「情報公開」と訳されるロシア語。ゴルバチョフ共産党書記長が進めていたペレストロイカと表裏一体をなすもので、秘密主義を廃して、開かれた政治や経済を展開しようとした。

ソ連解体（消滅） ⑥ 1991年12月、独立国家共同体（CIS）の創設、ソヴィエト共産党の解体、ソヴィエト連邦大統領ゴルバチョフの辞任などにより、ソ連を構成していた15の共和国が分離・独立したことによってソ連という超大国が消滅したこと。1989年のベルリンの壁崩壊、1990年の東西ドイツの統一という東欧の民主化が大きな影響を与えた。

独立国家共同体（CIS） Commonwealth of Independent States ⑤ 旧ソ連の共和国により、ゆるい枠組みで形成された国家連合体。1991年12月8日、ロシア、ウクライナ、ベラルーシの3カ国首脳が創立を宣言した。1993年までに、バルト3国を除く12カ国が加盟した。その後、ウクライナ、トルクメニスタンが準加盟国となり、2009年にグルジア（現ジョージア）が脱退したことから、正式加盟国は9カ国となった。なお、ウクライナは2014年3月に脱退方針を決定した。

> **プーチン**
> 1952～ ロシア連邦の大統領。2000～08年に大統領をつとめ、2008～12年まで首相を務めたのち、2012年から再び大統領に就任した。本来の任期は2024年までだったが（2期6年）、2021年の大統領選挙法の改正に伴い、2期12年（2036年）まで在職が可能になった。
> 2014年、先進7カ国（G7）首脳は、欧米が反対するクリミア自治共和国のロシアへの編入をプーチンが承認したため、G8へのロシアの参加停止を決定した。日本との北方領土問題については、双方の妥協による解決は可能との見解を表明している。

6 その他の政治制度

イデオロギー ③ 歴史的、政治的立場に基づいてつくられる政治的、社会的なものの考え方。

全体主義 ③ 個人の権利、自由に対して、全体の利益が優先するという政治原理。20世紀前半のドイツのナチズムやイタリアのファシズム、日本の軍国主義がその典型例。

ファシズム fascism ⑥ もともとはイタリアのファシスト党による独裁政治を指すが、ドイツのナチズムなどを含めて、国民の自由や権利を否定する政治のあり方を広く「ファシズム」と呼ぶ。議会政治の否定、一党独裁、暴力による国民の自由抑圧(よくあつ)などの特徴を持つ。

プロパガンダ ② 人々を特定の思想や行動に誘導しようとする意図を持った宣伝行為。

ポピュリズム ⑥ 大衆の利益や願望などを考慮して、大衆の支持のもとに体制側や知識人などと対決しようとする政治姿勢。

マッカーシズム ① 1950年代前半に、共産主義者、または親共産主義者と名指しされた人々が**同調圧力**①によって職場や社会から追放された反共産主義運動。アメリカのジョセフ＝マッカーシー上院議員によって推進された。**赤狩り**①とも呼ばれる。

ナチス Nazis ④ 1919年に設立されたドイツ労働者党を前身とし1920年に改称された**「国家（国民）社会主義ドイツ労働者党」**①のこと。党内で独裁的指導者となったヒトラーにより党勢は拡大し、1932年7月及び11月の選挙で同党が第1党となり、1933年1月にヒトラー首相率いるナチス政権が誕生した。同年3月には全権委任法により立法権をナチス政権に委譲させ、同年7月には政党禁止法によりナチス以外の政党が禁止された。

：**ナチズム** Nazism ① ナチスの思想とその政治体制。民族共同体が個人に優越するとして、基本的人権を抑圧し、全体主義を進め、ユダヤ人迫害や侵略戦争の推進など、人権無視の政治を行なった。1980年代になると、ヨーロッパには個人主義や自由主義を否定する新国家主義、ネオナチズムといわれる過激派が登場した。外国人排斥(はいせき)などを掲げ、「ヨーロッパ新右翼」と総称される。

ヒトラー Hitler ② 1889～1945 ドイツの政治家。ナチスの指導者として権力を一身に集め、全体主義に基づき侵略戦争を開始した。自ら「第三帝国」と称し、第二次世界大戦を誘発し、やがてドイツの敗北をもたらした。

ホロコースト ③ 第二次世界大戦中に、ナチスがユダヤ人などに対して行なった組織的な大量虐殺(ぎゃくさつ)。

ユダヤ人迫害 ① ナチスの人種差別政策。ユダヤ人の公職追放、企業経営禁止や市民としての生活を奪った。やがて、アウシュヴィッツなどの強制収容所で、ユダヤ人の虐殺を行なった。

大量虐殺(ぎゃくさつ) ③ 一度に大量の人々をむごたらしく、残忍に殺す行為。第二次世界大戦中のナチスによるユダヤ人虐殺や1937年の南京(ナンキン)事件での日本軍による中国人への大虐殺、さらには1970年代のカンボジアのポル＝ポト政権による自国民の大量殺戮(さつりく)などの例がある。

ファシスト党 Partito nazionale fascista ③ ムッソリーニに指導されたイタリアのファシズム政党。反共産主義、反議会制民主主義の性格を強く持ち、ナチズムやそのほかの国のファシズムの形成に大きな影響を与えた。

ムッソリーニ Mussolini ③ 1883～1945 イタリアの政治家。イタリアにおけるファシズムの指導者として1922年に政権を獲得し、言論、出版、結社の自由などを否定してファシスト党独裁を確立した。

テロリズム ③ 非合法的な暴力手段を用いて、政治上の目的を達成しようとすること。暗殺、追放、粛清(しゅくせい)など。孤立的、単発的な場合と集団的、組織的な場合とがある。通称、「テロ」。アル・カーイダによるアメリカのニューヨークにあった世界貿易センタービルへの航空機による突入やイスラーム原理主義者による自爆テロなど、国際社会でも問題となっている。

開発独裁 ⑥ 経済開発を名目にして、軍事政権や一党支配により、議会制民主主義を否定もしくは形骸(けいがい)化させた強権的独裁政治のこと。第二次世界大戦後の発展途上国にみられた。朴正熙(パクチョンヒ)政権下の韓国やスハルト政権下のインドネシアなどの例がある。

軍事政権 ③ 軍部が政治権力を握ること、または軍事力を背景にした政権のこと。発展途上国では軍部が統制のとれた数少ない組織であるため、政党にかわって政権を握ることが多くみられる。

アウン＝サン＝スー＝チー Aung San Suu Kyi ② 1945～ ビルマ(現ミャンマー) 独立の父アウン＝サンの長女で、ビルマ(ミャンマー)民主化運動の指導者。1988年に国民民主連盟(NLD) 書記長、1989年の軍事政権により自宅軟禁され、その後、解除と軟禁が繰り返された。1991年にノーベル平和賞を受賞。2010年に自宅軟禁が解除され、2012年にはNLD議長に就任した。また、2015年11月の総選挙でNLDが勝利して発足した新政権のもとで、外務大臣、大統領府大臣、国家顧問に就任した。事実上の首相ともみなされる国家顧問に就任したが、2021年2月にミャンマー国軍が起こしたクーデタにより拘束された。

最高指導者 ① 朝鮮民主主義人民共和国の指導者。2012年に金正恩(キムジョンウン)がその地位につき、党、国家、軍を掌握している。

ドゥテルテ Duterte ① 1945～ フィリピンの政治家であり、第16代大統領を務めた。汚職と麻薬の撲滅(ぼくめつ)のために厳しい態度で臨むことを表明し、人権侵害も辞さない旨の過激な発言を繰り返したため、国際社会から非難された。

第2章　日本国憲法と基本的人権の保障

1　日本国憲法の制定と基本原理

1　大日本帝国憲法

中央集権 ④ 政治権力と財源が中央政府に一元化されている状態。対義語は「地方分権」。

自由民権運動 ③ 明治時代前半、自由民権を旗印に、政府を批判した政治運動。板垣退助らを中心に憲法制定や国会開設などを要求した。また天賦人権論も主張された。

：**天賦人権** ① 天（自然）から与えられた人権という意味。「自然権（natural right）」の訳語で、明治時代初期に自由民権論者により広く主張された。

私擬憲法 ③ 大日本帝国憲法制定前に起草された民間による憲法の私案。政府の憲法制定に並行し、民権派によっても作成された。現在、私擬憲法草案といわれるものは、50数種類が発見されている。その中には、東京の五日市の自由民権運動家である**千葉卓三郎**①が起草した「日本帝国憲法（**五日市憲法草案**①）」など、国民の権利の保障に力点を置いた現憲法に近い草案も含まれている。

：**東洋大日本国国憲按** ③ 植木枝盛が起草したとされる私擬憲法。その内容は、国民主権、一院制議会、抵抗権の保障など、私擬憲法の中では民主的なものとなっている。

：**植木枝盛** ③ 1857～92　自由民権運動の代表的活動家。板垣退助の立志社に参加しながら、より早く政党運動の必要性を説いた。また啓蒙思想を学び、天賦人権論を説く。「東洋大日本国国憲按」を起草。著書に『民権自由論』『言論自由論』『天賦人権弁』などがある。

大日本帝国憲法（明治憲法） ⑥ 1889（明治22）年2月11日公布、翌年11月29日施行。**プロイセン憲法**⑤（1850年にプロイセンで制定された欽定憲法）を模範として、ドイツ型立憲主義を採用した。「**神聖不可侵**」①な天皇を統治権の総攬者とする中央集権の国家体制であった。現在からみれば国民の権利が大幅に制限された憲法ではあるが、自由権が認められ、日本の近代化に一定の貢献をした。

伊藤博文 ① 1841～1909　長州出身の政治家。松下村塾に学び、1863（文久3）年にイギリスを視察し、開国派となる。新政府のもとで岩倉遣外使節団に副使として加わる。1882～83（明治15～16）年にヨーロッパで立憲制を調査。1885（明治18）年、内閣制度創設に伴い、初代内閣総理大臣となる。1886（明治19）年より**井上毅**①、金子堅太郎、伊東巳代治らとともに憲法の起草にあたった。立憲体制の確立に努力した。

欽定憲法 ⑤ 君主の権威により制定された君主主権の憲法。これに対して、国民主権主義で制定されたのが「民定憲法」である。

外見的立憲主義 ③ 表面上は立憲主義の形態をとっているかにみえるが、実際には、立憲主義を否定する統治形態。1850年のプロイセン憲法や1889年の大日本帝国憲法などに基づく統治形態がその例である。

近代憲法 ③ 市民革命を通じて確立した国民主権、基本的人権の尊重、権力分立などの原則を持った憲法。

天皇主権 ④ 国家意思の最終的、最高の決定権は天皇にあるとする、大日本帝国憲法の基本原理。憲法には「大日本帝国ハ万世一系ノ天皇之ヲ統治ス」（第1条）、「天皇ハ国ノ元首ニシテ統治権ヲ総攬シ……」（第4条）とある。

統治権 ⑥ 立法、司法、行政のすべてを行使することのできる権限。国の政治を行なう権限のこと。大日本帝国憲法では、第4条で、国家の一切の権利が天皇によって代表され、天皇の行為として行なわれることを定めた。

総攬 ④ 立法、行政、司法の権能を一手に掌握すること。大日本帝国憲法では統治権を総攬するのは天皇であった。

天皇大権 ⑤ 広い意味では天皇の統治権のこと、狭い意味では帝国議会の参与（協力）を経ずに、あるいは裁判所への委任なしに、天皇が単独で行使できる権能。軍部や官僚

(かんりょう)らは、輔弼(ほひつ)することでこの大権を利用し、議会の権限を制限した。

統帥(とうすい)権 ⑥ 軍隊を指揮、命令する権限のこと。大日本帝国憲法では、これを天皇に直属させていた。

統帥権の独立 ⑤ 大日本帝国憲法のもとで、統帥権が帝国議会や内閣から独立していること。そのため、統帥権は天皇が軍隊に対して直接に行使できた。軍部の政治的台頭とともに軍に関する事項に拡大され、軍隊は天皇の名で行動し、さらに国政全般が軍の支配下に置かれる原因となった。

勅令(ちょくれい) ② 大日本帝国憲法に規定された、天皇の発する命令。天皇大権の1つで、帝国議会の同意を経ずに発令できた。

緊急勅令 ③ 帝国議会が閉会中、緊急の必要により公共の安全を保持し、またはその災厄(さいやく)を避けるため、天皇が発する命令。法律と同じ効力を持つが、次の帝国議会で承諾(しょうだく)を得なければその効力を失うとされる。

非常大権(たいけん) ① 戦時、または国家の非常事態の場合に、臣民(しんみん)権利義務の規定の全部、または一部を停止する天皇の大権。非常時における天皇の絶対的権限を規定している。内容に明確性を欠き、また緊急勅令、独立命令の制度があったために有用性がなく、実際には一度も発動されなかった。

：**戒厳大権(かいげんたいけん)** ① 戦時、あるいは非常事態にあたって、秩序の回復をはかるために、司法権、行政権の全部または一部を軍の権力のもとに移すこと。天皇大権の1つ。

臣民(しんみん) ③ 君主制国家において、君主に仕える者のこと。大日本帝国憲法下では、天皇及び皇族以外の日本国民を指す。

臣民の権利 ⑥ 大日本帝国憲法で認められた諸権利のこと。臣民(国民)の権利は、天皇により恩恵(おんけい)的に与えられたものにすぎず、「法律ノ範囲内」と限定され、きわめて不十分なものであった。

「法律ノ範囲内」 ④ 大日本帝国憲法における人権は、法律によって容易に制限、侵害ができた。居住・移転の自由、言論・著作・印刷と発行、集会・結社の自由は、「法律ノ範囲内ニ於(おい)テ」保障されていたにすぎなかった。

法律の留保(りゅうほ) ⑥ 法律に基づく限り、個人の権利、自由に対して必要な制限、侵害をすることができるということ。大日本帝国憲法では、多くの人権規定が「法律ノ範囲内ニ於テ」という制限を受け、法律の留保がみられた。

輔弼(ほひつ) ⑤ 大日本帝国憲法において、天皇の権限行使(こうし)に対する国務大臣(内閣)の助言のこと。天皇の行為については、国務大臣がその責任を負う。

同輩(どうはい)中の首席 ⑤ 大日本帝国憲法における内閣総理大臣の地位は、ほかの閣僚(かくりょう)と同格であり、同輩中の首席にすぎなかった。国務大臣の任免権は天皇大権であり、閣内の意見不統一は内閣総辞職の一因となった。

帝国議会 ④ 大日本帝国憲法に基づく立法機関で、公選議員からなる衆議院と、皇族、華族、勅任(ちょくにん)議員などからなる貴族院の二院制をとった。両院の権限は、衆議院の予算先議権を除いて対等であったため、衆議院は貴族院の制約を受けがちであった。

協賛 ④ 大日本帝国憲法において、統治権の総攬者である天皇が、法律、予算を成立させる際に、事前に帝国議会が与える同意のこと。帝国議会は、天皇の立法権に協賛する機関であった。

衆議院 ③ 大日本帝国憲法下にあって、貴族院とともに帝国議会を構成した立法機関。制限選挙による唯一の国政機関であったが、予算先議権を持つ以外は貴族院と対等であり、国民代表の議会としては十分ではなかった。日本国憲法下では、参議院とともに国会を構成する立法機関。参議院に対しては様々な点で衆議院が優越している。

貴族院 ③ 大日本帝国憲法下で衆議院と並んで帝国議会を構成した立法機関。憲法発布と同時に貴族院令が公布された。皇族、華族、勅選(ちょくせん)議員、多額納税者議員などで構成され、衆議院の予算先議権を除き、衆

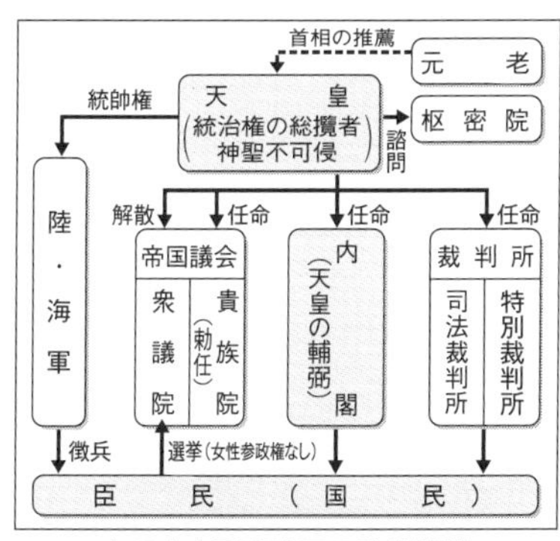

大日本帝国憲法下の政治機構

議院とほぼ対等の権限を持った。なお、勅選議員と多額納税者議員を総称して「勅任議員」といった。

枢密院(すうみついん) ③ 憲法に規定された天皇の最高諮問(しもん)機関で、政治的長老や行政経験者から構成された。憲法付属法令の改正などに際しては、事前に枢密院に相談することが求められ、重要な国政の運営についても、事実上、政府を制約する目付(めつけ)役的機能を果たし、大きな政治的権力をふるった。

大審院(だいしんいん) ③ 1875（明治８）年、東京に設置された司法機関。民事部、刑事部に分かれ、各部５人の裁判官が合議制で裁判を行なった。大日本帝国憲法下では最高司法裁判所であった。

憲政の常道(じょうどう) ① 大日本帝国憲法下で、一時期に運用されていた政党政治の慣例。衆議院で第１党となった政党の党首に内閣総理大臣として組閣命令が下されるべきというもの。あくまでも慣例であり、法的拘束(こうそく)力はなかった。

軍国主義 ⑥ 軍事力を国家の中核とし、政治、経済、教育などを、これに従属させようとするイデオロギーや体制のこと。1936（昭和11）年の二・二六事件以降に軍部が政権を掌握し、1937(昭和12)年の日中戦争の開始以来、翌1938(昭和13)年の国家総動員法によって統制経済体制を確立した。1940(昭和15)年の大政翼賛会(たいせいよくさんかい)や大日本産業報国会による政界、労働界の支配を行ない、その結果、1941(昭和16)年の東条英機(とうじょうひでき)内閣による太平洋戦争開戦をもたらした。

軍部 ④ 二・二六事件ののちに台頭した、参謀(さんぼう)本部(陸軍)、軍令部(海軍)、陸・海軍省の高級軍人を中心とする政治勢力のこと。反政党、統制経済による高度国防国家の建設を目指す参謀本部、陸軍省を中心とする統制派が軍の主流となった。

治安警察法 ② 1900（明治33）年に公布された、集会、結社、言論の自由や労働運動を取り締まるための法律。

治安維持法 ⑥ 天皇制（国体）及び資本主義体制の変革を目指す反体制運動や社会主義運動を取り締まるための法律。1925（大正14）年に衆議院議員選挙法改正（普通選挙法）とともに制定された。のちに、予防拘禁(こうきん)制の導入や刑罰に死刑が加えられ、国民生活全般を統制できるようになった。

満州（洲）事変(まんしゅうじへん) ③ 1931～33（昭和６～８）年、日本の関東軍による柳条湖(りゅうじょうこ)事件によって開始された中国東北部(満州)への侵略戦争。日本は満州を占領し、満州国を建国した。国際連盟は日本の行動を否認し、これに反発した日本は、1933(昭和８)年に国際連盟を脱退した。

五・一五事件 ① 1932（昭和７）年５月15日に起こった海軍青年将校を中心とするクーデタ事件。首相官邸、警視庁などを襲い、犬養毅(いぬかいつよし)首相を射殺した。この結果、政党内閣が終わり、軍部が政治に進出した。

二・二六事件 ① 1936（昭和11）年２月26日に起こった、陸軍青年将校を中心とするクーデタ事件。首相官邸、警視庁一帯などを占拠したが、天皇により反乱軍として鎮圧された。この結果、軍部の政治的発言権はさらに拡大されていった。

日中戦争 ① 1937～45(昭和12～20)年、1937年の盧溝橋(ろこうきょう)事件をきっかけにして起こった、日本の中国に対する全面的な侵略戦争。国共合作(こっきょうがっさく)による抗日民族統一戦線の結成で戦争は長期化した。局面打開を目指した日本は、フランス領インドシナに進駐してイギリス、アメリカとの対立を深め、戦線を拡大した。「日華(にっか)事変」ともいう。

国家総動員法 ① 1938（昭和13）年、第１次近衛文麿(このえふみまろ)内閣によって議会を通じて制定された法律。総力戦遂行(すいこう)のために、政府がすべての人的、物的資源を統制運用できることを規定した。

国家神道(しんとう) ① 国教と位置づけられた神道のこと。明治初期から第二次世界大戦中にかけて、天皇制、国家主義思想のイデオロギーとして国民の思想統一に利用された。戦後、GHQ（連合国軍最高司令官総司令部）による神道指令で政治と分離され、日本国憲法では宗教の政治的利用、保護は禁止された。

太平洋戦争 ④ 1941～45（昭和16～20）年、第二次世界大戦のうち、1941年12月８日の日本軍によるマレー半島上陸、ハワイ真珠湾(しんじゅわん)攻撃で始まった日本とアメリカ、イギリス、オランダ、中国などの連合国側との間のアジア太平洋地域での戦争。1945年８月14日、日本はポツダム宣言受諾(じゅだく)を連合国側に通告し、翌15日に天皇により戦争終結が国民に発表され、９月２日に降伏文書に署名して戦争は終了した。

沖縄戦

1945(昭和20)年３月から約３カ月間にわたる沖縄での日米両軍の戦闘。沖縄県民を巻き込んだ戦闘となり、一般人約９万4000人を含む18万人余りが死亡した。この戦いで、集団自決などの悲惨(ひさん)な事件も起きた。ひめゆりの塔は、沖縄戦に看護要員として動員され、死亡した県立第一高女、沖縄師範(しはん)女子部の生徒約200人の慰霊碑である。

2　日本国憲法の成立

ポツダム宣言 ⑥ 1945（昭和20）年７月、ドイツのベルリン郊外のポツダムにおいてアメリカ、イギリス、ソ連の３巨頭会談が行なわれた。その機会に、アメリカ、イギリス、中華民国の名で出された日本に降伏を求める宣言(文書)。軍国主義の絶滅、領土制限、民主化促進、日本軍の無条件降伏などを条件として、列挙した。日本政府は、８月14日にこれを受諾(じゅだく)、９月２日に降伏した。この宣言に基づいて、占領政策が実施された。

連合国軍最高司令官総司令部（GHQ） General Head Quarters ⑥ ポツダム宣言に基づき、日本の占領行政のために設けられた連合国軍の最高司令官総司令部。マッカーサーが最高司令官に着任。当初はポツダム宣言に基づく民主化政策が中心で、軍国主義者の公職追放、治安維持法や特別高等警察の廃止、言論・政治活動の自由、経済の民主化などを進めたが、1948(昭和23)年以降は、冷戦の影響から日本を反共の砦(とりで)とし、経済再建を重視するに至った。政治面では憲法改正(日本国憲法制定)が最も重要な改革。経済面では財閥解体、農地改革、労働民主化などを行なった。

マッカーサー MacArthur ⑥ 1880～1964 アメリカの軍人。連合国軍最高司令官として対日占領にかかわり、経済の民主化、日本国憲法の制定など、戦後日本の重要な改革を推進した。1951(昭和26)年に解任された。

憲法問題調査委員会 ③ 1945（昭和20）年10月、**幣原喜重郎**(しではらきじゅうろう)①内閣のもとで、大日本帝国憲法の改正を検討するために設置された委員会。委員長が松本烝治(まつもとじょうじ)であったため、「松本委員会」とも呼ばれた。

：松本烝治(まつもとじょうじ) ③ 1877～1954　幣原喜重郎内閣における憲法改正担当の国務大臣。憲法改正案を検討した憲法問題調査委員会の委員長。1946（昭和21）年１月には、「**松本案**」⑤と呼ばれる憲法改正の草案がまとまり、GHQに提出されたが、その内容は天皇主権を温存するもので、民主化には不徹底なものであった。それが契機となり、マッカーサーはGHQ民政局に憲法改正案の作成を指示することになった。

国体護持(こくたいごじ) ① 日本国家の歴史的独自性である天皇中心の体制を大切にし、守り保つことをいう。ポツダム宣言受諾後、後継の東久邇宮稔彦王(ひがしくにのみやなるひこおう)内閣は、「国体護持」を唱え、終戦処理にあたったが、占領政策に適応できず総辞職した。

憲法研究会 ③ 1945（昭和20）年11月に発足。高野岩三郎(たかのいわさぶろう)、鈴木安蔵(すずきやすぞう)ら学者、知識人などを中心とする民間の憲法改正のための研究会。

憲法草案要綱(ようこう) ① 1945(昭和20)年12月に、憲法研究会が発表した憲法改正草案（憲法研究会案）。フランス憲法、アメリカ合衆国憲法、ソ連憲法などを参考に作成され、国民主権、天皇の権限の形式的面への縮減、手厚い人権保障などが設けられ、マッカーサー（GHQ）草案作成に大きな影響を与えた。

マッカーサー三原則 ⑤ GHQ民政局に独自の憲法草案作成を指示した際に出した、マッカーサーによる三原則。⑴天皇は国家の元首（The Head of the State）、⑵戦争の放棄・非武装・交戦権の否認、⑶封建制の廃止を内容としている。「マッカーサーノート」ともいわれる。

封建的諸制度の廃止 ④ マッカーサー三原則の１つ。この原則のもとで、華族の政治権力が否定され、制度の廃止が実現した。

マッカーサー草案（GHQ草案） ⑥ 1946（昭和21）年にマッカーサーがGHQ民政局に指示して作成させ、日本政府に示した憲法改正草案。国民主権を原理とし、戦争放棄、基本的人権の保障を定めたもので、現行憲法の原型となった。

憲法改正案（大日本帝国憲法改正草案） ⑤ マッカーサー草案を原案として、1946（昭和21）年に日本政府がとりまとめ、発表した憲法改正案。第90帝国議会に上程(じょうてい)され、可決された。

第90帝国議会 ⑤ 1946（昭和21）年に、大日本帝国憲法に基づいて開催された90回目の議会。1945(昭和20)年の衆議院議員選挙法の改正で、女性を含めた満20歳以上の国民により選ばれた議員からなる議会であった。この議会で、憲法改正案が審議され、可決された。

大日本帝国憲法		日本国憲法
1889(明治22)年2月11日	公布	1946(昭和21)年11月3日
1890(明治23)年11月29日	施行	1947(昭和22)年5月3日
欽定憲法	憲法の性格	民定憲法
天皇	主権者	国民
神聖不可侵、元首、統治権の総攬者、議会にはからずに行使できる各種大権（統帥、外交、独立命令・緊急勅令）	天皇の地位・権限	日本国及び日本国民統合の象徴、政治上の実権なし
天皇の恩恵による「臣民」の権利、法律により制限(法律の留保)	人権	永久不可侵の基本的人権として保障
天皇の協賛機関、衆議院と貴族院、貴族院は非選挙、両院は対等	国会	国権の最高機関、衆議院と参議院、両院とも民選、衆議院の優越
憲法の規定なし、各国務大臣が天皇を輔弼、天皇に対して責任を負う	内閣	議院内閣制、国会に対して責任を負う
天皇の名において裁判	裁判所	司法権独立、違憲立法審査権
天皇の軍隊(軍の編制・統帥は大権)	軍隊	戦争放棄、戦力不保持
緊急勅令・戒厳令・非常大権・財政上の緊急処分	非常事態	なし
天皇の発議により議会が議決	改正	国会の発議により国民投票

大日本帝国憲法と日本国憲法の比較

1945年10月11日	マッカーサー、幣原喜重郎首相に憲法改正を示唆
25日	政府、憲法問題調査委員会を設置
46年2月1日	同委員会の憲法改正案、毎日新聞がスクープ
3日	マッカーサー、GHQ民政局に三原則に基づく憲法草案作成を指示
8日	憲法改正要綱（松本案）をGHQに提出
13日	GHQ案、政府に提示される
3月6日	政府、GHQ案を基礎に作成した憲法改正草案要綱を発表
4月10日	衆議院議員総選挙（初の男女平等普通選挙）
22日	憲法草案、大日本帝国憲法改正案という形で、枢密院に付議
6月8日	枢密院、憲法改正草案を可決
20日	第90帝国議会に改正案提出
8月24日	衆議院、修正可決
10月6日	貴族院、修正可決
7日	衆議院、貴族院修正案に同意
11日	改正案、枢密院に諮詢
29日	枢密院、帝国憲法改正案可決
11月3日	日本国憲法公布
47年5月3日	日本国憲法施行

日本国憲法の制定過程

日本国憲法 ⑥ 大日本帝国憲法にかわって、1946(昭和21)年11月3日に公布、翌年5月3日に施行(しこう)された現行憲法。前文(ぜんぶん)及び11章103条からなり、民主主義、国民主権主義、人権保障、平和主義の理念が強く打ち出された憲法である。

日本国憲法の基本原理（日本国憲法の三大原理） ⑥ 日本国憲法に盛り込まれた基本的な考え方のこと。国民主権、基本的人権の尊重、平和主義の3つが日本国憲法の三大原理。日本国憲法は、国民主権や基本的人権の尊重から明らかなように、西ヨーロッパやアメリカなどの人権宣言や憲法の流れをくむもので、その徹底した平和主義は他国に例のない大きな特色といえる。

憲法前文(ぜんぶん) ④ 憲法の条項の前に置かれる文章で、制定の趣旨や基本原則などを示すもの。日本国憲法は、その前文において、国民主権、平和主義、人権の保障をうたうとともに、国民が制定した民定憲法であることを表明している。

日本国憲法(前文(ぜんぶん))
1946(昭和21)年11月3日公布
1947(昭和22)年5月3日施行(しこう)

日本国民は、正当に選挙された国会における代表者を通じて行動し、われらとわれらの子孫のために、諸国民との協和による成果と、わが国全土にわたつて自由のもたらす恵沢(けいたく)を確保し、政府の行為によつて再び戦争の惨禍(さんか)が起ることのないやうにすることを決意し、ここに主権が国民に存することを宣言し、この憲法を確定する。そもそも国政は、国民の厳粛(げんしゅく)な信託(しんたく)によるものであつて、その権威は国民に由来し、その権力は国民の代表者がこれを行使(こうし)し、その福利は国民がこれを享受(きょうじゅ)する。これは人類普遍の原理であり、この憲法は、かかる原理に基くものである。われらは、これに反する一切の憲法、法令及び詔勅(しょうちょく)を排除する。

日本国民は、恒久(こうきゅう)の平和を念願し、人間相互の関係を支配する崇高(すうこう)な理想を深く自覚するのであつて、平和を愛する諸国民の公正と信義に信頼して、われらの安全と生存を保持しようと決意した。われらは、平和を維持し、専制と隷従(れいじゅう)、圧迫と偏狭を地上から永遠に除去しようと努めてゐる国際社会において、名誉ある地位を占めたいと思ふ。われらは、全世界の国民が、ひとしく恐怖と欠乏から免(まぬ)かれ、平和のうちに生存する権利を有することを確認する。

われらは、いづれの国家も、自国のことのみに専念して他国を無視してはならないのであつて、政治道徳の法則は、普遍的なものであり、この法則に従ふことは、自国の主権を維持し、他国と対等関係に立たうとする各国の責務であると信ずる。

日本国民は、国家の名誉にかけ、全力をあげてこの崇高な理想と目的を達成することを誓ふ。

平和憲法 ② 日本国憲法を平和主義の面に着目して呼ぶ名称。日本国憲法は、前文で恒久(こうきゅう)平和主義を、第９条で戦争の放棄、戦力の不保持、交戦権の否認を規定するなど、他国に例のないことから、このように呼ばれる。

『あたらしい憲法のはなし』 ② 1947（昭和22）年８月、日本国憲法の施行に伴い、日本政府（当時の文部省）が新憲法を普及させるために発行した中学校用準教科書。

3　国民主権

国民主権 ⑥ 国家の政治権力は国民に由来し、従って政治のあり方を最終的に決定する権力は、国民にあるという考え方。日本国憲法の前文と第１条に明記している。国民主権は、基本的人権とともに、民主政治を支える基本原理である。

主権者 ⑥ 国家の政治のあり方を最終的に決定する権力を持つ者。主権が国民にあれば国民主権、君主にあれば君主主権である。

民定憲法 ⑤ 国民が直接に、または国民から選挙された代表者を通じて制定する憲法。君主により制定された「欽定(きんてい)憲法」に対するもので、国民主権の思想に基づく。

天皇 ⑥ 日本国憲法第１条において、「日本国の象徴」「**日本国民統合の象徴**」⑥と位置づけられている存在。そのため、現在の天皇のあり方は「**象徴天皇制**」⑥と呼ばれる。その地位は、「主権の存する日本国民の総意に基づく」とされている。その職務は、象徴としての儀礼的な国事行為にとどまり、実質的な政治権力は持たない。大日本帝国憲法において天皇は主権者であり、国家元首とされていた。

国事行為 ⑥ 憲法第７条に定められた天皇が行なう形式的、儀礼的行為。法律・政令・条約の公布、国会の召集、衆議院の解散、国務大臣などの任免・認証などがある。これらの国事行為には、すべて内閣の助言と承認を必要とし、内閣が責任を負う。

：**栄典(えいてん)** ③ 公に認められた名誉を表彰するために与えられる特別の待遇(たいぐう)のことで、栄誉と勲章(くんしょう)を含む。栄典の授与は、天皇が国事行為として、内閣の助言と承認により行なう。憲法第14条で、いかなる特権も伴わないこと、一代限りであることが定められている。

「内閣の助言と承認」 ⑥ 憲法第３条で、「天皇の国事に関するすべての行為には、内閣の助言と承認を必要とし、内閣が、その責任を負ふ」とし、行政機関である内閣が天皇の国事行為に責任を負うことを明確にし、国民主権の原理が貫(つらぬ)かれている。

天皇の退位

2016（平成28）年８月、「象徴としてのお務めについての天皇陛下のおことば」が放送された。それを受けて政府は、国会に議席を有する政党の代表者による会議での事前協議の結果も反映させた法案を作成、2017（平成29）年６月に「天皇の退位等に関する皇室典範特例法」を成立させた。この法律に基づいて天皇は2019年４月30日に退位し、上皇となった。

4　基本的人権の尊重

基本的人権 ⑥ 人間として当然に有し、国家といえども侵(おか)すことのできない権利。

「基本権」、または「人権」ともいう。具体的には、自由権、社会権、平等権、参政権、請求権などがある。

「侵すことのできない永久の権利」⑥ 基本的人権の本質をあらわす言葉で、法律によって侵すことのできない権利のこと。日本国憲法が保障する基本的人権は、与えられたものではなく、国家や憲法に先立って、すべての人間に認められる権利であり、原則として国家や他人が侵害してはならないものである。「**永久不可侵の権利**」①のこと。憲法第11条と第97条にこの表記がある。

「公共の福祉」⑥ 社会全体の幸福と利益のことを指す。各個人が人権を確保するために、相互に矛盾、衝突を起こした場合、それらを隔たりなく平等に調整するための原理。憲法第12条、第13条、第22条と第29条に規定されており、人権の制約あるいは人権の調整のための原理である。しかし、何が公共の福祉かを判断するのは難しく、公共の福祉をもって人権を制限するには、慎重で厳格な配慮が必要とされる。

土地基本法① 土地についての基本理念を定めた法律。第2条において、「土地は、現在及び将来における国民のための限られた貴重な資源」であり、「公共の利害に関係する特性を有している」ため、公共の福祉を優先させるものと定めている。

権利の濫用① 基本的人権を本来の目的に反して行使し、他人の自由と権利を侵害すること。憲法第12条では、これを禁止している。

個人の尊重⑥ 個人が社会生活、国家生活において、最大限に尊重されること。憲法第13条に定められている。人間社会の価値の基礎は個人にあり、何よりも個人を尊重しようとする個人主義の原理をいう。

：**「個人の尊厳」**②「個人の尊重」と同じ。憲法第24条2項にこの表記がある。

基本的人権の保障⑥ 日本国憲法では「侵すことのできない永久の権利」(第11条)とされる基本的人権が、その第3章「国民の権利及び義務」において、広範囲にわたり詳細に規定され保障されている。これは憲法の三大原理の1つである基本的人権の尊重を具体化したものである。大日本帝国憲法においては、基本的人権という発想はなく、国民には法律の範囲内という限定つきの「臣民の権利」があるだけだった。

国籍法② 憲法第10条に基づいて、「日本国民たる要件」について規定した法律。1950(昭和25)年に制定されたが、父系優先血統主義が男女差別として問題となり、1984(昭和59)年の改正により、父母両系血統主義に改められた。また、2008(平成20)年に国籍法の条文を憲法違反とする判決(**国籍法違憲判決**①)が下されたことで改正され、未婚の日本人の父と外国人の母との間に生まれた子についても、日本国籍が認められるようになった。

幸福追求の権利(生命・自由・幸福追求の権利)⑤ 個人の尊厳を保護するために、国家が最大限に尊重しなければならない国民の権利。憲法第13条に定められている。幸福追求の権利については、この規定を根拠に、プライバシーの権利、環境権など新しい人権が主張され、人権保障の拡充の役割を果たしている。

> **基本的人権を確保する権利**
> 基本的人権を実現するための権利のこと。日本国憲法では、請願権(第16条)、損害賠償請求権(第17条)、裁判を受ける権利(第32条)、刑事補償請求権(第40条)を指す。

自由権的基本権(自由権)⑥ 国家権力の違法、不当な介入や干渉を排除し、各人の自由を保障する権利。18〜19世紀の自由主義国家の理念に基づいて、獲得されてきた。日本国憲法の規定する自由権は、一般にその内容によって精神の自由、身体の自由、経済の自由に分けられている。

国家からの自由② 日本国憲法は、自由権を人間の基本権として保障し、国家の不当な干渉によって国民の自由や権利が侵害されてはならないとしている。また、自由が国家から侵害された場合、その補償を求める権利(第17条、第40条)も規定している。

平等権⑤ 個人の尊厳から当然に導かれるもので、すべての人間が等しく扱われることを要求する権利。まず政治参加における平等から始まり、生活の実質的平等を志向するものとして、社会権への橋渡しの役をした。日本国憲法では、「法の下の平等」(第14条)、「両性の本質的平等」(第24条)などを規定している。

人権侵害③ 基本的人権が国家や他人により侵されること。これまでは、公権力による人権侵害が問題になることが多かったが、工業化、都市化、情報化、国際化などによって生じる人権侵害が新しい問題となっている。

パターナリズム ① 強い立場にある者が、弱い立場の者の利益になるという理由からその行動に介入したり、干渉したりすること。未成年者の基本的人権がこれにあたり、成年者とは異なり、心身の発達度合いに応じて、必要かつ合理的な制約が認められる。

5　平和主義

平和主義 ⑥ 平和に第一義的な価値を見い出す世界観で、日本国憲法の大きな特色の1つとなっている。憲法前文は、「平和を愛する諸国民の公正と信義に信頼して、われらの安全と生存を保持しようと決意した」と述べ、第9条で戦争放棄、戦力の不保持、交戦権の否認を規定するなど、絶対的な平和主義の立場をとっている。

恒久平和主義 ③ 日本国憲法の特色である平和主義について、その永続的堅持を主眼にした別の呼称。前文には、「日本国民は、恒久の平和を念願し」という表記がある。

「平和のうちに生存する権利」（平和的生存権） ⑥ 国民が平和のうちに生存することのできる権利を、人権としてもとらえようとする考え方。日本国憲法は前文において、「全世界の国民が、等しく恐怖と欠乏から免かれ、平和のうちに生存する権利を有する」としている。

憲法第9条 ⑥ 戦争の放棄と戦力の不保持、及び交戦権の否認を定めた条文で、平和主義の決意を具体化したものである。しかし、憲法第9条のもとで保持が禁止されている「戦力」の解釈をめぐっては、意見が分かれている。

戦争の放棄 ⑥ 戦争をしないということ。侵略戦争の放棄を定めた憲法は、諸外国にもあるが、憲法第9条は、「国権の発動たる戦争」の永久放棄を、戦力不保持及び国の交戦権の否認と一体として定めている。戦争放棄の中に自衛戦争が含まれるかどうかについては、学説上の対立がある。

：**イタリア憲法** ① 第11条で、「イタリア国は、他国民の自由を侵害する手段として、国際紛争を解決する方法として、戦争を否認し、他国と互いに均しい条件の下に、諸国家の間に平和と正義とを確保する」と定めている。

：**ドイツ基本法（現ドイツ憲法）** ② 第26条で、「諸国民の平和的共同生活を妨害する恐れがあり、かつ、このような意図でなされた行為、特に侵略戦争の遂行を準備する

1946年6月	【吉田茂首相】 戦争放棄に関する本条の規定は、直接には自衛権を否定しないが、第9条2項において一切の軍備と国の交戦権を認めない結果、自衛権の発動としての戦争も交戦権も放棄。
50年1月	【吉田茂首相】 国が独立を回復する以上は、自衛権が存在することは明らかである。
52年11月	【吉田茂内閣統一見解】 第9条第2項は、侵略・自衛の目的を問わず「戦力」の保持を禁止。「戦力」とは、近代戦争遂行に役立つ程度の装備・編成を備えるもの。保安隊は戦力にあたらない。
54年12月	【政府統一見解】 自衛隊のような自衛のための任務を有し、その目的のため、必要相当な範囲内の実力部隊を設けることは、憲法に違反しない。
57年4月	【核兵器についての政府統一見解】 現代の核兵器は、多分に攻撃的性質を持つ。この種の核兵器を持つことは、憲法の容認するところではない。
72年11月	【田中角栄内閣統一見解】 「戦力」とは、自衛のための最小限度を超える実力組織で、それ以下の実力の保持は、第9条2項で禁じられてはいない。
80年10月	【海外派兵についての政府見解】 武力行使の目的を持って武装した部隊を他国の領土・領海・領空に派遣するような海外派兵は、一般に自衛のための最小限度を超えるもので、憲法上許されない。武力行使の目的を持たないで部隊を他国へ派遣することは、憲法上許されないわけではないが、現行自衛隊法にそのような任務を与えていないので、これに参加することは許されない。
90年10月	【国連軍への参加と協力に関する政府統一見解】 国連軍の目的、任務が武力行使を伴うものでも国連軍の武力行使と一体にならない限り、参加に至らない自衛隊の協力は憲法上許される。
2014年7月	【集団的自衛権についての閣議決定】 密接な関係にある他国に対する武力攻撃が発生し、これにより国民の生命、自由及び幸福追求の権利が根底から覆えされる明白な危険がある場合において、国民を守るために他に適当な手段がないときに、必要最低限度の実力を行使することは、憲法上許される。

日本国憲法第9条に関する主な政府見解の変遷

行為は、違憲である。このような行為は処罰されるべきものとする」と規定している。

良心的兵役拒否 ① 戦争に参加することや義務兵役されることを、当人の良心に基づく信念により望まないこと。拒否した者を良心的兵役拒否者という。

交戦権 ⑥ 国家が戦争を行なう権利、または交戦国が戦争を遂行する上で認められる国際法上の権利のこと。

交戦権の否認 ⑥ 国家が戦争を行なう権利を認めないこと。憲法第9条2項に示されている。

戦力 ⑥ 陸、海、空軍など、戦争を行なう目的と機能を持つ軍事力を指す。日本政府は、戦力とは**自衛のための必要最小限度の実力**③を超えるもので、それ以下の実力の保持は禁止されていない、と自衛隊を認めている。

戦力の不保持 ⑥ 戦力を持つことを禁止する憲法第9条2項の内容。アメリカ軍の日本への駐留や自衛隊の存在が、この条項に反しないかどうか議論がある。

「武力による威嚇」 ③ 軍事力を使って脅かし相手に恐れを抱かせることで、自国の要求を実現させる行為。憲法第9条1項はこれを禁止している。

「武力の行使」 ⑥ 相手国側に対して、直接、自国の軍事力を使って攻撃をすること。憲法第9条1項は、国際紛争を解決する手段としての武力の行使を禁止している。

自衛権発動の三要件 ① 国家の自衛権に基づく自衛力の行使が認められる条件のこと。「我が国に対する武力攻撃が発生したこと」、「その場合にこれを排除するために他の適当な手段がないこと」、「必要最小限度の実力行使にとどまるべきこと」の3つの要件。

自衛権 ④ 他国による緊急、不当な侵害から自国を防衛するために実力を行使する権利。国際法では、すべての国家に認められる権利とされている。しかし、自衛権を名目にして侵略行為が行なわれることが少なくない。

侵略戦争 ② 領土の拡大や他国民の征服を目的として行なわれる戦争。国際法上では違法とされている。

6　憲法の最高法規性と改正

最高法規 ⑥ 日本国憲法は第98条で、「この憲法は、国の最高法規であって、その条規に反する法律、命令、詔勅及び国務に関するその他の行為の全部又は一部は、その効力を有しない」とし、憲法を法秩序の頂点に据えている。

憲法改正 ⑥ 日本国憲法の改正手続きは、憲法第96条で、「各議院の総議員の3分の2以上の賛成で、国会が、これを発議し、国民に提案してその承認を経なければならない」と規定され、硬性憲法の立場をとっている。

硬性憲法 ⑥ 法律の改正手続きよりも、改正要件の厳しい憲法。憲法が国家の基本法として、法律よりも上位の法に位置づけられていることから、その改正にあたっては、複雑で困難な手続きを必要とする規定となっている。主要国の成文憲法では一般的にみられる。これに対して、法律と同じ手続きで改正できる憲法を「**軟性憲法**」④という。

憲法改正の国民投票 ⑥ 日本国憲法第96条は、国会によって発議された憲法改正案は、国民に提案され、承認を経なければならないと規定している。承認は国民投票により、有効投票総数の過半数の賛成を必要とする。

国民投票法 ⑥ 憲法改正にあたり、国会の発議を受けて実施される国民投票について定めた法律。正式名称は「日本国憲法の改正手続に関する法律」で、2007(平成19)年5月に制定された。この法律により、初めて憲法改正についての具体的な手続きが明示された。投票権年齢は満18歳以上とするが、選挙権年齢や成年年齢を満18歳以上に引き下げる法整備がなされるまでは、満20歳以上とされていた。しかし、2014(平成26)年6月の改正により、改正法施行後4年が経てば、満18歳以上で国民投票に参加できることになった。

最低投票率 ② 選挙において、その投票を有効とする基準として設定される有権者数に対する投票者数の割合のこと。日本では最高裁判所裁判官の国民審査や地方公共団体の住民投票(一部)で設定しているが、憲法改正の国民投票ではこの規定がなく問題視されている。

憲法改正の限界 ② 憲法改正の範囲が、どこまで許されるのかについては、学説が分かれている。限界があるとするのが多数説で、**国民の憲法改正権**①も日本国憲法下にあることから、憲法の基本原理に反するような改正は許されないと理解されている。一方、憲法の基本原理とはどこまでを指すのか、第9条の改正を含む広い範囲を対象にできるという考え方もある。

憲法調査会 ② 2000（平成12）年に国会の衆議院、参議院に設けられた日本国憲法について、広く総合的な調査を目的とした組織。2007(平成19)年の国民投票法の成立により設置された「憲法審査会」に引き継がれた。

憲法審査会 ③ 2007（平成19）年の国民投票法の成立を受けて、それまでの憲法調査会にかわり、新たに衆参両院に設置された機関。初めて「憲法改正原案、憲法改正の発議」を審議できると規定された。休眠状態が続いていたが、2011(平成23)年11月に衆参両院で開催され始動した。

2 自由権的基本権と法の下の平等

1 精神の自由

精神の自由（精神的自由権） ⑥ 身体の自由、経済の自由とともに自由権的基本権を構成するもの。思想、良心あるいは信教など、人の内心に関する自由と、それが外部に表現される場合の集会、結社、言論、出版、学問などの表現の自由とからなっている。人間の尊厳を支える基本的条件である。

内心の自由 ① 思想、良心のように、外部に表現されない精神活動の自由。「公共の福祉」を理由として制限することができない、絶対的権利とされている。

「思想及び良心の自由」 ⑥ 人間の内面につくり出される思想、信条や道徳的価値観は、権力が干渉(かんしょう)することができないという原理。憲法第19条に定められている。

：信条 ⑤ 世界観や人生観など、政治や人生に関する信念のこと。

三菱樹脂(みつびしじゅし)事件 ⑤ 入社試験で身上書に学生運動歴を秘匿(ひとく)していたなどとして、試用期間終了直前に本採用を拒否された原告が、本採用拒否は思想、信条を理由とする解雇(かいこ)であるとしてその無効を求めた事件。第一審は解雇権の濫用(らんよう)にあたるとしたが、最高裁(1973〈昭和48〉年)では、憲法第19条は私人(しじん)間(会社と従業員)には適用されず、特定の思想、信条ゆえの採用拒否は違法にならないとした。

間接適応説 ① 憲法の人権規定の効力は、憲法のもとに制定される私法を通して間接的に私人間に適用すべきとする説。憲法の人権規定の**私人間への適応**②をめぐる学説の1つ。これに対して、憲法の人権規定を私人間にも直接適用すべきとする考えを**直接適応説**①という。

「信教の自由」 ⑥ 一般に広く宗教の自由を意味し、信仰の自由、布教の自由、宗教的結社の自由などが含まれる。憲法第20条に定められている。

加持祈祷事件 ① 1958（昭和33）年、宗教的行為である加持祈祷によって少女を死亡させた僧侶が、傷害致死罪に問われた事件。宗教的行為を処罰することが、「信教の自由」に違反しないかが争われた判例の1つ。

牧会活動事件 ① 1970（昭和45）年、建造物侵入などの犯人として捜査中の高校生2人

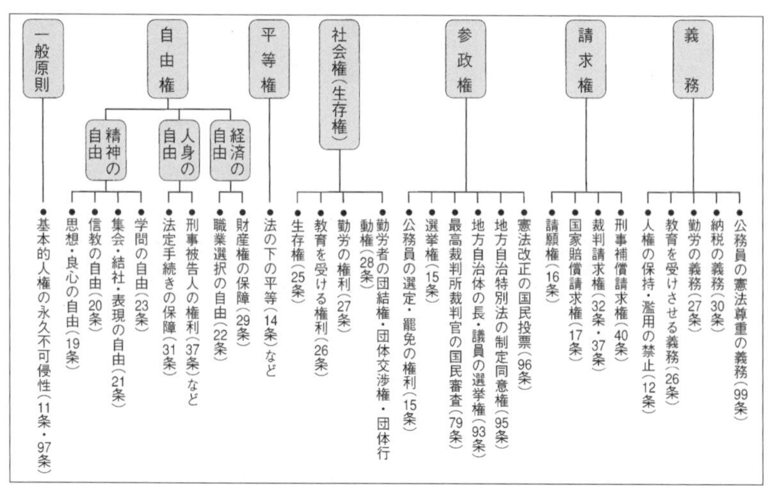

日本国憲法に規定されている国民の権利と義務

を、日本基督教団尼崎教会の牧師が保護し、１週間教会に宿泊させた上で警察に任意出頭させた行為が犯人蔵匿（ぞうとく）にあたるとされた事件。被告人の行為が牧会活動としての正当な業務行為であるとして、1975年の神戸簡易裁判所での第一審で無罪判決が下された。

政教分離 ⑥ 国家の非宗教化、宗教の私事化を確立することにより、個人の信教の自由を制度的に保障することを、一般的に「政教分離の原則」という。この原則は、国が宗教活動を行なうことを禁止し、国が宗教団体に特恵（とっけい）的な扱いをすることを禁止している。憲法第20条に定められている。

津地鎮祭（つじちんさい）訴訟 ⑤ 1965（昭和40）年、三重県津市が市立の体育館起工式を神式（しんしき）の儀式（地鎮祭）で行ない、その費用を公金で支出したため、住民がこの支出は違法として起こした訴訟。第一審は、地鎮祭を習俗的行事として、原告の請求を棄却（ききゃく）。第二審では憲法第20条の規定する宗教的活動にあたるとしたが、最高裁（1977〈昭和52〉年）では住民側が逆転敗訴した。

目的効果基準 ③ 国家の行為が宗教的活動にあたるか否かは、その行為の目的と効果の両方を考慮し判断するという考え。津地鎮祭訴訟判決において初めて最高裁判所が使用した。最高裁は、政教分離原則は国家が宗教とのかかわり合いを持つことをまったく許さないとするものではなく、国家の行為の目的が宗教的意義を持ち、その効果が宗教に対する援助、助長、促進、または圧迫、干渉などになるような行為であるかを客観的に判断すべきとした。

空知太（そらちぶと）神社訴訟 ⑤ 北海道砂川（すながわ）市が、市有地を空知太神社へ無償提供したことが、憲法第89条に規定する「公の財産」の宗教上の組織への支出制限に違反するかどうかが争われた訴訟。2010（平成22）年、最高裁は市有地の無償提供は砂川市が特定の宗教団体に対して特別の便益（べんえき）を提供し、援助していると評価されてもやむを得ない、として憲法第89条、第20条３項に反するとした。

北海道砂川政教分離訴訟①ともいう。

愛媛玉串（たまぐし）料違憲訴訟 ⑥ 愛媛県が靖国（やすくに）神社の春秋の例大祭や、みたま祭に支出した玉串料などを公費で負担したのは、政教分離を定めた憲法第20条及び第89条に違反するとして争われた住民訴訟。1997（平成９）年４月、最高裁判所は玉串料などの公費支出は憲法第20条の禁止する宗教的活動にあたるとともに、この公費支出は第89条の禁止する公金支出にあたるとする違憲判決を下した。

箕面（みのお）忠魂碑・慰霊祭訴訟 ① 1976（昭和56）年、大阪府箕面市で、小学校に隣接する戦没者の慰霊・顕彰を目的に建立された忠魂碑の移転と慰霊祭をめぐり、住民が起こした訴訟。憲法第20条、第89条に違反しているか否かが争点となった。1987（昭和62）年、大阪高等裁判所は、忠魂碑の宗教的性質、遺族会の宗教団体としての性格を否定し、住民側が敗訴、また最高裁判所は住民側の上告を棄却し、合憲が確定した。

靖国(やすくに)神社公式参拝 ③ 内閣総理大臣や閣僚(かくりょう)が靖国神社に参拝する際、玉串料を公費から支出し、記帳に公職の肩書きを記した場合、私的参拝と区別して「公式参拝」といわれる。1985（昭和60）年８月、中曽根康弘(なかそねやすひろ)首相が戦後初めて行なったが、韓国や中国の反発を受けた。靖国神社は戊辰(ぼしん)戦争（1868～69〈明治元～２〉年）における戦死者を祭るために東京の九段(くだん)に設立され、その後、第二次世界大戦の戦犯も含めて合祀(ごうし)されている。

神道(しんとう)（神社神道） ③ 大日本帝国憲法下では、神社を公法人とし、神官(しんかん)を官吏(かんり)として、神道が国家の宗教となり、「信教の自由」を抑圧(よくあつ)した。その反省から、憲法第20条に政教分離の規定がなされた。

「表現の自由」 ⑥ 言論、出版、集会、結社などの「表現の自由」は、人が考えたことや知った事実を発表する自由である。民主主義にとって、「表現の自由」の基礎といえる重要な自由である。従って、その制約については慎重な検討が必要であり、必要最小限度にとどめられなければならない。憲法第21条に定められている。

チャタレー事件 ① 作家ローレンスの小説『チャタレー夫人の恋人』を邦訳した伊藤整(いとうせい)と、版元(はんもと)の小山書店社長小山久二郎(こやまひさじろう)に対して、刑法第175条のわいせつ物頒布(はんぷ)罪が問われた事件。わいせつと「表現の自由」との関係が論議されたが、1957（昭和32）年、最高裁において両名とも有罪となり、罰金刑が確定した。

立川反戦ビラ事件 ① 防衛庁の職員及びその家族が居住する立川駐屯地の宿舎の郵便受けに、反戦ビラを投函したことが住居侵入罪に問われた事件。ビラ配布行為を罪に問うことが「表現の自由」に違反するか否かが争点となった。2008（平成20）年、最高裁は、表現の自由を「民主主義社会において特に重要な権利」として尊重するとした上で、憲法第21条１項は「表現の自由を絶対無制限に保障」したものではないとし、表現の手段として邸宅に管理権者の承諾なく立ち入ったことを処罰することは、憲法に違反しないとして被告人の上告を棄却し、有罪判決が確定した。

通信の秘密 ⑥ 封をしてある通信物や電信、電話などの通信内容が、他人や公の機関によってみられたり、聞かれたりしないこと。精神的自由権の１つ。

言論の自由 ④ 言語によって自分の思想を発表し論じる自由であり、出版の自由とともに「表現の自由」（憲法第21条）の根幹をなすもの。

出版の自由 ⑤ 出版により自分の思想を発表する自由で、言論の自由とともに「表現の自由」（憲法第21条）の根幹をなすもの。

検閲(けんえつ) ⑥ 公権力が、外部に発表されるべき思想の内容をあらかじめ審査し、必要があるときは、その発表を禁止すること。「表現の自由」を獲得する闘いは、検閲の廃止を求めることから始まった。憲法第21条には**検閲の禁止**④が明記されている。

家永(いえなが)教科書訴訟 ④ 高等学校の日本史教科書を執筆(しっぴつ)した家永三郎(さぶろう)が、教科書検定に関し、３次にわたって国を相手に起こした裁判。家永側は**教科書検定**①は憲法違反として国側と争ったが、最高裁は検閲にあたらないとし、家永側の実質的敗訴が確定した。なお、２次訴訟の第一審では、「教科書検定は憲法第21条２項が禁止する検閲にあたる」（杉本(すぎもと)判決）との判決が出ている。検定内容については、一部国側の裁量権の逸脱(いつだつ)があったことが認定された。

税関検査 ① 外国から貨物を輸入する際に行なう税関の検査のこと。社会悪物品の流入を阻止し、貿易の秩序の維持、関税などの適正な徴収を目的に行なわれる。1984（昭和59）年の札幌税関検査事件では、税関での輸入不許可が「検閲」にあたるとして争われたが、最高裁は、検査対象となる表現物は国外において発表済みであることなどから、税関検査は検閲には該当しないと判断した。

北方ジャーナル事件 ① 北海道知事選挙立候補予定者の名誉を侵害する内容が記載された『北方ジャーナル』の事前差し止めに対して、検閲の禁止や表現の自由に反するとして争われた訴訟。1986（昭和61）年、最高裁は、出版物の事前差し止めは憲法第21条にいう検閲にあたらず、また名誉を侵害された者は、害者に対して侵害行為の差し止めを求めることができるとの判断を示し、上告を棄却した。

報道の自由 ③ 新聞、放送などの報道機関が、情報伝達を行なうことにかかわる自由。

取材の自由、編集の自由、頒布の自由を要素とし、「表現の自由」(憲法第21条) に含まれる。マス・メディアによる多量の情報の迅速かつ広範囲にわたる伝達は、今日の国民生活では不可欠なものとなっており、国民の知る権利を支える意義は大きい。

：**取材の自由** ④ 報道の自由の一部。報道の自由の前提として必要とされる報道内容の材料を取り集める自由。

「学問の自由」 ⑥ 学問の研究、発表やそれを教える自由。真理を発見する上で不可欠の自由である。憲法第23条で定めている。

大学の自治 ④ 大学の人事、施設、学生の管理などの運営が、その構成員の意思によって自主的に行なわれること。憲法第23条の「学問の自由」の保障のうちに含まれているというのが通説である。ポポロ事件 (1963〈昭和38〉年) で、最高裁は、「学問の自由」を保障するために、伝統的に大学の自治が認められていると指摘している。

ポポロ事件 ③ 1952 (昭和27) 年、東京大学の学生団体ポポロ劇団が演劇発表会を行なった際、学生が会場にいた私服警官を暴行した事件。憲法第23条に保障する「学問の自由」と大学の自治が問題となった。第一審、第二審とも無罪判決が出たが、最高裁は差し戻し、結局、学生の有罪が確定した。

天皇機関説事件 ③ 1935 (昭和10) 年、憲法学者で貴族院議員でもあった**美濃部達吉**②が主張する「統治権は国家にあり、天皇もその一機関である」とする学説が、貴族院で問題とされ、その著書が政府によって発売禁止処分となった事件。その後、政府は統治権の主体が天皇にあることを明示する国体明徴声明を出し、天皇機関説を教えることを禁じた。

滝川事件 ② 1933(昭和８)年、京都帝国大学の滝川幸辰教授の刑法学説を左翼思想として、文部大臣が滝川を休職処分とした事件。天皇機関説事件とともに、第二次世界大戦前における学問や思想の自由を奪った事件として知られる。

集会の自由 ④ 人々がある目的のために、一定の場所に集合する自由で、「表現の自由」(憲法第21条)の１つである。

泉佐野市民会館事件 ①「全関西実行委員会」が、泉佐野市民会館で「関西新空港反対全国総決起集会」を開催しようとしたことに対し、泉佐野市長が会館使用申請を不許可とした事件。「集会の自由」が問われ、原告は会館使用不許可処分の取消しと国家賠償法に基づく損害賠償を請求したが、最高裁は、1995 (平成７) 年に「一定の条件のもとで、差し迫った危険がある場合が具体的に予想できる場合」は公の施設の利用を拒むことは憲法第21条に反しないとして、不許可処分を合憲適法であると判断した。

上尾市福祉会館事件 ① 何者かに殺害された労働組合幹部の合同葬に使用するために申請された、福祉会館の使用許可申請に対し、上尾市長が不許可を下した事件。泉佐野市民会館事件と同様、「集会の自由」が問われたが、1996(平成８)年に最高裁は、使用を許可しない事由として定める「会館の管理上支障がある」との事態が生じることが、客観的な事実に照らして具体的に明らかに予測されたものということはできないとし、申請不許可は違法であるという判断を下した。

デモ行進(集団示威行進) ③ 多数の人々が政治的、経済的、社会的要求を広く一般の人々に訴えるため、道路上を行進すること。デモ行進は動く集会といえる。

治安立法 ① 広い意味では、国家、社会の秩序や安全の維持を目的とする立法一般を指す。狭義には第二次世界大戦前の治安警察法や治安維持法のように、ときの支配権力によって反体制的思想や活動を強制的に取り締まる特別の立法を指す。しかし、現行法の中にも破壊活動防止法や公安条例、また近年制定された通信傍受法や組織犯罪処罰法などのように、運用次第では治安立法としての機能を果たし得るものがある。

公安条例 ① 公共の安全を守ることを理由に、集会や示威運動を規制する条例。公安委員会に届け出て許可を得ることや、違反者への罰則などを規定している。憲法第21条の集会や表現の自由に反しないか争われたこともある。

結社の自由 ⑤ 多人数が共通の原理に従って結びついたものが結社であり、特に政治結社がその結成、指導、加入について国家から禁止されたり、制限されたりしない自由を指す。「表現の自由」(憲法第21条) の１つ。

> **共謀罪**
> ある特定の犯罪について具体的・現実的に合意することで成立する犯罪を共謀罪という。そのため実際に犯罪を行なわなくても、何らかの犯罪を共謀した段階で検挙・処罰することができる。日本では2017(平成29)年6月に組織的犯罪処罰法の改正が行なわれ、その中で「テロ等準備罪」という名の共謀罪が成立した。

二重の基準の理論 ④ 表現の自由などの精神の自由を規制する場合は、厳格な基準によって違憲性が審査されなければならないのに対し、経済活動の自由に関しては、経済秩序の維持や公共の福祉のために、ゆるやかな基準で判断すべきであるとする考え。

2 人身の自由

人身の自由(身体の自由) ⑥ 正当な理由なしに、身体活動を拘束されないこと。個人の尊厳にとって欠かせない条件であり、またほかの自由権の基盤となるもの。日本国憲法は、奴隷的拘束及び苦役からの自由(第18条)、法定手続きの保障(第31条)、住居の不可侵(第35条)、黙秘権(第38条1項)などを保障している。

奴隷的拘束及び苦役からの自由 ⑤ 人格を無視するような身体の拘束、肉体的、精神的な苦痛を伴う労役からの自由を、憲法第18条で保障している。第二次世界大戦前の強制労働などの反省を込め、身体の自由の一環として規定されたものである。なお、憲法第27条は、特に児童の酷使を禁止する規定を設けている。

法定手続きの保障(適正手続主義) ⑥ 法の適正な手続きを保障し、「何人も法律の定める手続によらなければ、その生命もしくは自由を奪われ、またはその他の刑罰を科せられない」と、日本国憲法は第31条に規定しており、実体的並びに手続的正義の実現の上で重要な意味を持っている。罪刑法定主義の流れをくむものである。

罪刑法定主義 ⑥ 何が犯罪であり、またそれにどのような刑罰が科せられるかは、議会の制定する法律で事前に定められなければならないという原則。1789年のフランス人権宣言以来、各国の憲法で採用された。

被疑者 ⑥ 刑事事件で犯罪を行なった疑いを受けた者で、まだ起訴されない者。捜査の対象となり、取り調べ、逮捕、勾留(拘置)、家宅捜索などを受ける。

被告人 ⑥ 刑事事件で犯罪を行なった疑いで検察官により裁判所に起訴されていて、裁判がまだ確定していない者。

無罪の推定 ⑤ 犯罪事実の存否が明らかでないときは、刑事被告人に無罪をいい渡すという刑事訴訟上の原則。検察官は犯罪事実の存在を、裁判で証明する責任を負う。

「疑わしきは被告人の利益に」 ⑤ 裁判の結果、有罪と確定されるまでは、被疑者、被告人は無罪の推定を受けるということで、刑事裁判の鉄則とされている。

令状主義 ⑥ 犯罪捜査のための強制処分(逮捕、勾留〈拘置〉、住居侵入、捜索、押収)には、現行犯以外は警察官や検察官の判断だけでなく、裁判官または裁判所の令状を必要とするという原則。刑事手続きにおける人身の自由の保障の1つ。

:**現行犯** ② 現に行なっているときか、その直後にみつけられた犯罪、またはその犯人。

令状 ④ 強制処分の根拠を記した裁判所の文書。強制処分の適否を裁判所に判断させるとともに、その実施の際に、原則として処分される者に示さなければならないものとする。強制処分の濫用を避け、人権を擁護することを目的とする。逮捕状、差押状、捜索状、召喚状、身体検査令状などがある。

逮捕 ⑥ 警察などの捜査機関が、被疑者の身体的自由を拘束すること。現行犯の場合には令状(逮捕状)は必要がなく、一般私人にも逮捕権がある。現行犯以外の逮捕に必要な令状は捜査機関の請求に基づいて、裁判官が必要性を判断して発行する。

:**抑留** ③ 逮捕に引き続く比較的短期の身柄の拘束。

:**拘禁** ④ 比較的長い期間にわたる身体の自由の拘束。逃亡の恐れのある被疑者、身体拘束を必要とする刑事被告人を留置する勾留がこれにあたる。憲法第34条では、「理由を直ちに告げられ、また正当な理由がなければ拘禁されない」とされ、不当に拘禁された場合は人身保護法で救済される。

勾留 ⑤ 逃亡や証拠隠滅を防止し、将来の公判に備えて被疑者、被告人を拘束する刑事手続き上の強制処分のこと。勾留は刑事訴訟法にある用語だが、自由刑の1つである「拘留」と同じ発音であるため、報道機関などでは勾留と同じ意味の「拘置」を用いることがある。

捜索 ⑥ 物または犯罪人の発見を目的とし

て、強制的に一定の場所、物、身体についてさぐり調べること。

押収 ⑥ 証拠物や没収物の占有を取得する、刑事上の処分のこと。令状により強制力を用いる差押えと強制力を用いない領置とがある。

住居の不可侵 ⑤ 何人も居住者の承諾なしに、住居に侵入されたり、捜索されたりしない権利。近代憲法の認める重要な自由権の1つである。憲法第35条もそれを認め、令状による以外の侵入を禁じている。

拷問の禁止 ⑥ 被疑者または被告人に自白を強いる目的で、肉体的苦痛を加えることを禁じること。戦前の人権侵害の反省から、日本国憲法は第36条で拷問の禁止を定めている。

自白 ⑤ 広い意味では、自己に不利益なことを申し述べること。憲法第38条は、「自己に不利益な唯一の証拠が自白である場合」には有罪とされないと定めている。またこれを保障するために、第38条2項では拷問による自白の証拠能力を否定している。

黙秘権 ⑥ 捜査機関の取り調べや裁判において、被疑者や被告人が供述を拒むことのできる権利。憲法第38条1項で保障されている。

弁護人依頼権 ⑥ 抑留、拘禁された者及び刑事被告人が、法律的な援助を受けるために、弁護人を依頼する権利。憲法第34条、第37条3項で定められている。

国選弁護人 ② 刑事被告人及び刑事事件で勾留された被疑者が、貧困などで自ら弁護人を選任できない場合に、本人の請求、または法律の規定により、国の費用で裁判所、裁判長または裁判官が選任する弁護人。もともと憲法第37条の規定に基づいて刑事訴訟法が刑事被告人に限って国選弁護人制度を設けていたが、現在ではその改正により、勾留段階での被疑者にも例外なく適用されている。

拘置所 ⑤ 主として、刑事裁判が確定していない被疑者や刑事被告人と、死刑の言い渡しを受けた者を収容するための法務省矯正局の施設。全国に8カ所と100近い支所がある。外国では被疑者は拘置所に収容されるが、日本では警察の留置場に収容されることが多く、冤罪の原因となっているとの指摘もある。

：**留置場** ⑤ 逮捕された被疑者を拘束するための警察署の施設。

代用刑事施設 ⑥ 監獄として代用されている警察署に付属する留置場のこと。「**代用監獄**」①と呼ばれていたが、2006（平成18）年に監獄法が廃止され、刑事収容施設法が成立したことから、現在では「代用刑事施設」と呼ばれる。自白の強要を助長し、冤罪の温床になるとの批判がある。

PFI (Private Finance Initiative) ① 民間の資金、経営能力及び技術的能力を活用して公共施設などの設計や建設、維持管理、運営などを行なう手法のこと。民営化とは異なり、地方公共団体が民間に公共事業を発注する形式をとっている。官民の適切な連携や事業コストの削減などが期待されており、日本国内でも刑務所等で活用されている。

遡及処罰の禁止 ④ ある行為をしたときには法律がなかったのに、あとで法律を定めてその行為を罰してはならないという原則。憲法第39条で定められている。**事後法の禁止**①ともいう。

一事不再理 ④ 同一の事件については、同じ罪状で再び裁判をしてはならないという原則。被告人に不利益な変更を禁止しようとする趣旨であるから、被告人に有利な再審を禁じるものではない。憲法第39条で定められている。

刑罰 ⑥ 犯罪を行なったものに科せられる制裁。死刑、懲役、禁錮、罰金、拘留、科料がある。刑罰は法律で定められる。

「残虐な刑罰」 ⑤ 人格を無視した方法や不必要な精神的、肉体的苦痛を伴う刑罰のこと。憲法第36条では「残虐な刑罰」を禁止している。死刑が残虐な刑罰かどうかは、議論があるところである。

死刑 ⑥ 刑法に定める人の生命を奪う刑罰。死刑は非人道的な刑罰であるとして死刑廃止論も主張されている。

死刑廃止条約 ⑤ 死刑廃止を目的として1989（平成元）年、国際連合総会で採択された「市民的及び政治的権利に関する国際規約の第2選択議定書」のこと。日本は採択に反対し、現在も未批准である。

苦役 ② 強制的な労働や奴隷状態で労働が強いられる状況。憲法第18条は、刑の執行の場合を除いて強制労働を禁じている。刑罰の執行としては、犯罪人を刑務所に拘置して作業労働など一定の労役をさせている。

3　経済活動の自由

経済的自由権⑥ 国民の経済活動の自由を保障する権利。精神的自由権、身体的自由権とともに「自由権的基本権」を構成するものである。憲法は、居住・移転の自由、職業選択の自由(いずれも第22条)、財産権の不可侵(第29条1項)などを保障している。経済活動の自由は、資本主義社会の発展の中で、無制限に認めることによる弊害が問題になった。この自由について、「公共の福祉」の範囲内という制限がつけられているのは、そのためである。

居住・移転の自由④ 人が住みたいところに住み、希望するところに移転する自由のこと。憲法第22条に、「公共の福祉に反しない限り」という限定の上で、その自由が保障されている。

職業選択の自由⑥ 誰でも好きな職業を選択できることを指すが、同時に選択した職業を自由に営めること(営業の自由)も含む。この自由は、財産権の不可侵とともに、資本主義の成立、発展の基盤をなすものであった。憲法第22条に保障されているが、「公共の福祉」による制限が明示されている。

：**営業の自由**③ 自分が選んだ職業を営む自由のこと。日本国憲法にその明文規定はないが、第22条1項の「職業選択の自由」を保障する規定の中に、営業の自由が含まれるとされている。最高裁はこの制限に関して国会に幅広い判断の権限(**立法裁量**①)を認めている。

公衆浴場訴訟① 公衆浴場の開設及び配置基準が公衆浴場法によって規定されていることが、憲法第22条1項の「職業選択の自由」に反しているとして争われた訴訟。1955(昭和30)年、最高裁は、公衆浴場の開設の許可は、公衆衛生の観点から妥当であるとし、合憲との判断を下した。

財産権⑥ 財産に対して人々が持つ諸権利のこと。財産の所有、利用の自由がその中心をなす。フランス革命の頃は、神聖、不可侵とされたが、20世紀に入って制限されるようになった。なお、現代の特徴として、個人よりも会社その他の法人組織の財産権の巨大さがあげられる。

財産権の保障⑥ 財産権について、国家及び他者が侵害してはならないということで、憲法第29条1項は**財産権の不可侵**①を規定している。同時に同条2項、3項の規定によって、正当な**損失補償**②のもと、社会、公共の利益のためには財産権も制限され得るという立場が示されている。

所有権③ 物や土地の全面的な自由使用や処分などをすることのできる権利。経済的自由権の1つとして、憲法第29条の財産権の中心となっている。

4　法の下の平等

「法の下の平等」⑥ すべての人は、法的に等しく扱われなければならないとする原則。近代人権思想の中核をなすが、現代憲法でも改めて注目されており、憲法第14条1項で、「すべて国民は、法の下に平等であって、人種、信条、性別、社会的身分又は門地により、政治的、経済的又は社会的関係において、差別されない」と定めている。

社会的身分⑥ 人が社会生活において占める、一定程度の継続性を有する地位をいう。

：**門地**⑤ 家柄や出生によって決定される社会的な地位。華族、士族、平民などはその例。

差別⑥ 偏見により特定の個人や集団に不利益な待遇を行ない、人間として平等に生きる権利を否定すること。差別への抗議、差別を解消するための行動は、近代社会そして現代社会の成立へと導く大きな原動力であった。こうした歴史に立って、憲法第14条では差別を禁止している。しかし、部落差別、民族差別、女性差別、障がい者差別、国籍の違いによる差別などにみられるように、差別は今なお根強く残っている。

男女平等の原則④ 性別を理由に、政治的、経済的、社会的に差別されないという原則。憲法第14条に定められている。

「両性の本質的平等」⑤ 性別にかかわらず、すべての人間の尊厳が認められなければならないということ。憲法第24条は、家族生活における夫婦の平等とともに、「両性の本質的平等」を定めている。

女性差別(男女差別)⑤ 女性であるという理由で、政治的、経済的、社会的に不平等を被ること。旧民法下では、家族の居所指定権など、戸主である男性に強大な権限(**戸主権**①)があったが、憲法第14条、第24条により男女平等の原則が規定され、女性の立場はいちじるしく改善された。しかし、一連の**男女昇格差別訴訟**①にみられる昇格、昇進、賃金などの職場での不合理な差別や家庭生活での重い負担など、解消すべき様々な問題が残っている。民間企業の中には、就業規則で女性に不利な若年（じゃくねん）定年制や結婚退職制などを定めている場合があり、裁判では不合理な差別で無効とされた。また、妊娠・出産した女性に対する同意のない降格人事（**マタニティ・ハラスメント**①）の裁判では、男女雇用機会均等法に違反するとして、女性への損害賠償を事業主に命じた。

日産自動車事件 ① 男女の定年に5歳の差をつけている就業規則の規定が不合理な差別であるとして争われた事件。1981（昭和56）年に最高裁は、**男女別定年制**②は性別のみによる不合理な差別を定めたものとして法的に無効とされた。

積極的差別是正措置（ポジティブ・アクション） ② 差別によって不利益を被っているマイノリティに対する、実質的平等を実現することを目的とした差別撤廃措置のこと。**アファーマティブ・アクション**①ともいう。女性やマイノリティに対して、企業が一定の採用枠や昇進枠を割り当てる**クオータ制**①や、選挙における男女の候補者数が均等になることを目指したフランスの**パリテ制**①や日本の**候補者男女均等法**①などがある。

実質的平等（結果の平等） ③ 社会に存在する不平等や不公平を是正するために、人の属性に応じて法律上の取り扱いに差を設け、実質的な結果が平等になるようにする考え方。人の性質や、その置かれた環境、立場などを考慮せず、法的に同一の取り扱い、平等に機会を与える**形式的平等（機会の平等）**③と対になる言葉。

女子差別撤廃（てっぱい）条約 ⑥「女子に対するあらゆる形態の差別の撤廃に関する条約」で、1979年に国際連合総会で採択。日本は1985（昭和60）年に批准（ひじゅん）。この条約に合わせて国籍法の改正や男女雇用機会均等法の制定（1986年）、男女平等教育が推進された。

選択的夫婦別姓 ③ 夫婦が望む場合に、結婚後も夫婦がそれぞれ結婚前の名字を称することを認める制度。最高裁判所は2015年、2021年の2度にわたって夫婦同姓を要請する民法上の規定は合憲としている。

ジェンダー ④ 社会的、文化的に形成された性別。生物的な別をあらわすセックスとは異なる意味があり、男女差別にはジェンダーに基づく差別がある。**ジェンダーギャップ指数**①によって、経済・教育・政治参加などの分野で世界各国の男女間の不均衡が示されている。

フェミニズム ① 性差に起因する女性に対する差別や不平等に反対し、男性にだけ認められていた権利を女性にも拡張することを要求し、社会的・経済的な役割など女性の能力の発展を目指す主張及び運動のこと。ラテン語のフェミナ（femina＝女性）から派生した言葉。

嫡出子（ちゃくしゅつし）・非嫡出子の間の差別 ② 嫡出子とは法律上の婚姻関係にある夫婦から生まれた子を指し、非嫡出子とは嫡出子でない子を指す。民法には、非嫡出子の法定相続（そうぞく）分を嫡出子の2分の1とする差別的な規定（第900条4号）があったが、この規定について、2013（平成25）年9月に最高裁は憲法第14条1項の「法の下の平等」に違反するという判決を下した。

参政権の平等 ② 国民が国政に参加する権利を平等に持つこと。第二次世界大戦前に、参政権が性別や財産などにより制限されていたため、日本国憲法は平等の原則に基づき、第44条で規定している。参政権は、具体的には選挙権や被選挙権などを指す。

選挙権の平等 ② 参政権の平等として、国会議員、地方議会議員選挙の投票が、性別や納税額、身分により区別されることなく、誰にでも認められていること。1925（大正14）年の普通選挙法により、満25歳以上の男性には認められた。1945（昭和20）年には女性の選挙権が認められ、現在の日本では満18歳以上の国民に等しく選挙権が付与されている。

外国人の人権保障 ① 永住・定住する外国人や外国人労働者、難民など、国際化に伴い生じてきた日本国内の外国人に対する人権保障。

在留カード ① 日本に中長期間在留する外国人に対して交付されるカード。日本に中長期間滞在できる在留資格及び在留期間を証明する「証明書」としての性格を有する。カードには、氏名、生年月日、性別、国籍・地域、住居地、在留資格、在留期間、就労の可否などが記載されている。

定住外国人の参政権 ① 日本に長期間、生活していながら、日本国籍を持たない人に対する参政権のこと。最高裁は1995（平成7）年2月、定住外国人の参政権をめぐる裁判において、「すべての外国人に国政レベル、地方レベルを問わず、参政権は憲法上保障されない」とする判決を下した。ただし、この判決理由の傍論（ぼうろん）で、「地方レベルの参政権については、法律による付与は憲法上許容される」と示されたため議論になっている。

定住外国人 ③ 長期間、日本に居住し生活をしている外国籍の人。

教育の機会均等 ⑤ すべての国民が、その能力に応じて等しく教育の機会を与えられ、人種、信条、性別、社会的身分、経済的地位または門地によって差別されないこと。第二次世界大戦前の日本では、女性の大学進学が原則として認められていないなど、教育制度についても差別があった。

部落差別 ⑥ 近世初期以来、賤民身分の居住地であることを理由に行なわれてきた差別。近世に入って、体制維持のために被差別部落は分断支配され、本来、平等であるべき人間を、職業、居住、結婚など様々な面で差別してきた。身分制が制度上廃止された明治期以降も部落差別は解消されず、今日も結婚などの差別が残り、国民の偏見の打破が必要とされている。

解放令と部落解放運動

解放令とは、1871(明治４)年に明治政府が出した身分「解放令」の太政官布告のこと。「穢多・非人などの称を廃止し、今後は身分も職業も平民と同様たるべきこと」という文言であったが、経済的な保障や差別意識を撤廃する努力がなされなかったため、その後も経済的、社会的差別が残存した。しかし、1922(大正11)年の「全国水平社」結成以来、被差別民の解放を求める部落解放運動が広範に進められた。戦後は、1946(昭和21)年に「部落解放全国委員会」が再出発し、1955(昭和30)年に「部落解放同盟」と改称、人権の平等を推進する運動を展開した。

全国水平社(水平社) ② 1922(大正11)年、被差別部落の解放を目的として創立された被差別民自身の組織。運動は全国的に広がり、国民の中にある偏見、差別の打破に努めた。

水平社宣言(抜粋)

吾々は、かならず卑屈なる言葉と怯懦なる行為によって、祖先を辱しめ、人間を冒瀆してはならぬ。そうして人の世の冷たさが、何んなに冷たいか、人間を勦る事が何んであるかをよく知って居る吾々は、心から人生の熱と光を願求礼讃するものである。
水平社は、かくして生れた。
人の世に熱あれ、人間に光あれ。

同和問題 ⑥ 被差別民の解放問題のこと。同和とは「同胞一和」の略で、封建的身分差別の解消を目指して、主に行政上の用語として用いられてきた。最近では、「部落解放問題」と同じ意味で使われている。

同和対策審議会答申 ⑤ 部落解放同盟の全国的な運動によって、1961(昭和36)年に総理府(現内閣府)内に設立された機関である同和対策審議会が、同和問題を克服するために、1965(昭和40)年に提出した答申。

同和対策事業特別措置法 ④ 同和対策審議会の答申に基づいて、1969(昭和44)年に制定されたもので、差別により精神的、経済的に不利益を被っている地域の生活環境の改善と社会福祉の向上をはかる法律。10年間の**時限立法**③として制定され、1978(昭和53)年の改正により３年間延長された。1982(昭和57)年には**地域改善対策特別措置法**②を制定。さらに1987(昭和62)年からは地域改善対策特定事業財政特別措置法を、1996(平成８)年からは**人権擁護施策推進法**①を時限立法として制定した。これらの法律は1992(平成４)年から再度の延長がなされたが、2002(平成14)年に措置は終了した。その後、2016(平成28)年に**部落差別解消推進法**④が公布・施行された。

多文化共生 ① 国籍や民族などの異なる人々が、互いの文化的違いを認め合い、対等な関係を築こうとしながら、地域社会の構成員としてともに生きていくこと。

在日外国人差別 ④ 日本に住む定住外国人に対する差別のこと。在日外国人は、就労、医療、教育、住宅などの日常生活において、本人と家族、特に子どもが差別され、人権侵害を受けやすい状況にある。在日外国人には、国政上の選挙権だけでなく、地方選挙の参政権も与えられていない。

指紋押捺制度 ② 外国人登録法によって、日本に定住する外国人に対し、指紋を押すことを義務づけていた制度。1993(平成５)年、同法が改正されて、永住権所有者(韓国・朝鮮人や中国人がほとんど)の指紋押捺義務の廃止が実施された。1995(平成７)年の最高裁判決で、この制度の合憲性が確認されたが、これは外国人に対する不当な差別であるとの批判を受けて、1999(平成11)年に廃止された。

在日韓国・朝鮮人問題 ⑤ 日本に住む韓国人や朝鮮人に対し、差別的な扱いがなされている問題。1910(明治43)年、日本は大韓帝国を併合し、1945(昭和20)年まで**植民**

地政策①を行なっていた。この植民地支配に始まる民族差別が、いまだに日本国内に残っている問題。

アイヌ民族差別 ② 現在、北海道を中心として住んでいるアイヌの人々が、生活、就職、教育などで、不当な民族差別や偏見を受けていること。

アイヌ文化振興法 ⑥ アイヌの人々の民族としての誇りが尊重される社会の実現を目的として1997(平成９)年５月に制定された法律。アイヌ語やアイヌ文化の継承者育成、調査研究、広報活動などの文化振興策を内容とした。この法律は2019(令和元)年５月に「アイヌの人々の誇りが尊重される社会を実現するための施策の推進に関する法律」が施行されるのに伴い廃止された。

アイヌ民族支援法(アイヌ新法) ⑤ 2019(令和元)年５月に施行された「アイヌの人々の誇りが尊重される社会を実現するための施策の推進に関する法律」のこと。アイヌ民族を初めて先住民族と明記し、従来の文化振興や福祉政策に加えて、地域や産業の振興などを含めた様々な課題を解決することを目的とした。2007(平成19)年に、国連において「先住民族の権利に関する宣言」が採択された。翌年、国会で「**アイヌ民族を先住民族とすることを求める決議**」①が採択されたことで、成立した。

: **北海道旧土人(どじん)保護法** ⑤ 1997(平成９)年に、アイヌ文化振興法が制定されたことによって廃止された法律。貧困にあえぐアイヌの保護を目的とする名目で、1899（明治32）年に制定されたが、実際にはアイヌの財産を奪い、アイヌの日本国民同化を推進するものであった。

アイヌ ⑥ 樺太・千島・北海道に古くから住む、アイヌ語を母語とする民族。アイヌとは神に対する「人間」を意味する。15〜16世紀には大首長と首長(コタンコロクル)に率いられた社会を形成した。

障がい者差別 ⑥ 障がい者であることから、人権を無視され、社会生活への参加が阻(はば)まれていること。今日でも居住、教育、介助(かいじょ)、雇用、社会活動への参加などの多方面において、課題が存在する。

ハンセン病国家賠償訴訟 ② 1998（平成10）年に、国立ハンセン病療養所の入所者が、国を相手どって起こした国家賠償請求訴訟。ハンセン病について強制隔離を定めた**らい予防法**③は1996（平成８）年に廃止されていたが、強制隔離政策を長く続けてきた政府から強制隔離を受けた者への賠償はまったくなかったが、2001(平成13)年に熊本地裁が原告勝訴の判決を下し、国と国会の責任を明らかにした。

マイノリティに対する差別 ② 社会的少数者(**マイノリティ**③)に対する差別のこと。具体的には少数民族、同性愛者、障がい者、エイズなどの感染症患者、同和地区出身者、ホームレス、一人親家庭、在日外国人など。多数派によって差別されがちな少数派の権利確保は、現代の人権保障の重要な課題である。

LGBT(性的少数者) ④ Lesbian(レズビアン)、Gay（ゲイ)、Bisexual（バイセクシュアル)、Transgender(トランスジェンダー)の頭文字をとった言葉で、性的マイノリティをあらわす総称の１つ。性自認や**性的指向**①が定まっていないQuestioning（クエスチョニング）の頭文字を入れ、LGBTQと称されることもある。近年は、すべての人の性自認と性的指向の権利を保障しようとする **SOGI** ②（Sexual Orientation & Gender Identity)という考え方も強まってきている。

ヘイトスピーチ hate speech ⑤「嫌悪発言」「憎悪表現」などと訳される。人種、民族、国籍、宗教、性的指向、性別、障がいなど、自分からかえることが困難な要素に起因する、個人や集団に対する嫌悪や憎しみを込めた発言や言動のこと。

ヘイトスピーチ解消法 ⑤ 日本以外の国や地域出身者などに対する不当な差別的言動の解消に向けた取り組みについて基本理念を定め、国などの責務を明らかにするとともに、基本施策を定め、これを推進しようとする法律。2016(平成28)年５月成立、６月施行。

子どもの貧困防止法 ② 子どもの将来が、その生まれ育った環境によって左右されないことを基本理念とし、貧困の状況にある子どもが健やかに育成される環境を整備するとともに、教育の機会均等をはかるため、子どもの貧困対策に関する基本事項を定めた法律。2013(平成25)年６月成立、翌年１月施行。

児童虐待防止法 ① 2000（平成12）年に制定された、**児童虐待**②の禁止、児童虐待の予防及び早期発見、その他の児童虐待の防止に関する国及び地方公共団体の責務、児童虐待を受けた児童の保護及び自立の支援のための措置等を定めた法律。

性同一性障害者特例法 ③ **性別違和（性別**

不合）①を持つ性同一性障がい者のうち、特定の要件を満たせば家庭裁判所の審判を経て、戸籍上の性別記載を変更できることを定めた法律。2003(平成15)年７月成立、翌年７月施行。

同性パートナーシップ条例 ③ 同性カップルを「結婚に相当する関係」と認め、互いを「パートナー」とする証明書を発行することなどを定めた条例。2015(平成27)年に東京都渋谷区と世田谷区で成立した。一方で、日本では**同性婚**①が認められていないため、パートナーとの間での相続やパートナーの子どもに対する親権などの権利の問題がある。

DV防止法 ① 配偶者からの肉体的・精神的な暴力（**ドメスティックバイオレンス**②）にかかわる通報、相談、保護、自立支援などの体制を整備し、配偶者からの暴力の防止及び被害者の保護をはかることを目的とする法律。

3 社会権的基本権と参政権・請求権

1 社会権

社会権的基本権（社会権） ⑥ すべての国民が、人間たるに値(あたい)する生活を営む権利をいい、「生存権的基本権」ともいわれる。資本主義社会の矛盾の激化と、労働運動や社会運動の発展を背景に成立した権利で、「20世紀的基本権」とも呼ばれる。自由権が「国家からの自由」として国家権力の干渉を排除する権利であるのに対して、社会権は国家に積極的な施策を要求する権利であることから「**国家による自由**」①とも呼ばれる。日本国憲法では、生存権(第25条)、教育を受ける権利（第26条)、労働基本権（第27条、第28条)として保障されている。

ワイマール憲法 ⑥ 1919年にワイマールで制定された「**ドイツ共和国憲法**」①の通称。社会権的基本権の保障を初めて規定し、20世紀の憲法に大きな影響を与えた。

> **ワイマール憲法(第151条)**
> (1) 経済生活の秩序は、すべての者に人間たるに値する生活を保障する目的をもつ正義の原則に適合しなければならない。この限界内で、個人の経済的自由は確保されなければならない。

生存権 ⑥ 社会権の一種で、人間の尊厳にふさわしい生活を営む権利をいう。国民が人間らしく生きるために、積極的に保障することを国家に対して求める権利でもある。

憲法第25条 ⑥ 生存権を規定する日本国憲法の条文。

「健康で文化的な最低限度の生活」 ⑥ 肉体的にも精神的にも人間にふさわしい生活を指し、憲法第25条で保障された生存権の内容、程度を定めた言葉。そのために、国は社会福祉や社会保障の充実に努める責務がある。

朝日(あさひ)訴訟 ⑥ 1957〜67(昭和32〜42)年にかけて生存権をめぐって争われた訴訟。国立岡山療養(りょうよう)所に入院中の朝日茂(しげる)さんが、国の生活保護の給付内容が不十分で、憲法第25条に違反するとして起こした訴訟。最高裁(1967〈昭和42〉年)は、何が健康で文化的な最低限度の生活かの認定判断は、厚生大臣の合目的な裁量にゆだねられており、裁量権の逸脱(いつだつ)または濫用(らんよう)の場合のほかは、当・不当の問題はあっても、ただちに違法の問題は生じないと判断した。この訴訟は、生存権の保障と国の責務に関し、課題を残したが、その後の生活保護制度の改善に影響を及ぼした。

堀木(ほりき)訴訟 ⑥ 全盲と母子世帯という二重の負担を負った堀木フミ子さんが、障害福祉年金と児童扶養(ふよう)手当の併給を禁止した児童扶養手当法(改正前)の規定は、憲法第25条にある生存権の保障などに違反するとして、国を相手どり起こした訴訟。憲法第25条の規定が、プログラム規定であるかどうかをめぐって争われた。

プログラム規定説 ⑥ 憲法第25条の生存権のような規定は、個人に対して裁判上の救済が受けられる権利を定めたものではなく、政治のプログラム(努力目標)を書いたもので、その時々の財政事情と見合わせて初めて法律上の保障内容が与えられるという考え方。朝日訴訟や堀木訴訟では、憲法第25条の規定がプログラム規定にあたるかが争点となった。

法的権利説 ⑤ 憲法上の権利保障規定として、憲法第25条の生存権の規定は個人に対して具体的な権利内容を定めたものであり、裁判上の救済を受けることができるとする説。現在は、生存権を実現するという抽象的な義務を国が負っており、国民は国に対して立法といった措置を要求することができるという**抽象的権利説**①が有力となっている。

学資保険訴訟 ① 高校進学のため積み立てた学資保険の満期金を収入とみなし、生活保護費を減額したのは違法として、減額処分の取り消しなどを求めた訴訟。2004 (平成16) 年に最高裁は、高校進学のため費用を蓄えることは、生活保護法の趣旨に反しないとの判断を示し、減額を違法とした。

労働基本権 ⑥ 社会権的基本権の1つで、労働者の経済的、政治的、社会的地位の向上をはかるために認められている基本的権利。日本国憲法では、勤労の権利(第27条)と労働三権(第28条)がこれに属する。これらの権利を、より具体的に保障するために労働三法(労働基準法、労働組合法、労働関係調整法)がある。

勤労の権利 ⑥ 労働する意思と能力を持つ者が、国に労働の機会を要求することができる権利。憲法第27条で規定されており、「勤労権」ともいう。

公務員の労働基本権制限 ③ 全体の奉仕者である国家公務員や地方公務員は、「公共の福祉」のため、国家公務員法や地方公務員法などで、団体交渉権や争議権が制限されていること。

労働三権 ⑥ 憲法第28条が労働者に対して保障する、団結権、団体交渉権、団体行動権の総称。労働者の基本的な3つの権利。

団結権 ⑥ 労働者が団結して労働組合をつくる権利。使用者に対して、一人ひとりでは弱者である労働者が、団体をつくることで対等な力関係になることを目指している。

団体交渉権 ⑥ 労働者の労働条件、待遇(たいぐう)の改善と向上のため、労働組合が使用者、または使用者団体と交渉する権利。

団体行動権 ⑥ 団体交渉で労使の交渉がまとまらないとき、労働組合がストライキなどの争議を行なう権利。正当な団体行動権の行使(こうし)には、刑事上、民事上の免責(めんせき)が認められている。

:**争議権** ⑤「団体行動権」と同義。

公務員の争議権 ④ 日本の公務員は国家公務員法や地方公務員法などによって争議権が認められていない。このことに関して、最高裁は公務員にも労働基本権は保障されるが、これは国民全体の共同利益の見地(けんち)からする制約を免(まぬ)がれ得ないとして、公務員関係諸法は合憲であると判断している。

全逓東京中郵事件 ① 東京中央郵便局で全逓信労働組合(全逓)の組合員が春闘の際に、勤務時間内に職場を離脱して職場大会に参加したことが、郵便法違反にあたるとして起訴された事件。これに対し最高裁は、労働基本権を尊重する姿勢を示し、団体行動に参加した公務員の処罰はやむを得ない場合に限られるとした。公務員の争議行為を全面的かつ一律に禁止しているとした憲法に対する従来の立場を転換させた判決。その後、1973 (昭和48) 年の**全農林警職法事件**①では、公務員の地位の特殊性と職務の公共性を理由に、労働基本権の制約を承認する従来の立場に戻り、公務員の団体行動の一律禁止は憲法に反しないとの判断を示すに至った。

教育を受ける権利 (教育権) ⑥ 社会権的基本権の1つで、憲法第26条で保障されている。教育を受けることは、「健康で文化的な最低限度の生活を営む」ための不可欠な条件であり、現在では教育制度を設け、これを充実させることは国家の責務となっている。

義務教育の無償 ⑤ 小学校、中学校の9年間の普通教育に要する費用については、無償とすること。無償の範囲については争いのあるところであるが、最高裁(1964〈昭和39〉年)は、授業料不徴収の意味とし、その他の教科書などの費用については、立法政策の問題としている。

学習権 ② すべての人間が、その可能性を十分開花させるために、自ら学習し教育を受けて成長する権利。憲法第26条に規定する「教育を受ける権利」を、学ぶ者の側に即して積極的にとらえたもの。

旭川(あさひかわ)学力テスト事件 ② 全国一斉学力調査テストの実施をめぐって、北海道の旭川市立永山(ながやま)中学校において、その学力調査を阻止しようとして起きた事件。裁判では、教育内容を決定する権限の所属、子どもの学習権、教員の教育の自由の保障が争われた。最高裁(1976〈昭和51〉年)は、国の教育権と国民の教育権の折衷(せっちゅう)的見解を採用し、憲法第26条の保障として学習権を認め、教師の教育の自由については一定の範囲には存在することを認める一方で、国の制限も許されるとした。

教育基本法 ④ 日本国憲法の精神にそって、「個人の尊厳」、「真理と平和を希求(ききゅう)」する人間の育成など、新しい日本の教育目的を示した法律。1947(昭和22)年に制定。教育の機会均等、義務教育制、男女共学及び義務教育費の無償などが定められている。2006(平成18)年に大幅に改正され、国や地方公共団体の教育財政上の責務や生涯教育、障がいのある者への十分な教育、家庭教育や幼児期の教育などの項目が追加された。

就学支援金制度 ① 高等学校などにおける教育にかかわる経済的負担の軽減をはかるために、授業料などにあてるための支援金を支給する制度のこと。教育の実質的な機会均等に寄与することを目的としている。

：**学校教育法** ③ 1947(昭和22)年、教育基本法の理念に従い、学校教育の基本的事項を規定した法律。これにより六・三・三・四制がしかれた。

2　参政権・請求権

参政権 ⑥ 国民が政治に参加する権利。基本的人権の1つであるが、国民が国家権力に参加する能動的な性質を持つ点で、「**国家への自由**」①とも呼ばれ、自由権などと区別されている。憲法は、選挙権・被選挙権(第15条)、国民審査権(第79条)、国民投票権(第96条)などの諸権利を、参政権の具体的内容として定めている。

女性の参政権 ① 日本では、明治末期から大正時代にかけて、女性参政権(当時は「婦人参政権」と呼んだ)を要求する運動が起きた。しかし、実際に女性参政権が実現したのは第二次世界大戦後で、1946(昭和21)年4月の衆議院議員総選挙で初めて女性を含めた普通選挙が実施され、39人の女性議員が誕生した。

公務員の選定と罷免(ひめん)の権利(公務員選定罷免権) ③ ある人を一定の公務員の地位につけたり、その地位を奪ったりすることのできる権利。国民主権の原理に基づくものである。国会議員と地方公共団体の首長、議員の選挙、最高裁判所裁判官の国民審査、地方公共団体の首長、議員などの解職請求(リコール)がある。憲法第15条に定められたもので、参政権の核心をなす。

被選挙権 ① 選挙される権利で、代表者として立候補できる権利を指す。参政権の1つ。日本では公職選挙法により、衆議院議員、地方議会議員、市区町村長は満25歳以上、参議院議員、都道府県知事は満30歳以上と定められている。

請求権 ④ 国民の基本的人権を確保するための権利で、権利や自由の侵害を救済するための権利でもある。憲法は、請願権(第16条)、国家賠償請求権(第17条)、裁判を受ける権利(第32条)、刑事補償請求権(第40条)などを定めている。**国務請求権**①とも呼ばれている。

請願権 ⑥ 憲法第16条に定められており、国や地方公共団体に対して、希望を表明する権利。人権侵害に対する苦情やその是正(ぜせい)を訴えることができ、人権を保障するための能動的な権利といえる。

：**陳情(ちんじょう)** ③ 国家(中央省庁)や地方公共団体に実情を述べ、一定の施策(しさく)を要請すること。

裁判を受ける権利 ⑥ 請求権の1つで、不法に自己の利益や権利を侵害された場合、誰でも、個人間の問題だけでなく、行政処分についても救済を求めて裁判に訴えることができる権利。刑事事件では、被告人が権利として裁判所の裁判を受けることができるという意味をも含む。憲法第32条に定められている。

国家賠償請求権 ⑤ 公務員の不法行為などにより被った損害の賠償を、国や地方公共団体に求めることができる権利。憲法第17

条に定められている。

損害賠償請求権 ② 他人の行為によって損害を被った場合に、その相手に対して損害を償うよう求める権利。交通事故や公害問題のような不法行為によるもの、割賦販売のような消費者取り引きの債務不履行によるもの、薬害や欠陥商品などのような不法行為と債務不履行との中間的なものがある。

刑事補償請求権 ⑥ 刑事事件の裁判で無罪が確定した場合は、国に金銭の形で補償を求めることができる権利。憲法第40条に定められている。

犯罪被害者保護法 ③ 2000（平成12）年に成立した、犯罪による被害者と、その家族を保護することを目的とする法律。犯罪により被害にあった人の権利として、法廷で意見を述べる権利、裁判の傍聴を優先的にできること、公判記録の閲覧、民法上の公判調書に執行権を付与すること、検察審査会への申し立てをする権利などを内容とした。その後、経済的支援や医療・福祉サービスの不足、刑事手続での扱いや配慮に欠けた対応による二次被害の訴えを受けて、**犯罪被害者等基本法**③が2004（平成16）年に成立した。

4 現代社会と新しい人権

新しい人権 ⑥ 人権に対する考え方の深まりや、社会、経済の大きな変動の中で、人間の生活と権利を守る必要などから、新たに生まれた基本的人権。憲法には明記されていないが、基本的人権として保障していく必要がある人権。知る権利、プライバシーの権利、環境権などが代表的なもの。

知る権利 ⑥ 国民は、必要な情報を自由に知ることができるという権利。特に、政府がどのような活動をしているのかを国民は知る権利があり、政府に対して積極的に情報の提供を求める権利があること。この権利のため、情報公開制度の確立が求められ、1999（平成11）年に情報公開法が制定された。

沖縄返還密約 ② 1971（昭和46）年6月に調印、1972（昭和47）年5月に発効した沖縄返還協定をめぐって、日米両政府間に交わされた秘密の約束。具体的には、アメリカ側が負担することになっていた土地の原状回復費などを、日本側が肩がわりすることを取り決めたとされる。当時、毎日新聞の記者が、この交渉に関する外務省機密電文を省職員に持ち出させたとして有罪判決を受けた。政府は密約の存在を否定していたが、2000（平成12）年、この密約を裏づける内容のアメリカの公文書が発見された。

公文書管理法 ① 公文書の統一的な管理のルールや重要な公文書等の保存及び利用のルールを規定した法律。適切な運用をはかるため、公文書管理委員会の設置、内閣総理大臣による改善勧告などについて定めている。

差止請求 ① 公害やプライバシー侵害などの不法行為や、特許権、商標権、著作権の侵害に対して、被害者が加害者にその侵害の停止や不利益の発生の防止、予防を求める司法上の訴えのこと。

サンシャイン法 ① 1976年、アメリカで制定された会議公開法のこと。密室で行なわれていた行為を、白日のもとにさらすことを目的とするため、このように名づけられた。国民の知る権利に対応する情報公開制度の1つ。

情報公開制度 ② 国や地方公共団体の行政機関が持っている情報を、国民が自由に入手できるように保障する制度のこと。知る権利に対応する制度である。

情報公開法 ⑥ 政府の説明責任を明らかに

し、中央官庁の行政文書の原則公開を義務づける法律。ただし、個人情報や国の安全保障などを含む6項目は、不開示となっている。1999(平成11)年制定、2001(平成13)年から実施された。

情報公開条例 ⑥ 地方公共団体で制定している情報公開制度。公文書の公開に関する条例も同じ。日本で最初の情報公開条例は、1982(昭和57)年に山形県金山(かねやま)町で施行された。都道府県では、翌83年の神奈川県が最初。以来、多くの地方公共団体で制定されている。

特定秘密保護法 ④ 日本の安全保障に関する情報のうち、特に漏洩(ろうえい)することで支障を与える恐れがあるものを、原則30年間「特定秘密」として指定し、この秘密を漏らした場合の罰則を定めた法律。2013(平成25)年末に公布され、2014(平成26)年末から施行(しこう)された。この法律の制定にあたっては、政府にとって都合の悪い情報を特定秘密とすることで、国民の知る権利が侵害されるのではないかとする意見も多く聞かれた。2014年6月には、この法律の運用をチェックする「情報監視審査会」を衆参両院に常設するための改正国会法が成立した。

アクセス権 ⑥ マス・メディアを開かれたものにし、市民がそれに参入し利用する権利をいう。国民の言論の自由を実現するための主張。批判、抗議、要求、反論、苦情、番組参加、運営参加などがあげられる。

プライバシーの権利 ⑥ 個人の私的な生活を、みだりに公開されない権利。他人にわずらわされることなく、幸福を追求する権利。現代社会では、マス・メディアの発達などによって、個人の生活が個人の意に反して、人前にさらされるようになってきたことから主張されるようになった。近年では、さらに拡大されて、自分に関する情報を自分で管理する権利(**自己情報コントロール権**③)として主張されるようになった。

GPS訴訟 ① GPS捜査の違法性が問われた訴訟。窃盗事件の被告人に対し、警察が捜査の一環として被告人らの承諾なくGPS端末を取りつけた。最高裁は、GPS捜査は「個人の意思に反してその私的領域に侵入する捜査手法」であり、令状がなければ行なうことができない強制の処分であるとの判断を示した。

『宴(うたげ)のあと』事件 ⑥ 元外務大臣有田八郎(ありたはちろう)が、三島由紀夫(みしまゆきお)の小説『宴のあと』により、プライバシーを侵害されたとして訴えた事件。プライバシーを保護するためには、「表現の自由」も制限されるという判決が出された。日本で初めてプライバシーの権利が論議された事件。

『石に泳ぐ魚』事件 ⑥ 小説の内容が名誉毀損(きそん)、プライバシーや名誉感情を侵害しているとして、作者と発行出版社に損害賠償、出版差し止めを求めた事件。小説家柳美里(ゆうみり)が自伝的小説を発表したが、その登場人物とされている人からの訴えに第一審、控訴(こうそ)審ともにプライバシーの侵害を認めた。最高裁も出版社側の上告を棄却(ききゃく)して、判決は確定している。文学における「表現の自由」とプライバシー保護をめぐっての重要な判例。

個人情報保護法 ⑥ 高度情報化社会の進展に伴い、行政機関の保有する個人情報の取り扱いについて基本的な事項を定めることにより、個人のプライバシーを保護する目的で、1988(昭和63)年に制定された法律。2003(平成15)年には、行政機関ばかりでなく民間事業者も対象とする必要から、個人情報の保護に関する法律など、個人情報保護関連五法が成立し、個人情報の適切な保護、取り扱いが義務づけられた。2016(平成28)年には、個人情報の取り扱いを監督するための組織として**個人情報保護委員会**①が内閣府の外局として設置された。

個人情報保護関連五法 ① 2003(平成15)年に制定された、個人情報に関する5つの法律のこと。具体的には、個人情報の保護に関する法律、行政機関の保有する個人情報の保護に関する法律、独立行政法人等の保有する個人情報の保護に関する法律、情報公開・個人情報保護審査会設置法、行政機関の保有する個人情報の保護に関する法律等の施行に伴う関係法律の整備等に関する法律を指す。

個人情報保護条例 ① 個人情報を保護し、プライバシーを保護するための条例をいう。1990(平成2)年3月、神奈川県が制定したのを初めとして、今日では多くの都道府県で定めている。これは情報公開と表裏をなすもので、一層の整備が望まれている。

通信傍受(ぼうじゅ)法 ⑥ 重要な組織犯罪を捜査するために、令状による裁判所の許可を得て、電話などの傍受などができるとする制度を定める法律。正式名称は、「犯罪捜査のための通信傍受に関する法律」。この法律は、憲法第21条2項で保障した「通信の秘密」を侵害し、国民のプライバシーを侵害する盗聴法だとの批判もある。

改正組織犯罪処罰法（テロ等準備罪法）② 一定の組織的犯罪を行なった場合には刑法の規定より重い刑を科すことや、犯罪組織の資金源断絶などを目的に犯罪収益の流れを規制することを明記した法律。前身の**組織犯罪処罰法①**から2017（平成29）年に改正され、テロなどの組織的な犯罪に対して、実行前段階での処罰が可能となった。

住民基本台帳ネットワーク ⑥ 2002（平成14）年からスタートした住民の住所、氏名、性別、生年月日をコンピュータで管理するシステム。個人のプライバシーの侵害につながるとの反対論がある。2009(平成21)年の**改正住民基本台帳法①**によって、外国人住民が住民基本台帳法の適用対象に加わった。なお、2016(平成28)年からマイナンバー制度の運用が始まったが、その目的と管轄が異なるため住民基本台帳ネットワークは存続する。

マイナンバー制度 ⑤ 2016（平成28）年から運用が始まった、社会保障・税番号制度のこと。2015（平成27）年に制定された**マイナンバー法②**に基づき、国民一人ひとりに12桁の番号をつけ、行政手続などにおける特定の個人を識別する。民間サービスでの本人確認や健康保険証としての利用など、サービスの拡大が期待されている一方で、個人情報の流出に対する懸念（けねん）もある。

外務省公電漏洩（ろうえい）事件 ③ 日米間の沖縄返還交渉中の1971(昭和46)年、外務省の秘密文書が持ち出され、新聞記者の手に渡った事件。**外交上の密約①**である国家機密と国民の知る権利を争点とし、取材、報道の自由についての判断が裁判所で行なわれた。結果は、取材の自由に一定の理解を示したものの、取材方法には限界があるとする判決であった。

一般データ保護規則（GDPR）① 2018（平成30）年5月25日から適用が開始された、欧州連合（EU）における、個人情報保護という基本的人権の確保を目的とした規定のこと。国籍及び居住地にかかわらず、個人データ保護の権利を尊重するとともに、EU域内市場における経済の強化を実現するものとしている。この規則の中で、前科などの情報を削除するよう事業者に求める「忘れられる権利」を保障している。

忘れられる権利 ⑤ インターネット上の個人情報、プライバシー侵害情報、誹謗（ひぼう）中傷などを削除してもらう権利。インターネットの拡大とともに主張されてきた新しい人権の1つ。

環境権 ⑥ 清浄な水や空気、日照（にっしょう）、静けさなど、人間の生存にとって必要な生活環境を享受（きょうじゅ）する権利。公害などから、多数の人々の健康や生活環境の保護と侵害に対する救済を目的として、憲法第13条の幸福追求権や第25条の生存権に基づき主張されるようになった。しかし、これまで**名古屋新幹線公害訴訟①**や大阪空港公害訴訟などで環境が主張されてきたが、判例は環境権を国民の権利として正面から認めることを避けるものとなっている。

人格権 ③ 生命や自由、名誉など、個人の人格的利益を保護するための権利のこと。憲法第13条の「幸福追求権」から導かれる人権。みだりに肖像を撮影・使用されない権利（**肖像権②**）も人格権の1つ。民法、刑法で名誉毀損行為が法的責任の対象となる実質的根拠は人格権に求められる。

京都府学連事件 ① 京都府学生自治会連合（京都府学連）の主宰により行なわれたデモ行進中に起きた条例違反に対して、警察による捜査の一環として行なわれた写真撮影の適法性が問題とされた事件。公務執行妨害罪及び傷害罪に問われた被告人が肖像権の侵害と捜査の違法性を争ったが、最高裁は、被告人の肖像権を認めた上で、捜査は適法とした。

日照（にっしょう）権 ④ 住宅環境にとって重要である太陽の光(日照)を一定時間、一定量確保する権利。環境権の1つであり、高層ビルの乱立などにより、新たに求められるようになってきた権利である。

静穏（せいおん）権 ④ よりよい環境のもとで、平穏に生活する権利。社会生活での騒音公害などの弊害の中から、憲法第13条の幸福追求権、第25条の生存権を根拠に主張されるようになった。

景観権 ② 自然の風景や歴史的、文化的な風景を受け入れ、味わう権利。個人的な権利である眺望（ちょうぼう）権が広域化したものとする見方もある。**国立マンション訴訟①**や**鞆（とも）の浦（うら）景観訴訟①**において、裁判で景観権が争われ、法律上保護に値するものと判断されている。

嫌煙（けんえん）権 ③ たばこの煙によって汚染されていない清浄な空気を呼吸する権利。たばこに汚染された空気を呼吸すること（受動喫煙（きつえん））による被害から、非喫煙者の健康を守るための権利として主張されている。

尊厳死 ④ 回復の見込みのない状況において、患者本人の意思で必要以上の延命措置、医療（生命維持装置など）を辞退して選ぶ、自然な死のこと。患者本人に判断能力がない場合は、家族の意思が重要な意味を持つ。人間らしい最期を全うしようという思想に基づいている。

安楽死 ③ 重症患者を末期の苦痛から解放するため、他の者がその生命を縮め、断つこと。患者自身や家族の同意によって、生命維持装置を外して死を早める「消極的安楽死」、薬物などを使って死を早める「積極的安楽死」がある。後者について、現在の日本では法的に認められておらず、刑法上殺人罪の対象となる。

インフォームド・コンセント ⑥ 患者が自己決定するためには、医師は治療法などについて患者に説明する義務を持ち、患者や家族の同意を得るべきだとする考え。また、その同意のこと。

臓器移植 ② 重い病気やけがで機能を失った臓器を、ほかの人から摘出した健康な臓器と交換する治療のこと。腎臓や目の角膜の移植などは実績を積んでいる。

臓器移植法 ② 1997（平成９）年10月に施行された「臓器の移植に関する法律」。脳死を人の死と認め、脳死者からの臓器移植を可能にする法律。2009（平成21）年の改正により、臓器提供の基準が緩和され、本人の臓器提供の意思が不明な場合でも、家族の承諾があれば臓器提供が可能となった。同時に、15歳未満の者からの臓器提供も可能になった。

脳死 ② 頭のけがや病気で脳の機能が停止し、回復不能となった状態。自発的な呼吸は止まっているが、人工呼吸器の助けで呼吸し、心臓は動いている。脳死の判定方法について、当時の厚生省（現厚生労働省）の脳死基準は、⑴深いこん睡状態、⑵どう孔が固定、⑶脳幹反射の消失、⑷脳波が平坦、⑸自発呼吸がない、の５条件を満たし、６時間以上経っても変化がないことを確認する、６歳未満の小児は判定対象としない、というものである。脳死をもって人の死とするか否か、死の定義にもかかわって、論議は続いている。

生命倫理（バイオエシックス） ① 医学や生命科学の発展に伴って問われるようになった、倫理上の思想。生命の研究やその応用が人権上どこまで許されるかを考えるもの。臓器移植や安楽死・尊厳死、人工妊娠中絶、代理母①、代理出産①などに関連する。

患者の自己決定権 ⑤ 患者には、自分がどのような医療を受けるかを決定する権利があるということ。

憲法尊重擁護義務 ⑤ 憲法第99条に規定され、公務員に特に求められている義務。憲法の最高法規性を保障するとともに、国家機関が人権不可侵の法的義務を負うことを示すものである。

国民の三大義務 ③ 日本国憲法に規定されている義務を指す。子どもに「普通教育を受けさせる義務」（第26条）、勤労の義務（第27条）、「納税の義務」（第30条）は、国民の三大義務。そのほかに、基本的人権保持の義務、権利を濫用せず「公共の福祉」のために用いる義務（いずれも第12条）の２つの一般的義務や、公務員については憲法尊重擁護義務（第99条）が定められている。

「普通教育を受けさせる義務」 ⑤ 国民の三大義務の１つ。小学校、中学校について保護者が保護する子どもに「普通教育を受けさせる義務」があるということ。憲法第26条で定められている。

「勤労の義務」 ⑤ 国民の三大義務の１つ。国家が強制的に国民に労働させることを定めたものではなく、労働の能力があるのに労働しないものは、勤労の権利の保障（例えば雇用保険の請求）が受けられないということを示したもの。憲法第27条で定められている。

「納税の義務」 ⑤ 国民の三大義務の１つ。租税を納める義務で、国民の資力に応じて、その義務を果たすことが要請される。憲法第30条で定められている。

5 日本の安全保障

1 自衛隊

警察予備隊 ⑥ 現在の自衛隊の前身。朝鮮戦争を機に、連合国軍最高司令官総司令部(GHQ) の指令で、1950 (昭和25) 年に設けられた。

保安隊 ⑥ 1952(昭和27)年、保安庁法により警察予備隊を改編して新たに創設された防衛機構で、その後に自衛隊へ発展した。

自衛隊 ⑥ 1954(昭和29)年、保安隊にかわって創設された。自衛隊法により、「直接侵略及び間接侵略に対しわが国を防衛することを主たる任務」とし、陸上、海上、航空の3隊からなる。数次にわたる防衛力整備計画により、自衛隊はしだいに増強され、今日では世界各国の軍隊に十分匹敵するものになっている。

自衛隊法 ⑥ 1954 (昭和29) 年6月に、「自衛隊の任務、自衛隊の部隊の組織及び編成、自衛隊の行動及び権限、隊員の身分取扱等を定める」(第1条) という目的をもって制定された法律。

自衛隊法改正 ③ 1954 (昭和29) 年に制定された自衛隊法は、その後、数回にわたり改正された。主な改正として2001(平成13)年に防衛秘密の漏洩(ろうえい)に関して、民間人が処罰の対象に加えられた。また2005(平成17)年には、ミサイル防衛システムの運用方法が定められた。さらに2006(平成18)年には、国際平和協力活動や周辺事態での後方支援活動、在外邦人の輸送が本来任務に格上げされた。なお、この改正で防衛庁が防衛省に昇格した。

防衛出動 ③ 外国から日本への武力攻撃に際して、内閣総理大臣の命令により、日本を守るために自衛隊が出動すること。

治安出動 ① 間接侵略、その他の緊急事態に際して、内閣総理大臣の命令により自衛隊が出動すること。

防衛省 ③ 国防と自衛隊の管理と運営にあたる中央省庁。防衛大臣を長とする。2007(平成19) 年1月、内閣府の外局だった防衛庁が省に昇格した。国土防衛、治安維持、災害救助などを目的とする。省に昇格することによって、閣議の開催や予算の請求が内閣府を通さずに直接できるなど権限が拡大された。また、国防に対する国政上の位置づけが上がった。同時に、自衛隊法の改正により、自衛隊の海外活動が付随的任務から**本来任務**②に格上げされた。

防衛力整備計画 ③ 自衛隊の強化を目的とした計画で、創設以来4次に及ぶ増強が進められてきた。それにつれて、防衛関係費(国防に関する諸費用)も拡大し、世界でも十指に入る防衛予算を費やし、高度化された防衛力を持つに至っている。

中期防衛力整備計画 ① 日本の安全保障政策の基本的指針である防衛計画の大綱(たいこう)に従って策定される、政府の5カ年計画。自衛隊の整備、維持、運用などを具体的に定めており、「中期防」とも呼ばれる。1985(昭和60) 年に最初の中期防が策定され、2019(令和元)年まで策定された。

防衛関係費のGNP1%枠 ① 防衛関係費は、国民総生産 (GNP) の1%相当額を超えないとする方針。1976(昭和51)年、三木武夫(みきたけお)内閣が閣議決定した。しかし、中曽根康弘(なかそねやすひろ)内閣の1987(昭和62)年、初めて1%を突破 (1.004%) し、その後も超過が続いた。1990(平成2)年度予算以降は1%枠におさまり、国内総生産 (GDP) 比となった1994(平成6)年度以降も1%枠内にある。

専守(せんしゅ)防衛 ④ 日本の防衛は、敵国を攻撃することなく、もっぱら相手側の攻撃から自国領土を防衛することに徹するという方針。防衛力の規模、質、防衛行動の態様もすべてこの方針に基づき、自衛の範囲内に限定される。

恵庭(えにわ)事件 ⑤ 1962(昭和37)年、北海道恵庭町の牧場経営者が、演習騒音に抗議し、自衛隊の通信連絡線を切断した事件。この事件で、初めて自衛隊が憲法第9条に違反するかどうかが争われたが、札幌地裁 (1967年)は、憲法判断を回避した。

長沼(ながぬま)ナイキ基地訴訟 ⑥ 1968 (昭和43) 年、防衛庁が北海道長沼町に地対空ミサイルのナイキ発射基地をつくるとし、1969 (昭和44) 年農林省 (現農林水産省) が保安林を解除したため、地元住民がその取り消しを求めて起こした訴訟。札幌地裁 (1973〈昭和48〉年)は、初めて自衛隊が憲法に違反するとした。しかし、札幌高裁 (1976〈昭和51〉年) は、自衛隊の合憲、違憲判断は、高度な政治的判断を求められ、裁判所の審査になじまないとし、最高裁(1982〈昭和57〉年)も高裁判決を支持した。

百里(ひゃくり)基地事件 ⑤ 茨城県小美玉(おみたま)市にある航空自衛隊百里基地予定地の土地所有を

めぐり、土地売買無効と自衛隊の違憲を訴えた裁判。最高裁(1989〈平成元〉年)は、憲法第9条は私法上の行為に直接適用されるものではないとして、憲法判断を回避した。

有事法制 ③ 他国から日本への武力攻撃時に、自衛隊をはじめ政府諸機関が支障なく行動できるよう整備しておく法令。**有事立法** ①ともいう。

国民保護法 ⑥ 有事法制の1つ。日本有事の際、国や地方公共団体が、国民の避難誘導、収容施設の供与、医療などの救援、災害への対処、国民生活の安定などの活動を行なうことを明記し、事後の補償を条件として、土地や家屋の使用、物資の収用に伴う私権の制限を可能とした。2001年の同時多発テロを受けて、日本でも有事法制の整備が進み、その一環として2003(平成15)年に武力攻撃事態対処法など、いわゆる有事関連3法が成立、翌2004(平成16)年には、国民保護法など有事関連7法が成立した。

自衛隊の海外派兵 ⑥ 自衛隊を外国に派遣すること。政府は、1954(昭和29)年の参議院での決議以降、自衛隊の海外出動は憲法上できないと説明してきたが、武力行使を目的としない派遣は派兵ではないとして、1992(平成4)年の国連平和維持活動協力法(PKO協力法)の制定により、自衛隊の国連平和維持活動(PKO)参加に踏み切った。

国連平和維持活動協力法(PKO協力法) ⑥ 冷戦後の国際秩序の維持、形成に日本も参加して、国際貢献をすべきとの議論が高まり、1992(平成4)年、この協力法が成立した。しかし、自衛隊の協力はあくまで武力行使を伴わないとの限定がつけられている。2001(平成13)年には改正され、停戦監視などの国連平和維持軍(PKF)本体業務への参加が可能になった。

PKO参加五原則 ③ 国連平和維持活動協力法(PKO協力法)に示されている自衛隊がPKOに参加するための5つの原則。具体的には、(1)紛争当事者間で停戦合意が成立していること、(2)紛争当事者が日本の参加に同意していること、(3)当該平和維持隊が中立的立場を厳守すること、(4)上記の基本方針のいずれかが満たされない場合には、撤収することができること、(5)武器の使用は、必要最小限のものに限られること、の5つである。

自衛隊のPKO参加 ④ 1991(平成3)年、湾岸戦争後の掃海艇ペルシャ湾派遣については、機雷などの除去を定めた自衛隊法第99条に基づいて実施されたが、そこには自衛隊の海外出動を認める規定はなかった。そこで、政府は1992(平成4)年、国際連合の平和維持活動(PKO)に参加するためであれば、自衛隊が海外出動できるよう規定した国連平和維持活動協力法(PKO協力法)を制定し、自衛隊の海外出動を合法化した。

ゴラン高原派遣 ② 1996(平成8)年2月、シリアのゴラン高原に、国際連合兵力引き離し監視軍として、自衛隊の輸送小隊など約45人を派遣したこと。

自衛隊イラク派遣 ⑥ 2003(平成15)年に成立した、イラクにおける人道復興支援活動及び安全確保支援活動の実施に関する特別措置法に基づいて、同年12月から2009(平成21)年2月まで行なわれていた、自衛隊のイラク派遣の総称。陸上自衛隊はイラク南部のサマーワで給水、医療支援、学校・道路の補修の人道復興支援活動を実施した。海上、航空自衛隊も活動に参加し協力した。

イラク派兵差し止め訴訟 ① イラクにおいて航空自衛隊が行なっている空輸活動が憲法第9条に違反するとして争われた訴訟。原告は自らの平和的生存権に対する侵害があるとして提訴した。名古屋高裁は、2008(平成20)年に、原告らの平和的生存権に対する侵害は認められないとし、損害賠償請求を棄却したが、イラク派兵は、武力行使の禁止や活動地域を非戦闘地域に限定したイラク特措法に違反し、憲法第9条1項に違反する活動を含むものであるとの判断を示した。

カンボジアPKO派遣 ③ 1992(平成4)年に成立した、国連平和維持活動協力法(PKO協力法)に基づいて、初めて陸上自衛隊がPKOの一環としてカンボジアに派遣された。国連カンボジア暫定統治機構(UNTAC)の指図のもとに、派遣部隊は道路や橋などの修理といった建設業務などを実施した。

文民統制(シビリアン・コントロール) civilian control ⑥ 非軍人である文民が、軍隊(自衛隊)の指揮権、統制権を持つこと。日本では、自衛隊の最高指揮監督権は内閣総理大臣が持ち(自衛隊法第7条)、また、文民である防衛大臣が隊務を統轄し、政府や議会の民主的統制により自衛隊の独走を防ごうとしている。

自衛隊合憲論・違憲論 ② 自衛隊をめぐっては、憲法第9条との関係で論議がある。

合憲とする主な論拠は、憲法は国家の自衛権をも否定したものではなく、そのための必要最小限の装備をすることは認められる、というものである。それに対し、違憲とする主な論拠は、憲法で保持しないという「戦力」は、近代戦争を遂行できる能力を備えた組織体を指し、自衛隊の人的、物的規模から考えて、これを戦力とするのが素直な解釈だ、というものである。

国家安全保障会議 ⑤ 日本の外交や安全保障の意思決定を、迅速、適切に行なうために、政策や国家戦略の司令塔となる組織のこと。2013(平成25)年に設置された。中核は内閣総理大臣、外務大臣、防衛大臣、官房長官の４人からなる「４大臣会合」で、迅速な判断を迫られる外交、安全保障の問題に、どう対処するかを決定する。このほか、「９大臣会合」や「緊急事態大臣会合」もある。1986(昭和61)年より設置されていた「安全保障会議」から改組された。アメリカのNSC (National Security Council〈国家安全保障会議〉)になぞらえて、「日本版NSC」ともいう。

国家安全保障戦略 ① 国家安全保障会議のもとで策定される、国家安全保障に関する基本方針。安全保障に関連する分野の政策に指針を与えるもの。現在では、本戦略を踏まえて「**防衛計画の大綱①**」が策定される。

人間の安全保障 ⑤ 人類の課題として環境破壊、人権侵害、難民、貧困などの人間の生存や尊厳を脅かす脅威に取り組もうとする考え方。1994年に国連開発計画(UNDP)が「人間開発報告」で示した。当初は、発展途上国の改善が目的であったが、現在は先進国を含めている。外務省はこの考え方を外交政策の柱として、武力によらない平和的な手段で実現させるため、基金の設立、難民救済、復興援助をしている。

コスタリカ憲法 ① 1949年に中米コスタリカで制定された憲法。軍隊の禁止を明記し、常備軍を廃止した。一方で、自衛のための戦争は認めており、国家防衛のために軍隊を再編できるとしている。

2　日本の安全保障の展開

日米安全保障条約（日米安保条約） ⑥ 1951(昭和26)年、サンフランシスコ平和条約(対日平和条約)の調印と同時に、日米間で結ばれた条約。正式名称は「日本国とアメリカ合衆国との間の安全保障条約」。これによって日米安保体制が成立し、アメリカが必要とすれば、日本のどの地域でも基地としてアメリカが要求できることが定められている。この条約には期限の条文はなく、アメリカの日本防衛義務は明示されなかったが、日本の安全及び極東における国際平和と安全にも寄与する内容となっていた。1960(昭和35)年、新日米安全保障条約(日本国とアメリカ合衆国との間の相互協力及び安全保障条約)に改定された。

日米安保体制 ④ 日米安全保障条約に基づいた日米同盟のこと。

MSA協定（日米相互防衛援助協定） ③ アメリカの相互安全保障法に基づいて、1954(昭和29)年に締結された協定。アメリカは、日本の防衛力増強のために戦略物資を援助することとし、日本は防衛力増強を強く求められた。

砂川事件 ⑥ 1957(昭和32)年、東京都立川市のアメリカ軍基地の拡張に対する基地周辺住民の反対運動とその紛争。在日アメリカ軍が、憲法に反しないかが争われた。東京地裁での第一審は、在日アメリカ軍は違憲としたが、最高裁は日米安全保障条約は高度な政治性を有し、司法審査はなじまないとして原判決を破棄、差し戻した。

新日米安全保障条約（新日米安保条約） ④ 「日本国とアメリカ合衆国との間の相互協力及び安全保障条約」のこと。1951(昭和26)年の日米安全保障条約の改定、強化の目的で、1960(昭和35)年に締結された条約。アメリカ軍の日本防衛義務を明記し、内乱条項を削除するなどの措置がとられた。その一方で、日米両国の共同防衛、事前協議、期限10年の自動延長なども新たに加えられた。

安保（反対）闘争 ④ 1960(昭和35)年の安保条約改定の際、与党自由民主党が強行採決を行なったことに対して起きた、空前の激しい反対運動。

日米地位協定 ⑤ 日米安全保障条約第６条に基づき、アメリカ軍の日本駐留に伴う施設・区域の提供、アメリカ軍との裁判管轄関係、アメリカ軍の出入り、関税調達などの具体的問題について規定している協定。この協定では、公務外・アメリカ軍施設外でのアメリカ軍人の犯罪行為について、被疑者の身柄は日本の検察が起訴をしたあとに引き渡される規定のため、日本側で十分な捜査ができないという批判がある。

日米同盟 ① 日本とアメリカが共同の目的のために、同一の行動をとることを約束する関係にあること。日米安全保障条約がその基礎となっている。

事前協議 ⑥ 新日米安全保障条約の交換公文で定められている制度。アメリカ軍の配置や装備の重要な変更、日本からの戦闘作戦行動などについては、日米両政府間で事前に協議を行なうこと。しかし、日本側に拒否権が明確にあるわけではなく、過去１度も事前協議を申し入れていない。

> **日米共同防衛義務**
> 日米安全保障条約第５条に規定されている義務。第５条が、「日本の施政下に限って」と変則的な共同防衛義務を規定しているのは、日本政府が憲法第９条により、日本本土への攻撃に対してのみ自衛権を行使できる（個別的自衛権）との解釈に立っていたためである。しかし、2014（平成26）年７月に、第２次安倍晋三内閣はそれまでの憲法解釈を変更して、集団的自衛権の発動を認める閣議決定をしたことから、「日本の施政下に限って」という限定は不要となった。

個別的自衛権 ⑥ 自国への外部からの侵攻に対して、自国を防衛するために実力を行使する国家の権利。

集団的自衛権 ⑥ 同盟関係にある他国が武力攻撃を受けたときに、その武力攻撃を自国の安全に対する脅威とみなして、実力で阻止する権利。国連憲章第51条は行使を認めているが、日本政府は憲法第９条との関係から個別的自衛権は行使できるが、集団的自衛権は行使できないとの立場をとってきた。しかし、第２次安倍晋三内閣は、2014(平成26)年７月に、これまでの憲法解釈を変更して、条件が整えば集団的自衛権を行使できるとする閣議決定を行なった。

武力行使の新三要件 ① 2014（平成26）年に第２次安倍内閣が閣議決定した、自衛の措置としての武力の行使が許容されるための要件。「我が国に対する武力攻撃が発生したこと、または我が国と密接な関係にある他国に対する武力攻撃が発生し、これにより我が国の存立が脅かされ、国民の生命、自由および幸福追求の権利が根底から覆される明白な危険があること」、「これを排除し、我が国の存立を全うし、国民を守るために他に適当な手段がないこと」、「必要最小限度の実力行使にとどまるべきこと」の３要件。

解釈改憲 ⑥ 憲法の明文は変更しないで、条文の解釈という形で、事実上、憲法と違う実態をつくっていくこと。例えば、これまでに憲法第９条を改正しないで、自衛のための実力（事実上の戦力）は持つことができると解釈し、自衛隊の増強をはかることなどがみられる。また、自衛権の解釈を集団的自衛権まで拡大して、自衛隊が日本の同盟国の戦争に加わることができるようにしたことがあげられる。

日米安全保障共同宣言 ③ 1996（平成８）年４月、橋本龍太郎首相とクリントンアメリカ大統領が、日米同盟関係の強化に合意した宣言。安保の目的を「ソ連の脅威への対抗」から「アジア太平洋地域の平和と安定」に転換。日米の防衛協力も「日本有事」から、極東を含めた「日本周辺有事」の対応に重点が移り、日米安保体制は大きく変容した。

ガイドライン ⑥ 1978（昭和53）年に日米間で合意された日米防衛協力のための指針（ガイドライン）のこと。極東有事の際の日米の共同作戦体制、日本の有事体制の指針を決めている。

安保再定義 ⑤ 日米間の安全保障体制を定義し直すこと。1996（平成８）年に出された日米安全保障共同宣言の内容が、それまでの日米安保体制の内容を大きく変更させるものであったため、このように呼ばれた。

新ガイドライン ⑤ 1997（平成９）年、日米安全保障共同宣言に基づいて、旧ガイドラインを19年ぶりに全面的に見直したもの。新ガイドラインには、日本周辺における事態で日本の平和と安全に重要な影響を与える場合（周辺事態、周辺有事）という新しい概念が取り入れられた。2015（平成27）年の改定では、日本による集団的自衛権の行使事例も盛り込まれた。

周辺事態法 ⑤ 1999（平成11）年に新ガイドライン関連法として成立。「周辺事態安全確保法」ともいう。日本周辺での武力衝突に対して、自衛隊がアメリカ軍に補給、輸送、修理、医療、通信などの物品や役務を提供、支援することを可能にし、さらに地方公共団体や民間への協力要請ができるとするもの。周辺の概念については、近隣諸国からの懸念も表明された。2016（平成28）年に改正され、「日本周辺」という日米協力における地理的制限を排除した**重要影響事態法**⑥が制定された。

アメリカ軍基地 ⑥ 日米安保条約の地位協

定で、アメリカ軍が日本国内に駐留することを認め、そのために提供している軍事基地。陸軍司令部がキャンプ座間(神奈川県)、海軍司令部が横須賀(神奈川県)、空軍司令部が横田(東京都)に置かれ、沖縄県には海兵隊が駐留している。在日アメリカ軍の多くが前方展開部隊であり、日本国内の基地からの出撃が日本を戦争に巻き込ませる恐れがあるという議論がある。また、基地周辺の航空機騒音、治安の悪化などの問題があり、基地返還運動も起きている。

沖縄アメリカ軍基地 ⑤ 2023(令和5)年現在、沖縄県にあるアメリカ軍専用施設は31カ所。その面積は約185km²で日本の全アメリカ軍基地の約70%を占め、沖縄県への集中が目立っている。嘉手納基地には大型爆撃機が離発着できる滑走路があり、空軍が展開している。また、海兵隊はアメリカ軍の前方展開兵力として駐留している。ほかに海軍や陸軍も通信業務などを担っている。

駐留軍用地特別措置法 ① 在日アメリカ軍に提供する基地用地を収用・使用するために定められた法律。1952(昭和27)年制定。日米地位協定を実施するため、防衛大臣は日本国内のいかなる土地でも、必要に応じて有償で収用し、在日アメリカ軍に提供することができる。

普天間基地 ⑤ 沖縄本島中南部にあるアメリカ軍海兵隊の飛行場。2700mの滑走路を持ち、嘉手納基地と並ぶ沖縄におけるアメリカ軍の拠点。基地の周りには、住宅地が密集しているため、「世界一危険な基地」ともいわれている。現在、政府は名護市辺野古への移設工事を進めている。

嘉手納基地 ① 沖縄本島中部にあるアメリカ空軍基地。「嘉手納空軍基地」と呼ばれることが多いが、公的資料では「嘉手納飛行場」とされている。3700mの滑走路2本を持ち、200機近くの軍用機が常駐する極東最大の空軍基地である。

銃剣とブルドーザー ② 1950年代に、アメリカ軍が占領下の沖縄において実施した一連の土地強制接収を指す表現。朝鮮戦争下において、アメリカ軍は「土地収用令」を公布し土地接収を進め、土地を守ろうと抵抗する住民に対して武装兵を出動させ、ブルドーザーを使って家屋を押しつぶしながら軍用地として土地の強制接収を進めたことからこのように呼ばれる。

思いやり予算 ⑥ 日本の防衛予算に計上されている在日アメリカ軍の駐留経費負担金のこと。日米地位協定と在日アメリカ軍駐留経費負担協定に基づいて、アメリカ軍基地で働く日本人労務費、光熱費、水道費、施設建設費、アメリカ軍訓練移転費などを負担している。東日本大震災後のトモダチ作戦による親アメリカ感情の高まりもあり、2011(平成23)年3月に民主党、自由民主党などの賛成多数で、「在日米軍駐留経費の日本側負担(思いやり予算)に関する特別協定」を国会で可決し、今後5年間、日本はアメリカ軍に現行水準(2010〈平成22〉年度予算で1881億円)を支払い続けることを決定した。2022(令和4)年からは駐留費を増額し、年2110億円で5年間支払うことを日米両政府間で合意した。

在日アメリカ軍駐留経費 ⑤ 在日アメリカ軍が日本に駐留するための費用のこと。いわゆる「思いやり予算」といわれるのは、そのうちの一部を指す。2023(令和5)年度の防衛省予算によれば、在日アメリカ軍駐留関連経費4872億円のうち、「思いやり予算」部分は2112億円であり、残りの2760億円は周辺対策、施設の借料、漁業補償などにあてられている。

非核三原則 ⑥ 核兵器は、「持たず、作らず、持ち込ませず」という、日本政府の核兵器に関する基本方針。1968(昭和43)年1月、佐藤栄作首相が政策として表明し、1971(昭和46)年に国会決議となった。しかし、「持ち込ませず」については核トマホーク積載の疑いのあるアメリカの攻撃型原子力潜水艦が日本に寄港したり、在日アメリカ海軍がトマホーク積載イージス艦や原子力空母を横須賀に配備したりしていたという事態によって、この3原則は揺らぎ、「2.5原則」という言葉も生じている。

「持たず、作らず、持ち込ませず」 ⑥ 非核三原則の内容。核兵器を所有せず、製造せず、他国から持ち込ませることもしない、という日本政府の方針。

核持ち込み疑惑 ③ 非核三原則があるにもかかわらず、核兵器がアメリカ軍によって日本国内に持ち込まれているという疑惑。ライシャワー元駐日大使は、「日米間の了解のもとで、アメリカ海軍の艦船が核兵器を積んだまま日本の基地に寄港していた」と発言した。

日米密約問題 ① 日本とアメリカとの間に交わされた、国民には秘密にされた約束。

代表的なものに核持ち込み密約がある。2014(平成26)年1月、安倍晋三首相は核密約の存在を正式に認めた。

核の傘 ③ 核兵器を持たない国が、核保有国の核抑止力に依存すること。日本はアメリカの核抑止力に依存している。

フリーライド ①「ただ乗り」という意味。自国の防衛をアメリカに任せて、経済発展をとげてきた日本に対して使われた言葉。

原水爆禁止運動 ② 1954(昭和29)年3月に起きたビキニ水爆実験による第五福竜丸被ばく事件を契機に始まった、原子爆弾や水素爆弾などの開発、生産、貯蔵、使用の禁止を求める運動。1955(昭和30)年、広島で第1回原水爆禁止世界大会を開催した。その後、政治的対立から組織が分裂、今日まで組織の統一には至っていない。

原水爆禁止世界大会 ⑤ 1955(昭和30)年に広島で開催されて以来、毎年1回8月6日、9日を中心に、原水爆禁止日本協議会(原水協)が主催してきた原水爆禁止や世界平和の実現を目指す世界大会。1963(昭和38)年の第9回大会で、路線の違いにより原水協と原水爆禁止日本国民会議(原水禁)に組織が分裂して開催されていたが、1977(昭和52)年8月、14年ぶりに統一世界大会が開かれ、以後、毎年挙行されている。

武器輸出三原則 ④ 共産圏、国際連合決議で武器輸出を禁止した国、国際紛争当事国とその恐れのある国へ武器を輸出しないという方針。1967(昭和42)年に佐藤栄作内閣が表明、1976(昭和51)年には、三木武夫内閣が上記3地域以外の地域への輸出も慎む方針を表明し、事実上、すべての国に輸出が禁止された。その後、歴代の内閣で少しずつ見直し論議が進んでいたが、2014(平成26)年4月、第2次安倍晋三内閣は、閣議で武器輸出三原則にかわる「防衛装備移転三原則」を決定した。

防衛装備移転三原則
政府が採用している武器輸出規制及び運用面の原則。2014(平成26)年4月に、第2次安倍内閣が国家安全保障戦略に基づいて、それまで原則として武器輸出を禁じていた武器輸出三原則にかわり、武器輸出を可能とするための新たな政府方針とした。具体的な内容としては、①紛争当事国などに該当しないこと、②日本の安全保障に資すると判断できること、③事前同意のない目的外使用や第三国移転は認めないこと。

テロ対策特別措置法 ⑤ 2001(平成13)年9月11日、アメリカにおいて発生したテロリストによる攻撃などに対応して、国際連合憲章の目的を達成するために、諸外国が行なう活動に日本が支援できるようにするために制定した法律。具体的には、アメリカがアフガニスタンで行なう対テロ戦争の後方支援を定めたものであった。当初は2年間の時限立法であったが、2003(平成15)年にイラク戦争が起きたことを受けて延長され、2007(平成19)年まで適用された。2008(平成20)年からは新テロ対策特別措置法(補給支援特別措置法)に受け継がれ、海上自衛隊がインド洋に派遣され、アメリカ軍などの艦艇へ給油活動などを行なった。

武力攻撃事態法 ⑥ 2003(平成15)年に成立。日本が他国からの武力攻撃を受けた際の対処法を定めた法律。有事の場合の自衛隊の活動の円滑化、政府機能の強化などを内容とする。

存立危機事態 ③ 日本と密接な関係にある他国に対する武力攻撃が発生したことで、日本の存立が脅かされ、日本国民の生命、自由及び幸福追求の権利が根底から覆される明白な危険がある事態のこと。武力攻撃事態法の成立目的の中で使用され、明確に定義された。

イラク復興支援特別措置法 ⑤ 2003(平成15)年成立。イラクの非戦闘地域への自衛隊の派遣を可能にした時限特別立法。これにより、陸上自衛隊をサマーワへ給水などのために派遣、航空自衛隊は輸送機を多国籍軍の輸送業務のために派遣した。特措法は1年ごとに延長されたが、陸上自衛隊は2006(平成18)年12月まで、航空自衛隊は2008(平成20)年末まで活動した。自衛隊の長期間に及ぶ国外での活動であり、海外派兵であるとして賛否の議論を呼んだ。

後方支援 ③ 前線部隊の後方にいて作戦を助けるための武器、燃料、食糧輸送などの補給にあたる活動のこと。テロ対策特別措置法の海上自衛隊による多国籍軍への洋上給油、イラク復興支援特別措置法における航空自衛隊の輸送業務、有事関連法におけるアメリカ軍への自衛隊による物資供給などについて、自衛隊の役割が議論されている。

後方地域支援活動 ② 周辺事態に際して、日本の領域や非戦闘地域である日本周辺の公海やその上空(後方地域)において、アメリカ軍に対する物資の提供やそのほかの支援活動のこと。

後方地域捜索救助活動 ② 周辺事態において行なわれた戦闘行為による遭難者の捜索、または救助を行なう活動のこと。後方地域において日本が実施するもの。

安全保障関連法 ⑤ 2015（平成27）年９月に成立した改正自衛隊法、改正武力攻撃事態法、改正国際平和協力法など10の法律を束ねた**平和安全法制整備法**②と、新たに制定された国際平和支援法の総称。憲法解釈を変更して集団的自衛権の行使が認められたほか、外国軍への後方支援の内容が拡大された。PKOでは**駆けつけ警護**②などの新任務が認められ、武器使用権限が拡大された。日本政府は**平和安全法制**①と呼んでいる。

国際平和支援法 ⑤ 国連決議に基づいて派遣された多国籍軍など、諸外国の軍隊に対する後方支援を可能とした法律。2015（平成27）年に制定。

リアリズム ① 国際関係を国益と勢力均衡の観点から分析する政治学の理論。現実主義とも呼ばれる。国際関係は文化や経済体制のような要因に依存するとした**リベラリズム**①と並ぶ国際関係論の主要な理論の１つ。

第3章 日本の政治制度

1 日本の政治機構と国会

1 国会の組織と運営

日本の政治機構 ⑤ 日本は、国家権力を立法権、行政権、司法権の3権に分ける権力分立と、国民の意思をその代表者による議会を通じて反映させる議会制民主主義に基づいている。イギリス型の伝統的な議院内閣制を中心としつつ、加えて、アメリカ型の裁判所による違憲立法(法令)審査制度を採用している。また、住民意思を尊重する制度としての地方自治制度も確立されている。

日本の三権分立 ④ 国家権力が1カ所に集中すると、権力の濫用や逸脱が生じて、国民の自由や権利が損なわれるという考えから、日本国憲法は、立法権、行政権、司法権の3権を、それぞれ国会、内閣、裁判所に分別して与えて、相互の抑制と均衡(チェック・アンド・バランス)の関係を明記している。

立法権 ⑥ 国家が法を制定する作用や権限のことをいい、立憲国家においてはこの権限を持つ機関(立法機関)は議会である。憲法第41条では国会を唯一の立法機関としている(立法権の独占)が、最高裁判所の規則、行政府の命令(政令)、地方公共団体の条例制定など、例外的に一定の範囲内で行政府や司法府の立法を認めている。

行政権 ⑥ 行政とは国家作用のうち、立法、司法を除いた残余のすべての統治または国政の作用のこと(消極説)、または法を執行して公の目的を達成するための作用(積極説)をいう。行政権は国家作用として行政を行なう権能をいう。具体的には国会による立法を執行する権限で、憲法第65条は行政権を内閣に属すると定めている。三権分立により、行政権に関しては国会が国政調査権などによって監督し、また司法権である裁判所は違憲立法(法令)審査権により行政の行なった作用の当否を判断できるようになっている。しかし、現代社会においては、行政の積極的行動が要求され、他の権力に対して「行政権の拡大」という現象が生じている。

司法権 ⑥ 法を適用し、民事の紛争や刑事事件を解決する国家の権限。憲法第76条1項は、司法権を「最高裁判所及び法律の定めるところにより設置する下級裁判所に属する」(司法権の独占)と規定している。司法権は、国民の基本的人権や法的利益の侵害の救済、場合によっては、それらの侵害の予防を目的としている。

国会 ⑥ 一般に「議会」と呼ばれる国家機関の

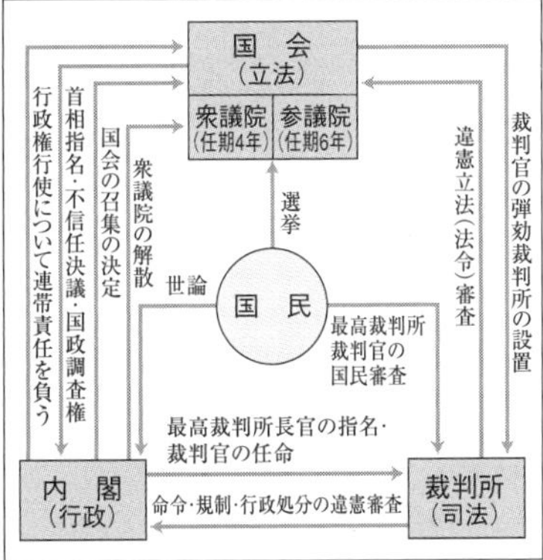

日本の三権分立

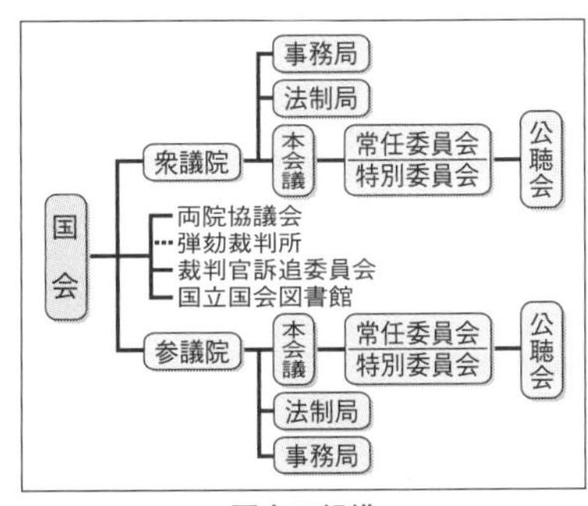

国会の組織

こと。選挙で選出された議員によって主権者たる国民の意思を直接反映する合議制の機関。日本国憲法は、国会を衆議院と参議院から構成されるとし、国会を「国権の最高機関」で、「唯一の立法機関」と定めて、国の政治の中心に位置することを示している。大日本帝国憲法下でも、帝国議会の衆議院と貴族院は「国会」といわれた。

国会中心主義 ② 国民によって選挙された、全国民を代表する議員からなる国会が、憲法上、国政全般にわたって中心的な地位を占めている日本国憲法の体制を指す。国民主権の原理を基礎として生まれた、民主政治を支える政治制度の1つである。

二院制 ⑥ 2つの議院で構成されている議会制度で、それぞれの機関が議決した意思が一致した場合に法案が成立する制度のこと。日本の国会も二院制をとり、憲法第42条で衆議院と参議院の2院により国会が構成されると規定している。民意を問う機会を多くし、予算・法律案などの審議をより慎重にすることが二院制の目的である。ただし、両院の一致がなければ法案が成立しないことから、両院が協議する制度や、どちらかの院の決定が優越する制度が同時に定められている場合が多い。

両院制 ①「二院制」とほぼ同じ意味で、議会が2つの議院で構成されていることをいう。アメリカの上院・下院、イギリスの貴族院・庶民院などの例がある。アメリカの場合は連邦制のため、イギリスでは身分制議会の歴史から成立した。

: **一院制** ① 1つの合議体のみで構成される議会。利点としては、速やかに立法が行なうことができることや議員歳費の節約などがあげられる。世界の国々の中では、発展途上国を中心に一院制の国が多い。

衆議院 ⑥ 参議院とともに国会を構成する議院。下院に相当する。小選挙区選出289人、比例代表区選出176人からなる465人の議員で構成され、任期は4年、被選挙権は満25歳以上である。参議院と異なり解散があり、衆議院の方がそのときどきの民意を忠実に反映していると考えられているため、参議院に対して一定の優越的地位が認められている。

衆議院の優越 ⑥ 国会の議決は、原則として衆参両院一致の議決によって成立するが、両院が異なった議決をしたときは、両院協議会が開かれる。しかし、意見の一致をみない場合は、重要な事項については衆議院の議決をもって国会の議決とすることができる。これを「衆議院の優越」という。法律案の議決、予算の議決、条約の承認、内閣総理大臣の指名などの議決が、両院で異なったときにみられる。また、内閣不信任決議権と予算先議権は、衆議院だけに与えられている。

法律案の再可決 ④ 衆議院で可決した法律案を参議院で否決した場合、あるいは衆議院で可決した法律案を参議院が60日以内に議決しなかった場合、衆議院は出席議員の3分の2以上の多数で再可決すれば法律となること。再可決の事例としては、2008(平成20)年の通常国会でのねじれ現象のもとで行なわれた、新テロ対策特別措置(そち)法の成立などがある。

強行採決 ① 国会審議で、与党などの多数派が、少数派との審議継続を打ち切って討論を強引に終了させ、採決を行なうことをいう。国会審議で少数派が法案成立を阻止するには、国会会期中の採決ができずに、審議未了による法案不成立をねらうしかなく、審議の引き延ばしを戦術として行なう。これに対して、多数派が審議打ち切り、採決の動議を提案して法案の成立をはかろうとして激しく対立する。与野党対立の重要法案の審議ではしばしばみられる。

会期不継続の原則 ① 国会の会期中に議決されなかった法案は、つぎの国会に継続されないという原則のこと。憲法上は、国会は会期制を前提としているものと解されているため、国会の活動は会期中に限られ、各会期は独立して活動することとされている。

衆議院の予算先議権 ④ 一般の法案は、衆参どちらの院に先に提出しても審議されるが、予算案については、憲法第60条1項により、必ず衆議院に先に提出し、審議を開始しなければならないという衆議院先議の制度。予算については、審議が長期化して成立しなければ、国民生活に重大な支障が出ることから、「参議院が、衆議院の可決した予算を受け取つた後、国会休会中の期間を除いて30日以内に、議決しないときは、衆議院の議決を国会の議決とする」(憲法第60条2項)と規定している。衆議院の優越の一例。

参議院 ⑥ 衆議院とともに国会を構成する議院。上院に相当する。全国を比例代表区として政党の得票数に比例して配分される100人の議員と、都道府県単位の選挙区から選出される148人、合計248人の議員で構成される。任期は6年。3年ごとに半数が改選される。解散はなく、参議院議員に立候補できる被選挙権は満30歳以上である。衆議院の行きすぎの抑制と、慎重な審議の確保を目的として設置された。参議院の現状については、政党化が進み、衆議院のコピーにすぎないなどとの批判があり、参議院のあり方を見直すべきであるという参議院の改革を求める声もある。

良識(りょうしき)の府 ② 参議院のあり方として、政党間の対立の場と異なり、各議員が良識に基づいた判断をすることを期待して、このようにいう。

ねじれ国会 ⑤ 衆議院と参議院とで、最大会派が異なる現象。2007(平成19)年の参議院議員通常選挙において、自由民主党が大敗する一方で、民主党が議席を伸ばした。これにより、衆議院は与党が多数を、参議院は野党が多数を占めることになった。そのため、衆議院で可決された議案が参議院において否決されたり、参議院で可決された議案が衆議院で否決されることも起こり得る状態になった。憲法上、衆議院の優越が規定されているものは手続きを踏んで成立するが、両院対等のものは与野党の合意が得られなければ成立は難しい。「決められない政治」との批判も生じた。一方で、ねじれ現象は与党の独走を防ぎたいという国民意思のあらわれでもある。

国会議員 ⑥ 衆議院、参議院を構成する各議員、すなわち衆議院議員と参議院議員を指し、選挙区あるいは比例代表区から選挙により選ばれる。ともに選挙区や特定集団の代表でなく、全国民を代表する者であり(憲法第43条1項)、国民の代表としての役割が期待されている。

衆議院議員 ③ 小選挙区で289人、比例代表区で176人が公選される。任期は4年で、解散がある。「代議士」というときは衆議院議員を指す。衆議院議員を選出する選挙を「総選挙」という。政党、会派ををつくり政権をめぐって争う。

参議院議員 ② 選挙区で148人、比例代表区で100人が公選される。任期は6年で、3年ごとに半数が改選される。参議院議員を選出する選挙を「通常選挙」という。

不逮捕特権 ⑥ 国会議員は、法律の定める場合(院外における現行犯、所属議院の許諾(きょだく)がある場合)を除いては、国会の会期中に逮捕されず、会期前に逮捕されても、所属する議院の要求があれば、会期中は釈放されるという特権(憲法第50条)をいう。政府に反対する議員を不当に逮捕することがあった大日本帝国憲法下での例から、こうした規定が生まれた。

免責(めんせき)特権 ⑥ 国会議員は、議院内で行なった演説、討論、表決について、院外で責任を問われないという憲法第51条で規定されている権利。「院外無責任」ともいう。不逮捕特権とともに国会内での議員の自由な言動を保障するものである。

歳費特権 ⑥ 国会議員は給料にあたる歳費を、国から支給されるという憲法第49条に規定されている権利。資産の多寡にかかわらず、誰もが議員になることができるようにすることと、国会での立法活動ができるようにとの点から支給されている。2023(令和5)年時点で、国会議員が受け取る歳費は月額約130万円。歳費のほかに、期末手当約635万円、調査研究広報滞在費月額100万円、立法事務費月額65万円、JR無料パス支給あるいは東京と選挙区間の航空券(月に片道8回分)、秘書3人分(うち1人は政策担当秘書)の国費支給、議員会館や議員宿舎、公用車の使用なども認められている。

本会議 ⑥ 議院全体の会議のことで、「衆議院本会議」「参議院本会議」と呼ばれる。両院に置かれる委員会の会議とは区別される。本会議は、総議員の3分の1以上の出席で成立(定足数)し、公開を原則とすることが憲法で規定されている。

秘密会 ① 衆参両院の会議は、公開する(憲法第57条)ことが原則であるが、必要があれば、出席議員の3分の2以上の多数で議決したときは秘密会を開くことができるという規定に基づいて開かれる、非公開の国会審議をいう。なお、本会議での秘密会が開催されたことは、日本国憲法制定後の国会では例がない。委員会審議では、証人喚問(かんもん)などでわずかな事例がみられる。

委員会制度 ⑤ 国会での審議が慎重かつ能率的に行なわれるために、衆参両院内に少数の国会議員で構成する委員会が設けられて、国会運営を進めるしくみ。国会の取り扱うべき議題が複雑で専門的になったことや大量になったことから生まれた。常任委員会と特別委員会とがある。委員会制度はアメリカの制度を取り入れたもの。国会の実質的な審議はそれぞれの委員会で行なわれ、その結果が本会議に報告され、採決されている。委員会はそれぞれ所管の事項について国政調査を行なったり、法律案を提出できる。公聴会を開いて参考人の意見を聴取することもできる。委員は、各会派の所属議員数の比率に応じて各会派に割り当て、議長の指名で選任される。

常任委員会 ⑤ 衆議院では、内閣、総務、法務、外務、財政金融、文部科学、厚生労働、農林水産、経済産業、国土交通、環境、安全保障、国家基本政策、予算、決算行政監視、議院運営及び懲罰の17の委員会がある。参議院には、内閣、総務、法務、外交防衛、財政金融、文教科学、厚生労働、農林水産、経済産業、国土交通、環境、国家基本政策、予算、決算、行政監視、議院運営及び懲罰の17の委員会がある。議員は、少なくとも1つの常任委員となることになっている。

特別委員会 ⑤ 国会の委員会として、特別な案件について随時設けられる。特別委員会は、会期ごとに衆参各議院で必要と認められたときに、その院の議決で設けられる。2023(令和5)年1月召集の第211回通常国会の参議院では、災害対策、沖縄及び北方問題、政治倫理の確立及び選挙制度、北朝鮮による拉致問題等、地方創生及びデジタル社会の形成等、消費者問題、東日本大震災復興の各特別委員会が設けられた。

国会審議活性化法 ④ 国会における審議を活性化するとともに、国の行政機関における政治主導の政策決定システムを確立するためにつくられた法律。**国家基本政策委員会**②や政府委員制度の廃止、副大臣などの設置が定められた。

党首討論（クエスチョン・タイム） ⑤ 1999(平成11)年に成立した国会審議活性化法に基づき、衆参両院に常任委員会として設置された、国家基本政策委員会で行なわれている。クエスチョン・タイムは、イギリス議会の制度にならい導入したものだが、議席数の少ない党は党首の持ち時間が少ないため、十分な議論ができないという弊害がある。

政府委員 ⑤ 国会で国務大臣にかわって、議案の説明をしたり、答弁をしたりする政府職員。各省局長クラスの官僚が務めた。国会審議活性化法により、答弁などは国務大臣、副大臣、大臣政務官が行なうことになり、廃止された。しかし、行政に関する詳細な説明などの必要から、政府職員が政府参考人として委員会の招致を受けて出席し、答弁する制度ができた。

公聴会 ⑥ 公の機関が一定の事項を決定する際、利害関係者や学識経験者の意見を聞く会。国会の両院にある委員会は、それぞれの判断で開くことができるが、予算と重要な歳入に関する法案については必ず開かなければならない、と国会法で定められている。地方議会でもこうした制度は取り入れられている。

常会（通常国会） ④ 年1回定期的に召集される国会。毎年1月に召集され、会期は150日間である。衆参両院一致の議決で、会期を1回に限り延長することができる。次年度の予算の審議が議題の中心である。

会期 ④ 議会が活動している期間。一年中議会が開かれると行政の負担が大きくなることから、会期制がとられている。国会の常会は150日間と定められているが、臨時会、特別会は、その都度決められる。

臨時会（臨時国会） ⑥ 内閣が必要と認めたとき、またはいずれかの議院の総議員の4分の1以上の要求があったときに召集される(憲法第53条)。会期の決定は衆参両院一致の議決による。議題は、国政上緊急を要する問題や、予算・外交問題などであるが、近年は、ほぼ毎年1～2回召集されている。

特別会（特別国会） ⑥ 衆議院の解散による総選挙後30日以内に召集される国会。会期は臨時会と同じく衆参両院の一致で決定される。内閣総理大臣の指名や衆参両院の議長選出が議題の中心となる。

緊急集会 ⑥ 衆議院の解散中、国会を召集する緊急の必要が生じたとき、内閣の請求によって召集される参議院の集会。緊急集会でとられた措置は、つぎの国会開会後10日以内に衆議院の同意がない場合は、その効力を失う。会期は内閣が決定する。

両院協議会 ⑥ 衆参両院の議決が異なったとき、両院間の意見調整のため開かれる機関。各院で選挙された10人ずつ計20人で構成される。予算の議決、内閣総理大臣の指名、条約の承認などの議決が両院で異なったときは、必ず開かれる。法律案の議決が異なった場合も任意に開かれる。衆参で多数派の政党が異なるねじれ国会の場合には、衆参の議決が異なることがたびたび生じるが、両院協議会で意見が一致することはあまりみられない。

2　国会の権限と機能

国会の権限 ④「国権の最高機関」としての

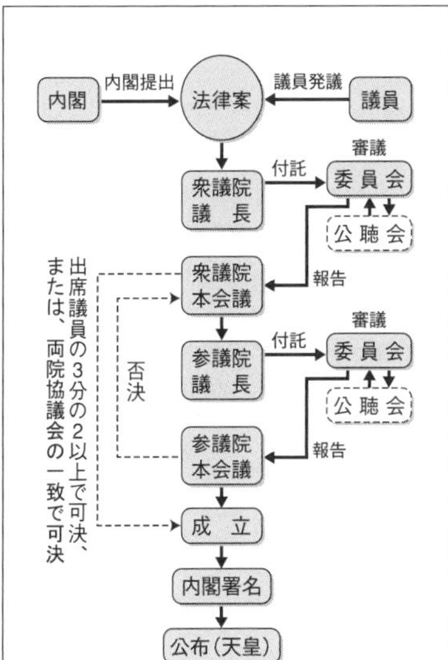

法律の制定(衆議院先議の場合)

広範でかつ大きな権限が与えられている。立法権として、法律の制定、予算の議決、条約の承認、憲法改正の発議などは重要である。また、国会は権力分立上の権限として、内閣総理大臣の指名権、国政調査権、内閣不信任決議権などの行政監督の権限を持つ。司法権に対しては、裁判官に対する弾劾裁判所を設置することができる。

「国権の最高機関」⑥ 法的または政治的に最高の権力を有する国家機関のことで、憲法第41条は国会を「国権の最高機関」としている。これは、国会が主権者である国民を直接に代表する機関として高い地位にあり、国政が国会を中心にして行なわれるということを意味する。

「唯一の立法機関」⑥ 国会が立法権を独占すること。国民を拘束する法規範を制定できる唯一の機関が国会であるとのことで、憲法第41条は国会を「唯一の立法機関」と定めている。憲法で定められた例外としての内閣の政令制定、最高裁判所の裁判所規則制定、地方公共団体による条例制定を除いては、国会のみが立法権を行使することができる。

法律の制定③ 法律制定の過程においては、当初、内閣あるいは議員提出の法律案が衆議院、参議院のどちらか先に提出される。提出された法律案は、委員会が審議し、議決が行なわれると、その結果が本会議に報告される。本会議で審議ののち、過半数の賛成を得れば、一方の議院に送られ、同じく、委員会審議を経て、本会議で可決されて、法案成立となる。法律は公布の手続きを経て、法的な効力を持つ。法律の中には、効力に期間を限った時限立法もある。

4月	新年度予算見積開始(財務省主計局を中心に作成)
7月下旬～8月上旬	予算編成方針の発表
8月末	各省庁概算要求提出
9月中旬まで	ヒアリング(概算要求の説明聴取)
10月～11月	予算査定作業
12月20日前後	財務原案作成
12月下旬	復活折衝(各省庁課長・局長・事務次官折衝、大臣折衝)、閣議決定、政府原案
1月～3月	国会提出(衆参両院の予算委・本会議で各々審議・議決)
3月末	予算成立
4月1日	暫定予算(不成立の場合)

国家予算の成立過程

議員立法⑥ 国会で審議される法案の大多数は、内閣が行政執行に必要とする法律案である(**政府立法**②)。これに対して、国会議員が立案し提出する法律案及びそれによって成立した法律を「議員立法」という。なお、国会法では、衆議院では20人以上、参議院では10人以上の賛成がないと提案することができない。さらに、予算を伴う場合は、それぞれ50人、20人以上の賛成が必要となる(国会法第56条)。

予算の議決⑥ 一会計年度における国の歳入、歳出の計画を予算という。国の予算の成立には、内閣は予算案を衆議院に提出しなければならない(衆議院の予算先議権)。衆議院で可決されたのち、予算は参議院に回るが、衆参両院が異なった議決をした場合は、両院協議会を開く。そこでも意見が一致しないときは、衆議院の議決を国会の議決とする。なお、参議院が、衆議院で可決した予算を受け取ったのち、国会休会中の期間を除いて30日以内に議決しないときは、衆議院の議決を国会の議決とする(憲法第60条)。

条約承認権⑥ 条約の締結権は内閣にある

が、内閣の締結した条約を批准(ひじゅん)する手続きとして、事前または事後に、国会で承認することになっている。この国会の権限をいう。国会での条約承認の審議は予算の審議と同様に、両院で異なった議決をした場合には、衆議院の優越が認められている。

財政に関する議決 ① 国会の持つ、租税の法定、国費支出及び債務負担行為の議決、予算の議決、予備費の議決、皇室経費の議決、決算の審査などの財政に関する広い権能こと。予算委員会や決算委員会、行政監視委員会が審議の場になる。財政監督権とも呼ばれる。

財政民主主義 ② 国が財政運営（内閣が予算を立てたり、予算を執行することや課税をすること）を行なうには、国会での議決が必要であるという考え方。日本国憲法は第7章で財政について定め、第83条で「国の財政を処理する権限は、国会の議決に基いて、これを行使しなければならない」としている。国会は国民の代表によって構成されており、国民の意思に基づいて財政が行なわれている原則をいう。

憲法改正の発議 ⑥ 憲法第96条で、衆参各院の総議員の3分の2以上の賛成で、国会が憲法改正を発議し、さらに国民投票において、その過半数の賛成が必要と定めている。発議とは、国会が国民に憲法改正の是非を問うことをいう。国民投票法で国民投票の具体的な実施方法を定めている。

内閣総理大臣の指名 ⑤ 国会は内閣総理大臣を、国会議員の中から投票によって選出する。衆議院、参議院で異なった指名がなされ、両院協議会でも意見が一致しないときには、衆議院の優越が認められている。このことから、内閣総理大臣は衆議院議員の中から指名することが慣行となっている。この指名は、議院内閣制の核心をなし、また、衆議院の内閣不信任決議権と緊密に結びついている。

内閣不信任決議 ⑥ 衆議院が内閣を信任しないという意思表示（内閣不信任決議案の否決は内閣を信任する意思表示となる）のこと。議院内閣制では、議会が内閣総理大臣を指名し、内閣総理大臣が内閣を組織することから、**内閣不信任決議案**①が可決された場合には、内閣は10日以内に衆議院を解散するか、あるいは総辞職するかの決定をしなければならない。解散が行なわれたときは、衆議院議員総選挙後に召集される国会（特別国会）で内閣は総辞職し、新しい内閣が組織される。なお、参議院による内閣に対する**問責(もんせき)決議**①は憲法上の規定はない。

質問権 ① 行政権を持つ内閣に対して、委員会や本会議での質疑権のこと。議員個人が内閣に対して、国政一般についての事実の説明や見解を問う権利のことも指すが、この場合の質問は、書面で行なわれるのが一般的である。

国政調査権 ⑥ 衆参両院が、国政全般について調査できる権限で、必要に応じて証人の出頭、証言及び記録の提出を要求できる。調査権の範囲は、立法の対象となるすべての事項のほか、行政事務の全般に及ぶ。議会としてだけでなく、個々の国会議員も国政調査権を持っていると解されている。ただし、司法権については、三権分立を守るため慎重になされなければならないというのが通説である。

証人喚問(かんもん) ③ 国会の国政調査権（憲法第62条）の行使として、証人への証言、記録の提出などを要求すること。**議院証言法**①で証人の出頭義務、尋問(じんもん)の仕方、偽証(ぎしょう)の罪などを定めている。汚職(おしょく)事件などに対する国政調査権の有効な手段になっている。

弾劾(だんがい)裁判所 ⑥ 裁判官の憲法違反やそのほか重大な非行に対して、裁判官を罷免(ひめん)する権限を国会に与えた制度。三権分立上、立法権が持つ、司法権に対する抑制の権限。衆参両院の議員の中から選挙された各7人で構成し、**裁判官訴追(そつい)委員会**①（衆参両院の議員各10人で組織する）で訴追を受けた裁判官に対して、罷免を可とするかの裁判を行なう。裁判官の独立を守るため、その罷免には国会の慎重な判断が求められる。

：**弾劾(だんがい)** ② 身分保障に関して、特に慎重に考慮すべき公務員が非行を犯した際、国民の代表機関である議会の訴追によって処罰、罷免をする方法。日本の裁判官（弾劾裁判所）、人事院人事官（最高裁判所）、アメリカ大統領、各省の長官（連邦議会）にはこの方法が適用されている。

議員の懲罰(ちょうばつ)権 ③ 院内の秩序を乱した議員を懲罰することができる、衆参両院が持つ権限。ただし、議員を除名するには、出席議員の3分の2以上の多数による議決を必要とする（憲法第58条）。手続きは、各院の懲罰委員会にかけたのち、本会議の議決を経て宣言する。戒告(かいこく)、陳謝(ちんしゃ)、登院停止、除名の4種がある。

議院の規則制定権 ④ 衆参各院が、自律的な権限として、会議その他の手続き及び内部の規律に関して規則を定める権限を持つこと。三権分立上、ほかからの干渉を排除することを主なねらいとしている。

議員の資格争訟の裁判権 ③ 衆参両院が持つ権限の1つで、「両議院は、各々その議員の資格に関する争訟を裁判する」(憲法第55条) ことをいう。議員の資格を失わせるには、出席議員の3分の2以上の多数による議決を必要とする。議員の資格とは、公職選挙法による被選挙権を保持していること、同時に衆参両院の議員たることはできないこと(憲法第48条)をいう。選挙違反などで議員資格を失う場合がある。

2 内閣のしくみと行政権の拡大

1 内閣の組織と運営

内閣 ⑥ 行政権を担当する最高の合議機関で、内閣総理大臣とその他の国務大臣から構成される。日本では、イギリス型の議院内閣制が採用され、国会が内閣総理大臣を指名し、内閣総理大臣が国務大臣の選考 (**組閣** ①) を行ない、任命することで、内閣が構成される。

政党内閣 ③ 国会、特に衆議院で多数を占めた政党、もしくは、連立した政党を基礎として成立する内閣。議院内閣制のもとで、議会の信任を受けて政権を運営する。なお、日本における最初の本格的政党内閣は、原敬内閣 (在任1918〜21〈大正7〜10〉) といわれる。

閣議 ⑥ 内閣が意思決定を行なうために開く会議。内閣総理大臣が主宰し、総理**官邸**①閣議室にてすべての国務大臣が出席して開かれる。内閣は閣議によらなければ、その職権を行使できないと内閣法に規定されている。国会に対して連帯責任を負うことから、全会一致制をとっている。

連帯責任 ⑤ 憲法第66条は、行政権の行使について、内閣は国会に対して連帯して責任を負うとし、国会に対して内閣を組織するすべての国務大臣が、一体として責任を負うことを規定している。

内閣総辞職 ⑥ 内閣総理大臣以下、閣僚全員が辞職すること。衆議院で、不信任決議案が可決されるか、信任案が否決され10日以内に衆議院が解散されないとき、総選挙後初めて国会が召集されたとき、内閣総理大臣が欠けたときには総辞職しなければならない。

責任内閣制 ① 国民の代表機関である国会に対して責任を負い、特に衆議院の信任を存立の条件とする内閣の制度。議院内閣制を内閣の責任の面でとらえたもの。これに対して大日本帝国憲法(明治憲法)では、天皇から信任された「超然内閣」という考え方があった。

内閣総理大臣 ⑥ **内閣の首長**①で、行政の最高責任者。文民である国会議員の中から国会の議決で指名され (首班指名)、天皇によって任命される。「総理大臣」「首相」ともいわれる。内閣の首長として強い権限を持つと同時に、議院内閣制のもとで、与党の党首として立法と行政の両面で強力な指導力を行使できる立場にある。内閣総理大臣は、内閣を代表して議案を国会に提出し、一般国務及び外交関係について国会に報告し、並びに行政各部を指揮監督する職務がある。

国務大臣 ⑥ 内閣総理大臣とともに、内閣を構成する閣僚。省庁の最高責任者として行政事務を分担管理し、また内閣の一員として閣議で国政全般を討議する。国務大臣は、内閣総理大臣によって任命されるが、文民であり、その過半数は国会議員でなければならない。また、内閣法により、国務大臣は14人以内とされ、特別に必要な場合は、3人まで増やせることになっている。しかし、特別法により、2023(令和5)年3月時点では23人。

副大臣 ⑥ 各省の大臣の命を受け、政策及び企画をつかさどり、政務を処理し、大臣不在のときにはその職務を代行する。国会審議活性化法(1999〈平成11〉年成立)により、これまでの政務次官にかわって、**大臣政務官**②とともに置かれることになった。旧来の政務次官に比べて強い権限を持ち、官僚かんりょう主導の政治から政治家主導の政治に転換することを目指している。各省の政策調整をするために副大臣会議が置かれている。任免は、その省庁の大臣の申し出により内閣が行ない、天皇がこれを認証する。

内閣法 ② 内閣の職権や組織、行政事務管理の分担及び行政各部に対する指揮監督の内容を定めた法律。憲法第66条1項にいう法である。

文民 ⑥「軍人でない者」の意。日本国憲法は「内閣総理大臣その他の国務大臣は、文民でなければならない」(憲法第66条)として、シビリアン・コントロール(文民統制)を定めている。戦前にみられた軍部による政治支配を許さないとするしくみである。「civilian」は、職業軍人の経歴のない者の意。日本では、具体的には自衛官以外の人とされている。

内閣官房 ③ 内閣の補助機関であるとともに、内閣の首長たる内閣総理大臣を直接に補佐、支援する機関。具体的には、内閣の庶務、内閣の重要政策の企画立案・総合調整、情報の収集調査などを担っている。事務を統括とうかつするのは**内閣官房長官**①である。

内閣法制局 ① 内閣の補助機関で、閣議にかけられる法律案、政令案、条約案について、ほかの法律と抵触ていしょくする部分や法文の体裁の審査や立案を行なう。法律の解釈などについて、内閣総理大臣及び各省大臣に対し意見を述べたり、国会において閣内統一見解を求められた際に、内閣法制局長官が答弁するなどの仕事をする。また、各国の法制度や国際法制に関する調査研究を行なう。内閣法制局長官は内閣が任命する。

行政機関 ⑤ 国や地方公共団体の行政事務を担当する組織。立法機関、司法機関とともに3権を担う。国の行政機関を**中央省庁**④といい、その多くが東京都千代田区の**霞が関**①にあることから、「霞が関」は中央省庁を指す言葉としても用いられる。

省庁 ⑤ 省は国の行政機関で行政事務を担当する。府、省のもとに庁が置かれる。庁は行政の一独立分野を担当する場合や、事務が大量である場合、省に準じる規模を必要とする場合などに置かれる。

省庁再編 ③ 中央省庁は、1998(平成10)年成立の**中央省庁等改革基本法**②により、それまでの1府22省庁から、2001(平成13)年に1府12省庁に再編された。

1府12省庁体制 ④ 中央省庁の縦割り行政などが問題となり、各省庁の枠組みを越えた、効率のよい行政を目指して、2001(平成13)年に行なわれた中央省庁再編のこと。これにより、それまでの省庁は、内閣府、総務省、法務省、外務省、財務省、農林水産省、経済産業省、国土交通省、文部科学省、厚生労働省、環境省に再編された。さらに、2007(平成19)年には、防衛庁が防衛省となった。内閣府の長は内閣総理大臣であるが、各省の長は内閣総理大臣が任命する国務大臣が務める。省以外で国務大臣がその長にあたるところは、金融庁、国家公安委員会、公正取引委員会、消費者庁である。

復興庁 ② 東日本大震災の復興事業を円滑えんかつにするため、2011(平成23)年に1府12省庁体制に加えて、期限を区切って内閣に設置された組織。復興庁は、復興に関する国の施策しさくの企画、調整及び実施や、地方公共団体への一元的な窓口と支援などを担うことを業務としている。

海上保安庁 ② 国土交通省の外局として置かれた、海上の安全及び治安の確保をはかることを任務とする行政機関。主に、海難救助、海上の交通安全、防災及び海洋の環境保全、治安維持が任務である。現在は、海洋権益の保全のために領海警備も任務としている。

内閣府 ④ 中央省庁再編による内閣府設置法に基づいて、政府内の政策の企画立案、総合調整を補助することを目的で新設された行政機関。それまでの総理府や経済企画庁、沖縄開発庁の業務を引き継いでいる。法律上は総合調整のために、各省庁よりも高い位置づけを与えられている。

2　内閣の権限と機能

内閣の権限 ④ 憲法第65条は「行政権は、内閣に属する」と定め、行政に関する広範な権限を与えている。内閣は、法律の執行(しっこう)、国務の総理、外交関係の処理、条約の締結、官吏(かんり)（公務員）に関する事務の掌理(しょうり)、**予算の作成**⑥と国会への提出、政令の制定、大赦(たいしゃ)・特赦(とくしゃ)・減刑・刑の執行免除、復権の決定(憲法第73条)をすることができる。また、天皇の国事行為について助言と承認(憲法第３条、第７条)、最高裁判所長官の指名(憲法第６条)、臨時会の召集の決定(憲法第53条)、参議院の緊急集会の要求(憲法第54条)、最高裁判所や下級裁判所裁判官の任命(憲法第79条、第80条)、予備費の支出(憲法第87条)、決算の国会への提出(憲法第90条)、国会に対する財政報告（憲法第91条)をすることを権限としている。

内閣総理大臣の権限 ③ 内閣の首長として、国務大臣の任命権と罷免(ひめん)権が与えられている。また、内閣を代表して議案を国会に提出し、一般国務や外交について国会に報告し、行政各部を指揮、監督するなどの強い権限を持っている。さらに、文民統制として、自衛隊の指揮監督権も持っている。

国務大臣の任命権と罷免(ひめん)権 ⑥ 大日本帝国憲法(明治憲法)では、内閣総理大臣は内閣の中で「同輩(どうはい)中の首席」とされており、ほかの国務大臣と制度上は対等な立場にあった。日本国憲法第68条では、内閣総理大臣は内閣の首長として、他の国務大臣の任命と罷免を任意に行なうことができる権限が強化されている。

自衛隊の指揮監督権 ① 内閣総理大臣は自衛隊法第７条で、「自衛隊の最高の指揮監督権」を持つと規定されている。シビリアン・コントロールの考えから、行政府の長である内閣総理大臣に自衛隊の最高指揮権を与えている。

衆議院の解散 ⑥ 衆議院の全議員の資格を任期満了前に失わせる行為。憲法第69条で、衆議院が内閣不信任決議案を可決したとき、または信任の決議案を否決したとき、内閣の総辞職か衆議院の解散を決定できることが認められている（**69条解散**①)。そのほか、重大な国政問題に直面し、国民の意思を問うために、憲法第７条により、内閣が衆議院の解散を決定することもある。

解散権 ④ 衆議院の解散を行なう権限。衆議院の解散は天皇の国事行為であり（憲法第７条)、それに助言と承認を行なうのは内閣である。この規定から、通常、内閣に解散権があると考えられている。議院内閣制において、優越的地位に立つ国会を内閣が抑制(よくせい)する手段である。

７条解散 ④ 天皇の国事行為に関しての憲法第７条３項を根拠として、内閣が任意に衆議院を解散すること。これまでの解散の多くは７条解散である。

一般行政事務 ⑤ 行政権の発動として、国の行政機関が行なう事務を指す。内閣を最高機関とし、そのもとに府、省、庁、委員会などが置かれ、行政事務を分担管理している。

政令 ⑥ 国会で制定された法律を執行するにあたり、実施細目などを内閣が定める必要があるが、その命令のこと。閣議での決定を要する。法律の中には、規制基準値などをあらかじめ政令で決めるように委任しているものもあり、政令は委任立法を代表するものである。憲法第73条は、「憲法及び法律の規定を実施するために、政令を制定すること」を内閣に認めている。

省令 ③ 各省大臣が、担当する行政事務について、法律または政令を施行するため、もしくはそれらの委任に基づいて制定する命令。なお、内閣府の主任の大臣である内閣総理大臣が制定するものが「内閣府令」である。

命令 ④ 政令、省令、内閣府令などを総称するもので、国の行政機関が制定し国民を拘束(こうそく)する法規範。法律の下位にある。

恩赦(おんしゃ) ⑤ 司法権によって科せられた刑の全部、または一部を消滅させること。憲法第73条は、内閣がこの権限を持つと定めている。国家的祝典に際して行なわれるのが普通である。政令で罪の種類を定めて行なわれる大赦、有罪の言い渡しの効力を失わせる特赦などがある。

外交 ⑥ 国家間の諸利益、諸関係を交渉で調整する政府の活動。外交は内閣の権限とされている。国際社会が発展する中で、外交の果たす役割はますます重要なものになっており、外務省を中心とし、各国に大使館や領事館を置いて取り組んでいる。

条約の締結 ⑤ 条約は外交の権限を持つ内閣によって締結される。ただし、事前あるいは事後に、国会が条約の承認をしなければならず、これを「批准」という。批准手続きを経て国内に法的な効力を持ち、**批准書**①を交換、または寄託することで確定することになる。この意味では、条約の締結は内閣と国会の協働によるものといえる。

批准 ② 条約は外交関係を処理する権限を持っている内閣が締結するが、それを国会が承認することをいう。条約の批准は衆参両院の議決によるが、両院の議決が一致しなかったとき、または、参議院に送付されてから30日間議決が行なわれなかった場合には、衆議院の議決が国会の議決となって、批准される(自然成立)。さらに、公布により国内に有効となる。

3　行政権の優越と行政の民主化

行政権の優越 ① 行政権を行使する内閣と官僚の権限が強くなり、国民の代表者で構成される国会よりも権限が優越する状態にあること。政府提案立法の増大、委任立法の増大、行政裁量の拡大、許認可権の行使などにより、行政権の拡大が起きている。今日の行政機関は、社会保障、環境、産業育成、教育など、多様な領域に及んでおり、行政組織は拡大している。それに伴って、行政権は強化され、事実上、行政を動かしている官僚の権威も高まった。単に、国家活動の増大と行政権の肥大化だけではなく、現代の行政は専門化し複雑化しているため、議会のコントロールが低下せざるを得ないことも行政国家化を生み出す。

行政権の拡大 ② 現代社会において、福祉国家として国家の機能が拡大し、その結果として、国民生活の広い分野において行政のかかわる範囲が拡大した。行政機能が拡大したことで、行政府が立法府に対して優位に立つ傾向がみられることをいう。

行政のスリム化 ② 行政権の肥大化に対して、行政が担ってきた範囲を小さくしたり、分野を削減すること。例えば、国や地方公共団体が行なってきた事業を民営化することなどで、国や地方公共団体のコストの負担を軽減したり、民間活力を利用することで、よりサービスを向上させることなどを目的にしている。

委任立法 ⑥ 法律の委任に基づいて、行政府が法規を定めること。国会の制定する法律は大綱を定めるだけで、具体的な事柄は、

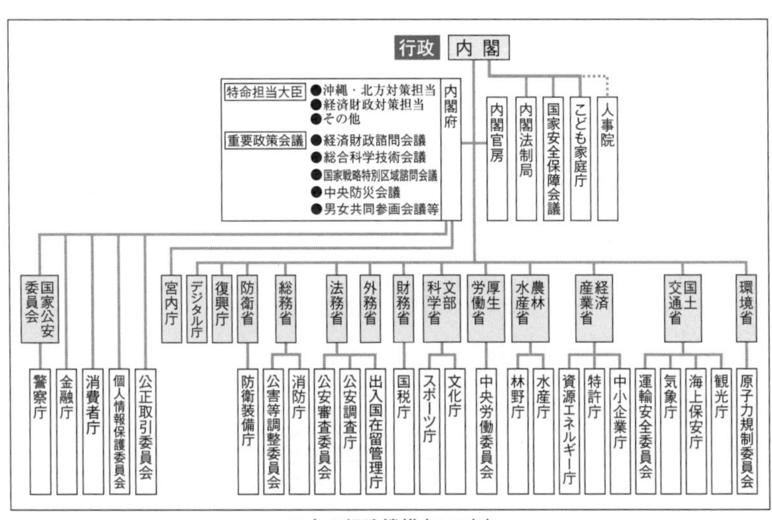

日本の行政機構(2023年)

委任立法として行政府に任される傾向が強まっている。特に、行政機関が政令や省令を制定することを「行政立法」という。行政機関が法律を執行(しっこう)するにあたり、法律の内容をより具体化し、行動の基準を設定することが必要になるため、委任立法がなされる。しかし、委任立法の増加は、行政裁量の拡大をもたらし、立法権の優位の原則を崩し、行政権の優越を招く恐れがある。

行政指導 ⑥ 行政機関が行政目的を達成するために、直接の法的な強制力によらず、助言、指導、勧告という形で働きかけること。特に、通達に基づく場合を「通達行政」と呼ぶ。社会の要求にきめ細かい対応ができる反面、行政機関の独断で好ましくない結果を招く危険もある。つまり、行政の対象が膨大(ぼうだい)となり、かつ複雑になると、具体的執行にあたっては、法律の解釈や裁量基準が問題となる。そこで、上位にある行政機関が法解釈を行ない、基準を設定して、それを下位の行政機関に通達（文書による命令）という形で出して、執行にあたらせることになり、これが行政権の優越につながる。そこで、1993(平成５)年に行政手続法が施行(しこう)され、法的に規定がなかった行政指導に強制力がないこと、指導を受ける側から求めがあった場合には、指導の内容を書面で交付すべきことが規定された。

許認可権 ⑥ 行政機関が持っている各種の許可、認可の権限のこと。許認可権の拡大は、行政機関の強大化、肥大化をもたらす。中央各省庁は多くの許認可権を持っているが、規制緩和によって、許認可権限を持っている分野が縮小されつつある。

官僚(かんりょう)政治 ② 上級の公務員が政治の実権を事実上握り、行政、立法に影響を及ぼすこと。官僚政治になれば、国民の意思を代表する代議政治は危うくなり、民主政治が危機にさらされるといわれる。

官僚(かんりょう) ⑥ 特に、政策決定に影響を行使することができるような上級の公務員。各省庁の事務次官はもちろんのこと、局、部、課などの長、あるいは、地方公共団体のトップクラスの公務員。「キャリア」と呼ばれ、大きな権限を持つ。キャリア以外の一般の公務員は「ノンキャリア」といわれ、昇進のスピードが異なる。

テクノクラート technocrat ② 専門技術を持った官僚のこと。現代は、高度の専門知識が行政運営では必要であり、専門官僚が高度の専門的、技術的な知識を持って行政を行なっている。その結果として、行政機能の増大や専門官僚支配を強くする傾向にある。

官僚(かんりょう)制（ビューロクラシー） bureaucracy ⑤ ピラミッド型の、何段階もの階層構造（**階統制**①）を持つ管理体制を指す。行政の組織を指して用いられることが多い。規則による職務権限の明確化、職務における上下関係、文書主義などを採用し、合理的、能率的な事務処理に優れている体制。欠点として、いわゆる「官僚主義」が指摘される。すなわち、上に追従する権威主義、その場しのぎの事なかれ主義、縦割り行政と批判されている自分の領域に固執するセクショナリズム(縄張り主義)、形式重視の形式主義、秘密主義、法律万能主義などである。

縦割り行政 ⑤ 官僚制の弊害の１つとして、個々の行政事務処理にあたって、各省庁間の連絡調整がなく、それぞれの省庁が独自の判断で各自の行政を行なうこと。

セクショナリズム ②「縄張り主義」「割拠(かっきょ)主義」ともいい、省庁が互いに協力し合うことなく、自己の権限や利害にこだわって、全体的な視野を持たずに排他的な傾向をみせること。

法律万能主義 ① 法律で規制すれば何でもできると考えたり、実際の国民生活を考えずに、法律を制限的に厳しく解釈して適用したりするような行政を指していう。

天下(あまくだ)り ⑥ 公務員が退職後、それまでの職務と関係のある企業、団体に再就職すること。天下りした公務員は、企業、団体の利益のため、それまでの地位や職権を活用することが問題となる。そこで、退職後の一定期間は天下りの自粛措置(じしゅくそち)がとられている。

行政の民主化 ③ 行政権の優越、行政機能の拡大に対して、官僚支配を排除し、国民の自由と福祉の向上のために政治を行なうこと。「行政の民主的統制」ともいう。行政の民主化のためには、国会が国政調査権を使って行政を監視し抑制(よくせい)すること、行政監察官制度を導入すること、公務員が全体の奉仕者であることを自覚することなどが必要であると指摘されている。そのために、行政が何をしているかを国民が知ることが必要であり、情報公開などの制度がつくられている。

アカウンタビリティ(説明責任) Accountability ③ 政府、政治家、官僚、企業など

第Ⅰ部 第3章 日本の政治制度

の、社会に影響力を及ぼす組織で権限を行使する者が、一般の国民にその活動や権限行使についての説明を積極的にする必要があるとする考えをいう。最初は、国や地方公共団体の会計、予算執行について使われていたが、現在では、企業や団体が消費者、地域住民などの間接的なかかわりを持つすべての人、組織（ステークホルダー〈stake-holder〉、利害関係者）に説明責任があるとして使われることがある。

行政委員会 ⑥ 行政機関の一種であるが、行政の民主的運営や適正かつ能率的運営を目的として、ほかの行政機関から独立して設置される。準立法的、準司法的な権限を有する。政治的中立を必要とする分野（人事院、国家公安委員会）、技術的専門知識を必要とする分野（公正取引委員会、公害等調整委員会、原子力規制委員会）、利害関係の調整を必要とする分野(労働委員会)などに設けられた合議制による行政機関。地方公共団体でも人事委員会などが設置されている。

人事委員会 ③ 都道府県など地方公共団体に置かれた、人事行政に関する行政委員会。職員の採用や給与に関する勧告など、専門性や中立性が求められる事務処理をする。

国家公安委員会 ④ 内閣府に置かれている外局で、国務大臣である委員長と５人の委員の計６人で構成される合議制の行政委員会。第二次世界大戦後に導入されたもので、国民の良識(りょうしき)を代表する者が警察を管理することにより、警察行政の民主的管理と政治的中立性の確保をはかろうとするために置かれた。警察制度の企画立案や予算、国の公安に関係する事案、警察官の教育、警察行政に関する調整などの事務について、警察庁を管理している。地方には、各都道府県に公安委員会が置かれている。

人事院 ④ 国家公務員法に基づいて設置された人事行政機関。国家公務員の人事管理の公正中立と統一を確保する必要から、その権限を内閣から独立して行使することができる。公務員の労働基本権が制約されているため、その代償機能として給与に関する勧告などを国会及び内閣にする。行政委員会として、人事院規則の制定改廃や不利益処分審査の判定などの人事行政に広汎(こうはん)な権限を有する。

オンブズマン制度（行政監察官制度） Ombudsman ⑥ 行政機関の活動について、法を遵守(じゅんしゅ)しているかどうかを監視、調査し、行政機関の改善、公務員の懲戒(ちょうかい)などを、政府、議会に勧告する制度のこと。1809年、スウェーデンで創設され各国に普及した。日本では、1990(平成２)年に川崎市が創設して以来、地方公共団体での導入が進んでいる。

会計検査院 ① 国や法律で定められた機関の会計を検査し、会計経理が正しく行なわれるように監督する職責を果たす憲法第90条で規定されている機関。国会及び裁判所に属さず、内閣からも独立している。会計検査院法のもと、国の収入支出の決算の確認や、国が出資している団体や国が補助金などの財政援助を与えている都道府県、市区町村、各種団体も対象としている。

行政改革 ④ 国や地方の行政機構や制度、政策などを見直す改革をいう。行政改革は、行政の民主化とともに行政の合理化、効率化を目指している。財政面からの改革も必要であり、行財政改革として一体的に改革が行なわれている。中央省庁等改革基本法による行政機構の改革や、**行政改革推進法**①による規制緩和や民営化、国立大学や美術館、博物館などが独立行政法人にかわったのも、行政改革の一環である。

行財政改革 ② 行政改革として、組織の改革だけにとどまらず、経費削減や効率的な行政執行、行政サービスの質の向上などを一体的に改善しようとすること。

独立行政法人 ③ 政府の一部として行なっていた事務や業務を、法人格を与えて行政の活動から離れさせ、独自に活動する組織とすること。独立行政法人には、職員が公務員である国立印刷局、造幣局などの特定独立行政法人と、非公務員の独立行政法人とがある。独立させることで業務の質を向上させ、活性化を促し、効率が上がることが期待される。具体的には、国立大学や国立病院、美術館や博物館、研究機関などがこれにあたる。国立の美術館や博物館が、法人化によって利用しにくくなるのではないか、などの懸念(けねん)もある。

行政手続法 ⑥ 行政運営の公正、透明性を確保することを目的に、1993(平成５)年成立した法律。許認可の手続き、不利益処分の手続き、行政指導の手続きについて、その方法が定められており、根拠のあいまいな行政指導を廃する意味で画期的な法律である。

パブリックコメント（意見公募手続）制度 ① 国の行政機関が命令などを定める際に、

事前に広く一般から意見を募り、その意見を考慮する方法。行政運営の公正さの確保と透明性の向上をはかり、国民の権利利益の保護を目的としている。

公務員制度 ③ 国家公務員や地方公務員の任用や職務などの制度のこと。公務員は国家公務員法及び地方公務員法によって、政治的に中立の立場で、国民全体の奉仕者として勤務することが規定されている。人事院や人事委員会が、この制度の運用にあたっている。

公務員 ⑥ 国や地方公共団体で職務にあたる人。議員など選挙で就任する「特別職」に対して、採用選考で任用されるものを「一般職」という。

国家公務員 ① 国によって任命、雇用された国の機関で公務に従事する職員。一般職と国会議員や裁判官などの特別職がある。一般職の公務員には国家公務員法が適用され、争議権が制限され、政治的には中立の立場で勤務することが規定されている。

地方公務員 ② 都道府県、市区町村に雇用されて勤務し、行政サービスを提供する職員。地方公務員法が適用され、国家公務員と同じく、争議権が制限されている。政治的中立の立場で勤務することが規定されている。

: **公僕**(こうぼく) ①「すべて公務員は、全体の奉仕者であつて、一部の奉仕者ではない」と憲法第15条2項は定めている。公務に従事する公務員は、市民の利益に奉仕するものであることを示す、「public servant」の訳である。国家公務員法や地方公務員法も「すべて職員は、全体の奉仕者として公共の利益のために勤務し」なければならないとしている。

全体の奉仕者 ⑥ 公務員の本質及び地位をあらわす言葉。憲法第15条で「すべて公務員は、全体の奉仕者であつて、一部の奉仕者ではない」と定められている。公務員は、大日本帝国憲法下では天皇の官吏(かんり)であったが、戦後は、一党一派や特定の社会勢力や個人の利益のために奉仕するのではなく、主権者である国民全体に奉仕しなければならないと改められた。日本では、各種の公務員試験の結果、名簿に登載された者から任用するというメリットシステムを採用し、行政の専門性、中立性、能率性を確保し、官職への機会を国民に保障している。

国家公務員倫理法 ④ 国家公務員が国民全体の奉仕者であることから、公務員の職務上の倫理を保持し、職務執行の公正さに対する国民の疑惑や不信を招くような行為を防止し、公務に対する国民の信頼を確保することを目的として制定された法律。職員の職務に利害関係を有する者からの贈与などの禁止及び制限、職務に利害関係を有する者との接触の制限、株式取り引きの報告などを内容としている。

国家公務員制度改革基本法 ③ 国家公務員に関する制度を社会経済情勢の変化に対応したものとすることを目的に制定された法律。国家公務員制度改革の一環でつくられた。これによって2014(平成16)年には、内閣官房に**内閣人事局**③が設置され、省庁ごとに行なってきた幹部職員人事が一元化された。

国籍条項 ② 国家公務員法や地方公務員法に規定はないが、その運用で、人事院規則や人事委員会規則で日本国籍を持たない者は公務員として雇用(こよう)しないと規定している内容。現在は、公権力の行使などを除き、外国籍の人の雇用を少しずつ広げている。

3 裁判所と国民の司法参加

1 裁判所の組織と運営

裁判制度 ② 憲法第76条は、司法権を担うのは最高裁判所と下級裁判所であるとし、三権分立上の裁判所の権限を定めている。なお、大日本帝国憲法(明治憲法)下にあった特別裁判所を認めていない。事件の性質により、第一審の裁判をどこで取り扱うかに違いはあるが、裁判は原則として三審制をとっており、裁判は公開を原則としている。

裁判所 ⑥ 裁判を行なうために設けられた国家機関。最高裁判所と下級裁判所（高等裁判所、地方裁判所、家庭裁判所、簡易裁判所）があり、司法権はこれに属している。すべての事件、紛争は裁判所で扱われ、ほかに特別裁判所を設置することはできない。なお、弾劾裁判と衆参両院による国会議員の資格争訟の裁判は、憲法により例外として認められている。

裁判 ⑤ 一般的には、相対立する法律上の主張に対して、裁判所が司法権を持って判断を下し、解決すること。

陪審制 ⑥ 裁判官以外の一般の人を裁判に直接参加させる制度で、アメリカでは刑事、民事事件について行なわれている。事実認定の判断に一般市民の判断を反映させる制度。

参審制 ⑤ 職業裁判官とともに一般市民が裁判に臨み、量刑まで判断を行なう制度。陪審員が主に有罪か無罪かのみを判断するのに対して、職業裁判官とともに評議に加わる点に特徴がある。ヨーロッパで多くみられる形態であり、日本の裁判員制度も大きく分けると参審制の一種と考えることができる。日本の裁判員は、1つの事件ごとに選ばれる。

裁判員制度 ⑥ 国民から選ばれた数人の裁判員が、職業裁判官とともに合議体を構成して裁判をする制度。参審制の一種。司法に対する民衆参加の形態である点においては陪審制と共通するが、陪審制は陪審員が裁判官に独立して判定を下す点で参審制とは異なる。日本の裁判員制度は司法制度改革の一環として導入され、2009(平成21)年から刑事事件の第一審において実施された。現在は満18歳成人に伴い、裁判員も満18歳から選ばれるようになった。

司法制度改革 ④ 国民の期待にこたえる司法制度、法曹のあり方、司法の国民的基盤の確立を改革の3つの柱として、司法制度改革審議会が開かれ、裁判員制度の導入、法科大学院、裁判の迅速化などの諸制度の改革を行なった。

：**司法制度改革審議会** ① 2001(平成13)年6月に内閣に提出した意見書では、法科大学院を設置し、法曹に関する養成制度、全体の改革と法曹人口の拡大、裁判官に多様な人材を登用すること、人事制度の見直し、裁判員制度の導入などを提言した。

法曹 ④ 裁判官、検察官、弁護士を総称しての表現。日本では、これらの職につくには一般的には司法試験に合格して、司法修習生として修習したあと、試験に合格する必要がある。

国民の司法参加 ③ 司法を国民により身近で開かれたものとし、また、司法に国民の多様な価値観を反映させるために、司法制度改革の1つとして司法制度改革審議会で審議された。これが、現在の裁判員制度となっていった。国民が司法に参加することにより、裁判や裁判官の機能をチェックし、透明性が高められることで、その機能をうまく発揮させることも期待される。

守秘義務 ④ 裁判員に選任された人が守るべき事項。評議の秘密とその他の職務上知り得た秘密とに分けられる。評議の秘密としては、評議がどのような過程を経て結論に至ったのかということや、評議において裁判官や裁判員が表明した意見の内容、評決の際の多数決の数などがあげられる。評議の過程についても、判決に至るまでに議論された内容であれば、判決の内容とならなかった事項であっても守秘義務の内容となる。その他の職務上知り得た秘密としては、事件関係者のプライバシーにかかわる事項や裁判員の名前などがある。秘密を漏らしたときは、6カ月以下の懲役または50万円以下の罰金を科せられる。

裁判員の選任手続 ① 地方裁判所ごとに、市区町村選挙管理委員会がくじで選んだ候補者名簿を作成し、候補者に登録されたことを通知する。事件ごとに、その名簿の中からくじで裁判員候補者に通知（裁判の日数が5日以内の事件では、1事件あたり70人程度）し、辞退者を除いて、6人の裁判員と事件によっては補充裁判員を選任する。

公判前整理手続 ④ 刑事裁判で公判前に争点を絞り込む手続きのこと。裁判員制度を導入するために、刑事裁判の充実、迅速化をはかるため、2005(平成17)年の改正刑事訴訟法で導入された。裁判員制度では対象となるすべての刑事裁判が、この手続きに付される。裁判官、検察官、弁護人が初公判前に協議し、証拠や争点を絞り込んで審理計画を立てる。公判前整理手続の終了後は新たな証拠請求が制限されるため、被告人に不利になる場合もあるとの指摘もある。

最高裁判所 ⑥ 司法権の最高機関で、終審の裁判所。長官と14人の裁判官で構成される。長官は内閣の指名に基づいて天皇が任命し、各裁判官は内閣が任命する。最高裁判所の裁判官は、衆議院議員総選挙の際に国民審査を受ける。

終審裁判所 ② 最終の判断を示す裁判所で、最高裁判所がこれにあたる。日本の裁判は三審制を原則とし、判決に不服な場合はさらに上級の裁判所に審査を求めることができるが、終審裁判所の決定には従わなければならない。

下級裁判所 ⑤ 最高裁判所の下位にある高等裁判所、地方裁判所、家庭裁判所、簡易裁判所を総称していう。三審制のもとで審級上の上下関係などを示すために用いられることもある。例えば、第一審の地裁は第二審の高裁からみて下級裁判所となる。

高等裁判所 ⑥ 下級裁判所のうち最上位にある裁判所で、全国8カ所に置かれている。三審制においては第二審裁判所であるが、内乱罪のような政治的刑事事件などは第一審としての裁判権を持つ。管轄地域に支部を設けている。

知的財産高等裁判所 ⑤ 特許に代表される知的財産権に関する訴訟を専門に扱う裁判所。2005(平成17)年に東京高等裁判所内に創設。設立の目的には、一連の司法制度改革や政府の知的財産戦略大綱に示された知的財産の創造こそが、日本の経済や社会を活性化させるという国家戦略がある。知的財産権には、特許権、実用新案権、意匠権、著作権などの知的創造物についての権利と、商標権、商号などについての権利とがある。

地方裁判所 ⑤ 高等裁判所の下位にあり、各都府県に1カ所、北海道に4カ所の計50カ所に置かれている下級裁判所。三審制において、普通は第一審を扱う裁判所である。

家庭裁判所 ⑤ 離婚や遺産相続などの家庭事件の審判・調停、少年の保護事件の審判、特定の少年に関する刑事事件のみを扱う特殊な裁判所。地方裁判所と同じ所に置かれている。

簡易裁判所 ⑤ 比較的量刑の軽い訴訟を扱う下級裁判所。民事事件では訴額が140万円までの請求、刑事事件では罰金以下の刑などの第一審裁判所で、全国約440カ所に置かれている。三審制により、民事事件は地方裁判所へ、刑事事件は高等裁判所へ控訴することができる。

特別裁判所 ⑥ 司法権を行使する司法裁判所の系列外に設置されるもので、特別な身分の人や事件について裁判を行なう裁判所。大日本帝国憲法下では軍法会議、行政裁判所、皇室裁判所などが置かれていた。日本国憲法は特別裁判所の設置を禁じ、「法の下の平等」と司法権の独立性を明確にしている。なお、例外として、権力分立制に基づく弾劾裁判所の設置は認められている。

：**軍法会議** ④ 大日本帝国憲法下で、軍人に対して刑事裁判を行なった特別裁判所。軍人から裁判官が選ばれた。

：**行政裁判所** ④ 行政事件の裁判をするために、司法裁判所から独立して行政部に設けられる特別裁判所。大日本帝国憲法下では存在したが、日本国憲法第76条では「行政機関は、終審として裁判を行ふことはできない」と定め、行政裁判所を廃止した。これにより、行政事件も通常の裁判所によって審理されることになり、司法権の範囲が拡大された。

：**皇室裁判所** ② 大日本帝国憲法下の旧皇室典範に規定され、皇族相互間の民事訴訟と皇族の身分に関する訴訟を裁判するために、必要に応じて設けられるものとされた特別裁判所。実際には、一度も設けられたことはなかった。

憲法裁判所 ② 憲法の解釈に関する裁判を行なうために特に設置される裁判所。日本では、最高裁と下級裁判所に違憲立法（法令）審査権があるので、存在しない。ドイツでは、通常の裁判所と区別した特別の憲法裁判所を設け、具体的な訴訟事件を離れて抽象的に法令そのほかの違憲審査を行なう権限を与えている。

裁判官 ⑥ 各裁判所を構成し、裁判事務を担当する国家公務員。最高裁判所長官の指名は内閣が行ない、天皇が任命する。最高裁判所のほかの裁判官の任命は内閣が行なう。下級裁判所の裁判官は、最高裁判所の指名した名簿によって10年ごとに内閣が任命する。

最高裁判所長官の指名 ⑥ 最高裁判所の長たる裁判官は、内閣の指名に基づいて天皇が任命する(憲法第6条2項)。なお、長官以外の最高裁判所裁判官は内閣が任命する(憲法第79条1項)。これらは、三権分立上の内閣の権限である。

裁判官の任命 ⑥ 下級裁判所の裁判官は、最高裁判所の指名した名簿によって、内閣が任命する(憲法第80条1項)。内閣による任命は形式上の行為で、実質的には最高裁判所による人事である。

国民審査 ⑥ 最高裁判所の裁判官を、国民の直接投票によって審査すること。任命後の最初の衆議院議員総選挙のときに審査され、その後は10年ごとに審査を受ける。投票者の過半数が罷免を可とする裁判官は罷免される。内閣の不当な任命を防ぎ、裁判官の独立と司法を国民の監視下に置くことを目的としたもの。直接民主制であるリコールの一種。現在まで、この制度で罷免された裁判官はいない。

公の弾劾 ① 公正な裁判を行なうために裁判官の身分保障を日本国憲法は定めるが、裁判官が罷免される場合を限定することで、それを具体化している。公の弾劾によらない裁判官の罷免を認めない。公開して行なわれる国会の弾劾裁判所による判断で、裁判官は罷免される場合がある。

三審制 ⑥ 判決に不服であれば、裁判を3回受けることができる制度。第一審裁判所の判決に不服で上訴(不服の申し立て)することを「控訴」といい、第二審裁判所(控訴審)の判決に不服で上訴することを「上告」という。第三審を「上告審」という。ただ、控訴は第一審の判決に不服を理由としてよいが、上告は単なる不服では行なうことができず、第二審の判決に憲法違反や憲法解釈に誤りがあるとき、最高裁判例に反するときなどに限られる。なお、裁判所の行なう裁判以外の決定、命令に対して上訴することを「抗告」といい、決定、命令に対して違憲などの理由で最高裁判所に上訴することを「特別抗告」という。

上訴 ③ 裁判所の判決に不服であるとして、上級の裁判所に、新たな裁判を求める不服申し立てのこと。

控訴 ⑤ 第一審の判決に対して不服であるとして、上級の裁判所に対して、新たな判決を求める不服申し立てのこと。上訴の1つ。

控訴審 ① 第一審判決に対する控訴を審理する、第二審の裁判所のこと。または、その第二審の審理のこと。

上告 ⑤ 上訴の1つで、第二審の判決あるいは高等裁判所が第一審として下した判決に不服があるときに、最高裁判所の審理を求めること。ただし、第一審の裁判所が簡易裁判所の場合には、高等裁判所が審理を行なう。

抗告 ③ 第一審の裁判所の下した決定、または命令に対して、上級の裁判所に訴える不服の申し立てと、上級裁判所における審理をいう。

特別抗告 ④ 裁判に憲法解釈の誤り、そのほか憲法違反を理由に不服を申し立てるときに、特に、終審裁判所である最高裁判所に判断を求める抗告をいう。

特別上告 ③ 民事訴訟において、高等裁判所

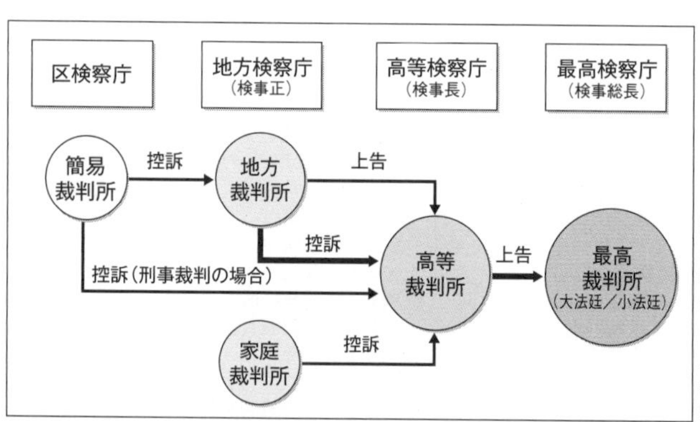

裁判所・検察の構成と三審制
控訴とは、第一審の判決に不服で第二審の審査を求めること。上告とは第二審の判決に不服で第三審の審査を求めること。

が上告審として行なった判決や仮処分などに対して、憲法違反などを理由に最高裁判所に不服を申し立てること。「違憲上告」「再上告」ともいう。刑事訴訟では、最高裁判所が必ず上告審となるので、この制度はない。

跳躍上告 ① 第一審判決に対して、第二審にあたる裁判所を飛び越して直接に上告をすること。刑事事件の訴訟では、地方裁、家庭裁、または簡易裁が下した判決で、法律などが憲法に反するという判断がなされた場合、または、地方公共団体の定めた条例が法律に反するという判断がなされた場合には、最高裁判所に上告をすることができる制度をいう。民事事件では、当事者が控訴をしないとの合意をした場合に、最高裁の判断を求めることができる。

訴訟 ② 裁判所に原告、被告の権利や法律関係についての判断を求めるために訴える手続き。私人間の争いを訴える民事訴訟、検察官が刑罰の適用を求める刑事訴訟の別がある。さらに、国や地方公共団体を訴える行政訴訟もある。

裁判外紛争解決手続（ADR） ④ 民間の紛争解決のために、裁判所への訴訟手続きによらずに民事上の紛争の解決をしようとする当事者のために、公正な第三者が解決をはかる手続きをいう。裁判による解決が増加したり、長期化したりする実情に対して、迅速な解決をはかる手続きとして、2004(平成16) 年に、裁判外紛争解決手続の利用の促進に関する法律(**裁判外紛争解決手続法** ①) により制度化した。例えば、消費者トラブルを解決するために国民生活センターの設けた紛争解決委員会などがある。

自力救済の禁止 ① 権利を侵害された者が、司法手続によらず実力をもって権利回復を果たすことに対する禁止原則のこと。力関係による決着や私刑などがこれにあたり、現代の民事訴訟法では例外を除き禁止されている。

和解 ③ 争いをしている当事者が話し合い、互いに譲歩し合って争いを解決すること。私法上の和解と裁判上の和解がある。日本では、訴訟に多くの時間と費用を要するため、迅速に紛争が解決しやすい和解が利用される。この手続きのために、裁判外紛争解決手続の利用の促進に関する法律が制定されている。また、裁判所による調停を通じての和解も多くみられる。

裁判迅速化法 ① 司法改革として、裁判の長期化を改善するための、国の責務を行なうことを定めた、2003(平成15)年に成立した法律。第一審は2年以内に終わらせることや、法曹人口の増加、利用しやすい弁護士の体制などを内容としている。

裁判の公開（公開裁判） ④ 憲法第82条に定める裁判手続きの主要な原則。恣意的な秘密裁判を否定し、国民の権利を守り、公正な裁判を維持することをねらいとする。なお、裁判官が全員一致で、公の秩序または善良の風俗を害する恐れがあると決めた場合は、公開しなくてもよいが、政治犯罪、出版に関する犯罪、あるいは基本的人権の侵害の有無が事件の内容となっている場合の裁判は、必ず公開しなければならない。

被害者参加制度 ③ 犯罪で被害を受けた人の保護や支援のための制度として、殺人、傷害、自動車運転過失致死傷などの刑事事件の被害者が、裁判所の許可を得て、被害者参加人として刑事裁判に参加するという制度。裁判の公判期日に出席することや、裁判で被告人に質問したり、意見を述べたりすることができる。また、検察官に意見を述べたり、説明を受けたりすることができる。

証人審問権 ① すべての証人に対して審問する機会を十分に与えられる刑事被告人の権利のこと。憲法第37条2項では「刑事被告人は、すべての証人に対して審問する機会を充分に与へられ、又、公費で自己のために強制的手続により証人を求める権利を有する」とされ、刑事被告人の権利としてこれを保障している。

弁護士 ⑥ 原告や被告など当事者やその関係者の依頼によって刑事裁判、訴訟事件や行政府に対する不服申し立てなどの法律行為を行なうことを職とする人。弁護士法によってその職務は定められ、裁判官、検察官とともに「法曹」と呼ばれる。憲法第37条は「刑事被告人は、いかなる場合にも、資格を有する弁護人を依頼することができる」と刑事被告人の権利を定めるが、この弁護人は多くの場合、弁護士がその任にあたる。訴訟代理人となることもできる。弁護士は弁護士法に基づき、弁護士会を地方裁判所ごとにつくっている。

弁護人 ⑥ 刑事事件の手続きで、被疑者または被告人が自らの権利を正当に行使し、また、正当な利益を保護するための代弁者。一般的には、弁護士が務める。

訴訟代理人 ① 民事訴訟において、本人にかわって訴訟の手続きを遂行する代理権を持つ任意代理人をいう。一般的には、弁護士が務める。

刑事裁判 ③ 窃盗、詐欺、強盗、放火、殺人など、刑法で定めている犯罪行為を内容とする刑事事件を扱う裁判。検察官が犯罪被疑者を裁判所に起訴し、裁判官か検察官、被告人、弁護人、証人の申し立てを聞いて真実の発見に務め、その上で判決を下す裁判。

刑事事件 ③ 刑法の適用によって処罰される事件。検察官によって起訴されて、刑事訴訟法によって手続きが進められる。

起訴 ④ 裁判所に対して、法定手続きに従って、判決をするよう求めることをいうが、多くは、刑事事件の訴訟で、検察官による公訴の提起を指して用いられる。

証拠主義 ① 裁判における、事実の認定は証拠に基づかなければならないという刑事訴訟法上の原則のこと。「証拠裁判主義」ともいう。

刑法 ③ どのような行為が犯罪となり、また犯罪に対してどのような刑罰が科せられるかを定めた基本法。1908(明治41)年施行。時代の変化によって犯罪となる事柄の変化もあり、修正が加えられて現在に至っている。

再審 ⑥ 判決が確定したあとは、上訴できないのが原則であるが、確定判決の重大な欠陥を主張し不服の申し立てをして、判決前の状態に戻して裁判のやり直しをすること。死刑囚にも再審が開始されるようになった。**再審請求制度**①とも呼ばれる。再審により、冤罪が認められ、無罪となった例もある。

白鳥事件 ① 1952(昭和27)年に札幌市警本部の白鳥警部が射殺された事件。首謀者とされた人物は最高裁で懲役20年の刑が確定したあとも無罪を主張し、再審請求・特別抗告を行なった。最高裁はいずれも棄却したが、再審においても「疑わしきは被告人の利益に」の原則を適応すべきとの判断を示したことで、再審開始の要件が緩和された。

冤罪 ⑥ 無実の罪、無実であるのに犯罪者として扱われてしまうこと。罪を犯していない者が警察や検察による刑事手続きで、犯罪者とされ、裁判で有罪の判決が下されて、刑の執行がされることもある。死刑判決が下された事件で、再審が認められて無罪になったケースもある。

吉田巌窟王事件 ① 1913(大正2)年、強盗殺人罪で逮捕、起訴され、無期懲役が確定した吉田石松さんが、再審を訴え続け、5度目の再審請求で再審を開始し、1963(昭和38)年、再審史上初の無罪が確定した事件。50年ぶりに冤罪となった判決の日が、デュマの著書『モンテ＝クリスト伯』の主人公が脱獄した日にあたっていたため、「昭和の巌窟王」といわれた。

免田事件 ③ 1948(昭和23)年に起こった殺人の容疑者として、免田栄さんが逮捕され、死刑判決を受けた事件。無実を叫び続け、1980(昭和55)年、死刑囚としては初めて再審が開始され、冤罪として無罪判決となった。

財田川事件 ③ 1950(昭和25)年、香川県財田村(現三豊市)で、闇米ブローカーが刺殺され、現金が奪われた事件。谷口繁義さんが逮捕、起訴され死刑判決を受けたが、再審により、1984(昭和59)年に無罪判決を得た冤罪事件。

松山事件 ③ 1955(昭和30)年、宮城県松山町(現大崎市)で、一家4人が惨殺され、家に放火された事件。斎藤幸夫さんが逮捕、起訴され死刑が確定したが、再審により、1984(昭和59)年に無罪判決となった。

島田事件 ③ 1954(昭和29)年3月、静岡県島田市で起こった6歳の幼女が連れ去られ、殺害された事件。赤堀政夫さんが逮捕、起訴され死刑が確定したが、再審の結果、静岡地裁は無罪とした。

梅田事件 ① 1950(昭和25)年10月、北海道北見市で起こった殺人事件。梅田義光さんの無期懲役が確定したが、2度にわたる再審請求により再審裁判が行なわれ、1986(昭和61)年8月に無罪となった。

徳島ラジオ商事件 ① 1953(昭和28)年、徳島市のラジオ店主が殺害され、富士茂子さんが逮捕、起訴され、懲役13年が確定した事件。本人の死後の再審として注目を集め、1985(昭和60)年に無罪が確定した。

足利事件 ③ 1990(平成2)年、栃木県足利市で行方不明となった女児が、渡良瀬川の河川敷で死体で発見され、菅家利和さんを犯人のDNAの型と一致したとしてわいせつ目的誘拐と殺人、死体遺棄の容疑で逮捕した事件。菅家さんは第一審の途中から否認したが、地裁は無期懲役の判決を下し、高裁も控訴を棄却、最高裁で有罪が確定した。菅家さんは再審を請求し、高裁での審理でDNA再鑑定が認められた。再鑑定の結果から、事件との関連が認められず、2010(平成22)年に無罪判決が下された。

布川(ふかわ)事件 ① 1967(昭和42)年に茨城県で発生した強盗殺人事件。近隣に住む青年２人が被疑者として逮捕、起訴され無期懲役が確定した。証拠が被告人の自白と現場の目撃証言のみであったため、2009(平成21)年に再審が開始され、無罪判決が下された。

東京電力女性社員殺害事件 ① 1997(平成９)年に、東京電力の社員だった女性が自宅アパートで殺害された未解決事件。被疑者が犯人として逮捕、有罪判決を受けたが、のちに冤罪と認定され、2012(平成24)年に無罪判決が下された。

取り調べの可視化 ⑤ 刑事事件での警察や検察の被疑者への取り調べを録音、録画し、行きすぎた捜査や冤罪を防ぐために、あとからチェックできるようにすること。冤罪は自白(じはく)の強要などから生じるとして、日本弁護士連合会などが導入を強く求めている。一部の事件で取り調べの全過程を録音、録画することは試行されるようになったが、全面可視化はされていない。

司法取引 ② 捜査への協力により、不起訴処分や刑罰の減免を得る制度。2018(平成30)年より実施されている。犯罪摘発や捜査の迅速化が期待される一方で、冤罪の増加を懸念する声もある。

民事裁判 ⑥ 個人や団体の契約違反や金銭の授受(じゅじゅ)、財産上の争いや離婚などの身分上の権利義務についての争いを内容とする民事事件を扱う裁判。訴訟を起こした原告と、その相手方である被告が法廷で争う。

民事事件 ① 私人(しじん)間の生活に関する事件で、民事訴訟として訴えられた事件。

原告 ⑤ 民事訴訟で訴えを起こした当事者で、**被告**②と対になる言葉。

民法 ⑥ 私人(しじん)間の家族関係や経済的関係を規律する基本的な法。総則、物権、債権、親族、相続の５編からなり、前３編を「財産法」、後２編を「家族法」と呼んでいる。民法は1898(明治31)年に施行され、部分改正がなされてきた。特に、1947(昭和22)年の日本国憲法の施行に伴い、個人の尊厳と両性の平等を主旨とする内容へ全面改正された。2017(平成29)年には債務法の分野の大改正も行なわれた。民法上の成年年齢も2022(令和４)年から満18歳に引き下げられた。さらに夫婦別姓をめぐって改正論議も起こっている。

行政裁判 ⑥「行政訴訟」ともいう。特許(とっきょ)をめぐる争いなどでは、行政機関が行政上の措置(そち)を決定することはできるが、それに不服の場合、事件後、ただちに裁判所に訴えることが可能で、司法機関である裁判所が審理を行なう。行政裁判所は存在しない。

行政事件 ② 国や地方公共団体などの行政機関と個人との間、あるいは行政機関相互間に発生するような争いを内容とする事件をいう。

少年法 ① 非行少年に対する処分やその手続きなどについて定める法律。健全な育成のために、少年審判や保護処分など成人とは異なる特別の措置がなされる。成人年齢の引き下げに伴って2022(令和４)年に改正され、満18歳、満19歳も「特定少年」として引き続き少年法が適応されるとした一方で、実名報道に関してはその禁止を解除するとした。

再犯防止推進法 ① 犯罪者の更正や再犯防止のために、犯罪をした者等の円滑な社会復帰の促進など、再犯の防止につながる施策の基本となる事項をまとめた法律。国民が犯罪による被害を受けることを防止し、安全で安心して暮らせる社会の実現に寄与することを目的としている。

2　裁判所の権限と機能

司法権の独立 ⑥ 裁判所が、行政機関(内閣)や立法 機関(国会)、また社会的な諸勢力から干渉(かんしょう)を受けずに公正、独立性を確保されなければならないとする原則。日本国憲法は、裁判所だけに司法権を与え(第76条)、特別裁判所の設置を禁止し、司法権の独立を保障している。そして、司法権の独立を完全なものにしていくために、裁判官の独立を保障(第76条)している。司法権の独立は、実質的には裁判官の独立によって確保される。

大津(おおつ)事件 ⑤ 1891(明治24)年、来日中のロシア皇太子(のちのニコライ２世)が、滋賀県大津で、警察官に襲われ負傷した事件。政府は外交政策的見地から犯人の死刑を主張したが、大審院(だいしんいん)(院長児島惟謙(こじまこれかた))は担当の裁判官を督励して刑法の規定に従い、普通殺人未遂(みすい)として無期徒刑(とけい)(懲役(ちょうえき))の判決を大津地方裁判所で開かれた大審院法廷において下させた。外部の圧力を排除し、司法権の独立を擁護(ようご)した事件として有名。

児島惟謙(こじまこれかた) ⑤ 1837～1908　大津事件のと

きの大審院長。事件の犯人である津田三蔵の死刑を要求する日本政府の圧力に抗し、刑法の規定に従うべきことを主張した。司法権の独立を守った。

平賀書簡事件 ③ 自衛隊の合憲、違憲が争われた長沼ナイキ基地訴訟に関し、担当の札幌地方裁判所の福島重雄裁判長に対して、直接の上司である札幌地裁所長の平賀健太が、憲法判断に触れないように手紙を渡した事件。こうした行為は司法権の独立を害するものとして問題となった。なお、1973(昭和48)年の札幌地裁判決で、福島裁判長は自衛隊違憲の判決を下した。

浦和事件 ② 夫が賭け事で生業を顧みないために、前途を悲観した妻が親子心中をはかり、子どもは亡くなったが、自分は死に切れず自首した。この母親に対し、1948(昭和23)年に、地裁は情状酌量すべき点があるとして、懲役3年、執行猶予3年の判決を下した事件。これを参議院法務委員会は刑が軽すぎるとして国政調査権に基づく調査を行なった。最高裁はこれに対して、「国会が個々の具体的裁判について量刑等の当否を批判したり、その目的で国政調査権を行使すること」は、司法権の独立を侵害するとして抗議をした。

最高裁判所の規則制定権 ⑤ すべての裁判所の内部規則や訴訟手続きなどの規則を制定する最高裁の権限。国会の立法権に対する例外であるが、裁判手続きや裁判所内の事柄については、司法部の自主性を尊重する趣旨で認められている。

裁判官の独立 ⑥ 司法権の独立を守るためには、裁判官がほかからの干渉や関与を一切排除され、その良心に従い独立してその職権を行なうということ。

裁判官の身分保障 ⑥ 裁判官の独立を守るために、その身分についても、公の弾劾によるか、心身の故障のために職務をとることができないと、裁判によって決定されたほかは、罷免されないとしている。

憲法保障 ① 政治や行政による憲法違反を事前に防止したり、事後に合憲の状態に修復したりするしくみのこと。違憲立法(法令)審査権がこれにあたる。

違憲立法審査権(法令審査権) ⑥ 国会の立法や内閣の行政が、憲法に適合するか否かについて訴えがあった場合、裁判所が審査し、その憲法への適否を判断する権限。憲法第81条に明記され、憲法の最高法規性、三権の抑制と均衡、基本的人権の保障を守る上で重要な意義を持つ。下級裁判所にもこの権限は認められている。通常の裁判所が具体的な事件の訴訟を通じて法令や国家行為の合憲性を判断する**付随的違憲審査制**②と、憲法裁判所が法令や国家行為の合憲性を問う**抽象的違憲審査制**②がある。日本の裁判では、具体的事件の発生を前提として裁判を行なうので、事件発生前に法律の合憲、違憲を判断することはできない。

憲法の番人 ⑥ 憲法の解釈をめぐる争いを裁く権限は、裁判所に与えられていることを表現した言葉。とりわけ最高裁判所は、最終的な判断を決定するので「憲法の番人」と呼ばれる。なお、内閣法制局を指してもこの表現を使うことがある。

違憲判決 ④ 違憲立法審査は下級裁判所でもできるが、違憲判決が一般的に効力を持つのは終審裁判所としての最高裁判決である。これまで最高裁が出した違憲判決は、尊属殺重罰規定、薬事法距離制限規定、衆議院議員定数不均衡、共有林分割制限規定、愛媛玉串料違憲訴訟、郵便法損害賠償免除規定、在外国民選挙権制限規定、国籍法違憲判決などである。

尊属殺重罰規定違憲判決 ④ 尊属(親等上、父母と同列以上にある血族)殺人を一般の殺人よりいちじるしく重く処罰する刑法の規定が、「法の下の平等」を保障した憲法第14条に違反しないかが争点になった裁判。1973(昭和48)年に最高裁判所は、尊属殺人罪を定めた刑法第200条を違憲と判断した。施行中の法律を違憲と判断したのは、これが最初である。この判決を受けて、1995(平成7)年の刑法改正で刑法第200条は削除された。

薬事法距離制限違憲訴訟 ④ 医薬品の販売業を営もうとして県に申請したが、薬事法第6条の薬局等の配置の基準に適合しないとの理由で不許可処分されたため、薬局の適正配置規制(距離制限)が、営業の自由を保障した憲法第22条に違反しないかが争われた訴訟。1975(昭和50)年の最高裁判所は、薬局開設の距離制限については、必要かつ合理的な規制とはいえず、違憲、無効との判決を下した。

衆議院議員定数違憲訴訟 ① 選挙区と議員定数の配分が、人口の増減で、選挙区により1票の価値に違いが生じているとし、選挙区の定数を定めた公職選挙法が、「法の下の平等」を保障した憲法第14条及び第44

条に違反しないかが争われた訴訟。最高裁判所は、1976(昭和51)年と1985(昭和60)年に投票価値の不平等の開きが最大4倍以上の格差は、合理的に許される程度を超え違憲としたが、選挙自体の無効は避けた(事情判決)。その後も、議員定数不均衡をめぐる訴訟では、公職選挙法の不備を指摘した判決が出されている。

共有林分割制限違憲訴訟 ③ 森林の共有者による森林の分割請求を制限する森林法第186条(持ち分2分の1以下の共有者による分割請求を認めない規定)が、財産権を保障する憲法第29条に違反しないかが争われた訴訟。1987(昭和62)年の最高裁判所は、分割請求の制限は、合理性、必要性を肯定できないとし、違憲、無効の判決を下した。

郵便法損害賠償免除規定違憲判決 ② 郵便業務従事者の過失による特別送達郵便の配達遅延がもたらす損害に対し、郵便法が賠償責任を免除、制限していることに合理性や必要性がないとした、2002(平成14)年9月の最高裁判決。これにより、郵便法が改正された。

在外国民選挙権制限違憲判決 ④ 日本国外に住んでいる日本国民が国政選挙の際に、全部またはその一部で投票ができなかったことを、「法の下の平等」に反するとした訴訟。公職選挙法の違憲確認と投票できないことについての損害賠償を求めた。2005(平成17)年に最高裁判所は、違憲判決を下し、原告らに衆議院議員総選挙における小選挙区選出議員の選挙、参議院議員通常選挙における選挙区選出議員の選挙において、在外選挙人名簿に登録されていることに基づいて投票をすることができることを確認した。さらに、国に対しての賠償を命じた。

非嫡出子(ひちゃくしゅつし)国籍取得制限違憲判決 ② 結婚していない外国籍の母と日本国籍を有する父との間に出生した原告が、出生後に父から認知を受けたことから国籍取得届を提出したが、国籍法第3条1項に規定する国籍取得の条件を備えていないとして、日本国籍の取得を認められなかった。そこで、父母の結婚の有無を国籍取得の要件とする国籍法の規定は、「法の下の平等」を定めた憲法第14条に違反するとして、国に、日本国籍を認めるよう訴えた。最高裁判所は、2008(平成20)年、国籍法第3条1項の規定は憲法第14条1項に違反するとした。

婚外子(こんがいし)差別違憲判決 ⑥ **事実婚**①など結婚していない男女間に生まれた子(婚外子、非嫡出子)の遺産相続分が、結婚した夫婦の子の半分とした民法の規定は、「法の下の平等」を定める憲法に違反するとした訴えに、2013(平成25)年、最高裁が違憲の判断を下したもの。結婚制度が崩壊するなどの世論もあったが、同年には、相続分差別を削除した民法改正案が国会で可決、成立した。

女性の再婚禁止期間違憲判決 ③ 女性について離婚後6カ月間再婚を禁止する民法第733条1項について、憲法の「法の下の平等」と「両性の本質的平等」を根拠として違憲を訴えられた事件で、最高裁判所が2015(平成27)年に「再婚禁止期間の規定のうち100日を超える部分は、合理的な立法裁量の範囲を超えるもの」として違憲とした判決。第733条は子どもの父親が誰になるか分からなくなるとして設けられたものであるが、100日あれば判明できるから違憲とした。これを受けて2016(平成28)年には民法は改定されて再婚禁止期間を100日とした。

統治行為論 ⑥ 国会や内閣が高度な政治的判断に基づき、その政治的責任において行なう統治行為は、違憲立法審査の対象にはなじまないという考え。判例はこれを認めているが、統治行為の事項を広く認めるならば、違憲審査権の意義が失われる危険性がある。日米安保条約をめぐる砂川(すながわ)事件上告審判決(最高裁1959〈昭和34〉年判決)、衆議院の解散の合憲性判断についての**苫米地(とまべち)事件**②上告審判決(最高裁1960〈昭和35〉年判決)で、統治行為論を採用して、司法審査の対象外とした。

検察官 ⑥ 刑事事件において、公益を代表して裁判所に公訴(起訴)を提起し、適正な判決を求め、また刑の執行を監督する権限を持つ公務員。

検察庁 ① 検察官が行なう事務を統轄する国家機関。裁判所の機構に対応して、最高検察庁、高等検察庁、地方検察庁及び区検察庁の4つに分かれている。

最高検察庁 ① 最高裁判所に対応する検察庁。最高検察庁の長を「検事総長」といい、すべての検察庁を指揮、監督する。

高等検察庁 ① 高等裁判所に対応する検察庁で、全国に8カ所置かれている。長は「検事正」という。

地方検察庁 ④ 地方裁判所、家庭裁判所での裁判に対応する検察庁。家庭裁判所では少年事件を扱う。

検察審査会 ⑥ 検察官が、起訴すべき事件を不起訴処分とした場合、その処置を不服として審査を請求する機関。各地方裁判所の所在地などにあり、審査員11人は衆議院議員の選挙権を持つ者からくじで選ばれる。任期は6カ月。検察制度に民意を反映させ、その適正な運用をはかるためのものである。

強制起訴 ① 2009(平成21)年から、検察審査会の議決への法的拘束力が付与され、同一の事件で起訴相当と2回議決された場合には必ず起訴される制度。**起訴議決制度**①ともいう。

不起訴処分 ③ 刑事事件において、検察官が起訴しないことを「不起訴処分」という。逮捕された被疑者は48時間以内に送検され、その後、24時間以内に拘置されるか、不起訴処分となるか、起訴猶予になるかが決まる。不起訴処分に不服の場合は、検察審査会に審査を請求できる。

法テラス ⑤ 裁判制度の利用をより容易にし、弁護士サービスを身近に受けられるようにするため、総合法律支援法に基づいて設立された法務省所管の独立行政法人。日本司法支援センターの「法で社会を明るく照らす」という思いを込めた愛称。全国どこでも、法による解決に必要な情報やサービスの提供が受けられる社会の実現を目指している。弁護士会、司法書士会などと連携をして、適切な相談機関の紹介、資力のない人への民事法律扶助、国選弁護人の選任に関する業務、司法過疎地における法律サービスの提供、犯罪被害者などの支援などを行なう。

法科大学院 ③ 将来の訴訟などの増加を予想して、弁護士などの法曹人口の大幅な増加をはかるために、これまでの司法試験制度を改革して設けられた、法曹養成のための教育を行なうことを目的とする専門職大学院。「ロー・スクール」とも通称される。司法制度改革審議会の提言で、2004(平成16)年から設立されたが、当初の計画に反して、卒業者の新司法試験合格率が低迷していることや、法科大学院の志願者数が減少していることなどから、制度の見直しも検討されている。

4 地方自治のしくみ

1 地方自治の組織と運営

地方自治 ⑥ 住民が地域の政治を自主的に処理し、住民福祉を増進するためのしくみのこと。地方自治は地方自治の本旨に基づき行なわれるが、これはさらに住民自治と団体自治の2つの考え方に基づいている。地方自治は身近なものであり、民主政治の基礎といわれる。

ブライス Bryce ⑥ 1838～1922 イギリスの法学者、政治家。自由党下院議員。主著は『**近代民主政治**』①。

「地方自治は民主主義の最良の学校」 ⑥ ブライスが著書『近代民主政治』の中で述べた言葉。地域の政治を住民自身で実践することは、民主主義の根源を知ることであり、国の民主主義を実現することに通じるという意味である。

トックビル Tocqueville ⑤ 1805～59 フランスの自由主義的な政治家、歴史家。著書『**アメリカの民主政治**』②で、地方自治が民主主義の実現に貢献するという考えを主張した。民主政治の本質として多数の支配が絶対的であるという**多数の専制**①を指摘し、危険視した。

シビル・ミニマム civil minimum ① 市民が生活していくのに、最低限必要な生活基準のこと。地方公共団体は、住民のために社会資本整備や社会保障を、この基準を達成するように整備していかなければならないということ。

地方自治の本旨 ⑥「地方公共団体の組織及び運営に関する事項は、地方自治の本旨に基いて、法律でこれを定める」とされている(憲法第92条)。この規定は、地方自治に関するすべての事項が、地方自治の本旨に基づくことを意味している。地方自治の本旨とは、地方自治の理念であり、地方自治の根本主旨である。そして、その内容は権力分立原理に基づく団体自治の原理及び民主主義原理に基づく住民自治の原理からなっている。

団体自治 ⑥ 地方公共団体は、国の行政などの指揮、監督を受けることなく、ある程度独立してその政治、行政を行なうことをいう。そのため、地方公共団体は自主的な行政権と立法権、すなわち法律の範囲内で条例を制定する権限を持っている。団体自治の概念では、地方公共団体というのは独立の団体であり、独立の組織である以上は一定の自治が認められているという考え方を強調している。

住民自治 ⑥ 地域の政治が、その住民の意思に基づき、住民の手によって行なわれることをいう。地方公共団体は住民に一番近い組織であって、その運営は住民の意思に従って、民主的になされなければならないという考え方。この考え方にそって、地方公共団体の長(首長)及び議会の議員は、住民の直接選挙によって選ばれる。また、地方自治法は、住民に一連の直接請求権を保障している。

総合特区 ① 2011(平成23)年から始まった、地域を限定して特定の分野において規制緩和が行なわれている特別区域のこと。約50の地域が指定され、国から税制・財政・金融上の支援が受けられる。

国家戦略特区 ② 2014(平成26)年から始まった、地域を限定して特定の分野において規制緩和が行なわれている特別区域のこと。13区域が指定され(2023〈令和5〉年3月現在)、国の主導で運用される。

地方公共団体(地方自治体) ⑥ 一定の地域を基礎にし、その住民を構成員として、地域、住民の政治を行なうため、国から与えられた自治権を行使する公的団体のこと。都道府県及び市町村の普通地方公共団体と、特別区(東京の23区など)、地方公共団体の組合、財産区などの特別地方公共団体がある。地方公共団体の組合は、市区町村規模が小さい場合に、消防や学校、ごみ処理場、上下水道を複数の市区町村が共同して設立運営する場合に組織される。

地方自治法 ⑥ 地方公共団体の区分、地方公共団体の組織及び運営に関する事項、国と地方公共団体との間の基本的関係を定め、地方自治の本旨に基づいて、地方公共団体の民主的で能率的な行政の確保をはかり、地方公共団体の健全な発達を保障することを目的として、1947(昭和22)年に制定された法律。憲法第92条は「地方公共団体の組織及び運営に関する事項は、地方自治の本旨に基いて、法律でこれを定める」としたが、その法律にあたる。1999(平成11)年には、地方分権改革を目指した大幅な改正が行なわれた(2000〈平成12〉年に施行)。この改正によって、国と地方の関係は上下関係から対等(協力)関係へとかわり、機関委任事務は廃止された。

住民の直接選挙 ④ 地方公共団体の首長と議会の議員などを、住民が直接に選出すること。地域住民は、直接選挙を通じて、地域の政治を行なう自分たちの代表を選出することを憲法第93条は定めている。

首長(長) ⑥ 住民の直接選挙で選出された、地方公共団体を統轄し代表する者のこと。執行機関である首長は、予算を作成し、行政事務全般を指揮、監督する。首長の被選挙権は、知事については満30歳以上、市

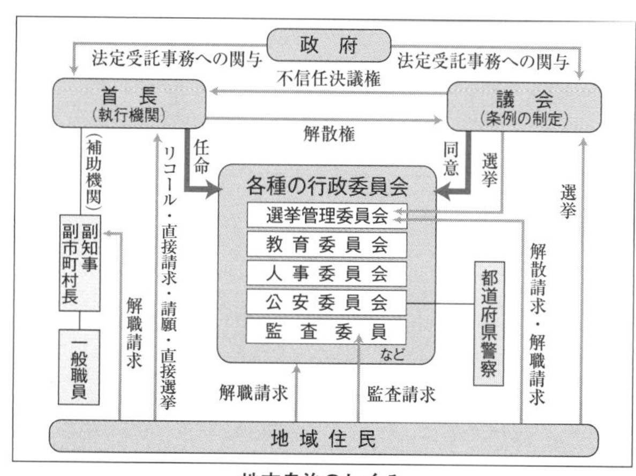

地方自治のしくみ

区町村長については満25歳以上の国民にある。首長はアメリカの大統領制にみられるように、議会の定めた条例や予算に対して拒否権を行使し、**再議**①（再び議会の議決を要求すること）に付すことができる。

知事 ⑥ 都道府県の首長のこと。任期は4年。大日本帝国憲法のもとでは、内務省の役人を閣議決定を経て、天皇が任命する官選知事であったが、日本国憲法では、住民による直接選挙で選出される公選知事である。知事にはつぎのような権限がある。議会を解散する権限、条例案に対する拒否権、予算の作成と執行、知事部局職員の人事権、地方税の賦課(ふか)徴収、公の施設の設置、規則制定権、区域内の市区町村などについての指揮監督権である。

市町村長 ⑤ 選挙権を持つ地域住民によって選出された市町村の首長のこと。任期は4年。市町村長に対して、住民は住民投票による解職（リコール）ができる。また、議会には、長の不信任決議をする権限がある。市町村長は市町村を統轄、代表し、また、事務を管理し執行する。市町村の予算を立て、執行したり、条例の制定、改廃の提案などをすることができる。

二元代表制 ⑤ 地方公共団体で首長が住民の直接選挙により選出され、地方議会の議員も直接住民から選出されることをいう。議院内閣制では、国民の選出した議員が国会で内閣総理大臣を指名するしくみで、いわば「一元代表制」である。

不信任決議権 ④ 都道府県議会が知事を、市町村議会が市町村長に対して、議会の意思として信任しないことを決議すること。地方自治法に基づき、議員数の3分の2以上が出席する地方議会の本会議で、4分の3以上の賛成で不信任決議が成立する。**不信任決議案**①が可決された場合、首長は**辞職**①するか、10日以内に議会を解散することができる。

地方議会 ⑥ 地方公共団体の議決機関。地方議会は条例の制定と改廃、予算の議決、決算の承認などの権限のほか、地方政治の中心的機関としての役割を持つ。都道府県、市区町村の議会議員は任期4年、被選挙権は満25歳以上の者にある。議員定数は人口に比例して決められる。

条例 ⑥ 地方議会の議決により成立する、地方公共団体の法規。条例の内容は、地方公共団体の事務に関するものであって、法令に違反しないものでなければならない。

上乗せ条例 ① 法律が規制している同一の対象について、法律よりも強い規制を及ぼす条例のこと。

横出し条例 ① 法律が規制の対象としたものと類似しているものについても規制を及ぼす条例のこと。

条例の制定権 ③ 地方議会が持つ権利の1つ。憲法第94条は、「法律の範囲内」での条例の制定を認めている。また、条例に罰則を設けることができる。

特別法の住民投票 ⑥ 一地方公共団体のみに適用される**特別法**⑥（地方自治特別法）について、その地方公共団体の住民のみの投票を指す。その投票で、有効投票数の過半数の同意を得なければ、国会は特別法を制定することができない。1949（昭和24）年の**広島平和記念都市建設法**②や**長崎国際文化都市建設法**①、1950（昭和25）年の首都建設法などがその例である。

直接請求権 ⑥ 住民自治の実現をはかるために、重要事項について住民が直接意思を反映させる権利。住民が、地方自治に直接参加する権利ともいえる。条例の制定と改廃、議会の解散、議会議員・首長などの解職、事務の監査の4種類の直接請求権がある。代表民主制をとっている地方自治制度に、直接請求という直接民主制が導入されたものである。

条例の制定・改廃請求権 ⑥ 住民が議会に対して、直接に条例の制定と改廃を請求できる権利のこと。直接民主制の考え方を具体化したもの。住民が条例の制定と改廃を要求する場合は、住民の署名をもって、地方公共団体の首長に請求することができる。地方自治法では、地方公共団体の有権者の50分の1以上の署名数によって、首長に請求できる。首長は議会にかけ、その議決結果を公表しなければならないと定めている。

イニシアティブ（国民発案、住民発案） initiative ⑥ 直接参政の1つの方法。住民が条例の制定と改廃を地方公共団体の首長に請求することのできる制度。地方自治法では、地方公共団体の有権者の50分の1以上の署名によって、首長に条例制定を請求できる。首長は条例案を議会に提案し、その結果を公表しなければならない。

議会解散請求権 ⑥ 地方議会の解散を請求する権利のこと。原則として有権者の3分の1以上の署名数により、地方公共団体の選挙管理委員会に、その議会の解散を請求できる。議会解散請求があったとき、有権

	必要な署名数	請求先	取り扱い
条例の制定・改廃の請求（イニシアティブ）	有権者の50分の1以上	首長（知事・市区町村長）	首長が議会にかけ、その結果を公表
事務監査の請求	有権者の50分の1以上	監査委員	監査の結果を公表し、議会・首長にも報告
議会の解散請求	有権者の3分の1以上☆	選挙管理委員会	住民投票に付し、過半数の同意があれば解散
首長・議員の解職請求(リコール)	有権者の3分の1以上☆	選挙管理委員会	住民投票に付し、過半数の同意があれば失職
副知事・副市町村長などの解職請求	有権者の3分の1以上☆	首長	議会にかけ、3分の2以上の出席、4分の3以上の同意があれば失職

直接請求の種類と内容

☆…有権者が40万人を超え80万人以下の場合にあっては、超える数に6分の1を乗じて得た数と40万に3分の1を乗じて得た数とを合計して得た数。80万人を超える場合は、80万を超える数に8分の1を乗じて得た数と、40万に6分の1を乗じて得た数と40万人に3分の1を乗じて得た数とを合算して得た数。

者による投票が行なわれ、有効投票数の過半数の賛成があれば、議会は解散される。

リコール（国民解職、解職請求権） recall ⑥ 地方公共団体の知事や副知事、市長や副市長・議員など特別職の公務員に対して、解職を請求する権利のこと。解職請求には、原則としてその地方公共団体の有権者の3分の1以上の署名数が必要である。

監査請求 ④ 地方公共団体の事務、経理の監査を請求すること。事務監査の請求は、有権者の50分の1以上の署名数をもって、地方公共団体の監査委員に請求する。

監査委員 ② 地方公共団体の財務に関する事務の執行、地方公共団体の経営にかかわる事業の管理を監査するために置かれる機関のことで、その任務は一般監査、決算の審査などがある。開示請求や監査請求でも問題の解決に至らないときには、住民訴訟を裁判所に対して起こすこともできる。

レファレンダム（国民投票、住民投票、国民表決） referendum ⑥ 国民の意思を投票により、国や地方公共団体に反映させる制度。国民が直接に政治に参加して重要事項を決定する直接民主制である。日本国憲法には憲法改正における国民投票(第96条)、地方自治特別法に対する住民投票(第95条)を定めている。

大阪都構想 ① 大阪市を4つの特別区に再編する構想。大都市地域特別区設置法（2012年）に基づき、投票結果に法的拘束力のある住民投票が行なわれた。

在日外国人の地方参政権 ③ 日本に長期滞在している定住外国人に地方公共団体の首長や地方議会議員選挙の選挙権や住民投票の投票権を認めるかどうかの問題。最高裁は、1995年、**外国人地方参政権訴訟**①において、外国人に地方公共団体での選挙権が認められていないことは憲法に違反しないとしたが、立法により定住外国人に地方参政権を付与することはできるとした。なお、条例による住民投票では投票資格者の範囲を自由に制定することができるため、地方公共団体によっては、在日外国人の投票権を認めているところもある。

マクリーン事件 ② 日本在留中に政治活動をおこなった外国人が、在留期間更新の不許可処分の取り消しを求めたが、最高裁判所はその訴えを退けた(1978年)。

地方分権 ⑤ 統治権力を地方に分散すること。地方分権は地方に自治を認めることであり、中央集権と対立する概念である。日本は明治時代以降、中央集権の強い政治体制をとってきたが、現代では住民へのきめの細かい政策が望まれる。その住民需要にこたえる政策を立案、実施するためには、地方分権が必要とされている。日本では、1990年代後半から地方分権が進められ、小泉純一郎(こいずみじゅんいちろう)内閣のもとでは、国庫補助負担金の見直し、税源の地方への移譲、地方交付税改革の3つの制度について改革（三位(さんみ)

一体改革)が進められた。

地方分権一括法 ⑥ 地方自治法をはじめとして、都市計画法などの関連する475法を一括改正し、2000(平成12)年から施行した。従来の中央集権型行政システムを地方分権型に改めていくもので、国と地方公共団体の関係を、上下関係から対等(協力)関係へと転換させたものである。

地方分権改革推進法 ① 行政事務について、国と地方公共団体が分担すべき役割を明確化した法律。3年間の時限立法として2007(平成19)年に施行された。

自治事務 ⑥ 地方公共団体が処理する事務のうち、法定受託事務以外のもの。地方公共団体の事務の約半分を占める。具体的な例としては、都市計画の決定、土地改良区の設立許認可、飲食店営業の許認可、病院・薬局の開設許認可などである。地方公共団体が主体的に行なう業務をいう。

法定受託事務 ⑥ 国が本来果たすべき役割にかかわるもので、国においてその適正な処理を特に確保する必要があるものとして、法律や政令によって定めたものを地方公共団体に委託している業務。具体的な事例としては、国政選挙、旅券(パスポート)の交付、国の指定統計、国道の管理などがある。

機関委任事務 ③ 国から地方公共団体に委託されていた事務で、地方公共団体にとって大きな負担になっていたが、2000(平成12)年から施行された地方分権一括法により廃止された。

公安委員会 ② 都道府県警察の運営を管理する権限を有する機関。公安委員会は、警察の民主的運営と政治的中立性の必要から、都道府県警察に対して監督を行なう。法令の規定に基づいて、運転免許証の交付、交通規制などの事務を行なう。

市町村合併 ⑥ 複数の市町村が合併して、再編が行なわれること。地方公共団体ごとの人口の減少や財政難などから、明治時代以降、何度か実施されている。

特別区域(特区) ① 地域の活性化をはかるために、地域を限定して特定の分野において規制緩和が行なわれている区域のこと。

平成の大合併 ④ 2004(平成16)年に市町村合併特例法が制定され、特に地方での人口の減少、地方公共団体財政の悪化、大都市周辺市の政令指定都市への移行などを理由として、大規模な市町村合併が進行した。従来の市町村合併と異なる点は、住民の意思が重視されたことである。住民の直接請求で、市町村長に合併協議会の設置が求められるようになったほか、地方制度調査会や地方分権推進委員会からも住民投票を合併手続きに組み込むことが求められた。

広域連合 ① ごみ処理や消防などの行政事務について、複数の近隣市区町村が共同で行なうこと。広域的な連携によって、人材や資金の効率的な活用などが期待されている。

道州制 ④ 都道府県を再編成して、全国を新たな地方公共団体として、「道」や「州」といったいくつかのブロックに分けようとする考え方。都道府県の権限の市町村への移譲も含めて検討されている。

自治基本条例 ① 市民と議会と行政が互いに情報を共有して、協力しながら市政・まちづくりを進めるための条例。市民・議会・行政それぞれの役割と責務、市民参画や協働のしくみ、市政・まちづくりのルールなどが定められる。

自治立法 ① 地方公共団体が条例や規則を制定すること。

ガバナンス ② 一般的には、組織としての意思決定があらかじめ定められたルールなどに基づいてなされていることを意味するが、地方自治法改正の議論の中で、地方公共団体にもガバナンスの強化を求める声があがっている。

市民分権 ① 地方公共団体の政策・施策の形成過程の段階においても市民の参加を行なうべきであるとする考え方。

ソーシャル・キャピタル ② 人と人との関係性やつながりを、資源としてとらえて評価する考え方。地域再生や地域の活性化に役立つものとして注目されている。

新しい公共 ① 人を支えるという役割を「官」だけではなく、教育や医療・福祉などに地域でかかわっている人々にも参加してもらい、それを社会全体として応援しようという価値観。

2 地方財政

地方財政 ⑥ 地方公共団体の経費の出入を指している。国の会計年度を同じく、4月からの1年間とし、地方議会の議決を経て執行される。地方公共団体の財政は、自主財源に乏しく、国からの補助金への依存度が高いことから、地方行政が国の政策に影響され、国の統制を受けやすいといわれている。国の一般会計予算のうち、地方公共団体の予算を通じて支出される経費は、国庫支出金、地方交付税交付金、地方譲与税などである。

三割自治 ④ 地方自治が、その財政状態から、国によっていちじるしく制約されている状況を示す言葉。地方財政の本来的財源であり、自主財源である地方税が総収入の3〜4割にすぎず、残りの財源を国に依存していることや、地方分権一括法の施行以前には、国からの委任事務が、地方の全事務の約7割にも達していることから、この言葉が使われるようになった。

一般財源 ③ 地方公共団体の財源のうち、収入時点でその使途が特定されておらず、地方公共団体の裁量によって使用できる財源を「一般財源」という。地方税や地方交付税がそれにあたる。

特定財源 ③ 収入の段階で使途が特定されている財源で、国庫補助金や地方債などがある。

自主財源 ⑥ 地方公共団体の財源のうち、自らの権限で収入し得る財源をいう。具体的には、地方税、使用料、手数料、財産収入などである。自主財源が多ければ、その地方公共団体の運営の自由度が高まり、安定する。

依存財源 ③ 国を経由する地方交付税交付金などの財源のこと。

地方税 ⑥ 地方公共団体の経費にあてるため、地方公共団体が徴収する租税のこと。地方税が地方財政の本来の財源であるが、総収入の3〜4割ほどを占めるにすぎない。主な地方税は、都道府県税として、都道府県民税、事業税、不動産取得税、自動車税など。市区町村税として、市区町村民税、固定資産税、軽自動車税、都市計画税などがある。

地方特例交付金 ①「地方特例交付金等の地方財政の特別措置に関する法律」に基づいて、国から都道府県及び市町村（特別区を含む）に対して交付されるもの。地方自治体が自らの裁量で使用できる一般財源の一つである。

地方交付税 ⑥ 本来は地方公共団体の税収入とするべきであるが、地方公共団体によっては税収の不均衡があり、財源の不均衡を調整し、すべての地方公共団体が一定の水準を維持し得るよう、財源を保障するためのしくみ。国税として国がかわって徴収し、一定の合理的な基準によって再配分した制度のこと。地方交付税は、所得税・法人税の33.1%、酒税の50%、消費税の19.5%（2023年現在）、地方法人税の全額などから、その一部が**地方交付税交付金**①として交付されている。

国庫支出金 ⑥ 地方公共団体が行なう特定の事務、事業（公共事業や社会保障、義務教育など）に要する経費の全部または一部を、国が使途を指定して支給するもの。国庫支出金の対象や補助率は国が定める。

補助金 ④ 地方公共団体などに対して、国が支出する補助金をいう。科学技術の研究補助金、貿易振興補助金などがある。奨励的立場からその一部を援助するもので、国庫負担金とは区別される。中央各省庁は、多くの分野で補助金を所管していることから、補助金の新設、増額、配分などの権限を用いて、政府が地方公共団体や民間団体に行政指導などを行なっていることが課題となっている。

三位一体改革 ⑥ **国庫支出金の削減**②、地方への税源の移譲、**地方交付税の見直し**②の3つの改革を同時に行なうことをいう。国家財政負担を軽くし、地方公共団体の権限と責任の拡大をはかることを目的とする改革。

地方への税源の移譲 ⑥ 国からの補助金や地方交付税を削減し、その財源を国税から地方税に移譲すること。また、地方交付税を見直し、地方財政の自立性を高めることにより、税制面から地方分権を進めることを目的としている。

地方公共団体財政健全化法 ② 地方公共団体の財政状況を明らかにして、地方公共団体の財政破綻と財政の健全化をはかるために、2009（平成21）年から施行された法。

独自課税 ① 地方税法に規定された税以外で、地方公共団体により設けられた税。その導入には国との事前協議が必要である。

ふるさと納税 ② 自分の居住地以外の地方公共団体に寄付をすることにより、その金額の一部が所得税や住民税から控除される制度。地方公共団体間の税収入格差の是正などを目的に2008（平成20）年に導入された。

住民税 ④ 地方税の中で、都道府県が課す都道府県民税と市区町村が課す市区町村民税を総称して、「住民税」という。個人や法人に課税される。

地方消費税 ① 地方消費税は、地方財源の充実をはかるために、1994（平成6）年の税制改革で創設され、1997（平成9）年から施行された。国が5%の消費税を集め、そのうち４％が国の消費税、残り１％が地方消費税として、都道府県、市区町村に配分された。地方消費税は国税である消費税額を課税標準としており、消費税率の25％としていた。消費税は段階的に増税されているが、2014(平成26)年４月１日以後は消費税率（国税）6.3％と地方消費税率1.7％の合計税率８％に、2019(令和元)年10月以後は消費税率（国税）7.8％と地方消費税率2.2％の合計税率10％と定められている。

地方債 ⑤ 地方公共団体が財政上の必要から発行する債券。地方財政法により公債の発行は、交通・ガス・水道などの公営事業、出資金及び貸付金、災害復旧事業、災害救済事業、学校・港湾等公共施設建設事業などの財源にあてる場合、もしくは地方債の借り換えを行なう場合などに限られる。債権の発行には、都道府県は総務大臣、市区町村は知事の許可を必要としていたが、2006(平成18)年度から総務大臣と知事の同意を得るだけの事前協議制に移行している。地方の財源難から地方債の発行残高は増加している。

財政再生団体 ② 地方公共団体の中で、税収減や歳出の急増などによって、多額の赤字が生じて財政破綻状況にあり、財政再建計画を策定している地方公共団体のこと。以前は、「財政再建団体」といったが、地方公共団体財政健全化法(2009〈平成21〉年)の施行後は「財政再生団体」といわれ、北海道の**夕張市**①が指定された。福祉や教育についての歳出も大幅に削減せざるを得ず、住民生活に悪い影響を与えている。

住民運動 ⑤ 条例の制定と改廃や地域の政策決定や問題解決などのために、一定の地域住民が連帯して起こす行動のこと。住民運動は、公害など高度経済成長による社会の変貌と矛盾が顕在化した1960年代から活発になった。参加者個人の自立権を重んじる市民運動に対し、住民運動は特定地域の具体的な問題で、そこに住む人の要求の実現をはかろうとするところに特徴がある。

NPO法（特定非営利活動法） ③ 住民が主体となって社会貢献を行なうNPOの活動を支援するために、税の減免などの優遇措置などを認めた法律。

住民投票条例 ④ 地方公共団体の議会が、重要な政策決定について、住民の意思を投票によって問うために制定した条例。ただし、投票の結果に対して、政策を直接決定する法的な拘束力を認めているものではない。この条例をもとに住民投票を実施した地方公共団体には、原子力発電所建設をめぐる新潟県巻町（現新潟市西蒲区）、産廃処理場建設をめぐる岐阜県御嵩町、吉野川河口堰建設をめぐる徳島市などがある。

吉野川河口堰建設問題 ① 徳島県を流れる吉野川の洪水調整のために新たに可動式の堰を設けようとする計画に対して住民団体が反対して問題化した。住民は可動堰をつくることで吉野川の環境が破壊されることと、巨額の負担を要する公共事業が行なわれることに反対した。1999(平成11)年可動堰化をめぐる住民投票条例が徳島市で可決。投票率が50％に満たないときは開票を行なわないという条件ではあったが、翌年に投票が行なわれて投票率は約55％に達し、可動堰化に反対する票は約91％あって、設置は阻止された。

地域再生法 ① 地方公共団体が行なう地域経済の活性化、地域における雇用機会の創出など、地域の活力の再生を総合的・効果的に推進することを目的に2005(平成17)年に定められた法律。

民生費 ① 地方公共団体が負担する費用のうち、福祉や生活保護などの行政サービスの提供にかかる費用のこと。

衛生費 ① 地方公共団体が負担する費用のうち、ごみ処理や保健所などの行政サービスの提供にかかる費用のこと。

財政移転 ① すべての地方公共団体が行なう行政サービスが一定の水準を維持し得るよう、国が地方交付税や国庫支出金などによって財源を保障すること。

二重行政 ① 都道府県と市区町村の間において、その提供する行政サービスが重複してしまっていること。

第4章

現代日本の政治

1 政党政治の展開

1 政党政治

政党政治 ⑥ 議会で各政党が、その主張をもとに対立して議席を争い、多数派が政権を掌握し、国政を運営する政治のあり方。特に、議院内閣制においては、下院における**多数党**②の党首が政権を組織する政党内閣制のことをいう。現代の民主政治は政党政治として展開され、官僚が支配する官僚政治、独裁者による独裁政治などの形態と対比される。議会政治が早くから発達したイギリスで18〜19世紀に生まれ、日本では藩閥政治にかわって明治中期頃から行なわれるようになった。

政党 ⑥ 一定の政策を要約した綱領を掲げ、その実現を国民に訴えて支持を得て政権の獲得を目指す政治的集団。政治上の主義、主張を同じくする同志が形成する。議会政治の発達とともに形成され、議会制民主主義を支えている。政党の役割は国民の多様な政治上の要求を集約して政府に働きかけ、政策にまとめること(パイプ役)と、政治的リーダーシップをとって政策を提示する役割を持っている。

綱領 ② 政党の目標、活動方針をまとめたものをいう。政党は選挙に際し、政策を**公約**②として国民に提示して支持を集める。公約を近年は「マニフェスト」と呼び、政権獲得後の政策綱領と位置づけるようになった。

党議拘束 ⑤ 国会での法律案の採決などにあたり、各政党が所属議員に党としての賛否に従うことを強制することをいう。議院内閣制では国民代表としての集まりであるという認識から党議拘束は強くなるといわれる。ただ、実質的な議論を経ることなく、党が結論を決めてしまうことから議会制民主主義の精神に反するのではないかという意見もある。臓器移植をめぐる国会審議などでは党議拘束を各党が外して投票するなどの動向もみられた。

党首 ② その政党の代表者。政党によりその

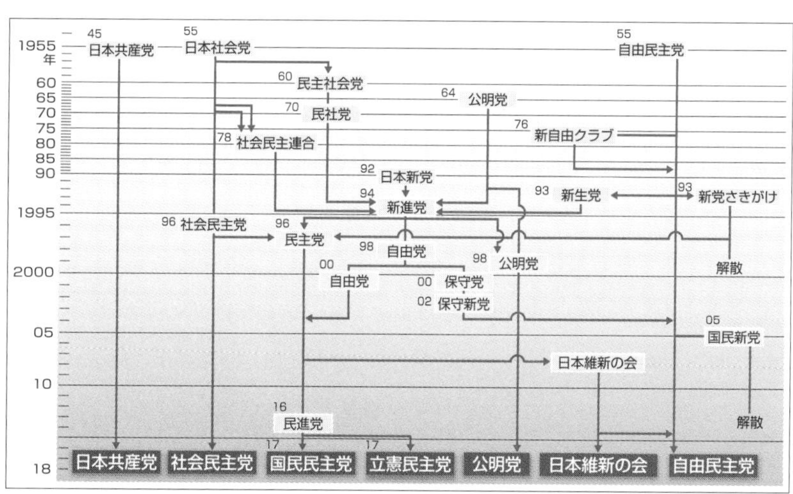

戦後の主な政党の変遷

呼称は異なる。自由民主党は「総裁」、立憲民主党・公明党は「代表」、日本共産党は「委員長」、社会民主党は「党首」という。

バーク Burke ① 1729〜97 イギリスの政治思想家で、政党を定義したことで有名。バークは「ある特定の主義または原則で一致している人々が、その主義または原則に基づき国民的利益を増進すべく協力するために結成した団体」を政党と定義している。また、政党は一部の利益を代表しながらも、国民の全体的利益を増進することができると述べている。

名望家(めいぼうか)**政党** ④ 財産、教養、地位を持ち、社会の尊敬を受ける名望家が党の幹部となり、その組織と活動を掌握している政党のこと。イギリスのトーリ党、ホイッグ党、日本でも第二次世界大戦前の立憲政友会、憲政会(のちの立憲民政党)は代表的な名望家政党であった。

大衆政党 ④ 大衆とその組織に支持され、政党が大衆の政治的諸要求を集約し、政治に反映していく政党のこと。普通選挙制の導入により、納税額や財産の多寡(たか)にかかわらず選挙権を持つことができることから大衆政党が登場した。議員を中心に構成する議員政党に対して、多くの党員を組織していることも特徴である。

包括政党 ① 第二次世界大戦後の先進国でみられるような、階層間の対立が緩和された社会で登場してきた、国民の幅広い層から支持を受ける政党。

地域政党 ① 近年みられるようになった、既成の政党への不満を背景に支持を集めている、一定の地域に根差した政党。

党員 ① 党費を支払って政党に所属し、党の活動や意思決定に参加することができる、政党の構成員のこと。

保守政党 ③ 現状の政治状況の維持を政策としている政党。また、保守主義を主張する党派のこと。大きな変革ではなく、諸課題を徐々に改善しようとする。イギリスの保守党、日本の自由民主党などが例としてあげられ、自由主義の堅持を主張する政党が多い。

革新政党 ③ 旧来の政治に対して改革を主張する政党。自由主義体制下の問題の解決をはかり、資本主義体制の克服を目指して社会主義や社会民主主義の主張をする政党が多い。

二大政党制 ⑤ 議会制民主主義のもとで、2つの大政党が政権獲得を競合し合う政治状態のこと。イギリスの保守党と労働党、アメリカの共和党と民主党などが代表例。比較的に安定した政権の授受(じゅじゅ)がなされるといわれる。

多党制 ⑤ 多数の政党が政権獲得を目指して競合する政治状況をいう。**小党分立制**① ともいう。フランスやイタリアは小党分立制の代表的な国である。過半数を制する政党が存在しない場合がみられ、その場合には、複数の政党による連立政権となる。そのため、政権内の対立から連立が解消されるなどして、政権が不安定になりやすいといわれる。

一党制 ② 他の政党の存在を認めず、1つの政党のみで政治権力を握る政治体制のこと。「単独政党制」ともいう。共産党支配下の中国、ソ連、国家社会主義を目指したナチス政権下のドイツなどにみられた。一党制のもとでは独裁政治となる。

連立政権 ④ 複数の政党が政策を協定して組織する政権を指す。「連立内閣」ともいう。小党分立(多党制)のもとで起こりやすい。与党の政党間の対立が起こると連立が解消され、政権が倒れることもあり、単独政権に比べて不安定である。

単独政権 ② 選挙で多数党となった政党が、単独で担当する政権のこと。単独政権は連立政権に比べて政権を安定させることができるといわれている。

政権 ⑥ 国の政治機構を動かす政治権力、特に政府の権力のこと。議院内閣制のもとでは、選挙を通じて議会で多数議席を得た政党が政権を担当する。

政権交代 ⑥ 選挙の結果、多数の有権者の支持を集めて過半数の議席を獲得した党が前の政権にとってかわること。政権政党が選挙で敗れ、野党が過半数の議席を占めれば、その時々に政権交代が行なわれる。

与党 ⑥ 政権を担当している政党のこと。議院内閣制のもとでは、議会の多数派の政党が内閣総理大臣を選出し、政権政党になる。また、複数の政党が連立して内閣をつくることもある。「政権政党」ともいう。大統領制のもとでは、大統領の属する政党が議会の多数派を形成する政党になるとは限らない。

野党 ⑥ 政権の外にあり、与党と対立する政党のこと。議院内閣制では、政権を持つ政党に対する批判勢力として、影の内閣(シャドー・キャビネット)を組織し、対案を国民に示す役割を持つ。

2　日本の政党政治の歩み

民撰議院設立建白書(けんぱくしょ) ① 1874(明治７)年、板垣退助(いたがきたいすけ)や副島種臣(そえじまたねおみ)らが藩閥官僚(はんばつかんりょう)の専断政治に反対し、国民が選挙で選んだ議員からなる議会を開設することを求めた書。自由民権運動が発展するきっかけとなった。

大正デモクラシー ⑤ 大正時代の民主主義的改革を要求する運動や思潮(しちょう)をいう。資本主義の発展により増大した都市の産業資本家や、中産階級、労働者が中心となった。彼らの政治的、社会的要求が、彼らを基盤とする政党勢力の護憲(ごけん)運動、普選運動を盛り上げていった。

原敬(はらたかし) ② 1856～1921　立憲政友会総裁。1918(大正７)年に、米騒動で退陣した寺内正毅(てらうちまさたけ)内閣にかわって、政党内閣を組閣し、平民宰相(さいしょう)として人気を集めた。議会や政党に対して左右されない立場をとるべきだという超然(ちょうぜん)主義に基づく内閣(超然内閣)とは対極にあり、本格的な政党内閣と位置づけられる。閣僚のうち、陸軍大臣、海軍大臣、外務大臣以外は政党員で組織した。ヴェルサイユ条約調印、国際連盟加盟、高等教育改革、小選挙区制実施、選挙人資格を国税３円以上に引き下げた選挙制度改革などを行なった。東京駅で暗殺された。

民本(みんぽん)**主義** ③ 大正デモクラシーの理論的支柱となった民主主義思想。**吉野作造**(よしのさくぞう)①が提唱した。政治の目標を民衆の福利に置き、政策決定は民衆の意向によるべきだとして、政党内閣制と普通選挙制の実現を主張した。しかし、国民主権の民主主義とは一線を画し、民本主義は天皇主権のもとでの政治の運用方法とした。

普通選挙法 ② 身分や納税額などに関係なく、満25歳以上の男性に選挙権が与えられた、1925(大正14)年の衆議院議員選挙法の改正のこと。なお、女性の参政権は、1945(昭和20)年の満20歳以上の男女とされた衆議院議員選挙法の改正により、確立した。

男子普通選挙制 ④ 日本では、普通選挙法が制定された当初、その権利が、女性に与えられず、男性のみにあったことによる表現。

普通選挙制（普通選挙制度） ③ 身分や納税額、財産などに関係なく、一定の年齢になると選挙権を得られる選挙制度。

吉田茂(よしだしげる)**内閣** ① 外務官僚出身の吉田茂を首相として、1946（昭和21）年に成立し、1947(昭和22)年の片山哲(かたやまてつ)・芦田均(あしだひとし)内閣を挟んで、再び1948(昭和23)年に組閣され、1954(昭和29)年の第５次内閣まで続いた。1946(昭和21)年成立の第１次内閣は、日本国憲法をはじめ、民主的法制の整備を推進。1948(昭和23)年以降は、経済安定九原則、ドッジ・ライン、１ドル＝360円の単一為替(かわせ)レート設定、シャウプ勧告の税制改革などを実施した。1951(昭和26)年には、サンフランシスコ平和条約、日米安全保障条約を締結し、連合国による日本の占領を終結させた。

3　55年体制下の政治

55年体制 ⑥ 1955（昭和30）年の左右社会党の再統一による日本社会党の発足と保守合同による自由民主党の発足を契機に、二大政党が軸になり、その後、約40年間近くにわたる両党の対立の構図ができたため、このように表現された。現実には、自由民主党の一党支配（**一党優位制**②ともいう）が続き、日本社会党の獲得議席は伸びず、自由民主党を１とすると日本社会党の議席はその約半分であったことから「１と２分の１政党制」とも呼ばれた。1980年代末には多党化現象が進み、さらに、自由民主党と日本社会党との連立政権が、1994(平成６)年に生まれ、冷戦の終結とも相まって55年体制は終焉(しゅうえん)した。

日本（左右）社会党の統一 ④ 1955（昭和30）年に、それまで左派と右派に分裂していた社会党が、日本社会党として統一されたこと。片山哲内閣後、1951(昭和26)年にサンフランシスコ平和条約の締結問題で、平和条約賛成、日米安全保障条約反対の右派と、講和条約にも日米安全保障条約にも反対した左派が対立して社会党は分裂していた。しかし、鳩山一郎(はとやまいちろう)内閣による憲法改正の動きに対して、憲法改正阻止、革新勢力を結集するために党を再統一した。

保守合同 ④ 保守系の日本民主党と**自由党**②が1955（昭和30）年に大同団結し、衆議院に299議席を持つ自由民主党が結成されたこと。保守合同は1955(昭和30)年の左右社会党の統一が刺激となった。結成当初から党内には派閥による対立があった。

自由民主党 ⑥ 1955（昭和30）年、日本民主党と自由党が合同して結成した政党。自由主義を堅持する保守政党で、「自民党」と略される。結党以来、単独で政権を担当してきたが、政治腐敗を招き、離党者もあり、1993(平成5)年の選挙に敗れて野党となった。1994(平成6)年、日本社会党などと連立政権をつくり政権に復帰した。1996(平成8)年、4年ぶりに単独で政権を獲得したが、1999(平成11)年秋には自由党、公明党との連立内閣となり、自由党解党後は公明党と連立内閣を維持した。2009〜13(平成21〜25)年の間は民主党に政権を奪われたが、その後は自由民主党と公明党の連立政権が続いている。

国対政治 ② 55年体制下で、自民、社会両党が国会運営の実権を握っていた時代の政治のあり方を指す言葉。国会の議事が本会議や委員会など正規の公開の場での討論や協議で決まるのではなく、与野党の国会対策委員会関係者を中心に密室で政局が運営される状態を指す。

日本社会党 ⑥ 1945(昭和20)年に結成された政党。「社会党」ともいう。1947(昭和22)年には、片山哲委員長を首相とする社会党連立内閣を成立させたが、短命に終わった。その後は野党として、非武装中立、自衛隊違憲、日米安全保障条約反対を主張してきた。しかし1994(平成6)年、村山富市(むらやまとみいち)委員長を首相とする自由民主党、社会党、新党さきがけ3党による連立内閣の成立に伴い、自衛隊合憲、日米安全保障条約堅持へと、基本政策を転換した。1996(平成8)年、「社会民主党(社民党)」に党名を変更。2023(令和5)年現在は、所属議員数、党員数ともに大幅に減少している。

日本共産党 ③ 1922(大正11)年、コミンテルンの支援のもとに結成された、マルクス・レーニン主義に基づく革新政党。「共産党」ともいう。第二次世界大戦前は治安維持法により過酷(かこく)な弾圧を受けたが、戦後再建され、1960年代以降、議席を少数ながら確保してきた。日米安全保障条約と自衛隊に反対して、憲法改正の阻止を一貫して掲げている。柔軟路線への転換によって、地方議会議員の議席数は伸びている。

民社党 ③ 1960(昭和35)年、社会党から分離し右派系の議員が結成した「民主社会党」を、1969(昭和44)年に改称した。議会主義を堅持したが、1994(平成6)年、新進党と合流したことに伴い、解党した。

公明党 ④ 1964(昭和39)年、宗教団体である創価(そうか)学会を母体として、中道(ちゅうどう)を目指して結成された政党。1960年代末に大躍進したが、創価学会との関係が問題となり、批判を受けた。1994(平成6)年、新進党結成に伴い、一時は解党したが、1998(平成10)年に再び公明党を結成した。2023(令和5)年現在、自由民主党と連立して政権政党となっている。

新自由クラブ ① ロッキード事件(1976〈昭和51〉年)発覚後、自由民主党を離党した河野洋平(こうのようへい)ら6人を中心に、政治腐敗との決別、新しい自由主義の確立などを掲げて、1976年に結成された政党。1986(昭和61)年、

年	月	首相(所属政党)
1945年	8月	東久邇宮稔彦(皇族)
	10	幣原喜重郎(外務省)
46	5	吉田茂(日本自由党)
47	5	片山哲(日本社会党)
48	3	芦田均(民主党)
	10	吉田茂(民主自由党→自由党)
54	12	鳩山一郎(日本民主党→自由民主党)
56	12	石橋湛山(自由民主党)
57	2	岸信介(〃)
60	7	池田勇人(〃)
64	11	佐藤栄作(〃)
72	7	田中角栄(〃)
74	12	三木武夫(〃)
76	12	福田赳夫(〃)
78	12	大平正芳(〃)
80	7	鈴木善幸(〃)
82	11	中曽根康弘(〃)
87	11	竹下登(〃)
89	6	宇野宗佑(〃)
	8	海部俊樹(〃)
91	11	宮沢喜一(〃)
93	8	細川護熙(日本新党)
94	4	羽田孜(新生党)
	6	村山富市(日本社会党)
96	1	橋本龍太郎(自由民主党)
98	7	小渕恵三(〃)
2000	4	森喜朗(〃)
01	4	小泉純一郎(〃)
06	9	安倍晋三(〃)
07	9	福田康夫(〃)
08	9	麻生太郎(〃)
09	9	鳩山由紀夫(民主党)
10	6	菅直人(〃)
11	9	野田佳彦(〃)
12	12	安倍晋三(自由民主党)
20	9	菅義偉(〃)
21	10	岸田文雄(〃)

戦後の内閣の成立年月と首相の所属政党

自民党に吸収され解党。

岸信介内閣 ① 1957（昭和32）年に成立した内閣。経済力、自衛力の強化に努め、1960（昭和35）年、日米安全保障条約の改定を強行した。これに対して、国民の間から60年安保反対闘争が生まれた。この国民の強い反発により退陣した。

池田勇人内閣 ① 1960（昭和35）年に成立した内閣。安保改定の強行による国民の不満を抑えるべく、経済重視の政策に転換し、国民所得倍増計画を掲げて、高度経済成長政策を推進した。

田中角栄内閣 ① 1972（昭和47）年に成立した内閣。「**日本列島改造論**」①による国土開発や、老人医療費の無料化などを進めた。1972年、日中国交正常化に成功した。1974（昭和49）年、田中首相は自身の金脈問題から退陣に追い込まれ、1976（昭和51）年のロッキード事件で、逮捕された。

派閥 ③ 政治家の利害、思想などによって結ばれた政党内の小集団をいう。自由民主党単独政権下では、党の総裁が首相になるため、総裁の座をめぐって派閥の抗争が激化した。派閥を率いる有力リーダー間の抗争と取り引きによって権力（政権の座）が決まり、政策が左右されてゆくことを派閥政治という。派閥解消は何度も申し合わされているが実現していない。

族議員 ⑤ 特定の分野に影響力がある議員のことを指す。自由民主党の長期政権の中で、重要政策は自民党と各省庁との間で決定されることが多かった。特に自民党政調部会を中心に特定省庁、業界との関係を強めることによって、一方で政策決定過程で大きな力を持つと同時に、他方で利権獲得の基盤を築く議員が生まれた。

政治腐敗 ② 政治権力を私物化し、濫用することによって贈収賄事件などが発生したこと。1997（平成9）年には国会議員が国の許認可や契約に関して公務員に斡旋し報酬を受けることを禁止する、斡旋利得罪をつくることなどを内容とした政治腐敗防止法を制定する論議が行なわれたが、廃案となった。

汚職事件 ⑤ とりわけ政治家や官僚が、職権や地位を利用して賄賂を受け取るなどの不正行為をすること。職を汚すことから汚職という。日本ではロッキード事件、リクルート事件、共和事件、佐川急便事件など、政官界を揺るがす汚職事件が発生した。こうした汚職事件の発生は日本の政官界と財界の癒着関係にあるとし、「構造汚職」といわれることもある。**疑獄事件**①ともいう。

ロッキード事件 ⑤ 1976（昭和51）年に表面化した、アメリカのロッキード社の航空機売り込みに関係する贈収賄事件。約5億円の資金が提供され、全日空にロッキード社の飛行機を導入するように働きかけた、田中角栄元首相らが起訴された。田中は第一審、第二審で有罪となったが、1993（平成5）年の死亡により棄却となった。

リクルート事件 ④ 情報産業大手のリクルート社が、子会社の値上がり確実な未公開株を竹下登ら政治家、官僚、財界人に譲渡して、自社に有利な行政を求めた事件。1989（平成元）年に摘発され、元労働事務次官や前文部事務次官らが辞職し、竹下首相も退陣に追込まれた。

佐川急便事件 ④ 1991（平成3）年、宮沢喜一内閣のもとで摘発された宅配便大手の佐川急便による一連の疑獄事件。佐川急便が政界にばらまいた政治献金の一端が1992（平成4）年に明るみになり、自由民主党副総裁金丸信は5億円の献金を受けたことを認め辞任した。また1994（平成6）年には細川護熙首相の熊本県知事時代の献金が国会で問題化し、退陣に追込まれた。

ゼネコン汚職 ① ゼネコンと略称される大手総合建設会社が起こした構造的な汚職事件のこと。政治献金によって公共事業を誘致し、その工事を落札しようとした事件。1993（平成5）年にはつぎつぎと発覚し、元建設大臣が有罪判決を受けた。

金権政治 ③ 政治献金によってゆがめられた政治をいう。特定集団が利益確保のために政治献金を行ない、政治家は資金援助を受けた見返りに、全体の利益よりも特定集団の利益を優先させる決定をすることにより、こうした事態になる。

政治献金 ④ 企業、団体などが政党、政党の指定する政治資金団体、政治家の資金管理団体へ寄付する金銭のこと。企業、団体と政治家の癒着構造が生まれるから禁止すべきという議論もある。

献金 ① 特定の目的に役立ててもらうように、金銭を献上すること。

政治資金 ④ 日常の政治活動や選挙などにかかる資金をいう。具体的には政策立案にかかる経費、事務所の維持費、選挙の政策パンフレットの印刷代など多様な経費が必要とされる。派閥の維持などにも巨額の資金が必要であるといわれる。こうした巨額な資金集めをめぐり、政治腐敗が生まれる。

政治資金規正法 ⑥ 政党や政治家の政治、選挙活動の公明さをはかり、民主政治の健全な発達に寄与することを目的として、1948(昭和23)年に制定された法律。政治資金を受けた政治団体、政治家の収支報告義務、団体献金の量的制限、政治資金パーティー開催の規制などを定める。1994 (平成6) 年の政治資金規正法の改正で、企業などの政治献金は大幅に制限され、企業、団体からの政治家個人への寄付は禁止された。こうした資金の透明化のため、政治資金の調達は政党中心に改められた。

政党助成法 ⑥ 国が政党に対して、政党活動にかかる費用の一部を政党交付金として交付するための法律。政党に対する企業、団体献金を制限するかわりに、国費による助成を行ない、政治資金をめぐる疑惑の発生を防止することを目的に成立した、政治改革四法の1つで、1994(平成6)年に制定された。

政党交付金 ⑤ 政党交付金の総額は、国勢調査人口に250円を乗じた金額。対象となる政党は、所属国会議員が5人以上の政党と、直近の国政選挙の得票率が2%以上の政党である。

55年体制の終焉(しゅうえん) ①「55年体制」と呼ばれる、自由民主党の単独支配の政治、あるいは自由民主党と日本社会党を軸とする政治が、1990年代に入って終わりを告げたこと。自民党は、1993(平成5)年の総選挙で過半数割れとなり、8党派による非自民の細川護熙(ほそかわもりひろ)連立内閣に政権を奪われた。社会党は総選挙で議席数を減らし、自民党を離党した議員も細川内閣に加わった。こうして、55年体制は終わった。

4　1990年代以降の政治

政治改革 ③ 1989(平成元)年に摘発されたリクルート事件をきっかけに、金のかからない政治を実現するために始まった改革。1994(平成6)年、非自民の細川護熙内閣で公職選挙法改正案、政治資金規正法案、政党助成法案、選挙区画定審議会設置法案の**政治改革関連四法案**①が成立した。その後、政治改革は戦後の政治システムの組み換えを目的とするものに変化した。省庁の統廃合、地方分権の推進、財政機構の見直しなどが進められている。

政界再編 ① 1993(平成5)年の総選挙では、その直前に自民党が分裂し、新党さきがけや新生党が発足し、総選挙では自民党、社会党が議席数を減らした。総選挙の結果、新生党、日本新党などの新党が中心となり、非自民の連立内閣が発足した。さらに、その後の自由民主党、社会党、新党さきがけの連立内閣は政界再編第2幕ともいわれ、1997(平成9)年末からの自由党結成による政党の分裂、1999(平成11)年の自由民主党、自由党の連立内閣の結成も新たな政界再編といわれた。2000年代に入っても、政党の集合離散が続いた。

細川護熙(ほそかわもりひろ)**内閣** ⑤ 1993 (平成5) 年8月に成立した、日本新党党首細川護熙を首班とする連立政権。社会党、新生党、公明党、日本新党、新党さきがけ、民社党、社民連、民改連の非自民8党派で構成された。政治改革を公約の第1に掲げた。

非自民連立政権 ⑥ 1993 (平成5) 年に成立した細川護熙連立内閣のこと。自由民主党と共産党を除く、社会党、新生党、公明党、日本新党など8党派の連立で構成され、自由民主党政治を批判した政権。

村山富市(むらやまとみいち)**内閣** ① 1994 (平成6) 年6月に成立した社会党委員長村山富市を首相とする連立内閣。自由民主党、日本社会党、新党さきがけで構成された。「人にやさしい政治」を目指し、政治改革、税制改革などを進めた。1996(平成8)年1月、橋本龍太郎(はしもとりゅうたろう)内閣に引き継がれた。

民主党 ③ 1996(平成8)年、社民党、新党さきがけ、新進党などから離党した議員を中心に結成された政党。戦後世代を中心とした政治の実現、リベラル政治の実現などを政治理念として発足。1998(平成10)年に新進党の解党で勢力を拡大、同年の参議院選挙では議席数を増加させた。2009(平成21)年の総選挙で政権交代を果たし(**民主党政権**②)、鳩山由紀夫(はとやまゆきお)、菅直人(かんなおと)、野田佳彦(のだよしひこ)と内閣を維持したが、2012(平成24)年12月の総選挙で敗退した。2016(平成28) 年3月、維新の党などと合流する中で党名を**民進党**①に改称した。その後、民進党は立憲民主党と国民民主党に分かれていった。

小泉純一郎(こいずみじゅんいちろう)**内閣** ④ 2001 (平成13) 年4月に成立した内閣。構造改革を掲げて発足し、自分が総理になったことは政権交代と同じ意味を持つと発言するなど、従来の自由民主党政権にはない斬新(ざんしん)さを強調した。内閣支持率を80％台にまで引き上げ、同年７月の参議院議員選挙では、与党を勝利に導いた。2003(平成15)年９月発足の第２次改造内閣で、11月の総選挙に臨んだが、構造改革が進まないことに対する批判と、民主党がマニフェスト選挙により攻勢をかけたこともあって、議席を伸ばすことはできず、総選挙後、公明党との連立で政権を維持した。

郵政民営化 ⑤ これまで郵政省が行なっていた郵便、郵便貯金、簡易生命保険の、いわゆる「郵政三事業」は、2003(平成15)年に、日本郵政公社が引き継いでいたが、小泉純一郎内閣はさらに民営化を進めるために、郵政民営化法案を国会に提出、参議院で否決されて成立しなかった。その後、2005(平成17)年の、いわゆる「郵政選挙」といわれた総選挙で、自民党が勝ったことで郵政民営化が実現した。郵便貯金が財政投融資の資金を供給するもとになっていたことも、改革を進めた理由となっている。

劇場型選挙 ① 単純明快なキャッチフレーズを打ち出し、マス・メディアを通じて広く大衆に支持を訴える選挙手法。

鳩山由紀夫(はとやまゆきお)内閣 ① 民主党代表の鳩山由紀夫が2009(平成21)年の総選挙における民主党の圧勝により、民主党、社会民主党、国民新党の３党連立として組閣した内閣。脱官僚、政治主導を掲げ、子ども手当、高速道路の無料化などを一部実施、事業仕分け、高等学校授業料無償化などを実施した。内閣発足当初の支持率は高かったが、鳩山首相や民主党の小沢一郎(おざわいちろう)の金銭問題、普天間(ふてんま)基地移設問題の混乱から支持率は低下し、党内の退陣要求が起こり、2010(平成22)年に内閣総辞職した。

安倍晋三(あべしんぞう)内閣 ① 安倍晋三を内閣総理大臣とする内閣(2006〈平成18〉年～2007〈平成19〉年、2012〈平成24〉年～2020〈令和２〉年)。第１次内閣は、公明党との連立政権として2006(平成18)年に発足し、国民投票法や教育改革関連三法などを成立させたが、翌年退陣した。第２次内閣は、2012年12月の衆議院議員総選挙で自民党が勝利して民主党から政権を奪還し、公明党との連立により発足した。金融緩和などを柱とする「アベノミクス」と呼ばれる経済政策を進めるとともに、2014(平成26)年と2019(令和元)年の２回にわたる消費税の引き上げ、また、2014(平成26)年には、それまでの政府による憲法第９条解釈を変更し、集団的自衛権の一部行使を容認する閣議決定を行なった。翌2015(平成27)年には「安保関連法案」を国会に提出し、同年９月に成立させた。

第三極 ① 小選挙区制による二大政党制を念頭に置いて、二大政党との対抗関係の中で勢力を伸ばしていこうとする政党などの政治集団のこと。

立憲民主党 ① 2017(平成29)年に、民進党の議員の一部が中心となって結成された政党。同年の第48回衆議院議員総選挙の結果、衆議院では野党第一党となった。

2 選挙

1 選挙制度

選挙制度 ⑥ 国民の意思を、政治過程に反映させるための選挙のしくみ。選挙制度は普通選挙、平等選挙、直接選挙、秘密選挙を原則とする。選挙区制、比例代表か多数代表か、投票は連記か単記かなどの選挙法の違いがある。

選挙 ⑥ 国民が自分の意思を投票によりあらわして代表を選出すること。選挙によって選ばれた代表者は、国民や住民の代表者となる。より多くの支持を得た者を代表者とすることによって、政治の安定化をはかることができる。憲法第15条は「公務員の選挙については、成年者による普通選挙を保障する」と定めている。選挙は、国民が政治に参加し、主権者としてその意思を政治に反映させることのできる最も重要で基本的な機会である。

選挙権 ⑥ 代表や特定の役職につく人物を選出する選挙人の権利、資格のこと。制限選挙として、選挙権は一部の人に限られていた時代もあったが、現代では、普通、平等、直接、秘密の原則に基づき、一定の年齢以上の男女に与えられる。日本では選挙権は1945(昭和20)年から満20歳以上であったが、2015(平成27)年の法改正により欧米各国と同様の満18歳以上に引き下げられた。

選挙運動 ⑥ 候補者を当選させようとして行なわれる本人、支持者、政党などの活動。選挙活動の自由が与えられている一方で、公平な選挙のために公職選挙法で一定のルールが定められている。

インターネット選挙運動 ③ インターネットを利用した選挙運動。2013(平成25)年の公職選挙法の改正により一部認められるようになった。投票をインターネット上で行なうことではない。具体的には、ホームページやブログ、SNS、動画共有サービス、動画中継サイトなどを利用して選挙運動を行なうことが許されるようになった。なお、選挙期間だけの運動であり、満18歳未満の人は従来どおり選挙運動をすることはできない。

普通選挙 ⑥ 選挙権、被選挙権の資格を性別、身分、財産の多寡などで制限せず、一定の年齢に達した者すべてに与える選挙制度をいう。日本では、1925(大正14)年に男性のみではあるが普通選挙制が実現し、満25歳以上の男性に選挙権を与え(男性普通選挙)、有権者はそれまでの約4倍に増加した。男女普通選挙は1945(昭和20)年の衆議院議員選挙法改正で実現した。

平等選挙 ⑥ 1人が1票を投票すること。身分の違いや財産の多寡(たか)などの要素で投票数を差別することは禁じられること。

制限選挙 ③ 選挙権、被選挙権を、性別、財産の多寡、身分の違いなどで制限する選挙のこと。普通選挙が実施される以前にみられた。

直接選挙 ⑤ 国民、住民が直接に立候補した候補者名を投票用紙に書いて選出する選挙方法。衆議院議員総選挙、参議院議員通常選挙や地方公共団体の首長（知事、市区町村長）の選挙、地方議会議員選挙は直接選挙で行なわれる。

間接選挙 ③ 有権者は選挙人を選び、その選挙人が候補者を選ぶ方式で行なわれる選挙方式のこと。アメリカ大統領選挙は形式的には間接選挙だが、投票する人を表明した上で選出されるので、実際には直接選挙である。

秘密選挙 ⑥ 投票した人が誰に投票したかが分からないようにする選挙の方法。選挙人の自由な意思を守るため、秘密選挙が行なわれる。選挙干渉(かんしょう)を防ぎ、公正な選挙を保障するために必要な制度である。

自由選挙 ① 選挙人の自由な意思によって投票が行なわれる選挙のこと。政党結成の自由、選挙運動の自由などが保障される。

投票率 ③ 有権者のうち、どのくらいの人が投票所にいき、投票用紙を受け取って、投票箱に入れたかの割合。国民の政治的無関心の進行とともに投票率は低下する傾向にある。特に都市部の地方公共団体の首長や地方議会議員の選挙での投票率は低い。若者の投票率も低い傾向がみられる。選挙権を持つ者が投票をしないことを「棄権」という。棄権しても日本では罰せられることはないが、国によっては罰則を科して投票を強制するところもある。棄権は有権者による消極的な批判行動ともいえるが、主権者としての重要な決定権を放棄することになる。

死票(しひょう) ⑤ 当選人以外の者(落選者)に投じられた票のこと。選挙人の意思が議席に反映されないことから「死票」という。小選挙区制は死票が多く発生する欠点を持つ。

比例代表制 ⑥ 各政党の得票数に応じて議席数を配分する選挙方法のこと。比例代表制は死票を少なくし、国民の意思を忠実に政治過程に反映できるが、小党分立を招きやすく、政局の不安定化につながりやすいといわれる。ヨーロッパ諸国で普及した。日本では1983(昭和58)年の参議院議員通常選挙(比例代表区)に初めて導入され、1994(平成６)年の公職選挙法改正により衆議院議員総選挙にも小選挙区との並立で取り入れられている。

個人代表制 ① 選挙区ごとに個人を選ぶ選挙方法のこと。

選挙区制 ② 全体の定員を選挙区に配分する方法。選挙区は選挙における当選人を決定するための単位となる一定の地域的区分。選挙区の種類は１選挙区から選出される議員の数によって大選挙区、中選挙区と小選挙区に区分される。

大選挙区制 ⑥ １選挙区から複数の代表を選出する方法。大選挙区制は広い範囲から代表を選出することができ、死票を少なくできるが、小党分立になりやすいともいわれる。また選挙費用が多額になりやすい。参議院議員通常選挙の選挙区の大都市部の選挙区や市区町村議会議員選挙でみられる。

中選挙区制 ⑥ 大選挙区制の一種。かつての衆議院議員総選挙は中選挙区制で行なわれ、原則として１選挙区から３～５人ほどの議員が選出された。派閥が生まれたり、多党化しやすい選挙区制度といわれる。一方で、議員の再選がされやすいことから、有能な議員を安定的に当選させるために、衆議院議員総選挙の方式を中選挙区制度に戻すべきであるとの議論もされている。参議院議員の都市部の選挙区や都道府県議会議員の選挙でみられる。

小選挙区制 ⑥ １選挙区から１人の代表を選出する方法。選挙区が狭いため、選挙費用が少なくて済み、有権者が候補者をよく知ることができるなどの長所がある。他方、死票が多くなるなどの短所がある。当選者は第１党か第２党に有利に働き、少数政党の当選の機会が奪われるとの批判がある。選挙結果が国民の支持率の変化を大幅に上回る議席差になってあらわれる傾向があり、劇的な大差で政権の変化が起こりやすい。衆議院議員総選挙の小選挙区や参議院議員通常選挙の地方選挙区でみられる。

2　日本の選挙

衆議院議員総選挙（総選挙） ⑥ 衆議院議員を選出する選挙のこと。1994(平成６)年の公職選挙法改正で、小選挙区比例代表並立制で実施された。総選挙は、衆議院が解散されたときと、任期満了のときに行なわれる。

小選挙区比例代表並立制 ⑥ 小選挙区制と比例代表制による選挙を組み合わせた衆議院の選挙制。小選挙区選挙で289人、比例代表区選挙で176人が選出される。比例代表区選挙では、全国が11の選挙区（ブロック）に分けられている。小選挙区ごとのいわゆる「一票の格差（議員定数不均衡問題)」があり、その是正に向けて小選挙区の区割りの変更や定数増減が議論されている。

重複立候補制 ④ 衆議院の選挙において、小選挙区と比例代表区の両方に立候補できる制度。小選挙区で落選しても比例区の名簿順位が上位ならば当選することもあり、現行衆議院議員選挙制度の問題点の１つとして指摘されている。2000(平成12)年、有効投票数の10分の１という供託金没収基準未満の者は、比例区の名簿順位が上位であっても当選できない制度になった。

惜敗率 ④ 衆議院議員総選挙の比例代表区180人の議員選出方法について、比例代表区は拘束名簿式であり、名簿内の党内順位はあらかじめ決められている。この順位で、１人の候補者が比例代表区と小選挙区の両方に重複して立候補でき、政党は比例代表区名簿に複数の候補者を同順位で並べることができる。比例代表選挙では、政党が獲得した議席数に応じて比例代表区名簿の上位から順に当選者となるが、同順位に複数の重複候補者がいる場合、小選挙区での惜敗率が高い順に当選となる。惜敗率は小選挙区選挙で、当選者の得票数に対する落選者の得票数の比率のことをいう。その候補者が小選挙区で得た得票数が、その小選挙区の最多得票で当選した者の得票数の何％にあたるかをみて、惜敗率の高い候補者が当選する。

参議院議員通常選挙（通常選挙） ③ 参議院議員を選出する選挙のこと。「通常選挙」ともいわれる。３年ごとに総議員の半数を改選する。248人の定数のうち、148人が都道府県の範囲を選挙区とする選挙区選挙から選出される議員とし、100人を比例代表区から選出される議員としている。比例代表区は全国を１選挙区として得票数の割合によって議席数を配分する。

拘束名簿式比例代表制 ⑤ 政党名を書いて投票し、各政党の得票数に応じて当選者数が比例配分され、各政党があらかじめ提出した名簿の順位によって当選者が決まる制度。衆議員の比例代表選挙で採用されている。当選者数の各党への配分の仕方は、ドント式を用いている。

非拘束名簿式比例代表制 ⑥ 2001（平成13）年７月の参議院議員通常選挙以降の比例代表選挙の方式。拘束名簿式から非拘束名簿式に制度がかわった。政党は当選順位を決めずに候補者リストを提出する。有権者は政党の名前か候補者の名前を書いて投票することができる。政党の得票総数は、政党名で投票された数と候補者名で投票された数の合計である。各政党の当選者数はドント式配分方法で決められ、政党内での当選者は、各候補者の個人名での得票数により決定される。当選者の決定に有権者の声を反映させることができる方法といわれる。

特定枠 ① 参議院議員通常選挙の比例代表選挙では「非拘束名簿式」がとられているが、この非拘束の候補者の名簿と切り離して、政党が特定枠として「優先的に当選人となるべき候補者」に順位をつけた名簿をつくる。特定枠の候補は、個人名の得票に関係なく、名簿の順に当選が決まる。

ドント式配分方法 ⑥ 比例代表制で当選議員の配分が政党の得票数に比例して決められる方法のこと。各政党の総得票数が最も多い政党に議席を１つ与え、その後、合計獲得票数をそれまでに配分された議席数に１を足した数字で割算して得た数値で最も多い政党に与えていく。以降、すべての議席が配分されるまで計算する。発案者である数学者ドントの名前から名づけられた。

公職選挙法 ⑥ 衆議院議員、参議院議員、地方公共団体の議会議員と首長の選挙に関する法律。選挙が公明、適正に行なわれ、民主政治の健全な発達を期することを目的とする。1950(昭和25)年に制定された後、改正されて今日に至っている。選挙権、被選挙権、選挙区、選挙人名簿、投票・開票の手続き、選挙運動などについて定めている。事前運動の禁止や戸別訪問の禁止、選挙資金の上限なども定める。1994(平成６)年の改正で、衆議院議員総選挙への小選挙区比例代表並立制導入や団体献金の制限、連座制の強化などがはかられた。1997（平成９）年の改正では、投票時間が延長され、不在者投票制度についての要件も緩和され、投票日当日の投票と同一方式で、投票日前に投票できる期日前投票制度が創設された。

18歳選挙権 ⑤ 公職選挙法が改正されて、衆参の国会議員選挙、最高裁判所裁判官の国民審査、地方の首長や地方議会議員選挙でそれまで満20歳以上とされていた選挙権取得年齢を満18歳以上としたこと。国民投票法が先に憲法改正に必要な国民投票制度を規定したときに、満18歳以上とし、これにあわせての改正が求められていた。議員に立候補できる被選挙権については改正されていない。なお、2018(平成30)年に民法が改正され、成年者の年齢は2022(令和４)年より、満18歳に引き下げられることになった。

事前運動の禁止 ③ 選挙運動の期間は、公示から投票日前日までであり、その前に行なわれる選挙運動は禁止されている。こうしたルールがなければ、選挙期間が長く続き、多額の運動費用がかかることになる。

不在者投票制度 ③ 投票日に投票所にいって投票のできない人が、定められた投票所以外の場所や郵便などで、投票日前に投票することができる制度。病院に入院中の人や船員などが、投票することができる制度になっている。期日前投票制度とは異なる。

：**期日前投票** ② 選挙人名簿に登録されている居住地において、投票日の前日までに投票できる制度。

共通投票所 ① 自分の住んでいる市区町村内のすべての投票所において、投票を行なうことができるしくみ。

選挙違反 ① 公職選挙法に定められたルールに違反した選挙運動をすること。金品で有権者に投票を依頼する買収、事前運動、戸別訪問、公務員の地位を利用した選挙運動の禁止、法定外文書の配布などが禁止されている。悪質な違反については、当選が無効となることもある。

戸別訪問の禁止 ⑥ 選挙の際、戸別に各家庭を訪問して投票を依頼することを禁止すること。戸別訪問と買収とは、ともに結びつきやすいとして、日本では禁止されているが、欧米では主要な選挙運動の手段となっている。

文書図画の規制 ① 選挙運動のために

使用する文書図画は、インターネットなどを利用する方法により頒布する場合を除き、公職選挙法第142条に規定された一定のもののほかは頒布することができないとされている。

買収 ⑤ 候補者を当選させるため、有権者に金品を渡して投票を依頼したり、票のとりまとめを依頼する行為。公職選挙法で禁止されている。

連座制 ⑥ 選挙運動の中核的な人が選挙違反を犯し、禁錮刑以上の刑に処せられた場合、候補者の当選を無効とし、その選挙区での立候補を制限する制度。連座の範囲は、統括主宰者や出納責任者だけでなく、候補者の父母、配偶者、子、兄弟姉妹及び秘書はもちろん、政党、後援会、労働組合、宗教団体、同窓会などの幹部、地域支部、職域支部、青年部、婦人部など組織の末端にある責任者にまで拡大された。

選挙管理委員会 ③ 選挙に関する事務を管理する行政委員会。国会議員や知事選挙を担当する都道府県選挙管理委員会と、市区町村議会の選挙を担当する市区町村選挙管理委員会とがある。衆議院と参議院の比例代表区選挙については、中央選挙管理委員会が担当する。なお、解職請求や住民投票などの管理・担当も選挙管理委員会が行なう。選挙管理委員会は公職選挙法に基づき、国政選挙と都道府県知事選挙には立候補者の氏名、経歴、政見などを掲載した選挙公報を発行する。

立会演説会 ① 選挙運動に際して、有権者に候補者の政見を知らせるために候補者を一堂に集め、同一の場所を用意して演説会を開くこと。1983(昭和58)年の公職選挙法改正で廃止された。

金権選挙 ③ 立候補者自身の公約や人柄よりも、お金の力で当選を果たそうとする選挙のこと。利益誘導など、当選後の見返りを約束して選挙資金集めや票のとりまとめを依頼したり、買収や供応などの違法行為で集票を行なうこと。

利益誘導 ③ 選挙協力への見返りとして、議員が地元選挙区へ公共事業などを誘致し、地元の特定集団に利益を与えること。こうした政治を「利益誘導政治」という。

マニフェスト(政権公約) ⑥ 選挙のときに有権者に対して公約として示す文書。政策の具体的な内容、数値目標、実施期間、財政的な裏づけなどが盛り込まれている。もともとはイギリスの選挙においてみられていたものを日本でも取り入れた。単なる公約ではなく、各政党が責任を持って、有権者に対し実現を約束する重みのあるものとされる。公職選挙法の改正により、国政選挙で冊子形式のマニフェストを配布できるようになり、2005(平成17)年の衆議院議員総選挙で、各政党が発表して定着した。2007(平成19)年から地方公共団体の首長選挙でもマニフェストが配布できるようになった。

一票の格差 ⑤ 国民一人ひとりが行使する選挙権の有効性に差があること。どの選挙区で行使された1票であっても同じ重みを持たねばならないということ。現実には選挙区によって有権者数と議員定数の比率に大きな格差があり、1票の価値に軽重が起こっている。

アダムズ方式 ② 衆議院議員総選挙の1票の格差を是正するため、国勢調査の結果に基づいて都道府県ごとの小選挙区数を見直す際に用いられる計算式のこと。都道府県の人口を一定の数値で割った商の小数点以下を切り上げた数が、都道府県ごとの小選挙区の数になる。

主権者教育 ① 国や社会の問題を自分の問題としてとらえ、自ら考え、自ら判断し、行動していく主権者を育成していくこと。有権者の年齢が満18歳以上に引き下げられたことから、その重要性が高まっている。

議員定数の不均衡 ⑤ 各選挙区の議員定数と有権者数の比率にいちじるしい不均衡があること。公職選挙法によれば、議員定

	衆議院	参議院
議員定数	465人 小選挙区289人 比例代表区176人	248人 選挙区148人 比例代表区100人
任　期	4年(解散あり)	6年(3年ごとに半数改選)
被選挙権	満25歳以上	満30歳以上
選挙区	289の小選挙区 11の比例代表区	原則、都道府県単位の選挙区 (島根県と鳥取県、徳島県と高知県は合区された) 全国単位の比例代表区

両議院の選挙(2018年の公職選挙法改正による)

数の不均衡は国勢調査の結果に基づいて見直しされることになっているが、適切に是正されていない。衆議院議員総選挙については、1994(平成６)年の公職選挙法改正による小選挙区比例代表制によって、１票の格差が一時は縮小されたが、また、人口の移動により格差が拡大する傾向があり、２倍以上の格差がみられる。参議院議員通常選挙については、都道府県別の選挙区にしていたことから、不均衡が著しかった。2016(平成28)年の通常選挙で選挙区を合区するなどして10増10減を行ない、2019(令和元)年の通常選挙で、選挙区で２増・比例代表区で４増して、議員定数不均衡の是正がはかられた。

議員定数削減 ① 国会議員の定数を削減することで、国会にかける経費を削減し、国民の負担を軽減しようという主張。2013(平成25)年の自民党、公明党、民主党の３党による合意で、消費税率の引き上げで国民に負担増を求める以上、議員自らも身を削る必要があるとして議員定数削減の法改正を約束したが、定数削減には同時に議員定数不均衡是正も同時に必要であり、議論は進んでいない。また、議員定数の削減が小政党の当選の機会を減らし、国民の多様な民意を反映できなくするとの反対意見もある。

在外日本人の投票権 ③ 国外に居住する日本人に国政選挙の選挙権行使の機会を保障すること。衆議院議員総選挙と参議院議員通常選挙において、比例代表区選挙、選挙区選挙のどちらについても投票できる。在外選挙人が在留届の提出をするときなどに在外選挙人名簿への登録申請をし、投票方法は在外公館での投票か、郵便による投票かのどちらかを選択することができる。

3 世論と政治参加

1 世論と政治参加

大衆民主主義(マス・デモクラシー) mass democracy ③ 大衆が主権者として政治参加することを、制度的に保障している現代民主主義のこと。大衆民主主義は、普通選挙制度が国民に拡大されていくことで可能となった。

大衆 ④ 不特定多数の個人の集まりのこと。近代国家の担い手とされた市民が財産と教養のある男性から構成されていたのに対し、産業革命の進行と普通選挙制度の普及により、財産を持たない労働者が社会の構成員として政治に参加するに至った。「市民」と区別して「大衆」と呼ぶ。このような大衆が政治の中心にあらわれた社会のことを**大衆社会**①という。

オルテガ Jose Ortega ① 1883～1955 スペインの思想家。彼はその著書『**大衆の反逆**』①(1929年)の中で、自らが凡庸だと知りつつも開き直って努力もせずに安楽をむさぼる人々を「大衆」と呼び、このような「大衆」が政治など様々な領域で大きな力を持つようになり、文明の没落をもたらすと批判した。

市民運動 ③ 自らの階層や階級の利害に基づいて運動を起こすのではなく、社会の諸問題に対して、社会の平等な構成員の１人として起こす運動のこと。リサイクル運動、環境保護運動、反核運動、反原発運動などがある。市民運動は1960年代から盛んになった。そのような人々の連帯や結びつきは**市民ネットワーク**①とも呼ばれ、相互の情報交換や連携などにより、新しい政治参加の形が展開されるようになった。

大衆運動 ② 多数の大衆を集め、結集した人々の数の力で社会的、政治的な改革を求める運動のこと。大衆運動は独自に、あるいは政党と結びつきながら政治運動や社会運動を展開する。労働運動、平和運動、女性運動、学生運動、消費者運動など多様な展開をする。

署名活動 ② 市民の政治的、社会的要求を実現するための手段として、署名簿に氏名を記名して該当機関に提出する活動。選挙を通じての政治的意思表明とは異なった手法による、市民の民主的政治参加の一形態。

世論（よろん(せろん)） ⑥ 社会で多数の人々に合意されている共通意見のこと。現代民主政治は世論による政治といわれる。世論がつくられていく過程を「世論形成」という。利害、関心を共通にする集団や人々が討議し、その討議を通じて合意に至る過程で世論は形成される。世論形成には、マス・メディアの果たす役割が非常に大きい。

世論調査 ④ 統計的な手法で、世論の動向を調査すること。世論調査は調査対象に偏りがないように合理的に抽出して、質問紙法、面接法などによって調査し、集計、処理する。新聞社や放送局は内閣支持率などの政治動向について定期的に世論調査を行なっている。また、若者の意識、社会保障についての国民の考えなど、特定テーマに関する世論調査も実施されることがある。

マス・メディア mass media ⑥ 大衆に情報を伝達する機関のこと。新聞、雑誌、ラジオ、テレビなどを用いて、多くの国民に情報を提供し、世論形成に重要な役割を果たしている。マス・メディアの発達により、メディアの利用者は、番組や記事というメディアからのメッセージを主体的、批判的に読み解く能力、すなわちメディアリテラシーを持たなければならない。

ソーシャル・メディア social media ③ 政党・政治家のウェブサイトやSNS（ソーシャル・ネットワーク・サービス）などの、インターネットを利用して情報を発信する媒体のこと。

フェイク・ニュース fake news ③ 主にソーシャル・メディアによって発信されることのある、事実と異なる情報のこと。

ファクト・チェック fact check ① 情報の正確性やその根拠の妥当性を検証する行為のこと。

メディアリテラシー media literacy ⑤ 新聞や放送、さらにはインターネットといった情報媒体を使いこなす個人の能力のことをいう。情報が氾濫する社会の中で、情報を受け身で信じるだけでなく、真実を見極める力が求められている。

メディア・スクラム（集団的過熱取材） media scrum ① マス・メディアによる過剰な取材競争のこと。記者たちが政治家などを取り囲み、即席の記者会見として民主政治の中で一定の役割を果たす面もあるが、そのゆきすぎた取材攻勢は取材対象となった人へのプライバシーの侵害になることが指摘されている。

マス・コミュニケーション（マスコミ） mass communication ③ マス・メディアを媒体として、大衆に大量の情報を伝達すること。情報の送り手は巨大組織であり、不特定多数の大衆に一方的に情報を伝達する。送られる情報が客観的でなく、センセーショナリズム（人の心をあおり立てること、扇情主義）であると、様々な問題を社会にもたらす。また、多くの媒体が民間企業であることを考えるとスポンサーへの配慮から商業主義に陥る危険性を指摘する声もある。現代政治においては、マスコミの影響力は絶大であり、マスコミは「**第四の権力**」④ともいわれる。

世論操作 ⑥ 世論を意図的に操ったり、つくったりすること。「世論工作」ともいう。マスコミなどを利用して、ある特定の目的を持って世論を誘導することが可能であり、こうした意図的な世論操作には注意しなければならない。

世論による政治 ① 国家などの社会や集団の中で、共通に持たれる集合的意見によって動かされる政治のこと。

無党派層 ⑥ 世論調査などで、支持する政党はないと答える有権者のこと。「支持なし層」ともいわれる。これまでは政治的無関心層と重複したが、政治に単に無関心な人だけでなく、既成の政党に対する不信から、支持政党を持たないと答える層が増加している。政治不信や政党離れは民主政治の危機であるとする人もいる。1990年代以降になると、この層の人々は世論調査で50%を超えることもあり、最大の勢力ともいえる。選挙の際の投票率の低下傾向も、政治不信が原因するとされている。

政治的無関心（政治的アパシー） political apathy ⑥ 主権者としての国民が政治に対して興味、関心を持たないこと。自分は政治に関心がない、政治家に政治を任せておけばよい、などという考え方。政治家や官僚、学者、評論家など、権威のある人に政治のことは任せておけばよいとする意識や態度を指す権威主義的無関心や、政治に関心はあるものの、現実の政治に対して幻滅を感じ、あえて選挙にいかなかったり、無関心を装ったりする意識や態度を指す現代的無関心などが指摘される。政治的無関心は国民不在の政治を生み、全体主義の台頭を招きかねないといわれる。

2 圧力団体

圧力団体 ⑥ 政府、議会、行政官庁、政党などに圧力をかけ、政策決定に影響を与え、集団の固有の利益を追求、実現しようとする団体のこと。**利益集団**④、利益団体ともいう。圧力団体は、利己(りこ)的な特殊利益の追求のみに走りがちであって、議会政治をゆがめる傾向を持つことが問題点として指摘されている。

経営者団体 ③ 全国的な規模で組織された企業家集団のことで、経団連（経団連と日経連が合併(がっぺい)）、経済同友会、日本商工会議所（日商）が財界を代表する主要団体である。中小企業には、日本中小企業政治連盟がある。

単一争点集団 ① 特定の争点のみに関心をしぼって、主張や活動を行なう団体。

日本商工会議所（日商） ① 全国の商工会議所を構成員としている経営者団体。商工業を振興するための意見交換の組織とされている。

財界 ② 大資本を中心とした企業経営者や実業家などが構成している社会。経済界もほぼ同義。経団連、日本商工会議所、経済同友会などを指す。これらの組織は政治に強い影響力を持っている。

業界団体 ① ある特定の事業分野の企業や集団の団体。自分たちの業界の利益を確保するために圧力団体としての働きをすることがある。建設業界や電気業界、金融業界など業種別に様々な団体がある。

労働団体 ① 全国的規模で組織された労働組合のナショナル・センターのこと。連合、全労連、全労協がある。革新政党とのつながりが深い。

JA（農業協同組合） ① 農業経営者が協同してその営農及び生活上の必要を満たすための総合的組織で、通称は「農協」。生産者米価決定、輸入農産物の数量制限などについては圧力団体として機能する。農政改革の中で、全国組織（JA全中）や都道府県ごとの組織については、株式会社化などの改革がなされようとしている。

経営者団体	日本経済団体連合会（経団連） 経済同友会 日本商工会議所（日商）
労働団体	日本労働組合総連合会（連合） 全国労働組合総連合（全労連） 全国労働組合連絡協議会（全労協）
職能団体	日本医師会 農業協同組合（JA）
その他	主婦連合会（主婦連） 全国地域婦人団体連絡協議会（全地婦連） 日本消費者連盟（日消連） 宗教団体など多数

主な圧力団体

宗教団体 ① 全国的な規模で組織されたキリスト教、仏教、神道などの宗教関係の団体のこと。強い結束力を持ち、集票力も大きい。

ロビイスト lobbyist ③ 圧力団体の利益のために、議会内のロビーなどで圧力活動をする人々のこと。政党、議員、官僚(かんりょう)に働きかけ、政治の決定過程に圧力をかける。議会の審議で委員会制度を採用しているアメリカで発達した。

政官財の癒着(ゆちゃく) ② 政界（政治家）と官界（官僚）と財界（経済界）が、既得権益を守る鉄のトライアングルとなっている状態を批判して表現された言葉。国民全体の利益からは反したものもあり、マスコミ報道などによって、国民の目に実態がさらされ、批判されることがある。

第5章 国家と国際関係

1 国際関係の基本的要因

1 国際社会の構造

国際社会 ⑥ 相互に独立、平等な主権国家によって構成される社会のこと。近代的な国際社会は、1648年のウェストファリア会議によって始まったとされる。西ヨーロッパに起源を持つ国際社会は、18世紀にはアメリカ大陸諸国、19世紀にはアジアへと拡大を続け、今日では地球的規模に広がっている。

ローマ教皇 ② ローマ・カトリック教会の最高位の司教、「ローマ法王」ともいわれる。中世ヨーロッパでは西ヨーロッパ社会の精神的な権威として、国王もひれ伏す強大な政治権力を持っていた。現在は、カトリック教会全体の首長という宗教的な地位を持ち、世界平和への祈りなどはカトリック信者の多い国をはじめ、国際世論に影響力がある。また、独立国家バチカンの元首でもある。

ウェストファリア会議 ② 1648年、ドイツを中心として起こった三十年戦争の講和のために、ドイツのウェストファリア地方で開かれた国際会議。近代国際会議の始まりといわれ、ここで結ばれた**ウェストファリア条約**⑤によって、スイスやオランダの独立が正式に認められるなど、近代ヨーロッパの国際関係の基礎が築かれた。

:**ウェストファリア体制** ① 国家が対等であるという原則を明文化したウェストファリア条約によってつくられた、主権国家が対等に並び立つ国際関係のこと。

三十年戦争 ⑤ 1618年から1648年まで、キリスト教の新旧両派（ルター派の新教徒を支持する諸侯とカトリックを支持するハプスブルク家の神聖ローマ帝国）の内戦を機に起こったドイツの宗教戦争。スウェーデンやフランスがそれぞれ両派について干渉、介入したため、国際戦争となった。ウェストファリア条約で終結した。

国際関係 ① 国家と国家の関係及び国際連合などの国際機関と国家との関係のこと。政治的要因、経済的要因、文化的要因などから現代の国際関係は複雑である。各国は、自国の利益を追求し、国際社会全体の中でいかに平和的に対立を調整していくかが課題となる。

国際政治 ④ 国際社会の中で展開される政治のこと。その主体は主に国家であるが、国際連合などの国際組織やNGO（非政府組織）、多国籍企業なども重要な主体となってきた。現代では、国家間の相互依存関係が強まっており、自国の利益のみを追求することは不可能であり、核の管理問題や環境、資源問題など、世界的な視点からの外交による解決が必要となっている。

主権国家 ⑥ 一定の領土とそこに国民が存在し、他国の政治的な干渉や支配を受けることのない、独立した国家のことをいう。

国民国家 ④ 18～19世紀に西ヨーロッパに誕生した近代国家のあり方。国民を単一の制度によって統一し、言語、生活様式、法制度などで国民としての一体感ある国家を形成した。現代の国家はこの国民国家をもと

1648年	ウェストファリア条約締結
1795	カント『永遠平和のために』出版
1815	ウィーン議定書締結
51	万国博覧会（ロンドン）開催
64	国際赤十字社結成
74	万国郵便連合（ベルン）結成
96	第１回国際オリンピック大会開催（アテネ）
99	ハーグ平和会議開催
1914	第一次世界大戦勃発（～18）
18	ウィルソンの平和原則14カ条提示
19	ヴェルサイユ条約締結
20	国際連盟成立
28	パリ不戦条約締結
39	第二次世界大戦勃発（～45）
41	大西洋憲章発表
45	国連憲章採択、国際連合発足
60	「アフリカの年」（17カ国独立）
89	マルタ会談、冷戦の終結

国際社会成立に関する主な動き

に構成される。

主権平等 ④ 国際社会においては、国家の主権は、その国の承認なしに他によって制限されることはなく、主権国家は国土の大小、人口の多少にかかわらず、すべて平等に扱われ、相互に対等であるということ。国際連合総会における一国一票の投票権はこうした原則に基づくものである。

内政不干渉(ふかんしょう) ⑤ 各国の主権を尊重し、各国の国内政治に関しては、その国の決定に任せ、他国が干渉しないということ。現代の国際法上の原則であり、国際連合憲章にも定められている。

領域 ⑥ 国家の主権が及ぶ範囲。国際法では国家の統治権が及ぶ範囲。領土、領海、領空からなる。他国の領域侵犯(しんぱん)は国際問題となる。

領土 ⑥ 国家の主権が及ぶ範囲の地域をいう。排他的に支配する土地。通常は陸地を指すが、広義には領海、領空を含む。

領空 ⑥ 領土と領海の上空を指し、その国の主権が及ぶ。許可を受けなければ、他国の航空機は飛行できない。主権の及ぶ上空は大気圏までで、宇宙には領有権が及ばない。

領海 ⑥ 領土に接し、その国の主権が及ぶ海域をいう。1982年の国連海洋法条約で、領海12海里、排他的経済水域200海里が明文化された。領海では他国の船舶に無害通行権(沿岸国に害を与えないように通過する権利)が認められている。

防空識別圏

領空とは別に、各国が防衛上の必要性から設定した空域のこと。多くの国において、領海は基線から12海里に設定されている。これは、他国の飛行機が領海上空の領空を侵犯(しんぱん)してから、1分前後で領土上空に到達する距離に相当する。領空侵犯を確認してから対応するのでは間に合わないことがあるので、領空の外側に防空識別圏を設定して、届け出のない飛行機が防空識別圏に進入した場合には、警告を行なう。

日本は、1945(昭和20)年に、GHQ(連合国軍最高司令官総司令部)が制定した空域をほぼそのまま使用しており、尖閣(せんかく)諸島の上空も含まれる。2013(平成25)年、中国が東シナ海に設定した防空識別圏が、尖閣諸島の上空を含んでおり、日中間で防空識別圏が重なる事態となった。予期せぬ事故が起こる可能性があり、日中間で調整を要する問題となっている。

公海(こうかい) ⑥ 各国の主権が及ばない水域。自由に使用、航行できるという公海自由の原則が国連海洋法で承認されている。近年ではクジラの保護など生物資源を確保する条約などで、公海といえども自由が一部制限されている。

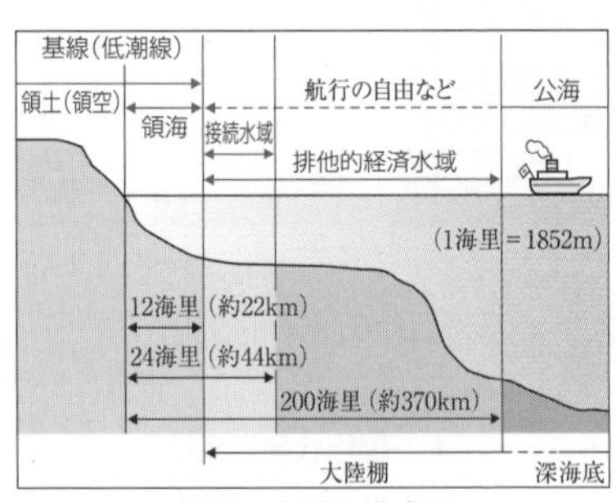

領域・水域の模式図

接続水域 ⑤ 基線から24海里(領海の外側12海里)の水域。沿岸国が関税、衛生などのために管轄(かんかつ)権を領海の外に延長して行使(こうし)することが国連海洋法条約で認められている、領海の外側に接続する一定範囲の水域。日本では、その条約に先立って、領海及び接続水域に関する法律(1977〈昭和52〉年)で定めている。

排他的経済水域 ⑥ 沿岸から200海里において、沿岸国の漁業及び海底の鉱物資源に関しての支配権を認める水域。「経済水域」ともいう。原油採掘など大陸棚の資源開発ができるようになり、資源獲得から国家間の対立が生じている。

大陸棚 ⑤ 大陸の周辺部の海域で、大陸の延長で浅い部分から急に深くなった地点までをいう。ほぼ水深200mまでは開発可能な海底であり、豊かな漁業資源があるだけでなく、鉱物資源の開発も可能である。1958年、大陸棚条約で沿岸国の権利を国際的に確認した。

国連海洋法条約 ⑥ 第3回国連海洋法会議で1982年に採択された各国の海洋利用に関する条約(1994年発効)。公海自由の原則をもとにしながら、領海12海里、200海里の排他的経済水域、深海底制度を定めるなどした。日本は1996(平成8)年に条約を批准(ひじゅん)した。

国際海洋法裁判所 ① 国連海洋法条約の解釈及び適用の過程で生じる様々な紛争を解決するために1996年に設置され、その判決には法的拘束力がある。

無害通航権 ① 国連海洋法条約に明記されている、沿岸国の平和や秩序を乱さなければ他国船が事前通告なく領海を通過できる権利。

民族国家 ③ 歴史的に形成された民族を基盤としてつくられた国家。国民が民族的な一体感を持った国家。共通言語、宗教、文化、生活様式などの共通性を主張する。近代国家は１つの民族が一体となり、民族国家として形成された。

民族 ⑥ 人類を言語、社会、経済、宗教、習俗など、主に文化的要素によって分類、区分したもの。言語、文化を共有し、同じものに属しているという帰属意識を持つ集団。歴史的な過程で形成されることが多く、民族間の対立が多くの戦争を生んできた。

人種 ⑥ 人類を遺伝子的要素、体質的に分類したもの。毛髪の形・色、皮膚の色、鼻の形などで便宜的に区分したもの。黄色人種（モンゴロイド）、白色人種（コーカソイド）、黒色人種（ネグロイド）、その他に大別される。人種による差別が国内でも国際的にもされてきた経緯から、それらは人種差別撤廃条約などで禁止されてきた。

ナショナリズム nationalism ⑥「国民主義」「国家主義」「民族主義」などと訳される、民族国家の統一や独立、発展を強調する運動やその思想。近代国家確立期には、国民主義として国民国家の形成を目指すものであった。20世紀には国家主義として、ファシズムを支えるイデオロギーともなった。植民地独立運動においては民族主義として、民族の主権確立の運動となった。反面では排他的な自民族中心主義や外国人蔑視などの負の面がある。

民族主義 ④ 民族の独立と統一を最も重視する思想や運動のこと。第二次世界大戦後は民族国家の形成を目的とする政治運動となった。分裂している民族の統一、あるいは外国などの支配からの独立運動として展開された。

国家的利益（国益、ナショナル・インタレスト） national interest ③ それぞれの国家が持っている独自の利益のこと。各国は、自国の領土確保、安全保障、資源の確保、自国の繁栄という国家的利益を主張しながら、国際関係を維持している。国際関係を動かす要因の１つである。

国際紛争 ⑤ 国家間における領土、資源、貿易、宗教、イデオロギーなどをめぐる利害や対立をいう。政治的紛争、経済的紛争、民族紛争、宗教紛争などがある。国家間における領土をめぐる利害や対立を「領土紛争」といい、国際紛争の典型で、戦争にまで至ることも多い。

多文化主義 ③ １つの国家または社会の中に、複数の人種、民族が持つ言語、文化の共存を認め、そのための政策を積極的に進める考え方。カナダやオーストラリアは少数民族や移民に対して、少数者の言語、慣習、文化などを積極的に尊重する政策をとっている。

宗教 ⑥ 神や仏を信仰し、救い、安心、幸福を得ようとする人間の心の働きのこと。異なる宗教、宗派の対立が原因でユグノー戦争やドイツの三十年戦争など、歴史上の宗教紛争が起こった。現在でも、国際社会の対立要因の１つになっている。

宗教対立 ② 宗教の違いが原因となって国家間の戦争が起きたり、内戦が起きたりすること。インドのヒンドゥー教徒とパキスタンのムスリムの対立、スリランカのシンハラ人（仏教徒が多い）とタミル人（ヒンドゥー教徒が多い）との対立、イスラーム教シーア派系とイスラーム教スンニ派系との対立、ユダヤ教のイスラエルと周辺アラブのイスラーム諸国の対立などの例がある。

イスラーム教徒 ① イスラーム教の信者のこと。イスラーム教徒には「六信五行」と呼ばれる６つの信じるべき対象と５つの実践すべき行為が定められている。「六信」とはアッラー、天使、啓典、預言者、来世、天命を指し、「五行」とは信仰告白、礼拝、断食、喜捨、巡礼を指す。イスラーム教徒は自分たちのことをムスリム（アラビア語で、「神に絶対的に服従する者」）と称する。

イスラーム法（シャリーア） ② イスラーム教の聖典である『クルアーン』を最も重要な源泉とする、ムスリムが何を実践すべきかが具体的に示されている規則。

スンニ（スンナ）派 ② 預言者ムハンマドの言行によって示された範例であるスンナや共同体の合意を重視し、歴代のカリフをムハンマドの後継者と認めるグループ。

シーア派 ③ イスラーム教の教派でアリーとその子孫のみをムハンマドの正統な後継者と認めるグループ。少数派であり、多数派であるスンニ派との対立がある。イランはシーア派が多数派であるが、イラクの西半分はスンニ派が主流といった具合に、国内対立や国際対立の要因にもなっている。

アラウィ派 ① 4代目カリフのアリーを支持する点でシーア派に近いとされているが、教義の点で他のイスラーム宗派と異なるところが多い少数派。現シリア大統領のアサド政権の中枢はアラウィ派がその多くを支配しているとされている。

同時多発テロ ⑥ 2001年9月11日、3機のハイジャックされた旅客機がアメリカのニューヨークにあった世界貿易センタービルとワシントンの国防総省に突入した事件。同時にハイジャックされた別の1機はピッツバーグ郊外に墜落した。これらのテロ事件によって約3000人の犠牲者が出た。アメリカ本土が外から受けた攻撃による被害としても史上最大のものになった。

テロとの戦い ③ 同時多発テロをきっかけとした、アメリカとその他の国の有志連合による外交、軍事、経済、警察、人道支援などを通じたテロリズムとの戦いのこと。アメリカ合衆国第43代大統領ブッシュが掲げて、イラク戦争やアフガニスタン攻撃の理由となった。

アフガニスタン復興支援国際会議 ① 2002年から始まる、アフガニスタン開発支援に関する会議のことで、日本はアメリカについで主導的な役割を果たし、インフラ整備、基礎生活分野、農業・農村開発及び文化などの各分野で支援を実施してきている。

ペシャワール会 ① 1983年に、**中村哲**①医師のパキスタンでの医療活動を支援する目的で結成された国際NGO(NPO)団体。

地球的問題群 ① 世界的規模の環境破壊などの、1国の枠内では解決が困難な一連の問題のこと。

上海協力機構 ① 安全保障や経済・文化面での協力を進めるため、2001年に中国主導のもと中央アジアの国々を中心に結成された連合体。

アジア開発銀行 ① アジア地域において、発展途上国への金融支援をする国際開発金融機関。日本が最大の出資国となっている。

2　国際法と安全保障

国際法 ⑥ 国家間の合意に基づき、国家間の関係を規律する法。2国間の条約から、多国間の条約まである。各主権国家が、外交交渉や国際会議でいろいろな問題を処理し、協力していくとき、合意に達した事柄を国家間の約束として定めた国際的な法規。条約、規約、宣言、声明などといわれ、そのほかに不文の国際慣習法もある。国内法と異なり、強制力のある統一的な政治機構を持たないため、徹底しにくい面がある。

国内法 ① 国際法に対して自国内の主権の及ぶ範囲に効力を持つ法。国会や地方議会の議決などによってつくられ、法の強制力は警察などの国家機関によって保持される。国際法を批准(ひじゅん)するとそれに合わせて国内法を制定、改正して国内の法を執行(しっこう)する。

グロティウス Grotius ⑥ 1583～1645 「**国際法の父**」⑥といわれるオランダの法学者。国際社会にも人間の理性に基づく法(自然法)が存在すると主張し、戦争と平和に関する国際法を説き、法によらず戦争に訴える国家を厳しく批判した。主著『戦争と平和の法』(1625年)は、国際法の基礎的理念となるものであった。ほかの著書に『海洋自由論』がある。

『戦争と平和の法』 ⑥ グロティウスは三十年戦争の展開をみて、戦争の禁止、戦争が許される場合、戦争中に守らなければならない規則などについて論じ、国際法を体系づけようとした。

公海(こうかい)の自由の原則 ⑤ 公海は特定の国家の主権に属さず、各国が自由に使用し、航行できる海洋であるとする国際法上の原則。

『海洋自由論』 ③ グロティウスが1609年に著した書。彼はその中で、「海洋はいずれの国も占有(せんゆう)し得ない自由な場所である」という**海洋自由の原則**①を提唱した。

国際慣習法 ⑤ 国際社会において、大多数の国家間に法的拘束(こうそく)力を持つものと認められてきた法。国際法は国際慣習の積み重ねによって形成されてきた。国際慣習は国際法の根拠として重要である。最近は国際慣習を成文の国際法(条約)にしていく動きがみられる。「不文国際法」ともいう。

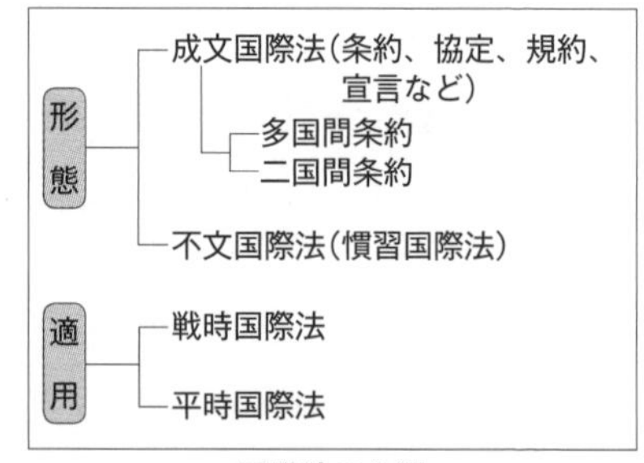

国際法の分類

外交特権 ③ 外交使節団と外交官が、駐在する国で受ける優遇された権利。警察権、裁判権、課税権などを免れる治外法権と、身体、名誉、通信などを侵されない不可侵権とが認められている。国際慣習法の例であるが、現在は外交関係に関するウィーン条約などによって成文化されている。

条約 ⑥ 成文化された国家間の合意。一般に国の元首、代表者によって調印される成文化された法。国会で承認の批准手続きを経て国内で効力を持つようになる。条約には、2国間（**二国間条約**①）、または数カ国間で結ばれる個別条約と、大多数の国がその条約に参加する一般条約とがある（**多数国間条約**①）。広い意味で、協約、協定、取極、規約、憲章、交換公文、宣言、規程、議定書なども含まれる。

協定 ③ 国家間の文書による取り決め。条約の一種である。

成文国際法 ② 国際慣習（不文）法に対して成文化された国際法のこと。具体的には条約のことを指す。現代では国際法はほとんど成文の条約となっている。2国間の条約にあってはその2カ国の言語、国際連合については国連の公用語で書かれる。

勢力均衡（バランス・オブ・パワー） balance of power ⑥ 潜在的に敵対関係にある国家及び国家群相互の力の均衡を維持することによって、互いに相手を攻撃し得ない状況をつくり、それによって安全を守ろうとするもの。諸国家が軍事力の均衡の上に平和を保っている状態。

軍事同盟 ② 軍事的な結びつきによってつくられた国際関係を指す。2カ国以上の国が相互の防衛と安全を目指して同盟条約を結び、その1つの国が同盟国以外から攻撃を受けたときには他の締結国が軍事行動を起こして助けることを内容とする取り決め。

権力政治（パワー・ポリティックス） power politics ② 国家間の対立抗争を国際政治の本質とする見方。国際社会における政治は、国際法や国際組織はあるものの、結局は軍事力や国力といった力によって左右されるという考え。国内的には国家の利益や権力の維持、増大を追求する政策をいう。

国際平和機構 ② 平和を守るために、国際的な機構を設けて、国際紛争を解決していこうとするもの。哲学者カントらによって説かれた。国際連盟や国際連合がこの代表例である。

国際機構（国際機関） ① 国際問題の解決に向けて、複数の国家が加盟国となって設立される機関のこと。

サン＝ピエール Saint Pierre ③ 1658～1743 フランスの平和思想家。1713年に**『永久平和の計画（永久平和論）』**①を発表し、戦争放棄、恒久的国際機構、国際裁判所、国際軍の設立などを提唱した。

カント Kant ④ 1724～1804 ドイツの哲学者。1795年に『永遠平和のために』（『永久平和論』）を著した。彼はその中で、国際平和機構の構想を主張した。これはのちの国際連盟の成立に影響を与えた。

『永遠平和のために』 ④ 世界の恒久平和を実現するためには、常備軍の全廃や、自由な国家の上に国際法が成立すべきであると述べた。

万国電信連合 Union internationale du télégraphe ① 1865年にフランスのパリで設立された、電信に関する国際的な連合体。世界最古の国際機関とされている。

ハーグ平和会議 ② 1899年と1907年の2回にわたり、オランダのハーグで開催された万国平和会議。第一次世界大戦前の緊迫した世界情勢を緩和するために開かれ、この会議によって、「陸戦法規（条約）」と呼ばれる戦時国際法が成立し、常設仲裁裁判所が創設された。

国際裁判 ④ 国際紛争を解決するために国際法に基づいて行なわれる裁判。当事国間での直接交渉や第三国の調停などに比べ、最も客観的な方法といわれる。問題ごとに裁判機関が設けられる仲裁裁判と、常設裁判所による司法裁判（司法的解決）がある。現在は国際司法裁判所がその任にあたっている。

非国家主体 ① 国際的に活動する非政府組織（NGO）や企業など、国家ではないが国際法の規律対象となるもの。

常設仲裁裁判所 ③ 1901年、ハーグ条約によってオランダのハーグに創設された国際仲裁のための裁判所。裁判所の建物そのものはないが、加盟国ごとに裁判官の名簿を作成し、紛争当事国はそこから裁判官を選んで裁判を行なう。

国際赤十字

赤十字は、世界中で戦争・紛争犠牲者の救援をはじめ、災害被災者の救援、医療、保健、社会福祉事業などを行なっている非政府組織。赤十字国際委員会、国際赤十字・赤新月社連盟、各国の赤十字・赤新月社の3つの機関があり、これらを総称して「国際赤十字・赤新月運動」と呼ぶ。赤新月社はイスラーム諸国の組織で、19世紀にスイスのデュナンがこの活動を始めた。赤十字国際委員会は紛争時に犠牲者を保護するために、中立的な立場で介入することを認められている国際機関で、本部はスイスのジュネーヴにある。

2 国際機関の役割

1 国際連盟

帝国主義
資本主義経済が高度に発展し、独占資本主義の段階になると、国内で過剰となった商品の市場や資本の投資先を国外に求めるため、植民地獲得や他国を支配しようとすること。19世紀末、欧米先進国がアジア、アフリカ、太平洋などの各地域で植民地獲得競争を展開し、第一次世界大戦や第二次世界大戦の原因となった。ロシア革命を主導したレーニンは著作『帝国主義論』(1917年) でこの問題を指摘した。

第一次世界大戦 ⑥ 1914～18年。ヨーロッパ列強の帝国主義政策がバルカン半島で衝突し、植民地再分割を求めるドイツを中心とする三国同盟側とそれを迎え撃つ三国協商側との間で起きた戦争。主要国は同盟を結んでいたため、参戦した国は31カ国に及び、世界的規模の大戦争となった。日本も日英同盟を理由に参戦した。三国同盟側が敗れ、1919年にヴェルサイユ条約が結ばれた。

三国同盟 ④ 1882年、ドイツの宰相ビスマルクが、オーストリア、イタリアとの間で結んだ秘密の軍事同盟。フランスを孤立させる目的を持った。20世紀に入ると、三国協商と対立して第一次世界大戦へと進んだ。

三国協商 ④ イギリス、フランス、ロシアの間に締結された対ドイツ包囲体制の軍事同盟。三国同盟と対立し、やがて第一次世界大戦に突入した。

ヴェルサイユ条約 ② 1919年、第一次世界大戦を終結させるために、パリ講和会議で連合国側とドイツの間に結ばれた講和条約。ヴェルサイユ宮殿で調印式が行なわれた。この条約によって、大戦後のヨーロッパの新しい国際秩序(**ヴェルサイユ体制**①)ができあがった。ドイツの軍備制限、反共主義、再分割後の植民地維持を内容としている。

:パリ講和会議 ① 1919年、第一次世界大戦の講和条約締結のためにイギリス、フランス、アメリカなどの連合国側がドイツ、オーストリアなどの同盟国側に対する講和の条件を討議した国際会議。同盟国側は除外された。

ウィルソン　Wilson ⑥ 1856～1924　アメリカの第28代大統領(在任1913～21)。民主党出身。アメリカを第一次世界大戦に参戦させ、平和原則14カ条を発表して、国際連盟の創設に尽くした。

平和原則14カ条 ③ アメリカ大統領ウィルソンが、1918年に、議会に送った教書の中で提唱した14項目の内容。秘密外交の禁止、海洋の自由、関税障壁の禁止、軍備縮小、植民地問題の解決、民族自決、国際平和機関の設立などを訴えた。国際平和機関の設立の提案は、やがて国際連盟として実現した。

国際連盟　League of Nations ⑥ 第一次世界大戦後の国際平和を維持するためにつくられた国際機構。1920年に42カ国の参加で設立、本部はスイスのジュネーヴに置かれた。アメリカの不参加や、当初、ソ連、ドイツの排除(のちに参加が認められた)があったものの、第一次世界大戦後の国際協調の中核となった。日本は設立から参加し、常任理事国であったが、1933(昭和８)年に脱退した。

集団安全保障 ⑥ 対立関係にある国家をも含めて、関係国すべてがその体制に参加し、相互に武力によって攻撃しないことを約束し、違反国には集団で対処し、相互に平和のために安全を保障すること。国際連盟や国際連合の組織の基本原理となった。

普遍的国際組織 ① 世界のほぼすべての国が加盟しているような国際機関のこと。また、国際連合が**普遍主義の原則**②を掲げて、世界のすべての国をこの機構の中に包み込む組織となっていること。

全会一致制 ④ 国際連盟の総会、理事会での採決で、全会一致でなければ提案が可決できないしくみ。１カ国でも反対すれば、合意が得られず、国際連盟が具体的行動を起こすことができないので、紛争の解決力を失わせることになった。

常設国際司法裁判所 ④ 国際連盟により設置された初めての本格的な国際司法裁判所。第二次世界大戦で活動を停止するまでに、29の判決と27の勧告意見を出した。国際連合の国際司法裁判所に引き継がれた。

アメリカの不参加 ⑤ アメリカ大統領ウィルソンの提唱によって設立された国際連盟に、アメリカ自身が孤立主義をとる共和党の上院における反対のために参加できなかったこと。ソ連（1934年加盟、フィンランド侵略で1939年除名）とともに、その不参加（**大国の非加盟**①）は連盟の意義を低下させた。

孤立主義 ① 他国の紛争に巻き込まれないように、国際機構の加盟や他国との軍事同盟を避ける外交政策。特にアメリカの孤立主義は、ヨーロッパとアメリカの相互不干渉を掲げたモンロー宣言(1823年)にちなんで、**モンロー主義**①ともいわれる。

日本・ドイツの国際連盟脱退 ⑤ 1933（昭和８）年、日本は満州事変についてのリットン調査団報告に基づく満州撤兵の勧告案が出されたのを不満として、国際連盟を脱退した。同年、ドイツのヒトラーは再軍備を求めて軍備平等権を国際連盟で主張したが否決され、脱退を宣言した。主要国が国際連盟を脱退したので国際連盟はこれらの国を孤立させ、第二次世界大戦を阻止することができなかった。

国際連盟の欠陥 ② アメリカが加盟できなかったこと、日本やドイツ、イタリアなどの国が脱退したこと、全会一致の原則のために、平和維持のための活動を停止せざるを得なかったこと、軍事的な制裁手段を持てなかったことなどの欠陥が国際連盟をして、第二次世界大戦を阻止できなかった要因の１つとなった。

不戦条約 ⑥ 1928年に結ばれた、戦争放棄に関する条約。**ブリアン・ケロッグ条約**②ともいう。国際紛争を解決するための手段として戦争に訴えることを否とし、国家政策の手段としての戦争を放棄することを定めた。そして、国際紛争を平和的に解決すべきことを定めた。国際連盟規約では、戦争の禁止が不徹底であったため、それを補うためにつくられた条約。

戦争の違法化 ④ 1928年、アメリカとフランスが主導して不戦条約（ブリアン・ケロッグ条約）が結ばれ、国際紛争を解決する手段として戦争を放棄し、紛争を平和的に解決することに締結国が合意した。これによって国際紛争の解決手段としての戦争が違法化された。

ロカルノ条約 ① 1925年に締結された、フランスとドイツ、ドイツとベルギーとの国境の現状維持と不可侵などを取り決めた条約。

第二次世界大戦 ⑥ 1939～45年。ドイツのポーランド侵入をきっかけとして始まった日本、ドイツ、イタリアを中心とする枢軸国とアメリカ、イギリス、フランス、ソ連、中国などを中心とする連合国との間で戦われた世界的な規模の戦争。当初は枢軸国側が優勢であったが、最終的には連合国側の勝利に終わった。

連合国 ② 第二次世界大戦におけるアメリカ、イギリス、フランス、ソ連、中国などの国々をいう。日本、ドイツ、イタリアの侵略政策に対抗し、反ファシズムで結束した。戦勝国として第二次世界大戦後の国際連合の枠組みをつくった。

枢軸国(すうじく) ② 第一次世界大戦後の国際的秩序であるヴェルサイユ体制に反対した国々。日本、ドイツ、イタリアが中心で、国際連盟を脱退、第二次世界大戦で連合国側に敗れた。

2　国際連合の成立と組織

4つの自由 ② 1941年に、アメリカ大統領ローズヴェルトが議会への教書で述べた言葉。**言論と表現の自由**②、**信仰の自由**②、**欠乏からの自由**②、**恐怖からの自由**②をいう。第二次世界大戦後の民主主義の指導理念として、国際連合憲章や世界人権宣言の基調となった。

大西洋憲章 Atlantic Charter ③ 1941年、アメリカ大統領ローズヴェルトとイギリス首相チャーチルの首脳会談によって作成された民族自決、貿易の自由、軍備縮小、平和機構の再建など、第二次世界大戦後の民主主義と国際協調の構想が示されている外交文書。この構想が、国際連合成立への基礎となった。

モスクワ会議 ① 1943年、ソ連（現ロシア）のモスクワで開かれた連合国側のアメリカ、イギリス、ソ連3国の外相会談。第二次世界大戦の方針と戦後の国際機構の構想を固めた。

ダンバートン・オークス会議 ③ 1944年、アメリカ、イギリス、ソ連、中華民国の代表がアメリカのワシントン郊外にあるダンバートン・オークスに集まり、国際連合憲章の原案を討議した国際会議。

ヤルタ会談 ③ 1945年2月、ソ連のクリミア半島のヤルタで、ローズヴェルト(米)、チャーチル(英)、スターリン(ソ)の連合国首脳が行なった会談。戦後処理についてヤルタ協定を締結し、ドイツの戦後処理の方針を発表した。同時にヤルタ秘密協定を結び、ソ連の対日参戦などを決定した。国際連合安全保障理事会の投票方式をめぐって、5カ国の拒否権を定めたのもこの会談である。このときに決められた第二次世界大戦後の国際秩序を「ヤルタ体制」という。

	国際連盟	国際連合
成立過程	ウィルソンの平和原則14カ条により成立（1920年）	大西洋憲章を基礎に発足（1945年）
本部と加盟国	スイスのジュネーヴ 原加盟国42カ国 米不参加。ソ連は1934年加盟、1939年除名	アメリカのニューヨーク 原加盟国51カ国 米・英・中・仏・ソ(現ロシア)の5大国が中心
表決	総会・理事会とも全会一致制	総会は多数決制。安保理は5大国一致制
制裁措置	経済的制裁が中心	経済的制裁のほかに、軍事的強制措置(国連軍)

国際連盟と国際連合の比較

サンフランシスコ会議 ④ 1945年、第二次世界大戦の終結を間近にして、連合国側50カ国の代表がアメリカのサンフランシスコに集結して、戦後世界の構想として国際連合憲章を採択した会議。会議後、ポーランドも署名した。

国際連合（国連、U.N.） United Nations ⑥ 第二次世界大戦後、連合国側を中心に集団安全保障の考えをもとに発足した国際平和機構。発足は1945年10月。原加盟国は51カ国。本部はアメリカのニューヨーク。平和の維持と、国際協力の促進を目的とする国際組織。総会、安全保障理事会、経済社会理事会、信託(しんたく)統治理事会、国際司法裁判所、事務局の6つの主要機関からなるが、特に安全保障理事会の権限は強化されている。現在では世界中のほとんどの国が加盟しており、普遍的な国際組織となっている。

政府間国際組織 ① 国際社会で重要な役割を果たしている、国際連合などに代表される国家間で組織された団体のこと。

原加盟国 ② 国際連合の発足時に加盟した51カ国のこと。第二次世界大戦中の連合国側の国々が中心である。なお、このときの中国は、中華民国であった。

国際協力 ④ 国際社会で各国が協力関係を持

ち、国際間の諸問題を解決しようとすること。国際連合は経済的、文化的、人道的な国際協力の促進を通じて、各国間の対立や戦争が発生する基本的原因を取り除くことを目指す。

国際連合憲章（国連憲章） Charter of the United Nations ⑥ 1945年のサンフランシスコ会議において、50カ国によって調印された国際連合の組織と基本原則に関する条約。国際の平和及び安全の維持と国際協力を最大の基調としている。なお、旧敵国条項など、憲章の再検討が、日本などの要請で話し合われている。

国際連合総会（国連総会） ⑥ 国際連合の中心的機関で、全加盟国によって構成される。一国一票の投票権を持ち、多数決制をとっている。審議し、勧告する権限は持つが、執行(しっこう)する権限はない。通常会期は毎年9月から、ほかに、特別会期を招集することができる。特定の問題について集中的に審議する特別会期を国連の「特別総会」といっている。各国の代表が演説するなど国際世論の場として機能している。

一国一票制 ② 国際連合総会において行なう表決においては、国の規模や経済力を問わず、すべての加盟国に一律に一票が与えられるという制度のこと。

通常総会 ② 毎年1回、定期的に開催される国際連合総会のこと。

特別総会 ② 加盟国の過半数の要請、または安全保障理事会の要請があった場合に開催される国際連合総会のこと。

緊急特別総会 ③ 1950年の「平和のための結集」決議に基づいて安全保障理事会の9カ国の賛成投票、または加盟国の過半数の要請により、24時間以内に招集される特別総会のこと。総会の会期中ではない時期に平和と安全に対する脅威(きょうい)にさらされていながら、安保理の常任理事国が拒否権を発動して安保理が責務を果たしていない場合において要請される。

国連軍縮特別総会 ④ 軍縮問題が本格的に討議された1978年以降の国連の特別総会。軍備競争の停止と真の軍縮の達成が、人類の緊急の課題であるという決議が行なわれた。1982年に第2回、1988年に第3回の特別総会が開かれた。なお、現在はアメリカ、ロシアの2国間の交渉などに重点が移っている。

安全保障理事会（安保理） ⑥ 国際連合で安全保障の問題を話し合う主要機関。安全保障理事会は総会に優越した権限を持ち、国際平和と安全の維持、国際紛争の解決のための外交的、軍事的、経済的制裁の権限を持っている。常任理事国5カ国、非常任理事国10カ国で構成される。国連組織の中でも安保理の重要性が高まっている。

常任理事国 ⑥ アメリカ、イギリス、ロシア、フランス、中国の5カ国のこと。任期はない。常任理事国は拒否権を持つ。なお、中国代表権は、1971年、中華民国から中華人民共和国に移った。ロシアは1991年、ソ連の議席を引き継いでいる。常任理事国の数を再検討することが議論されている。

拒否権 ⑥ 安保理において、常任理事国5カ国がすべて賛成しなければ可決されないとするもの。大国一致の原則により、1国の独走を防ごうとするものであるが、反面、拒否権の濫用(らんよう)という問題もある。

代表権の継承 ① 当該国家の政治体制の変革などにより、国際連合における代表の地位などが新しい政府に継承されること。

大国一致の原則 ⑤ 安保理の決定には、手続き事項を除き、常任理事国5カ国すべての賛成を必要とすること。5大国に国際平和の責任を負わせているともいえる。

超大国 ② 他の国に比べて格段の政治力、軍事力、経済力を持ち、国際政治の場面で強い発言力を持つ国のこと。かつては冷戦下のアメリカとソ連を意味したが、ソ連が崩壊した今日ではアメリカが唯一の超大国とされる。

非常任理事国 ⑤ 安保理の理事国のうち、任期2年の理事国のこと。10カ国が選ばれる。世界の地域的バランスを考慮して、総会で選出される。日本はたびたび、選出されている。

経済社会理事会 ⑥ 国際連合の主要機関。経済、社会、文化、教育、人類の福祉などに関する国際問題を研究、勧告する機関。総会選出の54カ国（毎年3分の1の18理事国が3年の任期で改選）で構成される。なお、多くの国連専門機関がこの理事会と協定を締結して連携して活動している。

国際司法裁判所（ICJ） International Court of Justice ⑥ 国際連合の主要な司法機関。国家間の紛争はここで裁判されるが、強制的管轄(かんかつ)権を持たないため、当事国が同意しない限り裁判を始められない。裁判官は15人で、総会及び安全保障理事会で選ばれる。日本からは田中耕太郎(たなかこうたろう)、小田滋(おだしげる)、小和田恆(おわだひさし)などが選ばれている。本

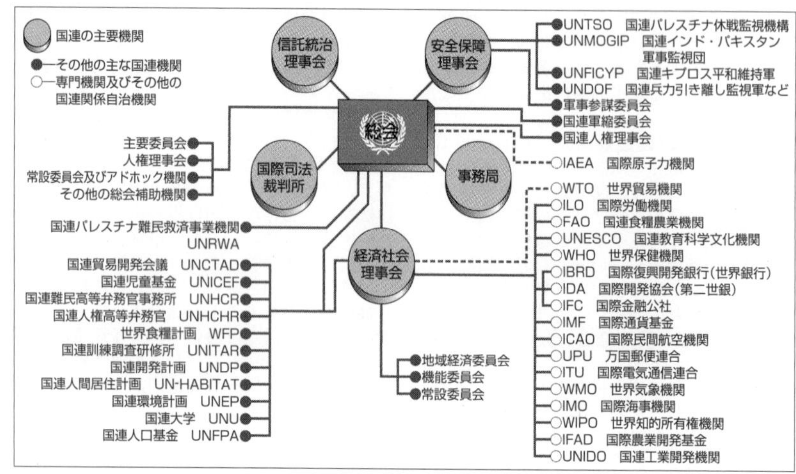

国際連合の機構

部はオランダのハーグ。

事務局 ⑥ 国際連合の各機関の運営について、その事務を処理する機関。アメリカのニューヨークにある国連本部で活動している。

事務総長 ⑤ 事務局の長として、事務局を代表する最高責任者である。また、国際紛争に際しての、調停役を果たすこともある。安全保障理事会の勧告に基づき、総会が任命する。事務総長は中立的な国から選ばれることが多い。2007年より8代目事務総長として韓国出身の潘基文(パンギムン)が、2017年よりポルトガル出身の**グテーレス**② (1949～)が務めている。

信託(しんたく)統治理事会 ⑤ 住民が自立できず信託統治下にある地域の向上と独立の援助をはかることを目的とする国際連合の機関。1994年、最後の信託統治地域であったパラオが独立したため活動は終了している。今後は必要が生じた場合にだけ会合を開くことになっている。

国連分担金 ④ 国際連合加盟国が、その能力に応じて国連の経費を賄(まかな)うために負担する資金のこと。3年ごとに総会で国ごとの分担比率がGNI(国民総所得)をもとに決められる。日本は、アメリカ・中国につぐ3番目の分担率になっている。

国連改革 ③ 国際社会の諸課題に効果的に取り組むために、現状の国際連合の組織や運営を改革すること。その中心的な課題の1つに安全保障理事会の改革がある。日本は2009(平成21)年から安保理改革に関する政府間交渉を開始しており、常任・非常任双方の議席の拡大及び日本の常任理事国入りを目指すとの方針に基づいて、改革の早期実現に向けて、積極的に交渉に参加している。ほかにも総会の活性化、国連平和活動の改革、マネジメント改革など、様々な改革が進められている。

国際刑事裁判所(ICC) International Criminal Court ⑤ 国家間紛争や国内紛争などで重大な非人道的行為を犯した個人を裁くための常設裁判所。独裁者による迫害などを対象とする。国際刑事裁判所の設立条約(2002年)が発効し、翌2003年にオランダのハーグに機関ができた。個人を裁く点で、訴訟当事者を国家に限定している国際司法裁判所とは性格を異にする。日本は2007(平成19) 年に加盟。集団殺害 (ジェノサイド) 犯罪、人道に対する犯罪、戦争犯罪、侵略犯罪の4分野に管轄権があり、締結国や安全保障理事会などが訴えることができる。

国際人道法 ② 非人道的な戦争の手段の制限、戦闘行為に参加しない人や戦闘不能になった人々の保護などを目的とした様々な国際法規をまとめていう。中心的なものとして、戦地での傷病者や捕虜(ほりょ)、文民などの保護を目的として1949年に採択されたジュネーヴ条約などがある。

国連教育科学文化機関(UNESCO(ユネスコ)) United

Nations Educational Scientific and Cultural Organization ② 教育、科学、文化、通信を通じて国家間の協力を促進し、世界の平和と安全をはかる目的の国際連合の専門機関。1946年に本部をフランスのパリに置いて設立された。UNESCOの政治姿勢が発展途上国寄りであるとしてアメリカは一時的に脱退した。

ユネスコ憲章 ① 1946年に発効した、ユネスコ（国連教育科学文化機関）の精神・目的・任務・組織などを定めた憲章。

世界保健機関（WHO） World Health Organization ⑤ 1948年、世界の人々の健康を増進し保護するため、互いに他の国々と協力する目的で設立された国連の専門機関。新型コロナウィルスなどの感染症対策だけでなく、病気に関する国際的なガイドラインを策定している。2020年、アメリカは脱退を通知したが、21年脱退を中止した。

国連児童基金（UNICEF（ユニセフ）） United Nations Children's Fund ② 1946年に設立。発展途上国の児童への食糧、医療品、医療などの長期的な援助や子ども（児童）の権利条約の普及活動をしている国際連合の総会設立の補助機関。本部はニューヨーク。

国連難民高等弁務官事務所（UNHCR） Office of The United Nations High Commissioner for Refugees ⑥ 1951年にスイスのジュネーヴに設立。母国を追われて難民となった人々に食糧支援など国際的な保護を与える機関。世界各地の紛争地域で難民が多く発生し、急速にこの機関の任務が重要になっている。1991年から2000年まで、国際政治学者の緒方貞子（おがたさだこ）が高等弁務官を務めた。

国連大学（UNU） United Nations University ① 人類の存続、福祉、開発などを中心に国際理解を増進し、各国の大学や研究所などと連携しつつ、国際協力を深めるもの。1975年から活動、本部は東京。

世界知的所有権機関（WIPO） World Intellectual Property Organization ① 全世界的な知的所有権や著作権の保護を促進することを目的として、1970年に発足した国際機関。1974年には国際連合の専門機関となっている。2023年現在で193カ国が加盟。日本は1975（昭和50）年に加盟。本部はスイスのジュネーヴ。

世界食糧計画（WFP） ① 飢餓と貧困の連鎖を断ち切るための食糧支援を行なっている国際連合の専門機関。

国連人権理事会 United Nations Human Rights Council ④ 各国政府に対して人権状況の改善を勧告している国際連合の組織。2006年に、それまでの**国連人権委員会**①を発展的に解消する形で設けられた。

国連人権高等弁務官 United Nations High Commissioner for Human Rights ① すべての人の人権の促進と擁護をはかり、人権の状況を改善するよう国連の諸機関に勧告するなど、国連の人権活動に主要な責任を持つ役職。任期は4年。

世界人口会議 ① 1974年、国際連合の主催でルーマニアのブカレストで開かれた国際会議。すべての人間の生活水準と生活の質の改善を目標とする「世界人口行動計画」が採択された。

3　国際連合と安全保障

「平和のための結集」決議 ⑥ 1950年に国際連合総会で採択された、総会が強制措置（そち）を勧告できるとした決議。朝鮮戦争に際して、ソ連は北朝鮮側に立って安全保障理事会などで行動していて、安保理が機能しなくなった。そこで、総会が安保理にかわり、加盟国の3分の2の多数決で軍事的行動を含む集団的措置を勧告できるようにしたもの。さらに総会が開かれていないときには、要請から24時間以内に緊急特別総会を開催できるとしている。朝鮮戦争では、アメリカ軍を中心とした軍が、**朝鮮国連軍**①の名称で組織された。

朝鮮戦争 ⑥ 1950年、朝鮮民主主義人民共和国（北朝鮮）の軍隊が大韓民国（韓国）に侵攻したことで起きた戦争。韓国にはアメリカ軍を主力とする朝鮮国連軍が、北朝鮮には中国の人民義勇軍が支援して、朝鮮半島全域で戦闘が続いた。東西の冷戦を背景とした「熱い戦争」であった。北緯38度線付近で戦線が膠着（こうちゃく）し、1953年に朝鮮休戦協定が成立。朝鮮半島は南北に分断された。

軍事的措置（そち） ④ 国際連合による制裁として行なう陸、海、空軍による直接的な武力行使（こうし）のこと。国連憲章は、経済、交通、通信、外交関係などを断絶する非軍事的措置が不十分な場合に、軍事的措置をとることができると規定している。

経済制裁 ④ 国際連合などの国際組織や国家が、対象の国に対して自らの要求を実現させるために、貿易取り引きを中止させるなどして経済的に圧力をかけること。軍事的措置によらずに紛争を解決するための手段として使われる。イランの核開発や北朝鮮に対する例がある。

国際連合軍(国連軍、UNF) United Nations Forces ⑥ 国際連合による武力制裁のために設けられる軍隊。国連憲章に基づいて決定されるが、現在まで正規の常備軍としての国際連合軍は設けられていない。本来は安全保障理事会の決議によって組織された国連の指揮に服する軍隊を指す。国際紛争の発生に際し、小規模な平和維持軍や監視団を国連軍と呼ぶこともあるが、これらは国連平和維持軍（PKF）と呼ばれるべきものである。

国連緊急軍 ① スエズ動乱（1956年）や第4次中東戦争(1973年)が勃発した際に、派遣された国連軍の名称。

多国籍軍 ⑤ 1990年のイラクがクウェートに侵攻した湾岸戦争の際に、安全保障理事会の決議で容認されたアメリカ軍やNATO(北大西洋条約機構)軍を中心とするイラクを攻撃した軍の名称。

国連平和維持活動(PKO) Peacekeeping Operations ⑥ 国際連合が、紛争現地の治安維持や監視のための小部隊、監視団を派遣して、事態の悪化や拡大を防止する活動のこと。日本では、1992(平成4)年の国連平和維持活動協力法（PKO協力法）により、自衛隊がPKOに参加できるようになり、カンボジアをはじめとして派遣された。

国連憲章第6章 ① 安全保障理事会が紛争の**平和的解決**①を当事者に要請し、調整方法や解決条件を勧告することができると規定している。

国連憲章第7章 ① 紛争を解決するための平和的手段が尽くされたときに、最後の手段として、安全保障理事会は、国際の平和と安全の維持または回復のために、武力行使を含めた**強制的措置**①を承認したりすることができると規定している。

ダグ=ハマーショルド Dag Hammarskjöld ① 1905～61 第2代国連事務総長。国連憲章に定めのない国連平和維持活動を、第6章で定められている平和的解決と第7章で定められている強制的措置の中間的なものとして「**6章半**」①の措置と呼んだ。

予防外交 ① 国家間や集団間の対立が紛争に発展しないようにするために、外交的説得や経済制裁などを用いる外交手法のこと。

平和構築 ① 紛争終結後に平和な社会をつくり、それを維持するための取り組みのこと。

国連平和維持軍(PKF) Peacekeeping Forces ⑥ 国際連合加盟国が提供した、国連が指揮する武装部隊のこと。武力を行使できるのは、一般に自衛の場合のみであるが、必要に応じ交渉、説得、監視、調査をする権限が与えられる。

停戦監視団 ⑥ PKO部隊の任務として、対立している軍事勢力の戦闘行動の中止を確認し、戦闘行為が起きないように監視する任務を持った部隊のこと。

:**事後原則** ① 国連平和維持活動が、停戦合意の成立後に行なわれるという原則のこと。

:**同意原則** ① 国連平和維持活動が行なわれるためには、紛争当事国の同意を必要とする原則のこと。

選挙監視団 ⑤ PKO活動として、対立している政治勢力が選挙によって安定的な政治のしくみができるように、選挙の不正や選挙妨害を監視する役割を担う。文官を派遣することもある。

国連カンボジア暫定統治機構(UNTAC) U.N.Transitional Authority in Cambodia ② 1992年に設置されたカンボジアの内戦の停止と新政府の樹立に関する活動をするPKOの機関。文民警察、選挙、行政、人権監視、難民帰還、インフラの復旧など多岐にわたる任務があった。

『平和への議題』 Agenda for Peace ① 1992年に当時の国連事務総長だった**ブトロス=ガリ**①によって発表された報告書であり、国連による積極的な紛争の予防、平和の維持、さらに紛争地に平和を強制することが盛り込まれた。

平和執行部隊 ①『平和への議題』を受けて、停戦合意に反する勢力に対して武力による強制行動を行なうために、重武装で戦闘能力を高めた国連平和維持活動の部隊。

4 人権の国際化

人権問題 ① 政治的な自由の制限、社会的な権利に関する制限、人種上の差別、民族への差別、女性差別などが、世界各地で深刻な問題となっていること。いまだ多くの国で人権が十分に保障されておらず、または人権抑圧が行なわれている。このことに対して国際社会は国際連合などの組織をつくり、その活動によって解決をはかろうとしている。

国際世論 ③ 国際社会における共通の認識や意見。国際連合は、国際世論の形成の場、そして国際世論の結集の場として重要である。国際社会でもマスコミの発達によって世論は無視できない力を持つに至っている。また、インターネットの世界的普及は人権問題を告発することに威力を発揮している。

世界人権宣言 ⑥ 1948年、人権保障は国際平和の維持と不可分であるとして、国際連合総会で採択された宣言。自由権だけでなく、社会権にも言及している。法的拘束力はないが、人権保障の基準を示したものとして高く評価されている。

> **世界人権宣言(前文の抜粋)**
> 国際連合の諸国民は、……基本的人権、人間の尊厳及び価値並びに男女の同権についての信念を再確認し、かつ、一層大きな自由のうちで社会的進歩と生活水準の向上とを促進することを決意したので、加盟国は、…人権及び基本的自由の普遍的な尊重及び遵守の促進を達成することを誓約したので、…
> (第1条)
> すべての人間は、生まれながらにして自由であり、かつ、尊厳と権利とについて平等である。人間は、理性と良心とを授けられており、互いに同胞の精神をもって行動しなければならない。

国際人権規約 ⑥ 1966年に国際連合総会で採択された規約。世界人権宣言を条約化したもの。経済的・社会的及び文化的権利に関する国際規約(A規約)、市民的及び政治的権利に関する国際規約(B規約)からなっている。1976年に発効。日本は、公休日の報酬の支払い、官公労働者のスト権、中等・高等教育の漸進的な無償教育の導入の3点を留保して1979(昭和54)年に批准したが、3点目については2012(平成24)年に留保を撤回した。

経済的・社会的及び文化的権利に関する国際規約(A規約) ⑤ 国際人権規約を構成する1つで、「社会権規約」または「A規約」といわれる。内外人平等主義をとっており、国民のみならず外国人の人権保障のためにも重要な意味を持つ。

市民的及び政治的権利に関する国際規約(B規約) ⑤ 国際人権規約を構成する1つで、「自由権規約」または「B規約」といわれる。市民的な自由、平等の基本的人権を保障することを内容としている。なお、このB規約には人権侵害を受けた個人が人権委員会に救済を申し立てすることを認めた第1選択議定書と、「死刑廃止条約」とも呼ばれる**第2選択議定書**①が付されているが、日本はいずれも批准していない。

採択年	名称	日本の批准年
1948	世界人権宣言	—
	ジェノサイド条約(集団殺害罪の防止及び処罰に関する条約)	未批准
51	難民の地位に関する条約	1981
52	婦人参政権に関する条約	55
65	人種差別撤廃条約	95
66	国際人権規約	79
67	難民の地位に関する議定書	82
73	アパルトヘイト処罰条約	未批准
79	女子差別撤廃条約	1985
89	児童の権利に関する条約	94
89	死刑廃止条約	未批准
2006	障害者権利条約	2014

国際連合による主な国際人権法と日本の批准

選択議定書 ④ 条約をさらに発展、充実させる目的で、条約本文とは別に独立して作成される国際法のこと。「選択」というのは条約の締約国が選択議定書を批准するかどうかを条約本文の批准とは別に選択できるからである。女子差別撤廃条約選択議定書、児童の権利に関する条約選択議定書などの例がある。

社会権規約の選択議定書 ① 2008年に国際連合総会によって採択された、経済的、社会的及び文化的権利に関する国際規約の個人通報制度、国家報告制度、調査制度を定めた多国間条約。

国家報告制度 ① 人権条約の締約国が、条約上の義務の履行状況を実施機関に報告する制度。

個人通報制度 ① 人権条約に認められた権利を侵害された個人が、各人権条約の条約機関に直接訴え、国際的な場で自分自身が受けた人権侵害の救済を求めることができる制度。

障害者権利条約 ③ 障がい者の人権と基本的自由の享有を確保し、障がい者の固有の尊厳の尊重を促進することを目的として、2006年に国際連合総会で採択された。障がいによるどのような差別もなしに、すべての障がい者の人権及び自由を実現すること、労働などの社会権的権利を実現するしくみなどを定める。日本は2014(平成26)年に、批准した。

人種差別 ① 人種や皮膚の色の違いなどを理由に、政治的、経済的、社会的に差別すること。アフリカ系やアジア系の有色人種に対する差別や非白人の混血に対する差別などの例もあった。現在は、国際的な運動によって南アフリカ共和国がアパルトヘイト(人種隔離政策)を止めたように、差別をなくす努力がなされている。

人種差別撤廃条約 ⑥ 1965年、国際連合総会で採択された人種差別を禁止する条約。この条約が禁止する人種差別とは、人種、皮膚の色、門地または民族的、種族的出身に基づくあらゆる区別や除外、制約を指す。人権及び基本的自由の平等を確保するため、あらゆる形態の人種差別を撤廃する政策などを、適当な方法によってとることが主な内容。日本は1995(平成７)年に批准した。

アパルトヘイト apartheid ④ 1948年以来、南アフリカ共和国がとってきた白人優位の人種差別政策。公共施設分離利用法、人口登録法、集団地域法などによって有色人種を差別してきたが、1991年、デクラーク大統領(在任1989～94)はこの政策の終結宣言を行ない、1994年には黒人のマンデラが大統領に選出された。

ネルソン＝マンデラ Nelson Mandela ② 1918～2013 南アフリカ共和国初の黒人出身の大統領。アパルトヘイトのもとでアフリカ民族会議の活動を行ない、黒人の権利確保に努めた。1993年にノーベル平和賞を受賞。1994年、初の全人種による議会選挙が行なわれ、そこで大統領に選出された。その後、1999年まで務めた。

民族差別 ① 自分の属する以外の民族に対する政治的、経済的、社会的差別。自民族中心主義や偏見から生じた他の民族に対する差別。ナチス政権下でのユダヤ人虐殺や日本軍によるアジア侵略時のアジアの人々への差別、少数民族に対する差別問題などの例がある。

ジェノサイド（集団殺害） genocide ⑥ 第二次世界大戦中、ナチス政権のユダヤ人などに対する迫害の特異性を示すためにつくられた言葉。無差別に行なわれた大量の殺人行為である。

ジェノサイド条約 ③ 1948年に国際連合総会採択、1951年に発効した、集団殺害罪の防止及び処罰に関する条約。日本は未批准。

人道に対する犯罪 ④ 戦時、平時にかかわらず、国や特定の集団によって一般国民に対してなされた謀殺、絶滅を目的とした大量殺人、奴隷化、追放その他の非人道的行為をいう。ナチスの責任を問うニュルンベルク国際軍事法廷で初めて規定された。カンボジアのポル＝ポトによる虐殺、ルワンダ虐殺などでもその罪が問われた。2014年、北朝鮮における人権状況に関する国連調査委員会は、北朝鮮の最高指導部を、日本人拉致問題などで「人道に対する犯罪」にあたるとして安全保障理事会、国際刑事裁判所への付託を勧告した。

人道危機 ② 内戦などを原因として起こる難民の発生、飢餓やジェノサイドの危険が高まるといった基本的人権が脅かされるような状況のこと。

難民 ⑥ 人種、宗教、政治的意見などを理由として迫害を受ける可能性があるために自国外におり、自国の保護を受けることのできない人々のこと。自然災害からの避難民や貧困や飢餓から国外に逃れる人々とは区別される。地域紛争や民族紛争によって難民の数は増大している。

難民の地位に関する条約（難民条約） ⑥ 国際連合が、難民の人権保護と難民問題の解決を目指し、国際協力を効果的にするために1951年に採択し1954年に発効した条約。この条約を補うため、1967(昭和42)年、「難民の地位に関する議定書」もつくられた。この条約と議定書を合わせて「難民条約」と呼ぶ。日本は議定書を1982(昭和57)年に批准した。

ノン・ルフールマンの原則 ⑥ 難民が再び迫害を受けかねない地域へ送り戻されることを禁じる国際法規範。難民条約第33条で規定している。

国内難民 ⑤ 国内にとどまりながらも故郷を追われ、難民と同じような状況にある人々。内戦などの発生によって生じる。紛争地域から逃げ出して比較的安全な地域にとどまって難民キャンプをつくり、国際的な支援を待つ例などがみられる。

難民支援 ② 難民となった人々の衣食を提供したり、住まいを確保して生活を保障すること。紛争後に難民が母国へ帰還することを助けたりするなどの活動をいう。国際機関だけでなく、NGO（非政府組織）などもこれらの活動を行なっている。

第三国定住 ④ 難民が、最初に保護された国から、その受け入れに同意した第三国へ移ること。

難民審査参与員制度 ① 難民と認定されなかった外国人による異議申し立てに対して、法曹実務家などの難民審査参与員が直接本人と接して口頭意見陳述や質問を行ない、法務大臣に意見する制度。

保護する責任 ② 政府が自国民を保護する能力や意思を持たない場合に、国際社会が当該国の国民を保護するべきであるという考え方。

児童の権利に関する条約（子どもの権利条約） Convention on the Rights of the Child ⑥ 1989年、国際連合で採択された子どもの人権を包括的に規定した条約。18歳未満の子ども（児童）の基本的人権を保護するとともに、子どもを市民的自由の権利を行使する主体として認め、意見表明権などが保障されている。日本は1994（平成６）年に批准した。1959年に国連が採択した児童の権利宣言を具現化したもの。

> **児童の権利に関する条約（子どもの権利条約）**
>
> 第１条　この条約の適用上、児童とは、18歳未満のすべての者をいう。（以下略）
>
> 第２条　１　締約国は、その管轄の下にある児童に対し、児童又はその父母若しくは法定保護者の人種、皮膚の色、性、言語、宗教、政治的意見その他の意見、国民的、種族的若しくは社会的出身、財産、心身障害、出生又は他の地位にかかわらず、いかなる差別もなしにこの条約に定める権利を尊重し、及び確保する。
>
> ２　締約国は、児童がその父母、法定保護者又は家族の構成員の地位、活動、表明した意見又は信念によるあらゆる形態の差別又は処罰から保護されることを確保するためのすべての適当な措置をとる。
>
> 第12条　１　締約国は、自己の意見を形成する能力のある児童がその児童に影響を及ぼすすべての事項について自由に自己の見解を表明する権利を保障する。（以下略）

意見表明権 ② 自己の意見をいうことのできる年齢か能力のある児童が、自分に関するすべての事項について、自分の意見を表明する権利を確保するということ。

ストリートチルドレン ① 戦災などが原因で住む家がなく、路上で物売りや物乞いなどをしながら生活をしている子どもたち。

NGO（非政府組織） Non-Governmental organization ⑥ 政府や政府間につくられた組織や機関ではなく、純粋に民間に組織された団体として、平和や人権、福祉などの問題に活動しているものを指す。利益を目的とする企業とは異なる。国際的に活躍するNGOについては国際連合でも役割を評価し、経済社会理事会では協議資格制度を設けて認定している。

国連NGO ① 国際的に活躍し、国際連合の経済社会理事会との協議資格を持つNGO（非政府組織）のこと。

アムネスティ・インターナショナル Amnesty International ④ 宗教やイデオロギーを理由に拘束されている人々（「良心の囚人」と呼ばれる）の釈放、死刑の廃止などを国際世論に訴え、人権擁護を行なおうとする国際組織。代表的なNGOで、イギリスのロンドンに本部があり、1977年ノーベル平和賞を受賞した。

赤十字国際委員会 International Committee of the Red Cross ① 1863年にフランスのデュナンによって設立された。戦争や災害などの地域において、犠牲者に対する医療活動、保護を行なうことを目的としている非政府組織。

国境なき医師団（MSF） Médecins Sans Frontières ② 1971年、フランスで設立され、現在世界各地に支部を持つ国際医療ボランティア活動をしている団体。医師や看護師が登録されており、自然災害、戦争、難民救援などの医療、救援活動をしている。1999年、ノーベル平和賞を受賞した。日本にも事務局がある。

民間非営利団体（NPO） Non-Profit organization ④ 利益を追求することなく、社会に有用なサービスを提供する民間組織のこと。日本でもその重要性から、1998（平成10）年に特定非営利活動促進法（NPO法）が成立し、市民的活動などを行なう団体に法人格を与えて活動を促進している。大規模災害時の支援活動、社会福祉の分野での活動など多岐にわたっている。

ハーグ条約 ① 1980年に締結された「国際的な子の奪取の民事上の側面に関する条約」のこと。国際結婚が増加したことで、離婚などに伴って一方の親による子の連れ去りや監護権をめぐる問題が発生。原則として居住国に子を返還すること、親子の面接交流の機会を確保することを締約国が支援するよう取り決めた国際条約。日本は2014（平成26）年にこの条約に署名し、発効させた。

3 国際政治の動向

1 戦後の対立から冷戦へ

東西対立 ⑤ ソ連を中心とする社会主義陣営とアメリカを中心とする資本主義陣営の第二次世界大戦後に発生した対立。社会体制の相違を背景とし、イデオロギー、生産力、従属国の争奪、核兵器開発といった全分野にわたる対立であった。この対立が冷戦を招くことになった。

分断国家 ① 東西対立を背景に、旧東西ドイツのように、本来1つの国家が異なる体制の2つの国家に分断されること。

西側陣営 ⑤ アメリカと西ヨーロッパのNATO(ナトー)(北大西洋条約機構)加盟国、日本などの資本主義経済体制をとり、アメリカとの軍事同盟関係を持っている国々のことをいった。ソ連、東ヨーロッパ、中華人民共和国の社会主義陣営(東側陣営)に対していう。

資本主義諸国 ③ 経済は市場経済体制をとり、国際的には、IMF(アイエムエフ)(国際通貨基金)やGATT(ガット)(関税及び貿易に関する一般協定)を組織して、自由貿易を促進した。第二次世界大戦後、経済の混乱期をすぎると高い経済成長を達成し、各国は国力を高めた。

：**自由主義国** ② 個人の自由を尊重し、これに対する国家の干渉(かんしょう)を排除しようとする考え方をとる国のこと。経済的には資本主義国となり、社会主義国と対比されて使われることが多い。

社会主義陣営(東側陣営) ⑤ 第二次世界大戦後、ソ連を中心として、東ヨーロッパ諸国、朝鮮民主主義人民共和国(北朝鮮)、中華人民共和国、キューバなどの生産財の公有を行ない、計画経済を実施する社会主義経済体制をとった国々。ソ連の指導のもとに東側陣営として、冷戦で資本主義体制をとる西側陣営諸国と対立した。共産党の情報交換組織としてのコミンフォルム、軍事同盟のワルシャワ条約機構、貿易や経済組織のCOMECON(コメコン)を結成した。1989年以来の東ヨーロッパの民主化、1991年のソ連の解体によって社会主義陣営は崩れた。

：**社会主義国** ② マルクスやレーニンの考えに基づき、生産手段の社会的所有による経済体制とそれを実現するための共産党の一党独裁体制などの政治体制を形成している国のこと。ソ連や東ヨーロッパ、中華人民共和国などを指した。現在、社会主義体制をとっている国は中国など少数である。

トルーマン・ドクトリン Truman Doctrine ④ 第二次世界大戦後、アメリカが、ヨーロッパやアジア諸国が社会主義化し、ソ連の影響下に入ることを恐れてとった共産主義封じ込め政策。1947年、アメリカの**トルーマン大統領**②は、冷戦の中で、「トルーマン主義」を宣言して社会主義の進出を抑える政策をとった。

共産主義封じ込め(封じ込め政策) ④ 第二次世界大戦後の東ヨーロッパや中国の社会主義化に対して、これ以上社会主義国が増加しないようにアメリカを中心とする西側陣営諸国のとった一連の政策。軍事的にはNATOの結束強化、経済的にはマーシャル・プランによる援助がある。朝鮮戦争やベトナム戦争へのアメリカの参戦の背景には共産主義封じ込めの考え方がある。

マーシャル・プラン Marshall Plan ④ 1947年、アメリカ国務長官**マーシャル**②が発表した経済復興計画。ヨーロッパ諸国への援助計画であったが東側陣営は参加せず、西ヨーロッパの第二次世界大戦後の復興と経済的自立を援助するための計画となった。このプランは、のちに西側陣営の国への軍事援助的な性格を強めた。このプランに対するヨーロッパ側の受け入れ機関が欧州経済協力機構(OEEC)であり、のちに経済協力開発機構(OECD)に発展した。

コミンフォルム Cominform ④ 1947年にソ連が各国共産党との連絡提携を強化するために設けた「共産党情報局」のこと。1956年に解散した。

COMECON(コメコン)(経済相互援助会議、CMEA) Council for Mutual Economic Assistance ③ 1949年にソ連と東ヨーロッパ社会主義諸国の国際分業を促進するために設けられた経済協力機構。アメリカのマーシャル・プランに対抗したものであった。1991年、東ヨーロッパの変革に伴い解散した。

鉄のカーテン ③ 1946年、元イギリス首相チャーチルが、アメリカのフルトンで行なった反ソ演説の中で使った言葉。バルト海のシュチェチン(シュテッティン)からアドリア海のトリエステまで、大陸を横切って鉄のカーテンが降されているといい、東西両陣営を隔てる対決の境界線があることを表明した。

チャーチル Churchill ③ 1874～1965 イギリス保守党の指導者で、反共、反ファシズムの政治家。首相として強力な指導力を発揮して、第二次世界大戦を戦った。

冷戦(冷たい戦争) Cold War ⑥ 軍事力を行使する戦争にまでは至らないが、軍備拡張競争やイデオロギー対立があり、一触即発の状態にあったこと。第二次世界大戦中は米ソ両国は協調関係にあったが、戦後社会主義勢力が東ヨーロッパを中心に拡大したことから、両国の関係は悪化し、対立していった。直接の武力衝突にまで至らなかったことから「冷戦」という。

冷戦体制 ① 第二次世界大戦後の東西両陣営の冷戦によって生じた国際社会の対立の図式。米・ソをそれぞれの頂点とし、東・西ドイツの対立、南・北ベトナム、南・北朝鮮の対立など、世界の各地に対立の冷戦構造が生まれた。一方で朝鮮戦争のように大規模な代理戦争が起こった。

中国 ① 1949年、内戦に勝利した共産党が中心となって中華人民共和国の建国宣言がなされ、国民党は台湾に逃れて、引き続き中華民国を名乗った。当初、アメリカを中心とする西側陣営は中華民国を支持し、国連における**中国の代表権**②が中華人民共和国に認められたのは1971年になってからである。

2 地域的集団安全保障

北大西洋条約機構(NATO) North Atlantic Treaty Organization ⑥ 東西冷戦が激化した1949年、北大西洋地域のアメリカ、カナダとヨーロッパの西側陣営諸国(イギリス、フランスなど10カ国)による集団安全保障体制。アメリカを中心とする軍事同盟として、東側陣営と対峙してきたが、冷戦後は地域内の安全保障を維持する組織としてその性格をかえた。

NATOの東方拡大 ① 冷戦後、旧東側陣営諸国がつぎつぎと加盟し、NATOの規模を拡大させていること。1999年にハンガリー、チェコ、ポーランドが、2004年にバルト3国、スロバキア、スロベニア、ブルガリア、ルーマニアが、2009年にアルバニア、クロアチアが、2017年モンテネグロ、2020年北マケドニアが加盟し、31カ国となっている。

ワルシャワ条約機構(ワルシャワ相互防衛援助条約機構、WTO) Warsaw Treat Organization ④ 1955年、NATOや西ドイツの再軍備に対抗して結成された、ソ連を中心とする東側陣営諸国による集団安全保障体制。当初8カ国が参加したが、1968年アルバニアが脱退した。1991年、冷戦の終結を背景として解体した。これにより、東西両陣営の軍事的対立は解消した。

米州機構(OAS) Organization of American States ① 1948年に発足した、南・北アメリカ大陸の機構。その目的は、平和を実現すること、加盟国間の協力を密にすることなどであるが、反共的な性格が強かった。カナダ、アメリカを含む35カ国(2017年にベネズエラが脱退を表明)が加盟。アメリカのワシントンに本部を置く。

アフリカ統一機構(OAU) Organization of African Unity ① 1963年、アフリカ諸国首脳会議で創設された、アフリカが連帯するための組織。「アフリカはひとつ」の理念のもと、植民地主義の一掃や紛争の平和的解決などを目指した。2002年7月にアフリカ連合(AU)が後継組織として正式に発足し、改組した。アフリカ連合は、アフリカの政治的、経済的統合の実現と紛争の解決への取り組み強化のため発足した地域機関。アフリカ諸国の国際的な地位向上を目的としているが、各国の発展途上に違いがあり、地域統合の道のりは遠い。

アフリカ連合(AU) ③ アフリカ55カ国・地域が加盟する地域機関。アフリカの一層高度な政治的、経済的統合の実現と紛争の予防、解決に向けた取り組み強化のために、2002年にアフリカ統一機構(OAU)から発展改組された。エチオピアのアジスアベバに本部を置き、EUをモデルとした地域統合を目標に掲げる。総会のほか、平和・安全保障理事会やアフリカ人権裁判所などの組織を構想している。

3 冷戦と冷戦終結の動き

ベルリンの壁 ④ 1961年、東ドイツとソ連が、西ベルリンを取り囲んで築いた壁のこと。1950年代に入って、東ドイツから西ベルリンを経て西ドイツへ逃れる人々が大量に出たため、遮断する壁をつくった。この壁は冷戦の象徴でもあったが、1989年に壁に穴が開けられ、ベルリンの壁崩壊は冷戦終結と東・西ドイツ分断の終結の象徴となった。

分裂国家 ② 歴史的に単一であった国家が、体制の対立を反映し、複数の国に分裂している国のこと。第二次世界大戦後の東・西ドイツ、南・北朝鮮などにみられる。1990年10月、東・西ドイツは統一を成しとげたが、南・北朝鮮は統一されていない。

ジュネーヴ四巨頭会談 ③ 1955年、スイスのジュネーヴで、アイゼンハワー大統領(米)、イーデン首相(英)、ブルガーニン首相(ソ)、フォール首相(仏)の4大国の首脳によって開かれた会談。この会談は、第二次世界大戦後約10年にして、ようやく東西両陣営の間に歩み寄りがみられ、国際緊張緩和の手がかりとなるものであった。

平和共存 ③ 資本主義国家群と社会主義国家群とが平和的に対外関係を進めようとした1950年代後半からの動きのこと。1955年のジュネーヴ四巨頭会談、1959年のソ連首相フルシチョフの訪米による米ソ両首脳のキャンプデービッド会談、1963年の部分的核実験禁止条約(PTBT)の締結とホットラインの設置など、少しずつ緊張緩和へと向かった。

ホットライン(直通回線) Hot line ④ アメリカとロシア(旧ソ連)の両首脳執務(しつむ)室間をはじめとする、主要国首脳の間を直接結ぶ回線のこと(緊急通信線、直通回線)。1963年、ワシントン・モスクワ間のホットライン設置協定が結ばれたが、きっかけは前年のキューバ危機であり、ホットラインの設置は偶発的な核戦争を回避しようとする努力のあらわれであった。

恐怖の均衡(きんこう) ② 核兵器を保有し、増強すればするほど核戦争の危機も高まるが、一度核戦争が起これば、自国民も大きな被害を受けることから、核兵器の使用を抑制(よくせい)する力として働くこと。互いに相手に報復できる核兵器を持つことで、戦争が抑制される状態を表現した言葉。核抑止(よくし)論につながる考え方である。

核抑止(よくし)論 ⑤ 核兵器を保有し、核兵器による報復力を持つことで、対立する国に核攻撃を思いとどまらせ、自国の安全が保たれるとの論理。「核の傘(かさ)」とも呼ばれる。核の保有が結果として重大な核戦争と核戦争になる恐れがある全面戦争が回避される、という考え方で、核戦略の1つである。冷戦期の米ソの戦略であった。

キューバ危機 ④ 1962年、**カストロ**①による革命後のキューバにソ連のミサイル基地が設けられたことから生じた米ソの冷戦下の対立。アメリカ大統領ケネディが、ソ連のミサイル搬入を阻止しようとしてキューバ海域を封鎖したことで発生した。両国の対立は核戦争寸前の深刻な状況にまでいったが、ソ連のフルシチョフ首相はキューバのミサイルを撤去(てっきょ)し、アメリカもキューバ侵略をしないことを約束したことで危機は回避された。

ケネディ Kennedy ③ 1917〜63 アメリカ合衆国第35代大統領(在任1961〜63)。民主党出身。対外的にはアメリカの威信回復と平和、国内的には繁栄、福祉、人種平等をスローガンに掲げ、ニューフロンティア政策を推進した。1962年、キューバ危機を回避したが、1963年テキサス州ダラスで何者かに暗殺された。消費者の4つの権利についても示した。

フルシチョフ Khrushchev ② 1894〜1971 スターリンの死後、ソ連共産党第一書記(在任1953〜64)として、農業生産の改善、平和共存外交を推進した。スターリン批判をし、首相となり、平和共存路線をとった。1963年に部分的核実験禁止条約(PTBT)を成立させた。宇宙開発を推し進め、世界初の人工衛星であるスプートニク号の打ち上げに成功した。ハンガリー動乱(1956年)には軍事介入(かいにゅう)した。日ソ共同宣言交渉をしたときのソ連共産党の最高指導者である。

民主化運動 ② ここでは、冷戦下の東ヨーロッパ諸国で繰り返された民主化を求める運動のこと。代表的なものとしては、ハンガリー動乱や「プラハの春」などがある。

ハンガリー動乱 ① 1956年にハンガリーで発生した民主化を求める運動。ソ連軍の介入により鎮圧された。

プラハの春 ③ 1968年に当時のチェコスロバキアで起こった改革運動。共産党第一書記にドプチェクが就任し、「**人間の顔をした社会主義**」①として民主化を進めた。これに対してソ連がワルシャワ条約機構軍として武力介入し、チェコスロバキア全土を占領し、改革派は政権を追われてこの運動は失敗した。

デタント(緊張緩和) ④ 一般的には戦争の危機にある2国間の対立関係が緩和すること。冷戦下での米ソの対立、緊張関係が1960年代後半から1970年代前半にゆるみ、友好関係に向かった出来事。第1次戦略兵器制限交渉(SALTI)や核戦争防止協定などを締結した。しかし、ソ連のアフガニスタン侵攻などをきっかけに両国は、再び「新冷戦」といわれる対立関係になった。

カシミール紛争 ③ インドとパキスタンの

国境地にあるカシミール地方の帰属をめぐる対立から、両国が軍事衝突した地域紛争。ムスリムが多く居住する地域であるが、中国、アフガニスタンとも接する重要な地域で、第1次、第2次のインド・パキスタン戦争の原因になった。さらに1999年にも大規模な武力衝突が発生した。

インドシナ戦争 ② 第二次世界大戦後、日本軍が撤退したのちに、ベトナム、ラオス、カンボジアのインドシナ3国が旧宗主国のフランスに対し独立を求めた戦争。インドシナ全域に及び、特にベトナム民主共和国(北ベトナム)とフランスとの戦争は東西対立に巻き込まれて長期化した。1954年のディエンビエンフーでのフランス軍の敗北後、ジュネーヴ協定で停戦した。この後、1960年代にはアメリカと北ベトナム、南ベトナム解放民族戦線(ベトコン)とのベトナム戦争が起こり、カンボジアにも混乱が及んだ。これを第2次、第3次インドシナ戦争という。

ベトナム戦争 ⑤ 1960〜75年。1954年のジュネーヴ協定で、ベトナムは南北に分割し、3年後に統一選挙を行なうことになったが、統一はできなかった。アメリカは共産主義の拡大の懸念から南ベトナムを支援した。南ベトナム政府は、南北分割の恒久化をはかり、北ベトナムと対立した。1960年、南ベトナム解放民族戦線(ベトコン)が結成されベトナム戦争が拡大した。南ベトナム・アメリカ軍と北ベトナム・ベトコンの戦いである。アメリカはインドシナ全域の共産化の危険を指摘するドミノ理論によって、南ベトナムを反共の拠点とするため介入をはかった。1965年からは北ベトナムへの空爆(北爆)も実施したが、国際的な平和世論に押され撤兵に追い込まれた。1973年にベトナム和平協定が締結されて終結した。1975年に北により武力で統一国家が翌年実現した。

ベトナム和平協定 ① 北ベトナム、南ベトナム、南ベトナム共和国臨時革命政府、アメリカの間で調印されたベトナム戦争を終結した協定。

ニクソン Nixon ③ 1913〜94 アメリカ合衆国第37代大統領(在任1969〜74)。共和党出身。対外政策に力を注ぎ、ベトナム戦争を終結させた。また中華人民共和国との関係改善に取り組み、自ら訪中した。日本との関係では、沖縄返還協定を締結した。また、ドル防衛のために金とドルとの交換を停止して、国際金融市場に大混乱を起こした。1974年、ウォーターゲート事件で辞任した。

代理戦争 ② 大国が、内乱や戦争状態にある国のいずれかを援助し、大国の代理で戦争が行なわれている状況をいう。アメリカ側の大韓民国と、中ソ側の朝鮮民主主義人民共和国(北朝鮮)が対立した朝鮮戦争や、アメリカが支援した南ベトナムと、中ソが支援した北ベトナムが対立したベトナム戦争は、その例である。

多極化 ④ 1950年代後半から、米ソの二極化が崩れ、それぞれの陣営の中でしだいに国力を強めた諸国が独自の利害を主張するようになったこと。米ソの軍事力、経済力を背景とした圧倒的な優位状況が崩れていったことによって生じた。西側陣営では、フランスが独自の防衛、外交路線をとり、日本や西ドイツは経済力を強めてアメリカと市場を争うようになった。東側陣営では、中ソの対立、ソ連と東ヨーロッパ諸国との対立が生まれた。

中ソ対立 ④ 中国とソ連の両国が、中ソ論争という社会主義革命と国家の建設、民族解放闘争の指導理念をめぐって対立を起こし、さらには国境地帯での武力衝突にまで至ったこと。ソ連は、中国に派遣していた技術者を引き揚げたりした。中国が改革・開放政策に転換後、対立は解消していった。

中ソ論争 ① 国際共産主義運動をめぐる、ソ連と中国の対立。1956年、ソ連のフルシチョフがスターリン批判、平和革命移行、平和共存路線への転換を表明。これに対して中国の毛沢東が反論、対米対決を主張したことに始まる。

米中国交正常化 ③ アメリカ大統領補佐官キッシンジャーの秘密外交後、アメリカ大統領ニクソンの訪中が1972年に実現し、1979年にはカーター大統領が米中国交正常化を正式に果たした。この結果、アメリカは台湾政府との国交を断ち、台湾は中国の一部であるとする中華人民共和国政府の立場を認めることになった。

ニクソンの訪中 ③ アメリカ大統領ニクソンが北京を訪問し、毛沢東、周恩来と会談し、それまで対立していた米中関係を転換する機会になった出来事。日本政府にも、事前にその動きは伝えられておらず、世界中を驚かせた。

第4次中東戦争 ② 第3次中東戦争に敗れたエジプトが、1973年、イスラエルに対して進軍奇襲したが、約10日間の軍事衝突の後、膠着し、米ソの仲介で停戦した戦争。シリアなど周辺のアラブ諸国も対イスラエルとの戦闘を行なった。このとき、アラブ産油国は石油戦略を発動し、イスラエル側に立つ国には原油を輸出しないとするなどした。スエズ運河の閉鎖もあり、第1次石油危機が発生した。

アフガニスタン侵攻（侵入） ④ 1979年、ソ連がアフガニスタンに軍を派遣し、全土を制圧した出来事。アフガニスタンでは1978年にソ連寄りの人民民主党政権に対してイスラーム勢力による革命が起こり政治が混乱した。1979年、政権がアメリカ寄りになるのではないかと危惧したソ連が、軍事介入した。ソ連は1989年のゴルバチョフ書記長による完全撤兵まで、1万4000人を超える兵士が戦死したといわれる。大国の介入の例としてアメリカのベトナム戦争と比較される。

新冷戦 ⑤ ソ連のアフガニスタン侵攻以降の1970年代末からの米ソ対立をいう。アメリカ大統領レーガンは軍拡を続け、中距離核戦力（INF）をヨーロッパに配備、ソ連もこれに対抗して軍備を増強した。1985年以降、対立は解消に向かい、1989年のブッシュ大統領とゴルバチョフ書記長のマルタ会談で冷戦の終結が宣言された。なお、21世紀に入ってから、アメリカとロシアの間における、東ヨーロッパ諸国への覇権やアメリカの一極支配への対抗を新冷戦（第2次冷戦）ということもある。

天安門事件 ④ 1989年に中国では**民主化を求める運動**①が活発化したが、同年6月4日、北京の天安門広場において、民主化を要求する学生、市民のデモに対し、人民解放軍が戦車や装甲車を出動させ、解散、鎮圧のために無差別に発砲、多数の死傷者を出した流血事件。民主化要求に寛容であった胡耀邦党総書記の死去に対して、名誉回復を求める学生のデモが契機になった。この事件によって、中国は国際世論から非難されて国際的に孤立し、西側陣営との経済関係も悪化した。なお、事件の真相は現在でも秘密とされている。

東欧の民主化（東欧諸国の民主化） ④ 1989年、ソ連のペレストロイカの影響を受け、ハンガリーの非共産党政権の誕生と複数政党制の導入、ポーランドでの自由化を求める連帯の政権の誕生、東ドイツから西ドイツへの大量亡命とベルリンの壁崩壊、チェコスロバキアのビロード革命、ルーマニアのチャウシェスク政権の崩壊、ブルガリアの民主化など、東ヨーロッパ諸国の共産党政権が倒れ、民主化が行なわれたこと。「**東欧革命**」①ともいう。その後のエストニア、ラトビア、リトアニアのバルト3国のソ連からの分離独立も含めていうこともある。

新思考外交 ④ ソ連共産党書記長ゴルバチョフが展開した、それまでのソ連にはなかった新しい発想に基づいた外交のこと。具体的には、1987年中距離核戦力（INF）全廃条約の調印、1989年アフガニスタンからのソ連軍撤退と同年アメリカ大統領ブッシュとのマルタ会談で東西冷戦の終結を世界に示したこと、などがあげられる。

マルタ会談 ⑤ 1989年12月、地中海のマルタ島沖で開かれた米ソ首脳会談。アメリカ大統領ブッシュとソ連共産党書記長ゴルバチョフは、この会談を通じて、冷戦の終結と新時代の到来を宣言した。すでに起こっていた東ヨーロッパ諸国の民主化の動きやベルリンの壁崩壊を追認したことになる。1991年のソ連崩壊により、米ソの冷戦は終わった。

ブッシュ　Bush ④ 1924〜2018　アメリカ合衆国第41代大統領で、第43代大統領の父（在任1989〜93）。共和党出身。1989年のパナマ侵攻、1989年と1990年のソ連のゴルバチョフとの首脳会談、そして1991年の湾岸戦争など外交に強い大統領との印象を国民に与えた。しかし、国内的には財政赤字の増大などの課題があり、大統領選で民主党のクリントンに敗れた。

ゴルバチョフ　Gorbachev ⑤ 1931〜2022　ソ連共産党書記長、大統領。1985年に共産党書記長となり実権を握ると、ペレストロイカによる一連の政治改革を実施、グラスノスチで言論を活発化させ、冷戦を「新思考外交」で終結させた。ソ連は経済の停滞に悩んでいたが、それを打開して国民の期待にこたえることはできなかった。新たに大統領制を始めて、1990年に大統領になったが、クーデタにより実権を失い、ソ連共産党を解散した。

冷戦の終結 ⑥ 米ソの対立を中心とした西側陣営と東側陣営の対立が、1989年のマルタ会談で発表された冷戦の終結宣言によって終結したこと。これにより核軍縮の進展や、相互の経済、文化交流が促進されている。

ドイツ統一（東・西ドイツの統一） ③ 冷戦によって分断されていた東ドイツ（ドイツ民主共和国）が西ドイツ（ドイツ連邦共和国）に編入される形で1990年に統一されたこと。統一選挙が実施されて合意に至り、両ドイツ統一条約が正式に調印された。憲法はボン基本法を一部改正。首都はベルリン（2001年に首都機能を移転）となった。東ドイツでは社会主義統一党のホネカー（在任1971〜89）の長期政権が続いていたが、西側との経済格差の拡大などで国民の不満が高まり、東欧革命の中で失脚(しっきゃく)した。ベルリンの壁が崩壊するとともに一気に統一へと向かった。

全欧安全保障協力会議（CSCE） Conference on Security and Cooperation in Europe ③ 1975年、フィンランドのヘルシンキで開かれた、ヨーロッパ地域の緊張緩和と相互の安全保障を討議した国際会議。アルバニアを除く全ヨーロッパ諸国に、アメリカ、カナダを加え、35カ国の首脳が参加、ヘルシンキ宣言を採択した。

全欧安全保障協力機構（欧州安保協力機構、OSCE） Organization for Security and Cooperation in Europe ③ 全欧安全保障協力会議（CSCE）から発展し、1995年に名称を全欧安全保障協力機構とした。軍縮や各国の交渉による問題解決、地域紛争の仲介、安全保障モデルの討議などを行なう機関となった。日本はオブザーバー参加している。

少数民族問題特別代表 ① 民族対立が武力衝突に発展することを防ぐために、全欧安全保障協力機構（OSCE）に設けられた役職。

ASEAN(アセアン)＋３ ① ASEANの10カ国に日本、中国、韓国が加わったアジア地域の国際会議。1997年のアジア通貨危機のときに、ASEANの首脳会議に日中韓の首脳が招待された形で開始された。外相会議、財務相会議、経済相会議など閣僚(かくりょう)レベルの会議が立ち上げられ、金融、食糧安全保障など様々な分野で実務協力が進展している。

ASEAN(アセアン)共同体 ① ASEAN域内で2015年に設立された、政治・安全保障、経済、社会・文化の３つの共同体からなる協力組織。

東アジア首脳会議（EAS） ① ASEAN＋３にオーストラリア、ニュージーランド、インドなどを加えた地域的経済統合へ向けた首脳会議。

ASEAN(アセアン)地域フォーラム（ARF） ASEAN Regional Forum ② アジア太平洋地域の安全保障に関して、意見交換を行なう公式の機関。ASEAN10の国々に、日本やアメリカ、中国、ロシア、EUなどが参加している。

一国二制度 ④ 中国の一部である香港(ホンコン)に、中国本土とは異なる制度を適用することをいう。1997年、中国政府はイギリスから返還された香港に対し、外交・防衛を除く分野で高度の自治を50年間認めると約束した。ところが2020年７月、中国政府は**香港国家安全維持法**③を施行して、香港の人々の言論・集会の自由などを大幅に制限、一国二制度は事実上消滅した。

香港民主化運動 ① 2014年に香港で展開された大規模な民主化運動。９月に始まった道路封鎖の「**雨傘運動**①」は市内中心部３カ所で79日間も続いた。

4　発展途上国の動き

平和五原則 ② 1954年、中国の周恩来(しゅうおんらい)とインドのネルーとの間で確認された原則。領土保全並びに主権の尊重、相互不可侵(ふかしん)、内政不干渉(ふかんしょう)、互恵(ごけい)・平等、平和共存の５原則である。翌年、バンドン会議において、これを具体化した「平和十原則」が宣言された。

周恩来(しゅうおんらい) ① 1898〜1976　中国建国時の中国共産党の指導者。中華人民共和国の初代国務院総理（首相、在任1949〜76）として、特に日中の国交正常化など外交面で優れた手腕を発揮した。

：ネルー（ネール） Nehru ① 1889〜1964　インド独立運動を指導、独立後は初代首相として内政・外交を展開。特に平和共存を求める非同盟政策を主張、推進した。

バンドン会議（アジア・アフリカ会議、A・A会議） ④ 1955年、インドネシアのスカルノ大統領らの主導でインドネシアのバンドンで開かれたアジア、アフリカ地域29カ国の会議。歴史上初めてのアジア、アフリカ諸国による国際会議であり、「平和十原則」を宣言した。

「平和十原則」 ③ 1955年のバンドン会議で宣言された、反植民地主義と民族自決主義を主張する原則。

植民地 ⑥ 列強（強大な国）の帝国主義的な進出を受けた地域のこと。列強によって、政治的、経済的に支配され、文化をも宗主国(そうしゅこく)中心にかえさせられたりした。**植民地支配**②を受けてきたアジア、アフリカの多くは、第二次世界大戦後に、ようやく独立を達成した。

宗主国(そうしゅこく) ① 植民地を支配する国のこと。不平等な関係で連合している国家間にあって、権限を持ち、他国を従えている国。例えば、オランダがインドネシアを、スペインが中南米諸国を、ポルトガルがブラジルを、フランスがベトナムなどのインドシナを、イギリスがインドや南アフリカを宗主国として支配してきた。

植民地独立付与宣言 ① 1960年の第15回国際連合総会で、アジア、アフリカ43カ国の共同提案により採択された宣言。あらゆる形態の植民地主義は、急速かつ無条件に終結させる必要があるとうたわれている。民族自決権が国際法上の権利と認められる画期(かっき)的な宣言であるといわれている。

アフリカの年 ② 植民地独立付与宣言を受けて、ヨーロッパの宗主国からナイジェリア、セネガル、コンゴなどアフリカの17の植民地が一斉に独立を達成した1960年のことをいう。

第5章

非同盟諸国首脳会議 ③ 非同盟主義を外交方針とする非同盟諸国の首脳会議。東西両陣営の冷戦を解消し、緊張緩和と平和共存を推進する目的で話し合われた。第１回は1961年にユーゴスラビアのベオグラードで開かれ、25カ国の首脳が集まった。現在では経済発展への志向性を強め、南北問題の解決に向けて一定の役割を果たしている。最近はほぼ３年ごとに開かれ、第18回会議が2019年に、アゼルバイジャンのバクーで開かれた。

非同盟中立（非同盟主義） ⑤ 1953年、インドのネルーが唱えた、冷戦下で東西どちらの陣営にもくみしない立場をいう。社会体制を超えての平和共存、民族独立運動への支持、いかなる軍事同盟にも不参加という３つの条件を満たす立場を指している。

非同盟諸国 ① 非同盟主義をとる国々のこと。冷戦の時代、東側(社会主義)陣営にも西側(資本主義)陣営にも属さないという外交展開をした国々。アジアやアフリカの国の中に多くみられた。

第三世界 ⑤ 西側陣営の先進国を「第一世界」、社会主義諸国を「第二世界」、そして発展途上国を「第三世界」と呼んだ。米ソの２大陣営に属さず、積極中立を主張して、第三勢力として国際社会で行動した。アジア、アフリカ、ラテンアメリカの国家群で結束することにより、国際社会で発言力を増している。

5　民族問題と地域紛争

民族問題 ② 国内、または周辺国にまたがる地域で起こる民族対立が、地域的な対立、紛争に発展したもの。民族の対立には長い歴史の中で形成されてきた要因が複雑に絡み合っており、解決が長引いているものが多い。パレスチナ紛争（イスラエルとアラブ諸国)、チェチェン紛争、クルド人問題などがその例である。

民族紛争 ④ 異なる民族間で起こる対立が、武力にまで至る争いをいう。対立の原因が、宗教や政治・経済的対立などに背景があり、長期間の複雑な紛争になる。国内の民族対立が内戦やテロを起こしたり、周辺諸国を巻き込んで、地域紛争に広がることも多い。

エスニック集団（民族） ② 人種的、地域的起源が同じで、固有の言語、慣習、信仰、文化的伝統を持った集団のこと。自分たちが同じ集団に属しているという意識で結束している。

多民族国家 ② 複数の民族によって構成されている国のこと。多数民族による少数民族の弾圧や少数民族の分離独立運動などで民族間の対立から民族紛争を起こすことがある。世界の国々の多くは、複数の民族が居住し、構成されている。

単一民族国家 ① １つの民族によって構成されている国のこと。

少数民族 ② 複数の民族によって構成される国家や地域において、相対的に人口の少ない民族のこと。

民族自決 ④ ある民族が他の民族や国家の干渉(かんしょう)を受けることなく、自らの意思で政治のあり方を決すること。第一次世界大戦後のアメリカ合衆国第28代大統領ウィルソンの平和原則14カ条で提唱され、その後の民族独立の指導原理となった。こうした民族の権利を**民族自決権**①という。

先住民族（先住民） ⑥ 特定の地域にもともとから住んでいた民族のこと。アメリカ大陸のネイティブアメリカン、オーストラリアのアボリジニ、ニュージーランドのマオリ族、北海道のアイヌ民族などを指す。その人々の人権の確保が課題であり、国際連合は1995年から2004年を世界先住民族国際10カ年とすることを宣言し、先住民族の諸問題を解決する努力を各国政府に求めた。日本では2008(平成20)年に、衆参両院がアイヌ民族を先住民と認定するよう政府に求める決議を全会一致で採択した。

先住民族の権利に関する国連宣言 ③ 2007年に国連で採択された、先住民族に対する差別を禁止し、文化や言語などに関する諸権利を規定した宣言。

自民族中心主義（エスノセントリズム） ethnocentrism ④ 自分の属している民族や人種などの集団の文化を最も正しく、優れたものとする考えや態度のこと。自民族の価値、規範によって他文化を否定的に判断したり、低く評価しがちになる。同一文化内での団結を強化するが、異文化の人々への偏見、差別などを生むことが多い。ユダヤ人の選民思想や漢民族の中華思想、ナチスによる反ユダヤ、ゲルマン民族至上主義などの例がある。

民族浄化 ② 自分たちの国は自分たちの民族のみの国として、そこに居住するほかの民族を追い出したり、虐殺（ぎゃくさつ）したりする行動。ナチスのユダヤ人排斥（はいせき）が知られるが、現代でも1990年代のボスニアの内戦で民族浄化と称して非人道的な行為がなされた。

地域（的）紛争 ② 1つの国、あるいは複数の国家にまたがった特定の地域での民族、宗教、領土、資源などの要因で起こる紛争。冷戦の時代には米ソの代理戦争としての色彩が強かったが、冷戦後は民族対立、宗教対立などを要因とすることが多く、発展途上国だけでなく、カナダのケベック州、スペインのバスク地方など先進国でも紛争が起こっている。

内戦 ③ 国内で起こる戦争や内乱のこと。民族間の対立による民族紛争や、アフリカのルワンダなどにみられる部族間の対立などが原因とされる。国際法上の戦争とは異なる。

パレスチナ問題（紛争） ⑥ 1948年のイスラエル建国に伴い発生したユダヤ人とパレスチナの地に住むアラブ人との民族、宗教の違いや歴史的対立による問題。4次にわたる中東戦争の原因となり地域紛争につながった。イスラエル政府とパレスチナ（民族）解放機構（PLO）との対立が続き、さらに周辺のアラブ諸国を巻き込んで複雑化した。大量のパレスチナ難民も発生した。1994年、暫定（ざんてい）和平とパレスチナ自治の開始による解決がはかられたが、イスラーム過激派などによるイスラエルへの攻撃とそれへの応酬が、たびたび発生している。

：パレスチナ ③ 一般的にはイスラエルとパレスチナ自治区のこと。狭義には、ヨルダン川西岸とガザ地区のパレスチナ自治区、または統治機構としてのパレスチナ暫定自治政府を指す。1948年、ヨーロッパから入植したユダヤ人によるイスラエルの建国のため、多くのアラブ系パレスチナ人が難民化してパレスチナ問題が発生した。

：シオニズム運動 ① 19世紀から始められたユダヤ人国家をユダヤ教の聖地であるパレスチナに建設しようとする運動のこと。バルフォア宣言以降、多くのユダヤ人が移住し、第二次世界大戦後、この地にイスラエルが建国された。

：バルフォア宣言 ② 第一次世界大戦中の1917年、イギリスの外務大臣バルフォアがユダヤ人の戦争への支持をとりつけるため、

アジア
東ティモール紛争（インドネシア）…1975～2002
タミール・シンハラ民族紛争（スリランカ）…1983～2009

西アジア
パレスチナ解放運動…1948～
レバノン内戦…1975～91
クルド民族紛争（イラク・イラン・トルコ）

アフリカ
スーダン内戦…1955～72、1983～2005
ソマリア内戦…1988～
リベリア内戦…1989～1996、1999～2003
ルワンダ内戦・ブルンジ内戦…1990～94

ヨーロッパ・ロシア
バスク紛争（スペイン）…1959～2011
北アイルランド独立運動（イギリス）…1969～98
ナゴルノ・カラバフ民族運動（アルメニア、アゼルバイジャン）…1988～
モルドバ民族対立（モルドバ）…1991～
ボスニア・ヘルツェゴビナ内戦…1992～95
チェチェン紛争（ロシア）…1994～96、99～2009
クリミア半島のロシア編入（ウクライナ）…2014～

北アメリカ
ケベック独立運動（カナダ）…1960年代～

（数字は勃発年）

第二次世界大戦後の世界で起こった主な民族紛争

三国同盟側についたオスマン帝国の支配地域であったエルサレム地域にユダヤ人国家の建設を約束した宣言。この前の1915年にイギリスはフセイン・マクマホン協定でアラブ人に対してもパレスチナへのアラブ人支配を約束していたために、この後に発生するパレスチナ問題の原因となった。

イスラエル ⑤ ユダヤ人国家の建国というシオニズム運動によって第二次世界大戦後の1948年にパレスチナの地に建設された共和国。これを認めないアラブ側の国々との間で4次にわたる中東戦争が起きた。第1次中東戦争は、1948年にイスラエルの建国宣言に対してアラブ諸国が軍事行動を起こした。パレスチナがイスラエル領となって難民が発生した。

パレスチナ(民族)解放機構(PLO) Palestine Liberation Organization ③ イスラエルに追われたパレスチナのアラブ系の人々がつくった政治組織。1964年設立。ゲリラ組織やその他の集団で構成され、国際連合もオブザーバー資格を与えて、国家に準じた扱いをしている。組織内部での急進派と穏健派の路線対立がある。

パレスチナ暫定自治 ② 1993年、オスロ合意により、ヨルダン川西岸地区とガザ地区で、パレスチナ人の自治が暫定的に認られ、1994年にはパレスチナ自治政府がつくられた。イスラエルの**ガザ地区**③への軍事攻撃と**ヨルダン川西岸地区**③への経済封鎖によって、経済は苦しく、失業率も高い。

オスロ合意 ③ アメリカが仲介し、1993年にイスラエルとパレスチナ(民族)解放機構(PLO)の間で同意された暫定自治原則の宣言。ヨルダン川西岸地区、ガザ地区でのパレスチナ人による暫定的な自治の実施に関して、イスラエルを国家として、PLOをパレスチナの自治政府として相互に承認すること、イスラエルが入植した地域から暫定的に撤退することを内容とした。2006年にイスラエルによるガザ地区への侵攻があり、事実上崩壊した。ノルウェーのオスロで話し合いがなされたので、「オスロ合意」という。

パレスチナ難民 ② 1948年の第1次中東戦争によって発生したパレスチナ地域の主にアラブ系の難民のこと。その後も増加を続けて2021年現在、約560万人がいる。国際連合はパレスチナ難民救済事業機関をつくり、1950年から、教育、保健、救済、社会的サービスを提供している。

インティファーダ(民族蜂起) ② アラビア語で蜂起や反乱の意味。イスラエル占領下のパレスチナでアラブ系民衆がイスラエルに対して行なった抵抗運動をいう。さらに、広がって、アラブの人々の独裁政権への激しい民衆闘争をいうこともある。

中東戦争 ③ アラブ諸国とイスラエルの4次にわたる戦争。第1次中東戦争(1948年)は、イスラエルの独立に対するアラブ諸国の軍事介入。第2次(1956年)は、スエズ動乱を契機としたエジプトとイスラエルの軍事衝突。第3次(1967年)は、イスラエルが6日でアラブ諸国に圧勝、「六日戦争」と呼ばれ、アラブ難民が続出した。第4次(1973年)は、エジプトとイスラエルの軍事衝突で、このとき、アラブ産油国がイスラエル支援国に対して、原油の輸出制限などの石油戦略をとった。

中東和平交渉 ① イスラエルの建国、中東戦争に端を発した、イスラエルとパレスチナとの間の問題解決に向けた交渉のこと。双方は1993年に画期的なオスロ合意に同意したものの、それから四半世紀以上がたって今なお両者の隔たりはいっこうに埋まっていない。

イラン・イラク戦争 ① 1980年、シャトルーアラブ川の国境線をめぐる対立に加え、イラン革命の国内波及を嫌ったイラクが起こした戦争。イラクの大規模な越境攻撃によって始まり、当初はイラクが優勢であったが、戦線は膠着し、1988年に安全保障理事会の決議を受け入れて停戦した。互いに石油施設を攻撃し、ペルシャ湾のタンカーまで攻撃したため、世界の石油事情が悪化し、第2次石油危機が発生した。

湾岸戦争 ⑥ 1990年、イラクがクウェートに侵攻し、クウェート併合を一方的に宣言したことから、翌91年にアメリカを中心とする多国籍軍がイラクを撤退させるために起こした戦争。国際連合は、多国籍軍の武力行使を容認する決議を行ない、開戦後約2カ月でイラクを撤退させた。

クウェート侵攻 ④ 1990年、イラクのフセイン政権が、隣国のクウェートに軍を進めて、短時間で軍事占領した事件。これにより、アメリカとその同盟国軍はクウェートの要請を受けて、湾岸戦争を始めた。

イラク戦争 ⑥ 2003年3月、アメリカ、イギリスを中心とする多国籍軍が、イラクの大量破壊兵器保有を主な理由としてイラク全土に対して1カ月余りに及ぶ軍事侵攻を行なった戦争のこと。5月にはアメリカ大統領ブッシュが戦闘終結を宣言した。

：**フセイン政権** ③ イラク大統領フセインを頂点とした独裁政権のこと。親族によるバース党や軍、治安部隊を権力基盤とした。反対派のシーア派やクルド人に対する弾圧政治、イラン・イラク戦争、湾岸戦争の失敗などで国際的に孤立し、2003年のアメリカを中心とする多国籍軍によるイラク戦争で崩壊した。

単独行動主義（ユニラテラリズム） ⑥ 自国の主張のみが正義であり、世界はそれに従っていればよく、この秩序を保つためであれば戦争も含めて、いかなる行為に出ることも許されるとする考え方。「一国主義」ともいう。他国との外交交渉を重視する立場や、すべての関係国がともに協調して行動する「多国間主義(マルチラテラリズム)」とは対照的な立場をとる。冷戦終結以降、特に2001年の同時多発テロ以降のアメリカの行動にその傾向が顕著にみられる。

クルド難民 ① トルコ、イラン、シリア、カフカスにまたがる山岳地帯に住むインド・ヨーロッパ語族の民族。スンニ派のムスリム。イラクのクルド人はたびたび自治を要求して内乱を起こし、イラクのフセイン政権から弾圧を受けて難民として周辺国へ脱出した。イラクがクルド人に対して化学兵器を使ったのではないかとの疑惑もあった。

クルド人問題 ① シリア、トルコ、イラク、イランの国境山岳地帯に居住するクルド人が、それぞれの国で少数派として迫害を受けている問題。

欧州難民危機 ① 2015年、シリアなどの中東地域やアフリカから大量の難民がヨーロッパに押し寄せて生じた危機。

ルワンダ内戦 ④ ルワンダ独立後、多数派のフツ族と少数派のツチ族との間の部族間の対立により発生した内戦。特に1994年のフツ族の大統領暗殺事件以降、戦闘が激化し、虐殺事件も起こって多くの難民を発生させた。難民の保護に、自衛隊がPKO（国連平和維持活動）協力法に基づいて派遣された。

ソマリア内戦 ④ 1991年からより激しくなったソマリア国内の内部抗争。部族対立などが原因となり、多くの餓死(がし)者を出した。国際連合は1992年にPKO国連ソマリア活動をしたが失敗し、内戦が続いている。そのため、ソマリア沖、特にアデン湾には海賊行為が多発化、各国は警備艇艦隊を派遣している。日本も海賊からタンカーなどの各国船舶を守るために自衛隊を派遣している。

チェチェン紛争（問題） ② ロシアからの独立を求めるチェチェン共和国に対して、ロシア軍が1994年から攻撃を行ない、戦闘状態となった事件。1996年に和平協定を結んだが、独立急進派のテロ事件が活発化したため、2000年、ロシアのプーチン大統領はチェチェンを直轄(ちょっかつ)化した。2003年チェチェン共和国はロシア寄りの憲法を制定し、同年10月新大統領を選出したが、翌2004年9月には同国からのロシア軍撤退を求める学校占拠事件が発生した。

旧ユーゴスラビア（民族）紛争 ⑤ 6つの共和国で構成されていた連邦国家ユーゴスラビアで起きた内戦。クロアチア、スロベニア両共和国が独立を宣言、クロアチア内のセルビア人の住民がクロアチア官憲と衝突、連邦軍がセルビア人を支援した。1991年には内戦がクロアチア全土に拡大した。

ボスニア・ヘルツェゴビナ紛争 ③ 旧ユーゴスラビア解体後、ボスニア・ヘルツェゴビナ国内のセルビア人とクロアチア人、さらにはムスリム(イスラーム教徒)勢力との1992年からの民族紛争。1995年末のボスニア和平協定により戦闘は停止されたが、民族間の対立が続いた。

コソボ紛争 ② セルビア共和国の自治州であるコソボの独立をめぐる紛争のこと。1998年2月末以降、独立を目指すコソボ解放軍に対して、セルビア警察部隊の大規模な掃討作戦により、アルバニア系難民が続出した。1999年3月、NATO(ナトー)（北大西洋条約機構）軍によるユーゴスラビア空爆が始まり難民が急増したが、6月にユーゴスラビアが和平案を受け入れて、国連コソボ暫定(ざんてい)行政支援団が設置された。2002年3月、ルゴバが初代大統領に就任し、自治が機能し始めている。

イラン革命 ② 豊富な原油収入をもとに欧米寄りの近代化を強権的に進めた国王パフレビー2世に対する不満から、王朝を倒し、イラン・イスラーム共和国を樹立した変革。イスラーム教の神学生らが中心となり、民衆の支持を得て国王を退去させ、ホメイニらによる革命政府がつくられた。

チュニジア ① 2011年、北アフリカのチュニジアで、民衆の反政府デモによって独裁政権が倒されたことがソーシャル・メディアを通じて周辺アラブ諸国に拡散され、「アラブの春」のきっかけとなった。

「アラブの春」 ⑥ 2011年、北アフリカ、西アジア地域の各国で本格化した一連の民主化運動のこと。チュニジアやエジプト、リビアでは政権が交代し、ほかの国でも政府が民主化の要求を受け入れた。民衆のデモに端を発し、長期独裁政権が続いていたエジプトではムバラク大統領が退陣、カダフィ政権のリビアでは反体制派との武力衝突を経た政権交代が行なわれた。経済格差や独裁に対する民衆の不満の高まりがその背景にあった。一方、シリアではアサド政権による激しい反政府運動の弾圧が続き、内戦状態になっている。

タリバーン Taliban ③ アフガニスタン内戦で、1994年秋に出現したイスラーム原理主義武装勢力。女性の教育や就労を禁止するなど極端なイスラーム法解釈に基づく恐怖政治を行なった。また偶像崇拝禁止の名のもとにバーミヤンの大仏を破壊し非難された。世界から孤立する中で、国際的テロリストのウーサマ＝ビン＝ラーディンとのつながりを深めたが、2001年の同時多発テロ後も、彼の引き渡しに応じず、アメリカ軍などの攻撃を受けて政権は崩壊した。2021年アメリカ軍の撤退後、全土を支配。

イスラーム諸国 ② ムスリム（イスラーム教徒）の人口比が高い国、あるいは国教としてイスラーム教を定めている国々のことをいう。西アジアを中心に、北アフリカ、中央アジア、東南アジアに広がり、50カ国以上ある。アラブ民族だけでなく、多くの民族に浸透している。これらの国はイスラーム諸国の連帯、協力の促進を目的とする国際機構としてイスラーム諸国会議を定期的に開いている。

世俗主義 ① イスラーム諸国でありながら、議会選挙を実施するなど、民主主義的な政治制度を柔軟に採用する考え方。

ダルフール紛争 ② 2003年より、スーダン西部ダルフール地方で、アラブ系の政府軍や民兵と黒人系の反政府勢力との間で起きている民族紛争をいう。スーダン政府軍とスーダン政府に支援されたアラブ系のジャンジャウィードという民兵が、非アラブ系住民の大規模な虐殺や村落を破壊し、民族浄化により約40万人が殺害されたと報告されている。国際連合は「世界最悪の人道危機」と呼ぶ。また、1956年の独立以来、約200万人の死者、約400万人が家を追われ、約60万人の難民が発生していると推定されている。

イスラーム過激派 ② イスラームの理想とする国家を実現しようとし、障がいとなっているものを暴力によって排除しようとする人々のグループをいう。急進的なイスラーム主義、イスラーム原理主義などともいわれ、さらに聖戦を大義とすることから「ジハード主義」とも表現される。イスラーム法による統治を実現することを目指し、武装闘争を展開し、非暴力の政治行動に否定的な態度をとっている。欧米や日本の報道機関はアル・カーイダ、ヒズボラ、ハマス、ファタハ、タリバーンなどの組織を紹介するときにイスラーム過激派と説明している。

国際テロリズム ② 2001年9月の同時多発テロのような、国際的な規模で発生する暴力的な事件やその主張をいう。政治的目的のために、暴力や暴力による脅威に訴える行為、またはそうしたことを標榜する考えをテロリズムという。こうした行為が国際的に広がりを持っているテロ集団によって行なわれる事件が多発している。同時多発テロに対して、アメリカは「テロとの戦い」を宣言した。

ホーム・グロウン・テロ home-grown terrorism ① 先進国で生まれ育った移民の子孫たちが、社会からの疎外感などから過激思想に感化されてテロ事件を引き起こすこと。

カンボジア紛争（内戦） ① 1978～91年。親ベトナムのヘン＝サムリン派と親中国のポル＝ポト派、ソン＝サン派（クメール人民民族解放戦線）、シアヌーク派の反ベトナム3派による内戦。1991年のパリ国際会議で、3派と関係18カ国は、憲法制定議会選挙まで国際連合と最高国民評議会が支配権を共有することを定めた「カンボジア紛争の包括的政治解決に関する協定」に調印。シアヌークが亡命先の北京から帰国し、最高国民評議会議長に任命され、内戦が終結した。この内戦ではポル＝ポト派による多数の虐殺が報告されている。

チベット民族問題 ② 1949年に中国（中華人民共和国）よって併合されてからのちの、チベット民族の民族独立を求める動き。チベット亡命政府によれば、中国の弾圧でこれまでに120万人を超える犠牲者が出ているという。チベット僧侶による中国政府へ

第5章

の抗議の焼身自殺が相次いでいて、国際的に問題視されている。青海鉄道の開通以降、さらに漢民族のチベットへの流入が進み、チベット族との経済格差の広がりも問題を大きくしている。

ウイグル民族問題 ① 中国の新疆ウイグル自治区において、中国政府が少数民族であるウイグル族への弾圧を行なっているとされる問題。

イスラム国(IS) ⑤ テロリズム集団であるイスラーム過激派組織がイランやシリアの内戦に際して、武力で確保した自分たちの支配地域を「イスラム国」と自称していたもの。イスラーム教スンニ派のアラブ人指導者を中心に組織され、極端なイスラーム教の教義を掲げ、支配地域の住民に恐怖政治をしていたといわれる。2015年5月までにシリア領の過半を制圧したが、その後退潮し、19年3月アメリカ政府やシリア民主軍が、シリアにおけるISの支配領域を完全に奪還したと発表した。同年10月トランプ大統領は、バグダーディがアメリカ軍によって死亡したことを発表した。

シリア内戦 ⑤ 2011年の「アラブの春」の影響から民主化を求める反政府運動が起きたが、シリアの**アサド政権**①・シリア軍が武力弾圧を始め、2013年には反政府勢力との間に内戦状態となったもの。アメリカ主導のヨーロッパ諸国は反政府勢力を支援し、ロシアはアサド政権を支援して戦闘を激化させている。さらに、アサド政権はイスラーム教シーア派であるが、これにスンニ派系の勢力、クルド人勢力などが複雑に絡み合って混乱を長期化させ、権力の空白地帯には過激派組織イスラム国(IS)が一時は拠点を設けるなどした。その結果、戦乱を避けて、総人口の半数以上が国内外へ避難して難民となっている。隣国のトルコ、ヨルダンやヨーロッパへの難民(**シリア難民**②)をめぐる国際問題も起こっている。

自由シリア軍 ① シリア内戦で活動する反政府武装勢力の1つ。シリアの反体制派では代表的な組織といわれている。

解体国家 ② 国家機構の破綻などによって、国民生活の基盤が破壊された状態にある国家。

ウクライナ内戦 ③ 2014年2月、ウクライナにおいて親ロシア派のヤヌコビッチ政権が崩壊し、3月にはロシア軍がクリミアを完全制圧した。そうした中で、クリミア自治共和国は、共和国だけの住民投票によってウクライナからの独立を宣言し、ロシアに併合を申し出た。ロシアはそれを受けてクリミア自治共和国の編入を宣言した(**クリミア併合**④)。

南沙諸島(スプラトリー諸島) ② 南シナ海の南沙諸島をめぐっては、実際に軍隊を展開する中国のほか、ベトナムやフィリピンなどの複数の国がその領有を主張している。

ロヒンギャ難民 ③ ミャンマーの少数民族でありながら国籍を与えられず、ミャンマー軍から迫害され、難民となった人々。

南オセチア自治州紛争 ① 2008年に南オセチア自治州をめぐり、グルジアとロシアの間で勃発した紛争。

破綻国家 ② 冷戦終結に伴う東西両陣営からの支援の打ち切りなどを背景に、強権的支配が維持できなくなった政府と、抑圧されていた民族集団などの間で紛争が発生し、国家機能が麻痺してしまった国家。

6 核兵器と軍縮

核兵器 ⑥ 核分裂、核融合から生じるエネルギーを利用した原子爆弾、水素爆弾を装備した兵器。核爆弾のみならず、ミサイルなどの運搬、貯蔵、発射、命中などすべての機能を持った設備、施設を含んでいる。日本は1945(昭和20)年8月、人類史上初めて広島と長崎で原子爆弾を被ばくした。冷戦は米ソの核戦略から核兵器の開発とそれを大量貯蔵することで展開した。

原子爆弾 ⑤ ウランやプルトニウムの核分裂反応によって発生する巨大なエネルギーを利用した兵器。略して「原爆」ともいう。1945(昭和20)年、アメリカ軍により、広島・長崎に投下されて、熱線や爆発による被災だけでなく、放射能による多大な被害を出した。

水素爆弾 ③ 水素の同位体である重水素と三重水素(トリチウム)の原子核が核融合反応でヘリウム原子核になる際に大量のエネルギーを放出することを利用した核兵器。水素同位体の核融合による放射エネルギーは、同量のウランの場合の約3倍に相当する。

通常兵器 ④ 核兵器や細菌、毒ガスなどの生物、化学兵器を除く、火薬による砲弾などで破壊、殺傷する一般的な兵器をいう。自動小銃、地雷、大砲、戦車、戦闘機、軍艦など在来型の兵器が、それにあたる。技術開発でその性能は高度になっている。1980

年に特定通常兵器使用禁止制限条約(CCW)が採択され、1983年に発効している。

大量破壊兵器 ④ 一度の使用で大きな破壊力を示し、殺傷能力を持つ兵器。代表的なものは核兵器や生物兵器、化学兵器。通常兵器も高性能化し、大量破壊兵器としての性格を持つものが開発されている。

核戦争 ② 核兵器を使う戦争のこと。もしこの戦争が起これば、人類の絶滅を招くといわれている。この点から核兵器の使用禁止を求める国際世論が形成されている。

核軍拡競争 ④ 核戦争に勝利するために相手の国よりも、より多くの高性能の核兵器を保有しようとして行なわれる軍拡競争。核兵器の開発競争と核弾頭やミサイルなどの運搬手段の数量の増強が行なわれた。これらの開発と生産、配備には多額の軍事予算を必要とし、この負担に耐えられなくなる過程で冷戦は終結していった。

1945年	広島・長崎に原爆投下
46	国連総会、軍縮大憲章を採択
49	ソ連、最初の原爆実験
50	ストックホルム・アピール採択
52	国連軍縮委員会設立
54	米、ビキニ水爆実験
55	ジュネーヴ四巨頭会談
60	ジュネーヴ軍縮委員会(のちの軍縮会議)設置を決定
63	米・英・ソ、部分的核実験禁止条約(PTBT)調印
67	宇宙条約(宇宙空間平和利用条約)調印
68	核拡散防止条約(NPT)調印
71	海底軍事利用禁止条約調印
72	生物兵器禁止条約(BWC)調印 米・ソ、SALT Ⅰ 調印
73	米・ソ、核戦争防止協定調印
75	全欧安全保障協力会議(CSCE)、ヘルシンキ宣言採択
78	第1回国連軍縮特別総会開催
79	米・ソ、SALT Ⅱ 調印
82	第2回国連軍縮特別総会開催
87	米・ソ、中距離核戦力全廃条約(INF全廃条約)調印
88	第3回国連軍縮特別総会開催
90	全欧安全保障協力会議(CSCE)、パリ憲章採択 不戦宣言・欧州通常戦力条約(CFE条約)調印
91	米・ソ、戦略兵器削減条約(START)調印 ワルシャワ条約機構(WTO)解体
92	米・ロ大統領、戦略核弾頭の大幅削減に合意
95	核拡散防止条約(NPT)の無期限延長決定
96	包括的核実験禁止条約(CTBT)調印
97	対人地雷禁止条約調印
2001	米、対弾道ミサイル(ABM)条約脱退を通告
10	国連、クラスター爆弾禁止条約(オスロ条約)発効
17	核兵器禁止条約採択(国連)
18	米の離脱によりINF全廃条約失効

第二次世界大戦後の軍縮の歩み

軍拡競争 ⑤ 核軍拡競争のみならず、兵員数の増加、戦闘機や爆撃機、高性能ミサイルの維持、戦艦や空母の艦艇の建造、戦車やロケット砲などの配備と大量維持といった通常兵器の増強によって相手の国よりもより強い戦闘力の保有を競うことをいう。軍備の拡張を防ぐには多国間の軍縮条約締結を必要とする。

安全保障のジレンマ ② 互いに信頼関係のない国家の間では、相手の裏切りを警戒して、自国の安全のために軍事力の拡大を選択しがちであるという状況のこと。

核実験 ⑥ 1945年に初めてアメリカが原爆実験に成功し、それ以来、アメリカ、ソ連、イギリス、フランス、中国などで核兵器開発のために実験が行なわれた。1996年、包括的核実験禁止条約(CTBT)が国連で採決・調印されているが、1998年にはインドとパキスタンが地下核実験を行なった。アメリカも核兵器の性能維持のために未臨界(みりんかい)核実験を行なっている。2006年には北朝鮮も核実験を行なったと宣言した。

未臨界(みりんかい)核実験 ①「臨界前核実験」ともいわれ、放射性物質を使用して核爆発が起こらないような条件で、核爆発に似た条件を再現する核爆発シミュレーションの一種。アメリカやロシアは、核爆発を伴わない未臨界核実験は、すべての核実験を禁止した包括的核実験禁止条約(CTBT)に抵触(ていしょく)しないとして、実験を繰り返している。

地下核実験 ② 大深度の地下で行なわれる核実験のこと。地下核実験では放射能や死の灰が大気圏に放出されないが、蒸発した土と爆弾からなる極度の高熱と高圧のガス球が生じ、地中に衝撃波(しょうげきは)を発生させる。大気中の核実験は放射能が拡散などするため、禁止されてからは地下核実験が行なわれるようになった。現在は包括的核実験禁止条約(CTBT)で地下核実験は禁止されている。

ビキニ水爆実験 ② アメリカが1954年にビキニ環礁(かんしょう)で行なった史上初の水爆実験。このとき、近くにいた日本のマグロ漁船第五福竜丸が死の灰をあび、乗組員が被ばくし、死者が出た。この3月1日は、ビキニデーとして原水爆禁止運動の記念日となり、反核運動が続けられている。

戦略防衛構想(SDI) Strategic Defense Initiative ① 1983年にアメリカ大統領レーガンが提唱した宇宙空間を含む全域で核弾頭を迎撃できるとする防衛計画。ソ連の戦略ミサイルの脅威に対抗するもので、アメリカは迎撃ミサイルの研究などを行なったが、1993年に計画は廃止された。

対弾道ミサイル(ABM)制限条約 Treaty on the Limitation of Anti-Ballistic Missile System ① 1972年にアメリカとソ連との間で調印し、発効した迎撃ミサイル(ABM)システムを制限するための条約。迎撃(対弾道)ミサイルシステムは、飛行中の戦略弾道ミサイルを迎撃するシステムのことで、この条約はその配備を、双方の首都とICBM基地の各1カ所ずつに限定した。1974年調印のABM制限条約議定書で、さらに1カ所に制限された。2001年、アメリカは条約の脱退を通告した。

ミサイル防衛構想 ① 敵国からのミサイル攻撃に対処するための軍備構想。アメリカが主体となって進めている軍事技術の構想で、飛んできたミサイルを打ち落とすという防衛システム。

レーガン Reagan ③ 1911～2004 アメリカ合衆国第40代大統領(在任1981～89)。共和党出身。強いアメリカの再生を政策のスローガンとし、軍事強化をはかり、戦略防衛構想を促進した。経済的には「レーガノミックス」といわれる規制緩和による自由経済の強化をはかった。

軍縮(軍備縮小) ③ 世界の平和と安全維持のために、各国の軍備を縮小したり、全廃していくこと。部分的軍縮と全面的(完全)軍縮、核兵器を含む包括的軍縮、核軍縮、通常兵器だけの軍縮などがある。軍拡競争は歯止めがなく、多額の費用がかかり、国民生活の向上のためには軍縮が必要となっている。軍縮は国際連合などの場でも国際社会の課題として取り組まれている。

核軍縮 ② 核兵器を保有している国が、原子爆弾かその運搬手段であるミサイルといった核装備の保有数を制限、さらに段階的に削減していくこと。米ソ(ロ)の2国間交渉や、国連やジュネーヴ軍縮委員会での交渉などで、核兵器の保有数が減るなどの一定の成果もみられた。しかし、北朝鮮のように、新たに核開発を進める国もある。最終的には、核廃絶が目指されている。

軍備管理 ① 軍事的な衝突の危険性を減らしていく目的のために、軍備を互いに抑制していく措置である。軍備管理は2国間や多国間の外交交渉で行なわれる。軍備拡張競争を抑制し、戦争を起こす危険な環境を管理すること。部分的核実験禁止条約(PTBT)、核拡散防止条約(NPT)などは、その例である。軍備をより縮小することを目的とした軍縮とは異なる概念である。

国連軍縮委員会(UNDC) United Nations Disarmament Commission ① 1952年の国際連合総会の決議に基づいて、安全保障理事会のもとに設置された委員会。軍備の規制、主要兵器の除去、核兵器の禁止などを任務とした。1978年に改組され、新しい「軍縮委員会」となった。ジュネーヴ軍縮委員会を「軍縮委員会」ということがあるが、別の組織。

ストックホルム・アピール Stockholm Appeal ② 1950年にスウェーデンのストックホルムで開かれた平和擁護世界大会における決議のこと。核兵器の禁止、原子力の国際管理、最初の原爆使用政府を戦争犯罪にするという3項目をアピールの内容とした。

パグウォッシュ会議 ⑥ 1955年に物理学者の**アインシュタイン**②と哲学者のラッセルの呼びかけ(**ラッセル・アインシュタイン宣言**④)によって、1957年、カナダのパグウォッシュで開かれた国際科学者会議。科学者による核兵器禁止運動の中心的組織となり、国際協力や国際理解の推進を基本方針とした。

反核運動 ② 1980年代のヨーロッパから起こった核兵器反対運動。その契機は、アメリカの新型ミサイルや巡航ミサイルのヨーロッパ配備への反対であった。その後、世界各地で激しい反核運動が展開され、日本でも盛んになった。

平和運動 ② 戦争や戦争につながる軍備増強などに反対し、平和を求める大衆運動。反核運動なども平和運動の1つ。平和の前提である国際理解を活発化させる活動などもみられる。日本では基地反対運動などとも関連して取り組まれてきた。

核兵器廃絶(核廃絶) ③ 地球上からすべての核兵器を廃止し、絶滅すること。核兵器の廃絶は、通常兵器の削減とともに、実現しなければならない課題。国際連合は1970年代を軍縮の10年とし、国連軍縮特別総会も開かれた。2009年、アメリカ大統領オバマはチェコのプラハで核廃絶への決意を演説で示した。

大陸間弾道ミサイル（大陸間弾道弾、ICBM） Inter-continental Ballistic Missile ③ 戦略攻撃用の長距離ミサイル。慣性誘導ロケットで核弾頭を搭載(とうさい)して飛ぶ。射程距離6500～1万kmにも及び、大陸間を飛行して攻撃ができることから名づけられた。1957年にソ連、1959年にアメリカが開発に成功した。ミサイル技術は人工衛星の打ち上げの技術開発と同様である。

戦略兵器制限交渉（SALT(ソルト)） Strategic Arms Limitation Talks ⑤ 1969年、米ソ両国によって開始された核兵器の数を制限する交渉。この交渉は、米ソ2大国の戦略兵器の数と質とを制限し、戦略兵器開発競争に歯止めをかけ、両国間の戦略的安定を維持することを目的としている。話し合いの結果、1972年には、米ソの戦略ミサイル数上限を定めた第1次SALT条約（SALTⅠ、攻撃用戦略核兵器の数量制限条約）が結ばれた。

第2次SALT（SALTⅡ、戦略核兵器の運搬手段の数量制限条約） ⑤ 1979年に、運搬手段（大陸間弾道ミサイル〈ICBM〉、戦略爆撃機、潜水艦発射弾道ミサイル〈SLBM〉）の数量制限と、複数弾頭化（MIRV）の制限をした条約。しかし、ソ連のアフガニスタン侵攻があり、アメリカ議会の批准(ひじゅん)拒否により、そのまま1985年に期限切れになって条約は発効しなかった。

戦略兵器削減条約（START(スタート)） Strategic Arms Reduction Treaty ⑥ アメリカとソ連（現ロシア）の間で締結された長距離弾道核ミサイル削減を目的とした核兵器削減条約のこと。「制限」から進めて「削減」について両国が合意したことに意味がある。削減は徐々に合意され、第1次戦略兵器削減条約（STARTⅠ、1991年）、第2次戦略兵器削減条約（STARTⅡ、1993年）、モスクワ条約（2002年）、新戦略兵器削減条約（2011年）がある。戦略核兵器を削減することを定めたが、ミサイル防衛（MD）については制限をしていない。

：**第1次戦略兵器削減条約（STARTⅠ）** ⑤ 1991年調印。米ロ両国が配備する大陸間弾道ミサイル（ICBM）、潜水艦発射弾道ミサイル（SLBM）、重爆撃機の運搬手段の総数を削減することが決められた。2001年、米ロは条約に基づく義務の履行(りこう)を完了したことを宣言し、戦略核弾頭数は冷戦期の約60%となった。

：**第2次戦略兵器削減条約（STARTⅡ）** ⑤ 1993年調印。米ロ両国の戦略核弾頭数を現保有数の約3分の1に削減することが決められていたが、批准されず、発効しなかった。

新戦略兵器削減条約（新START） ⑥ 2011年に発効したアメリカとロシアの核軍縮条約。双方とも2018年までに戦略核弾頭数を1550発、大陸間弾道ミサイル（ICBM）を800基機、潜水艦発射弾道ミサイル（SLBM）、戦略爆撃機などの配備数を700基機まで削減する内容を約束した。「第4次戦略兵器削減条約（STARTⅣ）」ともいう。2021年に5年間延長に合意した。

中距離核戦力全廃条約（INF全廃条約） Intermediate-Range Nuclear Forces ⑥ 中距離核戦力（INF）とは、核爆弾を正確に目標をねらって投下できる核ミサイル。新冷戦期に米ソの核軍拡競争の中心となった兵器で、限定核戦争が可能であるという考えから開発された。この条約では射程が500kmから5500kmまでの範囲の核弾頭、及び通常弾頭を搭載した地上発射型の弾道ミサイルと巡航ミサイルの廃棄を求めている。1987年、アメリカ大統領レーガンとソ連書記長ゴルバチョフとの間に調印された。アメリカは2019年2月1日に本条約の破棄をロシアに通告し、ロシアも条約義務履行(りこう)の停止を宣言したため、同年8月2日に失効した。

戦略攻撃能力削減に関する条約（モスクワ条約） the Treaty Between the United States of America and the Russian Federation on Strategic Offensive Reductions ② 2002年にアメリカとロシアがモスクワでの首脳会談において署名を行なった、2012年までの10年間で両国の戦略核弾頭を各々1700～2200発に削減することを定めた条約。

南極条約 ② 1959年12月にアメリカ、ソ連、イギリス、日本など12カ国により締結された南極に関する条約。イギリス、オーストラリア、アルゼンチンなどの領土権主張国と、国際管理を主張するソ連との中間をとるアメリカの主張を入れて、条約の有効期間中は領土権の主張は行なわないこと、南極における軍事的措置と核実験を一切禁止することを規定し、非軍事化を監視査察によって保障している。なお、「環境保護に関する南極条約議定書」が南極の環境と生態系を保護することを目的として、1991年に採択、1998年に発効している。

核拡散防止条約(NPT) Treaty on the Non-proliferation of Nuclear Weapons ⑥ 1968年、国際連合総会で採択された核兵器の保有国を増加させない目的の条約。1970年発効。非核保有国が核兵器を新たに保有すること、核保有国が非核保有国に対し核兵器を渡すことを同時に禁止した。核保有国フランスと中国は、1992年になってようやく加盟した。加盟する非核保有国は、国際原子力機関(IAEA)による核査察を受ける義務を負っている。1995年に、この条約は無期限に延長された。

> **核拡散防止条約(第1条)**
> この条約の当事国である核兵器国は、核兵器もしくは他の核爆発装置又はこのような兵器もしくは、爆発装置の管理を、直接的であるか間接的であるかを問わず、いかなる者に対しても移転しないこと並びに、いかなる非核兵器国に対しても、核兵器もしくは他の核爆発装置を製造し、そのほかの方法により取得し、又はこのような兵器もしくは爆発装置を管理することについて援助せず、奨励せず、および勧誘しないことを約束する。

:核拡散防止条約(NPT)再検討会議 ② 核拡散防止条約(NPT)について、その内容を見直すために5年ごとに開かれることになっている会議。2000年の会議では、アメリカ、イギリス、フランス、ロシア、中国の核保有国5カ国による核廃絶への明確な約束を盛り込んだ合意文書を全会一致で採択したが、具体的日程は、核保有国の反対で盛り込まれなかった。2010年の会議では北朝鮮の核問題などが検討された。

核保有国 ③ 核兵器を保有している国のこと。核拡散防止条約(NPT)では核保有国として、アメリカ、ロシア、イギリス、フランス、中国を認めている。NPT未加盟国ではインド、パキスタン、北朝鮮が核を保有している。

核開発問題 ① イランや北朝鮮が、核兵器開発などへの転用の目的で、原子力発電所及び核関連施設で濃縮ウランを製造していた問題のこと。国際連合の国際原子力機関(IAEA)が査察を求めた。

インド核実験 ① 1974年に最初の核実験を行ない、1998年にも地下核実験を実施した。インドとパキスタンはたびたび国境紛争から戦争を起こしていて、両国の核保有は南アジアの地域の不安定化につながる。両国は核拡散防止条約(NPT)や包括的核実験禁止条約(CTBT)に未加盟である。

パキスタン核実験 ① 1998年にインドに対抗して地下核実験を行なった。核開発の経験が浅い国でも核兵器を保有できる危険性を示している。このときの核は北朝鮮製ともいわれている。

北朝鮮核実験 ④ 北朝鮮は、2003年に核拡散防止条約(NPT)からの脱退を表明し、2006年、2009年、2013年、2016年、2017年に地下核実験を実施している。さらに、核運搬手段としてのミサイル開発に力を入れている。日本など周辺国は6カ国協議を開いて、北朝鮮に核開発を中止するように働きかけているが、会議は中断している。2018年には米朝首脳会談がシンガポールで開かれ、北朝鮮の非核化が協議された。

国際原子力機関(IAEA) International Atomic Energy Agency ⑥ 1957年に設立された、原子力平和利用のための国際機構。国際連合とは密接な関係にあるが、専門機関ではない。原子力の平和利用の促進、援助とともに、軍事目的に転用されないようにコントロールする。非核保有国に対して原子力施設に立ち入り、核物質の貯蔵状態をチェック、平和目的だけに使われているかどうかの核査察を実施している。

部分的核実験禁止条約(PTBT) Partial Test-Ban Treaty ⑤ 1963年、アメリカ、イギリス、ソ連の3カ国間で締結された条約。大気圏内、宇宙空間及び水中における核実験を禁止することを定めている。承認国は多数あったが、フランスと中国は反対した。地下核実験の禁止を除外しているため、この条約は部分的といわれる。

包括的核実験禁止条約(CTBT) Comprehensive Nuclear Test-Ban Treaty ⑥ 核の保有国、非保有国を問わず、あらゆる空間(宇宙空間、大気圏内、水中、地下)における核実験の実施、核爆発を禁止している。1996年に採択したが、発効には原子炉がある44カ国の批准が必要である。アメリカ、中国は批准せず、インド、パキスタン、北朝鮮は署名もしていないため、発効の見通しは立っていない。日本は、1997(平成9)年に批准した。

ヨーロッパ通常戦力(CFE)条約 Treaty on Conventional Armed Forces in Europe ② 北大西洋条約機構(NATO ナトー)加盟15カ国とワルシャワ条約機構(WTO)加盟の7

カ国の間で1990年に署名、1992年発効した軍縮条約。戦車、装甲車両、大砲、戦闘機、攻撃用ヘリコプターについて、保有数の上限を定め、さらに上限を超える兵器の廃棄を定める。また、査察について取り決めている。

「核なき世界」演説（プラハ宣言） ④ アメリカ合衆国大統領オバマが2009年チェコのプラハで行なった核廃絶へ具体的な目標を示した演説。戦略兵器削減交渉（START）、包括的核実験禁止条約（CTBT）の批准、核拡散防止条約（NPT）の強化など、核保有国としてアメリカが先頭に立ち、核兵器のない世界の平和と安全を追求する決意を述べた。オバマは2009年ノーベル平和賞を受賞した。

非核地帯 ④ 核拡散防止を取り決めた地域のこと。地域内の関係国による核兵器の実験、製造、取得の禁止、さらに域外の核保有国による核兵器の実験、配備、使用の禁止などを取り決めている（**非核兵器地帯条約** ②）。

トラテロルコ条約（ラテンアメリカ及びカリブ核兵器禁止条約） Treaty for the Prohibition of Nuclear Weapons in Latin America and Caribbean ② ラテンアメリカ諸国がその地域から核兵器を排除しようとする非核地帯条約。世界最初の非核兵器地帯条約。1962年のキューバ危機を契機に非核化構想が進展し、1963年、中南米地域の非核化を求める国際連合決議が採択された。1968年に発効した。

ラロトンガ条約（南太平洋非核地帯条約） South Pacific Nuclear Free Zone Treaty ② 1985年、南太平洋諸国会議の参加国が南太平洋の非核化を取り決めた条約。フランスによる南太平洋地域における核実験を背景に、核実験反対の気運が高まり、1975年、国際連合総会で南太平洋における非核地帯設置を支持する決議が採択された。1985年の南太平洋フォーラム総会において条約が採択、1986年に発効した。

アフリカ非核兵器地帯条約（ペリンダバ条約） African Nuclear Weapons Free Zone Treaty ③ 1996年、アフリカ統一機構（OAU）首脳会議で締結された非核地帯条約。南アフリカ共和国が自ら製造した核兵器を廃棄し、1991年に非核兵器国として核拡散防止条約（NPT）に加盟したことを契機として、条約が成立した。核爆発装置の研究、開発、製造、貯蔵、取得、所有、管理、実験、及び自国領域内における核爆発装置の配置、運搬、実験などを禁止している。

東南アジア非核地帯条約（バンコク条約） ③ 冷戦終結により非核地帯構想が進展し、1997年に発効したASEAN10を加盟国とする非核地帯条約。核兵器保有国はすべて未署名ではあるが、議定書は、核兵器保有国による域内における核兵器の使用及び使用の威嚇を禁止し、また、核兵器保有国が条約を尊重することを規定している。

中央アジア非核兵器地帯条約 ② 中央アジア5カ国（カザフスタン、キルギス、タジキスタン、トルクメニスタン、ウズベキスタン）による非核兵器地帯構想。2009年に発効した。核兵器の研究、開発、製造、貯蔵、取得、所有、管理及び自国領域内における他国の放射性廃棄物の廃棄許可などを禁止している。

核兵器廃絶国際キャンペーン（ICAN） The International Campaign to Abolish Nuclear Weapons ② 核兵器を禁止し廃絶するために活動する世界のNGO（非政府組織）の連合体。2017年にノーベル平和賞が授与された。

対人地雷禁止条約（オタワ条約） ⑥ 1997年に採択された、対人地雷の使用、生産、蓄積、移転を全面的に禁止することを定めた条約。一般市民が地雷によって受ける被害が各地の内戦で多いことから、NGOである**地雷禁止国際キャンペーン（ICBL）** ①などの活動により、1996年にカナダのオタワで開催された国際会議で条約交渉が行なわれ、1997年のオスロ会議で採択、オタワで条約が調印された。条約は1999年に発効したが、アメリカ、中国、ロシアは未調印である。

クラスター爆弾禁止条約 ⑥ クラスター爆弾とは、大型の容器中に複数の子爆弾を入れた爆弾。空中で子爆弾が飛び散って広範囲に被弾させることが可能である。非人道的な兵器として使用の禁止をした条約。「オスロ条約」とも呼ばれ、クラスター弾の使用、開発、製造あるいは取得、貯蔵、移譲などを禁止している。2008年に採択、2010年に発効、日本も2009（平成21）年に批准している。

生物兵器禁止条約（BWC） Biological Weapons Convention ②「生物・毒素兵器禁止条約」ともいい、正式には「細菌兵器（生物兵器）及び毒素兵器の開発、生産及び貯蔵の禁止並びに廃棄に関する条約」という。感染力の強い病原菌を相手国に散布し、兵員や一般市民をも含めた人々を病気にさせたり、死に至らしめて戦闘力を奪う兵器を禁止した。1925年のジュネーヴ議定書を受けて、生物兵器の開発、生産、貯蔵などを禁止するとともに、すでに保有されている生物兵器を廃棄することを目的として定められた。軍縮委員会において作成され、1971年に国際連合総会の採択を経て、1975年に発効した。日本は1982(昭和57)年に批准した。

化学兵器禁止条約(CWC) Chemical Weapons Convention ④ 1992年に採択され、1997年に発効した化学兵器の開発、生産、貯蔵及び使用禁止、並びに廃棄に関する条約。サリンなどの化学薬品を用いた毒ガスを散布して、兵員や市民を殺傷することを禁止した。化学兵器は第一次世界大戦で使用され、イラクのフセイン政権はクルド人虐殺に使用、シリアでも反政府組織に対して政府側が使用したとされている。日本は1995(平成７)年に批准した。これに伴い、第二次世界大戦中に中国に埋めた旧日本軍の化学兵器の処理が義務づけられた。

生物・化学兵器 ③ 生物兵器は、天然痘ウィルス、コレラ菌などを使って、人から人へと感染させる特徴を持つ兵器。化学兵器は、マスタードガスやサリンなどの化学剤によって、呼吸障がいや神経の麻痺を起こすなど、毒物を使用していることに特徴を持つ兵器。いずれも、製造は安価で、技術的にも容易であり、「貧者の核兵器」といわれ、その拡散が心配されている。

拡散に対する安全保障構想(PSI) Proliferation Security Initiative ① 大量破壊兵器及びその関連物資などの拡散を防止するため、既存の国際法、国内法に従いつつ、参加国が共同してとり得る措置を検討し、また、同時に各国が可能な範囲で関連する国内法の強化にも努めようとする構想。

カットオフ条約 ② 核兵器用核分裂性物質生産禁止条約(FMCT)の略称。核兵器に用いる高濃縮ウラン、プルトニウムなどの核分裂性物質の生産を禁止することにより、核兵器の数量増加を止めることを目的として国連で話し合われている条約。核兵器の他国への輸出や技術供与をも禁止としている。日本も核軍縮の最も優先させるべき事項として話し合いに参加している。

核兵器禁止条約 ⑥ 2017年７月７日に国連で採決された核兵器の全廃を目的とした条約。「核兵器の開発、実験、製造、備蓄、委譲、使用及び威嚇としての使用の禁止並びにその廃絶に関する条約」が正式名称。米、ロ、英、仏、中など核保有国は参加せず、核の傘のもとにあることを理由に日本やドイツなども不参加であったが、122カ国の賛成によって採択された。この条約を締結するための国連の会議では日本の被爆者が核戦争の悲惨さを話して大きな影響を与えた。締結の文には日本語の「ヒバクシャ」の言葉が書き込まれている。核保有国が参加する見込みがなく、実効性には疑問はある。

武器貿易条約 ① 2013年に国連総会において採択された、通常兵器の輸出入及び移譲に関する国際取り引きを規制する条約。通常兵器の国際的移譲によりテロや市民の虐待に使用されないよう管理の強化を目指している。

「核兵器の使用は一般的に国際法に違反する」 ① 1996年に国際司法裁判所(ICJ)が出した勧告的意見。一方で、国家存亡にかかわる状況下での自衛に関して、核兵器の使用が「違法か合法か結論は出せない」ともしている。

イランとの核合意 ① 2015年にイランのロウハニ政権がアメリカ、イギリス、ドイツ、フランス、中国、ロシアの６カ国に約束した核関連活動に関する制約の取り決め。2018年にアメリカが核合意から離脱することを発表した。

4 国際政治と日本

サンフランシスコ平和（講和）条約 ⑤ 1951（昭和26）年に、日本と連合国側48カ国との間で結ばれた第二次世界大戦の戦後処理を決めた講和条約。明治期以降、日本が併合した全領土の放棄、軍備撤廃、賠償の支払いなどが定められた。ソ連、ポーランド、チェコスロバキアは条約に反対し、中国、インドは会議に不参加であった。日本は独立を回復したものの、沖縄、小笠原諸島はアメリカの施政権下に置かれた。平和条約の締結に伴い、アメリカ軍を中心とする占領軍は撤退し、日米安保条約（旧安保）を新たに締結して、アメリカ軍が継続して駐留することになった。

> **サンフランシスコ平和条約（前文の抜粋）**
> 連合国及び日本国は、両者の関係が、今後、共通の福祉を増進し且つ国際の平和及び安全を維持するために主権を有する対等のものとして友好的な連携の下に協力する国家の間の関係でなければならないことを決意し、よつて、両者の間の戦争状態の存在の結果として今なお未決である問題を解決する平和条約を締結することを希望するので……

日ソ共同宣言 ⑥ 1956（昭和31）年、日本とソ連との間で調印された戦争終結宣言で、日ソ国交回復を目的としたもの。鳩山一郎首相の訪ソによって調印された。これを契機に、ソ連は日本の国際連合加盟を支持した。しかし、両国はその後、北方領土問題で対立し、2023（令和５）年現在、日ロの平和条約は締結の目処が立っていない。

日本の国連加盟 ③ サンフランシスコ平和条約発効後、主権を回復した日本は1952（昭和27）年に国際連合に加盟申請をした。当時は冷戦の中であり、ソ連の拒否権の発動などで、加盟が実現できなかった。1956（昭和31）年の日ソ共同宣言によって国交を回復したソ連の反対がなくなったため、同年の総会で全会一致の承認があり、80番目の加盟国として国際連合に加盟した。これをもって日本は完全に国際社会に復帰したことになった。

日韓基本（関係）条約 ⑤ 韓国併合（1910〈明治43〉年）以来、朝鮮半島は日本の植民地であったが、日本のポツダム宣言受諾により、米ソの軍政下に入り、1948年に大韓民国（韓国）と朝鮮民主主義人民共和国（北朝鮮）が建国された。この条約は日本と韓国との国交回復に関する基本的な取り決めである。1951（昭和26）年以来の日韓交渉の末、1965（昭和40）年に成立した。漁業専管水域、共同規制水域の設定、日本からの無償３億ドル、有償２億ドル、民間経済協力３億ドルの資金供与などを内容とする。北朝鮮との関係、戦後補償などの問題が争点となり、日本国内に反対運動が起こった。この条約の締結により、戦後補償の法的責任は完了したというのが、日本政府の主張である。

日朝国交正常化交渉 ④ 日本と朝鮮民主主義人民共和国（北朝鮮）との間で正式な外交関係を結び、正常な国交を樹立することを目的とした両国間の交渉。1991（平成３）年１月の第１回交渉から2002（平成14）年10月の交渉まで断続的に続けられているが、日本人拉致問題や北朝鮮の核開発問題のため、前進していない。

日本人拉致問題 ⑥ 1970年頃から1980年頃にかけて、北朝鮮工作員による日本人拉致が多発した。2022（令和４）年現在、17人が拉致被害者として認定されている。2002（平成14）年の日朝首脳会談において、北朝鮮は日本人拉致を認め、５人の被害者が帰国

年	月	事項
1945年	8月	ポツダム宣言受諾
	10	GHQが東京に設置（占領体制始まる）
46	5	極東国際軍事裁判始まる（～48.11）
47	5	日本国憲法施行
50	6	朝鮮戦争起こる（～53.7）
51	9	サンフランシスコ平和条約調印（52.4発効）、日米安全保障条約調印
52	2	日米行政協定締結
53	12	奄美諸島返還協定調印
54	3	MSA協定締結
56	10	日ソ共同宣言（両国の国交回復）
	12	国際連合への日本加盟承認
60	1	日米相互協力及び安全保障条約調印
65	6	日韓基本条約調印
68	4	小笠原返還協定調印
71	6	沖縄返還協定調印
72	9	日中共同声明：両国の国交正常化
78	8	日中平和友好条約調印
91	4	ペルシア湾に掃海艇派遣
92	6	PKO協力法成立（９月、カンボジアに自衛隊派遣）
99	5	新ガイドライン関連法成立
2003	12	イラクに自衛隊派遣（09.2終了）

日本の戦後の国際関係の歩み

したが、ほかの被害者については、北朝鮮が真相究明のための調査を約束したにもかかわらず、いまだ解決していない。「拉致問題は、国家主権及び国民の生命と安全に関わる重大な問題であり、この問題の解決なくして日朝の国交正常化はない」というのが日本政府の立場である。

日朝首脳会談 ② 日本と北朝鮮の首脳による会談。2002(平成14)年９月、日本の現役首相として、初めてピョンヤン入りした小泉純一郎(こいずみじゅんいちろう)と、北朝鮮の金正日(キムジョンイル)労働党総書記との間で行なわれ、国交正常化を目指すことなどを盛り込んだ日朝ピョンヤン宣言が出された。2004(平成16)年５月にも小泉首相は北朝鮮を再訪した。

日朝ピョンヤン宣言 ③ 日本は過去の植民地支配への反省と経済協力の実施を、北朝鮮は核問題に関しての国際的合意の遵守(じゅんしゅ)を表明した。

日中共同声明 ⑤ 1972（昭和47）年、日本と中華人民共和国の間で調印された国交の正常化を約束した声明。その内容は、国交正常化の実現、日本は中華人民共和国政府が中国の唯一の合法政府であることを承認すること、中国政府は友好のために、日本に対する戦争賠償の請求を放棄すること、主権及び領土保全の相互尊重、相互不可侵(ふかしん)、内政に対する相互不干渉(ふかんしょう)、平等及び互恵(ごけい)並びに平和共存の諸原則の基礎の上に両国間の恒久(こうきゅう)的な平和友好関係を確立すること、日中平和友好条約の締結を目指すことを声明した。

日中国交正常化 ③ 第二次世界大戦後、日本と中華人民共和国との国交は回復していなかった。1972(昭和47)年に、田中角栄(かくえい)首相が訪中し、周恩来(しゅうおんらい)首相との会談で日中共同声明を出して、国交正常化を実現した。

日中平和友好条約 ⑤ 日中共同声明によって国交正常化した日本と中華人民共和国との間に、1978（昭和53）年に福田赳夫(ふくだたけお)内閣のもとで園田直(すなお)外相が訪中して結ばれた平和友好条約。「平和五原則」を踏まえた上に立った平和友好関係と経済、文化関係の発展を内容としたものである。一方で、中華民国(台湾)との関係が問題とされたが、条約では、中華人民共和国政府を中国を代表する唯一の政府とした。

沖縄返還 ④ 1971(昭和46)年に沖縄返還協定が佐藤栄作(さとうえいさく)内閣で調印され、1972（昭和47）年に沖縄が本土復帰したこと。沖縄は沖縄戦のあと、27年間にわたってアメリカの施政権下に置かれていたが、本土復帰運動の高まりもあって、日本(本土)へ復帰した。返還にあたり、アメリカ軍基地は残されたままとなり、今日に課題を残している。

沖縄返還協定 ① 1971（昭和46）年、佐藤首相とニクソン大統領との会談で、琉球諸島及び大東諸島の施政権を、日本に返還することが合意された外交文書。アメリカ軍基地は返還後も残ることになり、核抜き本土並みの返還をめぐって、国会で論議が起きた。

外交三原則 ⑤ 1957（昭和32）年、日本政府が発表した日本外交の原則。国連中心主義、自由主義諸国との協調とアジアの一員としての立場の堅持の３項目を指す。

国連中心主義 ⑤ 国際連合を中心として、世界の平和と繁栄に貢献(こうけん)しようとする日本の外交方針。

アジアの一員 ④ 日本が、歴史的、文化的に密接な関係を持ってきたアジアの国々に対して、または連携して、援助や平和に貢献(こうけん)する積極的な姿勢を、国際社会の中で示していこうとすること。

旧敵国条項 ② 第二次世界大戦中につくられた国際連合憲章に規定されている連合国側と対峙した諸国（日本、ドイツ、イタリア、ブルガリア、ハンガリー、ルーマニア、フィンランド）に関する条項で、第53条、第107条のこと。これらは、すべての旧敵国が国連加盟国となった現在はすでに死文化しており、1995年の国連総会でこの条項を削除することが決まったが、まだ憲章の改正は行なわれず残っている。

ミサイル防衛(MD) Missile Defense ② 敵国のミサイル発射に対して、防御するシステム全体をいう。北朝鮮のミサイル実験が頻繁(ひんぱん)に行なわれていることなどから、重視されている。高性能レーダーでミサイルの発射を早期に発見し、迎撃ミサイルで撃ち落とす。イージス艦の建造・配備、パトリオットPAC−3の配備などをそのために行ない、有事法制や国民保護法を施行(しこう)している。

国際協調主義 ③ 外国との友好、協力関係に基づいて外交問題を処理していこうとする考え方で、拡張主義、軍国主義、大国主義などと対立する。日本国憲法は、前文でこの立場に立つことを宣言している。

領土問題 ⑥ 国の領域が、どの範囲までなの

日本の領土及び外交係争地

かをめぐる周辺国との対立をいう。天然資源の確保や、自国の安全保障に必要な範囲の獲得といったことなどを原因として、戦争にまで至ることもある。

北方領土問題 ⑤ 第二次世界大戦後、ロシア(旧ソ連)によって占拠されている日本固有の領土である国後(くなしり)島、択捉(えとろふ)島、歯舞(はぼまい)群島、色丹(しこたん)島の返還問題。未解決の領土問題の1つである。日ソ共同宣言では歯舞群島、色丹島の返還を約束しているが、いまだ実現していない。1993(平成5)年のエリツィン・細川護熙(ほそかわもりひろ)会談で合意された「**東京宣言**」①で領土問題の解決を述べているが、その後もロシアの国内情勢などから進展していない。

日ロ共同声明 ① 2013年に出された、日本とロシアの間で相互信頼と互恵の原則に基づいてあらゆる分野で2国間関係を発展させることなどが盛り込まれた声明。

日露和親条約 ① 1854年に江戸幕府がロシア使節プチャーチンと結んだ日本・ロシア間の最初の条約。ロシア船の下田・箱館寄港などを認め、千島は択捉(えとろふ)・得撫(うるっぷ)間を国境と決め、樺太(からふと)は両国雑居地(ざっきょち)とした。

ロシアとの平和条約 ② 1956(昭和31)年の日ソ共同宣言には平和条約の締結がうたわれているが、いまだに実現していない。その理由の1つに北方領土問題が未解決であることがあげられる。一方で、日本のロシアからのエネルギー資源の輸入増加やロシアの極東開発など両国の密接な関係をさらに発展させるためには平和条約が欠かせないとの認識があり、早期の平和条約の実現が期待されている。

樺太・千島交換条約 ① 1875(明治8)年に調印された日本とロシアとの間の国境画定条約。樺太がロシア領に、千島列島全島が日本領になった。

ポーツマス条約 ① 1905(明治38)年、アメリカ北部の軍港ポーツマスで調印された日露戦争の講和条約。日本の韓国における権益の承認、旅順(りょじゅん)・大連(だいれん)の租借権及び長春以南の鉄道と付属の利権の譲渡、樺太南半分の割譲などが決められた。

無主地の先占(せんせん) ② 国際法において、いずれの国にも属していない土地を、他の国よりも先に実効ある支配を及ぼすことによって自国の領土とすること。領海周辺の無人島などに自国の国旗を掲げることなどの行為で「先占」を表明することがかつては行なわれていた。

尖閣(せんかく)諸島問題 ⑥ 沖縄県石垣(いしがき)島の北方の無人島で、日本固有の領土であるが、近年、海底の石油、天然ガスなどの埋蔵(まいぞう)が注目され、中国、台湾が領有権を主張し始めたため生じた問題。日中平和友好条約ではこの問題を棚上げしている。近年、尖閣諸島の接続水域内に中国の海警などの艦船がたびたび侵入しており、日中の外交問題となっている。

竹島問題 ⑥ 島根県隠岐(おき)諸島の北西にある2つの島と岩礁(がんしょう)の帰属をめぐる韓国との問題。1954(昭和29)年に韓国が竹島に軍隊を駐屯(ちゅうとん)させて灯台などの施設を設置したことから日韓の紛争となり、日韓基本条約では定期閣僚(かくりょう)会議で継続協議することになった。日本の漁民の安全操業は約束されている。

領有権 ④ ここは自国の領土であると主張できる権利のこと。国家の領域のうちの陸地の部分に関して持っている権利で、占有(せんゆう)、使用、処分できる権利のことである。よって、外国の人が自由に入り込むことを拒(こば)むことができる権利でもある。領有権があれば、当然、領海や領空も主張できる。尖閣(せんかく)諸島や竹島の問題というのは、領有権をめぐる問題である。

戦後補償 ④ 第二次世界大戦のときに日本が中国、朝鮮、東南アジア諸国に大きな損害を与えたことに対する日本政府による補償問題のこと。「戦後処理問題」ともいう。各国とは国交に関する条約を結んだときに賠償や無償経済援助の提供で解決してきた。慰安婦問題、外国人被ばく者、軍需工場での徴用・強制的動員の補償請求など、個人に関する問題が未解決な問題として韓国から提起されているが、日本政府は解決済みとの立場を示している。

慰安婦問題 ③ 第二次世界大戦中に日本が占領した地域で、軍隊の慰安のために設けられた施設に、占領地域の女性を働かせたとすることに対しての個人的な補償問題。

朝鮮人労働者徴用問題 ② 第二次世界大戦中に、不足する日本国内の労働力を確保するために、日本の支配下の朝鮮の人々を、国家総動員法や国民徴用令に基づき、強制的に日本に連れてきて工場労働や鉱山の採掘、防空壕(ごう)掘りなどで労働させたこと。強制的に動員された人々からの補償要求があるが、日本政府は解決済みとしている。

日韓請求権協定 ② 1965（昭和40）年に日本と韓国との間で結ばれた「財産及び請求権に関する問題の解決並びに経済協力に関する日本国と大韓民国との間の協定」のこと。

青年海外協力隊（JOCV） Japan Over-seas Cooperation Volunteers ④ 技術、技能を持った青年を発展途上国へ派遣し、その国の国づくりに協力しようという国際協力機構(JICA)の主要事業の1つ。

顔の見える援助 ① 日本の指導員などが直接、現地の人々に技術を教えたりする、人と人が出会って行なわれる協力のこと。借款(しゃっかん)や無償の資金提供などに対して、相互理解を深めることができる援助の方法として評価が高い。

国際協力機構（JICA(ジャイカ)） Japan International Cooperation Agency ③ 青年海外協力隊の派遣、技術協力のための人材養成、無償技術協力の調査、開発協力、国際緊急援助隊などの事業を国際協力のために行なっている日本の独立行政法人。政府開発援助の総額のほぼ3分の1を取り扱っている。

国際貢献(こうけん) ③ 国際社会の一員として、日本がその責務を果たしていこうと掲げていることの1つ。先進国の責任として発展途上国への経済支援や、国際連合の場で決まったことを積極的に守っていくことなど、多岐(たき)にわたる。近年は大規模な災害に対しての救援のために自衛隊を派遣することや、ボランティアによる活動など多様な貢献が行なわれている。

出入国管理及び難民認定法 ④ 日本に入国し、または日本から出国するすべての人の出入国の公正な管理をはかるとともに、難民の認定手続きを整備することを目的とする法律。2009（平成21）年より外国人登録制度が廃止され、現在では在留カードや特別永住者証明書が交付されている。

改正出入国管理法 ① 外国人労働者の受け入れを拡大する目的で、特定技能と呼ばれる新たな在留資格の新設などが定められ、2019（平成31）年4月に施行された。

日本語教育の推進に関する法律 ① 2019（令和元）年公布・施行された、日本語を話せない外国人及び日本人への日本語教育の推進に関する法律。

海賊対処法 ⑤ ソマリアを根拠地とする海賊による航行船舶に対する略奪などの襲撃行為が相次いでいたことから、各国は現地に海軍艦船を派遣し護衛を始めた。日本も海上自衛隊や海上保安庁の職員を派遣することになり、その根拠の法律として2009（平成21）年に制定された。日本の関係船舶以外も護衛でき、警告を無視して接近する海賊船に対する武器使用の要件も緩和された。

新型コロナウイルス感染症（COVID-19）⑤ 通常の風邪にみられる中程度の症状を引き起こすコロナウイルス感染症の一種。潜伏期間が長いことや感染力が高く致死率が高いため、医療体制の崩壊を招くことがある。

パンデミック pandemic ① 感染症が世界的な規模で流行すること。

特別給付金（家賃支援給付金、持続化給付金） ② 日本における新型コロナウイルス感染症（COVID-19）による経済的影響への緊急経済対策の一施策として、2020（令和2）年に実施された日本に住民基本台帳がある世帯主に定額の現金を給付する制度。

雇用調整助成金 ① 新型コロナウイルス感染症の影響を受けた企業などが雇用を維持するために助成金の支払いを受けることができる制度。

マグサイサイ賞 ① アジアの地域社会に貢献した個人や団体を表彰する賞。フィリピンの大統領ラモン＝マグサイサイの功績をたたえて設立された。

第II部 現代の経済

第1章 経済社会の変容

1 資本主義経済体制の成立と発展

1 資本主義経済の成立

経済 ⑥ 財やサービスの生産、分配、流通、消費に関するすべての働きをいう。economy（経済）は、ギリシャ語のoikosnomos（家政術）に由来する。また「経済」の語は、中国の「経世済民(けいせいさいみん)」（世を治め、民を救う）に基づくといわれる。

経済社会 ② 世の中の動きを、経済活動の面からとらえて使う用語。暮らしに必要な財・サービス・情報などが、どのようにしてつくられ、どのように流通して、人々の生活を満たしているか、その様子のこと。

経済体制 ③ 特定の経済原理によって成立する社会のしくみのこと。生産手段を誰が持っているのか（私有か公有か）、何をどれだけ生産するかの決定の仕方（自由に行なえるのか、政府の計画によるのか）によって、資本主義経済体制と社会主義経済体制の区別がなされる。現在では、世界の多くの国が資本主義の経済体制をとっている。

エンクロージャー enclosure movement ② 15世紀末以来、イギリスで起こった「土地の囲い込み」のこと。羊毛工業が起こったため、地主は土地を囲い込んで牧羊を始め、農民は農地から追い出されて都市に移住し、労働者となっていった。18世紀、穀物(こくもつ)増産を目的とした第2次の囲い込みが起こり、多くの農民が都市の工業労働者となった。エンクロージャーによって、資本主義経済に不可欠な、雇(やと)われて働く労働者がつくり出された。

重商主義 ⑤ 富とは金銀や貨幣であり、この富は貿易によって得られるとする考え方。そのため、保護貿易政策がとられた。資本主義の初期の段階で展開された考え方で、イギリスのトマス＝マンが代表的思想家。重商主義政策のもとでは、自国製品を売る国外の市場(しじょう)が必要とされたから、ヨーロッパの有力国は植民地を求めて各地で激しく争った。

資本蓄積 ③ 資本主義経済が成立するためには、まとまった資本（お金）が必要であり、その資本がどのようにして溜(た)まったか、ということ。イギリスでは、羊毛からつくる毛織物工業が発達し、毛織物を輸出することで利益を得て、資本蓄積が進んだ。

マニュファクチュア（工場制手工業） manufacture ③ 資本家が労働者を仕事場に集め、分業の方式で、手と道具を用いて商品を生産するやり方。資本主義初期にあらわれた生産方式。産業革命後は、工場制機械工業（機械制大工業）へと移行していった。

：分業 ⑤ 1つの生産物をつくる際に、原料を加工し、半製品をつくり、それを最終生産物に仕上げるように、いくつかの生産工程に分けて労働者を配置する生産方式のこと。これによって1人で生産するよりも、生産力を飛躍的に高めることができる。アダム＝スミスが、『諸国民の富』の中で初めて説明した。

：協業 ③ 一連の生産工程を多くの労働者で分担し、協同して働くこと。生産手段の共同利用が可能であり、連続する生産工程を順次分担することができるため、生産性が向上する。

産業革命 ⑥ 道具から機械へと生産手段が変化したことによって、産業上の飛躍的発展が起こり、経済、社会組織が劇的に変化すること。18世紀後半、イギリスで始まり、19世紀に欧米諸国や日本へ波及した。綿工業分野での機械の発明、ワットによる蒸気機関の改良などにより、マニュファクチュアから工場制機械工業（機械制大工業）へ発展し、急速に工業が進歩し、資本主義経済が確立した。

蒸気機関 ④ 蒸気の力を利用して、動力を得る機関。18世紀後半、ワットがそれまでの往復運動する蒸気機関を円運動するものに改良した。この改良によって、様々な機械に蒸気機関が応用されるようになり、産業革命の原動力になった。また、燃料である石炭が脚光(きゃっこう)をあびることになった。

資本主義経済（資本主義） ⑥ 誰でも自由に商品を生産し、販売し、消費することが認められている経済。私有財産制（生産手段の私有)、商品経済、価格を中心に営まれる市場経済、自由競争、自由放任の経済政策、利潤追求の自由などの原理で動いている。イギリスにおいて産業革命を経て確立、その後、多くの国に広まった。資本主義国の経済体制。

私有財産制 ② 工場や機械、原材料などの生産手段を、個人が自由に所有してよい制度のこと。何をどれだけ生産するかも、自由に決定できる。資本主義経済の特徴の1つ。

生産手段の私有 ④「私有財産制」と同意語。財産が個人に属する社会制度を私有財産制というが、その財産の中でも生産活動に必要なものを、私的に所有してよい、ということ。

生産手段 ⑥ 生産活動に必要な手段の総称。農産物を生産するのに必要な土地や農機具、機械設備や工場、原材料などをいう。労働者は生産手段を持たないから、雇われて働くことになる。

商品 ④ 販売することを目的に、生産された財やサービスのこと。人間にとって役に立つもの。

財(財貨) ⑥ 食料、衣料、住宅など、人間生活に必要な有形なもののこと。

サービス(用役) ⑥ 財のように具体的な形を持っていないため、みることも触れることもできないが、人間にとって役に立つもの。医療、教育、福祉、修理などをいう。

希少性 ⑤ 世の中にある資源には限りがあり、そのため人々が手に入れたいと思う商品のすべてを生産できない、ということ。希少性の問題があるから、何をどれだけ生産するのがよいかが、経済学の課題となる。

トレードオフ trade off ⑥ 自分が欲しい何かを手に入れるためには、別の何かをあきらめなくてはならない、ということ。小遣いから、ある欲しいもののために1000円使ったとすれば、他の何かの支出を1000円削らなければならない、ということ。人々は、絶えず「あちらを立てれば、こちらが立たない」という相反する関係に直面している。

便益 ② 取り引きによって得られる利益のこと。私たちは自らにとって望ましい取り引きを行なう。望ましい取り引きとは取り引きによって発生する経費よりも得られる便益が大きい取り引きのことである。特に取り引きによって発生する経費のことを**費用**③という。取り引きする双方が互いに費用より便益が大きいと判断する取り引きを行なえば、取り引きは双方にとって望ましい選択であるだけでなく、社会全体にとっても望ましい選択となる。社会全体が豊かになるのである。

機会費用 ⑥ あるものを手に入れるために、放棄したものの価値をお金で評価したもの。大学に進学するという選択は、働くことを放棄するということ。従って、大学に進学した機会費用は、働いて得ることができたはずの賃金(放棄したもの)と同じになる、と考える。

効率性 ③ 限りある資源を有効に用い、どれだけ経済資源をつくり出せるかをいう。経済の考え方では、より多くの財やサービスを生産し消費することが豊かであると考える。少しでも多くの経済資源を生み出す経済が望ましいと考える。

公平性 ③ 社会の構成員が経済資源をどれだけ平等に分けられるかをいう。特定の人に経済資源が集中することは望ましくない。経済資源が多くの人々に平等に分けられれば、正義が実現され安定した社会ができると考えられる。

市場経済 ⑥ 市場での需要と供給の関係によって決まる価格を目安にして、生産者は生産量を、消費者は購入量を決定していく経済。資本主義経済が持つ、大きな特徴である。

自由競争 ④ 企業や家計が、何を、どれだけ、いくらで、売ったり、買ったりするかという活動に対して、政府が規制を行なわず、自由に競争させること。ただし、社会に有害なものや、不公正な競争は取り締まりの対象となる。アダム＝スミスは、自由競争によって「見えざる手」が働き、最大の繁栄がもたらされると説いた。

自由放任(レッセ・フェール) laissez faire ⑥ 経済活動において、自由に競争することを認める経済政策のこと。原則として、政府は民間の経済活動に介入すべきではなく、経済は市場における自由競争にゆだねる方がよい、とする考え方。

安価な政府 ② 政府は、経済活動にはできるだけかかわらず、国防や治安維持などの活動だけを行なう方がよい、とする考え方。これによって、政府の支出を必要最小限に抑え、国民の税負担を少なくしようとする。「小さな政府」と同意である。

アダム＝スミス Adam Smith ⑥ 1723～90 古典派経済学の創始者といわれる。イギリス人。個人や企業がそれぞれの利己心に基づいて経済活動を行なっても、市場での自由競争を通じて、いわゆる「見えざる手」が作用して、人々の欲するものが生産され、また需要、供給も調整され、社会全体の利益がもたらされると説き、自由経済を擁護する学説を展開した。

「見えざる手」 invisible hand ⑥ 市場経済では、誰が命令するわけでもないのに、多数の生産者による供給と、多数の消費者の需要とがうまく調整されている。こうした市場経済の状況を、アダム＝スミスは「見えざる手」が作用していると形容した。

『諸国民の富』(『国富論』) ④ アダム＝スミスが1776年に出版した著書。重商主義に反対し、自由経済が望ましいことを論じた。各個人は、それぞれの利己心に基づいて行動し、政府の活動を土木事業など、ごく一部に限定すべきことを説いた。なお、有名な「見えざる手」は、著書では1回出てくるだけである。

古典派経済学 ③ アダム＝スミス、リカード、マルサス、J. S. ミルらを主な担い手とする経済学。彼らは、近代社会は資本家、地主、労働者の3つの階級からなり、市場経済が行なわれており、自律的なメカニズムを持っているとした。よって、国家は経済に介入しないことが望ましいと考えた。

ケネー Quesnay ① 1694〜1774 重農主義の経済学者、フランス人。彼は農業だけが純生産物を産出すると主張した。主著『経済表』は、経済循環に関する最初の理論モデルであり、後世の経済学に大きな影響を与えた。

利潤追求 ⑤ 利潤を求めて経済活動をすること。生産者や販売者が競争して経済活動をするのは、できるだけ大きな利潤を得たいからである。資本主義経済では、利潤追求の自由が保障されており、これが経済を発展させる一因となっている。

利潤 ⑥ 財、サービスの売り上げから、その生産に要した費用、あるいは仕入れに要した費用を差し引いた残りのこと。

産業資本主義 ② 産業革命後の、19世紀イギリス資本主義に典型的にみられた経済。小規模な生産者が多数存在しており、生産者も消費者も自由競争を行なっていた。対外的には自由貿易政策、政府に対しては自由放任、安価な政府が望まれた。19世紀末まで続いたが、その後は独占資本主義へと変化した。

工場制機械工業 ② 機械を利用し、工場の中で大規模に生産を行なうやり方。産業革命によって機械が登場し、それまでのマニュファクチュア(工場制手工業)は工場制機械工業へと発展、資本主義経済は飛躍的に発展した。「機械制大工業」ともいう。工場において、機械により製品を生産するやり方は、ワットが蒸気機関の改良に成功して、可能となった。

株式会社制度 ① 多数の人々から資金を調達して、会社をつくるやり方。工場制機械工業は、個人の資金では賄い切れない巨大資金を必要とするため、それにこたえて発達してきた制度である。この制度によって、資本主義経済は独占資本主義の段階に発展した。

「世界の工場」 ④ 19世紀初めのイギリスを指して使った言葉。ヨーロッパをはじめ、世界の市場で売られている製品の多くの生産工場がイギリスにある、ということ。いち早く産業革命を経験したイギリスでは、工場制機械工業が発達し、良質で安価な工業製品が大量につくられるようになり、これをヨーロッパ内外の市場で売りさばいたことから、こう呼ばれた。

2 資本主義経済の変容

独占資本主義 ③ 少数の巨大資本(独占資本)及びそのグループが、国民経済全体を支配している経済のこと。19世紀末から20世紀初頭にかけての、イギリス、フランス、ドイツ、アメリカ、日本などでみられた経済。カルテル、トラスト、コンツェルンといった形で巨大資本が形成された。

カルテル(企業連合) Kartell ⑥ 同一産業の複数の企業が、高い利潤を確保するために価格や生産量、販路などについて協定を結ぶこと。企業規模が拡大してくると、大企業同士が自由競争を避けて、自分たちだけが高い利潤を獲得しようとして結成する。今日の日本では、独占禁止法で禁止されている。

価格カルテル ② カルテルに参加する企業が話し合いを行なって価格を決定し、値下げ競争を避けて、不当に利益を上げるやり方。

トラスト(企業合同) Trust ⑤ 同一産業、業種で企業が合併すること。企業規模が大きくなると、一般的には生産コストが低下して利潤が大きくなるため、企業は合併する。合併は原則として自由であるが、競

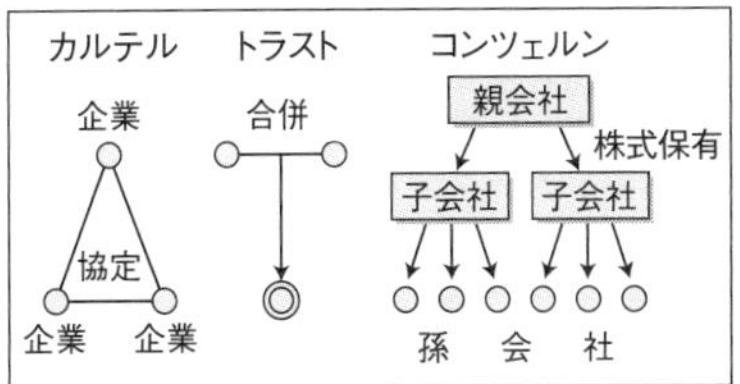

寡占の形態

争を実質的に制限する場合、日本では、独占禁止法で禁止されている。

合併 ④ 複数の会社が、法律の手続きに従って1つの会社になること。多くは吸収合併である。これは、A社とB社が合併する場合、A社にB社を吸収させて、B社を消滅させる。なお、合併は会社以外の組織でも行なわれる。

コンツェルン（企業連携） Konzern ⑤ 親会社が、株式保有を通じて、各分野の企業を子会社、孫会社（系列会社）として傘下に収めて形成される企業集団。親会社が子会社を支配し、子会社が孫会社を支配する独占組織である。いくつもの産業分野にまたがる企業が1つの大資本のもとに統合されることになる。第二次世界大戦前の日本の財閥は、これに近い。

財閥 ④ 第二次世界大戦前の日本経済を支配していた、日本特有のコンツェルン。三井、三菱、住友、安田、古河など。家族または同族によって出資された親会社が中核となって形成されている企業集団。戦後の経済民主化政策により解体されたが、今日でも姿をかえて企業グループが構成されている。

子会社 ③ 他の会社によって支配されている会社のこと。A社がB社の議決権のある株式の過半数を所有し、B社の経営を支配している場合、A社を「親会社」、B社を「子会社」という。

3　資本主義経済の修正

世界恐慌（大恐慌） ⑥ 1929年10月、アメリカのニューヨークにあるウォール街の株価大暴落に端を発した、世界的な経済恐慌。アメリカでは、工業生産は半減し、大量の失業者が発生した。この恐慌への対応として、アメリカはニューディール政策を、イギリス、フランスなどの植民地を「持てる国」は、ブロック経済をとった。日本、ドイツ、イタリアなどの植民地を「持たざる国」は、ファシズム体制をとり、植民地の再分割を求めて侵略戦争を起こした。

修正資本主義 ⑥ 経済活動の自由を一部制限して、経済的な平等をできるだけ実現しようとする資本主義のこと。資本主義の基本的性格をかえることなく、資本主義が必然的にもたらす恐慌、失業、貧困などの問題を、国家（政府）が経済に介入することによって解決しようとしている。

ケインズ Keynes ⑥ 1883～1946　イギリスの経済学者。自由放任経済では失業をなくし、完全雇用を実現することはできないと考え、雇用水準や生産水準は国全体の有効需要の大きさで決まるから、政府が積極的に経済に介入し、公共投資により有効需要を増やすことが完全雇用につながることを論じた。

『雇用・利子および貨幣の一般理論』 ④ ケインズが1936年に出版した著書で、失業の問題解明に大きな光をあてた。その出版は、経済学に「ケインズ革命」と呼ばれる衝撃を与え、さらには第二次世界大戦後の世界各国の経済政策に大きな影響を与えた。

：非自発的失業 ① 不況期になると有効需要が不足し、企業は雇用を減らすために発生する失業のこと。現行の賃金で働きたいと望んでいても、職がないという状況を指す。ケインズが『一般理論』で明らかにした失業の1つの形態。

完全雇用 ③ 働く意思と能力を持ち、就職を望む者が、すべて雇用される状態のこと。福祉国家の政策目標の1つである。企業と求職者が、互いに相手を探せなくて発生する摩擦的失業を考慮すると、失業率が1%前後であれば完全雇用といえる。

有効需要の原理 ④ 国内経済の生産量にあたる国内総生産は、生産物に対する総有効需要によって決定されるという理論。国内総生産は労働雇用量を決めるので、雇用量を決定する理論でもある。ケインズが初めて明確な形で提唱した理論。

有効需要 ⑥ 実際に貨幣の支出を伴う需要。この有効需要の水準により、雇用水準や国民所得水準が決まるとケインズは考えた。

公共事業 ⑤ 国または地方公共団体が、道路や港湾の整備、治山・治水事業、産業基盤の整備、災害の復旧などの事業を行なうこと。これにより、有効需要を増大させ、雇用を増やす効果を持つ。

公共投資 ② 公共事業のための投資のこと。公共投資は国または地方公共団体が行なう投資であるため、政治家による利益誘導で弊害を引き起こすという批判がある一方、老朽化した橋や高速道路、下水道管、耐震強化などの公共投資は必要である、との主張もある。

ニューディール政策 ⑥ 1933年から、アメリカにおいてローズヴェルト大統領により実施された恐慌対策の総称で、政府が積極的に経済に介入した。修正資本主義、混合経済体制の最初の例といえる。具体的には、失業者救済策、生産統制による農産物の価格支持、地域総合開発を指向したTVAの設立、全国産業復興法の制定などの措置をとった。また、社会保障制度の樹立や画期的な労働保護立法であるワグナー法の制定などを実施した。

ローズヴェルト F. Roosevelt ⑥ 1882～1945 アメリカ合衆国第32代大統領（在任1933～45）。ニューディール政策により、大恐慌を克服し、「修正資本主義」といわれる新しい経済政策を定着させた。第二次世界大戦では、ドイツや日本に対する戦争を遂行した。

TVA Tennessee Valley Authority ②「テネシー河流域開発公社」のこと。ニューディール政策の一環として1933年に設立されて、治水や水力発電、土地改良などの大規模な公共事業を行なった。これは、大量の失業者に職を与え、有効需要を増大させる役割を果たした。

ケインズ革命 ② ケインズが主張した有効需要の原理はそれまでの自由放任を原則とする古典派経済学とまったく異なる考え方であり、その後の経済学及び経済政策に大きな影響を与えたことから「ケインズ革命」と呼ばれる。ケインズの理論に基づけば、景気が後退したり不況に陥ったときには政府支出を増大して有効需要を増大させる経済政策、すなわち**ケインズ政策**①をとることが有効とされる。

混合経済 ④ 私的な民間経済と公的な政府経済とが組み合わされ、並存している経済を指す。現代経済を表現するときに用いられる用語で、現代の修正資本主義経済をあらわしている。

サッチャー政権 ④ イギリスにおいてマーガレット＝サッチャーを首相とする保守党政権（1979～90）。イギリスにおける初の女性首相。保守的で強硬な政治姿勢から「鉄の女」とも呼ばれる。新自由主義の立場からイギリス経済の再建を目指し、国営企業の民営化、規制緩和と金融制度改革を進める経済政策は**サッチャリズム**②と呼ばれる。

レーガン政権 ② アメリカにおいてロナルド＝レーガンを大統領とする共和党政権（1981～89）。ソ連との新冷戦に勝利するために強いアメリカを実現することを標榜し、経済では新自由主義、政治では新保守主義の立場をとる。

レーガノミックス ③ 1980年からの、アメリカ合衆国第40代大統領レーガン（在任1981～89）が行なった経済再建策のこと。不況を克服するために、ケインズ的経済政策を改め、サプライサイド経済学（供給側に着目する考え方）やマネタリズムの考え方によって歳出の伸びの大幅削減、大幅減税、政府規制の緩和、通貨供給の抑制などを打ち出した。大幅減税と規制緩和には成功したが、軍事費と社会保障費の削減に失敗し、財政赤字は急増した。しかし、景気は回復した。

新自由主義 ⑥ 政府の経済的役割を見直し、大きくなりすぎた政府の役割を小さくしようとする考え方。政府が市場における経済活動に介入するのを少なくして、小さな政府を求める動き。自由競争秩序を重んじる立場。1980年代に登場してきた考え方。

ピケティ Thomas Piketty ② 1971～ フランスの経済学者。主著『21世紀の資本』では「資本収益率(r)＞経済成長率(g)」から富は資本家に蓄積され、公平に再配分されることはないので貧困が社会を不安定にすると説く。格差是正には累進制のある富裕税を世界的規模で実施することが有効であると指摘する。

2 社会主義経済体制の成立と変容

1 社会主義経済の成立

社会主義 ⑥ 資本主義を批判し、生産手段の社会的所有に基づいて、人間の平等を可能にする未来社会の建設を目指す理論と運動のこと。理論を体系化したものを、**社会主義思想**①という。

マルクス Karl Marx ⑥ 1818～83 ドイツの哲学者、経済学者。マルクス主義の祖。恐慌や失業、労使対立の激化などをみせていた資本主義経済体制を批判し、マルクス経済学を体系化した。エンゲルスとともに万国の労働者の団結を求めて第一インターナショナルを指導し、『共産党宣言』を刊行した。

『資本論』 ③ マルクスの主著。社会主義に科学的基礎を与えたとされる著作。貧困と分配の問題を取り上げ、資本家階級は労働者階級が生産したもののうち、労働者に支払った賃金以上の価値を獲得していることを明らかにし、資本主義的生産の特徴を明らかにした。資本主義経済は社会主義経済に向かう必然性を論じた。1867～94年の刊行。

エンゲルス Engels ④ 1820～95 ドイツの経済学者、社会運動家で、マルクスとともに「科学的社会主義(マルクス主義)」の創設者。マルクスの『資本論』執筆(しっぴつ)に物心両面の援助を与え、『資本論』の第2巻と第3巻はマルクスの遺稿(いこう)をもとにして、エンゲルスが編集した。

レーニン Lenin ③ 1870～1924 ロシア革命を指導し、ソヴィエト社会主義共和国連邦を樹立した。マルクス経済学のロシアへの適用、帝国主義の分析でも貢献(こうけん)した。主著に『帝国主義論』『国家と革命』がある。

マルクス・レーニン主義 ① プロレタリアート独裁期を、社会主義であるとする考え方。近代資本主義を社会主義によって克服しようとする、マルクス主義の1つの流れで、ロシア革命の指導理念として、レーニンが案出したもの、またはそれを一般化した思想。

搾取(さくしゅ) ③ 労働者が働いて得たものを労働者にすべて渡さないで、生産手段の所有者である資本家がその一部を取得すること。社会主義思想家たちは、搾取があるため、資本主義経済下の労働者は貧しい、と主張した。

労働価値説 ① 財の価値を、財の生産に必要な労働の量に基づいて客観的に決定づけようとする学説。最初に体系的に論じたのはアダム＝スミスであり、労働の量が価値の真実の標準尺度であることを指摘した。その後、リカードからマルクスに引き継がれた。マルクスは、産業資本の利潤の源泉が労働者のつくり出す剰余(じょうよ)価値であることを証明した。

社会主義経済 ⑥ ロシア革命後のソ連で初めて登場し、1930年代半ばにほぼ完成した経済。第二次世界大戦後、旧東欧諸国や中国、その他の国が採用したが、今日では朝鮮民主主義人民共和国(北朝鮮)やキューバなど少数の国で採用されているにすぎない。経済の特徴としては、生産手段の社会的所有と計画経済があげられる。

生産手段の社会的所有 ⑥ 生産手段の私的所有を認めず、全体で所有すること。国や地方公共団体の所有や、協同組合の所有、労働組合の所有などの形をとる。社会主義経済の特徴の1つ。

計画経済 ⑥ 商品の生産、流通、販売などについて、国家や地方公共団体が計画を立てて運営すること。経済運営を個々人の自由に任せないやり方をとる、社会主義経済の特徴の1つ。ソ連などでは、5年を一区切りとする「五カ年計画」が行なわれた。いわば、社会主義経済体制の象徴であった。これによって市場(しじょう)原理は後退し、指令経済体制がつくられた。

2 社会主義経済の変容

四つの現代化(四つの近代化) ① 中国において農業、工業、国防、科学技術の4分野で現代化をはかること。1979年に鄧小平(とうしょうへい)によって国の最重要課題と位置づけられ、1982年の憲法前文で掲げられた。1956年から掲げられてきた内容であるが、鄧小平の復活とともに改めて目標とされ、改革・開放政策とあいまって中国の経済成長を支えた。

改革・開放政策 ④ 1978年から中国で実施された、新しい経済政策のこと。改革の部分では、人民公社の解体、農業生産の請負制、工場長責任制、郷鎮(ごうちん)企業(町営や村営の企業)や個人経営企業の許可をはじめとする市場(しじょう)経済の導入がある。開放の部分では、経済特別区の設立があげられる。

経済特別区（経済特区） ④ 中国において、外国の資本や技術を導入するなど、大胆な経済改革を実施している地域のこと。1979年から深圳(シェンチェン)、珠海(チューハイ)などに設定され、現在では5カ所設定されている。中国の高度成長を支えた。

社会主義市場(しじょう)経済 ⑥ 1993年に憲法に明記された、中国で行なわれている経済。社会主義経済に市場経済システムを導入し、それまでの共産党と国家による計画経済を改めて、市場経済を基礎に、行政指導で経済調節を行なう経済。

鄧小平(とうしょうへい) ② 1904〜97　中国において、毛沢東(もうたくとう)以来の革命闘争路線を否定し、改革・開放路線を定着させた指導者。経済の自由化を積極的に導入し、社会主義市場経済を発展させた。

ドイモイ ③ ベトナム社会主義共和国において、1986年から実施されている経済、社会建設のための政策。集権的な管理体制を是正(ぜせい)し、市場経済システムや対外開放政策を導入している。その結果、経済面では大きな成果をあげている。「ドイモイ」とは、ベトナム語で「刷新(さっしん)」を意味する。なお、ベトナムは共産党一党独裁の政治体制である。

第2章 現代の経済のしくみ

1 経済主体と経済循環

経済主体 ⑥ 生産、流通、消費といった経済活動を営んでいるグループ、単位のこと。家計、企業、政府(地方公共団体を含む)の３つを指す。各経済主体の活動は、相互に結びつけられ、影響し合っている。近年では、NPO (民間非営利団体) やNGO (非政府組織) も主要な主体の１つになりつつある。

家計 ⑥ 消費活動を主とする経済主体。労働力や資本、土地などを企業や政府に提供して、賃金、利子、地代などを受け取り、生活に必要な財やサービスを購入し、消費する経済主体。消費は、所得が増えると増加する。代表例が家庭である。

資産効果 ③ 家計が保有する株や土地などの価格が上がると、家計の消費が増えること。保有する資産の評価額が高くなると、貯蓄が増えたのと同じ効果をもたらすから、消費が増える。

エンゲル係数 ② 家計の消費支出に占める食料費の割合を示すもの。家計の生活水準を示す指標といわれる。食費にかかる費用は、貧富にかかわらず、どの家庭でもほぼ一定であるため、係数が大きければ貧困な生活、係数が小さければ豊かな生活と判断する。

企業 ⑥ 生産を主とする経済主体。家計から必要な労働力を購入し、財やサービスを生産し、家計や政府に供給する。利潤を追求し、利潤をできるだけ大きくすることが、企業の主たる目的である。企業の代表例が株式会社である。

政府 ⑥ 家計や企業の活動だけでは達成できない事柄を、実現するために活動する経済主体。具体的には消費活動と生産活動を調整し、経済の安定や成長、完全雇用を促す。租税を財源にして活動する。

政府の失敗 ① 政府の経済活動によって市場に悪影響があらわれること。政府の経済活動は、市場になじまない公共的な財やサービスの提供にある。公共財の特徴は非競合性と非排除性にある。しかし、同時に非

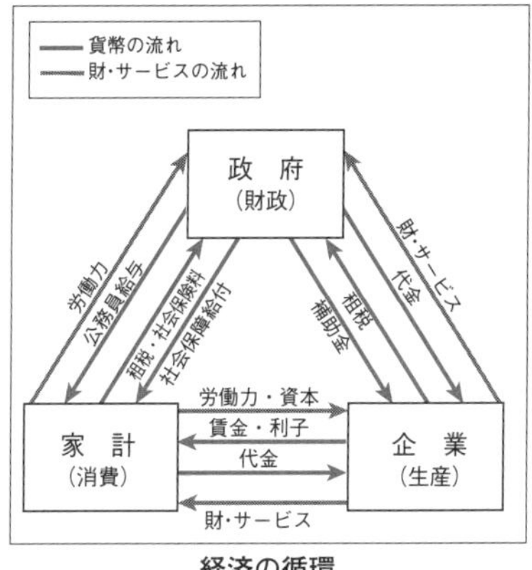

経済の循環

効率に陥る可能性があり、政治からの圧力により恣意的な資源配分の可能性がある。さらに正確な情報に基づく保障はなく、国民のボリュームゾーンからの要請にこたえためマイノリティが排除される可能性があるなど、健全な市場経済に悪影響を及ぼすことがある。

行政サービス ② 政府や地方公共団体が行なうサービスのこと。具体的には、税金を用いて治安の維持をはかり、幼稚園や学校教育のサービス、医療や福祉のサービスなどを行なっている。

経済循環 ③ 家計、企業、政府という３つの経済主体の間を、貨幣を仲立ちとして、財やサービスが行き交っている経済の構造をいう。表現をかえていうと、商品が生産され、生産に携わった人に賃金が分配され、その賃金で支出(消費や投資)がなされる。このように、生産、分配、支出が繰り返し行なわれること。

消費 ⑤ 人間が欲望を満たすために、財やサービスを使うこと。商品を購入して、自分の生活にあてること。

消費財 ④ 人間の欲望を充足させることに直接役立つ財。これを消費して、労働力が再生産される。衣料や食料などの消費財と、テレビ、乗用車、住宅などの耐久消費

財とがある。

耐久消費財 ① 家庭電化製品、乗用車、住宅などのような、耐久性のある消費財。かなりの長期間にわたって使用できる消費財。

生産財 ① 消費財などを生産するために用いられる財。原材料や機械など。ただし、同じ財であっても、家計で用いられれば消費財、企業で生産のために用いられれば生産財となる。

生産 ⑥ 様々な財、サービスをつくり出すこと。企業が行なっている活動。

生産要素 ④ 生産活動に必要な要素。土地、労働力、資本を「生産の３要素」という。生産活動には、この３つが必要である。

土地 ⑥ 生産活動に欠かせない要素。農業だけでなく、工業や商業においても、通常はその活動のために土地が必要である。

労働力 ⑤ 人間の持っている、仕事をする能力。資本主義経済では、労働力も商品として扱われているが、人間には人格があることから、きわめて特殊な商品である。

労働力の商品化 ① 人間の持っている労働力を商品とみなして、売買の対象として扱うこと。労働力という商品の価格が、賃金である。労働力の供給者は労働者、需要者は企業となる。

資本 ⑥ 生産活動のために、投下された資金のこと。通常は、この資金で生産に必要な機械や原材料を購入し、労働者を雇って生産、販売を行ない、投下した資金以上の額を回収しようとする。経済学上は大きく２つの意味がある。１つは、個人にとって所得を得るための手段である「資産の蓄積」を意味する。もう１つは、社会にとって生産を行なうための要件である「実物の蓄積」(生産物や土地、天然資源など)を意味する。

生産力 ① 人間の労働力と、原材料と道具、機械という生産手段を組み合わせて、財、サービスを生産する能力のこと。よって生産力は、質の高い労働力と、豊富な原材料の存在と、生産技術の発達によって高められることになる。

生産性 ④ 一定期間において、生産に投入された１単位あたりの要素(労働や資本)によって、どれだけの生産や付加価値を生み出したかを示す比率。投入された要素が労働であれば「労働生産性」、資本であれば「資本生産性」という。企業は社員研修をしたり、性能のよい機械や設備を導入して、生産性を高めようとする。

生産費(コスト) cost ② 生産のために必要とされる様々な経費のこと。原材料費、機械・工場などの設備費、減価償却費、人件費、宣伝・広告費、社債や借入金に対する利子などが主なものである。

人件費 ③ 従業員を雇い入れることによって発生する費用。賃金が中心であるが、そのほか、厚生年金保険や健康保険などの社会保険料の雇用主負担分などの費用が含まれる。

分配 ③ 各生産要素(土地、労働力、資本)の提供者に分配される、生産された成果のこと。土地を提供した人には地代を、労働力を提供した人には賃金を、資本を提供した人には配当や利子が分配される。

投資 ⑥ 経済学では、機械や工場などの生産設備を増加させることや、在庫を増加させることをいう。設備の増加を「設備投資」、在庫の増加を「在庫投資」という。

設備投資 ⑥ 企業が、生産を拡大するために行なう投資のこと。具体的には、工場や機械・備品、事業所や店舗、輸送用の車などを拡充するために行なう投資。設備投資は生産力を高めるから、供給面で大きな影響を与える。同時に、設備投資は大きな消費となるため、需要を高める。需要と供給がバランスよく拡大していれば好況となるが、供給が需要を上回るようになれば、景気は後退していく。

在庫投資 ① 一定期間における、原材料や製品の在庫量の積み増しのこと。生産増や販売増をねらって増やす場合と、売れ残りによって増える場合とがある。

公益法人 ① 公共の利益を目的として事業を展開する法人。法律に基づき公益性が認められた一般社団法人や一般財団法人をいう。非特定営利活動法人 (NPO法人) とは別である。

2　現代の市場と企業

1　現代の市場

市場 ⑥ 財、サービスの売り手(供給者)と買い手(需要者)が出会う場。青果市場や魚市場のような売り手、買い手が直接に会って取り引きする特定の場所だけでなく、不特定の売り手、買い手が取り引きしていると想定される抽象的な場をもいう。取り引きされるものには、工業製品や農産物などの商品のほか、労働力(労働市場)、資金(金融市場)、証券（証券市場)、外貨（外国為替市場)などがある。

商品市場 ① 目にみえ、触ることのできる商品が取り引きされる市場のこと。一定の場所に商品の売り手と買い手が集まって取り引きする。野菜、果実、魚介、生花を中心とする卸売市場が代表例。干しシイタケ、鰹節、干しのり、茶などの入札会や、原糸、大豆、ゴム、砂糖などを取り引きする商品取引所などがある。

労働市場 ④ 人間の労働力という特殊な商品の価格(賃金)が、決定される機構をいう。労働力商品の買い手である労働需要は、短期的には景気変動によって変化し、長期的には産業構造の高度化によって変化する。労働力の売り手は労働者であるが、労働供給は生活水準や学校教育などによって変化する。

完全競争市場 ④ 販売されている財は、すべて同じ品質のものであり、売り手も買い手もともに多数存在し、誰もその価格をかえるような大きな影響力を持たないで、競争が行なわれている市場。これは、理論上の理想的な市場であって、現実には存在しない。

市場メカニズム（市場機構) ⑤ 市場で自由な競争が行なわれていると、需要と供給の働きによって、財やサービスの価格が決まり、その価格に応じて社会全体の生産や消費が調整される機構のこと。市場メカニズムのもとでは、与えられた有限の資源を用いて、何を、どれだけ、いかに生産するかということが、価格を媒介として決定されていく。

需要（需要量) ⑥ 市場から財やサービスを購入すること、またはその量のこと。需要に最も大きな影響を与えるのは、取り引きされる財の価格である。なお通常、需要量といわれるのは、買い手全体の需要量であり、個人の需要量ではない。

需要曲線 ⑥ 価格と需要の関係を示した曲線。買い手(消費者)は、価格が安くなればより多く買おうとするし、高くなれば購入量を減らそうとする。この関係は、縦軸に価格、横軸に需要量をとると、右下がりの曲線となる。

需要の価格弾力性 ③ 価格の変化に対して、需要量がどれだけ反応するかをはかる尺度のこと。需要量が価格の変化に対して大きく反応すれば、その財への需要は弾力的であるという。例えば、必需品は、価格が変化しても需要が大きく反応することは少ないから、必需品への需要は非弾力的である。需要量の変化率を、価格の変化率で割って計算する。

供給（供給量) ⑥ 売り手が販売を目的として、商品を市場に提供すること、またはその量のこと。供給に最も大きな影響を与えるのは、取り引きされる財の価格である。

供給曲線 ⑥ 価格と供給の関係を示した曲線。売り手(供給者)は、一般に価格が高くなるにつれて供給量を増し、安くなるにつれて供給量を減らす。この関係を示したのが供給曲線で、縦軸に価格、横軸に供給量をとると、右上がりの曲線となる。

需給ギャップ ② 需要と供給がどれだけ離れているか、その差のこと。需給ギャップがマイナスとは、需要よりも供給が多い状態を指し、ものがあまっている状態になっていることを示す。

超過需要 ④ 供給に比べて需要が上回ってい

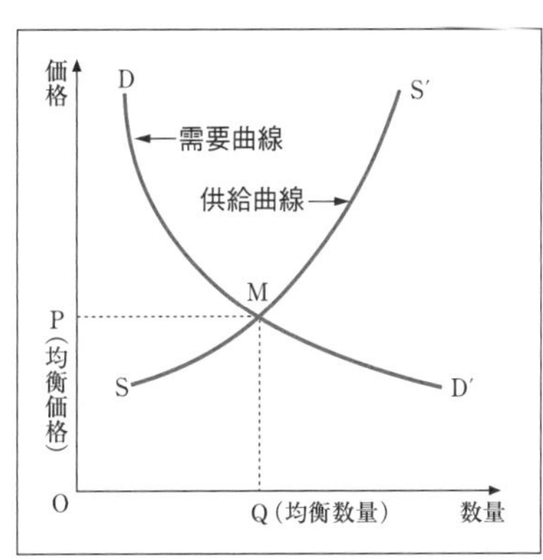

需要曲線と供給曲線

る状態。財が不足している状態。買い手は、現在の価格では買いたいと思うだけの量を買うことができない状態。

超過供給 ⑤ 供給が需要を上回っている状態。財があまっている状態。売手は、現在の価格では売りたいと思うだけの量を売り切ることができない状態。

価格の自動調節機能 ⑥ 価格が、需要と供給を一致させる働きを持っていること。市場で競争が行なわれていると、需要と供給のバランスが崩れても、価格が変化して、需要・供給の法則で需要と供給は一致する方向に動いていく。こうした価格の変化による調節は、市場で自動的に行なわれる。「価格メカニズム(価格機構)」ともいう。

価格メカニズム(価格機構) ③「価格の自動調節機能」と同意語。アダム＝スミスは、これを「見えざる手」が作用していると表現した。

市場価格 ③ 独占や寡占が行なわれていない、現実の競争的な市場において、需要と供給の関係によって決まる価格のこと。市場価格は、需要と供給の変化で変動する。

均衡価格 ⑥ 完全競争市場において、需要量と供給量との一致をもたらす価格のこと。需要曲線と供給曲線との交点で示される理論上の価格である。現実の市場は、完全に自由に競争が行なわれているわけではなく、売り手も買い手も多数存在しているわけでもない。よって、現実の市場価格は均衡価格に一致するわけではない。しかし、市場価格は均衡価格に向かって近づいていくと考えられる。

価格競争 ③ 企業が、販売量や市場占有率を高めるために行なう、価格の引き下げ競争のこと。価格引き下げのためには、企業は費用を減らさなければならず、合理化や生産性の向上が必要になる。

価格 ⑥ 財、サービスの価値を、貨幣単位であらわしたもの。価格は一般に需要と供給の関係によって決まるが、寡占市場では、生産者が生産に要した費用に、利益を上乗せして決定する場合が多い。

インセンティブ(誘因) ② 行為を積極的に促す要因をいう。消費を促す要因として価格は大きな要素だが、価格以外にもブランド力など購買意欲を促す要因はある。

寡占市場 ⑤ 少数の企業によって、供給の大部分が占められている市場をいう。市場を支配している少数の企業は、市場で決まる価格に応じて供給量を調整するのではなく、自ら価格や供給量を決定している。

寡占 ⑥ 市場に生産物を供給する企業が少数しかなく、少数の企業が市場を支配している状態のこと。寡占市場における価格が寡占価格である。

独占 ⑥ 売り手、あるいは買い手が市場に1人ないし1社しかない状態のこと。市場を1人占めしているわけであるから、競争が生じない。従って、故意に生産量を減らして価格をつり上げることも可能であり、独占は好ましくない。独占市場における価格が独占価格である。

管理価格 ⑥ 寡占市場において、企業側が生産費に一定の利潤を加えて設定する価格。プライス・リーダーシップによって決まる価格であり、値下がりしにくいという「価格の下方硬直性」がみられるようになる。

プライス・リーダー(価格先導者) price leader ⑥ 市場支配力を持つ業界トップの企業のことで、自分で設定したい価格を設定することができる企業。2位以下の競合メーカーは、トップ企業より高い価格設定がしにくく、プライス・リーダーの設定した価格に追随するしかなくなる。このように価格が決定されることを「プライス・リーダーシップ(価格先導制)」という。

価格の下方硬直性 ⑥ 寡占市場で管理価格が設定されると、需要が減少しても価格が下がりにくくなること。

非価格競争 ⑥ 寡占市場においてみられる、価格以外の競争のこと。商品の品質やブランド、アフターサービス、広告、宣伝などの面で行なわれる競争。商品の基本的な機能はかえずに、デザインや外見などを一新するモデルチェンジもその1つ。

費用逓減産業 ① 総費用に占める固定費の割合が高いことで、生産量が増えれば増えるほど平均費用が減少する産業のこと。大規模な設備投資や研究開発が必要なことから新規参入がむずかしく寡占や独占になりやすい。例えば、電気やガスあるいは水道など。

製品差別化 ① 使用目的は同じ製品であっても、品質、性能、装飾などをかえることによって、自社製品と他社製品の差をアピールすること。製品差別化は、非価格競争の1つである。

「依存効果」 ① 広告、宣伝などの非価格競争によって、消費者は消費欲望をかき立てられ、広告、宣伝に依存して消費活動を行なうようになること。ガルブレイスが最初に用いた言葉。

ガルブレイス Galbraith ① 1908〜2006 アメリカの経済学者。主著『豊かな社会』(1958年)は、現代社会では消費者は商品を自ら選んでいるようで、実は大企業の生産、販売戦略に組み込まれて消費者の欲望が管理、操作されていることを指摘した。彼はこれを「依存効果」と呼んだ。

マーケットシェア(市場占有率) market share ③ ある企業の製品が、その産業の市場の中で、どれ位の割合を占めているかをいう。「市場シェア」ともいう。ある企業のマーケットシェアが100%であれば、その企業は独占である。

外部経済 ⑥ ある経済主体が市場取り引きなしに、市場の外側で、ほかの経済主体に便益を与えること。政府が道路、港湾、交通手段、工業用水などを整備することは、企業(生産者)と家計(消費者)の経済活動に便益をもたらすので、外部経済である。**正の外部効果**①と同義。

外部不経済 ⑥ ある経済主体の行動が、市場を通さないで、直接に多くの人々に不利益を与えること。公害は外部不経済の典型例である。「外部負経済」ともあらわす。例えば、環境税や炭素税の導入のように、環境コストを市場価格に上乗せすることを**外部不経済の内部化**②という。

社会的費用 ① 外部不経済によって発生した不利益を取り除いたり、被害者を救済したりすることに支出される、社会全体の費用のこと。

資源の最適配分 ② 財やサービスの生産に必要な資源(原材料など)が、最も効率よく割り振られること。市場経済では、計画したり命令しなくても、市場メカニズム(市場機構)を通じて、資源配分が適正に行なわれる。**資源の効率的配分**②と同義。

資源配分 ① 資源は有限であるので、その資源を競合する様々な用途の間で、どのように配分するか、ということ。様々な希少資源を用いて、何をつくるか、どれだけつくるか、どのようにつくるか、を決めること。計画経済では、中央集権的な計画当局によって資源配分が決定される。

市場の失敗 ⑥ 市場メカニズム(市場機構)が十分に機能しないことや、市場そのものが存在しにくいことを指していう。「市場機構の限界」ともいう。具体的には、市場が寡占化して市場メカニズムが働かないことや、公害などによる環境破壊は市場によって調整することが難しいことなどがあげられる。そこで、それを調整するために、政府が競争を促したり、排出基準を設定したり、資源配分を規制したりしている。

市場機構の限界 ②「市場の失敗」と同意語。市場は必ずしも万能ではなく、企業間の競争が十分に行なわれていなかったり(競争の不完全性)、十分な情報が等しく共有されていなかったり(情報の非対称性)すると、市場メカニズム(市場機構)がうまく働かなくなる。

競争の不完全性 ① 企業間の競争が、十分に行なわれていないこと。少数の企業が巨大化して、市場を支配する寡占市場になると、市場での価格調整がうまく働かなくなる。**不完全競争**①と同義。

情報の非対称性 ⑥ 売り手と買い手の間で、持っている情報量に差があること。一般には、買い手は売り手よりも持っている情報量が少ないことを指していう。

逆選択 ① 取り引き前に情報の非対称性ゆえに高品質の財やサービスが淘汰されてしまうこと。例えば、中古車市場において、売り手が事故車であることを隠して販売する行為を重ねると、買い手は中古車の品質に関係なく平均的な価格での売買を求めるようになる。すると品質の高い中古車を持つ売り手は市場から撤退し、市場には品質の悪い中古車だけが残り、買い手は中古車市場に寄りつかず、中古車市場が成り立たなくなる。一方、取り引き後に情報の非対称性が存在することにより生じる非効率性を**モラルハザード**②という。例えば、手厚い医療保険に加入したことで安心した人が健康管理を怠ることなどが指摘される。

市場原理 ③ 規制を取り除いて競争を促進していけば、経済効率は高まり、政府が介入しなくても経済問題は一人でによい方向で解決する、という考え方。政府の市場への介入はできるだけ小さくして、小さな政府を目指すべきであという主張を市場原理主義という。すべて市場に任せれば経済はすべてうまくいくという考えを市場万能主義という。市場万能主義では、自由はすべてに優先され、経済効率を上げることによって社会全体が豊かになると考える。

独占禁止法 ⑥ 正式名称は「私的独占の禁止及び公正取引の確保に関する法律」。市場の独占や不公正な取り引きを制限、禁止し、自由競争を維持促進して、市場の自動調整作用を円滑化することを目的として、1947(昭和22)年に制定された。これまで何度も改正されているが、1997(平成９)年の改正では、原則禁止としてきた持株会社を、事業支配が過度に集中する場合のみ禁止するとして、原則自由に改められた。なお、品質の低下を避けるために、メーカーが商品の価格を決定して、その価格で全国一律に販売する制度である再販売価格維持制度が独占禁止法の例外規定として認められている。例えば、公正取引委員会は新聞や書籍など、一部商品を指定している。

公正取引委員会 ⑥ 独占禁止法の目的を達成するために設置された行政委員会。大企業の合併を審判したり、価格協定の破棄勧告、過大景品の排除命令などを出すことにより、独占的企業の行動を規制し、公正な取り引きの確保をはかっている。

2　現代の企業

企業形態 ① 企業がどのような資本によって設立されているのか、その形式のこと。具体的には、個人企業や株式会社などの私企業、国営企業などの公企業、公的資金と民間資金によって設立される公私合同企業(公私混合企業)の３つに大別される。

私企業 ⑤ 一般の民間人が出資し、経営する企業。資本主義経済において、企業の中心は私企業である。「民間企業」ともいう。個人企業と法人企業とがある。

個人企業 ② 個人が出資し、経営する小規模な企業。資本の所有者が、同時に経営権を持っている。「自営業」ともいう。

法人企業 ② 法律により、権利、義務の主体(法人)として認められた企業。株式会社などの会社企業と、農協などの組合企業とがある。

会社 ⑥ 株式会社、有限会社、合同会社、合名会社、合資会社の総称。

会社法 ⑥ 2006(平成18)年に施行された、会社について規定する法律。株式会社と有限会社が統合されて、今後は有限会社を新たに設立することはできなくなった。かわって、合同会社という会社ができた。新しい会社の種類は、株式会社、合名会社、合資会社、合同会社の４種類である。

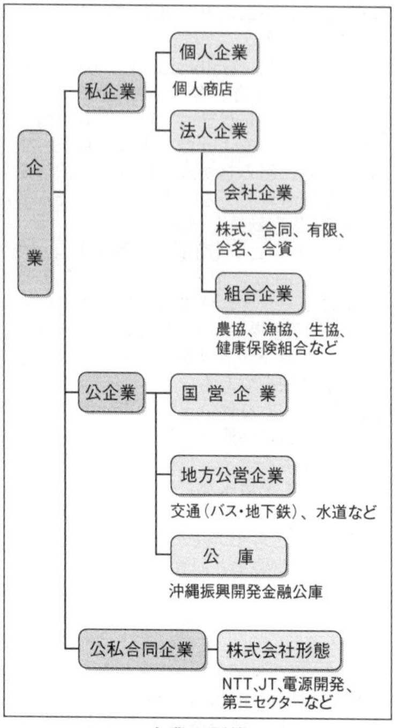

企業の形態

資本金１円でも創業可能

2003(平成15)年、中小企業挑戦支援法が施行され、新たに会社をつくる場合、５年間は最低資本金規制の適用を受けずに会社設立が認められたので、１円でも創業可能だった。2006(平成18)年の会社法は、資本金規制を撤廃したので、本当に資本金１円の会社設立が可能となった。

株式会社 ⑥ 多数の出資者から小口資金を集めて組織された会社のこと。出資者は株主と呼ばれ、その地位の譲渡は自由である。すべての株主は、会社に対して有限責任を負担するだけである。こうした出資者を「有限責任社員」という。これによって、経営に対して責任を負う意思のない大衆投資家も投資に参加できるようになり、大規模な資本を集めることができる。

株式 ⑥ 株式会社の資本金を所有していることを示すものをいう。一般には出資額を表示したもので、株主としてどれだけの権利を有しているかを示す。

株主 ⑥ 株式会社の株式を保有する個人と法人をいう。株式会社の出資者であるから、会社が利潤を上げれば保有する株式数に応じて配当を得ることができる。**シェアホルダー**①と同義だが、一般にシェアホルダーという場合、企業の経営に影響を与える大株主を指す。

法人 ③ 法律によって、自然人と同じ権利能力を認められた存在。人と同じように、ものを買ったり、売ったりすることができ、財産を保有する権利が認められている組織。株式会社や学校法人、宗教法人などがある。

有限責任社員 ① 自分が出資した分だけ、会社に対して責任を負う社員。万一、会社が事業に失敗して多額の借金を負っても、その弁償には出資したお金をあてるだけで、それ以上の弁償の責務がない社員のこと。

有限責任 ⑥ 出資に伴う責任が、出資金の範囲内までと限定すること。企業に出資した人は、利益が出れば配当という形で報酬(ほうしゅう)を受け取ることができるが、一方で損失が出た場合には責任も生じる。その責任を限定し、出資しやすくする。

有限会社 ② 規模は小さいが、株式会社とほぼ同じ組織。中小企業の経営に適するよう、簡素化された手続きで設立できた。2006(平成18) 年の会社法改正により、以後は有限会社は新設できなくなった。

合同会社 ⑥ 2006(平成18)年の会社法で新たに規定された会社。有限責任と定款(ていかん)自治を特徴としており、株式会社と合名会社、合資会社の中間に位置する。定款自治とは、出資額によらずに利益配分や権限などを自分たちで決められること。

：**合名(ごうめい)会社** ⑥ 出資者が経営を行なう会社。無限責任社員により構成され、家族や親類などによる小規模な会社が多い。

：**合資会社** ⑥ 出資するだけの有限責任社員と、直接経営にあたる無限責任社員とにより組織されている会社。

無限責任 ② 会社のすべての債務に対して、無限に直接連帯責任を負うこと。無限責任を負う社員を**無限責任社員**③という。

所有（資本）と経営の分離 ⑥ 今日の株式会社では、資本の所有者と実際の会社経営にあたる経営者とが別になっていること。株式会社の出資者である株主は、その会社の何分の1かの所有者ではあるが、ほとんどは経営に参加する意思がなく、株価の値上がりや配当を期待している投資家にすぎない。そのため、専門の経営者に会社の経営をゆだねることになる。

上場(じょうじょう) ③ 企業が発行する株式を証券取引所で売買できるように証券取引所が資格を与えること。株式の上場が認められた企業が**上場企業**①である。メリットとしては、企業は資金調達がしやすくなるほか、社会的信用を得て知名度も上がる。デメリットとしては上場を維持するための費用がかかるほか、社会的責任を負うことになる。

投資家 ③ 株価の値上がりや高い配当を期待して、株式や社債などの債券に投資する人。

機関投資家 ③ 個人投資家以外で、投資を行なっている大口の投資家を指す。具体的には、銀行、証券会社、保険会社、年金基金、投資ファンドなどが「機関投資家」と呼ばれる。

株主総会 ⑥ 株式会社における最高議決機関。株主は、所有する株式数に応じて**議決権**①が与えられる。また、株主は一定の要件を満たせば、株主総会で議決すべき議案を提出することができる。

株主価値の最大化 ① 一般には、時価総額を最大にすることをいう。株価に発行株式数をかけたものが、時価総額である。株式会社の利益や資産が大きいと、株価は高くなる傾向があるから、時価総額は高くなる。

取締役 ⑥ 一般には、株式会社の業務執行(しっこう)を決定する機関である取締役会の構成員を指す。株主総会で選任される。会社の経営にあたる人のことで、通常、代表取締役を社長といい、つぎが専務取締役、つぎが常務取締役という。

社外取締役 ⑥ 取締役の仕事ぶりを、外部の視点から監督する任にあたる取締役。会社と直接関係のない人が選任される。会社経営の透明性を高めるために導入されている。

CEO（最高経営責任者） ① 日本では、会社内での最高責任者をあらわす職名のことである。会長とか社長という名称では誰が責任者であるか、外国の人からは分かりにくいことがあり、責任者を明確にするために用いられることが多い。法的には、代表取締役が最高責任者である。

委員会設置会社 ① 経営の監督機能と業務執行機能とを分離した会社。2003(平成15)年の商法特例法改正により委員会等設置会社が導入され、2006(平成18)年の会社法により委員会設置会社となる。さらに2015(平成27)年の会社法改正により委員会設置会社は**指名委員会等設置会社**①となった。目的は、3つの委員会が厳正な監督を行なうことでコーポレート・ガバナンスを強化し経営の透明性を高め、株主利益を守ることにある。社外取締役を中心にした指名委員会、監査委員会及び報酬委員会を置き、業務執行役員として執行役が置かれ、監督機能と業務執行機能とが分離された。従来、取締役が担ってきた業務執行が執行役に移り、取締役会の権限は経営事項の決定と執行役の監督と執行役の職務執行の監督に限られるようになった。各委員会はそれぞれ取締役3人以上で組織され、過半数は社外取締役で構成される。指名委員会によって取締役候補者が選定され、報酬委員会によって個人別の役員報酬が決定される。取締役と執行役の職務については監査委員会が適否を判断する。

経営者 ⑥ 会社の経営に責任を持つ人のこと。会社が大きくなると、1人では会社経営が難しくなるから、役割を分担して複数で会社経営にあたる。複数いる経営者の中で、誰が会社を代表する人なのかを明らかにするため、代表取締役社長とかCEO（最高経営責任者）という肩書きを用いる。

株価 ⑤ 株式の売買価格。売り手と買い手の需給関係によって決まるが、会社の業績、新製品の開発、増資、配当金の増減、利子率などによって需給が変化し、株価は変動する。証券取引所に上場(じょうじょう)されている株式（公開株）であれば、誰でもお金を出して株式を買ったり、保有する株式を売ったりすることができる。よって、日々の売買で株価は変動する。なお、「未公開株」とは上場されていない株式のことであり、証券取引所で売買することはできない。

インサイダー取り引き ① 上場会社の関係者が、自らの職務や地位により入手した未公開情報を不法に利用して証券取り引きを行ない自己の利益をはかろうとするとともに、情報を持たない投資家に損害を与える行為をいう。投資家の保護と金融市場への信頼確保のために、インサイダー取り引きは認められない。

東京証券取引所 ② 株式や債券の売買取り引きを行なう所。東京証券取引所が日本の中心的な証券取引所で、そのほかに、名古屋と福岡、札幌にある。なお、一般の個人投資家は、株式や債券の売り買いを証券取引所で直接行なうことはできず、証券会社を通じて取り引きを行なう。2022年4月から市場区分はプライム市場、スタンダード市場及びグロース市場の3つとなった。プライム市場はグローバルな投資家との建設的な対話を中心に据(す)えた企業向け市場、スタンダード市場は公開された市場における投資対象として十分な流動性とガバナンス水準を備えた企業向けの市場、グロース市場は高い成長可能性を有する企業向け市場とされる。従来の市場区分は市場第一部、市場第二部、**マザーズ**①及び**JASDAQ**①（スタンダード、グロース）の4市場だった。しかし、各市場区分のコンセプトが曖昧(あいまい)で投資家にとって利便性が低いことと、上場会社の持続的な企業価値向上の動機づけが十分にできていないことという課題があった。

日経平均株価 ③ 日本の株式市場(しじょう)の代表的な株価指標のこと。「日経225」ともいう。株価が全体として上がっているか、下がっているかを知るのに役立つ指標。東京証券取引所第1部に上場する約1800銘柄の中から日本経済新聞社が225銘柄を選び、基本的に単純平均で算出している。銘柄を入れかえるため、日経平均株価は不連続である。

TOPIX(トピックス)（東証株価指数） ② 日経平均株価と並ぶ株価指標である。東京証券取引所第1部に上場している株式全銘柄を対象に、1968（昭和43）年を基準日として、株価を指数化してあらわしている。

バランスシート（貸借(たいしゃく)対照表） ④ 会社の資産と負債の状態を示す表のこと。左側に資産、右側に負債を載せる。これをみると、会社がどこからお金を集め、集めたお金をどのように運用しているのかがわかる。

損益計算書 ① 会社の利益を知ることができる決算書。会社がどの事業でどれくらい儲けているか、あるいは損をしているかがわかる。バランスシートなどと並ぶ企業の財務諸表の1つ。

資産 ⑥ 現金や預貯金、有価(ゆうか)証券、土地、建物、工場や機械などを指す。バランスシートの左側に記載される。

配当 ⑥ 株式会社が、利潤のうちから出資者である株主に分配する分をいう。1株あたり何円とあらわされる。配当は利潤の分配であるから、業績が悪ければ配当を行なえないこともある。

利回り ① 投資した元本(がんぽん)に対する収益の割合のこと。100万円投資して3万円の配当があったとすると、利回りは3％となる。

有価(ゆうか)証券 ③ 株式や社債、国債など財産的価値を有する権利を表示するもの。

利害関係者（ステークホルダー） stakeholder ⑥ 一般には、企業（会社）の利害と行動に関係を持つ者を指す。具体的には、消費者(客)、従業員、株主、地域社会など。

株式市場 ③ 株式の売買が行なわれる市場で、通常は証券取引所の開設する市場を指す。代表例が東京証券取引所。一般の個人投資家は、証券会社を経由して注文を出し、株式の売買を行なう。

新興(株式)市場(エマージング・マーケット) emerging market ② まだ実績が十分でないベンチャー企業などに対し、資金調達の場を提供するためにつくられた株式市場のこと。具体的には、かつてのJASDAQ市場や東証マザーズ市場、現在のグロース市場など。

キャピタルゲイン capital gain ② 元本の値上がりによって得られる利益のこと。例えば、株価が値上がりすれば、投資した金額との差額がキャピタルゲインとなる。

内部留保 ⑤ 会社が経済活動によって得られた利益の中から、税金、配当金、役員賞与などを支払った残りの金額のこと。これを積み立てて、設備投資や新規の事業展開などに用いる。**社内留保**①ともいう。内部資金の一部となる。

労働分配率 ② 企業において生産された付加価値に占める人件費の割合をあらわす。いいかえれば、労働者にどれだけ還元されているかをあらわす。財務分析では生産性をあらわすことになる。計算式は「人件費÷付加価値×100」。労働分配率が高ければ儲けに対して人件費がかかりすぎて経営を圧迫しているととらえることができる。労働分配率が低ければ儲けに対して人手が足りず過剰な労働になっているととらえることができる。

内部金融 ① 自社内で資金調達を行なうこと。自己金融。内部留保と減価償却によって得られた資金をあてる。売上を伸ばせば資金が得られ、経費を削減すれば手元に残る資金が増える。

社債 ⑤ 株式会社が発行した債券のこと。これにより、一般から資金を調達する。社債を購入した人は、株式を保有する株主と異なり、企業の決定に対する議決権を持たない。購入した人は、確定した利子が受け取れる。

外部資金 ① 企業外部から調達された資金。株式、社債、借入金あるいは企業間信用など多くの方法がある。

外部金融 ① 自社以外の外部から資金調達を行なうこと。直接金融と間接金融がある。株式の発行や社債の発行などは直接金融、銀行などからの借入金は間接金融である。

株主主権 ① 企業の所有者は株主であるから、企業経営の原理は、本来、株主が保有する株式の価値を高めることであり、株主に収益を還元することである、という考え方をいう。

公企業 ④ 国や地方公共団体が所有し、経営する企業。地方公共団体が経営するものとしては、水道、下水道、病院、交通、ガスなどがある。

国営企業 ② 国が経営する企業のこと。かつての日本では、国鉄や電電公社、郵政事業などが国営企業であったが、民営化された。都道府県や市町村が経営する企業は地方公営企業という。地方公営企業には、電車やバスなどの交通事業や上下水道事業などがある。

民営化 ⑤ 公企業を私企業にかえること。具体的には、国や地方公共団体が所有していた企業を、株式会社にして経営を民間に任せること。民営化した会社の株式は、政府も保有している。1980年代に**3公社(国鉄・電信電話公社・専売公社)**①の民営化が実施された。すなわち、日本電信電話公社(電電公社)はNTT、日本専売公社は日本たばこ産業株式会社(JT)に、日本国有鉄道は分割されてJR7社となった。

日本道路公団 ② 高速道路などの建設、管理を行なう目的で設立された特殊法人。全額、国の資金で設立されたが、2005(平成17)年に分割民営化され、東日本高速道路株式会社などとなった。

日本郵政公社 ① 明治時代以来、郵政事業は国営で行なわれてきたが、民営化されることになり、いったん国営の公共企業体となった。そのときの名称が「日本郵政公社」である。その後、2007(平成19)年に民営化され、「日本郵政グループ」となった。2012(平成24)年からは、日本郵政株式会社、日本郵便株式会社、株式会社ゆうちょ銀行、株式会社かんぽ生命保険の4社体制となっている。

郵政三事業(郵便・郵便貯金・簡易保険) ② 日本郵政グループ各社が行なう、郵便、郵便貯金、簡易保険という3つの事業の総称。手紙などの郵便は日本郵便株式会社が、郵便貯金は株式会社ゆうちょ銀行が、簡易保険は株式会社かんぽ生命保険が行なっている。

郵便貯金 ③ ゆうちょ銀行(郵便局)が預かる

お金のこと。「預金」とはいわず、「貯金」という。通常貯金と定額貯金それぞれが、1300万円が上限である。

公私合同企業 ① 政府や地方公共団体の公の資金と、個人や会社などの民間資金とによって設立された企業。株式会社の形態をとる。具体的には、NTT、日本たばこ産業株式会社（JT）などがある。「公私混合企業」ともいう。

第三セクター ① 国や地方公共団体（第一セクター）が民間企業（第二セクター）と協同で設立した株式会社のこと。半官半民の形態で、公共的事業を行なっている。具体的には、鉄道事業や水道事業、地域開発事業などがある。

特殊法人 ③ 特別の法律で設立されている、公益性の高い法人のこと。日本年金機構や日本放送協会(NHK)などがある。

規模の利益（スケールメリット） scale-merit ⑥ 大規模生産を行なえば、利益が大きくなる、ということ。一般に工業製品は、生産規模が拡大するほど、製品1個あたりの費用が低下するため、規模の利益が発生しやすい。特定の商品が少数の企業によって生産されていることを生産の集中という。また、一定の地域に企業が集中して立地することによって利益や節約が生じることを集積の利益という。

資本の集積（資本の蓄積） ② 生産活動で獲得した利潤を蓄積して、生産設備の拡大に振り向け、企業規模を拡大していくこと。

資本の集中 ② 他の企業を吸収、合併(がっぺい)して、企業規模を拡大すること。資本の集積の限界を超えるための方法。規模の利益の拡大や、市場占有(せんゆう)率の拡大を目指して行なわれることが多い。

やみカルテル ① カルテルは、独占禁止法によって原則禁じられているが、それを破って結ばれた違法なカルテルのこと。公正取引委員会の調査で違法カルテルが発覚すると、刑事罰と課徴金(かちょうきん)が科せられる。

：**合理化カルテル** ① 合理化に必要な場合に限り、公正取引委員会が特別に認めていたカルテル。1999(平成11)年に廃止された。

：**不況カルテル** ① 不況の場合に限り、公正取引委員会が特別に認めたカルテル。1999(平成11)年に廃止された。

独占企業 ① 特定商品の取り引きを一手に握っている企業のこと。あるいは、特定地域における市場での取り引きをすべて握っている企業のこと。現実には、一企業による支配は少なく、比較的少数の企業が市場を支配する寡占(かせん)をも含めて独占ということが多い。

大企業 ⑥ 株式の発行や銀行からの融資などにより、多額の資金を集め、多数の労働者を雇(やと)って大規模な事業や大量生産を行なっている企業。

コングロマリット（複合企業） conglomerate ⑥ 相互に関連のない様々な企業を吸収、合併し、複数の産業、業種にまたがって多角的に企業活動を行なう巨大企業をいう。ある部門が不振でも、ほかの部門が好調であれば、全体として利潤を獲得できるので、経済情勢の変化に強い体質を持つ。

多国籍企業（マルチナショナル・エンタープライズ） multinational enterprise ⑥ 複数の国に、その国の法人格を持つ子会社や系列会社を置き、利潤を最大にするように世界的規模で活動する企業。日本の企業も多国籍化を進めている。

敵対的買収（TOB） ① 買収対象となる会社の取締役会の同意を得ずに買収を仕掛けること。発行済み株式総数の50%超を保有すれば実質的に支配することになる。

M&A（企業合併(がっぺい)・買収） merger and acquisition ⑥ 他の企業を合併、買収すること。自分の会社だけで経営の多角化を進めようとすると、時間がかかりすぎる場合や、事業の海外展開などを効率よく行なうためにとられる手段。例えば、新しい事業分野へ進出しようとするとき、すでに進出している企業を買収して自分の会社に合併することで、多角化がはかれる。

研究開発(R&D)投資 research and development ① 企業が、基礎研究や技術開発などのために行なう投資。独自技術の開発や新製品開発のために行なわれる。

企業集団（企業グループ） ① 戦前の財閥にかわって復活してきた、大企業の互恵(ごけい)的な集団。銀行や商社を核に、社長会や株式の相互持ち合い、役員派遣などを通じて集団の結束を固め、集団としてほとんど全産業に進出している。第二次世界大戦後の日本経済を支えた六大企業集団は銀行や商社を中核としていた。すなわち、三菱、住友、三井の旧財閥系と三和、芙蓉(富士)、第一勧銀の銀行系の6つの企業集団であった。

メインバンク制 ② 企業が、主に取り引きする銀行を1つに決めて関係を深めること。特定銀行との関係が深まると、安定的な資金提供が受けられたり、不況期に経営が悪化した場合にも経営再建の助力が得られたりすると期待される。また、同じ銀行をメインバンクとする企業同士が密接につながり、企業間の取り引きが増大することも期待される。

株式持ち合い ③ 会社が会社の株式を相互に持ち合うこと。会社が相互に株式を持ち合うのは、配当やキャピタルゲインを得るためではなく、系列や企業集団（企業グループ）を維持するためである。

持株会社 ⑥ グループ内の他の会社の株式を所有して、グループ全体の中核となっている会社のこと。「○○グループ本社」とか「○○ホールディングス」といった名前の会社が代表例。他の会社の事業活動を支配することを主たる事業とし、所有する会社の配当が収入となる。1997（平成９）年、独占禁止法が改正され、かつては禁止されていた持株会社は原則自由となった。

企業の社会的責任（CSR） corporate social responsibility ⑥ 企業は財やサービスを提供するだけでなく、環境保護や社会的な貢献活動をすることにも責任を持つこと。例えば、利潤を追求するあまり、環境を破壊するようなことがあってはならず、環境保護に努める責任がある、ということ。

環境保護 ④ 企業の社会的責任を評価する際の基準の１つ。企業の活動によって生じる環境への影響を改善するためのシステムを、築き上げているかどうかが問われるようになっている。

ESG投資 ③ 環境、社会及び企業統治に配慮している企業に注目して投資すること。ESG評価の高い企業は事業の社会的意義や成長の持続性に優れていることから長期にわたる資産形成に向いているものの、短期的な利益は望めないという欠点はある。また、ESG投資を通して投資家は望ましい社会の構築に貢献できる。

企業倫理 ① 企業が経済活動を行なっていく上で、最も重要な守るべき基準となる考え方のこと。複数あって、例えば、法令遵守（コンプライアンス）、説明責任、人権擁護、環境保護、明朗な企業会計などがあげられる。

内部通報制度 ① 企業内部の問題を知る従業員から、企業が経営上のリスクにかかわる情報をすみやかに把握し、情報提供者を保護しながら未然に問題を把握し是正をはかるしくみのこと。内部通報制度の対象は、セクハラやパワハラ、不正行為から、内部統制や企業風土にかかわるものまで多岐にわたる。内部告発では企業の中のことを捜査機関やマスコミなど「企業の外部」に告発するものであるが、内部通報は「企業の内部」の担当窓口に通報するものである。内部通報制度の枠組みを定める**公益通報者保護法**①が2006（平成18）年に施行された。

法令遵守（コンプライアンス） compliance ⑥ 企業が商法（会社法）や民法、労働法、食品衛生法などの法令を守って経済活動をすること。さらには、企業倫理（モラル）を守ることも含まれる。

内部統制 ② 企業が事業を健全かつ効率的に運営するためのしくみのこと。金融庁によれば、内部統制の目的は、業務の有効性と効率性、財務報告の信頼性、法令遵守、資産の保全の４つ。基本的要素は、統制環境、リスクの評価と対応、統制活動、情報と伝達、監視活動、情報技術への対応の６つとされる。

企業情報開示（ディスクロージャー） disclosure ⑥ 会社が、自社の会社経営にかかわる情報などを、投資家や株主に対して公開すること。会社のグループ化が進んでいることから、財務状況については、親会社だけでなく、グループ全体の経営状態を開示することが行なわれている。

説明責任（アカウンタビリティ） ① もともとは経営者が株主や債権者に企業の状況や財務について説明する会計説明責任のこと。転じて企業もしくは経営者が利害関係者に負う説明責任全般を指す。

コーポレート・ガバナンス（企業統治） corporate governance ⑥ 経営者が適切な会社経営を行ない、社内の不正行為の防止に努めるよう監督すること。企業規模が大きくなると、経営責任があいまいになりやすいため、経営者を監督することが必要になっている。

監査役 ② 会社の経営を任されている取締役の仕事を、業務面と会計面から監督し、検査する役割の人。株主総会で選ばれ、大会社では監査役会が組織される。

株主代表訴訟 ② 会社の取締役や監査役が会社に不利益な経営をし、会社に損害を与えたとして、株主がその責任追及を目的として起こす裁判のこと。

社会的責任投資 ③ 企業が、社会的責任を積極的に果たしているかどうかを判断材料として行なう投資方法のこと。法令を守っているかどうか、環境への配慮は十分かどうか、といったことを調べて、対応が十分であると判断された企業へ投資する。

メセナ　mécénat ⑥ フランス語で、企業が行なう様々な文化支援活動を指す。企業がコンサートなどの芸術活動や、スポーツ大会などの活動を支援する、社会的貢献活動のこと。

フィランソロピー　philanthropy ⑥ 企業が行なう様々な社会的貢献活動や慈善的寄付行為のこと。企業の社会的責任が問われるようになり、利潤追求だけでなく、公益活動を行なうようになってきている。

3　国富と国民所得

1　国富と国内総生産

国富 ⑥ 一定時点における、国の有形資産と対外純資産の合計のこと。モノとして持っている1国全体の資産(財産)の合計のことであり、過去からの蓄え(ストック)が1国全体でどの位の量があるのかを示す概念。国の経済規模を示す指標の1つである。

：**有形資産** ③ 形のある資産。具体的には、個人の土地・住宅・耐久消費財、企業の機械・工場・原材料・製品、国や地方公共団体の建物・道路など。貨幣や株式、債券などを除いた資産のこと。

：**実物資産** ④「有形資産」と同意語。土地、建物などの形で保有する資産のこと。

生産設備 ③ 商品を生産するのに必要な工場や機械のこと。有形資産の1つに数えられる。

ストック　stock ⑥ ある時点における蓄えの量を示す指標のこと。1国全体として所有している財産の総量、といった概念を示す用語。

対外純資産 ⑥ 国民が外国に対して持っている純資産。外国へ投資を行なっていれば、投資金額の総額は国の対外資産(財産)である。一方、外国から日本への投資は、いずれは引き上げられていくものであるから、対外負債。よって対外資産から対外負債を差し引いたものが、外国に対して持っている純資産となる。日本の対外純資産残高は、20年以上、世界一を続けている。世界一の資金供給国、資本輸出国となっている。

社会資本(インフラストラクチャー、インフラ) ⑥ 経済活動を支える基礎的な施設。社会全体に必要な道路、鉄道、港湾、工場用地、公園、図書館、水道、下水道など。私企業によっては供給されにくいため、国や地方公共団体によって供給される。

生活関連社会資本 ① 国民の生活基盤を充実、整備するための社会資本。水道、下水道、病院、公共住宅、社会福祉施設、学校、公園、図書館など。欧米先進諸国に比べ、日本では都市公園の整備などが遅れている。

生産関連社会資本 ① 生産基盤を充実、整備するための社会資本。道路、鉄道、港湾などがあげられる。

フロー　flow ⑥ ある一定期間における国民

経済の流れの量を示す指標のこと。1年間に1国全体として、どれだけの量の財やサービスが生産されたか、といった概念を示す用語。生産されたフローの量が大きくても、それだけでは国民の生活が豊かであるとはいえない。蓄積されたストックの量が大きくなって、国民の生活は豊かになる。

国内総生産（GDP） Gross Domestic Product ⑥ 国内において、1年間に新たに生産された財とサービスの合計。総生産物を市場(しじょう)価格で合計し、そこから中間生産物の価額を差し引いて計算する。付加価値の合計であり、1国の経済規模を示す指標として用いられる。

実質GDP ④ 実際に市場で取り引きされている価格で算出された**名目GDP**③から、物価変動の影響を取り除いて得られるGDP。例えば、価格が値上がりすると、同じ数量が生産された場合でも、みかけ上の名目GDPは大きくなってしまう。そこで、値上がりによって大きくなった分を取り除いて算出する。

1人あたりGDP ④ GDPを国の人口で割って算出したもの。GDPは、国富と並んで1国全体の経済規模を示すものであるが、人口の多い国と少ない国とを比較すれば、多い国のGDPは大きくなる。そこで、人口あたりに換算して、経済規模を判断するときに用いられる指標。先進国とは、一般にこの1人あたりGDPが大きい国のことである。

GDPデフレーター ④ GDPを用いた物価指数のこと。市場価格で算出した名目GDPが大きくても、物価が上昇していれば、必ずしも経済活動が高まったとはいえない。そこで、名目GDPをこのデフレーター（物価指数）で割って、実質GDPを算出する。

最終生産物 ① 最終的に消費される生産物。例えば、自動車は最終生産物、エンジンやブレーキは自動車の生産に用いられる中間生産物となる。

中間生産物 ⑥ 原材料や部品として、他の財を生産するのに用いられるもののこと。例えば、小麦粉をそのまま消費すれば最終生産物として扱うが、パンの材料として用いられた小麦粉は、中間生産物として扱う。

国内純生産（NDP） Net Domestic Product ② 国内総生産（GDP）から固定資本減耗(げんもう)分（減価償却(しょうきゃく)費）を差し引いたもの。パンの生産には、小麦粉のほかにパン焼きかまどが必要である。パン焼きかまど（固定資本）は、パンを焼くたびに少しずつすり減っていく（減耗する）。よって、パンが100万円分生産されたとしても、パンの生産に用いられたパン焼きかまどの減耗分を差し引いた金額、例えば99万円が純生産となる。

国民総生産（GNP） Gross National Product ⑥ 一国の国民が生産した付加価値の合計。近年では、人の国際化が進んでいるため、国民よりも領土に着目して計算するGDPが用いられるようになってきた。GDPに外国からの純所得（受け取り所得－支払い所得）を加えるとGNPとなる。日本も国連の基準に従い、1993年、SNAよりGNPではなくGNIを用いるようになった。

国民純生産（NNP） Net National Product ④ 国民総所得（GNI）から固定資本減耗分を差し引いたもの。

付加価値 ⑥ 新たにつくり出された価値のこと。新たに生産したものの生産額から、使用した原材料などの中間生産物の額を差し引いたものを「粗(あら)付加価値」といい、そこからさらに固定資本減耗分を引いたものを「純付加価値」という。

固定資本減耗(げんもう) ⑥ 工場や機械、設備など（固定資本）は、生産のたびにその価値がすり減っていく。そのことを称していう。

減価償却(しょうきゃく)費 ⑤「固定資本減耗」と同意語。固定資本の減耗分は、企業にとっては費用となる。この減耗分に見合う金額を「減価償却費」という。企業は減価償却費を積み立てていって、工場や機械などを新しくするときの代金にあてる。

国民総支出（GNE） Gross National Expenditure ③ 国民総所得を支出の面からとらえたもので、「国民総所得＝国民総支出」。生産された所得が分配されて、何に支出されたのかをあらわす。

国民総所得（GNI） Gross National Income ⑥「国民総生産＝国民総所得」。国民総生産には、海外での利子所得なども含まれるため、近年では、生産面からではなく、所得面からとらえる国民総所得の概念も多く使われている。

2 国民所得

国民所得（NI） National Income ⑥ 1年間に、1国において個人と企業が新しく生み出した所得の合計。国民総所得（GNI）から固定資本減耗(げんもう)を差し引いた額が国民純生

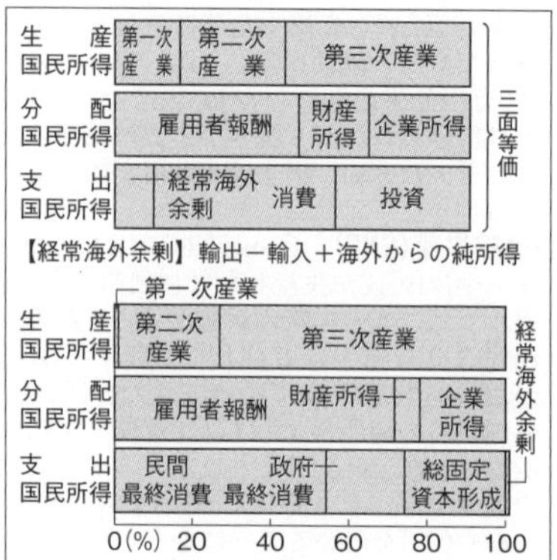

国民所得の概念

産(NNP)、そこからさらに生産物の価格に含まれている間接税を差し引き、政府の補助金を加えて計算する。間接税はその分だけ価格を高めているので、これを差し引き、補助金はその分だけ価格を低めているので、これを加えるのである。

生産国民所得 ⑤ 国民所得を生産面からとらえたもの。第一次産業、第二次産業、第三次産業と、産業別に集計したものの合計である。これにより、その国の産業構造を知ることができる。

分配国民所得 ⑤ 国民所得を分配面からとらえたもの。つまり利潤や、地代、利子、賃金などの形で人々に分配された所得を集計したもの。雇用者報酬、財産所得、企業所得からなる。

所得 ⑥ 何らかの形で生産活動にかかわった人に対して支払われる報酬のこと。労働の提供者は賃金、土地の提供者は地代、資金の提供者は利子、事業活動を行なった人は利潤として受け取る。

雇用者報酬 ③ 労働力を提供した人(雇用者)が受け取る賃金や賞与などの所得のこと。「**勤労所得**」①ともいう。

企業所得 ② 企業が経済活動を行なって得た所得のこと。

財産所得 ③ 資本や土地を提供した人が取得する利子、配当、地代などの所得。

地代 ③ 土地を提供する形で生産活動に携わった人が受け取る所得のこと。

支出国民所得 ⑤ 得られた国民所得が、どのように国内で支出されたかをとらえたもの。消費に支出された分、投資に支出された分、それと経常海外余剰からなる。経常海外余剰とは、「輸出－輸入」で計算される。輸出でお金が国内に入り、輸入でお金が出ていく、よってその差額が余剰となる。

消費支出 ② 消費に回された支出のこと。**民間最終消費支出**①と**政府最終消費支出**①とからなる。

国内総資本形成 ① 国内総生産のうちから、投資に回された部分のこと。具体的には、住宅投資、設備投資、公共投資などに回された部分。

可処分所得 ④ 個人所得から所得税や社会保険料などを差し引いた残りの所得のこと。個人が自由に使える所得。貯蓄と消費に振り向けられる。

貯蓄 ⑥ 将来のために所得の一部を蓄えること。貯蓄は、銀行や証券会社など金融機関を仲立ちとして、投資に利用される。

:貯蓄率 ③ 国民所得に占める貯蓄の割合のこと。

消費性向 ② 可処分所得のうち、消費にあてられる割合。なお、可処分所得のうち、貯蓄にあてられる割合を貯蓄性向という。

GDPの三面 ① GDPを生産・支出・分配の3観点からみたとき、つねに同じ値となること。国内総生産を所得面(分配面)からみたのが**国内総所得**①であり、賃金と利潤、配当などの総額である。国内総生産を支出面からみたものが**国内総支出**①であり、政府、企業、家計がモノやサービスのために費やした総額である。

三面等価の原則 ⑥ 国民所得は生産、分配、支出の3つの面からみることができるが、それらの金額は、理論上、必ず一致するということ。

所得格差 ④ 職業、地域、階層などによって、所得が違うこと。工業所得と農業所得の産業間の格差、不動産所有者と非所有者との格差などもある。

4 景気循環(変動)と経済成長

1 景気循環

景気 ⑥ 売買や取り引きなど、経済が活発に行なわれているか否かを示す用語。経済活動全体の動きを示す用語。

景気循環(変動) ⑥ 経済活動が活発になったり、低迷したりするのを繰り返すこと。一般には好況、後退、不況、回復の4つの局面が循環する。景気循環のパターンとしては、ジュグラーの波やキチンの波、コンドラチェフの波、クズネッツの波などがあるとされるが、実際には、それらの波が複合して進行すると考えられている。

好況(好景気) ⑥ 景気回復が進み、生産量、雇用量、投資量、国民所得がともに増大し、商品の取り引きや金融などの経済活動が盛んに行なわれている状態。財やサービスの売行きがよくなっていき、人々の所得が増加していく状況。

景気過熱 ③ 需要が供給に比べて大きくなりすぎ、経済活動が異常に活発となっている状態のこと。過熱の状態では、物価は上がり、インフレ気味となる。好況の末期に起こりやすい。

後退 ⑥ 好況からの景気の下降局面。需要の伸び悩みにより、生産が過剰となり、企業利潤が低下し、生産量、投資量が縮小する。商品の取り引きや金融などの経済活動は、全般的に不活発となる。

不況(不景気) ⑥ 経済活動が停滞し、不活発となっている状況。需要不足で、モノが売れないため、倒産が増え、生産や投資は低下する。その結果、失業が増える。

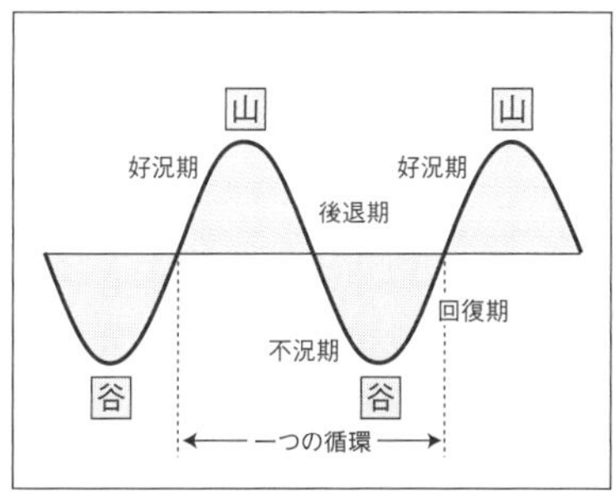

景気循環の波

人々の所得が減少していく状況。

倒産 ④ 企業が、事業を継続できなくなること。一般には、資金繰りに失敗して、支払いができなくなり、仕事を続けることができなくなる。不渡手形などを出し、銀行取り引きの停止処分を受けて、倒産する場合が多い。

恐慌 ⑥ 好況から一転して突然発生する急激な景気後退のこと。深刻な不況となり、価格の暴落が起こり、倒産や失業が急増し、経済が大きく混乱する。1929年、アメリカの株価暴落に端を発した世界恐慌は、資本主義諸国の経済を混乱に陥れた。

景気回復 ⑥ 不況からの景気の上昇局面。過剰設備が整理され、在庫もしだいに減少して、生産・投資が活発化する。

景気動向指数 ② 景気に関する総合的な指数のこと。景気動向を量的に把握する**コンポジット・インディクス(CI)** ①と景気局面を把握する**ディフュージョン・インディクス(DI)**②とがある。CI、DIともに、景気に先行して動く先行指数、景気とほぼ一致して動く一致指数、景気の変動に遅れて動く遅行指数がある。

全国企業短期経済観測調査(短観) ② 日本銀行が四半期ごとに発表している調査。日本銀行が景気の現状と先行きについて企業に直接アンケート調査し、分析し、公表している。

鉱工業生産指数 ② 鉱業と製造業の生産状況を示すもので、生産活動の変動をみるための指数。重要な景気指標の1つで、毎月、経済産業省によって発表されている。鉱業と製造業の付加価値額を集計し、指数化して示す。

ジュグラーの波 ⑥ 7～10年位の周期を持った経済活動の循環運動のこと。1860年代、フランスの経済学者ジュグラーによって明らかにされたので、発見者の名にちなんで「ジュグラーの波」と呼ばれる。設備投資の盛衰が主な原因と考えられている。景気循環の主要な型であるため、「主循環」ともいう。

中期波動 ⑤「ジュグラーの波」と同意語。7～10年を周期とする景気の波動。3～4年周期の比較的短期の波動や、50年程度の長期の波動が発見されたので、「中期波動」と呼ばれる。

キチンの波 ⑥ 約40カ月(3年半)を周期とする景気の波動。1920年代、アメリカの経済学者キチンによって明らかにされたので、発見者の名にちなんで「キチンの波」という。在庫投資による在庫調整の変動が主な原因で起こると考えられている。**短期波動**⑤ともいう。

在庫循環 ② 在庫の増減で、景気循環が起こるという考え方。生産が増加して出荷を上回るようになると、在庫が増加する。すると生産減少が始まり、しだいに在庫が減少する。在庫が出荷を下回ると、やがて生産が回復していく。

コンドラチェフの波 ⑥ 約50年を周期とする景気の循環。1920年代、ロシアの経済学者コンドラチェフによって明らかにされた景気循環。画期的な技術革新や資源の大規模開発などによって、起こると考えられている。**長期波動**⑤ともいう。

クズネッツの波 ⑥ 約20年を周期とする景気循環。1930年、アメリカの経済学者クズネッツによって明らかにされた。住宅や商工業施設の建築需要に起因すると考えられている。

イノベーション innovation ⑥ 新しい商品や新しい生産方法、新しい組織などを開発し、各企業が取り入れていくこと。**技術革新**⑥と訳されることが多いが、本来の意味は技術だけでなく、もっと幅広く生産に関する画期的な新しい様式を指す。

シュンペーター Schumpeter ⑤ 1883～1950 オーストリアの経済学者。彼は、企業者が失敗を恐れずに、それまでにはなかった新しい組織、技術、生産方法などを取り入れていくことを「イノベーション(革新的行動)」と呼び、なかでも成功した技術イノベーションが他の分野にも広がりながら、つぎつぎと新しい革新を誘発していくとした。そして、そのイノベーションが長期波動の景気循環を起こす原因であるとした。

IT革命 ⑤ インターネットを通して、家計や企業は世界中の情報を瞬時に低コストで簡単に入手できるようになることで生じる経済や社会に大きな変化が起きることをいう。

創造的破壊 ⑤ シュンペーターが主著『資本主義・社会主義・民主主義』において指摘した経済発展のプロセス。新たな効率的方法がみつかれば、従来の方法は非効率となり駆逐されていくという経済における新陳代謝をいう。

経済成長 ⑥ 国の経済規模が、量的に拡大すること。国内総生産(GDP)、または国民所得(NI)の年々の増加で示される。各国とも、安定した経済成長を達成することを目標に、経済運営を行なっている。一般的には、経済が成長すれば経済的豊かさが増大すると考えられているが、直接的に豊かさを示す指標ではない。経済は、景気循環を繰り返しながら成長する。

経済成長率 ⑥ 一定期間における、国内総生産(GDP)、あるいは国民所得(NI)が増加した割合のこと。成長率が高ければ、経済規模は急速に拡大していく。例えば、毎年10%で経済が成長すれば、7年半で元の2倍の経済規模になる。

名目経済成長率 ⑤ 市場価格で国内総生産、あるいは国民所得を算定し、その値を用いて経済成長率を計算したもの。

実質経済成長率 ⑥ 物価指数を用いて、市場価格から物価の変動分を除いて算定した成長率のこと。物価上昇(下落)があると、その分だけ実際より成長率が大きく(小さく)なってしまうので、物価指数で調整する。

国民純福祉(NNW) Net National Welfare ⑤ 一国の福祉の水準を示す1つの指標。具体的には、公害や自然環境の悪化など、福祉に結びつかないマイナス要因を差し引き、主婦の家庭内における育児などの家事労働や余暇の増大などプラス要素を加えて、国民の福祉水準を示す考え方。

人間開発指数(HDI) ② 平均余命、教育、識字及び所得指数の複合統計。各国を人間開発の4段階に順位づける。インドの経済学者センとパキスタンの経済学者ハックにより開発された。国連開発計画が毎年『人間開発報告書』を発表する。

グリーンGDP(EDP) Eco Domestic Product ⑤ 環境の視点から国内総生産(GDP)を示す考え方。国内でたくさんのものが生産されればGDPは大きくなるが、そのために環境が悪化することも起こる。そこで、国内総生産から環境破壊による生活の質の低下を差し引いて、GDPを算出しようという考え方が出てきた。

国民総幸福 ① ブータン王国で、国の政策に活用されている指標。公正な社会経済発展、環境保全、文化保全、よい政治などの要素で、国民の幸福量をはかろうとしている。

国民総幸福量(GNH) ③ 国民全体の幸福度をあらわす尺度。精神的な豊かさを数値で示すことで、ある国の国民の社会・文化生活を国際社会において評価・比較・考察することを目的とする。

幸福度指標 ① 生活の質や生活への満足度を測定する指標のこと。経済的な指標だけでは、しあわせを測定することはできないとして、幸福度を数値で測定しようとして考えられている指標。

持続可能性指標 ① 持続可能な社会に向かって適切に発展しているかどうかを客観的に把握するため、国立環境研究所が独自に開発し提案している指標である。

より良い暮らし指標（BLI） ① 暮らしを計測し比較する指標。住宅、収入、雇用、共同体、教育、環境、ガバナンス、医療、生活満足度、安全、仕事と生活の両立の11分野で豊かさを比較できる。

経済政策 ③ 国や地方公共団体が、経済成長や経済の安定を目指して行なう政策のこと。良好な経済成果を実現しようとして、これまでは金融政策や財政政策、為替（かわせ）政策などが主であったが、今後は環境や福祉なども含めた政策が求められている。

2　インフレーションとデフレーション

インフレーション（インフレ） inflation ⑥ 物価がかなりの期間継続して上昇する現象。物価が継続して上昇すると、通貨価値は下がっていく。インフレーションは、需要の伸びすぎによる需給のアンバランス、銀行信用の過度の膨張（ぼうちょう）、労働生産性を上回る賃金の上昇などにより生じる。

ディマンド・プル・インフレーション（需要インフレ） demand pull inflation ⑥ 消費、投資、財政支出などを合わせた総需要が増加することにより発生するインフレーション。インフレの原因を需要面からとらえて説明しようとするもので、需要の増大が物価を引き上げている、という見方。具体的には、財政の歳出増による財政インフレ、銀行の貸し付け増による信用インフレ、輸出増による国内通貨量増大による輸出インフレがある。

コスト・プッシュ・インフレーション（コストインフレ） cost push inflation ⑥ 企業側における賃金や原材料費などの生産コストの増大で発生するインフレーション。インフレーションの原因を供給側の費用面からとらえて説明しようとするもので、費用の増大が物価を押し上げているという見方。具体的には、賃金水準の高騰（こうとう）による賃金インフレ、輸入原材料の高騰による輸入インフレなどがある。

：ハイパー・インフレーション hyper inflation ③ 月率数十％以上の、短期間に物価が数十倍にも高騰するような超インフレーションのこと。第一次世界大戦後のドイツや、日本における第二次世界大戦後のインフレがその例である。

フィリップス曲線 ① 物価上昇と失業の関係を示したもの。失業率をグラフの横軸に、賃金上昇率をグラフの縦軸にとり、両者の関係をグラフにあらわすと賃金が上がるほど失業率は下がり、賃金が下がるほど失業率は上がる右肩下がりの曲線が描ける。

通貨価値 ② お金の価値のこと。「貨幣価値」と同意語。ものの値段が高くなって2倍になったとすると、お金を2倍出さないとものが買えなくなる。それは、お金に着目していうと、お金の価値がこれまでの半分になったことを意味する。例えば、本1冊1000円だったのが2000円になったとすると、本の価格は2倍になった。それは、1000円札の価値が半分になったから、2枚出さないと本1冊と交換できない、ということと同じである。インフレーションとは、通貨価値の下落と同じことである。

物価上昇率 ③ 一定期間に、物価が平均して何％上昇しているかを示したもの。年率や月率が用いられる。

スタグフレーション stagflation ⑤ 景気停滞（スタグネーション）のもとで、物価が持続的に上昇（インフレーション）している現象をあらわす用語。景気と物価のジレンマが起こり、この解決はきわめて難しい。インフレは、景気上昇期にみられるのが普通であったが、1970年代には先進国全体にスタグフレーションが広がった。

デフレーション（デフレ） deflation ⑥ 物価の下落が、2年以上続いている状態を指していう。ものの価格が下がると生産活動が低下し、利潤も低下するから賃金は下がり、失業が増加する。消費は落ち込み、経済は不活発になる。

デフレスパイラル deflationaryspiral ⑥ デフレーションとスパイラル（らせん）を一緒にした言葉で、物価の下落が継続することと経済活動の縮小とが、相互に作用して、らせん階段を降りるように、景気がどんどん悪化すること。景気が悪くて商品が売れないと、価格を下げて売り上げを伸ばそうとする。しかし、利潤は増えないから賃金は下がり、失業も増える。可処分所得が減るから商品を買えない、よって売れない。

この繰り返しになり、景気が悪化する。

物価⑥ 総合的な価格の動向をとらえたもの。個々の財やサービスの価格を総合し、平均化して得られた全体的な価格で、指数であらわす。小売り段階での**消費者物価**⑤と企業間取り引きでの物価（**企業物価**③）とがある。

物価指数② 物価の動きを知るため、多数の財やサービスの価格変動を、１つの指数であらわしたもの。基準年の物価水準を100として、各年の物価変動を測定できるようにしたもの。物価水準は、個別価格に取り引き量に応じたウエイトをつけて算出されている。

消費者物価指数⑤ 消費者が日常的に購入している財やサービスの価格動向を示すもの。消費者の生計費の動きを調べることを主なねらいとしている。指数を算出する際には、財とサービスをほぼ半々の比率で組み入れて計算している。**総務省統計局**①が調査する。

企業物価指数⑤ 企業間で取り引きされる財の価格動向を示すもの。景気動向を示すものとして注目される。消費者物価で扱われるサービスや生鮮商品は、対象となっていない。日本銀行が調査する。

5 金融と財政の役割

1 通貨

貨幣⑥ 商品と商品の交換にあたって仲立ちをするもの、「お金」のこと。貨幣の働きには、商品の価値尺度手段、商品の交換（流通）手段、支払い手段、価値の貯蔵手段の４つの機能がある。初めは貝や米などの物品貨幣であったが、やがて金銀などの金属貨幣となり、現在は銀行券（紙幣）や硬貨が使われる。

：**価値尺度**⑥ 貨幣の機能の１つで、財やサービスの交換価値を、価格という貨幣単位で共通にあらわすこと。

：**交換（流通）手段**⑤ 貨幣の機能の１つで、財やサービスの交換の仲立ちをすること。

支払い手段③ 貨幣の機能の１つで、経済取り引きの決済に用いられること。**決済手段**②でもある。財やサービスを売買したとき、支払いに貨幣を用いること。

：**価値貯蔵手段**⑤ 貨幣の機能の１つで、価値を蓄えておくこと。

通貨⑥ 実際にお金として用いられているもの。現金通貨と預金通貨とがある。

現金通貨⑥ 中央銀行が発行する銀行券（紙幣）と、政府（財務省）が発行する貨幣（硬貨）を合わせていう。いわゆる「お金」のこと。

：**硬貨**⑥ 金属でつくられた貨幣。銀行券（紙幣）を補完する目的で、日本では１円から500円までの硬貨がある。

日本銀行券⑥ 日本の唯一の発券銀行である日本銀行が、発行する銀行券のこと。公私一切の取り引き決済に、無制限に通用する。

銀行券① 現金通貨の中心。金との交換が保証されていた兌換（だかん）銀行券と、交換ができない不換（ふかん）銀行券とがある。

兌換（だかん）銀行券（兌換紙幣）⑤ 金本位制度のもとで発行される銀行券。金と交換できる（兌換）銀行券。

不換（ふかん）銀行券（不換紙幣）⑤ 管理通貨制度のもとで、金と交換できない銀行券。現在の日本の紙幣は不換銀行券である。

預金通貨⑥「普通預金」や「当座預金」のこと。普通預金は口座振替により、当座預金は小切手を振り出すことで、現金通貨と同様に支払い手段として用いることができる。またこれらの預金は、必要に応じて預金者がすぐに現金化することができる。そこで、これらの預金を「預金通貨」と呼ぶ。預金通貨は現金通貨よりもたくさん使われており、現在の日本では、預金通貨は現金通貨の５倍以上になっている。

普通預金 ⑥ 銀行預金の１つで、いつでも、いくらでも自由に預け入れ、払い戻しができる預金。個人は給料の受け取りや公共料金などの支払いに利用し、企業は売り上げ代金の入金や仕入れ代金の支払い口座などとして利用している。

当座預金 ⑥ 小切手、あるいは手形により、いつでも支払いが行なわれる預金。支払いが安全、確実に行なわれるため、企業は当座預金を利用した小切手や手形支払いを資金決済手段として用いる。無利子である。

流動性 ② 資産が現金通貨にかわりやすい程度のこと。普通預金や当座預金は、すぐに現金通貨にかえることができるから、流動性はきわめて高い。株式や国債などの債券は、売り買いがたやすいから比較的流動性が高い。債券に比べ、金やプラチナなどの貴金属の流動性は少し低い。さらに、工場や機械の動産、不動産である土地は流動性が低くなる。

支払決済機能 ① 銀行の機能の１つで、現金を使わずに支払いを済ませる働きのこと。個人の料金支払いや、企業間取り引きのやりとりは、普通預金や当座預金の振り替え(通帳から通帳へ移すこと)を通じて、支払いが行なわれている。

支払い（決済） ① 債権や債務の中でお金に関するものについて、お金の受け払いにより債権や債務を解消すること。例えば、商品を売買する取り引きにあって、買い手は商品を受け取るかわりに代金を支払う債務を負う。売り手は商品を引き渡すかわりに代金を受け取る債権が生じる。

金融仲介機能 ① 貸し手と借り手の資金の流れを橋渡しすること。金融機関の主たる役割の１つ。経済にとって資金の循環は欠かせない。資金の流れがとどこおれば経済は立ちいかなくなる。一般に、資金の借り手に関する情報を生み出す働きである情報生産機能、資金の借り手が債務を返さないかもしれないというリスクを負うリスク負担機能、借入証書や抵当証書などの本源的証券を預金証券や信託受益証券などの間接証券に変換することで大量の資金調達と融通を行なう資産返還機能があるとされる。

準通貨 ③ 定期預金や外貨預金などを指していう。解約すれば、いつでも現金通貨として用いることができるので、「準通貨」という。

マネー・ストック money stock ⑥ 金融機関や政府を除いて、企業や個人、地方公共団体が保有している通貨量のこと。世の中に出回っている通貨量の増加や減少は、経済に大きな影響を及ぼすため、通貨量の市中残高を示すマネー・ストックが重要な指標となる。マネー・ストックを示す指標には、現金通貨と預金通貨(要求払い預金)を合わせたもの（Ｍ１）や、Ｍ１に準通貨（定期性預金など）と譲渡性預金（CD）を加えたＭ３がある。**マネー・サプライ**②と同意語。

要求払い預金 ② 預け入れの期間を定めず、預金者の要求により、ただちに払い戻しされる預金のこと。普通預金と当座預金が代表例。

定期性預金 ② 原則として、預金の契約期間中は払い戻しができない預金のこと。定期預金とか積立預金などがある。

：**譲渡性預金（CD）** ③ 他人に売ってもよい定期預金のこと。銀行が発行する無記名の預金証書を預金者が購入し、預金者はこれを自由に金融市場で売買できる。

小切手 ④ 銀行に当座預金口座を持っている個人や企業が、支払いのために用いる有価証券のこと。預金残高を限度に、金額を自由に書き入れて、現金のかわりとして用いることができ、多額の現金を持ち歩く労力と危険性をなくすことが可能となる。受け取った小切手を銀行に持参すれば、現金にかえることができる。なお日本では、個人が小切手を利用することは、きわめて少なくなっている。

手形 ② 当座預金口座を持っている個人や企業が、一定の金額を支払うべきことを委託、または約束した有価証券のこと。前者を「為替手形」、後者を「約束手形」という。手形は、送金、支払い、取り立てなどに使われるが、小切手と違い、作成時点で必要な資金がない場合に、支払いを先に延ばすことが可能となる証券である。

約束手形 ① 一定の期日（通常は１カ月から３～４カ月）後に支払うことを約束した証書。金額は、自由に書き入れることが可能である。受け取った人は、期日後に銀行に持参すれば、現金になる。振り出した人は、期日までに自分の当座預金に入金しなければならない。万一、入金ができなければ不渡手形となり、決済ができなくなる。

手形割引 ① 期日前の手形を現金にかえること。すぐに現金が必要な場合、期日までの利息に相当する額と、手数料を差し引いた金額で、すなわち手形に書かれた金額よりも少ない額で、現金にかえることになる。通常は取り引き銀行で割り引きをしてもらうが、貸金業者が手形売買と称して、割り引きを行なっている。

証券 ② お金を受け取ったり支払ったりする権利や義務が書いてある紙片。「有価証券」と同意語。小切手や手形のほかに、株券や債券(国債や社債など)、商品券なども含まれる。なお、銀行券は証券とは区別される。

管理通貨制度 ⑥ 通貨の発行量を、政府と中央銀行の管理下に置く通貨制度。金の保有量とは関係なく、必要に応じて不換紙幣を発行することができる。国内の通貨量を調整しながら金融政策が実施でき、有効需要(購買力)の拡大が可能になるが、通貨量の膨張によるインフレを引き起こす可能性もある。1929年の世界恐慌により、世界各国は1931年以降に、金本位制度から管理通貨制度へ移行した。

金本位制度 ⑥ 一国が発行できる通貨量の基準が、金に置かれている通貨制度。中央銀行が発行する銀行券は、金と交換できる兌換紙幣とされ、一国の通貨量は中央銀行の保有する金の量に拘束される。現在、金本位制をとる国はなく、管理通貨制度がとられている。

2　金融のしくみ

金融 ⑥ 企業、家計、政府の間で、経済活動に必要な資金を貸し借りし、融通し合うこと。銀行などの金融機関が、家計からの預金などをもとにして、資金の必要な企業や家計に融資し、経済活動の円滑化をはかる。

: **債権** ② 貸したお金の返済を請求できる権利のこと。

: **債務** ③ 借りたお金を返済する義務のこと。「債権」の反対。

金融システム ① 日本銀行を頂点として、銀行や証券会社、保険会社などの金融機関が、互いに他を補完する形で、金融界全体を形づくっていること。

利子 ⑥ お金を一定期間融通したことに対して、支払われる対価。そのお金を元手として経済活動を行ない、利潤を生んだのであるから、その利潤から対価(利子)が支払われる。「**金利**」①、または「利息」ともいう。金利の中でも物価上昇率などを勘案して調整をしていない表面上の金利を**名目金利**①、物価上昇率を金利から排除するためにインフレ率を差し引いてあらわすのが**実質金利**②という。

利子率 ④ 預金したり、貸し付けをした元金に対する利子の割合をいう。資金の需要が供給より多ければ利子率は上がり、需要が供給より少なければ利子率は下がる。お金を借りる際には、利子率には十分注意する必要がある。例えば、年利18%だと、利子が利子を生んで、4年後には元利合計が2倍になる。通常は年利であらわす。

金融機関 ⑥ 企業、家計、政府の間で、金融の仲立ちをする機関。機関には日本銀行、都市銀行、地方銀行、信用金庫、農業協同組合、漁業協同組合、証券会社、保険会社、政府系金融機関などがある。

日本銀行 ⑥ 日本の中央銀行。発券銀行、銀行の銀行、政府の銀行としての役割を果たしている。日本の通貨制度の中心的機関であり、1882(明治15)年に設立された。一般の銀行と違い、家計や企業との取り引きは行なわない。

日銀当座預金 ② 日本銀行が金融機関などから受け入れている当座預金。日銀と金融機関、金融機関同士、金融機関と国との間の決済手段として利用されたり、金融機関の支払い準備などに利用される。

中央銀行 ⑥ 1国の通貨制度の中心的な機関。通貨価値の安定と、信用制度の保持を主要な任務としている。銀行券を独占的に発行し、金融政策を担当する。日本では、日本銀行が中央銀行にあたる。

連邦準備制度理事会 (FRB) ② アメリカの中央銀行に相当する機関。金融政策を担当しているが、FRBの決定は国内だけでなく、世界経済に絶大な影響力を与える。ここのトップを「議長」といい、アメリカ大統領が上院の同意を得て任命する。2018年から議長はパウエル。

イングランド銀行 ① イギリスの中央銀行。連合王国の法貨であるイングランド銀行券を発行する。ただし、スコットランドと北アイルランドには発行額はわずかだが独自の発券銀行がある。

通貨当局 ① 財務省や日本銀行などを指していう。財務省は、国の予算を担当するだけでなく、通貨や外国為替に関しても担当している。日本銀行は、通貨制度の中心的な機関であり、対外的な通貨価値である外国為替相場(為替レート)の安定をはかるため、財務省にかわって為替市場で売り買いの実行役も果たしている。

発券銀行 ⑥ 銀行券の発行を独占的に認められている銀行。日本では、日本銀行法に基づいて、日本銀行が通貨である日本銀行券を発行する。その発行の最高限度は、財務大臣が決定する。

銀行の銀行 ① 中央銀行が市中銀行に資金を貸し付けたり、市中銀行の預金の一定割合を準備預金として預かったり、手形の再割り引きや国債の売買を行なうこと。この機能によって、市中の通貨量を景気動向に合わせて調節し、通貨価値の安定をはかっている。資金不足に陥った金融機関に向けて**最後の貸し手**②として日本銀行が無担保で無制限に特別融資 (**日銀特融**①) を行なうことがある。例としては、1965 (昭和40) 年の40年不況 (証券不況とも呼ばれた) のときに山一證券と大井証券に対して行なったことが有名である。バブル崩壊時にも木津信用組合やコスモ信用組合、兵庫銀行、北海道拓殖銀行などに向けて発動された。

政府の銀行 ⑥ 政府にかわって税金などの国庫金の保管や出納、短期資金の貸し付けを行なう。また、国債の発行や償還、利払いなどの事務も行なう。さらに、金融の国際化に伴い、海外の中央銀行、国際機関との取り引きなど、国際金融業務も重要な機能の1つになっている。

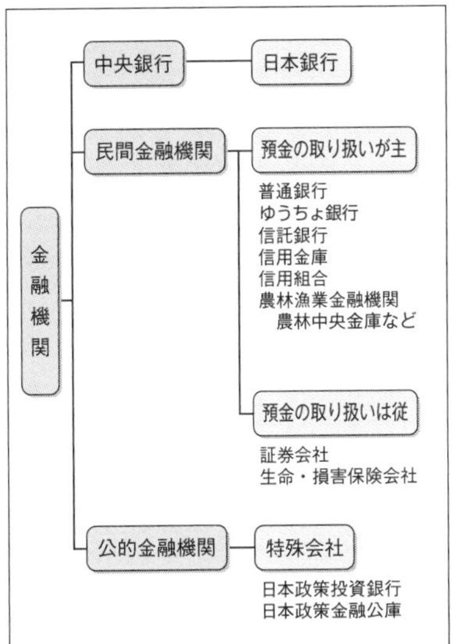

日本の主な金融機関の種類

国庫金 ⑤ 財産権の主体としての国家を「国庫」と呼び、そこに属する現金を「国庫金」という。国庫金はすべて日本銀行が預かり、現金の出納は日本銀行の窓口で取り扱う。日本銀行には、本店の他に32の支店と14の国内事務所がある。

政府系金融機関 ① 法律を制定して、出資金の全額、またはその多くを政府が出資している金融機関のこと。日本政策投資銀行や日本政策金融公庫、国際協力銀行などがある。

:**日本政策金融公庫** ② 銀行から資金を借りることが難しい、低所得の家庭や中小企業、農林水産業の人々に、資金を貸し付ける業務を行なっている政府の金融機関。財務省所管の特殊会社である。

市中金融機関 ② 民間の金融機関という意味。一般的には、普通銀行、信託銀行、信用金庫、信用組合、農協、漁協、労働金庫、保険会社、証券会社などがある。

日本銀行法 ① 日本銀行に関して規定している法律。日本の「中央銀行として、銀行券を発行するとともに、通貨及び金融の調節を行うこと」、並びに「信用秩序の維持」にあたることを目的とする、と定めている。第3条では、日本銀行は政府から独立して金融政策運営を行なうことが規定されている。ただし、第4条で政府との連携をはかることが規定されていることから、金融政策決定会合には政府代表が必要に応じて出席し意見を述べたり議案を提出することができる。

銀行 ⑥ 金融機関の中心的存在で、家計や企業から資金を預かり、企業などに対して資金を貸し付ける業務を行なっている。貸付利子と預金利子の差額が銀行の主な利潤であるが、そのほか、資金決済の手数料などが利潤となる。株式会社組織である。

市中銀行 ③ 中央銀行に対して、民間の銀行を指す。市中銀行は家計から預金として余剰資金を預かり、資金を必要とする企業などへ貸し付けている。もう1つの大きな業務としては、為替業務がある。これは、現金をやりとりすることなく、資金の決済をする方法のことである。例えば、電気代や水道代などの公共料金は、口座振替といって、銀行は顧客の口座から支払い金額を引き落として、その額を電力会社などの口座に振り込むことを行なっている。

都市銀行 ③ 全国的な営業基盤を持ち、大企業に対する取り引きが多い銀行のこと。明確な定義はないが、現在は、以下の4行が「都市銀行」と呼ばれる。みずほ銀行、三菱UFJ銀行、三井住友銀行、りそな銀行。

地方銀行 ② 各地方や都道府県内を営業基盤とする銀行。法律上は都市銀行と同じ普通銀行である。

第二地方銀行 ② 旧相互銀行から1989（平成元）年以降に普通銀行に転換した銀行である。

ゆうちょ銀行 ② 国営だった郵便局の民営化により、郵便貯金事業を継承した指名委員会等設置会社。

メガバンク ① 巨大な預金残高を持ち、収益も大きな銀行（グループ）のこと。日本では2006（平成18）年から、三菱UFJグループ、みずほグループ、三井住友グループの3大メガバンク体制となっている。

信託銀行 ① お金や不動産、有価証券などの財産を預かって、これを管理したり、運用（貸し出し、投資）したりする業務を主として行なう銀行のこと。企業年金の運用なども行なっている。普通銀行の業務も、合わせて行なっている。

信用金庫 ④ 協同組合組織の金融機関である。銀行は株式会社であるが、信用金庫は地域の個人や中小企業が組合員となって設立している。主な取り引き先は中小企業であり、営業地域は一定の地域に限定されている。預金は誰からでも預かるが、貸し出し先はその地域限定となる。

信用組合 ③ 協同組合組織の金融機関であるが、信用金庫よりも小規模な中小企業や個人が組合員となって設立されている。原則、預金も貸し出しも、組合員だけが対象となる。

証券会社 ⑥ 株式や国債、社債といった有価証券の売買を行なうほか、新たに発行される株式や社債などの募集と売り出しなどを主たる業務とする。株式会社や国と、投資家とを結びつけて、資金を円滑に循環させている。直接金融の担い手。

保険会社 ⑤ 生命保険会社と損害保険会社に分けられる。受け入れた保険料を貸し付けたり、投資したりして運用しているため、金融機関としての性格を持つ。

信用 ④ 将来、相手が必ず約束を守って返済してくれるのを信じて、お金を用立てること。あるいは、一定期間後にお金を支払うことを信じて、商品を先渡しすること。

信用創造 ⑥ 銀行が、預かっている預金額以上の資金を貸し出すこと。銀行は、預金の一部を手元に残し、あとは貸し出しに回す。貸し出されたお金は、取り引きの資金として利用されるが、やがて再びどこかの銀行に預金される。これを繰り返すことによって、銀行全体としては、最初の預金額の何倍もの預金通貨をつくり出す。預金額を上回る貸出し額は、金融のしくみが創造したものである。

直接金融 ⑥ 企業や政府が株式や社債、あるいは公債などの有価証券を発行して、必要な資金を金融市場から直接調達する方法。家計は、株式や社債などを買う形で、資金を供給している。この仲立ちをする主な金融機関が証券会社である。

クラウドファンディング ② インターネットによって不特定多数の人々から少額ずつ資金を調達すること。ソーシャル・ファンディングともいう。

ソーシャル・レンディング ① 資金を調達したい企業（ボロワー）と投資をしたい個人投資家（レンダー）とをインターネットでつなぐサービス。クラウドファンディングの1つ。

間接金融 ⑥ 企業や政府が必要な資金を、金融機関からの借り入れで調達する方法。実質的な貸し手は預金者である。日本では、諸外国と比べ、直接金融よりも間接金融が広く行なわれてきたが、最近の金融の自由化、規制緩和で、資金を間接金融から直接金融へシフトさせる動きも生じている。

金融市場 ⑥ 銀行や証券会社などの金融機関が中心になり、資金の貸借や証券の売買を行なう市場のこと。長期資金が取り引きされる長期金融市場と短期資金が取り引きされる短期金融市場とがある。

長期金融市場 ⑥ 1年以上の期間にわたって資金を貸し借りする市場のこと。証券市場と公社債市場の2つがある。

証券市場 ⑥ 証券取引所が中心となり、株式や社債、公債などの有価証券の売買を行なっている市場。株式市場と公社債市場がある。

公社債市場 ③ 国債などの公債と、社債の売買を行なう市場のこと。

短期金融市場 ⑥ 期間1年未満の金融取

り引きが行なわれる市場。日本銀行は、この短期金融市場で公開市場操作を行ない、無担保コール翌日物の金利を調節している。インターバンク市場が代表例。

短期資金 ③ 通常、1年未満の短期間に返済される資金のこと。

インターバンク市場 ② 金融機関、仲介業者(ブローカー)、通貨当局(日本銀行)との間で、短期資金や外貨を取り引きする市場。コール市場と手形売買市場などがある。取引所のような場所はなく、電話とネットワークで構成される。

コール市場 ⑥ 金融機関が短期的な手元資金の貸し借りを行なう市場。日々の余剰資金や不足を調整するのに利用される。取り引き期間の最短は、借りた当日のうちに資金を返す「日中コール」。無担保で資金を借り、借りた翌日に返すのが「無担保コール翌日物」。

コールレート ④ 金融機関同士での短期資金の貸し借りを「コール」といい、そのときの金利のこと。金利(利子率)は、金融機関同士で自由に設定する。

手形売買市場 ① 銀行や証券会社などの金融機関同士で、手形の売買をする市場。優良企業の発行する手形を割り引きの方法で売買し、短期資金を融通する市場。

自己資本 ⑥ 企業が持つ資本のうち、株式発行や内部留保などの形で、自らが用意した資本。借入金ではないので、金利は支払わなくてよいため、企業の資金コストは軽くなる。

他人資本 ⑥ 企業が社債発行や金融機関から借り入れをする形で、外部から調達した資本。金利負担が必要になる。

金融の自由化 ⑥ 金融業界に競争原理を取り入れること。具体的には金利の自由化と、金融業務の自由化とが含まれる。イギリスでは1980年代から、日本では1990年代から自由化が動き出した。

金利の自由化 ④ 銀行の預金金利や貸し出し金利を自由にすること。どの銀行であっても同一の金利(利子率)を適用していたのを改め、各銀行が自由に金利を設定すること。これによって、資金集めや貸し出しに競争の原理が導入される。日本では1994(平成6)年から完全に自由化された。

預金金利 ③ お金を預けた際に、預けた人が受け取れる利息分の比率のこと。通常は、年利であらわす。例えば、100万円を0.02%の金利で1年間預金すると、200円の利息となる。

金融業務の自由化 ② 各種金融機関の間の垣根をできるだけ取りはずし、競争の原理を取り入れること。民間金融機関には、普通銀行や信託銀行、信用金庫、信用組合、さらには証券会社、保険会社などがあり、それぞれ専門とする分野を分け合っている。そうしたこれまでの状況をかえて、相互に他の金融機関が専門とする分野に進出できるようにしたこと。日本では、1998(平成10)年から実施された。

金融機関の再編 ② 各種金融機関がさらなる事業拡大や存続をねらって、提携や合併、転換を行なうこと。大手銀行同士の合併や、かつての相互銀行が普通銀行へ転換したり、外国金融機関による日本の証券会社の買収などが起こった。

金融ビッグバン ⑥ 規制が厳しかった金融制度を、一気に自由化する大改革のこと。銀行、証券、保険業務への新規参入の促進、新たな金融商品の導入(金融派生商品の自由化など)、株式取り引き手数料の自由化などを実現し、効率的な金融システムの構築を目指した。

日本版金融ビッグバン ⑥ 1996(平成8)年、橋本龍太郎内閣が出した**金融制度改革構想**①。1998(平成10)年、金融システム改革法により実施に移された。1986年、イギリスのサッチャー首相による証券制度改革が「ビッグバン」と呼ばれたのにちなんで「日本版金融ビッグバン」と呼ばれる。改革の理念は、市場原理が働く自由な市場、すなわち**フリー**①、透明で信頼できる市場、すなわち**フェア**①、国際的で時代を先取りする市場すなわち**グローバル**①を目指した。

護送船団方式 ④ 弱小金融機関を含め、金融機関全体の存続と利益を守ることを主眼として行なわれてきた、日本の金融行政のこと。船団を護衛するとき、最も速力の遅い船に合わせて航行することからこういわれた。

預金保険制度 ① 金融機関が破綻したときに、その金融機関に預けてある預金を保護するしくみ。目的は、預金者保護、取り付け騒ぎを防ぐのみならず、金融システムを守ることである。

預金保険機構 ④ 銀行などの金融機関が経営不振に陥り、預金の払い戻しに応じることができなくなったとき、その金融機関にかわって預金の払い戻しに応じる機関。破綻した金融機関の処理も行なう。

金融庁 ⑤ 金融制度の企画立案、民間金融機関などに対する検査、監督、証券取り引きなどの監視を行なう行政機関。国務大臣として、内閣府特命担当大臣(金融担当)が置かれる。2000(平成12)年、金融監督庁と旧大蔵省の金融企画局を統合して発足した。旧大蔵省は金融と財政を担ってきたが、金融庁の発足により、金融と財政の分離が完了した。

: **金融監督庁** ③ 1998(平成10)年、旧大蔵省から金融の検査・監督部門を分離、独立させた組織。

金融不安(危機) ② 1997(平成9)年から民間企業で起きた、資金繰りができなくなるのではないか、といった不安のこと。1991(平成3)年、それまでのバブル景気が崩壊し、バブル期に土地を担保に融資を繰り返した金融機関は、土地の価格下落によって巨額の不良債権を抱え込んだ。その結果、金融機関の破綻が起こり、1997(平成9)年から1998(平成10)年にかけて、北海道拓殖銀行、山一證券、日本長期信用銀行、日本債券信用銀行などの大型破綻が続いた。その結果、民間企業の中に、先行き不安が広がった。

リーマン・ショック Lehman Shock ⑥ 2008年、アメリカの投資銀行リーマン・ブラザーズが、史上最大の負債総額で破綻し、それが引き金となって発生した世界金融危機。2007年のサブプライムローン問題に端を発したアメリカのバブル崩壊をきっかけに、リーマン・ブラザーズが破産し、それが取り引き先に波及してアメリカ経済全体に対する不安が広まり、世界的な金融危機へ波及していった。そして世界経済が低迷し、日本経済も大幅な景気後退となった。

信用収縮 ① 銀行が融資(貸し出し)枠を縮小して追加融資をやめたり、融資条件を引き上げたりして貸し渋るようになること。企業が多額の負債を抱えて倒産し、返済不能になると、それがつぎつぎに波及して倒産、返済不能が続くことになる。銀行は、融資した資金が返済されなければ、自らが倒産の危機に陥るから、これを避けるために信用収縮へと動く。

自己責任原則 ① 投資家が、投資判断を誤り損失を被っても、すべて投資家自身が負担する原則。

ペイ・オフ pay off ⑤ 金融機関が破綻した場合、預金の払い戻しの保証が一定限度に制限されること。元金1000万円とその利子分は保証されて払い戻しができるが(上限)、それ以上の預金は払い戻しされるかどうか保証されない。2005(平成17)年から全面実施となった。

金融商品 ① 預貯金とか、国債などの債券、投資信託、株式などのこと。お金を預けたり、投資したりすることは、預金や国債、株式などの金融商品を買う、と表現される。なお預貯金は原則元本保証であるが、債券や投資信託、株式は元本が保証されない。

金融派生商品(デリバティブ) derivative ③ 株式や為替などの取り引きで生じる損失を回避するために、開発された取り引きのこと。具体的な商品があるわけではない。先物取り引きとか、金利スワップ取り引きなどを「金融派生商品」という。取り引きに際して、元本に相当する金額の現金の受け渡しは行なわれない。リーマン・ショックではサブプライムローンの金融派生商品を大量に発行したことが一因となった。

先物取引 ① 将来の特定の日に、あらかじめ合意した価格で売り買いを行なう取り引きのこと。例えば、3カ月先に今の価格で売りたいとか、買いたいということで、取り引きをする。

証券化商品 ② 住宅ローンや不動産(土地)など、将来、一定の収益が見込まれる資産を裏づけとして、発行される有価証券のこと。住宅や土地が値上がりすれば、収益が見込まれるから、その資産を裏づけに、金融工学の技術を駆使して開発された商品。

サブプライムローン問題 subprime loan ③ 2007年、アメリカの住宅ローンを商品化した証券化商品の価格暴落が引き起こした、世界的な金融危機のこと。サブプライムローンとは、信用力の低い個人や低所得者を対象にした住宅ローン。サブプライムローンを商品化した証券化商品で、これをさらに商品化した商品がつくられて、世界中に販売された。このため、世界的な金融危機に陥った。

金融商品取引法 ① 投資家を保護するため、開示制度などを拡充して2007(平成19)年から施行されている法律。これまでの証券取引法を改正してつくられた。預金や保険以外の金融商品を投資家にすすめる際は、損をすることもあることを必ず説明するなど、規制が強化されている。

投資信託 ② 多数の投資家から資金を預かり(投資してもらい)、資産運用会社がその資金を株式や債券、不動産などに投資して利益を上げ、その利益を投資家に分配する金融商品。小額からの投資が可能であり、投資先が複数となるので危険が分散でき、投資のプロが運用するので個人の投資家よりも運用成績がよいことなどが期待される。ただし、必ずもうかるわけではない。証券会社や銀行などの窓口で取り扱う。

上場投資信託 ① 金融商品取引所で取り引きされる、すなわち上場してある投資信託。上場してあることから株式と同じようにリアルタイムで取り引きができる。略称ETF。手軽に分散投資ができること、値動きがわかりやすくコストが安いこと、取引所でリアルタイムに売買できるという利点がある。一方、市場価格と基準価額が異なることから価格に乖離が生じる場合があること、自動積立投資ができない場合があること、分配金が自動的に再投資されないことなどの欠点がある。

不動産投資信託 ① 投資家から集めた資金でビルや商業施設、マンションなどの複数の不動産に投資し、賃貸収入や売買益を投資家に分配する金融商品。金融商品取引所で取り引きされる。略称J-REIT。

債券 ③ 他人に売ることができる借用証書のこと。借用証書とは、返済の期限を明記し、利子を付けて元金を返すことを約束したもの。国が発行したものが「国債」、会社の場合は「社債」という。国債や社債を買うというのは、国や会社へお金を貸すことを意味する。

金融コングロマリット ① 銀行、証券、保険などの金融業者により構成されるグループ。多くの場合、**金融持株会社**②のもとに銀行、証券会社、保険会社などが子会社として加わる形をとる。日本の場合、メガバンクグループがフィナンシャルグループと称する金融コングロマリットを形成している。

金融再編 ① 複数の金融機関が統合したり合併したりすること。近年では持株会社を設立して経営統合したり、合併したりすることが多い。目的は、経営基盤の強化、コストの削減、自己資本比率の健全化などがあげられる。

投資ファンド ① 複数の投資家から集めた資金を投資し、収益を上げて、それを分配するしくみのこと。株式を買って株価をつり上げて収益を上げるとか、経営に積極的に関与して収益を上げるとか、様々な例がある。

証券化ビジネス ① 証券化とは土地やビルなどそのままでは切り売りできない資産価値のあるものを小口の有価証券にかえて資金を集めることである。証券化し、投資家から資金を調達する仕事が証券化ビジネスである。

投機 ④ 主に株式取り引きや商品取り引き、通貨取り引きなどで、価格変動が起こることを期待して、収益を上げようとすること。損をする可能性の高いものに投資すること。ハイリスク・ハイリターンであるから、損をする場合には大きく損をするし、もうかる場合には大きくもうかることもある。

リスク ④ 資金を運用する際に、将来の成果(リターン)が必ずしも確実ではないこと。危険ということではなく、リターンが大きくなる場合も小さくなる場合もあるということ。一般的には、「預貯金＜公社債＜投資信託＜株式」、の順にリスクが大きくなる。

BIS規制 ④ 自己資本比率に関して、国際的な取り引きを行なう銀行が、守るべき国際的な基準のこと。国際業務を行なう銀行が、破綻することを防ぐため、銀行の自己資本比率を８％以上にするなどのルールがある。国際決済銀行（BIS）が定めている統一規制である。BISの常設事務局であるバーゼル銀行監督委員会で合意されたことから、バーゼル規制とも**バーゼル合意**①とも呼ばれる。

国際決済銀行（BIS） ④ 中央銀行の銀行として機能することを目的に設立されている銀行。各国中央銀行が通貨価値や金融システムの安定をはかることを支援する組織。スイスのバーゼルに本部がある。

自己資本比率 ④ 総資本のうち、自己資本分がいくらあるかという比率。銀行の自己資本とは、株式発行で集めた資金や内部留保分など、返済しなくてよいものがこれにあたる。総資本とは、企業への貸し出し、現金、保有する他の企業の株式、保有する国債などであるが、これらの大部分は預金として預かっているお金であり、いずれ返す必要がある。

フィンテック ④ 金融サービスと情報技術を結びつけた様々な新しい動きを指す。会計業務の効率化、財務管理の適性化、仮想通貨、決済ペイ、資産運用のシミュレーションなど、私たちの生活そのものをかえていく重要な要素とされる。

IoT（Internet of Things）③ 従来、インターネットにつながっていなかったものが、ネットワークを通じてサーバーやクラウドサービスとつながり、相互に情報を交換するしくみ。

人工知能（AI）③ 人間の知的な判断や行動の一部を、ソフトウェアにより人工的に再現したもの。経験から学び、新たな入力に対応することで人間が行なうように動くという特徴がある。

暗号資産（仮想通貨）④ インターネットでやりとりできる財産的価値。代金の支払いに使え、法定通貨と相互に交換できること、電子的に記録され移転できること、法定通貨または法定通貨建ての資産ではないこと、とされる。代表例に**ビットコイン**①、**ディエム**①やイーサリアムなどがある。基盤技術として**ブロックチェーン（技術）**③を用いる。ブロックチェーン(技術)とは、情報通信ネットワーク上にある端末同士を直接つなぎ、取引記録を暗号技術を用いて分散して処理し、記録するデータベースの1つである。

キャッシュレス化④ 支払いや受け取りに現金を使わずクレジットカードや**電子マネー**①、口座振替などを利用して決済するしくみが普及していく状況。**電子商取引(eコマース)**①も普及する。

3　金融政策

金融政策⑥ 中央銀行である日本銀行が、通貨の量や流れを調節して、景気や物価の安定をはかる政策。2013(平成25)年からは、公開市場操作という手段を用いてマネタリーベースという通貨量を調節する方法で実施している。それ以前は、無担保コール翌日物の金利を誘導する方法で実施していた。

金融引き締め⑥ 市中に出回る通貨供給量を減らすこと。景気が過熱しているときにとられる。これにより、消費需要や設備投資、在庫投資が抑制(よくせい)されて、景気が抑制される。

金融緩和⑥ 市中に出回る通貨供給量を増やすこと。景気が停滞しているときにとられる。これにより、金利が下がり、企業の投資需要や消費需要が刺激されて、経済は活性化される。

通貨量⑥ 1国全体で流通しているお金の量のこと。現金通貨と、民間銀行が日銀に預けている当座預金、これを合計した通貨量のことを「マネタリーベース」という。なお、現金通貨と預金通貨をあわせた通貨量のことを「マネー・ストック」という。

マネタリーベース③ 日本銀行が市中に直接的に供給するお金。[日本銀行券発行高＋貨幣流通高＋日本銀行当座預金] で算出する。

公開市場(しじょう)操作（オープン・マーケット・オペレーション） open market operation ⑥ 日本銀行が、市中の金融機関との間で、国債などの売買を行なうことによって、通貨量や金利を調節する金融政策のこと。金利調節は、無担保コール翌日物の金利に影響を与えて、1国全体の金利に波及させている。

売りオペレーション（売りオペ）④ 日本銀行が、金融機関に国債などを売ること。国債を売ることで、代金が金融機関から日銀に支払われ、出回る通貨量が減る。景気の過熱を冷やし、物価を下落させたいときに用いられる。今日では、**資金吸収オペレーション**②という。

買いオペレーション（買いオペ）④ 日本銀行が、金融機関から国債などを買うこと。日銀が金融機関から国債などを買うことで、代金が日銀から金融機関に支払われ、通貨量が増える。金融を緩和して、景気を刺激し、物価を上昇させたいときに用いられる。今日では、**資金供給オペレーション**②という。日本銀行は「金融緩和オペ」という。

無担保(むたんぽ)コール翌日物金利④ 金融政策の中心的な利子率のこと。コール市場で無担保で資金を借り、借りた翌日に返すのを「無担保コール翌日物」といい、そのときの金利をいう。日本銀行政策委員会は、この金利を政策的にあらかじめ決定している。しかし、現実のコール市場での無担保コール翌日物金利は、資金の需給関係で決まる。そこで、日銀はコール市場で公開市場操作を行ない、市場に資金を出し入れして、コール市場の金利が日銀の決定した金利に近づくよう誘導している。

政策金利⑤ 中央銀行の金融政策によって決定される金利のこと。かつては公定歩合が政策金利として用いられていたが、今日では無担保コール翌日物金利が用いられている。

日本銀行政策委員会③ 日本銀行の最高意思決定機関。総裁、副総裁(2名)、審議委員(6名)の計9名で構成され、任期5年。政府から独立して、金融政策などについて審議、決定を行なっている。

金融政策決定会合 ② 日本銀行政策委員会の会合のうち、金融政策の運営に関する事項を審議、決定する会合をいう。毎月１～２回開催される。この会合には、必要に応じて、財務大臣、経済財政政策担当大臣(またはそれぞれの大臣が指名するその職員)が出席する。ただし議決権はない。

日本銀行総裁 ② 日本銀行を代表し、業務のすべてを統一して管理する人。内閣が任命するが、国会の同意を必要とする。任期は５年である。

ゼロ金利政策 ⑥ 無担保コール翌日物金利を、実質０％に近づける政策をいう。景気回復を目指す金融緩和政策。大手銀行の経営破綻などが相次いだ直後の1999～2000(平成11～12)年と、量的緩和政策を導入した際の2001～2006(平成13～18)年に実施。2010(平成22)年10月から３度目を実施して2023年に至っている。当分の間継続の意向。

マイナス金利 ⑤ 通常は預金すれば利子を受け取れるが、預金すると逆に利子を支払わなければならない金利。市中にお金を出回らせる金融緩和政策の一環として実施する。日本では2016 (平成28) 年から、**マイナス金利政策**①として金融機関が日本銀行に預ける当座預金の新規分についてのみ、マイナス0.1%としている。

量的緩和政策 ④ 日本銀行が通貨量を増大させるためにとる政策。ゼロ金利政策で、金利をゼロに近づけると、それ以上の金利政策がとれない。そこで銀行が日銀に対して持っている当座預金の残高を増やしたり、新たな基金を創設して銀行への貸し出し枠を増やしたりして、銀行に資金を供給し、市中に出回る通貨量を増大させる。

インフレ・ターゲット政策 ④ 穏やかなインフレーションになることを目指して実施する金融政策のこと。2013(平成25)年から、デフレーションを脱却するために実施している。日本銀行は、２年程度の期間で、消費者物価の前年比上昇率を２％とする**インフレ目標**①を掲げて量的緩和を実施した。しかし、上昇率２％は達成できず、量的緩和策を続けることになり、マネタリーベースを増やし続けた。2022年、ロシアによるウクライナ侵攻とアメリカの金利引き上げに伴う急激な円安を受け、事実上の金利引き上げに金融政策を転換せざるを得なくなった。

ポリシー・ミックス policy mix ⑤ いくつかの政策手段を同時に使って、政策目的を実現すること。例えば、景気を立て直そうとする場合に、金融政策だけでなく財政政策や為替政策も同時に用いて、目的の実現をはかろうとする。

公定歩合操作(金利政策) ④ 中央銀行が公定歩合を上下させることで、通貨供給量を調節し、景気の調整や物価を安定させる政策。金利の自由化に伴い、1996(平成８)年からは、公定歩合操作を金融政策の手段としては用いていない。

公定歩合 ⑥ 中央銀行が市中銀行などに資金を貸し出すときの利子率のこと。2006 (平成18) 年以来、日本銀行は「公定歩合」という名称は使わず、「**基準割引率および基準貸付利率**」⑤と呼んでいる。

預金準備率操作(支払準備率操作) ⑤ 中央銀行が預金準備率を上下させることにより、市中銀行などの貸し出し資金量を調節し、民間の資金需要に影響を与えようとする政策。1991(平成３)年以来、日本銀行は預金準備率操作を行なっていない。

預金準備率(支払準備率) ⑤ 市中銀行は受け入れた預金のうちの一定割合を、無利子で中央銀行に再預金しなければならない。このときの割合のこと。

マネタリズム monetarism ① 物価や名目所得の変動をもたらす最大の要因は、通貨供給量の変動であるとする考え方。ケインズ的な公共投資によって有効需要を増大させる財政、金融政策は、効果が一時的でしかないと主張し、自由な市場に経済をゆだねるべきだとする。

:マネタリスト monetarist ① マネタリズムの考えをとる人々のこと。代表的な経済学者として、フリードマンがいる。

貨幣数量説 ① 市中に流通している通貨量の総量と、その流通速度が物価の水準を決定している、という考え方。

フリードマン Friedman ⑥ 1912～2006 アメリカの経済学者で、マネタリズムの考え方を提唱した。ケインズ主義は無効だとし、金融の規制緩和や公的企業の民営化によって市場機能の回復をはかるべきだと主張した。主著書に『**資本主義と自由**』①がある。

金融政策について

日本の金融政策は、無担保コール翌日物(オーバーナイト物)の金利を、公開市場操作によって誘導するやり方で行なわれてきた。

ところが、金利が実質ゼロに近づいてきたため、日銀は2013(平成25)年から量的緩和策を導入した。市中で流通している現金と、民間銀行が日銀に預けている当座預金の残高の合計を「マネタリーベース」というが、このマネタリーベースを増やすことで、デフレを脱却し、景気を上向かせようとしている。

具体的には、金融機関などが保有する長期国債を日銀が買い入れることで、市中にお金を流し込み、マネタリーベースを2年で2倍にするというものである。これは、これまでにない異次元の緩和策であり、2014年末のマネタリーベースは268兆円にまで拡大した。しかしデフレを脱却し2%のインフレを実現するには至らなかった。そこで日銀は、年80兆円のペースで国債を買い入れて、市中にお金を流し込む量的緩和策を続けており、その結果、マネタリーベースは20年度末で643兆円に達している。

2020年度、新型コロナウイルス感染症の感染拡大により落ち込んだ経済のテコ入れのために量的緩和策は継続され、2%のインフレ目標を継続した。2022年ロシアによるウクライナ侵攻とアメリカの金利引き上げに伴う急激な円安への対応を迫られ、事実上の金利引き上げに転じた。

4 財政のしくみと税制

財政 ⑥ 国や地方公共団体などが、その活動に必要な資金を徴収し、支出する経済活動。公共サービスの供給、社会資本の充実、景気の調整、所得と富の再分配、福祉の実現などを果たすため、主に租税収入によって資金を調達し、支出する。国家財政と地方財政がある。今日の資本主義経済では、国民経済に占める財政の役割が大きい。

国家財政 ① 政府の行なう財政のこと。「地方財政」に対して用いられる用語。政府の収入と支出の活動のこと。予算書には、政府の活動の全体が示されることになる。

公共財 ⑤ 政府や地方公共団体が提供し、不特定多数の人々が利用する財やサービスのこと。国防、外交、道路、港湾設備、公園、学校、図書館などがある。公共財の特徴として、利用することを妨げるための費用が莫大(ばくだい)であるという**非排除性**③と不特定多数の人々が同時に利用できる**非競合性**③とがある。また、誰もが**フリーライダー**①になれることから自分では費用を負担しなくなり、人々は少ない負担で自らの豊かさを増やそうとする。その結果、市場は成立しなくなる。

公共サービス ③ 国や地方公共団体が提供するサービスのことで、大きく3つある。1つは防衛、外交、治安や秩序の維持などで、これらのサービスは「公共財」と呼ばれる。2つは、義務教育などの教育サービス、社会福祉施設、保健所、病院などが行なう福祉医療サービスである。3つは、公益事業で、地下鉄、バス、水道などのサービスである。

財務省 ④ 国の予算や租税の企画、立案をしている中央省庁。予算配分の権限を持っているため、各省庁への影響力は強い。かつての大蔵(おおくら)省。

租税 ⑥ 国や地方公共団体が、家計や企業などの民間部門から強制的に徴収するもので、財政収入の中心となる。租税は国税と地方税に分かれる。それぞれに直接税と間接税がある。

租税法律主義 ④ 租税に関する基本的な事柄は法律で定める、ということ。憲法第84条は、「あらたに租税を課し、又は現行の租税を変更するには、法律又は法律の定める条件による」と規定している。

垂直的公平 ⑥ 所得に応じて、所得の多い人は少ない人より多くの税を負担すること。

水平的公平 ⑥ 職種にかかわらず、同じ所得や消費額であれば、同じ税額を負担すること。

国民負担率 ① 租税負担と、公的年金や公的医療保険の保険料などの負担額の合計が、国民所得に占める割合。トータルとして、国民がどれだけ負担しているかという比率。

予算 ⑥ 4月1日から翌年3月31日までの一会計年度の歳入と歳出の計画。国の予算は内閣が作成し、国会の議決により成立する。一般会計予算、特別会計予算、政府関係機関予算の3種類がある。

一会計年度 ③ 4月1日から翌年3月31日までの期間のこと。財政法で規定されている。

:**歳入** ⑥ 一会計年度における財政上の収入。主に租税収入であるが、足りないときは公債が発行されている。

:**歳出** ⑥ 一会計年度における財政上の支出。政府の一般会計の場合、社会保障関係費、国債費、地方財政費などの支出の割合が高くなっている。

一般会計(予算) ⑥ 政府の通常の活動に伴う会計(予算)。租税収入や国債発行による収入などを財源とし、公共事業、社会保障、教育、外交、防衛などの一般行政に支出する予算のこと。

本予算（当初予算） ④ 新年度から実施される予算のこと。内閣が提出した予算案を、国民の代表である国会で審議し、議決されて、初めて実行に移される。通常は、会計年度開始前に成立する。

暫定予算 ④ 本予算成立までの経過措置として組まれる予算のこと。内閣の予算編成が遅れたり、国会での審議が長引いたりして、本予算が会計年度開始前に成立しない場合に組まれる。必要最小限の予算に限られることが多い。

補正予算 ④ 本予算が成立したあとで、いちじるしい経済情勢の変化などで、経済対策など追加の財政支出が必要となったときに組まれる予算。予備費では対応できない事態のときに組まれる。

特別会計（予算） ⑥ 国が特定の事業を営む場合や、あるいは特定の資金を保有して運用を行なう場合などのための会計(予算)。外国為替資金特別会計や国債整理基金特別会計など、2023(令和５)年度現在、13(東日本大震災特別会計を含む) の特別会計がある。

政府関係機関予算 ④ 沖縄振興開発金融公庫、国際協力銀行、日本政策金融公庫、日本政策投資銀行の予算のこと。予算については、国会の議決を要する。

政府関係機関 ① 全額政府出資の法人で、企業的な経営で効率的な運営が行なえるよう省庁とは独立した機関のこと。行政改革で縮小され、2022(令和４)年現在、４機関のみとなっている。

財政投融資 ⑥ 財投債（国債）の発行などにより調達した資金を財源として、長期、低利の融資や投資を行なうもの。租税負担によらずに、独立採算である。具体的には、中小企業などが民間金融機関から十分な資金供給を受けられない場合に、株式会社日本政策金融公庫を通じて、低利で長期の資金を融資している。国会の議決を要する。財政投融資の運用計画を**財政投融資計画** ①という。

：第二の予算 ③「財政投融資」の別名。2000(平成12)年以前には、財政投融資の規模が大きく、一般会計予算に次ぐものであったため、「第二の予算」とも呼ばれた。

決算 ① 一会計年度における歳入と歳出の実績を確定した数値で示すもの。

財投債 ③ 財政投融資資金の貸し付けの財源とするために、国が発行する債券。国債の一種で、通常の国債と何らかわりはない。ただ、独立採算であるため、財投債の償還、利払いは、財政投融資資金の貸し付け回収金によって、賄われる。

財投機関債 ② 政府関係機関や特殊法人などが、自らの信用で発行する債券のこと。社債に相当するもの。財投債は国の保証のもとに発行されるが、財投機関債には国の保証はない。

財投機関 ① 財政投融資を活用している機関。例えば、日本政策投資銀行、日本政策金融公庫、住宅金融支援機構、日本学生支援機構などがある。

税制 ③ 租税に関する制度のこと。誰が、どのような性質の税を、どのような率で、どれだけ負担するかを定めた制度のこと。

国税 ④ 国に納める税金。所得税、法人税、相続税などの直接税と、酒税、消費税などの間接税がある。

直接税 ⑥ 租税負担者(担税者)が一定の税率に従い、国や地方公共団体に直接納める税。国税では所得税、法人税、相続税など、地方税では都道府県民税・市区町村民税や事業税などがある。税負担の垂直的公平をはかるのに優れている。

所得税 ⑥ 個人の所得に対してかかる税金。１年間の所得から、基礎控除や配偶者控除、扶養控除などの所得控除を差し引いたあとの所得にかかる税金。直接税としては国税の中で最大の税収を上げており、消費税、法人税とともに税制度の中心となっている。

法人税 ⑤ 株式会社などの法人の所得に対してかかる税金のこと。国税の直接税の中では、所得税についで２番目に大きな税収となっている。

相続税 ② 祖父母や父母が亡くなって、配偶者や子どもが多額の財産を相続するときにかかる税金のこと。

贈与税 ① 贈与を受け取った人が支払う税金のこと。一般に多いのは、祖父母や父母が亡くなる前に、孫や子どもに多額の財産を贈与した場合、子どもは贈与税を支払う。

間接税 ⑥ 租税負担者と納税者とが異なる税。人々は商品を購入し、代金を支払うときに、代金とともに税金を支払うしくみになっている。従って、租税負担者は商品の買い手であり、納税者は売り手となる。税負担の水平的公平をはかるのに優れている。

消費税 ⑥ 商品、サービスの購入、消費にかかる間接税。2019(令和元)年10月、8％から10％に引き上げられた。ただし、**軽減税率**④を導入し、飲食品と新聞は8％のまま。増税分は、社会保障と借金返済にあてられる。10％の内訳は、国が7.8％、地方分が2.2％である。

酒税 ② アルコール1％以上の飲料(酒類)にかかる税金。製造者や輸入者が納める。酒の種類によって、税率は異なる。

たばこ税 ① 各種のたばこにかかる税金。国に納めるたばこ税のほか、都道府県たばこ税と市区町村たばこ税とがある。

付加価値税 ① 流通の各段階で創出される付加価値に対する税。間接消費税の施行手段の1つ。

直間比率 ④ 税収全体に占める直接税と間接税の割合。日本の直間比率(国税及び地方税)は64：36(2021年度予算)。一般に、ヨーロッパ諸国では日本よりも間接税の比率が高く、アメリカでは直接税の比率が高い。

納税者 ⑤ 税金を納める人。直接税は税を負担する人(担税者)が納税者となるが、間接税は税を負担する人と納税者とは異なる。

：**担税者** ③ 実際に税を負担する人。

シャウプ勧告 ⑤ 1949(昭和24)年と1950(昭和25)年に出された、アメリカの経済学者シャウプを団長とする税制調査団の勧告。この勧告に従って、第二次世界大戦後、日本の税制は、直接税中心(**直接税中心主義**①)に改められた。これを「シャウプ税制」という。

累進課税制度 ⑥ 所得が多くなるにつれて、高い税率が適用される課税制度。これは所得税や贈与税に採用されている。所得の再分配効果を持つ。

逆進性 ⑥ 所得の少ない人ほど、税の負担率が高くなってしまうこと。食料品など、誰もが購入する商品に同じ税率で消費税が課されると、低所得者ほど所得に占める税負担額の割合が重くなり、逆進性が強まる。

	国税	地方税
直接税	所得税、法人税、相続税、贈与税など	住民税(都道府県民税・市区町村民税)、固定資産税、事業税など
間接税	酒税、関税、たばこ税、消費税など	たばこ税、地方消費税など

日本の主な租税

課税原則 ① 課税の原則は**公平・中立・簡素**①であるということ。例えば、累進課税制度は公平な所得分配を目指したしくみであること、消費税は逆進性はあるものの消費者に一律の負担を求める簡素なしくみであること、など。課税原則すべてを満たすことは難しく、つねに税制は見直していく必要がある。

源泉徴収(源泉課税) ④ 所得の支払い者が、所得を支払いするときに所得から税金を天引し、納税する制度。給料、利子、配当、退職金などが課税対象となっている。

所得の捕捉率 ④ 所得がいくらであるか、その実態をしっかりと把握している割合のこと。所得の種類によって、捕捉率が異なるとの批判がある。

：**クロヨン(9・6・4)** ⑤ サラリーマンは所得の9割が捕捉されているのに対し、自営業は6割、農家は4割しか捕捉されていない、という主張の表現。サラリーマンは、源泉徴収のため所得がほぼ全額捕捉されているのに対し、必要経費が認められており申告納税制をとる自営業や農家の所得は正確に捕捉されていない、ということをあらわす。

：**トーゴーサン(10・5・3)** ④ サラリーマンは所得の10割が捕捉されているのに対し、自営業は5割、農家は3割しか捕捉されていない、という主張の表現。実際には、これほどの格差はないともいわれる。

税制改革 ③ 税制のひずみを直すために、税のしくみを変更すること。具体的な例としては、2015(平成27)年分以後から、所得税の税率構造を5～45％の7段階に改めたことなどがある。

社会保障と税の一体改革

一般会計の歳入の中心は租税である。特別会計の1つである社会保険の歳入の中心は社会保険料である。租税も社会保険料も納税者にとって強制的な支払いになる点で同じだが、社会保険料は給付と連動しており、応益負担である。一般会計では社会保障関係費は膨大な額に及ぶ。この財源は租税である。社会保障を考えるとき、租税と社会保険料の負担と給付を一体で考える必要がある。消費税の福祉目的税化やマイナンバーの導入などが進められてきた。社会保障と税の一体改革により、消費税の税率引き上げによる増収分はすべて社会保障にあて、待機児童の解消や幼児教育・保育の無償化などの子育て世代のためにもあて、従前の高齢者中心ではなく全世代型の社会保障に転換している。

社会保障（関係）費 ④ 社会保険や生活保護、社会福祉、保健衛生などのために支出される費用のこと。社会保障関係費は、一般会計歳出予算で最も大きな割合(３割超)を占めているが、その７割以上が社会保険（健康保険、年金保険、介護保険など）費用にあてられている。社会福祉にあてられているのは、社会保障関係費の１割にも満たない。

租税負担率 ④ 国民所得に占める税額の割合のこと。個人の所得に占める税金の割合をいう場合もある。すべての人が、人間らしく生きられるようにする（社会権を保障する）ためには、みんなで支える必要がある。高福祉、高負担、つまり福祉国家を目指すのであれば、租税負担率も高くなければ成り立たない。

公債 ⑥ 国や地方公共団体が、財政支出を租税収入などで賄い切れない場合に、必要な資金を調達するために発行される債券。大量の公債が発行されると、その利子支払いや償還などの経費である公債費が増大し、財政硬直化を招くことになる。

借換債 ① 国債は60年償還ルールに基づいて10年ごとに６分の１ずつ償還される。新規発行とは別に10年ごとに借換債を発行して償還に備える。

国債 ⑥ 国が発行する公債で、建設国債と赤字国債がある。財政法では、建設国債のみ発行を認めており、赤字国債の発行は認めていない。

財政法 ⑤ 1947(昭和22)年に制定された財政制度に関する基本的法律。財政民主主義による租税法定主義の原則や、健全財政主義による建設国債の原則、日本銀行から借り入れてはならない国債の市中消化の原則などを定めている。

建設国債（建設公債） ⑥ 財政法第４条で認められている国債。公共事業費、出資金及び貸し付け金の財源に用いる場合にのみ発行が認められる。1966(昭和41)年度から発行されている。

国債の市中消化の原則 ④ 国債の発行については、日本銀行にこれを引き受けさせてはならない、という原則。日銀の国債引き受けは、通貨の増発に歯止めがかからなくなり、悪性インフレーションを引き起こす恐れがあるため、禁止されている。発行された国債は、金融機関を通じて一般市民に販売され、一般市民から資金を借りることが原則となっている。

赤字国債（赤字公債） ⑥ 一般会計予算の歳入の不足分を補うため、やむを得ず発行する「**特例国債**」⑥の別称。歳出よりも歳入が足りなくて赤字になっているときに発行される。しかし、こうした赤字国債は、財政法で発行が禁止されているため、1975(昭和50）年度の補正予算から、公債の発行の特例に関する法律(財政特例法)を毎年度成立させて、発行してきた。ところが2013～15年度は、予算が成立すれば自動的に赤字国債が発行できる改正法を制定し、発行した。16年度、改正法を20年度まで５年間延長し、さらに25年度まで延長した。

> **特例国債発行について**
>
> 財政特例法に基づいて発行されるものを「特例国債」という。1975(昭和50)年度から発行された。
>
> 1965(昭和40)年、「40年不況」による税収減対策として国債が発行されたが、これは財政特例法に基づくものではなく、歳入補填債として、財政処理特別措置法によって発行されたものであり、財政特例法に基づく特例国債とは、一応別物である。

国債依存度 ⑥ 一般会計予算で、歳入の中に国債が占める割合のこと。これが高ければ、財政は不健全となる。

国債費 ④ 国債購入者に対する利子の支払いと満期時の買い戻し(償還)のために支出される費用のこと。国債発行額が累積すると、国債費は膨大になり、財政を圧迫し、国債費を賄うために国債を発行するといった事態が生じる。

一般歳出 ① 歳出予算全体から、国債費と地方財政費(地方交付税交付金など)を引いた残りの部分のこと。国債費は借金返済にあてる費用、地方財政費は地方公共団体に交付する費用であるから、その残りの部分である一般歳出が、国が独自に使用できる部分になる。

均衡予算 ① 赤字国債に依存せず、租税などの収入で歳出を賄うことのできる状態をいう。経常的収入と経常的支出とが同額になって、バランスのとれている財政状態のこと。

財政の硬直化 ⑥ 国債費や社会保障関係費、公務員の給与費など、歳出が義務づけられている経費の増加によって、財政の弾力的運用が困難になること。硬直化が進むと、財政本来の役割である資源配分や景気調整などを果たすことが難しくなる。

財政改革 ③ 歳入、歳出を見直して財政赤字を少なくし、特例国債の発行に頼らないで済むように、財政運営を改革すること。税制度や主要経費の見直しが必要となる。

財政赤字 ⑥ 歳入よりも歳出が大きくなること。景気が低迷して税収が減少したり、政策的に減税したりすると、それに見合うだけの歳出を縮小しなければ、財政赤字となってしまう。この赤字を埋めることができなければ、国債が発行される。

財政危機 ④ 財政赤字を解消する手立てがみつからず、危険な事態になっていること。財源不足を補うために、特例国債の発行が増加し、国債残高が増加して国債費の比率が高くなっている事態。

国債残高 ⑤ まだ償還が終わっていない国債の残高のこと。つまり、国が返済しなければならない借金の総額のこと。財務省の発表によれば、普通国債残高は2022年度末に約1029兆円とされる。なお、国と地方の債務残高は約1218兆円とされる。国の債務残高は伸び続けているが、地方の債務残高は直近の20年間ほぼ横ばいである。

国債発行の総額

2022（令和４）年度補正後の国の一般会計歳出は110.3兆円である。この歳出を賄うのは税収などと公債金であり、公債金は歳入の35.9％、39.6兆円である。新型コロナウイルス感染拡大に対応するため108.6兆円の公債金を発行した2020（令和２）年度に比べれば感染症拡大前の水準に戻ったとはいえ、公債金の大きさと依存度の高さは高い水準を維持している。2022（令和４）年度当初の国債発行予定額をみると、新規国債約37兆円（うち、建設国債約６兆円、特例国債約31兆円）、復興債約0.2兆円、財投債約25兆円、借換債約153兆円（内、復興債分約４兆円）が発行され、総額は約215兆円となる。

財政破綻（はたん） ② 財政赤字を続けていると、国債残高が膨（ふく）らみ、借金返済の目途（めど）が立たなくなることをいう。

財政再建 ④ 財政赤字を立て直して、財政破綻を引き起こさないようにすること。具体的にはプライマリー・バランスの赤字を改善して、国債残高の対GDP（国内総生産）比を一定水準に押え込むこと。

財政構造改革 ② 社会保障費や公共事業費、地方財政費などの財政支出のあり方を改革しようとすること。国債（公債）発行によって財政支出が賄われると、国債費の増大をもたらし、財政硬直化の原因となるため、財政の構造をかえようとする改革。

プライマリー・バランス（基礎的財政収支） primary balance ⑥ 国債を除く歳入（税収）で、国債費を除く歳出がどの程度賄えているかを示すもの。実質的な財政赤字の幅を示す。国債費を除く歳出を、税収だけで賄えない場合は、新規に発行する国債額が増えるから、プライマリー・バランスは赤字となる。これを続けると、財政破綻となる。したがって、プライマリー・バランスの黒字化を目指すことが求められる。

財政健全化 ⑤ GDP（国内総生産）との対比で、国債残高が伸び続けないようにし、逆に縮小させていくこと。租税などの歳入と歳出をバランスさせて、赤字国債の発行を抑制することが必要である。政府が大量に国債を発行することで民間に回るべき資金が抑制されるクラウディング・アウトという現象が生じる。大量の国債発行は市中金利を高騰させ、民間で必要とする資金の調達を難しくし、経済活動を抑え込んでしまう可能性がある。

現代貨幣論（現代金融論、MMT） ① 赤字財政により財政破綻は起きない、財政赤字であってもインフレが起きない程度に歳出は続けるべきだ、税は財源ではなく貨幣を流通させるしくみである、という主張。背景には、貨幣は負債証明書と考えていること（信用貨幣論）、経済活動のあとで貨幣の増減がやってくると考えていること（内省的

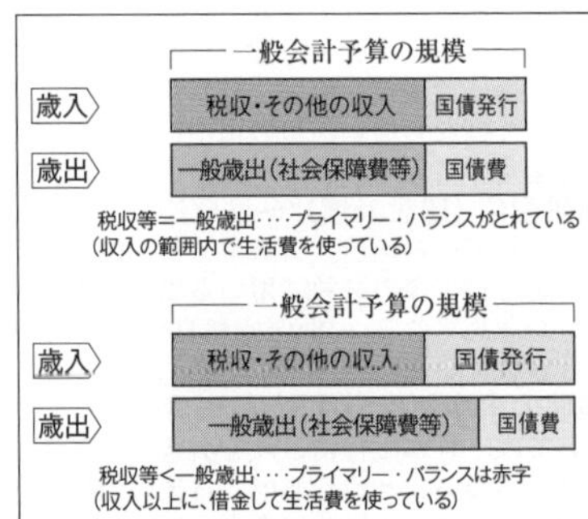

プライマリー・バランス

貨幣供給論)、税があるから貨幣が流通すると考えていること(租税貨幣論)がある。

5 財政の機能と財政政策

財政政策 ⑥ 国や地方公共団体が、税金という形で資金を調達し、それを公共的な目的のために支出して経済を安定させ、成長させようとする政策のこと。具体的には、公共財を提供して社会資本を充実させることや、所得の再分配をはかること、景気の安定をはかることなどがある。

資源配分機能 ⑥ 財政機能の1つで、政府が税金を用いて社会資本整備を行なうこと。民間の経済活動に任せているだけでは充足されにくい分野へ、政府が財政資金を用いて公共事業などを行ない、供給する。こうして、民間企業に全面的にゆだねた場合に生じる望ましくない資源配分を補正することになる。

所得再分配機能 ③ 財政は、所得を再分配して、所得を平等化する働きがあるということ。所得税に対する累進課税制度や、低所得者に対する医療、年金などの社会保障制度、相続税による財産所得の平等化などによって、所得の再分配が行なわれ、所得格差を是正する役割を果たしている。

所得再分配 ⑥ 政府が税制度などを用いて、所得の格差を是正すること。資本主義経済では、所得格差が発生する。そこで、政府は所得の多い人には高い税をかけ、その税を用いて所得の少ない人に補助金を与えるなどして、所得格差を是正する。

景気調整機能(景気の調整) ②「景気の安定化」とも呼ばれる機能で、2つある。1つは「ビルト・イン・スタビライザー(自動安定化装置)」であり、もう1つは「フィスカル・ポリシー(裁量的財政政策)」と呼ばれるものである。後者は、政府の判断に基づく、裁量的な政策である。景気の悪いときには、財政支出を拡大して公共事業などを実施して景気を支える。景気がいきすぎているときには、財政支出を抑えて過熱を抑制する。

景気の安定化 ⑤「景気調整機能」と同意語。税制や歳出を用いて、景気が過熱気味のときには抑制させるように、景気が悪いときには景気を回復させるようにすること。

ビルト・イン・スタビライザー(自動安定化装置) built in stabilizer ⑥ 累進課税制度や社会保障制度を組み入れておくと、財政が自動的に景気を調節する機能を持つようになること。財政の「自動安定化装置」ともいう。具体的には、景気が後退して国民の所得が減ると、税率が下がるため可処分所得はゆるやかにしか減少せず、社会保障制度によって給付などを受け取る人が増えるから、景気の急速な後退が避けられる。景気の拡大期には、所得の増加に伴って税率が上がり可処分所得はゆるやかにしか増大せず、給付などを受け取る人は少なくなるから、景気の過熱が抑制される。

裁量(伸縮)的財政政策 ⑤ 不景気のときには、減税をしたり国債の発行によって公共事業を増やして、総需要を拡大させ、景気回復をはかろうとし、景気が過熱気味のときには、増税や財政支出を減らして経済を安定させる政策のこと。**フィスカル・ポリシー**⑥ともいう。なお、積極的に財政支出を増やそうとする政策を拡張的財政政策ともいう。

総需要 ① 国内のすべての需要のこと。民間消費需要と政府消費需要に、民間と政府の投資需要を加えたもの。

アベノミクス ① 第2次安倍晋三内閣(在任2012〈平成24〉～20〈令和2〉年)が掲げた一連の経済政策に対してつけられた通称のこと。安倍とエコノミックス(経済)を合わせた造語。具体的には、大胆な金融政策、機動的な財政政策、成長戦略の3つを掲げ、「3本の矢」と表現している。しかし、金融政策では2%のインフレ目標を達成できず、成長戦略も、明確な道筋が描けていないといわれた。

第3章 日本経済の現状

1 日本経済の歩み

1 戦前の日本経済

明治維新から第二次世界大戦までの日本経済の特徴

封建体制を終わらせ近代資本主義社会形成の起点となった明治維新を機に、明治政府は、江戸時代の地方分権から中央集権国家に転換し、富国強兵と殖産興業を掲げて近代化政策を遂行した。江戸時代に発達した金融のしくみや商慣行は資本主義経済を受容する基盤となった。国内の需要の有無にかかわらず殖産興業により工業生産を進めたことは生産物の余剰を生み、市場を求めて対外進出をはかることが不可避となる。朝鮮半島の支配権をめぐる清との対立は日清戦争となり、日清戦争に勝利した日本は朝鮮半島進出への足がかりを得、台湾を植民地化し、賠償金をもとに金本位制を確立、産業革命を推し進める。朝鮮半島から清の影響力を排除した日本は、南下政策をとるロシアと中国東北部(満州)の支配権をめぐって対決し日露戦争に至る。日露戦争により東アジアの新たなパワーと国際社会から認められた日本は、アジア太平洋の秩序をめぐりアメリカと対立することになる。こうした対外進出の一方、国内では近代的な工業部門と地主・小作制度に象徴される封建的で旧態依然とした遅れた農業部門が併存したことと、国内市場が狭く資源が乏しいことが戦前の日本の特徴である。

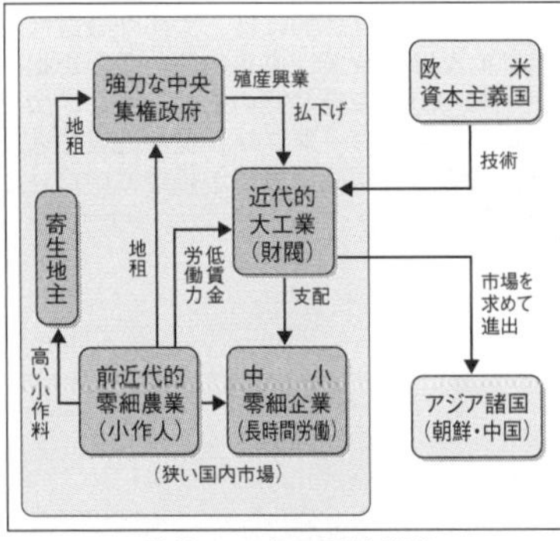

戦前の日本の経済構造

2 戦後復興期

経済(の)民主化 ④ 第二次世界大戦後、日本の民主化の一環としてGHQ(連合国軍最高司令官総司令部)が行なった軍国主義的、封建的経済体制を解体する政策。経済の民主化では財閥解体、農地改革、労働民主化(労働改革)などが行なわれた。これらの諸改革は、農民、労働者の所得を向上させ、また企業間の自由競争の条件を整備させることで国内の消費市場を拡大させ、その後の経済発展に大きく貢献した。なお、農地改革では自作農の創出は実現されたが、多くの農家が小規模経営であり、労働生産性には課題を残した。また農地の大土地所有は解消されたが、山林の所有についてGHQは改めなかった。

財閥解体 ⑤ 第二次世界大戦前の日本経済を支配し、軍国主義と結びついていた財閥を解体したこと。資本主義経済が本来持つ企業間の自由競争を取り戻すことで、日本経済を立て直すことを目指した。1946(昭和21)年、GHQの指令により持株会社整理委員会が発足し、持株会社・財閥家族の持株処分、過度経済力集中排除法による巨大企業の分割、独占禁止法による不公正競争の制限、財閥家族の公職追放などが行なわれた。

過度経済力集中排除法 ① 1947(昭和22)年、GHQによる財閥解体を進めるための大企業を解体する法律。当初、分割の対象は325社に及んだが、実際は、日本製鐵、大建産業、三菱重工業、三菱鉱業、三井鉱山、井華(住友)鉱業、大日本麦酒、北海道酪農協同、王子製紙、帝国纖維、東洋製罐の11社であった。なお、旧財閥グループはその後も株式を持ち合う形で企業集団を形成した。法律そのものは、1955(昭和30)年に廃止された。

持株会社整理委員会 ① 1946(昭和21)年、

GHQによる財閥解体を進めるためにつくられた特殊法人。持株会社としてどの会社を指定するか、財閥家族として誰を指定するかを首相に上申し、指定された持株会社や財閥家族の財産の管理や処分、指定された持株会社を解散させることなどが業務であった。1951(昭和26)年の解散までに、5回にわたり83の持株会社と10の財閥家族を指定した。

農地改革 ⑥ 1946～50(昭和21～25)年にかけて行なわれた、自作農を創出するための農地制度の大改革。GHQの指令により、2次にわたって実施された。不在地主の貸し付け地全部、在村地主の貸し付け地の1町歩(約1ha(ヘクタール)、北海道は4町歩)を超える分を政府が買い上げ、小作農に売り渡した。これにより、自作農の比率は31%から62%に倍増し、いわゆる寄生地主制度は解体した。

小作農 ③ 借地料を払って地主から農地を借り、農業を生業(せいぎょう)として営む人のこと。第二次世界大戦までの日本の農民のほとんどが小作農であったといわれる。従って、農地を持つ地主は自ら農業を営む必要はなく、小作農に土地を貸して農作業をさせればよいことから、寄生地主制があらわれた。

自作農 ③ 自分の土地を自分で耕し、農業を生業として営む人のこと。小作農より自作農の方が経営努力に努め、生産性を上げる努力を惜しまないとされる。自らの創意工夫により収益性が上がれば、それだけ利益が増える。第二次世界大戦後の農地改革で、自作農が増えたことが農村を発展させたとされる。一方で、1戸あたりの耕地面積が小さく、競争力のない自作農が多くつくり出されたことが農業の発展を妨げたともいわれる。

：**寄生地主制** ② 自らは直接に農業経営をしない不在地主が土地を小作人に貸し付けて高額な小作料を徴集する土地制度のこと。貧しい小作人の広範な存在は、低賃金労働者を生むとともに民主主義の担い手である都市の中産階級の成熟を妨げ、国内市場の拡大を妨げ、日本のアジア侵略の原因の1つとなった。

労働組合の育成 ① 第二次世界大戦後に行なわれた経済の民主化の1つ。労働関係を民主化するため1945(昭和20)年に労働組合法を制定し、労働組合を結成することや、労働者が使用者との交渉において対等の立場に立つことを促進しようとした。労働組合が組織され、労働者の権利を確保する活動を展開すること、労働者の所得が確保され労働条件が整ったことが、国内市場を拡大させ、のちの高度経済成長を実現する一因となった。

傾斜生産方式 ④ 1946(昭和21)年に決定され、1947～48(昭和22～23)年に実施された生産復興のための政策。限られた資金、資材、労働力を、石炭、鉄鋼などの基幹産業に重点的に投入して産業の土台を固め、その効果をしだいに肥料、電力など他産業へ波及させていくことで、生産増大をはかろうとした。石炭の増産と鉱工業生産は、ほぼ目標を達成した。

復興金融金庫 ④ 日本経済再建のための資金供給機関として、1947～52(昭和22～27)年の間に応急的に設置された政府金融機関。基幹産業を中心に巨額の融資を行なったが、その資金を日本銀行引き受けの復金債で賄(まかな)ったため、復金インフレを増進させた。

復金インフレ ③ 復興金融金庫の発行する復金債を、日本銀行引き受けにしたことによって発生したインフレーションのこと。復興金融金庫が債券を発行して市場(しじょう)から資金を集め傾斜生産方式の財源にしようとしたが、当時の日本の金融市場は未発達であり、復興金融金庫が必要とするだけの資金を市場から集めることができなかった。そこで日銀引き受けとしたことから、インフレが発生した。

ガリオア・エロア GARIOA・EROA ③ ガリオア資金とは「占領地域救済行政基金」のこと。アメリカ政府は、第二次世界大戦後、アメリカの占領地に飢餓(きが)や疾病(しっぺい)が広がらないように資金を援助した。期間は1947年から1951年までで、財源はアメリカの軍事予算であった。日本や西ドイツだけでなくオーストリアや韓国でも実施された。日本は総額約16億ドルの援助を受けた。エロア資金とは「占領地域経済復興資金」のこと。財源はアメリカの軍事予算であることはガリオア資金と同じだが、経済復興を目的とした点で異なる。1949年から日本や韓国、沖縄に適用された。ガリオア資金、エロア資金と合わせて18億ドル以上に達したといわれている。

経済安定九原則 ③ 1948(昭和23)年、GHQが経済の自立・安定を促し、復金インフレを収束させるために発した指令。均衡(きんこう)予算、徴税強化と脱税防止、融資規制、賃金安定、物価統制、貿易統制と為替(かわせ)管理、配給制度の改善、鉱工業生産増強、食糧供給能率化の9項目を内容とする。

ドッジ・ライン Dodge Line ③ GHQの経済顧問ドッジ(Dodge、1890～1964)による、財政、金融、通貨にわたる日本の経済安定計画。経済安定九原則を具体化するため、超均衡財政の確立、価格差調整補給金の廃止、1ドル＝360円の単一為替レートの設定、復興金融金庫融資の停止などが計画された。戦後日本の悪性インフレーション収束と貿易振興による経済の自立化を目指した。市場に出回りすぎた資金を財政が吸収することでインフレを抑え込むことに成功した。

単一為替レート（単一為替相場） ③ 為替レートが国別、商品別に異なることなく、ただ1つだけ設定されること。1949（昭和24）年のドッジ・ラインによって、それまでの複数為替レートが、1ドル＝360円の単一為替レートに設定され、日本は第二次世界大戦後の国際経済社会に復帰することになった。日本円はこうして戦後の基軸通貨ドルとつながった。その他の国の通貨とはドルを仲立ちとして為替レートが決まった。1971(昭和46)年のニクソン・ショックまでは1ドル＝360円の単一為替レートであった。ニクソン・ショックで一度は変動相場制に移行したものの、1971年12月のスミソニアン合意で再び1ドル＝308円の単一為替レートとした。しかし、各国とも1973(昭和48)年2月頃までには変動相場制に移り、それ以後、固定相場制に戻ることはなかった。高度経済成長で日本経済が力をつければつけるほど事実上の円安となり、日本からの輸出には好都合であった。

超均衡予算 ① 予算案の段階で、歳入より歳出を抑制して編成される予算のこと。ドッジ・ラインでは復金インフレを断ち切るために、当初予算の段階から歳入が歳出を上回る超均衡予算を組んだ。

シャウプ税制改革 ① 1949（昭和24）年と1950(昭和25)年に出された、アメリカの経済学者シャウプを団長とする税制調査団による勧告に基づき、第二次世界大戦後の日本が直接税を中心とするとともに、間接税を整理し、地方税制を強化する税制に改められたこと。GHQは日本の税制を整えるためにコロンビア大学教授のシャウプに調査団を組織させ、1949(昭和24)年に4カ月にわたり日本国内を調査させ報告書をまとめさせた。報告書が指摘した当時の日本の税制の問題点は、税制が複雑であること、運用上の公平さを欠く点が多々あること、地方公共団体の財政力が弱いこと、脱税が多く合法的な抜け道が少なくないことなどであった。シャウプ勧告に基づき日本政府は税制を改めた。しかし、その後の税制をみると直接税中心としながらも、様々な優遇税制措置がとられ、直接税の比重は軽くなっていく。それでも、1989(平成元)年の消費税導入まで、日本の税制の中心は直接税であった。

安定恐慌 ② インフレーションが収束して、経済と通貨価値が安定する過程で生じる恐慌。ドッジ・ラインの実施によりインフレは収束したが、徴税強化と通貨供給量（マネー・ストック）の減少により資金調達が難しくなり、中小企業の倒産などが増え、深刻な不況に陥った。

（朝鮮）特需 ③ 朝鮮戦争の勃発で生じた、アメリカ軍を中心とする国際連合軍による特別調達需要のこと。国連軍は朝鮮戦争の際、武器・弾薬の補給、戦車・トラックの修理などを中心に大量の物資、サービスの提供を日本に求めた。日本は特需により、生産を拡大し輸出を増やして、1951（昭和26）年に鉱工業生産を第二次世界大戦前の水準にまで回復させた。

特需景気 ① 1950～53(昭和25～28)年の朝鮮戦争を機に、国際連合軍発注の戦略物資、サービスなどの特別調達需要による好景気。日本は、国連軍の軍事的補給基地としての役割を果たし、鉱工業生産は第二次世界大戦前の水準に回復して安定恐慌を脱し、高度成長の基盤が形成された。

3 高度成長期

高度成長（高度経済成長） ⑥ 経済成長がきわめて高い状態。一般には、1950年代半ばから1970年代初めの石油危機（オイル・ショック）による景気後退までの経済成長を指していう。この間、日本は欧米先進国の約2倍にあたる年平均実質約10%を超える飛躍的な経済成長をとげ、1968(昭和43)年にはGNP（国民総生産）が自由主義世界でアメリカについで第2位となり、有数の経済大国へと発展した。

神武景気 ③ 1954（昭和29）年から1957（昭和32）年にかけての好景気。高度成長の開始時期で、設備投資を中心に、これまでにない急激な経済規模の拡大が生じたことから、有史以来の好景気という意味でこう呼んだ。神武景気の反動は1957(昭和32)年後半から1958(昭和33)年にかけてみられた「なべ底不況」となってあらわれる。不況といっても大きな谷に落ち込むのではなく、平らななべの底のような不況であった。

「もはや『戦後』ではない」① 1956(昭和31)年度の『経済白書』で使われた言葉。1955(昭和30)年の日本の経済水準が第二次世界大戦前の水準を回復したことを受けて、復興完了を宣言するとともに、復興要因の消滅がもたらす成長率低下への懸念を同時に表明した言葉。今日では復興完了の意味で使われることが多い。

(国民)所得倍増計画 ③ 1960(昭和35)年、池田勇人内閣が策定した1961〜70(昭和36〜45)年度にかけての経済計画。社会資本の充実と産業構造の高度化を目的とし、今後10年間で国民経済の規模を実質価値で2倍にしようとすることを目標にした。1人あたり国民所得は、1967(昭和42)年に約2倍になった。

「投資が投資をよぶ」① 1960(昭和35)年度の『経済白書』で使われた言葉。生産拡大のための投資の増大が、新たな需要増となって関連部門から社会全体に波及し、新たな投資を呼び起こしていく状態を指す。日本の高度成長は、活発な民間設備投資と国民の高い貯蓄率に支えられていた。

岩戸景気 ③ 1958(昭和33)年から1961(昭和36)年頃にかけての好景気。なべ底不況に対する金融緩和の結果、設備投資が大きく盛り上がり、神武景気以上の大型景気という意味でこう呼んだ。

オリンピック景気 ② 1962(昭和37)年から1964(昭和39)年にかけての好景気。1964年のオリンピック東京大会開催に向けて、東海道新幹線、高速道路、競技施設の建設が行なわれ、関連産業を中心に活況がみられた。1964年後半からは、過剰生産が表面化し、1965(昭和40)年にかけて40年不況と呼ばれる本格的な不況に陥った。40年不況克服のため政府は公共投資の拡大をはかり、財源として赤字国債である歳入補填債を発行した。また、当時、4大証券の一角にあった山一證券に取り付け騒ぎが起き、日銀特融が実施され、「証券不況」「金融不況」「構造不況」とも呼ばれた。

いざなぎ景気 ③ 1965(昭和40)年から1970(昭和45)年にかけての長期の好景気。高度成長の第2期にあたり、国際収支の悪化が成長を制約する昭和30年代型を脱して、輸出依存、財政主導型の高度成長となった。その期間の長さにおいて岩戸景気をしのぐという意味でこう呼んだ。

大衆消費社会

現代社会を大衆社会ととらえるとともに、大量生産、大量消費社会としてとらえる概念。近代社会の担い手だった市民にかわり、産業革命と普通選挙により労働者をはじめすべての成人が社会の担い手になった現代社会では、不特定多数の個人の集まりとしてとらえられる大衆の考えや行動が社会に多くの影響を及ぼすようになる。大衆の消費行動にこたえて大量生産が行なわれ、メディアを活用した宣伝が大衆の消費行動を喚起する。資源が安価で大量に供給されることを前提にしている。こうした社会の出現は人々を豊かさを実感させ、**一億総中流**①と呼ばれる現象をみた。

三種の神器 ③ 高度経済成長期の日本の家庭において豊かな生活を象徴する家電3品目を、天皇家に伝わる「三種の神器」になぞらえていう。3品目とは、白黒テレビ、電気洗濯機、電気冷蔵庫である。テレビの本放送開始は1953(昭和28)年だが、放送が始まってもテレビ受像器は庶民にとって高価であり、人々は街頭に置かれたテレビに集まりプロレス中継などの人気番組をみたり、テレビを持っている家に近所の人たちが集まってみていた。白黒テレビが広く普及する契機は1958(昭和33)年の皇太子ご成婚であった。高度経済成長後期にあたるいざなぎ景気になると「新三種の神器」があらわれる。これは、カラーテレビ、クーラー、自動車(カー)の3つであり、「3C」といわれた。カラーテレビが普及する契機は1964(昭和39)年のオリンピック東京大会であった。

国際収支の天井 ② 国際収支の悪化が成長を制約すること。昭和30年代の景気変動は、好況が続くと原材料の輸入が急増して国際収支が赤字となり、外貨準備高が減少するため、金融引き締め策が行なわれて、景気が後退するというパターンを繰り返した。

貿易の自由化 ⑥ 国際収支上の理由で、輸入数量制限などの貿易制限をしてもよいGATT12条国から、貿易制限ができない**GATT11条国**④となること。日本は1963(昭和38)年にGATT11条国となった。

資本の自由化 ② 国際収支上の理由で、為替制限をしてもよいIMF14条国から、為替制限ができない**IMF 8 条国**④になること。日本は1964(昭和39)年にIMF 8 条国となり、OECD(経済協力開発機構)に加盟した。

為替の自由化 ③ 貿易の自由化と為替の自由化は表裏一体である。日本は1959(昭和34)年、原料綿花の輸入に関する為替制限が大幅に緩和され、翌1960(昭和35)年に貿易・為替自由化計画大綱が決められ、貿易と為替の自由化が進んだ。為替管理を撤廃し自由化することは、政府が外貨を保有し管理することをやめ、民間が外国為替を保有することを認めることから、自由な貿易も可能になる。

4　安定成長期

石油危機(オイル・ショック) ④ 1973(昭和48)年、OAPEC(アラブ石油輸出国機構)による原油生産制限とOPEC（石油輸出国機構）による原油価格引き上げによって起きた世界的経済混乱。

第1次石油危機 ⑥ 1973年の第4次中東戦争勃発に伴い、アラブ産油国はイスラエル側を支持する国には原油輸出を制限するという石油戦略を発動し、原油の減産、輸出制限、価格引き上げを行なった。これにより、原油価格はいっきょに約4倍になり、石油消費国に石油不足、インフレーションの激化など深刻な影響を与え、日本をはじめとして各国が不況に陥った。

第2次石油危機 ⑤ 1978〜80年にかけてイラン革命が起こり、イラン産原油の輸出が全面禁止となり、原油価格が約2倍となった。イランの革命はイランを長年支配してきた親米のパフレヴィー王朝が倒れ、宗教指導者ホメイニが新たなリーダーになった。

狂乱物価 ③ 田中角栄内閣の成立による列島改造ブームでの土地投機、さらに石油危機によって加速した異常な物価の高騰のことを指す。石油価格の高騰により生産費が急上昇し、便乗値上げも伴って急激に物価が高騰した。1974(昭和49)年の物価上昇率は、前年比卸売物価率で約31%、消費者物価率で約25%にも達した。

減量経営 ② 不況や低成長に対応して収益の悪化を防ぐため、企業体質を身軽にすること。人員整理、新規採用の縮小、不採算部門の切り捨て、一般経費の削減などのリストラクチャリングを内容とする。

マイナス成長 ② 実質経済成長率がマイナス値になること。生産活動が不活発で、前年に比べ実質GDP（国内総生産）が小さくなると、成長率はゼロを下回りマイナスとなる。日本では第1次石油危機の影響で、1974(昭和49)年に第二次世界大戦後初めてマイナス成長を経験した。その後2000年代以降では、01年度、08〜09年度、14年度、19年度にマイナス成長。20年度はコロナ禍により、マイナス4.5%と大幅になった。

安定成長 ④ 石油危機後によるマイナス成長から回復した1975(昭和50)年からバブル経済が崩壊する1991(平成3)年までの経済成長率が年5%前後の安定した経済成長のこと。第1次石油危機で落ち込んだ日本の経済は、省エネルギー、省資源により産業構造を高度化させ再び成長軌道に乗った。

「重厚長大」型産業 ① 鉄鋼、造船、セメント、非鉄金属、石油化学などの日本の高度経済成長を支えた産業を指す。製品1単位あたりの資源やエネルギーの消費が多い産業を資源多消費型産業という。

「軽薄短小」型産業 ① コンピュータをはじめICT産業など日本の高度経済成長後の日本経済の牽引役になった産業を指す。

経済大国 ① アメリカ、日本、西ドイツ（現ドイツ）、フランス、イギリスなど、総合的な経済力において特に強大な国のこと。1968(昭和43)年に日本は、西ドイツを抜いてGNP（国民総生産）がアメリカにつぎ自由主義世界で第2位となり、「経済大国日本」という言葉が広がった。

大量消費社会 ① 高度経済成長期の日本経済を消費の拡大に注目して特徴づけたのが「大量消費社会」というとらえ方である。大量消費は大量生産でもある。「大きいことはいいことだ」「消費は美徳」などの言葉が象徴する。その背景は安価な資源が無尽蔵に供給されることである。しかし、石油危機を機に省エネルギー、省資源、限りある資源を有効に用いなければならなくなり、大量消費社会にかわり、今日では「持続可能な開発（発展）」を目指す「循環型社会」をつくる方向が考慮されている。

5　日本経済の現状

バブル経済（景気） ⑥ 土地や株式などの資産価値が経済の実体以上に投機的に上昇すること。1985(昭和60)年のプラザ合意後の円高不況に対する日本銀行の公定歩合引き下げとドル買い・円売りによって増大した通貨供給量(マネー・ストック)が、株式や土地の購入に向かい、バブルが発生した。**「平成景気」**②ともいう。この背景には、石油危機とその後のスタグフレーションによる経済的な混乱から先進国の中でいち早く抜け出すことができたという実績と自信があった。

地価 ⑥ 土地の価格。日本では土地の価格は下がらないといわれていた。銀行をはじめ金融機関も土地を担保(たんぽ)に融資をすることが最も手堅いと考えていた。そのため、バブル経済では、地価が高騰(こうとう)すれば高騰した分だけ融資も増えた。しかし、バブル経済がはじけて地価が下がると、それまで貸し込んでいた融資がつぎつぎと不良債権となった。不良債権は金融機関の経営を圧迫し、いわゆる「失われた10年」が金融部門リードの不況といわれる根拠となった。

:財テク ① 低金利下において発生した余剰資金を、企業や個人が少しでも有利な投資先を求めて、株式や土地といった資産に投資すること。円高不況の進行に対する低金利政策により通貨供給量が増大し、盛んに行なわれた。

過剰(かじょう)流動性と資産インフレーション
通貨供給量(マネー・ストック)が経済活動に必要かつ適切な水準を超え、物価が上昇する状態のことを「過剰流動性」という。バブル景気のきっかけも当時の日本経済に必要とした通貨供給量を超す資金が供給されたことにある。その背景はプラザ合意による円高が日本経済に不況をもたらすのではないかと当局が懸念(けねん)し、金融緩和措置(そち)を講じたからだといわれる。ただし、バブル経済(景気)のとき、物価は比較的落ち着いており、極端に上昇したのは株価と地価であった。株式や土地などの資産価格が上昇することに起因するインフレーションを「資産インフレーション」という。バブル経済においては過剰流動性により資産インフレーションが発生した。

バブル経済(景気)の崩壊 ⑥ 1989(平成元)年の株価、地価の異常な上昇に対する修正、調整によって実体以上に上昇した資産価格が暴落したこと。公定歩合の引き上げや地価税の導入、不動産向け融資に対する総量規制などが行なわれた。その結果、株価や地価が50%以上下落し、金融機関は多額の不良債権を抱えて経営不振に陥った。また、企業は低コストでの資金調達が困難になり、設備投資は減少した。

公的資金投入 ① バブル経済が崩壊し、経営が行き詰まるほど多額の不良債権を抱えた金融機関を救済するため、不良債権処理に税金が投入されたこと。銀行をはじめ民間の金融機関を破綻(はたん)させないために、国民の税金を使うことを非難することは小さくなかった。国民からの非難を恐れて金融破綻による日本経済の崩壊を待つか、国民から非難をあびても金融破綻を避けて日本経済を守り国民生活を救うべきか、という選択の中で公的資金投入が行なわれた。

ノンバンク nonbank ⑤ 預金の受け入れ(受信業務)はしないで融資業務(与信業務)を行なう金融機関のこと。消費者金融(サラ金)、信販会社、クレジットカード会社、住専などがあげられる。住専すなわち住宅金融専門会社はバブル経済のときには不動産融資に重点を置いたことからバブル経済が崩壊すると多額の不良債権を抱えた。住専8社中7社が清算され不良債権を回収する住宅金融債権者処理機構が設立され、約6800億円の税金が投入されたことに強い批判が出た。

不良債権 ⑥ 金融機関が融資した貸し出し金のうち、回収困難となった貸し出し金のこと。金融機関が貸し出しを自己査定し、回収の可能性に基づき5つに分類し、そのうち、破綻(はたん)先、実質破綻先、破綻懸念先の3つの債権を「不良債権」という。バブル経済が崩壊したことで金融機関は多額の不良債権を抱え、倒産や中小企業への貸し渋り、貸しはがしなどが問題となった。1998(平成10)年成立した金融再生関連法によって、破綻銀行の受け皿としてブリッジバンクの設立や預金者保護のための公的資金の投入、不良債権の整理回収機構の設立が決まった。

平成不況 ③ バブル経済崩壊後の1991(平成3)年3月から1993(平成5)年10月までの景気後退のこと。金融機関の倒産や貸し渋りによる企業の設備投資の減少、リストラなどの生活不安による消費の落ち込みなどが起きた。さらには、1997(平成9)年6月から1999(平成11)年1月までと、2000(平成12)年12月から2002(平成14)年1月までの景気後退がある。

貸し渋り ⑤ バブル経済の崩壊後の不況や、不良債権の増大で、金融機関の貸し出し姿勢が極端に慎重になったこと。貸し渋りにより健全な企業までが資金調達に困るようになった。また、金融機関が融資先から積極的に資金を引き揚げ、貸しはがしと呼ばれた。貸し渋りにせよ、貸しはがしにせよ、企業からすれば事業継続が難しくなり、経営危機に陥る。一方、金融機関からすれば不良債権処理をはじめ、自らの経営を守るためには必要な手段であった。

「失われた10年」④ 一般的には、1991（平成3）年のバブル経済崩壊以後の景気低迷期のことをいう。日本経済はこの間、バブル経済期の1989（平成元）年に3万8000円台だった日経平均株価は1万1000円台に下落し、失業率も1～2％台から4～5％台に上昇し、製造業を中心に工場を海外に移転するなどして日本国内の産業基盤が崩れ、産業の空洞化現象が起きた。

構造改革⑥ 日本が持続的な経済成長を取り戻すために、経済、財政、行政、社会の各分野の構造を改革すること。道路公団や郵政事業の民営化などの特殊法人改革、特別区などの規制緩和が進められた。小泉純一郎内閣では新自由主義的な改革が進められ、民間でできることは民間で、という基本姿勢から郵政民営化のみならず、**特殊法人改革**②が進められた。郵政民営化により郵便貯金や簡易保険の原資が財政投融資により政府系特殊法人に流れ、官が民を圧迫しているとみなす小泉内閣は郵政民営化により**財政投融資改革**①を進め、政府系特殊法人の整理統合を実現した。

構造改革特区③ 構造改革の政策の1つ。地方公共団体の一部地域を限定して既存の規制を緩和する。小泉純一郎内閣で構想され、2002（平成14）年に構造改革特別区域推進本部が発足し、官民から広く特区の募集を始めた。2005（平成17）年には地域再生法が施行され、地方公共団体による町おこしや地域再生への試みが始まった。

いざなみ景気① 2002（平成14）年から2009（平成21）年まで86カ月続いた戦後最長の景気拡大局面。背景に2001（平成13）年に首相に就任した**小泉純一郎**②の経済政策がある。小泉内閣は**聖域なき構造改革**①を掲げ、新自由主義的な立場から規制緩和や自由化などサプライサイドからの改革を進めた。バブル経済の負の遺産である不良債権処理を終え、世界貿易の拡大と世界的な好景気に支えられた好調な輸出に支えられ、高度成長期の戦後最大最長とされた「いざなぎ景気」の期間を超えたということで「いざなみ景気」といわれた。しかし、失業者は減ったものの非正規雇用が増えた分、勤労者の可処分所得は増えず、2006（平成18）年までデフレが続いたこともあり、企業が最高益を更新するものの、多くの国民には好景気が実感できず**実感なき景気回復**④ともいわれた。

経済格差② 所得格差や資産格差など、経済に起因する格差のこと。資本主義経済社会の原則は自由であり、市場原理に任せることだから、当然、競争原理が働き、勝ち負けや優劣が明らかになる。職業により所得の多寡がある以上、所得格差や資産格差などの経済格差があらわれる。累進課税と社会保障給付などを活用して、経済格差を合理的な範囲に収めようという試みもある一方で、こうした福祉国家としての国家の国民へのかかわりが社会の活力を奪うという新自由主義的な考えもある。

東京一極集中① 日本全国で東京圏のみ人口が一貫して増加し続けている現象。2018（平成30）年では東京圏の人口は約3658万人で全国の約3割の人々が住む。東京圏とは、東京都、埼玉県、千葉県及び神奈川県である。東京圏の転入超過数の大半が10歳代後半から20歳代であることから進学や就職が1つの契機となっていることが推察される。そのほかの理由としては、魅力や利便性、あるいは自由度の高さも指摘されるし、一度東京に出てくると地方に移住しにくい環境があることも理由であろう。なお、2019（令和元）年の統計では東京圏の合計特殊出生率は1.15であり、全国平均1.36に比べて極端に低い、という特徴がある。

空き家問題① 総人口が減少に転じ、少子高齢化が進むとともに、住宅地では放置された家屋が保安上及び衛生上の問題や景観の悪化の問題をもたらしている。商店街で店を閉めたままの店舗が増え、シャッター街となり、都市機能が衰えていることが問題になっている。

コンパクトシティ① 高密度で近接した開発形態、公共交通機関でつながった市街地、地域のサービスや職場までの移動の容易さという特徴を備えた都市（OECDによる）。地方都市において地域の活力を維持するとともに、医療や福祉、商業などの生活機能を確保し、高齢者が安心して暮らせるよう地域公共交通と連携して、コンパクトなまちづくりを進めることが重要（国交省の国土整備計画による）とされる。

スマートシティ① IoT（あらゆるモノをインターネットに結びつけること）の先端技術をエネルギーや生活関連社会資本の管理

や運営に活用して、環境に配慮しつつ人々の生活の質を高め、都市の機能やサービスの効率を高め、現在及び将来にわたって経済発展を続けられる都市のこと。世界各地でスマートシティの試みがみられる。背景には、2050年には世界人口の70%が都市に集中するといわれること、地球の人口が増加しエネルギー消費が爆発的に増えることへの懸念があること、さらに技術の進歩がある。日本の場合は東日本大震災により原子力発電に依存しないエネルギー供給にどう対応するかという課題が背景にある。スマートシティを構成する要素としては、生活、環境、経済活動、教育、交通、行政などがあげられる。スマートグリッドは電力に着目した概念だが、スマートシティは街の生活基盤全体を含む概念である。

2 産業構造の変化

軽工業 ③ 繊維(せんい)や衣服、食料品などの、比較的重量の軽い工業製品を製造する工業のこと。これらは、生産技術や生産工程が比較的単純で、最初の投下資本も少なくて済む。そのため、工業発展段階が初期の国において、生産額、就業者数などで大きな割合を占める。

重化学工業 ④ 機械工業、金属工業、化学工業などの総称。経済成長とともに経済構造は軽工業中心から重工業中心となり、重化学工業中心へとかわる。重化学工業はさらに第三次産業中心へと移る。

産業構造の高度化 ④ 経済が発展するにつれて、産業構造が、第一次産業中心から第二次産業、第三次産業中心に移行するとともに、第二次産業の中で、軽工業から重化学工業へ比重が移行していくこと。高度化とは異なるとらえ方として素材産業から加工組立型産業への変化も重要である。素材産業とは完成品の材料となる素材を生産する産業という意味であり、鉄鋼、非鉄金属、石油・石炭、化学、繊維、紙・パルプなどである。加工組立型産業とは原材料や部品を組み立てることで機械や耐久消費財を生産する産業という意味であり、工作機械、精密機械、自動車、家電製品などである。特に日本では石油危機のあと、省エネ機種や高機能製品の加工組立型産業が発展した。

: **第一次産業** ⑤ 農業、牧畜業、水産業、林業などの自然からの採集及び直接自然に働きかけて収穫する産業。

: **第二次産業** ⑤ 鉱業及び製造業、建設業などの原材料の加工業。

: **第三次産業** ⑤ 第一次産業、第二次産業以外の交通、通信、商業、金融、保険などのサービス産業。

ペティ・クラークの法則 ④ 経済が発展するにつれて、労働人口や経済活動の中心が第一次産業から第二次産業へ、さらに第三次産業へ移行すること。17世紀イギリスの経済思想家ペティは「農業よりも工業の方が利益が大きく、さらに進んで商業の方が利益が大きい」と説いた。これに基づき、クラークは経済発展に伴い第一次産業の比重は低下し、第二次産業、第三次産業の比重の上昇がみられると主張した。「ペティの法則」「クラークの法則」とも呼ばれる。

シェアリング・エコノミー ① 一般の消費

者が財、場所、技術などを必要とする人に提供したり、共有したりする経済活動。共有経済。例えば、ライドシェアや民泊などがある。利点はSDGsにかなう、遊休資産の活用などがあり、欠点としては信頼性が指摘される。

都市化 ② 都市の人口増加や都市への人口移動によって総人口に対する都市人口の割合が増加すること。また、都市の比重の増大やマスコミの発達によって、都市型の生活様式が広がること。

都市問題 ① 都市化によって起こってきた諸問題のこと。人口の過度な集中、土地や住宅不足、地価の上昇、交通の混雑、工場の密集と住宅との混在、貧困や失業の発生、都市公害の発生などがある。

過密(化) ③ 人口や産業が過度に一部の地域に集中すること。特に都市部で多くみられる。その結果、公害や交通問題などで生活環境が悪化する。

過疎(化) ③ 人口の都市などへの流出によって、人口が減少して、地域社会の機能が低下していくこと。

地域の活性化
　経済的に発展性のある地域社会をつくるために、地域の文化や独自の個性を見直し、地域の活性化を進めようとする試みや運動を「村おこし」や「町おこし」という。大分県の一村一品運動や各地の「ミニ共和国」づくり、21世紀村づくり塾などがみられる。近年では、岩手県紫波町のオガールプロジェクトが注目されている。

限界集落 ③ 集落としての共同体の機能が失われた集落のこと。過疎化と少子高齢社会の進展で、中山間地域や離島などで、人口の半数以上が満65歳以上の高齢者となり、集落の自治活動や道路などのインフラ整備、冠婚葬祭など集落を維持していく上で最低限の機能が果たせない限界集落が増えている。社会学者の大野晃が1991(平成3)年に過疎以上に深刻な事態に陥っている集落を表現したことに始まる。

経済のサービス化 ④ 生産額の中で、具体的なモノではなくサービスの生産額の割合が増加したり、またはサービス産業に従事する従業員の数が相対的に増加すること。第三次産業のウエイトが高まったり、第二次産業でも、販売、宣伝、研究開発などのサービス部門に従事する従業員の割合が増加していく。

経済のソフト化 ④ 産業構造の中心が重化学工業から通信、情報、金融、保険などのサービス産業に移動することを指す。目にみえる工場や機械などのハードなものから、目にみえない人間のサービスやコンピュータのプログラムなどのソフトなものへの変化を指していう。

流通 ② 商品が生産者から消費者の手にわたるまでの過程のこと。メーカーから卸売業者へ、さらに小売業者へ商品が移動して、最終消費者へ届く。近年、食料品などで生産者から直接消費者へ商品を届ける産地直送もあり、流通ルートに変化がみられる。

サービス(産)業 ① モノのように手に取ったり触れたりできないサービスを提供する産業のこと。3つに大別される。第1は事業所向けで、卸売業、倉庫業、運送業、修理業、金融業、リース業、情報サービス業、広告業などがある。第2は個人向けで、小売店、飲食店、ホテル、理・美容、医療、教育などがある。第3は、社会福祉、社会保険などの公共サービスにかかわるものである。

情報通信産業(IT産業) ② ネットワークで結びつけたパソコンや携帯電話などの端末を利用して情報を送受信する産業。ソフトウェアをつくり出す産業、情報を提供する産業、情報を収集・管理・加工・検索する産業、情報の送受信を提供する産業など。近年ではITにコミュニケーションを加えて「ICT」と称する場合が多い。

知識集約型産業 ① 研究開発、高度技術、高度加工、デザイン、専門的判断など高い知的活動を必要とする産業。具体的には、研究開発集約産業(コンピュータ、航空機、原子力など)、知識産業(情報処理サービス、ソフトウェア開発など)、高度組立産業(数値制御工作機械、公害防止機器など)、ファッション産業(高級衣類、電気音楽機器など)の4つに分けられる。

ハイテク(先端技術)産業 ③ 最先端の高度な科学技術分野を利用した産業。OECD(経済協力開発機構)では製造額に対する研究開発費の割合を産業別に計算し、その値の大きい航空・宇宙、事務機器・電子計算機、電子機器、医薬品、医用・精密・光学機器の5つをハイテク産業としている。これらの産業は、資源やエネルギーの消費量が少なく、高付加価値という特徴を持つ。

ハイテクノロジーとエレクトロニクス産業

最先端の高度な科学技術体系を「ハイテクノロジー」、略して「ハイテク」という。バイオテクノロジーや電子工学を利用した産業であるエレクトロニクス産業、ナノ（1nm〈ナノメートル〉は10億分の1m）の領域で物質の現象を制御し、その特性を技術に応用した産業であるナノテクノロジー（超微細加工技術）産業などが含まれる。エレクトロニクス産業とは具体的にはトランジスタやIC（集積回路）、LSI（大規模集積回路）などを生産したり利用したりする産業である。ナノテクノロジーの技術は電子、機械、医療などの産業で用いられることが多い。現在、ヒトのゲノムの構造は解析され、疾病（しっぺい）の原因を特定したり、予防・診断・治療の方法や医療品を開発することが可能となった。同時に、人間の生命を操作することも可能となり、人間の尊厳や人権がいちじるしく損なわれる危険性が指摘されている。

3 中小企業問題

二重構造 ⑤ 1国の経済において、前近代的分野と近代的分野が、相互に補完的な関係を持ちながら並存している状態。日本では、少数の近代的大企業が存在する一方で、多数の前近代的な中小企業、農業が存在し、両者の間に様々な格差や支配、従属関係がみられたことを指していう。

中小企業 ⑥ 資本金、従業員数、生産額などが中位以下の企業。中小企業基本法（1999〈平成11〉年改正）では、⑴製造業などは資本金3億円以下、または従業員数が300人以下の企業、⑵卸売（おろしうり）業では資本金1億円以下、または従業員数が100人以下の企業、⑶サービス業では資本金5000万円以下、または従業員数が100人以下の企業、⑷小売業では資本金5000万円以下、または従業員数が50人以下の企業と定めている。

中堅企業 ① 中小企業のうち、その業界で、指導的役割を果たし、安定した経営が続き、業績もよい経営、技術や商品開発に優れている会社のこと。大企業に対して独立し、製品開発や製造技術、マーケティングなどで独創性を持っている。

零細（れいさい）企業 ③『中小企業白書』では、零細企業を小規模企業と同列に扱っており、中小企業基本法に定める小規模企業者としている。中小企業基本法では小規模企業者を中小企業の中でも特に「おおむね常時使用する従業員の数が20人（商業又はサービス業に属する事業を主たる事業として営む者については、5人）以下の事業者をいう」と定めている。

中小企業基本法 ⑤ 1963（昭和38）年制定。中小企業の振興と保護のために、中小企業政策全体を体系化した法律。1999（平成11）年の改正により、中小企業者の自主的な努力の助長、経営の革新及び創業の促進、経営基盤の強化、経済的社会的環境の変化への円滑（えんかつ）な適応などを内容とする。

地場産業 ⑤ ある特定の土地に育った、伝統ある産業。例えば、京都の西陣織（にしじんおり）や愛知県瀬戸（せと）の陶磁器（とうじき）などがあげられる。

ニッチ産業（市場） ④ 需要の規模が小さかったり潜在的であるため、商品やサービスの供給、提供が行なわれにくい産業分野のこと。「隙間（すきま）産業」ともいう。市場規模が小さいため、ニッチ型中小企業が多く、ベンチャー・ビジネスが進出しやすい。100

円ショップやアニメ、ゲームソフト制作などがある。

6次産業化 ⑥ 農林水産業(第一次産業)が農林水産物の生産のみならず、加工食品の製造(第二次産業)や販売、観光農園のようなサービス業(第三次産業)まで行なうように、1＋2＋3＝6や1×2×3＝6であらわし「6次産業」といわれる。第二次産業や第三次産業を連動させながら第一次産業の振興をはかることや第一次産業から第二次、第三次産業までを含む地域活性化をはかることを6次産業化という。

資本装備率 ② 労働者1人あたりの資本設備(有形固定資産)額のこと。大企業では、生産能力の高い施設を持ち、資本装備率が高いのに対し、中小企業では労働力を多用する生産方法が多く、資本装備率が低い。このため、生産性に格差ができる。

下請け ⑥ 他の企業から仕事を請け負ったり、他の企業が請け負った仕事の全部または一部をさらに請け負うこと。一般には、大企業の注文を受けて、大企業の製品の部品や生産工程の一部を中小企業が請け負うことをいう。

系列化 ② 企業が生産、流通、販売を通じて密接に結合すること。大企業同士の横断的結合と大企業と中小企業との垂直的結合の2種類があるが、一般には後者を指し、そこに組み込まれた中小企業を系列企業という。融資、原材料購入、技術提供、商品売買、役員派遣など、様々な形で系列関係が結ばれる。系列企業の間では系列取り引きがみられる。すなわち、大企業と下請け企業やメーカーと小売店、メインバンクと企業などの結びつきによる、特定の相手との長期的、継続的な取り引きがみられる。かつては、日本市場の閉鎖性を象徴している非関税障壁(しょうへき)の1つとして欧米諸国から批判された。

系列企業 ③ 大企業とその傘下(さんか)にある中小企業によって構成される企業のまとまり。ジャスト・イン・タイム方式は必要な物を、必要なときに、必要な量だけ、生産する方法。「かんばん方式」ともいわれ、在庫を最小限に抑えて経済効率を高める生産技術のこと。トヨタ自動車の例が有名。略称「JIT」。かんばんとは帳票であり、納品書と発注票を兼ねており、工程の途中でかんばんがやりとりされ、製品が動いていく。在庫ゼロがコストダウンとして評価される一方で、2011(平成23)年の東日本大震災ではサプライチェーンが寸断され、在庫がないことで生産を中止せざるを得ず、ジャスト・イン・タイム方式の弱点が露呈した。

ベンチャー・ビジネス venture business ⑥ 新技術や高度な知識を軸に創造的、冒険的な経営を展開している知識集約的な中小企業。エレクトロニクス、情報産業、コンサルティングなどの分野を中心に誕生しており、近年は流通、サービス部門にも拡大している。ベンチャー・ビジネスを活性化するには起業家精神の涵養(かんよう)が必要である。**アントレプレナーシップ講座(起業家教育)** ①が重視される所以である。また、起業から自立まで、必要な資源や機能が連続して供給されるしくみも欠かせない。既存企業や支援機関、専門家などが有機的に連携してベンチャー企業を産み、育てていく構図、すなわち**ベンチャーエコシステム**①が必要とされる。日本では**スタートアップ・エコシステム拠点構想**①に基づき、内閣府などが中心になって2019(令和元)年にスタートアップ・エコシステム拠点形成戦略が定められ、2020(令和2)年にグローバル拠点7都市(東京、名古屋・浜松、大阪・京都・神戸、福岡)と推進拠点4都市(札幌市等、仙台市等、広島県等、北九州市等)が選定された。

ベンチャーキャピタル ② 高い成長率が期待できる未上場のベンチャー企業に投資し、将来上場したときに売却して大きな利益を狙う投資ファンド。

コミュニティ・ビジネス community business ① 地域の課題を地元の資源を活用して解決しようとする事業。略称「CB」。形態としてはNPO(民間非営利団体)法人や協同組合など様々である。さらに、指定管理者制度や構造改革特区などで公共の担い手とされることも多くなっている。まちづくり支援、高齢者支援、子育て支援など様々な事業がある。

事業引継ぎ支援センター ① 事業承継が厳しい中小企業に、事業承継と引継ぎのワンストップ支援を行なう中小企業庁の事業。

まちづくり3法 ① 土地の利用規制をはかるための都市計画法、大規模ショッピングセンターが出店する際の地域との調整を定めた大規模小売店舗立地法、中心市街地の再活性化を支援する中心市街地活性化法の3つである。大規模小売店舗法が廃止になり、大型店の郊外への出店が加速したため、中心市街地の空洞化を抑える目的で1998

(平成10)年から2001(平成13)年までに整備された。しかし、中心市街地の状況は変わらず、まちづくり3法は2006(平成18)年に見直しされるに至った。コンパクトシティーによる都市機能の集約と再編を目指す地方公共団体も出ている。

4 農業と食料問題

農業 ⑥ 土地の持つ力を活用して、私たちに有用な植物を栽培したり、動物を飼育したりする産業。日本の農業は、高度成長と産業構造の高度化により、農家戸数と農業人口の減少、農業就業者の高齢化、農産物輸入の増加、食料自給率の低下などの問題に直面している。

農業就業人口 ⑤ 農家人口のうち、主に農業に従事している者のこと。2022(令和4)年現在、約97万5100人(農水省統計)。

販売農家 ② 経営耕地面積が30a以上、または農産物販売金額が50万円以上の農家。2020年現在、農水省の発表する**農家戸数**①は総農家約174.7万戸、うち販売農家約102.8万戸、自給的農家約71.9万戸。自給的農家とは、販売農家の基準未満で耕地面積が10a以上、または農産物販売金額が15万円以上の農家をいう。

主業農家 ⑥ 販売農家の中で、**農業所得**⑤が主で、1年間に自営農業に60日以上従事している65歳未満の人がいる農家をいう。2020(令和2)年現在、約22.3万戸ある。農林水産省は、販売農家を主業農家、準主業農家、副業的農家の3つに分類している。

準主業農家 ⑥ 販売農家の中で、**農外所得**⑤が主で、1年間に自営農業に60日以上従事している65歳未満の人がいる農家をいう。2020(令和2)年現在、約13.7万戸ある。

副業的農家 ⑥ 販売農家の中で、1年間に自営農業に60日以上従事している65歳未満の人がいない農家をいう。2020(令和2)年現在、約64.0万戸ある。

専業農家 ③ 家族の中に兼業従事者が1人もいない農家をいう。2019(令和元)年には36.8万戸あった。販売農家を専業農家と兼業農家に分類して調査してきたが、2020年以降は調査をしていない。

兼業農家 ④ 家族の中に兼業従事者が1人以上いる農家をいう。2019(令和元)年には、76.1万戸あった。

第一種兼業農家 ② 農業所得を主とする兼業農家をいう。2019(令和元)年には、17.7万戸あった。

第二種兼業農家 ② 農業所得を従とする兼業農家をいう。2019(令和元)年には、58.4万戸あった。

自立経営農家 ③ 他の産業に従事している人と同程度の農業所得を確保し得る、家族的農業を営む農家をいう。主業農家が減少し、自立経営農家は少なくなってきている。経営の視点から考えると、規模の大きい農業を行ない、収益を上げている例として、農業の法人経営体が指摘される。会社や農事組合などの法人が経営する事例である。

農地法 ⑥ 1952(昭和27)年制定。農地改革による農地制度の維持を目的として自作農主義をうたい、農地の転用制限、農地上の権利移転などを定める。1970(昭和45)年に改正され、農地保有限度が撤廃(てっぱい)され、農地移動規制が緩和された。また、2001(平成13)年には、**農業生産法人**①への株式会社の参加を認める改正がなされた。

農業の多面的機能 ④ 農業や農村は食料生産の場としての機能だけではなく、様々な恵みをもたらしてくれるという意味で、多面的機能を有すると考えられる。例えば、水田は雨水を一時的に滞留させ洪水や土砂崩れを防いでいるばかりか、多様な生物を育み、美しい田園風景は多くの人々の心を癒(いや)している。

農業基本法 ⑥ 1961(昭和36)年制定。農業政策の基本方針を示したもので、農業の生産性の向上と所得水準の引き上げを目標とした。農業生産の選択的拡大(米作から需要が大きい商品作物への転換)、農業構造の改善(自立経営農家の育成、農地の集団化、農具の機械化、経営の近代化)、農産物価格の安定などが主な内容。1999(平成11)年廃止。

選択的拡大 ① 需要の伸びが期待できない農産物の生産を減らし、需要の伸びが期待できる農産物の生産を増やすという考え。1961(昭和36)年の農業基本法に示された農業政策の基本的な考え。具体的には米作や麦作から酪農、養豚、養鶏、野菜、果物などへの転換をはかった。

食料・農業・農村基本法 ⑥ 農業基本法を引き継いで1999(平成11)年制定。食料、農業及び農村に関する施策(しさく)について、基本理念及びその実現をはかるのに基本となる事項を定めた法律。**新農業基本法**④ともいう。食料の安定供給の確保、農業の国土の保全・水源の涵養(かんよう)・自然環境の保全・良好な景観の形成などの多面的機能の発揮、農業の持続的な発展、農村の振興、国及び地方公共団体の責務などが主な内容。

> **食料・農業・農村基本法(第1章)**
> 第1条　この法律は、食料、農業及び農村に関する施策(しさく)について、基本理念及びその実現を図るのに基本となる事項を定め、並びに国及び地方公共団体の責務等を明らかにすることにより、食料、農業及び農村に関する施策を総合的かつ計画的に推進し、もって国民生活の安定向上及び国民経済の健全な発展を図ることを目的とする。

新食糧法(食糧需給価格安定法) ⑥ 1995(平成7)年施行。食糧管理法にかわる米、麦などの主要な食糧の生産と需給調整、流通について定めた法律。従来の政府米と自主流通米を計画流通米とし、備蓄と価格安定に限定した供給計画を立てる部分管理方式とした。

食糧管理法 ③ 1942(昭和17)年、戦時統制経済の中で、国家が食糧の生産から流通、消費までを管理する法律。特に、米を全国民に安定して供給することを目的としていたが、米の安定供給が実現しても廃止されず、1994(平成6)年まで存続した。

：**食糧管理制度** ⑥ 米、麦などの主要食糧の生産、流通、販売などを国が統制、管理する制度。第二次世界大戦中と戦後の食糧不足に対処するねらいで施行(しこう)。その後は、農家の所得補償を目的として行なわれてきた。1969(昭和44)年以降、米の生産過剰(かじょう)、食糧管理特別会計の赤字解消のため管理が緩和され、政府を通さない自主流通米の承認、政府買い入れの制限などが行なわれた。

生産者米価 ① 食糧管理制度のもとで安定した米作の維持と農家の収入安定のために政府は農家から米を買い上げる際に市場価格より高く買い上げた。この農家からの買い上げ価格を生産者米価という。一方、販売にあっては消費者米価として価格を安く抑えた。政府は高く買い上げ安く販売した。この資金を手当てしたのが食糧管理会計である。

減反(げんたん)政策 ⑥ 米の生産過剰と食糧管理特別会計の赤字の増大に対処するため、政府によって行なわれた米の生産調整政策。休耕田(きゅうこうでん)の増加と転作により米の作付け面積を減らし、米の需給調整をはかろうとするもの。「作付制限」ともいわれる。1971(昭和46)年から本格的に実施され、当初は休耕、転作の区別なく奨励金(しょうれいきん)が出されたが、休耕奨励金は途中で廃止され、転作が推進された。2018(平和30)年に廃止された。

戸別所得補償制度 ④ 民主党政権下の2010(平成22)年に実施された農業政策。米、麦、大豆などを生産数量目標に則して生産した販売農業者に対して生産に必要な費用と販売価格の差額を交付金として交付する制度。この制度は**経営所得安定対策等制度**③と名称をかえて継続されている。

耕作放棄地 ② かつては耕作していた土地ながら1年以上作物を作付けしておらず、今後も作付けする考えのない土地。全耕地面積の10.6%に及ぶ。農業従事者の高齢化や後継者不足による農業人口の減少などが要因とされる。いったん耕作放棄地となると数年で荒れ地となり、再び耕地に戻すには膨大な時間と費用がかかるという。農地の有効活用を目指し**農地中間管理機構**①が2014(平成26)年度に全都道府県に設置された。農地を借り受け、保全、管理、整備を行ない、まとまった形で農業の担い手に貸し付ける組織である。

食糧問題

地球規模で食糧需要が増大する一方で、食糧供給が追いつかないことで生じる問題のこと。食糧需要が増大するのは、発展途上国においては人口が急増するからであり、先進国においては食糧消費量そのものの増加や食の多様化が進むからである。また、穀物をエネルギー資源として活用すれば食糧供給は減ることになる。具体的には、アフリカ諸国などの慢性的な飢餓(きが)に悩む国々と、あまった食糧を他国へ輸出できるアメリカなどの食糧の偏在や、日本などの食料自給率が低いなどの問題がある。

農産物の輸入自由化 ② 農産物の輸入制限を撤廃すること。1970年代後半から1980年代前半、最大の貿易相手国であったアメリカによる農産物の自由化要求が高まり、日米貿易摩擦(まさつ)として問題となった。牛肉とオレンジの輸入自由化は1991(平成3)年から実施され、米の自由化もGATT(関税及び貿易に関する一般協定)のウルグアイ・ラウンドで合意された。

:**ミニマム・アクセス(最低輸入量)** minimum access ⑥ どのような貿易品目にも、最低限の市場(しじょう)開放として国内消費量の一定割合の最低輸入量を設定するという貿易ルール、または最低輸入枠のこと。

米の輸入自由化 ① GATTのウルグアイ・ラウンドで、農産物の関税化が合意されたが、日本の**米の関税化**⑥は、2000(平成12)年まで猶予(ゆうよ)され、そのかわりに国内消費量の4%をミニマム・アクセスとし、順次8%まで拡大することになった。**米の部分開放**②である。しかし、1999(平成11)年から日本も米の関税化を実施した。

食料自給率 ⑥ 1国の食料消費量に占める国内で生産、自給されている食料の割合。日本は、2021(令和3)年度の**カロリーベース**②の食料自給率(供給熱量自給率)は38%、**生産額ベース**①の食料自給率は63%で先進国中の最低水準にある。品目別では、重量ベースで米98%、野菜79%、魚介類57%と比較的高いが、小麦17%、大豆7%、油脂類14%と低い。畜産物では牛肉38%とされるが、飼料の自給率が畜産物全体で25%であることを考慮すると、実際の牛肉の自給率は重量ベースで10%足らずとなっている。

食糧(料)安全保障論 ⑥ 食料自給率を高めることが、国の安全保障上必要であるという考え。1972年の世界的な食料危機をきっかけに使われるようになり、米の市場開放圧力に対する反論として強調された。国内問題としてみれば、食品偽装(ぎそう)事件にみられるような食の安全を確保し、国民の生命を守ることを意味する。国際問題としてみれば、多くの国や地域が飢餓や栄養不足に見舞われている現実から食料問題は人々の生存に大きくかかわる問題ととらえられる。日本のように食料自給率の低い国は、外国からの安定した食料輸入が欠かせない。国際分業の考えからいえば工業国は農業国から食料を輸入すればよいことになる。しかし、農業国で天候不順や紛争が起こったり、日本までの輸入経路が紛争などにより寸断されると、安定した食料確保は揺らぐことになる。

有機農法 ① 2006(平成18)年に成立した「有機農業推進法」では、「化学的に合成された肥料及び農薬を使用しないこと並びに遺伝子組み換え技術を利用しないことを基本として、農業生産に由来する環境への負荷をできる限り低減した農業生産の方法を用いて行われる農業をいう」とされている。

遺伝子組み換え作物(GMO) genetically modified organisms ② ある作物の細胞に他の作物の有用な遺伝子を入れることにより、除草剤耐性や害虫耐性などの改良を行なった作物のこと。GMOに関しては、2012(平成24)年から、厚生労働省は大豆、トウモロコシ、菜種、ジャガイモ、わた、テンサイ、アルファルファ、パパイヤの8作物について、食品としての安全性を認めている。

遺伝子組み換え食品 ② 遺伝子組み換え作物を使用した食品のこと。2001(平成13)年、日本では遺伝子組み換え食品の表示制度が発足し、遺伝子組み換え原材料を使用した加工食品は「使用」、混在したら「不分別」と表示することが義務づけられた。非遺伝子組み換え食品は任意表示。ただし、しょう油やみそ、植物油には加工の過程で加熱、発酵され、組み換えられたDNAがなくなるため表示は義務づけられていない。

トレーサビリティシステム traceability system ① 食品や薬品がいつ、どのように、誰によって生産、加工、流通されたのかなどの生産履歴情報をチェックできるようにするシステムのこと。BSE問題や食品の産地偽装問題を背景に食の安全性が問われるようになり、積極的に導入されるようになった。

ポストハーベスト(残留農薬) ① 長期間の保存や長時間の輸送に対して品質を維持するために、収穫後の農作物に農薬を使うこと。収穫後、農薬を農作物に直接かけたり、薬液に直接浸すため、農薬の分解が少なく、残留する可能性が高い。日本国内では禁止されているが、アメリカなどでは禁止されていないため、レモンやバナナ、ジャガイモ、穀物などの輸入農産物の食の安全性に対する不安が指摘されている。

食の安全性 ② かつては公害や不良品による食品を通じた健康被害が問題であった。1990年代以後に顕著となったのは、生産工程や飲食店の安全管理の不徹底や産地偽装などであり、2003(平成15)年、食品安全基本法の制定をみた。

スマート農業 ① ロボット技術やICT技術、あるいはAI技術などの先端技術を活用して行なう農業のこと。

集落営農 ① 集落を単位として農業生産の一部、または全部を共同で取り組む組織のこと。農業にたずさわる人々の兼業化や高齢化が進み、遊休農地や耕作放棄地が増える中で、集落全体で話し合って協力して地域農業を維持し発展させることを目指す。

生きものマーク ① 生物多様性に配慮した農林水産業の実施と産物などを活用してのコミュニケーションをいう。農林水産業の営みを通じて、多くの生き物が暮らせる豊かな環境を取り戻すための取り組みの総称である。

第4章

国民福祉

1 消費者保護

1 消費者問題

消費者問題 ⑥ 大量生産・大量消費社会の中で生じる、消費者が受ける被害や不利益をめぐる諸問題のこと。欠陥商品、薬害、悪質商法、架空(不当)請求、振り込め詐欺などがある。

消費者 ⑥ 生活手段として財やサービスを購入し、消費する経済主体のこと。自給自足経済から商品経済が一般化するに従い、経済活動の大きな構成要素となった。

契約(けいやく) ⑥ 2人以上の当事者の意思表示が一致することによって成立し、法律上の拘束(こうそく)力を持つ約束のこと。口頭(こうとう)でも成立する。売りたい、買いたいという売買契約や、働きたい、雇(やと)いたいという雇用(こよう)契約などがある。

成年年齢の引き下げ ② 民法が定める成年年齢が満20歳から満18歳に引き下げられたこと。民法第4条が改正され、2022(令和4)年4月1日に施行されたことにより、満18歳に達した者は1人で有効な契約を結ぶことができ、また父母の親権(しんけん)に服さなくなることとなった。なお同時に行なった法改正で、女性の婚姻(こんいん)開始年齢について、男性と同じ満18歳に引き上げられた。

未成年者取消権 ② 民法上の成年年齢に満たない者が父母の同意なく結んだ契約について、あとから契約を取り消すことができる権利。民法第5条で定められる。契約時の年齢を立証すれば容易に契約を取り消すことができるため、「後戻(あともど)りのための黄金の橋」とも表現される。

契約自由の原則 ⑥ 契約は当事者の自由な意思に基づいて結ぶことができるとする原則。私法(しほう)の基本原則の1つ。契約締結の有無や、誰と契約するか、どのような契約内容にするかなど、当事者が自由に決められる。ただし、雇用主と労働者、事業者と消費者のように対等ではない関係においては、立場の弱い者を保護するために法律によって例外を設けている。「私的自治の原則」ともいう。

所有権絶対(保護)の原則 ① 所有権は国家の法より優先される絶対不可侵の権利であるとする原則で、私法の基本原則の1つ。物の所有者は、制約なく自由にその物を使用・収益・処分できる。

過失責任の原則 ② 自己の行為に故意、過失がなければその損害に対して一切責任を負う必要がないとする原則で、私法の基本原則の1つ。個人は自己の過失ある行為のみに責任を負い、他人の行為には責任を負わない。「自己責任の原則」ともいう。

公序良俗(こうじょりょうぞく) ② 社会の一般的な秩序を意味する「公の秩序」と、社会の一般的な道徳観念を意味する「善良な風俗」のこと。民法第90条では、公序良俗に反する法律行為は無効と定めている。

デモンストレーション効果 ④ ある人の消費意欲や消費行動が別の人の消費意欲や消費行動に影響すること。例えば、友人が持っている流行の物が欲しくなる、他人への見栄(みえ)からブランド品を購入することなど。

クレジット契約 ① 商品やサービスを購入した際、購入契約をした業者に消費者にかわり立替(たてかえ)払いした信販(しんぱん)会社に対して立替代金を分割払いする契約のこと。クレジット契約をした場合は、販売業者に加えて信販会社にもクーリングオフの葉書を出さないと引き落しされてしまう。

クレジットカード ③ クレジットカード会社が会員に対し、一定期間信用を供与(きょうよ)する代金後払(あとばら)い方式のカードのこと。会員は、クレジットカード会社の加盟店でカードを提示すれば、現金を支払わずに商品やサービスを提供され、後日、銀行などを通じて決済が行なわれる。

消費者金融 ① 小口かつ無担保での金銭の貸し付け(融資)を専門に行なう貸金(かしきん)業者のこと。「サラリーマン金融(サラ金)」ともいう。貸金業法に基づいて内閣総理大臣、または知事に登録することが定められており、登録していない業者を「ヤミ金融(ヤミ金)」という。

ローン loan ③ 金融機関などが、主に個人

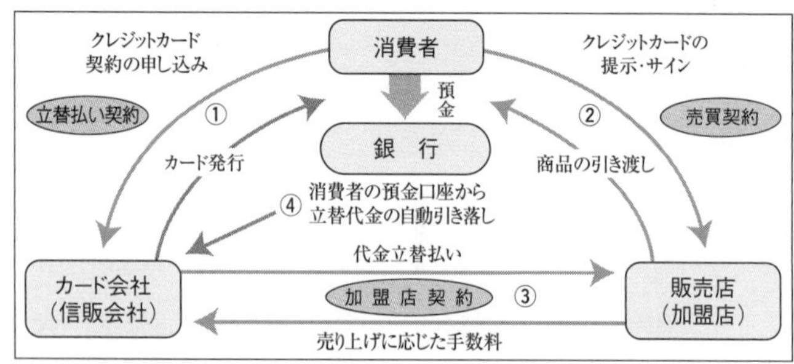

クレジットカードを利用したショッピングのしくみ

向けに貸し出す融資のこと。住宅ローンや自動車ローンなどがある。

貸金業法 ④ 1983(昭和58)年に成立。消費者金融会社の登録や取り立ての規制、金融庁の監督など、「サラリーマン金融(サラ金)」と呼ばれている消費者金融会社の規則を定めた法律。2006(平成18)年には、多重債務問題の解決などを目指し、年収などを基準とする借入れ総額の上限(総量規制)を設けるなど、抜本的に改正された。改正法は2010(平成22)年に施行されている。

グレーゾーン金利 ① 出資法の上限金利(年29.2%)と利息制限法の上限金利(年15～20%)の間の金利のこと。ほとんどの貸金業者がグレーゾーン金利で融資していたため、利子の過払いや違法な取り立てなどが大きな社会問題となった。2006(平成18)年に貸金業法や出資法などを改正し、2010(平成22)年には出資法の上限金利が利息制限法と同水準に引き下げられた結果、現在は撤廃されている。

利息制限法 ① お金を借りたときに払わなければならない金利に制限を設けた法律。高金利で貸してくる金融業者から、経済的立場の弱い債務者を守る目的でつくられている。

自己破産 ⑤ 本人の申し立てに基づいて、裁判所が破産宣告を行なうこと。この結果、クレジットカードの利用などができなくなったりするが、債務の取り立てはなくなる。自己破産者数は貸金業法改正などの効果により、2003(平成15)年の約24万人をピークとして逓減し、近年は6～7万人台で推移している。

多重債務 ⑤ 本人の支払い能力を超えた複数の金融機関からの債務のこと。あるクレジットカード会社や消費者金融からの債務を、他のクレジットカード会社や消費者金融からの借金で返済することを繰り返して、多重債務となることが多い。

悪質(悪徳)商法 ② 購入意思のない消費者に、価値のないものや不要なものを購入させる商売方法のこと。言葉巧みにだましたり、強引に勧誘して購入させたりする。マルチ商法やキャッチ・セールス、霊感商法などが該当する。

マルチ商法 ① ネズミ算式に販売会員を増やす連鎖販売取り引きのこと。販売会員は売上高に対するマージンに加えて、新会員を勧誘するとその会員の売上高のマージンと紹介料が得られるしくみになっている。しかし、組織の拡大には限界があるため、のちに加わった会員は多くの在庫を抱え、出資金すら回収できないなど、社会問題となった。現在は特定商取引法で規制されており、2021(令和3)年に初の検挙事例が発生した。

架空請求 ① 身に覚えのない請求や法的に支払い義務が存在しない請求によって金銭をだまし取る詐欺手法。電話や郵送に加え、電子メールやSMS(ショートメッセージサービス)などを請求手段として用いる。公的機関を名乗る、法的措置をとるなどの文言を用いるといった手法により、消費者の信憑性を高めたり不安をあおったりすることで、冷静な判断力を奪うことが多い。

訪問販売 ④ 販売業者が営業所、代理店以外の場所で、商品の売買契約を結ばせる販売方法のこと。強引な販売方法や欠陥商品などのトラブルが多発したため、訪問販売法で種々の規制がなされている。

: **訪問販売法** ② 1976(昭和51)年制定された「訪問販売などに関する法律」。訪問販売、通信販売、電話勧誘販売、連鎖販売取り引き、ネガティブオプションなどによる被害から消費者を保護することを目的としている。契約には書面の交付が義務づけられていることや、クーリングオフの対象となることなどが規定されている。2000（平成12）年に「特定商取引法」に改正された。

特定商取引法 ④ 1976（昭和51）年制定の訪問販売法の名称を、2000（平成12）年に変更した法律。消費者と販売業者との間でしばしばトラブルになる売買を、特定商取引に指定して消費者を守ることを目的とする。

クーリングオフ（制度） cooling off ⑥ 消費者が購入申込みをして代金を支払ったあとでも、一定期間内なら無条件で契約を解除できる制度のこと。消費者が頭を冷やして考え直す、という意味から名づけられた。訪問販売や電話勧誘販売、割賦販売では8日以内に、マルチ商法などでは20日以内に、契約解除の意思を伝えることが必要とされている。2022（令和4）年6月より、それまでの書面による通知に加えて電子メールでの通知も可能となった。

成年後見制度 ① 認知症や障がいなどの理由で判断能力が不十分な人を保護・支援する制度。家庭裁判所が成年後見人などを選任し、法律的に支援する「法定後見制度」と、保護・支援を受ける本人が十分な判断能力を有するときにあらかじめ定める「任意後見制度」がある。

割賦販売法 ① 1961（昭和36）年に制定された割賦販売やクレジットカードによる取り引きを円滑にし、消費者を保護することを目的とする法律のこと。契約の際の書面交付の義務づけ、クーリングオフの対象となること、代金不払い時の業者による契約解除の制限などが規定されている。

欠陥商品 ④ 備えるべき性能を欠いている、構造上の欠陥がある、法律や規則に適合していないなど、安全性に問題がある商品のこと。火災を起こすテレビや欠陥自動車などが問題となった。

リコール制度 recall ① 設計や製造過程に問題があった欠陥商品を、企業が回収・無償修理する制度。基本的には企業が自主的な判断で実施するが、自動車における国土交通大臣や医薬品における厚生労働大臣など、必要な改善措置を勧告される場合もある。

消費者安全法 ① 2009（平成21）年に成立した、消費者の消費生活における被害を防止し、安全を確保するための法律。同年に創設された消費者庁を中核とし、所管する国民生活センターと全国の消費生活センターが連携して消費者行政にあたる体制が整備された。

製造物責任法（PL法） product liability law ⑥ 1994（平成6）年に成立した、欠陥商品による被害者の救済を目的とする法律。商品の欠陥や説明不備が原因で、生命や身体または財産に損害が発生した場合、製造業者の過失の有無にかかわらず、製造者が消費者に対して責任を負うことを定めている。

欠陥の推定 ② 製品を適正に使用していたにもかかわらず事故が生じた場合に、その製品に欠陥が存在したと推定する原則。消費者は欠陥の存在を証明しなくても損害賠償責任を企業に問うことができる。欧米諸国のPL法では柱となる考え方だが、日本では導入されていない。

有害商品 ① 人の生命や健康に危害を加える商品。有害薬品や有毒物質が混入した商品や食品添加物を使用した有害食品、環境ホルモンが溶け出す食器など。

不当表示 ① 商品・サービスの品質や価格について、実際よりも優良・有利にみせかける表示。消費者の適正な商品選択を妨げるため、景品表示法で禁止されている。例えば、衣類の成分表示を偽る、事実と異なる表示をして競争他社の商品よりもいちじるしく優良とみせかけるなど。

食品安全基本法 ② 2003（平成15）年制定。BSE（牛海綿脳症）問題への対応策の一環として、消費者の保護を基本とした包括的な食品の安全の確保を定めた法律。食品の安全性の確保に関し、基本理念、国・地方公共団体や食品関連事業者の責務及び消費者の役割、食品の安全性の確保に関する施策、食品安全委員会の設置などが定められている。

食の安全 ① 食品の安全性や食文化の安全性のこと。食の安全が脅かされる例としては、森永ヒ素ミルク事件（1955年）やカネミ油症事件（1968年）などがあげられる。また、BSE問題や中国産食品の安全性問題など、近年は外国産の輸入食品に関する問題も生じている。

薬害 ③ 医薬品の副作用や製造上の欠陥による健康被害のこと。サリドマイド事件、スモン病事件、HIV（エイズ）薬害事件など。

サリドマイド薬害事件 ① 妊娠初期に睡眠薬イソミンを服用した妊婦が、四肢などに先天的障がいのある子どもを出産した薬害事件のこと。副作用が指摘されたが、多くの国が使用中止したあとも日本では使用され、被害が拡大した。1962(昭和37)年に販売を停止している。

HIV(エイズ)薬害事件(薬害エイズ事件) ① HIV(ヒト免疫不全ウィルス)に汚染された輸入非加熱血液製剤を使用した血友病患者が、HIVに感染した事件のこと。1996(平成８)年、被害者と国・製薬会社との民事訴訟の和解が成立している。

スモン ① 整腸剤キノホルムの大量服用によってもたらされた薬害のこと。1万1000人にのぼる失明、歩行不能などの被害が発生した。

2　消費者保護と消費者運動

消費者の４つの権利 ④ 1962（昭和37）年、アメリカ大統領ケネディ(当時)が特別教書で示した消費者の権利のこと。「安全である権利」「知らされる権利」「選択できる権利」「意見を反映させる権利」の４つをいう。その後、世界の消費者保護運動の基本となり、日本の消費者保護基本法にも取り入れられた。

：安全である権利 ④ 消費者の４つの権利の１つ。安全な消費生活を送ることができる権利のこと。

：知らされる権利 ④ 消費者の４つの権利の１つ。商品に関する知識や情報を、消費者が知らされるべきであるという権利のこと。

：選択できる権利 ④ 消費者の４つの権利の１つ。消費者が正確かつ十分な知識と情報を得て、主体的に選択できる権利のこと。

：意見を反映させる権利 ④ 消費者の４つの権利の１つ。消費者の意見が、消費者行政に反映されるべきであるという権利のこと。

消費者の権利 ③ 消費者が持っているとされる権利。アメリカ大統領ケネディ(当時)が提唱した４つの権利に加えて、1975（昭和50）年にアメリカ大統領フォード（当時）が「消費者教育を受ける権利」を提唱。さらに、国際消費者機構が「生活の基本的ニーズが保障される権利」「救済を求める権利」「健康な環境を求める権利」を提唱した。これら８つが消費者の権利とされ、日本の消費者基本法にも明文化されている。

消費者保護 ③ 消費者の利益を擁護・増進し、国民の消費生活の安定と向上をはかること。1968(昭和43)年に消費者保護基本法が制定され、国民生活センターや全国に消費生活センターが設置された。2009（平成21）年には消費者庁が発足し、第三者機関として消費者委員会が設置された。

1948年	主婦連(主婦連合会)結成
55年	森永ヒ素ミルク事件起こる
56年	全国消費者団体連絡会結成
62年	サリドマイド薬害事件起こる
	アメリカ大統領ケネディ「消費者の４つの権利」示す
65年	経済企画庁(現内閣府)に国民生活局設置
68年	カネミ油症事件起こる
	消費者保護基本法制定
69年	欠陥自動車問題起こる
70年	スモン病のキノホルム説発表される
	カラーテレビ不買運動起こる
	国民生活センター発足
74年	日本消費者連盟発足
75年	マルチ商法被害者対策委員会結成
76年	サラ金被害が社会問題化
83年	貸金業法制定
85年	悪質商法による被害続発
	豊田商事事件（金の現物まがい取り引きなど）が国会で問題化
87年	汚染輸入食品の急増問題化
94年	製造物責任法(PL法)制定
96年	HIV薬害事件訴訟和解
2000年	消費者契約法制定
04年	消費者基本法制定
09年	消費者庁発足
	消費者安全法制定
18年	成年年齢に関する改正民法が成立
22年	民法上の成年年齢が満18歳に

消費者問題・運動関連の歩み

消費者庁 ⑥ 消費者行政の司令塔として、消費者行政に関する情報を一元化し、調査と分析を行なうほか、各省庁に対して調整や勧告を行なう行政機関。2009(平成21)年、内閣府の外局として発足。独立行政法人国民生活センターを所管する。従来の消費者行政に加えて、サステナブルな消費やエシカルな消費を行政の立場から推進している。

消費者保護基本法 ⑤ 1968（昭和43）年、消費者の利益の擁護・増進に関する対策の推進をはかり、消費生活の安定と向上をはかることを目的として制定された法律。基本施策として、危害の防止、計量の適正化、規格の適正化、表示の適正化、苦情処理体制の整備などを掲げている。2004(平成16)年、消費者基本法として改正された。

消費者基本法 ⑤ 消費者の権利の尊重及び消費者の自立支援を基本理念とする、消費者行政の基本事項を定めた法律。2004 (平成16) 年、消費者保護基本法を改正して成立した。国民の消費生活の安定及び向上を確保することを目的とする。事業者の責務として、消費者の安全及び公正な取り引きの確保、必要情報の明確かつ平易な提供、国または地方公共団体の消費者政策への協力などを掲げている。

消費者ホットライン ① 消費者庁が設定する全国共通の電話窓口。「188 (いやや)」に電話をつなぐことで、消費生活センターなど身近な消費生活相談窓口を案内してもらえる。

消費者契約法 ⑥ 2000 (平成12) 年、事業者と消費者の間での契約上のトラブル防止、予防を目的として制定された法律。情報量や交渉力で弱い立場にある消費者を保護するために、消費者の誤認や困惑による不公正な契約の取り消しや、消費者の利益を一方的に害する契約は無効にできることを定めている。2022(令和4)年の改正では、威迫する言動を交えて相談連絡を妨害した場合など、3つの取消権が追加された。

国民生活センター ④ 消費生活に関する情報の提供や調査研究のために、1970 (昭和45) 年に設立された政府出資の特殊法人。商品テストのほか、全国の消費生活センターとネットワークを構築し、消費者問題の情報提供などを行なっている。

消費生活センター (消費者センター) ⑤ 国民生活センターと連携し、消費者への情報提供、苦情処理、商品テストなどの消費者保護施策を行なっている地方公共団体の行政機関。

賢い消費者 ② 消費の主体として、消費生活に主体的にかかわることのできる関心・意欲や態度を有し、必要な知識や能力を備えた消費者のこと。一人ひとりが消費者としての意識を高めることや、消費者教育や公的機関の広報活動などを通して正しい情報を得ることだけでなく、消費者としての声を社会に発することなど、社会に主体的にかかわることも含む概念である。

自立した消費者 ① 商品に関する知識や情報を主体的に収集し、商品を選択できる消費者のこと。「賢い消費者」とほぼ同義で用いられる。こういった消費者を増やすために、消費者教育の重要性が指摘されている。

消費者教育 ① 現代の経済社会を生きる上で必要な、消費者としての態度・知識・技能などを身につけ、望ましい行動がとれるようになることを目的とした教育。学校教育では社会科、公民科、家庭科などを通して行なわれる。社会教育でも扱われる。

商品テスト ② 消費者保護の観点から、商品の品質、性能、成分、安全性などを検査すること。適切な商品選択のための比較テストや、消費者から寄せられた商品による被害を分析するための苦情処理テストなどを行なっている。

消費者運動 (コンシューマリズム) consumerism ③ 消費者問題の解決と防止を目指す消費者団体の活動のこと。日本では1948(昭和23)年の主婦連(主婦連合会)による不良マッチ追放運動から始まり、昭和40年代後半から欠陥商品、誇大広告、有害食品などの問題追及で盛り上がった。近年は、グリーンコンシューマリズムにみられるように、環境問題などにも活動対象を広げている。

グリーンコンシューマー green consumer ⑤ 環境に優しい商品選択や、消費者の立場からの環境保全を要求する活動などに取り組む消費者のこと。また、消費者が環境に優しい商品を購入する、環境対策に積極的な企業や商店を選んで購入するなどの取り組みを通して、企業が環境マネジメント推進に向かうよう促す消費者運動のことを「グリーンコンシューマリズム (green consumerism)」という。

エシカル消費 ethical consumption ① 消費者それぞれが社会的課題の解決を考慮したり、社会的課題に取り組む事業者を応援したりしながら行なう消費行動のこと。グリーンコンシューマリズム、フェアトレード商品の購入、食品ロスを減らすよう考慮した消費行動などがあげられる。

消費者主権 ⑥ 生産のあり方を決定するのは消費者である、という考え方。あるいは、消費者が期待する利益を実現するよう生産者や行政に要求することは当然の権利である、とする考え方。消費者運動のスローガンとして用いられることが多い。

消費者団体 ③ 消費者の権利や利益の維持と擁護を目的とした活動に取り組む民間団体のこと。国際組織としては国際消費者機構 (CI：Consumers International) があり、日本では日本消費者協会、日本消費者連盟などが正会員となっている。

国際消費者機構　Consumers International ①消費者問題に関する国際横断的な運動を起こすこと、知識を共有することを目的とする世界中の消費者団体が加盟するNPO組織。本部はロンドン。現在、120以上の国から250以上の団体が加盟している。

消費者団体訴訟制度 ③直接の被害者ではなくても、消費者団体が消費者にかわって、事業者の不当な行為をやめさせることを裁判で求めることができる制度。消費者被害が起こってから一つずつ解決を目指すと、被害を未然に防ぐことが難しいだけでなく、被害が大きく広がることも予想される。そのため、不当な勧誘や契約など不当な行為そのものを差し止めることを消費者団体が請求できることになった。

消費生活協同組合 ①消費者が資金を出し合い、地域または職域を単位として、生活物資の購買や共済、医療サービスなどの事業を自分たちのために行なう組織のこと。1948(昭和23)年に施行された消費生活協同組合法に基づいて、設立・運営されている。「**生活協同組合(生協、CO・OP(コープ))**」①ともいう。1844年に設立されたイギリスのロッチデール公正先駆者組合が世界最初。

地産地消 ①「地元生産地元消費」の略語。食料・農業・農村基本計画では、消費者が生産者と、顔がみえ、話ができる関係で地域の農産物や食品を購入する機会を提供するとともに、地域の農業と関連産業の活性化をはかるものと位置づけている。直売所や量販店での地場(じば)農産物の販売、学校給食、福祉施設、観光施設などでの地場農産物の利用などがある。

2 環境保護と公害防止

1 公害の発生と原因

公害 ⑥事業活動といった人間の活動に伴って生じる、相当範囲にわたる環境汚染などにより、人の健康、または生活環境にかかわる被害が生じること。直接被害にとどまらない場合も多く、公害によって起こる一連の諸問題を「公害問題」という。

典型七公害 ③環境基本法第2条で規定された「大気汚染」「水質汚濁(おだく)」「土壌汚染」「騒音」「振動」「地盤沈下(ちんか)」「悪臭」の7つの公害のこと。

：**大気汚染** ⑤工場や自動車などからの排出ガスに含まれる物質や粉塵(ふんじん)によって大気が汚染されること。近年は国境を越えた大気汚染が問題視されている。

：**水質汚濁** ⑥工場廃水中のカドミウム、シアン、六価(ろっか)クロム、水銀、家庭廃水中の窒素(ちっそ)、リンなどによって、河川や湖沼(こしょう)、地下水の水質が汚染されること。

：**土壌汚染** ⑤農地や工場跡地、焼却場の周辺などの土壌が、カドミウム、銅、ヒ素、ダイオキシンなどの有害物質で汚染されること。2002(平成14)年、土壌汚染の状況の把握と人への健康被害を防止するために、土壌汚染対策法が制定された。

：**騒音** ⑥人間にとって耳ざわりで不快な音のこと。工場や工事現場からの音、自動車や電車の走行や航空機の離発着による交通騒音、カラオケルームなどの都市騒音、隣家(りんか)からの近隣騒音などによる被害がある。

：**振動** ⑤工場・工事現場、新幹線、幹線道路の自動車通行などによって発生する大地や建物、空気の揺れによる被害のこと。

：**地盤沈下(ちんか)** ④地下水のくみ上げすぎや埋立(うめたて)地の地圧などによって、地表近くの地層が沈下すること。建造物のひび割れや水道管・ガス管の破裂、大雨や高潮(たかしお)による浸水などの被害が生じる。

産業公害 ⑤産業活動によってもたらされる公害。工場廃水による水質汚濁、工場や精錬所・精油所からの排出ガスによる大気汚染、産業廃棄物による土壌汚染、工場騒音などがある。高度経済成長期に、生産1単位あたりの汚染物質発生量が多い重化学工業化が進んだが、汚染物質を除去するための設備投資が優先されなかったため、四大

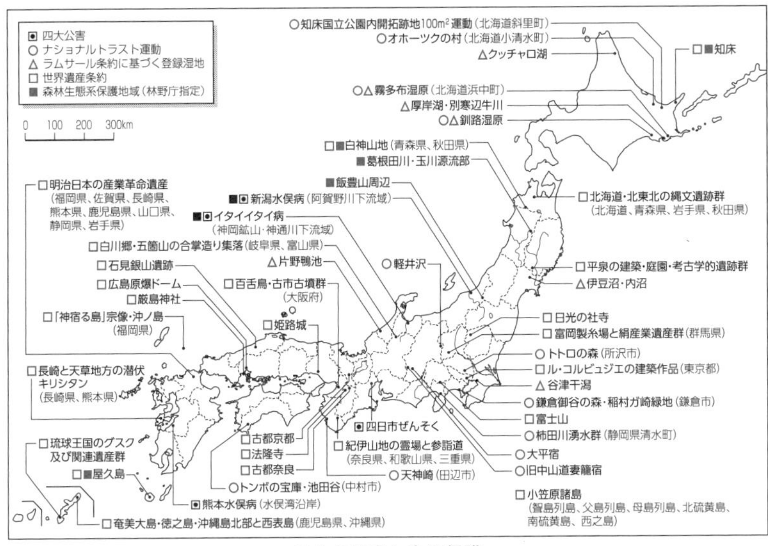

日本の公害と自然保護

公害病などの産業公害が発生した。

生活公害 ③ 日常生活の諸活動によってもたらされる公害。大都市圏に人口が集中したことによって多く発生した。近隣騒音やごみ問題、自動車の普及に伴う排出ガス増加による大気汚染、生活排水による河川の水質汚濁や湖沼の富栄養(ふえいよう)化などがある。

都市公害（都市生活型公害） ④ 都市に産業や人口が集中することで生じる公害のこと。自動車排出ガスによる光化学(こうかがく)スモッグ、ごみ問題、ビルによる日照(にっしょう)権や風害、電波障害、隣家の騒音公害など。

足尾(あしお)銅山鉱毒事件 ⑥ 栃木県にある足尾銅山から排出された銅、硫酸(りゅうさん)、亜鉛(あえん)などの鉱毒による公害事件のこと。渡良瀬(わたらせ)川流域の農作物や魚が汚染されたり、銅山のばい煙や燃料用の山林濫伐(らんばつ)によって洪水が起きたりし、周辺住民に大きな被害が出た。1890（明治23）年からの公害事件で、日本の「公害の原点」といわれている。1973（昭和48）年に採鉱を停止した。

: **田中正造(たなかしょうぞう)** ⑥ 1841～1913　足尾銅山鉱毒事件を帝国議会などで追及した栃木県選出の衆議院議員。1891（明治24）年、公害問題を初めて議会で追及した。1901（明治34）年衆議院議員を辞し、天皇へ直訴(じきそ)を試みて世論をわかしたが、谷中(やなか)村は渡良瀬遊水地をつくるために廃村になった。

別子(べっし)銅山煙害事件 ④ 1900年代、愛媛県四阪(しさか)島における別子銅山の銅精錬所からの亜硫酸(ありゅうさん)ガスが原因で、周辺の農作物や樹木に被害を与えた公害事件のこと。

四大公害訴訟（四大公害裁判） ⑥ 新潟水俣(みなまた)病訴訟（1967〈昭和42〉年提訴）、四日市(よっかいち)ぜんそく訴訟（1967年提訴）、富山イタイイタイ病訴訟（1968〈昭和43〉年提訴）、熊本水俣病訴訟（1969〈昭和44〉年提訴）のこと。いずれも原告の被害者住民側の損害賠償請求が認められ、その後の公害判決や反公害運動、公害対策基本法制定（1967〈昭和42〉年）、環境庁設置（1971〈昭和46〉年）などに大きな影響を与えた。

新潟水俣(みなまた)病 ④ 新潟県阿賀野(あがの)川下流域で発生した有機(ゆうき)水銀中毒のこと。昭和電工鹿瀬(かのせ)工場の廃水中のメチル水銀が原因。1965（昭和40）年頃から社会問題化し、1967（昭和42）年に四大公害の中で最初に提訴(ていそ)された。疫学(えきがく)的因果関係の推認で、工場廃水と有機水銀中毒の因果関係が立証されるとして企業責任が追及され、原告の被害者側が勝訴した。

四日市(よっかいち)ぜんそく ⑤ 三重県四日市市のコンビナート周辺で発生した大気汚染によるぜんそくなどの呼吸器障害のこと。コンビナート6社から排出された亜硫酸ガスが原因。1961(昭和36)年頃から社会問題化し、1967(昭和42)年裁判が提訴された。企業側の共同不法行為が認定され、原告の被害者側が勝訴した。

コンビナート ② 原料、燃料、施設、設備、工場などを計画的に集中して建設し、生産性を向上させる企業集団もしくは工業地帯のこと。四日市ぜんそくの原因とされたのは地元の石油化学コンビナートである。日本には9カ所15の石油化学コンビナートがあるが、石油を輸入に依存していることから、東京湾、伊勢(いせ)湾、瀬戸内海(せとないかい)などに集中している。

イタイイタイ病 ④ 富山県神通(じんづう)川流域で発生したカドミウム中毒のこと。三井金属鉱業神岡(かみおか)鉱業所から流出したカドミウムが原因。腎臓(じんぞう)障害と骨軟化(こつなんか)症の健康被害がある。骨がもろくなり患者が「痛い、痛い」と訴えたところから「イタイイタイ病」と名づけられた。1968(昭和43)年、裁判に提訴され、患者側が勝訴した。

水俣(みなまた)病(熊本水俣病) ⑤ 熊本県水俣湾周辺で発生した有機水銀中毒のこと。チッソ水俣工場からの廃水中のメチル水銀が原因。濃縮効果で蓄積した魚介(ぎょかい)類を食べて発病した。手足のしびれ、視野狭窄(きょうさく)や神経の衰えなどの健康被害があり、1000人以上の死者が出た。1956(昭和31)年頃から大きな社会問題となり、1969(昭和44)年に提訴され、原告の被害者側が勝訴した。

公害健康被害補償法 ④ 四大公害や慢性ヒ素中毒症などの公害健康被害者を救済する法律。1973(昭和48)年に成立し、1987(昭和62)年には「公害健康被害の補償に関する法律(公健法)」へ改正された。現在、新たな患者の認定はされていない。水俣病については公健法による患者認定棄却(ききゃく)者を中心とする損害賠償請求訴訟が行なわれていたが、1995(平成7)年、総合対策医療事業対象者に一時金を支払うことで主要患者団体と企業の間で合意し、訴訟が取り下げられた。

水俣病被害者救済特別措置法 ① 2009(平成21)年に成立した、水俣病問題の最終解決を目的とする法律。2012(平成24)年までに約6万5000人の被害者が救済を申請、2013(平成25)年には最高裁で初の司法認定判決が出された。

アメニティ ② 居心地のよさをあらわす概念で、行政が作成する都市計画や環境政策の基本となる考え方。人々の暮らしやすさをもたらす自然環境や社会環境を指す。

光化学(こうかがく)スモッグ ② 自動車排出ガス中の、窒素(ちっそ)酸化物(NOx)が太陽光線中の紫外線と反応して発生したオキシダントによるスモッグのこと。目やのど、気管支を刺激し、痛みや呼吸困難、けいれんなどの健康被害を生じさせる。

廃棄物 ④ 事務所から出る紙類や、家庭の日常生活から出る「一般廃棄物」と、事業活動に伴って出る「産業廃棄物」のこと。

：**一般廃棄物** ② 家庭廃棄物やし尿など、廃棄物処理法で定められた産業廃棄物以外の廃棄物のこと。その処理については市区町村が責任を持つことが原則となっている。

：**産業廃棄物** ③ 工場や会社、学校など事業活動に伴って排出される廃棄物のこと。廃棄物処理法では、廃油、廃プラスチック、建築建材など20種類を指定し、排出事業者に処理責任があると定めている。大都市の産業廃棄物を過疎地(かそち)が引き受けている問題や、不法投棄、野焼きや小規模焼却場からのダイオキシンの発生、土壌や地下水の汚染などの問題がある。

廃棄物処理法 ① 1970(昭和45)年に制定された、廃棄物の処理及び清掃に関する法律。廃棄物の排出を抑制すること、適正な分別、収集、運搬、処分などの処理をすること、生活環境を清潔(せいけつ)にすることにより、生活環境の保全と公衆衛生の向上を目指す。

不法投棄 ① 法令に従わず違法に廃棄物を処分すること。廃棄物処理法の定めに反すること。新規判明件数は2000年前後をピークとして大幅に減少しているが、それでも年間100件以上発覚しており、いまだにあとを絶たない状況にある。

ダイオキシン dioxin ③ 人間がつくり出したものの中では、最強の毒性を持つといわれる有機塩素系の化合物。強い発がん性と催奇形性(さいきけいせい)を有する。ベトナム戦争時にアメリカ軍の散布した枯葉剤(かれはざい)の中に含まれ、戦後に奇形(きけい)児の出生をもたらしたとされる。また、ごみ焼却炉において低温で塩化ビニール製品を焼却する際にも発生し、付近の土壌などから高濃度のダイオキシンが検出されて問題となった。さらに、環境ホルモンとしても問題となっている。

アスベスト(石綿(いしわた))被害 ③ ケイ酸塩を主成分とする繊維(せんい)状の鉱物。耐熱性、保温性、防火性、防音性、耐摩耗(たいまもう)性に優れ、さらに加工しやすく安価(あんか)という特徴がある。建材、船舶、パイプ、バルブ、ブレーキなどに大量に使われた。その後、中皮腫(ちゅうひしゅ)や肺がんを患う原因となることが分かり、現在では使われなくなった。

ハイテク汚染（公害） ① マイクロエレクトロニクスやバイオテクノロジーなど、先端技術産業が生み出す環境汚染。IC（集積回路）を製造する際に洗浄剤(せんじょうざい)として使用される、発がん性の高いトリクロロエチレンがもたらす地下水や土壌の汚染など。アメリカのシリコンバレーにおける地下水汚染が有名。「IC公害」ともいう。

環境ホルモン（内分泌(ないぶんぴつ)かく乱化学物質） ① 内分泌系（ホルモン）に影響を及ぼすことにより生体(せいたい)に障がいや有害な影響を与える化学物質のこと。1996（平成８）年に刊行された『奪われし未来』（コルボーン他２人による共著）では、DDT、クロデン、ノニルフェノールなどの化学物質が、男性の精子数の減少や女性の乳がん罹患率(りかんりつ)の上昇、ワニの生殖器(せいしょくき)の奇形、ニジマスなどの魚類の雌性(しせい)化をもたらしている可能性があると指摘している。

微小粒子状物質（PM2.5）

大気中に浮遊している2.5μm（マイクロメートル、髪の毛の太さの30分の１程度）以下の小さな粒子のこと。非常に小さいため、肺の奥深くまで入りやすく、呼吸器系への影響や血液を循環させる器官への影響が心配される。工場からのばい煙や自動車からの排気ガス、さらには石炭の堆積(たいせき)場からの粉塵(ふんじん)などが、発生源として考えられている。

中国のPM2.5濃度は改善傾向にあるが、依然として日本と比較して高い濃度であり、また偏西風(へんせいふう)による日本への越境汚染についても問題視されている。

大阪空港公害訴訟 ④ 大阪空港の周辺住民が、夜９時から翌朝７時までの航空機の夜間飛行の差し止めを求めた訴訟のこと。1975（昭和50）年、大阪高裁は人格権に基づいて差し止め請求を認めたが、1981（昭和56）年最高裁は差し止め請求を棄却した。

2　公害防止

環境基本法 ⑥ 1993（平成５）年制定。公害対策基本法と自然環境保全法を見直して、環境行政を総合的に推進することを目的とした法律。1992（平成４）年に開かれた国連環境開発会議（地球サミット）などの地球環境保全の動きを受けて、環境保全の基本的理念とそれに基づく基本的施策(しさく)の総合的な枠組を規定している。

環境基本法（抄）

第１条　この法律は、環境の保全について、基本理念を定め、並びに国、地方公共団体、事業者及び国民の責務を明らかにするとともに、環境の保全に関する施策の基本となる事項を定めることにより、環境の保全に関する施策を総合的かつ計画的に推進し、もって現在及び将来の国民の健康で文化的な生活の確保に寄与するとともに人類の福祉に貢献することを目的とする。

公害対策基本法 ⑥ 1967（昭和42）年に制定された、公害対策の総合的推進をはかるための法律。事業者、国、地方公共団体の公害防止の責務を明らかにし、公害防止施策の基本事項を定めることにより、国民の健康を保護し、生活環境を保全することを目的とした。1993（平成５）年の環境基本法の制定により廃止された。

自然環境保全法 ① 1972（昭和47）年制定。自然環境の保全を推進することで、現在と将来の国民の健康で文化的な生活の確保に寄与することを目的とした法律。1993（平成５）年の環境基本法の制定により、理念に関する条文の一部が移行された。

環境基準 ① 人の健康の保護及び生活環境を保全するために、維持されることが望ましい基準を目標として定めたもの。環境基本法にも明文化されている。現に得られる限りの科学的知見を基礎として定め、さらに新しい科学的知見の収集に努め、適切な科学的判断を加えていかなければならないものである。

環境負荷 ① 環境に与える負の影響。人間の活動により環境に加えられる、環境保全上の支障の原因となる恐れのある影響。人間の活動に伴って排出される、地球温暖化の原因となる二酸化炭素や、大気汚染の原因となる窒素(ちっそ)酸化物など。

環境庁 ⑤ 公害防止や環境保全のための、行政の企画・調整・施策の総合的推進を担当する官庁。1970（昭和45）年、公害対策基本法の全面改正や公害防止のための法律が整備されたことを受けて、1971（昭和46）年に設置された。2001（平成13）年の省庁再編によって**環境省**④となる。近年は脱炭素(だつたんそ)社会や循環型社会への移行などを重点施策としている。

公害防止条例 ② 地方公共団体が制定した公害規制のための条例。日本の公害法制は、地方公共団体の公害防止条例が先行し、その後にできた国の法令の中にそれらが取り入れられていった。

環境税 ③ 環境を汚染した代償として支払う税金のこと。地球温暖化の原因物質とされる二酸化炭素の排出に課税する炭素税が代表例。日本では2012（平成24）年度から**地球温暖化対策税**②として導入された。二酸化炭素の排出を抑制するため、二酸化炭素排出量1tあたり289円を石油・石油製品などに上乗せする形をとっている。

：**炭素税** ① 石油や石炭などの化石燃料の使用者に課す税金のこと。地球温暖化の原因である二酸化炭素の排出を抑制するために導入された環境税の1つ。化石燃料の価格に上乗せすることで、使用抑制を目指す。北欧諸国やフランス、ポルトガルなどで導入されている。

環境アセスメント（環境影響評価） environmental assessment ⑥ 大規模開発を行なう前に、開発による環境への影響を調査、予測、評価することによって、環境破壊を未然に防止しようとする制度のこと。

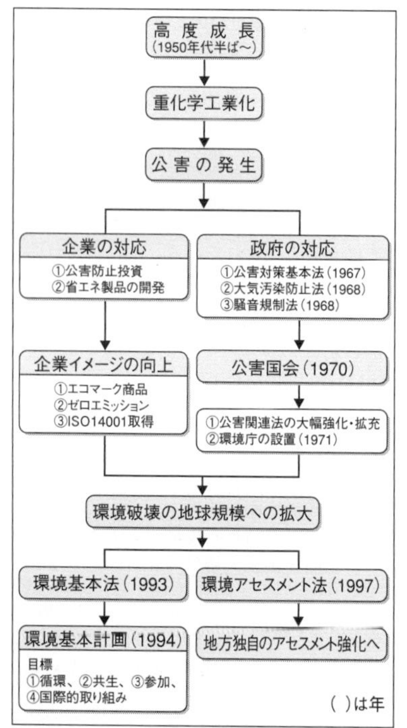

公害対策の歩み

：**環境アセスメント法（環境影響評価法）** ⑤ 1997（平成9）年制定、1999（平成11）年施行。アセスメント対象は発電所や大規模林道など13種。事前に住民や地方公共団体の意見を聞いて調査項目に加えるスコーピング（検討範囲の絞り込み）などが規定されている。

総量規制 ⑤ 各工場のばい煙発生装置からの汚染物質の排出合計量を抑えるために、各工場を単位とした規制を行なうこと。従来の**濃度規制**⑤では、汚染物質の排出総量が抑制されないため、指定地域全体の大気汚染レベルを下げるために採用された。

PPP（汚染者負担の原則） Polluter Pays Principle ⑥ 公害の発生者が公害防止や被害者救済のための費用を負担すべきである、とする原則のこと。1972（昭和47）年、OECD（経済協力開発機構）環境委員会が勧告した「環境政策の国際経済面に関する指針の原則」の1つ。

無過失責任制 ⑥ 公害を発生させた事業者などに過失がなくても、被害者の損害を賠償する責任を負わせる制度のこと。1972（昭和47）年に民法の過失責任の例外として成立し、大気汚染防止法や水質汚濁法に規定が明文化された。環境問題関連のほかに、製造物責任法などでも同様の規定がある。

拡大生産者責任（EPR） Extended Producer Responsibility ② 製品の生産者が、使用・廃棄されたあとの当該製品においても、適正なリサイクルや処分について物理的または財政的に一定の責任を負うとする考え方。生産者に対し、廃棄されにくい、リサイクルしやすい製品の開発・生産を促す目的がある。

公害国会 ② 1970（昭和45）年に開かれた第64回臨時国会のこと。公害批判の高まりを背景に、公害対策基本法の経済調和条項の削除、水質汚濁法や海洋汚染防止法など公害対策関係14法が成立したため、「公害国会」と呼ばれた。

公害等調整委員会 ① 1972（昭和47）年に、土地調整委員会と中央公害審査委員会を統合してできた行政委員会のこと。総務省の外局で、公害紛争について斡旋、調停、仲裁及び裁定を行ない、その解決をはかることを目的としている。

自動車の公害 ① 自動車の普及と増加に伴って深刻化した公害問題。主に排出ガスによる大気汚染を指す。近年はハイブリッド車や電気自動車、燃料電池自動車など、低公害車の普及が進んでいる。

3　循環型社会

循環型社会形成推進基本法 ⑥ 2000（平成12）年制定。循環型社会形成のための施策の推進をはかるための法律。循環型社会の形成についての基本原則、国や地方公共団体・事業者・国民の責務、基本計画の策定などについて定めている。

：**グリーン購入法** ① 2000（平成12）年に制定された、「国等による環境物品等の調達の推進等に関する法律」。循環型社会形成推進基本法の個別法の1つで、公的機関が率先して環境負荷低減に資する製品やサービスの調達を推進し、また適切な情報提供を促進することで、持続的発展が可能な社会の構築を目指している。

：**資源循環型社会** ⑤ 廃棄物などの発生抑制、資源の循環的な利用及び適正な処分が確保されることによって、天然資源の消費を抑制し、環境への負荷ができる限り低減される社会のこと。

大量消費・大量廃棄型社会 ① 製品の大量生産と消費及び使用後の大量廃棄を基本とする社会のあり方のこと。便利で快適な生活を提供できる一方で、自然環境に多大な負荷を与える。また天然資源を過度に消費することから、持続可能な社会を目指して見直しがはかられている。

3R ③ リデュース（reduce）、リユース（reuse）、リサイクル（recycle）の頭文字をとって「3R」という。さらに、修理するリペア（repair）、廃棄物となるものを拒否するリフューズ（refuse）を加えて「4R」「5R」とする考え方もある。また、生ごみを堆肥化するロット（rot）、購入先に戻す・回収するリターン（return）なども提唱されており、各団体により様々な表現がされている。

：**リデュース**　reduce ⑤ 廃棄物の減量化を意味する。そのために、製品を開発する際は使用後の廃棄方法まで視野に入れなくてはならない。マイバッグの使用によるレジ袋削減などが該当する。

：**リユース**　reuse ⑤ 再使用を意味する。一度使われた製品、あるいは製品の一部を、そのまま再利用すること。リターナブル瓶やフリーマーケットの活用などが該当する。

：**リサイクル**　recycle ⑤ 使い終わった製品の再資源化を意味する。1991（平成3）年に、「再生資源の利用の促進に関する法律」（リサイクル法）が制定された。紙、建設資材、家電製品資材、自動車資材、パソコン資材などを対象に、分別回収のための材質表示、廃棄物の再資源化などを規定している。アルミ缶や古紙、牛乳パック、ペットボトルなどはリサイクル率が高く、アルミ缶やサッシ、再生紙、トイレットペーパーなどに再製品化されている。

容器包装リサイクル法 ② 1995（平成7）年制定。家庭から排出される瓶、缶、ペットボトル、段ボールなどのリサイクルを定めた法律のこと。市区町村が分別回収し、事業者が再生利用のための費用を負担することを義務づけている。

家電リサイクル法 ② 1998（平成10）年制定。家庭から排出されるエアコン、テレビ、冷蔵庫・冷凍庫、洗濯機・乾燥機の4品目のリサイクルを定めた「特定家庭用機器再商品化法」のこと。消費者が費用を負担し、小売業者が消費者から家電を引き取り、製造業者に一定基準以上のリサイクルを義務づけている。

小型家電リサイクル法 ① 使用済小型電子機器などの再資源化を促進する法律。2013（平成25）年制定。家電リサイクル法が対象とする家電製品4品目以外の、パソコン、携帯電話、デジタルカメラ、ゲーム機、時計、炊飯器、電子レンジ、ドライヤー、扇風機などの再資源化をはかる。これらの小型家電は金銀やレアメタルの含有率が高いため、資源の乏しい日本にとっては貴重な「都市鉱山」となっている。

食品リサイクル法 ① 2000（平成12）年制定。食品関連事業者などから排出される食品廃棄物の発生抑制と減量化により最終処分量を減少させるとともに、肥料や飼料などにしてリサイクルをはかることを目的とした法律。

自動車リサイクル法 ① 2002（平成14）年制定。自動車のリサイクルについて、所有者や関連事業者、自動車メーカーなどの役割を定めた法律のこと。所有者はリサイクル料金を支払い、引き取り業者へ廃車を引き渡すこと、自動車メーカーなどはその自動車から発生するシュレッダーダスト、エアバッグ類、フロン類を解体業者などから引き取りリサイクルを行なうことなどが義務づけられた。

環境保全規格（ISO14000シリーズ） ③ 国際標準化機構（ISO）が発行する環境マネジメントに関する国際規格の総称のこと。企業や地方公共団体などの事業者が、経営管理の一環として環境保全の取り組みを進める際のシステムを提示したISO14001の認証取得が広がっている。

：国際標準化機構（ISO） International Organization for Standardization ② 1947（昭和22）年に発足した国際的な非政府組織。国際貿易を推進するために、国や地域によって異なる製品やサービスの規格や規準を、世界共通のものにするためつくられた。本部はスイスのジュネーヴ。

ゼロエミッション zero emission ③ 廃棄物（emission）をゼロにすること、あるいは廃棄物を出さない経済システムのこと。1994（平成6）年に国連大学によって提唱される。近年は廃棄物ゼロを目指す活動に加え、温室効果ガス排出量ゼロの社会を意味する言葉としても使用されている。東京都は2019（令和元）年に「ゼロエミッション東京戦略」を策定し、2050年ゼロエミッション実現に向けた取り組みを示している。

エコタウン事業 ① ゼロエミッション構想をもとに、先進的な環境調和型のまちづくりを推進することを目的として、1997（平成9）年に創設された制度。源流の1つとされるデンマークのカルンボーでは、1960年代から廃棄物やエネルギーの相互利用など、資源利用システムの構築が始まっていた。日本では北九州市や川崎市などが承認されている。

カーボンオフセット carbon offset ① 温室効果ガス排出量の削減努力に加えて、排出量にみあう分の削減活動への投資などにより、排出量を「埋め合わせる（オフセット）」という考え方。例えば、森林保護活動や植林活動など二酸化炭素の吸収を促す活動があげられる。

地域循環共生圏 ① 自然景観などの地域資源を最大限活用することで自立した社会を形成し、また地域の特性に応じて資源を補完し支え合うことにより、地域の活力が最大限に発揮されることを目指す考え方。2018（平成30）年4月に閣議決定した第五次環境基本計画で提唱された。農山漁村から都市部へ食料や自然エネルギーなどが供給されるかわりに、エコツーリズムへの参加や地域ファンドへの投資によって、都市部から農山漁村へ還元する循環などがあげられる。

3 労使関係と労働市場

1 労働問題の発生

労働問題 ⑥ 資本主義社会の成立に伴う、労働者と使用者との間の労働関係にかかわる諸問題のこと。失業、労働条件、労働運動などがある。

労働契約 ⑥ 労働者と使用者が結ぶ、労働を目的とする契約のこと。労働者は労働を提供し、対価として賃金を受け取る。民法では雇用契約という。

労働者 ⑤ 資本主義社会において、自分の労働力を提供する対価として賃金を得て生活を営んでいる者のこと。生産手段を持たないため、他人に雇用されることで生活している。

使用者 ③ 労働関係において、人を使う立場の人のこと。労働基準法では「事業主、事業の経営者、その事業の労働者に関する事項について事業主のために行為するすべての者」と定められている。

資本家 ⑤ 資本主義社会において、生産手段を私有し、利潤追求を目指して労働者を雇用し、生産を行なっている者のこと。産業資本主義の初期の段階では多くの資本家が経営者でもあったが、現在は所有(資本)と経営の分離が進んでいる。

雇用 ⑤ 雇われる側が雇う側に対して労働を提供することを約束し、その対価として報酬を受け取る契約のこと。働きたいと思う人がすべて、自らの能力を発揮して安心して働くことができ、安定した暮らしができることが望ましい。

労使関係 ③ 労働者と使用者との間での労働をめぐる関係のこと。資本主義の初期は低賃金や長時間労働など労働者の立場が弱く、労使関係は労使対立と考えられていた。現在は対等な労使関係の構築を目指して労働組合が組織され、労働基準法などの労働者保護立法が整えられている。

労働条件 ⑥ 賃金、就業時間、休息などの勤労に関する条件のこと。憲法第27条で「勤労条件に関する基準は、法律でこれを定める」とされ、労働基準法などの法律が定められている。また、労働基準法第1条で「労働条件は、労働者が人たるに値する生活を営むための必要を充たすべきものでなければならない」と定められている。

就業規則 ② 労働者と使用者との間で定めた、雇用に関するルールのこと。労働時間や賃金支払い、休日など待遇面をはじめとした事項について定めている。常時10人以上を雇用する使用者には、就業規則を作成し、地域の労働基準監督署への提出と労働者への周知を行なう義務がある。

失業 ⑥ 働く意思と能力がありながら、就業の機会が得られない状態のこと。ケインズは失業について、地域や職種、労働者の特性などのミスマッチにより生じる「摩擦的失業」、よりよい労働条件を求めるなど自己の意思により失業を選択する「自発的失業」、働く意思はあるが有効需要の不足により職がない「非自発的失業」の3つの様態を示した。

レイオフ(一時解雇) lay off ① 再雇用を前提とした一時解雇制度のこと。アメリカでは不況による操業短縮のため行なわれることが多く、勤続年数の短い者から一時解雇され、長い者から再雇用されるしくみになっている。

失業率 ② 労働人口に占める失業者の割合のこと。

完全失業率 ① 労働人口に占める完全失業者の割合のこと。完全失業者とは、仕事がなく、仕事を探している者で、仕事があればすぐに仕事につける者をいう。2021(令和3)年の日本の平均値は2.8%となっている。

ミスマッチ mismatch ① 労働力を求める求人側と仕事を求める求職側の要求が合わないこと。ミスマッチの種類としては、求人企業の立地と求職者が働こうとしている地域が一致しない「地域のミスマッチ」、年齢が一致しない「年齢のミスマッチ」、技術や能力が一致しない「職種のミスマッチ」、正社員か臨時、パートタイムかが一致しない「職務形態のミスマッチ」などがある。

2 労働運動の歩み

労働運動 ⑥ 資本主義社会の成立に伴い、劣悪な労働条件の改善や労働者の地位の向上を目指した労働者階級の運動のこと。

農民運動 ① 農民が経済的・社会的地位の改善を目指して行なう社会運動のこと。日本では大正時代以降に発生した、小作料減免や耕作権維持を求める闘争を指すことが多い。

ラッダイト(機械打ちこわし)運動 Lud-

年	国	事項
1799年	[英]	団結禁止法制定
1811	[英]	ラッダイト（機械打ちこわし）運動起こる
33	[英]	工場法制定
37	[英]	チャーチスト運動起こる(〜48頃)
64	[英]	第1インターナショナル成立(〜76)
90	[米]	シャーマン反トラスト法により労働組合活動規制される
97	[日]	労働組合期成会結成 鉄工組合(日本最初の労働組合)結成
1900	[日]	治安警察法制定
11	[日]	工場法制定(16〜実施)
12	[日]	鈴木文治ら、友愛会設立
14	[米]	クレイトン法により労働組合はシャーマン反トラスト法から除外
17	[露]	ロシア革命
19		国際労働機関(ILO)第1回総会
20	[日]	初のメーデー行なわれる
25	[日]	普通選挙法、治安維持法制定
35	[米]	ワグナー法成立
40	[日]	大日本産業報国会発足
44		ILO、フィラデルフィア宣言を採択
45	[日]	労働組合法制定 ┐
46	[日]	労働関係調整法制定 ├ 労働民主化
47	[日]	労働基準法制定 ┘
	[米]	タフト・ハートレー法成立
		ILO第87号条約採択、結社の自由・団体権を保障
50	[日]	日本労働組合総評議会(総評)結成
64	[日]	全日本労働総同盟(同盟)結成
87	[日]	全日本民間労働組合連合会（全民労連)結成、同盟・中立労連解散
89	[日]	総評解散、日本労働組合総連合会（連合)・全国労働組合総連合（全労連）結成

労働運動の歩み

dites Riots ④ 19世紀前半、「機械が仕事を奪う」として手工業者や労働者が起こした、機械や工場施設の破壊活動のこと。特に1811〜17年にイギリスの中部織物工業地帯で起きた機械打ちこわし運動を「ラッダイト運動」という。

工場法 ④ 1833年に制定された、イギリスの労働者保護立法のこと。18歳未満の深夜業の禁止、13歳未満の1日9時間労働制、工場監督官制度などを定めた。日本でも1911(明治44)年に制定され、1916(大正5)年に施行された。

労働組合 ⑥ 労働者が主体となって、労働条件の維持・改善や経済的地位の向上に取り組む、自主的に組織した団体のこと。

職業別組合 ③ 同一の職業や職種に従事する特定の技能保有者や熟練労働者で組織する労働組合のこと。労働組合ができた初期にイギリスで発達したが、日本ではほとんどみられない。

産業別組合 ② 同一産業に従事する労働者が、熟練・未熟練の区別なく、職種や企業を越えて組織する労働組合のこと。欧米の労働組合の主流となっている。日本では日本海員組合など少数であり、約50の産業別組合が組織されている。

労働組合運動 ② 労働組合が、賃金や労働時間などの労働条件の維持・改善をはかったり、ナショナル・センターを組織して政治的・経済的な地位向上をはかる運動のこと。

第1インターナショナル（国際労働者協会） The First International ② 労働者階級の解放を目指した、世界最初の国際的労働者組織のこと。マルクスの指導で1864年にイギリスのロンドンで結成された。

第2インターナショナル The Second International ② 1889年、フランス革命100周年を記念してフランスのパリで結成された社会主義者の国際組織のこと。第一次世界大戦に反対するかどうかをめぐって分裂し、崩壊した。労働運動に大きな影響を与えた。

ワグナー法(全国労働関係法) Wagner Act ② 1935年、アメリカで成立した法律。労働者の団結権・団体交渉権の保障、使用者の不当労働行為の禁止、全国労働関係委員会の設置などを定めた。労働組合の保護と育成を目指し、対等な労使関係を築くことを目的とした。

タフト・ハートレー法 Taft-Hartley Act ① ワグナー法を抑え込むことをねらいとした、1947年にアメリカで成立した労使関係法のこと。クローズドショップ（労働組合への加入が採用の条件となる）の禁止、公務員ストライキの禁止、公共の福祉に反する争議を行なう場合80日前に通告すること、労働組合の政治活動の制限などの労働者の権利を制限した。

アメリカ労働総同盟(AFL) American Federation of Labor ① 1886年にアメリカで結成された全国的な職業別労働組合のこと。熟練労働者を中心とし、穏健な経済闘争を行なった。

国際労働機関（ILO） International Labour Organization ⑤ 1919年に設立された、労

働条件の改善を国際的に実現することを目標とする国際連合の専門機関。加盟各国の政府委員2人、労使代表各1人からなる国際労働会議で、条約の作成や資料収集を行なっている。本部はスイスのジュネーヴ。

労働組合期成会 ③ 1897(明治30)年に、アメリカ帰りの高野房太郎、片山潜らによって結成された労働運動団体のこと。労働組合の必要性、工場法制定、治安警察法反対を主張した。鉄工組合、日本鉄道矯正会、活版印刷工組合懇話会の結成を支援した。

友愛会 ② 1912(大正元)年、鈴木文治が15人の同志とともに組織した労働者団体。結成当時は共済組合に近く、キリスト教的友愛の精神に立脚した穏やかなものであったが、第一次世界大戦のもとで増大した労働争議に関係し、全国的な労働組合に発展した。1919(大正8)年に「大日本労働総同盟友愛会」、1921(大正10)年には「**日本労働総同盟**」②と改称された。

労働民主化 ② 第二次世界大戦後、連合国軍最高司令官総司令部(GHQ)によって推進された労働関係を民主化するための改革のこと。1945(昭和20)年、GHQは戦前の弾圧法規であった治安警察法、治安維持法の撤廃を指令。1947(昭和22)年までに労働三法(労働組合法、労働関係調整法、労働基準法)が制定された。労働者の労働基本権が確立し、労働条件が改善されていった。

ナショナル・センター national trade union center ③ 労働組合の全国的な中央組織のこと。加盟する産業別組織の統一要求や統一行動を組織したり、組織代表を議会に送ったり、国際交流もしている。

:総評(日本労働組合総評議会) ③ 1950(昭和25)年に結成された戦後労働運動の指導的ナショナル・センター。日本社会党を支持し、「政府と資本からの自立」を合言葉に春闘、合理化反対運動、戦後平和運動を担ってきた。1989(平成元)年に解散し、連合に再編された。

:同盟(全日本労働総同盟) ③ 1964(昭和39)年、総評に対抗して結成されたナショナル・センター。労働組合主義に基づき、労使協調路線で労働条件の改善を目指した。民社党を支持し、右派勢力の結集体となった。1987(昭和62)年に解散し、連合に再編された。

:連合(日本労働組合総連合会) ④ 1989(平成元)年、労働戦線の再編統一によって、総評、同盟、中立労連、新産別が合流してできた戦後最大のナショナル・センター。“働くこと”に最も重要な価値を置き、公正な労働条件のもと、多様な働き方を通じて誰もが参加できる社会を目指し、雇用と暮らしを守る取り組みを推進している。

:全労連(全国労働組合総連合) ③ 連合の労使協調路線に反対する共産党系のナショナル・センター。官公労の自治労、日教組などの一部が分裂して結成された。

:全労協(全国労働組合連絡協議会) ① 総評の旧社会党左派系の国鉄労働組合(国労)が中心となって結成したナショナル・センター。組織規模は小さい。

:地域労組(地域ユニオン) ① 地域ごとに設立された労働組合の連合体。主に連合が地域ごとに設けているが、全労連や全労協も地域ユニオンを組織している。労働者であれば個人でも加入できる。

春闘 ④ 各企業の労働組合が全国中央組織の労働団体などの指導・調整のもとで、毎年春に賃金引き上げなどの要求を各企業に提出し行なう団体交渉のこと。1955(昭和30)年、企業別組合の賃金交渉力を強くするために、総評傘下の5単産が共闘した賃金闘争が最初。1989年以降は連合が官公労を加えて「春季生活闘争(春闘)」に取り組んでおり、そのほかに全労連や全労協も春闘組織を発足させている。

3 労働三法

労働三法 ⑥ 労働者保護のための3つの基本的な法律のこと。労働条件の最低基準を定めた労働基準法、労働三権を保障するための労働組合法、労働争議の予防と解決をはかる労働関係調整法を合わせて労働三法という。

労働基準法(労基法) ⑥ 憲法第27条2項の「賃金、就業時間、休息その他の勤労条件に関する基準は、法律でこれを定める」という規定に基づいて、1947(昭和22)年に施行された労働者保護立法のこと。労働条件の原則と最低守るべき労働条件、前近代的な労働関係の排除などを規定している。

均等待遇 ② 労働者の国籍や信条などにかかわらず、労働条件において差別的取り扱いをしてはならないとする規定のこと。労働基準法第3条に明記されている。

男女同一賃金の原則 ② 労働者の性別を理

憲法第25条 生存権	第27条	勤労権の保障	○職業安定法——公共職業安定所 ○雇用対策法 ○中高年齢者雇用促進法 ○障害者雇用促進法 ○雇用保険法
		労働条件の基準	○労働基準法〔1947年〕——労働基準局・労働基準監督署 ○最低賃金法 ○労働者派遣事業法〔1987年〕 ○パートタイム労働法 ○家内労働法 ○労働契約法
		児童労働の禁止	○児童福祉法
		女性労働者の地位向上	○男女雇用機会均等法〔1985年〕 ○育児・介護休業法〔1991・95年〕
	第28条	労働三権の保障 団結権 団体交渉権 団体行動権	○労働組合法〔1945・49年〕 ○労働関係調整法〔1946年〕 } 労働委員会〔労働委員・使用者委員・公益委員〕 ○特定独立行政法人等労働関係法 ○地方公営企業労働関係法 ○国家公務員法——人事院 ○地方公務員法——人事委員会

労働基本権と関係法及び関係機関

由として、賃金に関する差別的な取り扱いをしてはならないとする規定のこと。労働基準法第4条に明記されている。

強制労働の禁止 ② 暴行や監禁など精神、または身体の自由を不当に拘束する手段などにより、労働者の意思に反する労働を強制してはならないとする規定のこと。労働基準法第5条に明記されている。

中間搾取の排除 ② 他人の就業に介入し、不当に利益を得ることを禁止した規定のこと。労働基準法第6条に明記されている。条文では「法律に基づいて許される場合の外」となっており、労働者派遣業は「法律に基づいて許される場合」に該当する。

公民権行使の保障 ② 労働者が労働時間中に、選挙権などの公民権を行使する、証人として法廷へ出廷するなど公の職務を執行するといった理由のために必要な時間を請求した場合、使用者は拒んではならないとする規定のこと。労働基準法第7条に明記されている。なお、公民権行使及び公の職務執行に妨げがない場合は、請求された時間の日時を変更することは可能となっている。請求された時間分の賃金については、使用者には支払い義務は生じない。

労働基準法改正 ① 1998（平成10）年に施行された改正労働基準法では、事務系職への裁量労働制の拡大、女性の時間外休日労働及び深夜業への制限規定撤廃などが定められた。2010（平成22）年に施行された改正労働基準法では、時間外労働の削減に向けた法定割増賃金率の引き上げや代替休暇制度の創設、年次有給休暇の有効活用に向けた時間単位年休制度の創設などが定められた。2019（平成31）年以降の改正では、罰則つきの労働時間規制や年次有給休暇の確実な取得などが定められている。

労働基準局 ① 労働基準法に基づいて、労働基準法違反防止のために厚生労働省に置かれた中央統括機関。下部機関として、各都道府県を単位として労働局が置かれている。

都道府県労働局 ① 都道府県に設置されている、労働相談や労働に関する法令違反の摘発、失業の防止などに取り組む国の出先機関。労働基準監督署や公共職業安定所を管轄する。

労働基準監督署 ⑥ 労働基準法の労働者保護規定が守られるよう、事業主を監督するために各都道府県に置かれた機関のこと。労働条件の確保や改善指導、安全衛生指導、労災保険の給付などを行なっている。

公共職業安定所（ハローワーク） ② 職業安定法に基づいて、無料で求人・求職の情報提供や職業紹介事業を行なっている行政情報サービス機関。

職業安定法 ① 1947（昭和22）年制定。勤労権を保障するために、国民にその能力に応じた職業につくための職業案内事業に関して規定した法律。

最低賃金法 ⑥ 1959（昭和34）年に制定された、賃金の最低額を保障することにより、労働者の生活の安定をはかることを目的とした法律。なお、近年の最低賃金引き上げの動きは法律改正ではなく、厚生労働大臣の諮問機関である中央最低賃金審議会の答申に応じる形で、最終的には各都道府県の労働局長の決定により適用されているものである。

家内労働法 ① 1970（昭和45）年制定。家内労働者の労働条件の向上とその生活の安定をはかることを目的とした法律。工賃の最低額や安全などを定めている。

労働安全衛生法 ③ 1972（昭和47）年制定。労働災害を防ぐため、基準となる責任体制を明らかにする法律。目的は労働者の安全を確保し、職場環境を良好に保つことである。安全衛生管理者を置くことや、労働者に健康診断を受けさせることなどが定められている。

労働契約法 ④ 2007（平成19）年に制定された、労働契約に関する基本事項を定めた法律。労使紛争に関する最高裁判所の判例を法制化したもので、労働基準法や最低賃金法には明記されていない具体的なルールを規定している。ただし民法の特別法としての位置づけのため、規定違反に関して刑事罰の定めはない。

労働審判制度（労働審判法） ⑤ 労働者と使用者が労働関係において争う事態となったとき、裁判所で3回以内の迅速な決定を下す制度。個別の事案に即した決定を下すために、2006（平成18）年に始まった。労働審判の手続きは、裁判官である労働審判員1人と労働問題の専門家である労働審判員2人により構成される労働審判員会が審理し、調停などを経て、最終的には労働審判として判断を下す。これに不服であれば訴訟となる。

賃金 ⑥ 労働者の労働の対価として使用者が支払うお金のこと。労働基準法は、直接、通貨で、全額、毎月1回以上、一定期日に支払うことを定めている。

：**実質賃金** ④ 支給された賃金の実際の購買力のこと。名目賃金を消費者物価指数で除して求める。

：**職能給** ② 職務遂行能力に応じて支払われる給与制度のこと。人事評価によって、個々の労働者を職務遂行能力で分けられた等級にあてはめていくしくみになっている。

：**職務給** ② 担当する職務に応じて支払われる給与制度のこと。重要度や困難性などにより職務を等級に分け、その等級に応じた給与が支払われるしくみとなっている。

年俸制 ① 1年間の仕事の成果や貢献度によって、年間の給料総額を決める給与制度のこと。個々の従業員が年間目標を定め、年度末に目標の達成度を企業とともに評価して、翌年の年俸を決めるしくみをとっている。従業員のやる気を引き出す効果がある反面、実績が上がらないと給料がダウンしてしまうという面もある。

成果主義 ② 仕事の成果をもとに昇給や昇進を決めるという人事評価制度のこと。各人に目標を掲げさせ、その達成度を評価する目標管理、評価制度などがある。しかし、他人と協働しない、成果に結びつかないことはやらない、目標を低く設定して単純・簡単な仕事しかしないなどの問題が指摘されている。

労働時間（就業時間） ⑥ 労働者が使用者の指揮、監督のもとで労務を提供する時間のこと。労働基準法では、週40時間、1日8時間労働が規定されている。所定内労働時間と所定外労働時間とを合わせて「実労働時間」という。

週40時間労働 ② 1987（昭和62）年の労働基準法の改正で定められた、1週間の労働時間を40時間以内とする取り決めのこと。法定労働時間とも呼ぶ。1997（平成9）年から、原則すべての事業場で適用されている。ただし変形労働時間制を採用する場合は、一定期間内の平均の労働時間が法定労働時間を超えない限り、特定の日や週に法定労働時間を超えて労働することが可能である。

時間外労働 ② 労働基準法第36条に基づいて、使用者と労働組合または従業員代表者が結んだ協定（三六協定）による法定労働時間を超過した労働時間のこと。**残業** ③ともいい、通常の労働時間の2割5分から5割増の時間外手当が支払われる。

長時間労働 ② 三六協定で定める1週間15時間以内、年間360時間以内の時間外労働の限度基準を超えるような長時間の労働のこと。過労死をはじめとする、過重労働による健康障害の原因となっている。

完全週休2日制 ② 1週間につき2日の休日が毎週ある制度のこと。1週間に2日休みがある週が1カ月の間に少なくとも1度ある「週休2日制」とは定義が異なる。労働基準法に基づき、企業は何らかの形で週休2日制を導入している。

福利厚生 ① 使用者が労働者やその家族の健康と生活を向上させるために実施する取り組みの総称。家賃補助、慶弔金、育児介護支援など、給与や賞与以外の報酬・サービス全般を指す。

年次有給休暇 ⑤ 労働者の休暇を有給で保障する制度のこと。労働基準法に基づき、使用者は労働者に勤務年数と勤務状況に応じて、年間で10〜20日の有給休暇を与えなければならない。

フレックスタイム制（変形労働時間制） flexible working time ⑤ 全員が働くコアタイムは勤務するという前提のもとに、労働者が自由な時間に出社・退社できる制度のこと。1987（昭和62）年の労働基準法改正で認められた。変形労働時間制の１つで、１年間平均して週労働時間が40時間を超えてはならないとされている。労働時間の短縮、通勤ラッシュの緩和、労働者の生活が自由になるといった利点がある。

裁量労働制 ④ 実際の労働時間に関係なく、労使であらかじめ合意した時間を働いたとみなして賃金が支払われる制度のこと。1987（昭和62）年の労働基準法改正で、研究開発職や弁護士、デザイナーなどの専門業務型が認められ、2000（平成12）年からは企画、立案、調査、分析などの事務系職（ホワイトカラー）を対象にした企画業務型も対象に加えられた。働いたとみなされる時間を「みなし労働時間」という。

労働組合法（労組法） ⑥ 1949（昭和24）年に施行された法律。労働組合を法的に認め、団結権や団体交渉権を保障するとともに、労働協約の締結、不当労働行為の禁止、労働委員会の設置などについて規定している。

> **労働組合法（第１章）**
> 第１条　この法律は、労働者が使用者との交渉において対等の立場に立つことを促進することにより労働者の地位を向上させること、労働者がその労働条件について交渉するために自ら代表者を選出すること、その他の団体行動を行うために自主的に労働組合を組織し、団結することを擁護すること並びに使用者と労働者との関係を規制する労働協約を締結するための団体交渉をすること及びその手続を助成することを目的とする。

ショップ制 shop system ① 労働組合の組合員資格と従業員として雇用される資格との関係を定めた労使間の協定のこと。労働組合への加入・未加入が従業員の資格に関係のない「オープンショップ制」、使用者が従業員を雇用する場合に特定の労働組合の組合員から採用しなければならない「クローズドショップ制」、一定期間内に労働組合に加入することが雇用の条件になっている「ユニオンショップ制」、労働組合に加入していない者も団体交渉にかかる経費などを負担する必要がある「エージェンシーショップ制」がある。

労働協約 ⑥ 労働条件や労使関係に関して、労働組合と使用者が団体交渉で合意した協定書のこと。労働協約の労働条件についての具体的取り決め部分は、労使を拘束し、就業規則や労働契約に優先する。

争議行為（労働争議） ⑥ 労使がその主張を貫徹させるための行為。ストライキなどの労働者側からの業務の正常な運営を阻害する行為と、ロックアウトなどの使用者側からの対抗する行為がある。

ストライキ（同盟罷業） strike ⑤ 労働者が労働条件の要求を実現するために、団結して就労を拒否する争議行為の一種。

：サボタージュ（怠業） sabotage ② 労務の提供をしながら、意図的に作業の能率を低下させる争議行為の一種。

：ロックアウト（作業所閉鎖） lockout ② 争議中の労働者を使用者側が工場や事務所から締め出すことにより労働者側に圧力をかけること。

刑事上の免責（刑事免責） ⑤ 労働組合の団体交渉その他の行為で正当な活動は、刑法第35条が適用され処罰されないということ。労働組合法第１条２項で規定。

民事上の免責（民事免責） ⑤ 正当な争議行為による損害に対して、労働組合またはその組合員は賠償責任を免除されるということ。労働組合法第８条で規定。

不当労働行為 ⑥ 使用者が、労働者の団結権、団体交渉権、団体行動権を侵害したり、正常な組合活動を妨害したりする行為のこと。労働組合法第７条で禁止されている。不当労働行為があった場合には、労働者は労働委員会に申し立てを行ない、救済を受けることができる。

黄犬契約 yellow-dog contract ② 労働組合に加入しないことや、離脱することを条件とする雇用契約。不当労働行為にあたるため禁止されている。1920年代の恐慌時のアメリカにおいて多用され、条件をのむ労働者を「黄色い犬」と呼んだことからこの名称がつけられている。

労働関係調整法（労調法） ⑥ 1946（昭和21）年制定。労働関係の公正な調整、労働争議の予防と解決をはかることを目的とした法律。労働争議を調整するため、労働委員会による斡旋・調停・仲裁、公益事業の労働争議に対する内閣総理大臣の緊急調整などを定めている。

> **労働関係調整法（第１章）**
> 第１条　この法律は、労働組合法と相俟(あいま)って、労働関係の公正な調整をはかり、労働争議を予防し、又は解決して、産業の平和を維持し、もって経済の興隆(こうりゅう)に寄与することを目的とする。

労働委員会 ⑥ 労働関係調整法に基づいて、労働争議の調整や不当労働行為の判定などを行なう機関。

使用者委員 ③ 労働委員会を構成する労働者委員、使用者委員、公益委員のうちの１つ。

公益委員 ③ 労働委員会を構成する労働者委員、使用者委員、公益委員のうちの１つ。公平・中立な立場から公益を代表する立場。

中央労働委員会 ④ 労働委員会のうち、複数の都道府県に関係する問題や、全国的な問題を扱う労働委員会のこと。都道府県の問題を扱う労働委員会は「地方労働委員会」という。

：斡旋(あっせん) ⑥ 労働委員会の会長が指名した斡旋委員が、労使の間に立って労使の自主的解決を促す方法のこと。

：調停(ちょうてい) ⑥ 労働者、使用者、公益委員の３者で構成される**調停委員会**③が調停案を作成して労使に提示し、受諾を促す方法のこと。

：仲裁(ちゅうさい)（仲裁裁定） ⑥ 公益委員のみで構成された仲裁委員会が労使の主張を聞き、仲裁裁定を下す。仲裁裁定は労使を法的に拘束し、不満でも従わなければならない。

：緊急調整 ② 内閣総理大臣が、経済や国民生活をいちじるしく危うくする争議行為に対して行なう決定のこと。労働関係調整法第35条２項に基づき、公益事業や規模の大きな事案において実施する。中央労働委員会は、緊急調整の通知を受けた際には、斡旋・調停・仲裁など労働争議を解決するために最大限の努力を尽くさなければならない。緊急調整中は50日間争議行為が禁止される。

個別労働関係紛争 ② 労働者個人と使用者との間に生じた、労働条件に関する紛争。非正規雇用者の増加に伴い、件数が増加している。

4　現代日本の労働問題

日本的経営 ① 日本の企業にみられる特有な経営方式のこと。終身雇用制、年功序列型賃金、企業別組合、稟議(りんぎ)制度などの集団的決定方式、株式の持ち合い、下請け、系列制などがあげられる。

日本的労使関係（日本的雇用慣行） ⑥ 一般的には終身(しゅうしん)雇用制、年功序列(ねんこうじょれつ)型賃金、企業別組合の３つを指し、これらが一体となって企業への帰属意識や忠誠心を高めている。個人の価値観の多様化、経済のグローバル化、国内の外資系企業の増加といった要因を背景として、日本的労使関係も変容している。

メンバーシップ型雇用 ③ 企業が労働者に様々な業務を割り当てる雇用システム。日本的労使関係に該当する。業務内容などの労働条件を限定せずに労働契約を結ぶ。「人に仕事を合わせる」と表現される。

ジョブ型雇用 ③ 企業が労働者の業務などを限定する雇用システム。欧米を中心に世界では主流の体系である。業務内容や労働時間などの労働条件を、あらかじめ明確に定めて労働契約を結ぶ。「仕事に人を合わせる」と表現される。

終身(しゅうしん)雇用制 ⑥ 企業が従業員を定年まで雇用する制度。労働者の長期的かつ計画的な育成に適しており、高度経済成長を支えた雇用体系とされる。現在も多くの企業が採用しているが、日本経済の停滞、成果(せいか)主義の台頭、労働者の価値観の変化、労働生産性を重視する働き方改革など多くの要因や社会情勢の変化に伴い、見直しが進められている。

年功序列(ねんこうじょれつ)型賃金 ⑥ 勤続年数に応じて賃金や社内の地位が上がっていく制度。勤続年数の長さが職務や能力より重視される。従業員の高齢化に伴う人件費増大などを理由に賃金体系を見直し、成果主義の導入や部課長制の廃止などを進める企業が増えている。

企業別組合（企業別労働組合） ⑥ 企業ごとに、その企業で働く正規(せいき)社員で組織された労働組合のこと。日本の労働組合のほとんどが企業別組合で、労使協調主義をとっている。その企業の具体的な労働条件の協議・交渉ができる反面、闘争力が弱いといわれる。

正規雇用(せいきこよう)者 ⑥ 正社員、正職員として雇用される労働者のこと。非正規雇用以外の雇用労働者。

非正規雇用（ひせいきこよう）者 ⑥ パートタイマー、アルバイト、契約社員、派遣社員などの労働者の総称。平成不況以降、コスト削減のため増加した。2021（令和３）年の非正規雇用者の割合は、男性21.8%、女性53.6%となっている。労働者本人の都合に合わせて労働時間を調整できるが、賃金が低く、雇用が不安定で、将来への展望が持ちにくい。企業にとっても技術の蓄積や伝承が難しいなどの問題がある。

パートタイマー ⑥ 正規の労働者より短い時間、雇用される労働者のこと。男女別でみると約75%が女性である。正規労働者とかわらぬ仕事をしながら、賃金、休暇、立場といった様々な面で不利な状況に置かれているパートタイマーが多い。

：**アルバイト** ④ ドイツ語の「Arbeit」が語源。一般的には、学業などの本業のかたわら、副業的・臨時的に就業する者のこと。

：**フリーター** ②「フリー・アルバイター」の略称。『国民生活白書』では、学生と主婦を除く満15〜34歳の人のうち、正社員以外の雇用者で働く意思のある人をフリーターとして推計している。学校卒業後にうまく就職できなかった人や、退職後の再就職が不調だった人などがいる。やりたいことがほかにあるからとの理由の人もいる。

パートタイム・有期雇用労働法 ③ 1993（平成５）年に制定された「パートタイム労働法」を改正・名称変更し、2021（令和３）年から施行された法律。パートタイマーや有期雇用労働者の労働条件の適正化、教育訓練の実施、福利厚生の充実、職業能力の開発向上などをはかることを目的としている。

派遣（はけん）労働者（社員） ⑤ 労働者派遣事業者に雇用される労働者のこと。要請があった企業に派遣され、そこでの業務に従事する。

派遣切り ① 派遣労働者（派遣社員）が、不況や業績悪化などを理由に解雇されたり、雇用契約の更新（こうしん）を拒否されたりすること。違法性の高い措置といえるが、正規労働者でないため、労働組合などの支援が得られにくい。2008（平成20）年のリーマン・ショックに端を発する世界的不況の影響により、急激に増えた。

労働者派遣事業法 ④「労働者派遣法」ともいう。1985（昭和60）年に制定された、労働者派遣事業の適正な運営と、派遣労働者の雇用の安定及び福祉の増進を目的とする法律のこと。制定当初はソフトウェア開発や財務処理など16業務に限定し、期間も１年と制限されていたが、社会情勢に合わせて法改正を重ね、現在は業務内容・期間ともに制限が緩和されている。

契約（けいやく）社員 ⑥ 正社員とは別の労働条件のもとで、給与額や雇用期間など個別の労働契約を結んで働く社員のこと。専門職として１年間の雇用期間を定めて働く、形態や期間の定めをせずに非常勤で経験を活かして働く、定年後に引き続き勤める嘱託（しょくたく）契約で働くなどの形態がある。

有期（ゆうき）労働契約 ② 労働者と使用者、双方合意の上で労働期間をあらかじめ定めた労働契約。労働契約法が2012（平成24）年に改正され、有期労働契約で働いている労働者を連続して５年以上雇（やと）うと、使用者側はこの労働者を無期雇用としなければならないことになった。雇い止めを心配することなく働けることになるといわれたが、実際は５年を待たずに契約が打ち切られる事例が増えたとの指摘がある。

雇（やと）い止め ① 有期労働契約において、雇用期間の更新（こうしん）を行なわず契約を終了すること。円満な契約満了ばかりではなく、事実上の解雇（かいこ）に近い不当な扱いを受ける労働者も多いことから、判例では解雇権濫用（らんよう）法理の類推による雇用保証が認められるケースもある。

雇用の流動化 ② 転職や人材交流などの増加により、労働市場が活性化すること。適正な人的資源配置と産業構造転換を引き起こすことで、経済発展につながるとされるが、近年の日本では非正規雇用者の増加によって起きる「悪い雇用の流動化」が指摘されている。

職業能力開発支援 ① 求職者や転職希望者などに対し、知識や技能を学ぶ職業訓練の支援を行なうこと。支援事業者への助成制度や、職業訓練施設の設営などが行なわれている。

外国人労働者 ⑥ 当該国以外から労働目的で入国し就労する、当該国の国籍を有しない労働者のこと。日本の場合、出入国管理及び難民（なんみん）認定法により、外国人単純労働者の入国を厳しく制限している。そのため、密入国、不法就労、劣悪（れつあく）な労働条件、医療や教育の不備、住居の問題などが起こっている。少子化や高齢化に伴い、経済社会を維持するためには外国人労働力に依存しなければならないという指摘もあり、制度の拡充に取り組んでいる。

: **外国人技能実習制度（外国人研修制度）** ③ 1993（平成５）年に導入された、技能・技術・知識などを発展途上地域に移転し、当該地域の経済発展を担う人材育成に寄与するという、国際協力推進に関する制度。最長で５年間日本に在留し、労働に従事しながら技能などの習得を目指す。しかし劣悪な労働環境や人権侵害の被害にあうことが多いことから、2017（平成29）年に施行された技能実習法によって新たな制度となり、管理監督体制が強化された。2019（令和元）年には過去最多となる約41万人の技能実習生が登録されている。

: **外国人受け入れ制度** ① 国外から外国籍の労働者を受け入れる制度。経済・社会の活性化や国際化をはかるため、積極的な受け入れを進めている。同時に、国内労働者の就業機会減少や労働市場の二重構造化、失業、国際関係の変化などの課題解決に取り組んでいる。

: **在留外国人** ① 日本に合法的に滞在するための在留資格を有する外国人のこと。2021（令和３）年６月時点で約282万人が在留しており、中国を筆頭にアジア諸国の出身者が多い。在留資格は29種類あり、居住資格４種類と活動資格25種類に分けられる。

: **特定技能** ④ 労働者確保が困難な状況の産業分野において、一定の専門性・技能を有する外国人を受け入れるための在留資格。出入国管理及び難民認定法を改正し、2019（平成31）年４月より創設された。介護や宿泊など12業種を対象とし、在留期間の上限を５年とする「特定技能１号」と、建設、造船・船舶工業の２業種を対象とし、在留期間の上限がない「特定技能２号」に分けられる。2022（令和４）年９月時点の特定技能在留外国人は、１号が約11万人、２号が３万人となっている。

不法就労（者） ② 外国人が正式な在留及び就労許可を得ないで働くこと。観光ビザで入国して就労する資格外活動、残留期限を超えての不法残留による就労、不法入国・上陸による就労などがあり、いずれも出入国管理及び難民認定法違反となる。

出入国在留管理庁 ① 出入国管理行政を所管する、法務省の外局に位置する行政機関。技能実習制度や特定技能の創設などにより、外国人人口の増加が見込まれることから、外国人の出入国や在留の管理に関する施策を総合的に推進するため、2019（平成31）年４月に設置された。

移民労働者権利条約 ① 1990（平成２）年の第45回国連総会で採択された、移住労働者とその家族の権利保護に関する国際条約。報酬や労働条件についての平等待遇や、情報を無料かつ理解できる言語で提供される権利などを定めている。しかし、日本をはじめ先進諸国は批准していない。

リストラクチャリング（リストラ） re-structuring ⑤ 不採算部門の切り捨てや、成長部門の拡充によって企業の事業を再構築すること。バブル経済の崩壊後、リストラによる中高年の出向、希望退職、勧奨退職、解雇が増加した。

アウトソーシング outsourcing ① 自社の業務を外部委託すること、もしくは部品を外国から調達すること。前者は企業のスリム化・合理化がはかれる。後者は円高が進めば調達コストの低減が見込める。

合理化 ① 生産性向上のため、技術革新や労働者の配置転換などにより生産費の無駄を省くこと。

過労死 ⑥ 長時間労働や過重業務による肉体的・精神的過労やストレスの蓄積で、突然死に至ること。過労死等防止対策推進法では定義として、業務における過重な負荷による脳血管疾患もしくは心臓疾患を原因とする死亡とともに、強い心理的負荷による精神障がいを原因とする自殺による死亡、つまり**過労自殺**①も含めている。2021（令和３）年度の労災補償状況によると、過労死などに関する請求件数のうち、自殺未遂を含む死亡の件数は136件となっている。

ブラック企業 ① 労働者に極端な長時間労働やノルマを課す、ハラスメント行為が横行するなど、コンプライアンス意識が低く、労働者に対して過度の選別を行なうといった特徴を持つ企業の総称。もともとはインターネットで使われていた俗語だが、2013（平成25）年に流行語となるなど、一般的に用いられる表現となっている。なお、厚生労働省は定義していない。

サービス残業 ⑥ 実際の残業時間に見合う時間外手当が支払われない残業のこと。時間外手当をまったく支払わなかったり、上限を設けたり、過少申告させたりする。

ワークシェアリング work sharing ④ 総量の決まっている仕事を、１人あたりの労働時間を減らすことでより多くの人に仕事を分配すること。人間的な生活をするための余暇時間を増やす効果や、雇用機会を増やすことによって失業を減らす効果がある。

：**ボルダーモデル** ① オランダ型のワークシェアリングのこと。オランダにおいて、政府、経済界、労働組合の同意により導入された。同一労働・同一賃金の原則を採用し、フルタイム労働とパートタイム労働の賃金差別をなくしたことで、パートタイム労働者が増加した。

ワーク・ライフ・バランス work-life balance ⑥ 仕事と家庭や余暇のバランスをとること。内閣府の説明に従えば、一人ひとりが働くことにやりがいや充実感を持ち、責任を持って仕事をこなし、家庭や地域社会でも役割を果たすことを通して、人生のそれぞれの段階で多様な生き方が選択・実現できること。男女共同参画社会を実現する上で欠かせないとしている。

メンタルヘルス mental health ① 精神的・心理的な健康状態のこと。日本の中高年男性の自殺率は諸外国よりも高く、雇用や経済の状況との相関も高いことから、大きな課題となっている。

働き方改革関連法 ④ 2019（平成31）年4月より順次施行された、労働法の改正を行なうための法律の通称。正式名称は「働き方改革を推進するための関係法律の整備に関する法律」。労働基準法や労働契約法など8法令を改正した。時間外労働の上限規制や年次有給休暇の取得義務化、同一労働・同一賃金、高度プロフェッショナル制度導入などを内容とする。

同一労働・同一賃金 ⑥ 性別や雇用形態、人種、宗教、国籍などに関係なく、同じ職種に従事する労働者に同じ賃金水準を適用すること。正規雇用労働者と非正規雇用労働者の不合理な待遇差の解消を目指す。ILO憲章前文にも示されており、基本的人権の1つと考えられている。2020（令和2）年にパートタイム・有期雇用労働法によって大企業に求められ、法改正により翌2021（令和3）年には中小企業にも求められるようになった。

非正規格差是正訴訟 ① 2020（令和2）年に最高裁判決が下された、同一労働・同一賃金に関する5件の訴訟のこと。賞与や退職金の支給については、業務内容の相違などを理由として非正規格差は不合理ではないと判断された。夏期・冬期休暇の付与、年末年始勤務手当や扶養手当の支給などについては、業務内容の相違を踏まえても非正規格差は不合理であると判断され、非正規雇用労働者にも付与・支給が認められた。

高度プロフェッショナル制度 ② 高度の専門的知識などを有し、職務の範囲が明確で、一定の年収要件を満たす労働者を対象とし、労働基準法で定められている労働時間規制の対象から除外する制度。実働労働時間の概念がなくなるため、成果主義による賃金体系と裁量労働制の対象となり、労働生産性の向上が期待されている。一方、長時間労働の横行や、時間外勤務手当の対象外になるなどの課題が指摘されている。

テレワーク（リモートワーク） tele work ③ 情報通信技術を活用した、時間や場所を有効に活用できる柔軟な働き方のこと。「tele（離れて）」と「work（仕事）」を合わせた造語。自宅で働く在宅勤務、職場以外の施設などで働くサテライトオフィス勤務、移動中などに働くモバイル勤務などがある。新型コロナウイルス感染症の流行もあり、2020（令和2）年以降急速に普及した。

フリーランス freelance ③ 特定の企業や団体などに所属せず、業務委託によって働く個人事業主のこと。デザイナーやSE（システムエンジニア）などの職種に多い。厚生労働省を中心に、2021（令和3）年に「フリーランスとして安心して働ける環境を整備するためのガイドライン」が策定されている。

：**ギグワーカー** gig worker ① インターネットを通じて単発の仕事に従事する労働者のこと。フリーランスの一種。配達代行やオンラインレッスン、コンサルティングなどに多い。

障害者雇用促進法（身体障害者雇用促進法） ⑤ 1960（昭和35）年、障がい者の能力を開発し、雇用を促進するために制定された法律。企業に対して、障がい者の**法定雇用率**①を最低2.3%と定めている。また、従業員を43.5人以上雇用している事業主は障がい者を1人以上雇用しなければならない。しかし納付金でかえられるため、実際は法定雇用率に達していない企業が多い。

高年齢者雇用安定法 ② 1971（昭和46）年に制定された、高年齢者の職業安定と福祉増進をはかるとともに、経済と社会の発展を目指す法律。定年制を直接規制対象とする初めての法律であり、定年引き上げや継続雇用制度導入、再就職の促進などを目指している。2021(令和３)年の改正では、努力義務として70歳までの定年引き上げなどが新たに加えられた。

育児休業法(育児・介護休業法) ⑥ 乳幼児や介護が必要な家族を持つ労働者に、最高１歳６カ月までの育児や、３カ月の介護のための休業を事業主に義務づけた法律。1991(平成３)年に育児休業法として制定され、1995(平成７)年に育児・介護休業法に改正された。2021(令和３)年の改正により、新たに男性の育児休業促進や、育児休業の分割取得などが順次施行されていくこととなった。

: **育児休業** ① 子を養育する労働者が申請することで取得可能な休業のこと。基本的には子が１歳に達するまでとされている。2021(令和３)年の育児・介護休業法改正を受けて、厚生労働省は「育MENプロジェクト」を立ち上げ、男性の育児休業取得促進を目指している。

: **介護休業** ① 要介護状態にある対象家族を介護するための休業のこと。要介護状態とは、負傷や疾病、または身体上もしくは精神上の障がいにより、２週間以上の期間にわたり常時介護を必要とする状態を指す。対象家族は(事実婚を含む)配偶者、父母、子、配偶者の父母、祖父母、兄弟姉妹、孫となっている。

介護離職 ① 家族の介護に専念するために仕事を辞めること。2017(平成29)年の介護離職者は約９万人で、離職者全体の約２％となっている。しかし、10年ほどの間で約２倍に増えており、高齢者人口の増加に伴い今後も増加傾向は続くとみられている。

男女雇用機会均等法 ⑥ 職場での男女平等を目指し、募集・採用、配置・昇進、定年・解雇などにおける女性差別を禁止した法律。1985(昭和60)年、女子差別撤廃条約の批准に伴い成立した。1997(平成９)年、募集、採用面での差別撤廃の規定化、事業主のセクハラ防止の配慮義務が規定された。さらに労働基準法が改正され、時間外、休日、深夜労働禁止などの女性保護規定の撤廃などの改正が行なわれた。2006(平成18)年、男女双方への差別禁止、妊娠・出産などを理由とする不利益取り扱いの禁止、男女労働者に対するセクハラ防止措置の義務化などの改正が行なわれた。2016(平成28)年以降の改正では、マタニティ・ハラスメント防止措置義務の設置やセクハラ防止における使用者の責任強化などが加えられている。

男女共同参画社会基本法 ⑥ 男女平等を推し進めるために、1999(平成11)年に制定された法律。男女が互いに人権を尊重しつつ、能力を十分に発揮できる男女共同参画社会の実現を目的としている。家庭生活だけでなく、議会への参画やその他の活動においての基本的平等を求め、国・地方公共団体や国民の取り組みを計画的に推進することも内容としている。

女性活躍推進法 ① 2016(平成28)年に施行された、女性が自身の個性・能力を十分に発揮できる社会の実現を目指す法律。正式名称は「女性の職業生活における活躍の推進に関する法律」。対象企業に行動計画の策定・提出と女性活躍状況の情報公表が義務づけられている。2022(令和４)年の改正では、情報公表義務項目に「男女の賃金差異」が追加されたほか、対象企業も拡大した。2025(令和７)年までの時限立法である。

セクシュアル・ハラスメント(セクハラ) ⑥ 性的嫌がらせによって、仕事上の不利益を与えたり、職場環境を悪化させたりすること。上司が性的関係を迫り、拒否すると昇進を妨害するといった対価型セクハラ、職場にポルノカレンダーを貼るといった環境型セクハラなどがある。1997(平成９)年の男女雇用機会均等法改正により、事業主にセクハラ防止義務が初めて課せられた。

パワー・ハラスメント(パワハラ) ③ 組織などにおける地位や人間関係などの優位性を利用した嫌がらせ行為のこと。厚生労働省は、職場において行なわれる優越的な関係を背景とした言動で、業務上必要かつ相当な範囲を超えたものにより、労働者の就業環境が害されるものと定義している。2022(令和４)年４月よりパワハラ防止法が全面施行され、すべての企業に防止措置義務が課されるようになった。

ニート ③ 非労働力人口のうち、満15～34歳で、通学・家事もしていない若年無業者のこと。「Not in Education, Employment or Training」の略語。就業を希望するものの具体的な就職活動を起こしていない非求職型と、就業自体を希望していない非希望型がある。2020(令和２)年の労働力調査では約69万人と推計されている。

就職氷河期 ① 1990～2000年代における、雇用環境が厳しかった時期のこと。主にバブル経済崩壊後からアジア金融危機後までを指す。厚生労働省はこの時期に新卒での就職が難しかった「氷河期世代」に対し、就職や社会参加の支援を行なっている。

格差の拡大 ③ 第二次世界大戦後、先進国の中でも比較的均質な社会構造を保ってきた日本が、21世紀に入り所得をはじめ様々な格差をみるようになったこと。バブル経済が崩壊し、右肩上がりの経済成長が終わった日本社会は、21世紀に入り小泉純一郎(こいずみじゅんいちろう)内閣のスローガンである「改革なくして成長なし」を受けた構造改革を進めた結果、格差の拡大が指摘されるようになった。内閣府のミニ白書では、所得格差をあらわすジニ係数は若年層の格差拡大を示している、としている。

ワーキングプア working poor ⑥ 職を得て働いているにもかかわらず、生活保護基準を満たせるかどうかの低い所得水準しか維持できない労働者のこと。パートタイマーや契約社員など非正規雇用労働者の増加が、ワーキングプアを増大させている。

雇用対策法 ② 1966（昭和41）年に制定された、労働者の職業の安定や経済・社会の発展、並びに完全雇用の達成に資することを目的とする法律。2007(平成19)年の改正では、人口減少下における就業促進をはかり、青少年の応募機会の拡大や、募集・採用における年齢制限禁止の義務化などを明記した。

U・Iターン ① 進学や就職などのために別の居住地に移転した者が出身地に戻って就職・転職する「Uターン」と、首都圏で生まれ育った者が就職・転職を機に地方へ出ていく「Iターン」を合わせた言葉。地方活性化を目指す地方公共団体や企業が奨励制度を充実させている。

積極的労働市場政策 active labour market policies ① 労働市場に積極的な働きかけを行なう政策のこと。デンマークやスウェーデンなどの北欧諸国で長年採用されている。OECDの定義では、公共職業安定所や職業訓練施設などを利用して就職相談や職業訓練などを実施することにより、失業者を労働市場に復帰させる政策を指す。また、失業者に失業手当などを提供する政策や、早期退職により新たな雇用の余地を生み出す政策は「消極的労働市場政策」としている。

フレキシキュリティ flexicurity ① 北欧を中心とする福祉国家で採用されている、積極的労働市場政策モデルを指す言葉。「flexibility＝柔軟性」と「security＝安全」を組み合わせた造語。柔軟性に優れた労働市場、手厚い失業保障、実践的な職業訓練などを特徴とする。

アンペイドワーク unpaid work ① 無報酬(むほうしゅう)の労働のこと。家事や育児、介護などの家事労働や、自営業などにおける無償の家族労働、ボランティアなどが該当する。

4 社会保障

1　社会保障の歩み

社会保障 ⑥ 貧困、疾病(しっぺい)、老齢(ろうれい)などの生活不安に対して、社会的責任として国が国民の最低限度の生活（ナショナル・ミニマム）を保障すること。アメリカの社会保障法で「社会保障（social security）」という言葉が最初に用いられた。

社会保障制度 ⑥ 社会保障政策を進める上で必要なしくみのこと。日本の場合、社会保険、公的扶助、社会福祉、公衆衛生をいう。

社会保障政策 ④ 国がすべての国民に「健康で文化的な最低限度の生活」を保障するためにとる政策のうち、社会保障制度を通して行なう政策のこと。

福祉国家 ⑥ 国民の最低限度の生活を保障するため、国による社会保障制度の充実と完全雇用の実現を目標としている国家のこと。20世紀に入って急速に発展し、現代国家の性格を特徴づけるものとなった。社会保障、公教育、保険医療、生活関連社会資本の建設・維持など、具体的な政策を実施する。全国民を対象に高水準の公的福祉を提供する北欧諸国などの社会民主主義型、市場を通じての私的福祉システムを中心とするアメリカなどの自由主義型、職業別の社会保険制度と国による最低保障を組み合わせるフランスやドイツなどの保守主義型がある。

救貧(きゅうひん)法 ① イギリスにおける貧民救済のための法律。

：エリザベス救貧法 ⑥ 1601年、イギリス女王エリザベス1世（在位1558～1603）が発した救貧法。浮浪(ふろう)と乞食(こじき)を禁止し、厳しく処罰した。そして、大人も子どもも労働能力のある者は働かせ、労働能力のない者については地域自治体である教区に保護を命じた。

ベバリッジ報告 Beveridge Report ⑥ 1942年に公表された、イギリスの社会保険及び関連サービスに関する報告。基本的ニーズを充足する包括的な国民保険法と、特別の緊急なニーズに対応する公的扶助を柱に、全国民にナショナル・ミニマムを保障することを社会保障の目的とした。ベバリッジの名称はこの報告書をまとめた経済学者の名前に由来する。

年	国	事項
1601年	[英]	エリザベス救貧法制定
1874年	[日]	恤救(じゅっきゅう)規則制定
78年	[独]	社会主義者鎮圧法制定
83年	[独]	疾病保険法制定（社会保険制度の始まり）
1911年	[英]	国民保険法制定（失業保険制度の始まり）
19年		国際労働憲章を採択
		国際労働機関（ILO）、失業に関する勧告を採択
22年	[日]	健康保険法制定
33年	[米]	ニューディール政策始まる
35年	[米]	社会保障法成立
38年	[日]	国民健康保険法（旧法）制定
42年	[英]	ベバリッジ報告発表
44年		ILO、フィラデルフィア宣言を採択
46年	[日]	生活保護法（旧法）制定
47年	[日]	労働者災害補償保険法、失業保険法、職業安定法制定
49年	[日]	身体障害者福祉法制定
50年	[日]	生活保護法（新法）制定：無差別平等
52年		ILO、社会保障の最低基準に関する条約（第102号）を採択
54年	[日]	厚生年金保険法制定
58年	[日]	国民健康保険法（新法）制定：国民皆保険
59年	[日]	国民年金法制定：国民皆年金
63年	[日]	老人福祉法制定
64年	[日]	母子福祉法制定
71年	[日]	児童手当法制定
74年	[日]	雇用保険法制定
86年	[日]	国民年金法、厚生年金法を改正：公的年金制度の一元化
97年	[日]	介護保険法制定（2000年開始）
2004年	[日]	年金制度改革：世代間公平のためのマクロ経済スライドの導入
08年	[日]	後期高齢者医療制度開始
12年	[日]	社会保障・税一体改革
15年	[日]	共済年金を厚生年金に統一
18年	[日]	働き方改革関連法制定
22年	[日]	社会保険の適用を段階的に拡大

社会保障制度の歩み

「ゆりかごから墓場まで」 ⑥ ベバリッジ報告の中で示された、全生涯の生活保障を目標とするイギリスの社会保障制度を表現する言葉。原題は「from the cradle to the grave」。

ナショナル・ミニマム national minimum ⑥ 最低限度の国民生活水準のこと。または、国民の最低生活を保障するために、公的に給付される扶助の最小限度の水準のこと。ベバリッジ報告の社会保障計画の基本原則の1つ。

国民保険法 ① イギリスの社会保険制度について定めた法律のこと。1911年に成立したイギリス最初の社会保険関係法で、健康保険と失業保険の創設を規定した。1946年に改正し、給付の対象として、疾病、失業、退職、出産、寡婦(かふ)、児童、遺族などを定め、ベバリッジ報告に基づく総合的社会保険制度の実現を目指した。

イギリスの社会保障制度 ② ベバリッジ報告に基づく、全国民を対象とする社会保障制度。包括的な社会保険によって基本的な必要を満たし、特別な場合には公的扶助で補うしくみとなっている。国、使用者、労働者の3者が拠出(きょしゅつ)し、均一(きんいつ)給付のフラット制となっている。

北欧型の社会保障制度 ⑤ 国民の最低生活の保障を目標とし、国や地方公共団体の公費負担が高く、均一拠出・均一給付のフラット制を原則としている。反面、手厚い社会保障制度のため、国民の租税負担率は高い。**税方式**①の社会保障制度とも表現される。

大陸型社会保障制度 ⑤ 社会保険制度を軸とし、所得に応じて保険料を負担、納めた保険料に比例して給付を受ける。所得比例主義に基づく社会保障制度を展開しているため、国の支出が少ない。**社会保険方式**①の社会保障制度とも表現される。

第4章

アメリカ型の社会保障制度 ② 民間部門の保険やサービスが発達しており、公的制度を補完している。また、全国民をカバーする公的医療保険制度がなく、満65歳以上の高齢者と一定の障がい者を対象とする連邦政府のメディケア(高齢者医療保険制度)、低所得者を対象とする州政府のメディケイド(医療扶助制度)という公的保障が存在する。年金保険は租税方式をとっている。

社会保障法 Social Security Act ⑥ 1935年にアメリカで制定された社会保障法のこと。ニューディール政策の1つで、老齢遺族年金と失業保険を柱とする。「Social Security」が社会保障の語源となった。

オバマケア(アフォーダブルケア法) the patient protection and affordable care act ① 2010年にバラク＝オバマ大統領(当時)が署名した、医療保険制度改革に関する連邦法のこと。医療保険に加入していない無保険者の増加に歯止めをかけることを目指し、低所得者への補助金支給と、未加入者への罰金を義務化した。しかし反発の声も大きく、後任のトランプ前大統領がオバマケア廃止を選挙公約としたほか、全米各地で訴訟が起きるなど、現在も見直しや廃止の議論が進められている。

ビスマルク Bismarck ⑥ 1815〜98 プロイセンの宰相。ヴィルヘルム1世(在位1861〜88)とともにプロイセンの近代化に腐心した。急速な近代化をはかるために上からの近代化を進めるとともに、ドイツが国際社会で孤立しないように外交にも力を尽くした。

：**アメとムチの政策** ⑤ プロイセンの宰相ビスマルクのとった社会政策のこと。社会保険立法による労働者保護(「アメ」)と、労働運動弾圧のための社会主義者鎮圧法(「ムチ」)を使い分けて、労働者対策を推進した。

：**社会主義者鎮圧(ちんあつ)法** ④ 1878年に制定されたプロイセンの法律。ドイツ社会主義労働者党を標的に結社を禁じ、集会や出版を制限した。

：**疾病(しっぺい)保険法** ① 1883年にプロイセンで成立した、世界最初の社会保険法。1884年の労災保険法、1889年の年金制を導入した老齢廃疾(はいしつ)保険法と合わせて、「ビスマルク社会保険」といわれている。

フィラデルフィア宣言 ④ 1944年にILO(国際労働機関)総会で採択された「ILOの目的に関する宣言」のこと。社会保障の定義や所得保障に関する第67号条約、医療保護に関する第69号条約、雇用保障に関する第72号条約を採択した。これらの条約をもとに、1952年、ILOの社会保障の最低基準に関する条約(ILO102号条約)が採択された。

ILO102号条約 ①「社会保障の最低基準に関する条約」のこと。フィラデルフィア宣言以後の、労働と社会保障に関するILO(国際労働機関)の取り組みをまとめる形で採択された。社会保障に関する国際的な最低基準が示されたことに意義がある。

2 日本の社会保障制度

恤救(じゅっきゅう)規則 ② 1874(明治7)年に制定された、日本で最初の公的救貧(きゅうひん)の法。極貧(ごくひん)で身寄りもなく、労働能力を持たない障がい者や満70歳以上の高齢者、重病人、満13歳以下の者を対象に、米(こめ)代を支給した。

公的扶助(ふじょ) ⑥ 日本の社会保障制度の柱の1

つ。生活困窮者に対して、最低限の生活を国が保障するしくみのこと。「生活保護」ともいう。

生活保護 ⑥ 1946(昭和21)年に制定された生活保護法に基づいて実施される、生活困窮者に対する救済制度のこと。扶助の対象は、生活、生業、教育、住宅、出産、葬祭、介護、**医療扶助** ② の8種類がある。

：**生活保護法** ⑥ 1946(昭和21)年に制定。国が生活困窮者に対し、困窮の程度に応じて必要な保護を行ない、健康で文化的な最低限度の生活の保障と自立の援助を目的とした法律。生活保護受給者の増加傾向や、高齢化などに伴う生活保護費負担金の増加を受け、2014(平成26)年の改正では、不正受給対策の強化や医療扶助の適正化などが追加された。

親族扶養義務の優先 ① 民法で定められている扶養義務は生活保護よりも優先される、という生活保護法に明記された原則のこと。扶養とは、自分で生計を立てられない家族や親族に対して、経済的な援助を行なうことを指す。民法では直系血族及び兄弟姉妹には互いに扶養をする義務があるとされており、生活保護受給の申請時に扶養義務者に対して、扶養義務の履行状況の照会が行なわれる場合がある。

社会保険 ⑥ 日本の社会保障制度の柱の1つ。生活上の困窮や不安をもたらす疾病、老齢、障がい、失業などに対して、一定の給付を行なう強制加入方式の公的保険制度のこと。

社会保険制度 ② 公的社会保険のしくみのこと。医療、年金、雇用、労災、介護保険がある。国民保険と国民年金により、日本は職域加入者を対象とした大陸型から、全国民を対象にしたイギリスや北欧型社会保険制度に移行した。

社会保険料（保険料） ⑥ 社会保険給付の費用を賄うために徴収される掛金のこと。民間勤労者の場合には、労使折半が原則となっている。

医療保険（健康保険） ⑥ 被保険者、またはその扶養者に疾病やけがなどが起こった場合、医療サービス、その他の給付を行なう社会保険のこと。1922(大正11)年に制定された**健康保険法**③によって、民間勤労者を対象とした日本で最初の医療保険が制度化された。

：**国民健康保険** ④ 1958(昭和33)年に制定された**国民健康保険法**④に基づく、農業、自営業などの従事者を対象とした医療保険のこと。

国民皆保険 ⑥ 全国民が国民健康保険制度に加入すること。1961(昭和36)年、国民健康保険の全市区町村での実施開始により、国民皆保険が実現した。

福祉元年 ① 1973(昭和48)年、田中角栄内閣(当時)によって進められた、社会保障に関する大幅な制度拡充のこと。老人福祉法改正(老人医療費の無料化)、健康保険法改正（健康保険の被扶養者給付率の引上げ、高額療養費制度の導入)、年金制度改革(給付水準の引き上げ、物価スライド・賃金スライドの導入)などがあげられる。

雇用保険 ⑥ 1974(昭和49)年に制定された雇用保険法による、従来の失業保険を発展させた制度のこと。失業者への失業給付、新たな失業を未然に防ぐための高年齢雇用継続給付、育児休業給付などがある。

失業保険 ① 1947(昭和22)年、失業者の生活の安定を目的とする失業保険法に基づき創設された社会保険制度のこと。1974（昭和49）年の雇用保険法の成立をもって失業保険法は廃止され、失業保険制度は雇用保険制度にかわった。

労働者災害補償保険（労災保険） ⑥ 労働者災害補償保険法に基づく、労働災害の補償のための保険制度のこと。使用者が保険料を全額負担し、療養補償、休業補償、障がい補償、遺族補償などが給付される。正規雇用者のみでなく、非正規雇用者にも適用される。2021(令和3)年の休業4日以上の死傷者数は約15万人となっている。

：**労働災害** ② 労働業務が原因で労働者が被る疾病、負傷、死亡及び通勤途上の災害のこと。

年金保険 ⑥ 働けるうちに保険料を支払って、老後や障がい、または死亡したときに、給付金が支払われる社会保険のこと。

労働者年金保険法 ① 1941（昭和16）年に制定された、年金保険に関する初めての法律。工場などの男子労働者を被保険者とし、養老年金などを支給する制度を創設した。1944(昭和19)年に厚生年金保険法へと改称し、被保険者の対象も事務職員や女性にも拡大した。

年金 ⑤ 保険料を支払った被保険者の老齢、障がい、死亡などに際して、国や年金基金（運営主体により公的年金、私的年金、個人年金がある）から保険受取人に支払われる給付金、またはその制度のこと。

	イギリス・北欧型 （基本年金方式）	大陸型（ドイツ・フランス） （社会保険方式）	日本 （折衷型方式）
対象	全国民	被雇用者	全国民
給付	定額給付	報酬比例給付	定額基礎年金＋報酬比例給付
財源	税	保険料	保険料（½）＋税（½）
基本機能	所得再分配 老人の生活保障	貯蓄保険または 退職金の延長	所得再分配か貯蓄保険か 不明確

年金保険の型

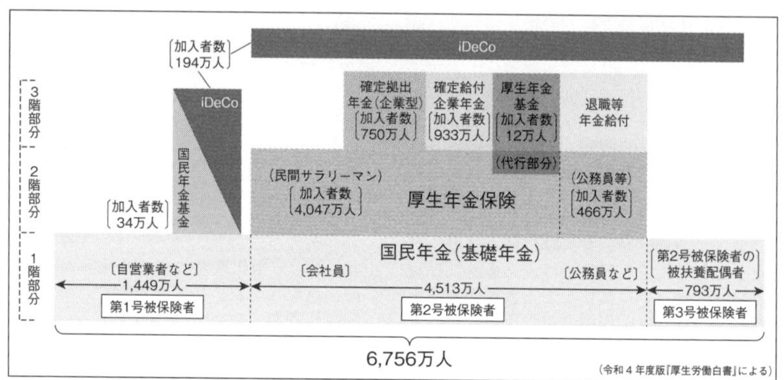

年金制度の体系

老齢年金 ② 退職後の老年期の生活保障のため、一定の年齢になると年金が給付される制度、またはその給付金のこと。日本では1986（昭和61）年に改正された国民年金法により、満65歳以降の年金支給となった。満20歳から60歳未満までの国民年金及び厚生年金の加入期間などに応じ、年金額が計算されるしくみとなっている。

公的年金 ⑥ 国や共済組合が運営し、強制加入を原則とする年金のこと。加入者の種類によって、厚生年金、国民年金、共済組合年金（現在は厚生年金に一元化）がある。

厚生年金 ⑥ 1954（昭和29）年に制定された厚生年金保険法に基づく、民間企業の被雇用者を対象とする強制加入の年金保険のこと。保険料は事業者と被保険者が折半して拠出するが、給付金の不足分は国が負担する。1942（昭和17）年に制定された労働者年金保険法が厚生年金の前身。

共済年金 ② 主に公務員の共済組合を経営主体とする年金制度のこと。2015（平成27）年10月の被用者年金一元化法施行により、厚生年金に一元化された。

共済組合 ① 同じ仕事や事業にたずさわる人々が、互いに助け合う目的でつくられた団体のこと。国家公務員等共済組合、地方公務員等共済組合、公立学校共済組合、私立学校教職員共済組合、農林漁業団体職員共済組合などがある。

国民年金 ⑥ 1959（昭和34）年に制定された**国民年金法**④に基づく、自営業者や農漁民など給与所得者以外で、満20歳以上60歳未満の人を対象とした年金保険のこと。1986（昭和61）年の公的年金制度の一元化により、全国民が加入する基礎年金となった。

国民年金基金 ② 企業の被雇用者が加入している厚生年金に比べ、少額の基礎年金しか受けられない自営業者などを対象に、国民年金の老齢年金、遺族一時金に給付額を上乗せする制度のこと。地域型基金と職能型基金の２種類がある。

基礎年金 ⑥ 全国民に共通に支給される年金。

現在は国民年金が該当する。

国民皆年金 ⑥ 国民のすべてが年金制度に加入すること。1961(昭和36)年の国民年金の実施開始により、満20歳以上の国民の皆年金が実現した。1986(昭和61)年の公的年金制度の一元化により、給与所得者の無職の配偶者と学生の加入が義務づけられた。

障害福祉年金 ③ 重度障がいにある者が満20歳以上になると支給される、全額国庫負担の年金のこと。1986(昭和61)年に施行された改正国民年金法により、**障害年金**①における障害基礎年金の部分に切りかえられている。

遺族年金 ② 国民年金または厚生年金の被保険者が亡くなったときに、その被保険者によって生計を立てていた遺族が給付対象となる年金保険のこと。

年金積立金 ② 厚生年金や国民年金のうち、年金として支払われなかった保険料のこと。これらは将来の支払いのために積み立てられ、年金積立金管理運用独立行政法人(GPIF)により運用されている。

年金積立金管理運用独立行政法人(GPIF) Government Pension Investment Fund ① 国民年金と厚生年金の積立金の管理・運用を担う厚生労働省所管の独立行政法人。年金福祉事業団を前身とする年金資金運用基金から業務を引き継ぎ、2006(平成18)年に設立された。年金積立金の運用は、かつては大蔵省(当時)に預託し、財政投融資によって公共事業などに活用していたが、現在は自主運用されている。

積立方式 ⑥ 被保険者の保険料とその運用益の積立金を、年金受給に必要な原資とする方式のこと。インフレが進行すると目減りするという問題点がある。人口増加の過程で、現役世代の負担を軽くするために賦課方式の部分を取り入れたことから、「修正積立方式」へと移行していった。現在は、当初の積立方式部分より賦課方式部分の割合が大きくなっている。

修正積立方式 ② 積立方式に賦課方式の要素を一定程度追加した年金制度のこと。高度経済成長期のインフレによる影響で財源が不足したことを受け、1966(昭和41)年以降に導入された。

賦課方式 ⑥ その年の年金給付総額を、在職中の被保険者、雇用者、国がそれぞれ賦課金として拠出する方式のこと。現在働いている被保険者の負担が大きいという問題点がある。国民年金の基礎年金部分は賦課方式をとっている。現役世代が退役世代を養っていることになることから、世代間扶養のしくみになっている。

世代間扶養 ② 引退した世代の生活を、現役で働いている世代が養うこと。

年金制度改革 ③ 日本の年金保険に関する改革。2000(平成12)年以降でみると、総報酬制の導入や国民年金学生納付特例制度の創設(2000年)、マクロ経済スライドや有限均衡方式の導入(2004年)、消費増税による財源確保や厚生年金の非正規雇用者への適用拡大(2012年)、マクロ経済スライドと賃金・物価スライドの見直し(2016年)、厚生年金の短時間労働者への適用拡大(2020年)などが行なわれている。また2022(令和4)年には、繰り下げ受給の上限年齢を75歳に引き上げる、繰り上げ受給の減額率見直しなどの改革が行なわれた。

マクロ経済スライド ② 経済情勢や物価動向、人口動態、平均年齢などを基準として、年金の支給金額などを変更するしくみのこと。将来世代の負担が過重にならないよう最終的な負担保険料の水準を先に定め、その中で年金保険料(収入)と年金給付(支出)の均衡を保てるよう、緩やかに年金給付水準を調整することを目指している。

有限均衡方式 ① 100年程度(すでに生まれている世代がおおむね年金受給を終えるまでの期間)という長期の均衡を考えて、積立金水準を抑制する考え方。この期間の最終年度において、年金給付額の1年分程度の年金積立金を保有することを目標とする。限られた期間での財政バランス、将来の給付と負担の均衡を考える方式である。

確定拠出年金(日本版401K) ② 被保険者の拠出金と、その運用益の元利合計によって、将来もらえる年金額が決まるしくみの年金のこと。将来の年金額が予測しづらい、資産運用がうまくいかないリスクがあるなどの問題がある。

介護保険制度 ⑥ 1997(平成9)年に成立した介護保険法に基づき、2000(平成12)年から始まった制度。満40歳以上の全国民に加入を義務づけ、保険料を徴収している。介護が必要となったときは、所得に応じて1割から3割の自己負担で、家や施設などで介護サービスを受けることができる。

: **介護保険法** ② 1997(平成9)年に成立した、介護保険制度を定めた法律。

社会福祉 ⑥ 日本の社会保障制度の柱の1つ。児童、高齢者、心身障がい者、母子家庭、寡婦など、生活不安を抱えている社会的弱者が自立し能力を発揮できるように、国や地方公共団体などが行なう援助・育成などの社会福祉政策のこと。

：**社会福祉政策** ② 国がすべての国民に「健康で文化的な最低限度の生活」を保障するためにとる政策のうち、社会福祉を通して行なう政策のこと。

地域包括ケアシステム ③ 市区町村における包括的な高齢者支援体制のこと。高齢者の尊厳保持と自立生活支援の目的のもと、高齢者が住み慣れた地域で自分らしい生活を続けるために、団塊世代が満75歳以上となる2025（令和７）年を目途に構築を推進している。

自助・公助・共助・互助 ② 自己責任、セルフケアの「自助」、公的な政策や事業の「公助」、社会保険制度など制度化された相互扶助の「共助」、近隣での助け合いや自発的な支え合いの「互助」のこと。地域包括ケアシステムが効果的に機能するために、いずれも必要な考え方とされている。災害時の対応などにも用いられる。

福祉 ② 国の公的扶助やサービスの提供によって国民の生活の安定をはかること。現代の国家は生存権の実現のため、広く社会福祉を展開し社会的な弱者を助けている。

福祉サービス ② 児童や高齢者、心身障がい者などの人々に対する、専門職員による介護、指導、訓練などのサービスのこと。

：**措置制度** ① 福祉サービスを受ける要件を満たし、行政が福祉サービスの提供を決定することで、福祉サービスが受けられるようになる制度。利用者側の意向が尊重されにくい、という指摘がある。

：**利用契約制度** ① 利用者自らが福祉サービス事業者と直接契約し、利用する制度。2000（平成12）年の介護保険制度開始により、措置制度から移行した。

児童手当 ② 児童のいる家庭の生活安定と、児童の健全な育成を目的として給付される手当。2010（平成22）年に児童手当を拡大して子ども手当を導入したが、財源不足のため2012（平成24）年度からは新しい児童手当に変更された。

社会福祉法 ② 1951（昭和26）年制定の社会福祉事業法を改正し2000（平成12）年に制定された、社会福祉について規定した法律。社会福祉の推進をはかり、社会福祉事業における共通的基本事項を定めており、福祉六法にも影響を及ぼす法律である。

福祉六法 ⑤ 生活保護法、児童福祉法、身体障害者福祉法、知的障害者福祉法、老人福祉法、母子及び父子並びに寡婦福祉法の６つの法律のこと。日本の社会福祉行政の骨格をなす福祉関係の基本法。

児童福祉法 ④ 1947（昭和22）年に制定された、児童の健全な育成をはかることを目的とした法律。2024（令和６）年に施行される改正法では、児童相談所による子どもの一時保護措置に対して親の同意がない場合、裁判所が司法審査を実施する制度が導入されることとなった。

身体障害者福祉法 ⑤ 1950（昭和25）年に施行された、身体障がい者の機能回復、及び経済的・社会的自立を援助することを目的とした法律。社会的更生訓練、補装具の給付などを行なうことを定めている。

知的障害者福祉法 ⑤ 1960（昭和35）年施行の精神薄弱者福祉法から1998（平成10）年に名称変更された、知的障がい者の保護と援助のための福祉サービスを定めた法律。

老人福祉法 ⑤ 1963（昭和38）年に制定の、高齢者の心身の健康保持と生活安定のために必要な措置を講じることによって、高齢者の福祉をはかることを目的とした法律。

母子及び父子並びに寡婦福祉法 ⑤ 経済的・社会的な困難を抱える１人親の世帯に対し、必要な援助を行なうための法律。経済的自立及び扶養児童の福祉増進を目指す。1964（昭和39）年に制定した母子福祉法が前身で、1981（昭和56）年に「母子及び寡婦福祉法」、2014（平成26）年に現在の名称に変更された。福祉資金の貸し付け、相談、公共住宅の供給、雇用促進などが規定されている。

障害者基本法 ④ 障がい者福祉に関する基本理念と国の責務などを定めた法律。1993（平成５）年、心身障害者基本法（1970〈昭和45〉年制定）の抜本的改正に伴い名称もかわり、障がい者の雇用の促進、公共施設の利用促進など、あらゆる分野の活動に参加する機会を提供する、という基本理念がつけ加えられた。

障害者差別解消法 ③ 2013（平成25）に制定された、障がいを理由とする差別の解消を推進することを目的とする法律。2006（平成18）年に国連総会で採択された障害者権利条約の批准（2014〈平成26〉年）に先立って定められた。障がい者が必要としている社会的障壁の除去に向けて合理的配慮を提供することを、行政機関等に対しては法的義務、事業者に対しては努力義務とした。

障害者総合支援法 ② 2013（平成25）年に制定された、障がい者の日常的な生活を総合的に支援するための法律。「障害者自立支援法」から名称変更された。「障害者」の定義に政令で定める難病等を追加し、その後に対象となる疾病を拡大するなど、福祉サービスによる支援の範囲を広げている。

公衆衛生 ⑥ 日本の社会保障制度の柱の１つ。疾病の予防、寿命の延長、肉体的及び精神的能率の向上を目的として組織化された社会的しくみのこと。

保健所 ④ 公衆衛生の実施機関。衛生思想の普及、栄養の改善、住環境・飲食物の衛生、母性及び乳幼児の衛生、結核・性病・感染病予防などの仕事を行なっている。新型コロナウイルス感染症の拡大に伴い、同疾病の予防と対策の基幹的役割を担っている。

：市区町村保健センター ① 地域住民に対し、健康相談、保健指導、健康診査などを行なう施設。2022（令和４）年４月時点で全国2432カ所に設置されている。

地域保健法 ② 保健所の設置など地域保健対策の推進に関する基本事項を定めた法律。1947（昭和22）年制定の「保健所法」を改正し、1994（平成６）年に現在の名称となった。それまで保健所と市区町村がそれぞれ提供していた保健関係サービスを、市区町村保健センターで一元的に実施するようになった。

3　日本の社会保障制度の課題

ノーマライゼーション　normalization ⑥ 高齢者や障がい者を特別扱いせずに、人として普通（ノーマル）な生活を送れる社会がノーマルな社会である、という考え方のこと。そのために、社会基盤や福祉の充実を推進する必要がある。

ダイバーシティ　diversity ①「多様性」のこと。そこから転じて、年齢、性別、国籍、学歴、障がいの有無など、個性の違いを尊重し、偏見や差別といった負の意識を排除して、広く他者を受け入れる社会や状態を指す。

包摂（インクルージョン）　inclusion ② あらゆる人々や考え方が排除されることなく、社会や組織の一員として包み支え合っていくという考え方。社会的包摂（ソーシャル・インクルージョン）ともいう。近年のビジネスシーンでよく使われる言葉だが、社会福祉の観点においても重要視される考え方である。

バリアフリー　barrier free ⑥ 障がい者や高齢者が生活していく上での障がい（バリアー）のない（フリー）社会をつくろうという考え方のこと。歩道の段差をなくす、階段にスロープをつける、バスのステップを下げるなどの対策がとられるようになった。2006（平成18）年には、従来の交通バリアフリー法とハートビル法を統合したバリアフリー新法が制定された。

：バリアフリー新法 ② 高齢者や障がい者が利用する施設の利便性と安全性の向上を目指す法律。正式名称は「高齢者、障害者等の移動等の円滑化の促進に関する法律」。

：ユニバーサルデザイン　universal design ④ 文化や性別などの違いにかかわらず、多くの人が利用できるように設計された製品や建築のこと。シャンプーなどの容器の突起、料金投入口の大きな自動販売機、ピクトグラムなどが該当する。

ボランティア ② 社会や他人の福祉のために、自分の時間や技能などを、自主的かつ原則無償で提供する人々やその行為のこと。

介護サービス ④ 介護が必要になった者に対する、適切な保健医療サービスや福祉サービスのこと。訪問介護、訪問入浴介護、訪問看護、訪問リハビリテーション、通所

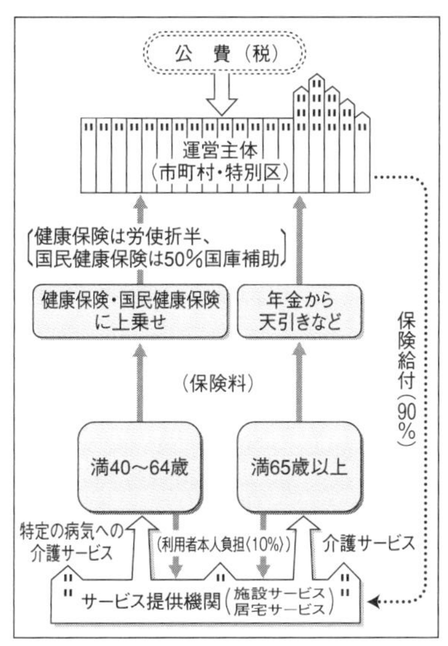

公的介護保険のしくみ

第II部 第4章 国民福祉

リハビリテーション、短期入所生活介護などの居宅サービスと、特別養護老人ホームなどでの介護、機能訓練、健康管理などの施設サービスがある。サービスを利用する場合は、介護状態の機能悪化防止や自立を促進するための**ケアプラン**①を作成する必要がある。

在宅介護（在宅ケア） ① 自宅療養患者や寝たきり高齢者を対象とした、家族、ホームヘルパー、ボランティアによる医療・介護サービスのこと。

デイサービス（デイケア） ③ 障がいのある在宅高齢者の心身機能の維持向上をはかるため、高齢者ホームなどに通い、食事訓練、レクリエーション、入浴などの介護を行なう制度のこと。生活介護やレクリエーションを「デイサービス（通所介護）」、リハビリテーションを「デイケア（通所リハビリ）」という。

訪問介護 ③ 介護福祉士やホームヘルパーらが家庭を訪問し、介護保険法に基づいて提供されるサービスのこと。要介護者・要支援者それぞれが、自立した日常生活を送れるようにすることを目的とする。食事介助、排泄(はいせつ)介助、入浴介助、衣類の着脱(ちゃくだつ)介助、身体の清拭(せいしょく)、通院などの介助などの身体介護と、掃除、洗濯、買物などの生活援助に区分されている。

ショートステイ ② 要介護者が施設に短期間入所して、日常生活全般の世話や機能訓練などを受けるサービスのこと。介護にあたる家族の身体的、精神的負担の軽減、病気や冠婚葬祭、仕事、旅行などで一時的に介護ができない場合などに利用される。

ホームヘルパー ② 高齢者世帯や心身障がい者世帯など、日常生活に支障のある世帯に派遣され、食事や身の回りの世話をする人のこと。こうした仕事の国家資格として介護福祉士がある。

特別養護老人ホーム ③ 認知症や寝たきりの高齢者などを対象にした老人ホームのこと。在宅介護が難しく、常時介護が必要な満65歳以上の高齢者（要介護3以上）を受け入れている。

介護老人保健施設 ① 医療ケアやリハビリを必要とする、要介護状態の満65歳以上高齢者を対象とする施設。自宅に戻るためのリハビリを中心とする介護サービスを提供する。

高齢化社会 ③ 全人口に占める満65歳以上の高齢者人口の割合が7％を超えた社会のこと。日本は1970（昭和45）年に高齢化社会へ移行した。

高齢社会 ⑤ 全人口に占める満65歳以上の高齢者人口の割合が14％を超えた社会のこと。さらに21％を超えると**超高齢社会**②という。日本は1994（平成6）年に14％、2007（平成19）年に21％を超えた。2022（令和4）年は29.1％に達しており、高齢化率は世界196カ国中で最も高い。なお、高齢化と少子化が同時に進む社会を**少子高齢化社会**④といい、高齢社会となってからは**少子高齢社会**②とも表現される。

老人医療費 ① 満75歳以上（一定の障がいの状態にあると認定された場合は満65歳以上）の高齢者の医療費のこと。国民医療費の約3分の1を超えており、対象を満65歳以上とすると約6割にまで増える状況である。1982（昭和57）年の老人保健法により老人医療に一部負担制が導入され、2008（平成20）年4月からは後期高齢者医療制度（長寿医療制度）が導入された。高齢化のさらなる進展を踏まえ、2022（令和4）年10月からは一定の所得がある高齢者の医療費負担割合を増やすなど、改正が行なわれている。

後期高齢者医療制度 ⑤ 満65歳以上の高齢者を、満74歳までの前期高齢者と満75歳以上の**後期高齢者**③に区分し、障がいを持つ前期高齢者と、すべての後期高齢者を対象とした公的な医療保険制度のこと。2008

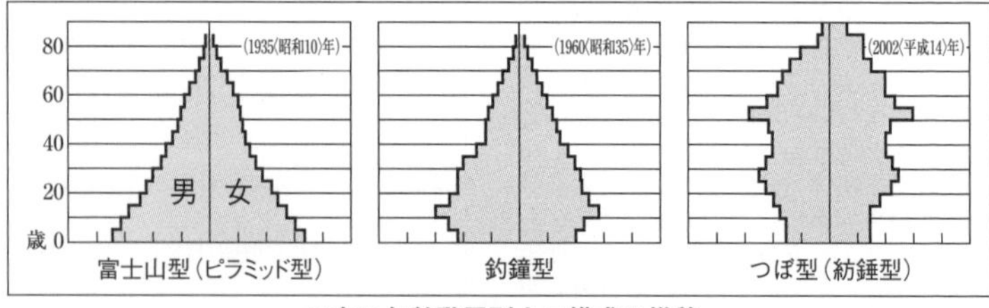

日本の年齢階層別人口構成の推移

第4章

(平成20)年から実施。膨らむ一方の老人医療費に対応するため、本人負担なしで受けられた老人医療保険制度を改め、後期高齢者からも一定の保険料を納めるしくみとした。また2022(令和４)年10月以降、一定以上の所得がある後期高齢者の医療費の窓口負担割合が増加されている。

ニュータウン　new town ① 一部地域の過密化などへの対策として、大都市郊外などに建設された計画都市。高度経済成長や田中角栄内閣の列島改造論により、1970年代に急速に拡大した。高齢化が進む中で、施設の老朽化やバリアフリー化の遅れなどの問題が指摘されている。

少子化 ② 出生率の低下で子どもの数が少なくなること。初婚年齢の上昇、結婚しない男女の増加、女性が仕事を続けながら子育てする環境の未整備などの原因があげられている。1992(平成４)年の『国民生活白書』のサブテーマ「少子化社会の到来、その影響と対応」で初めて使用された。

少子化対策 ① 少子化の原因である晩婚化や非婚化、さらに合計特殊出生率の低下などに対応するため、2003(平成15)年に少子化社会対策基本法が成立。少子化対策の主たる役割を内閣府が担い、少子化対策担当の大臣が新設されたほか、従来の新エンゼルプランにかわって少子化対策大綱が定められた。若者の自立を支援すること、出産や育児に関する環境を整えることなどが提言されている。

合計特殊出生率 ⑤ 15歳から49歳までの女性の年齢別出生率を合計した数値のこと。この数値が2.07を下回り続けると、その国の人口は減少し始める。日本では、1974（昭和49）年に2.05と初めて下回り、2005（平成17）年には過去最低の1.26となった。その後は1.3～1.4の数字となっているが、出生数は2021(令和３)年まで６年連続で過去最少を更新している。

待機児童 ② 保育所に入所申請をしていながら、入所できずに機会を待っている状態の子どものこと。各地方公共団体が保育の受け皿拡大に努めた結果、2017(平成29)年の約２万6000人をピークに減少傾向となり、2021(令和３)年の調査結果は5634人となっている。しかし、新型コロナウイルス感染症を背景とした利用控えも減少要因として指摘されており、さらなる取り組みが必要とされている。

子ども・子育て支援制度 ② 次代の社会を担う子どもたちの健全な育成を目指し、子育てにかかる経済的負担の軽減や、安心して子育てができる環境整備のための制度のこと。2015（平成27）年より「子ども・子育て支援新制度」が始まり、幼児期の学校教育や保育、地域の子育て支援の量の拡充と質の向上を進めている。

認定こども園 ① 2006（平成18）年に創設された、保育所と幼稚園の機能を有する地域の子育て支援の中心的役割を担う施設のこと。保育所を所管する厚生労働省と、幼稚園を所管する文部科学省の連携により推進されている。幼保連携型、幼稚園型、保育所型、地方裁量型、の４類型がある。

高校授業料無償化 ② 2010（平成22）年から始まった、公立高等学校において原則授業料を徴収しない制度のこと。私立高等学校などでは授業料の一定額を助成した。2014(平成26)年４月以降の高等学校入学者については、国公私立を問わず高等学校等就学支援金制度へと移行した。2020（令和２）年４月には同制度を改正し、私立高等学校授業料の実質無償化が始まっている。こういった授業料の減免制度や**給付型奨学金**①などの拡充をはかり、教育機会の均等を促進している。

リプロダクティブ・ヘルス／ライツ ① 子どもを産むかどうか、いつ、どれ位の頻度で産むかなどの決定権を、女性に保障するという概念のこと。1994(平成６)年、エジプトのカイロで開催された国際人口開発会議や1995(平成７)年に北京で開催された世界女性会議で提唱されたが、イスラーム教やカトリック信者が反対している。

人口減少 ④ 日本の総人口は2008(平成20)年の１億2808万人をピークとし、2011（平成23）年以降は逓減している。人口が減少すると、労働力人口が減るため経済力が落ち、またさらなる高齢化が進むことから日本社会の衰退が懸念される。

：**人口減少社会** ① 出生数よりも死亡数の方が多い状態が続く社会のこと。世界で約20の国が人口減少社会に入っているとされる。

生産年齢人口 ③ 満15歳以上65歳未満の人口のこと。生産活動に従事し、高齢者人口や年少人口(満14歳以下)を扶養する立場とされる。先進国では出生率の低下や高学歴化のため、実際に生産に従事している若年人口は減少している。

労働力人口 ② 満15歳以上の人口に労働参加率をかけたもの。就業者と完全失業者を合わせた人口で、日本の2021(令和３)年の統計では、男性3803万人、女性3057万人となっている。10年前との比較では男性がほぼ横ばいなのに対し、女性は約300万人増加している。しかし非正規雇用労働者も含むため、女性の社会参画が進展しているという結論に至るのは短絡的である。

セーフティネット　safety net ④ 国民の安心や生活の安定を支える、安全網のようなしくみのこと。健康で文化的な最低限度の生活を守る社会保障制度や、失業者への雇用保険、金融機関の破綻(はたん)から預金者を守る預金保険機構などがその例である。

全世代型社会保障 ① 全世代に対応可能な、持続可能な社会保障制度のこと。構築に向けて総合的な検討を行なうために、2019(令和元) 年より全世代型社会保障検討会議が開催され、少子化対策や医療制度改革などに取り組んでいる。

ジニ係数 ④ 社会の平等・不平等をあらわす係数。０ならば完全な平等で、皆が同じ所得水準であることを意味し、１に近づくほど格差が大きいことになる。OECDが公表した、2021(令和３)年の日本のジニ係数は0.334 (OECD加盟国平均0.318) であり、他の加盟国よりも不平等が大きい傾向を指摘されている。

ローレンツ曲線 ② 富の集中度をはかる曲線。所得格差がない社会であれば、ローレンツ曲線は均等配分線に一致する。ローレンツ曲線と均等配分線で囲まれた部分の面積の２倍がジニ係数となる。

相対的貧困率 ③ 国や地域の中で比較したとき、相対的にみて貧困である者が全人口に占める割合のこと。OECDでは、等価(とうか)可処分所得が全人口の中央値の半分に満たない者を相対的貧困者と定義している。2017 (平成29) 年のOECD調査によると、日本の相対的貧困率は15.7％であり、G７の中では２番目に高い数値となっている。

生活困窮者自立支援事業 ① 2015 (平成27) 年に始まった、生活困窮者が抱える生活全般の困難に対する支援事業。自立相談、就労(しゅうろう)準備、家計改善などへの支援事業や、住居確保給付金、就労訓練、子どもの学習・生活支援などを行なっている。

ベーシック・インカム　universal basic income ② 所得保障制度の１つ。政府が全国民に対し一定額を定期的に給付するという制度で、給付に際しては年齢や所得水準といった条件を設けない。一律給付なので行政コストを削減できるが、財源確保など課題も多い。日本では2020(令和２)年の特別定額給付金が、一時的ではあるがベーシック・インカムの考え方に該当する。

社会保障の役割 ① 社会保険や公的扶助など、各制度によって安心かつ安定した生活をもたらす**生活安定・向上機能**①、低所得者がより少ない負担で社会保障給付を受けるなど、所得格差の緩和をもたらす所得再分配機能、公的年金制度など、社会情勢にかかわらず継続的に現金を支給することで経済に安定をもたらす**経済安定化機能**①の３つの役割があるとされる。

5 情報社会

情報化社会 ④ 情報が持つ価値が高まり、情報を中心として機能するようになった社会のこと。身近な生活から経済活動に至るまで、社会の中で大量の情報が重要な位置を占めるように変化している。特に20世紀後半からの先進国の状況を指すことが多い。近年はSNSの普及により情報取得手段が拡大しているだけでなく、誰もが情報発信できる社会となるなど、膨大な情報が行き交う高度情報社会へと変化している。

IT（情報技術） ⑥「information technology」の略称。インターネット、携帯電話、タブレットなどの情報関連端末の総称。これに「communication（通信）」を加えて「ICT（情報通信技術）」という場合も多い。ITやICTにより社会のあり方が大きくかわることをIT革命もしくはICT革命といい、日本ではインターネットが普及し携帯電話が一般的に利用されるようになった1995（平成7）年以降の社会現象を指すことが多い。

インターネット internet ⑥ もともとは1960年代のアメリカで、軍事目的の研究から生まれたコンピュータ通信のネットワーク。研究成果の相互交換と利用のため、主に大学や研究機関で利用されてきた。1990年代に一般の企業や個人のコンピュータをインターネットに接続するプロバイダと呼ばれる接続業者が生まれ、急速に普及した。

スマートフォン smartphone ① パソコンの機能も併せ持つ多機能携帯電話の総称。OS（オペレーションシステム）を搭載し、利用者がアプリケーションなどを自ら追加してカスタマイズする。1996（平成8）年に電話機能がついた携帯情報端末が初めて発売され、2007（平成19）年のiPhone、2008（平成20）年のAndroid端末発売をきっかけとして世界中に普及した。「スマホ」と略称で呼ぶ場合が多い。

SNS Social Networking Service ③ 登録された利用者同士が交流できる、インターネット上の会員制サービスの総称。2000年代以降に多くのサービスが展開されるようになり、スマホの普及に伴い急速に拡大した。多くの流行語や職業を生み出し、若者を中心に文化や価値観にも影響を及ぼすなど、多大な社会的影響力を有するコンテンツとなっている。総務省が公表する調査結果によると、2020（令和2）年の国内SNS利用率は73.8％である。

コンピュータ computer ①「計算する機械」を意味する。自動で計算やデータ処理を行なう電子式のデジタル計算機を指す場合が多い。

ビッグデータ ④ インターネットの普及とIT技術の進化によって生まれた、大容量かつ多様なデータのこと。情報を超高速で処理する技術と蓄積する技術が確立されたことで、大容量かつ多様な情報が瞬時に処理・蓄積され、そして活用されるようになった。例えば会員カードなどを活用し、顧客の個人情報と購入履歴を紐づけ、分析して得た情報を商品の販売戦略や新商品の開発に活かす、といった事例がある。

デジタルデバイド（情報格差） digital divide ② 情報化の進展に伴って生じている経済格差のこと。情報機器やサービスを利用する機会や能力の差によって、就職や収入に差が出ること。各国で社会問題化しつつあるが、日本では特に高齢者や障がい者の情報に対する適応力の格差が問題視されている。

コンピュータ・ウィルス ① ネットワークを利用する人のコンピュータにトラブルを起こすことを目的としてつくられたプログラムのこと。電子メールやウェブサイトを悪用して、勝手にコンピュータ・ウィルスをばらまくプログラムなどがある。コンピュータに被害を及ぼすものすべてを指す。

サイバーテロ（サイバー攻撃） ② ネットワークを利用してシステムを破壊したり、情報を盗み出したりして、政治的、経済的、社会的混乱を引き起こそうとするテロ行為のこと。ネットワーク犯罪の1つ。

サイバー防衛隊 ① 2014（平成26）年に発足した、防衛大臣直轄の自衛隊部隊。サイバー攻撃への対処などを主に担う。さらに2022（令和4）年には自衛隊内の部隊を再編成し、約540人規模の自衛隊サイバー防衛隊が発足した。今後、最大5000人規模まで拡充する方針を打ち出している。

ハイブリッド戦争 ① 軍事戦略の1つで、防衛省は「軍事と非軍事の境界を意図的に曖昧にした現状変更の手法」と定義する。『防衛白書』の中では、国籍を隠した不明部隊による作戦、サイバー攻撃による通信・重要インフラの妨害、インターネットやメディアを通じた偽情報の流布、SNSを用いた他国世論の操作をあげている。

不正アクセス禁止法 ② アクセスする権

限のないコンピュータ資源にアクセスすることを、犯罪として規定した法律。IDやパスワードなどを不正に利用するだけでなく、ハッキングなどの方法で不正にアクセスすることも禁じている。高度情報社会の秩序を守るための法律。

サイバーセキュリティ基本法 ① 2014(平成26)年に制定された、サイバーセキュリティ戦略の基本事項を定めた法律。内閣官房長官を本部長とするサイバーセキュリティ戦略本部を創設、また内閣サイバーセキュリティセンター(NISC)を設置し、以前より権限を強化し対策を推進している。

プロバイダ責任制限法 ① 2001(平成13)年に制定された、「特定電気通信役務提供者の損害賠償責任の制限及び発信者情報の開示に関する法律」。誹謗中傷などインターネットにおける人権侵害が起きた際、手段を提供したプロバイダの責任を減免するとともに、発信者の個人情報などを被害者や捜査機関に開示する手続きについて定めている。2021(令和3)年に成立した改正法では、開示手続きの迅速化・簡易化などを定めた。

eデモクラシー ① 情報通信機器の普及と活用幅の広がりから、国や地方公共団体の政治やその意思決定に広く市民がかかわることができるようになったこと。民主政治における主権者のかかわりが多様化すること。電子投票などはこの一例である。

情報リテラシー ① 情報活用に関する能力のこと。情報を読み解く力や、使いこなす力、活用する力などをいう。文書作成やプログラミングなどITを効果的に使うことに用いることだけでなく、マス・メディアやSNSから発信される情報を的確に収集・理解・評価・整理し、さらに表現・発信することも含まれる。高度情報社会において、家庭教育及び学校教育で欠かすことのできない分野とされている。

プラットフォーマー(プラットフォーム企業) platformer ③ サービスの基盤となるシステムなどを提供する事業者のこと。日本のITビジネスにおいては、国際的に大きな影響力を有する巨大IT企業を指すことが多い。「プラットフォーム」とは「基盤」の意味で、プラットフォーマーは和製英語。

GAFA ③ プラットフォーマーを代表する世界的企業4社の頭文字を並べた造語。全世界にユーザーがいて、サービスを超えて社会基盤になりつつある事業を展開するなど、巨大な影響力を有する。「Google」「Apple」「Facebook(2021〈令和3〉年に「Meta」に社名変更)」「Amazon」を指し、このほかにも「Microsoft」や「Netflix」などを組み入れた造語もある。変化の激しいICTビジネスを象徴する語句の1つである。

BAT ① 近年成長いちじるしい中国のICTビジネスを代表する企業3社の頭文字を並べた造語。「Baidu(百度)」「Alibaba(阿里巴巴)」「Tencent(騰訊)」を指す。ただしGAFAと同様に、他の企業を組み入れた造語が数多く存在しており、中国のICTビジネスが有する影響力が大きくなっていることを象徴している。

デジタル課税 ③ 国内に支店や工場を持たない外国企業に対する課税権を、市場国にも認める制度。従来は課税できないことが**国際課税**②の原則であった。2023(令和5)年より、OECD加盟国含む136の国と地域が導入することで合意している。売上高や利益率が一定以上の多国籍企業に対し、当該企業の商品が流通する市場を有する国の課税権が認められる方針となっている。

デジタル貿易 ① 国境を越えた、データなどの移転を伴う商取り引きのこと。技術革新や新型コロナウイルス感染症拡大など、社会情勢の変化に伴ってデジタル化が急速に進展する中で、デジタル貿易に関する国際的なルールなどの枠組みの必要性が高まっている。

クラウドサービス ① デジタルデータなどを電子端末に保存して利用するのではなく、ネットワーク経由でいつでもどこでも自由に利用できるサービスのこと。企業が情報資産を管理する手段として、急速に普及している。

5G ②「5th Generation」の略称のこと。2020(令和2)年3月に、国内電気通信事業が開始した第5世代移動通信システムのこと。高速かつ大容量の通信回線で、通信速度は4G回線の20倍となっている。自動車の**自動運転システム**①や遠隔医療、IoT化やAI活用の推進など、次世代の革新的な技術やシステムに大きく寄与する通信規格である。

CASE ①「Connected(コネクテッド=つながる)」「Autonomous(自動運転)」「Shared(シェアリング=共有する)」「Electric(電動化)」の頭文字を並べた造語。自動車産業において、次世代の技術やサービスとして注目されているもの。国内外の自動車企業がCASEを念頭に置いた事業展開を打ち出しており、技術革新をめぐり激しい競争を起こしている。

MaaSマース ①「Mobility as a Service（サービスとしての移動）」。複数の移動サービスを最適に組み合わせ、一括で検索・予約・決済することで移動の利便性を上げるサービスのこと。その他、公共交通機関の有効活用、外出機会創出による地域活性化、スマートシティの構築実現、新型コロナウイルス感染症拡大に伴う新生活様式への対応などへの貢献が期待されている。

ネットワーク外部性 ① ネットワークサービス利用者の増加に伴い、サービスの質や利便性が利用者に還元される性質のこと。ネットワーク効果ともいう。ネットワーク規模がそのまま利用価値につながる直接的効果と、ネットワーク規模の拡大に伴い、当該サービスの利用価値に影響を及ぼす補完サービスの量・質が決定される間接的効果がある。前者は電話や電子メール、後者は家庭用ゲーム機とソフトウェアなどが該当する。

オンラインビジネス ① インターネット（オンライン）上で行なわれるビジネスの総称。実在する財やサービスをオンライン上で販売することから、クラウドコンテンツの販売や経営コンサルティングなどオンライン上のみで成立し収益化可能な事業まで、幅広く展開している。初期費用が比較的かからず、ターゲット層も世界中に広げることができるが、相応のスキルが必要であり競合相手も多い。

6 資源・エネルギー問題

資源・エネルギー問題 ① 資源・エネルギーの希少きしょう性（有限性）、偏在性によって起こっている諸問題のこと。資源・エネルギーの枯渇や、保有国・非保有国、収奪する国・収奪される国との間の対立などの問題がある。

資源・エネルギーの希少性（有限性） ③ 資源・エネルギーの量が、必要とする量に比べて少ないこと。化石燃料やレアメタルなど、枯渇こかつ性資源の可採かさい年数については人類共通の積年せきねんの課題となっている。

資源 ⑥ 人間の開発、利用の対象となる自然物や、自然エネルギーなどの天然資源のこと。利用方法によって、食料、衣料、燃料、動力資源、工業資源などに分けられる。

エネルギー ⑥ 熱を発生したり、仕事をする能力のこと。蒸気機関に利用される熱エネルギー、水力発電に利用される位置エネルギー、太陽光発電に利用される光エネルギーなど、様々な形態をとる。

:一次エネルギー ② 自然から取り出したままの物質を、加工せずにエネルギー源としているもの。化石燃料や自然エネルギーなど。原子力の燃料であるウランを一次エネルギーに含める場合もある。

:二次エネルギー ① 一次エネルギーを加工して得られるエネルギーのこと。電力や都市ガスなど。

化石燃料 ④ 地質時代の動植物が地中で炭化した燃料。石炭、石油、天然ガスなど。燃焼時に二酸化炭素や窒素ちっそ酸化物などを発生するため、地球温暖化や酸性雨さんせいうなどの環境問題を引き起こす要因ともなっている。採掘技術の革新により、2000年代以降利用されているシェールオイル・シェールガスも含まれる。

エネルギー革命 ① 主として使用しているエネルギー資源が、他の資源へと急激に移行すること。木から石炭へ、さらに石炭から石油へ、主要エネルギー源が変化してきた。日本では1960年代の高度経済成長期に、石炭に比べて安価あんかで効率的利用ができ輸送に便利な石油への転換が進んだ。火力発電においては、石油よりもLNG（液化えきか天然ガス）が用いられている。

石油輸出国機構（OPECオペック**）** Organization of the Petroleum Exporting Countries ⑤ 1960年に結成された、欧米の国際石油資本

第Ⅱ部 第4章 国民福祉

(メジャー)に対抗する石油輸出国のカルテル。原油価格の引き上げ、生産調整、石油生産の国有化などの共通政策を掲げている。1973(昭和48)年の原油価格引き上げでは資源ナショナリズムの高まりの動きを加速させ、翌年の国連資源特別総会における「新国際経済秩序樹立に関する宣言」の採択に影響を与えた。13カ国が加盟。

アラブ石油輸出国機構(OAPEC) Organization of Arab Petroleum Exporting Countries ② 1968年にアラブ産油国が結成した国際組織。アラブ諸国の利益のために、石油を取り引き条件の武器として活動を行なうことを目的としている。同組織が第4次中東戦争でとった原油の大幅減産とイスラエル寄りの国に対する原油禁輸という石油戦略は、第1次石油危機の原因となった。10カ国が加盟。

:**アラブ産油国** ① アラブの産油国のこと。サウジアラビア、アラブ首長国連邦、クウェート、イラク、エジプト、リビアなどの国を指す。

メジャー(国際石油資本) major oil companies ① 石油の採掘、精製、輸送、販売の全過程を持つ国際的な大企業のこと。エクソンモービル、BP、ロイヤル・ダッチ・シェル、シェブロン、トタル、コノコフィリップスの6大石油会社が「スーパーメジャー」と呼ばれる。石油が急速に普及した20世紀に世界的な影響力を有したが、脱炭素の考え方が広がる21世紀においては転換を迫られており、非石油事業に進出するなど変革をみせている。

資源ナショナリズム ⑤ 資源保有国が保有する天然資源の開発・管理も行なうべきとする考え方や、その実現に向けた活動などを指す。OPECの結成や、1962年の国連総会における「天然資源に対する恒久主権」決議など、1960年代に発展途上国の天然資源開発・管理をめぐる状況がかわり始め、1973年の石油危機により大きな流れとなった。石油危機以降、天然資源は先進国との外交に用いる手段となり、資源を保有する国の影響力も大きくなっている。

原子力エネルギー ③ ウランやプルトニウムなどの原子核の核分裂や、水素などの原子核の核融合によって発生するエネルギーのこと。核分裂時のエネルギーは原子力発電に利用されているが、核融合時のエネルギーは原子力発電には実用化されていない。日本や欧米諸国が参加するITER(国際熱核融合実験炉)が2025(令和7)年に稼働予定となっている。

原子力発電所(原発) ④ ウランやプルトニウムなどの核分裂時に発生する熱で水を沸騰させ、その蒸気でタービンを回す発電方法。電気の安定供給が可能で、二酸化炭素や窒素酸化物、硫黄酸化物を排出しないことから、環境問題に有効なエネルギー供給源である。しかし2011(平成23)年、日本では地震による津波で福島第一原発が炉心溶融(メルトダウン)し、広い範囲で放射能汚染が起こったため、国内すべての原発を停止した。2013(平成25)年に原発新規制基準を施行、安全対策を大幅に強化し、安全審査に合格した川内原発1号機が2015(平成27)年8月に再稼働した。2022(令和4)年6月時点で、大飯原発3号

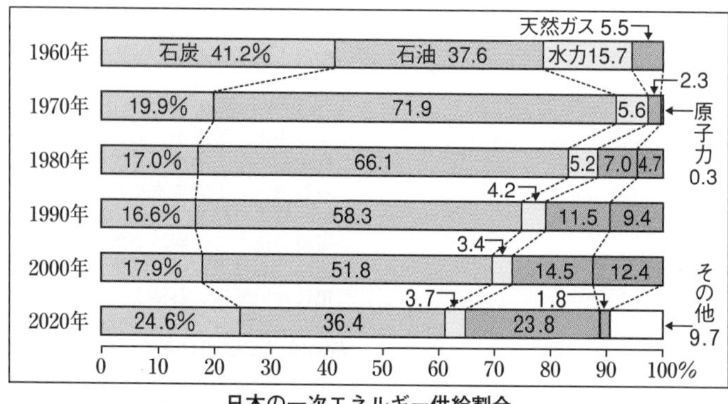

日本の一次エネルギー供給割合

機・4号機、美浜原発3号機、高浜原発3号機・4号機、玄海原発3号機・4号機、川内原発1号機・2号機、伊方原発3号機の6原発10基が再稼働している。

高速増殖炉もんじゅ ① 運転中に発生する高速中性子を用いて、核分裂生成物を消費した以上に生産(増殖)できる原子炉のこと。福井県敦賀市にある。1995(平成7)年に発電を開始したが、直後にナトリウム漏れの事故が発生したため停止となった。その後、安全対策などで点検漏れや虚偽報告があり、2013(平成25)年に無期限の運転禁止命令が出た。2016(平成28)年に廃炉が正式決定した。

核燃料サイクル ① 原子力発電所で使用した使用済燃料を再処理して、再び燃料として利用すること。

エネルギー政策基本法 ① 2002(平成14)年に制定された、エネルギー需給に関する施策の基本事項を定めた法律。国や地方公共団体、事業者、国民の責務・役割を明確化し、日本のみでなく世界の持続可能な発展に貢献できるよう、長期的・総合的・計画的な施策の推進をはかるため、**エネルギー基本計画**①を策定するよう定めている。

ベースロード電源 ① 天候や時間帯を問わず、安定的かつ低コストで発電できる電力源のこと。原子力、石炭火力、地熱、水力などが該当する。原子力発電は2011(平成23)年に全機停止したが、2014(平成26)年の第4次エネルギー基本計画において重要なベースロード電源と位置づけられた。また、「安全性(Safety)」を前提として「安定供給(Energy Security)」「低コスト＝経済効率性(Economic Efficiency)」「環境適合(Environment)」をはかる「S＋3E」の視点が示された。

エネルギー安全保障 ① 国民の安定した生活を確保するために、十分な量のエネルギーを適正な価格で、安定的かつ継続的に確保する取り組みを指す。21世紀の世界のエネルギー情勢は、シェール革命に代表される供給国のシフト、新興国の台頭による需要国のシフト、持続可能な開発に向けた低炭素化へのシフトといった変化が起きている。日本のエネルギー自給率は2020(令和2)年で11.3%とOECD38カ国中37位の数値であり、喫緊の課題となっている。

クリーンエネルギー ② 二酸化炭素や窒素酸化物といった、地球温暖化などの環境問題の原因となる物質を排出しないエネルギーのこと。再生可能で環境に優しく、動植物に害を与えない性質も持つ。その性質から、「自然エネルギー」や「再生可能エネルギー」と同義で用いられる。

再生可能エネルギー ④ エネルギー源として永続的に利用することができる、非化石のエネルギー源のこと。太陽光・太陽熱、風力、水力、地熱、バイオマスなど。

：**太陽光** ④ 太陽光エネルギーは発電や電池など、太陽熱エネルギーは温水器などとして実用化されている。雨天や夜間の利用のための蓄電効率に課題はあるが、無尽蔵のクリーンエネルギーとして期待されている。

：**地熱** ③ 火山地帯や地中深くにある岩石が持つ熱エネルギーのこと。地熱を利用して、水を蒸気にしてタービンを回し発電する。日本の地熱資源量は世界第3位といわれており、開発に期待がされている。

：**風力** ③ 風の運動エネルギーのこと。昔から風車による製粉や揚排水、帆船などに利用されていた。世界の風力発電導入量は継続して拡大しており、10年前と比較して約3倍になっている。

：**バイオマス** ③ 生物由来の有機性資源のうち、化石資源を除いたもの。間伐材、建築などの廃材、サイトウキビやトウモロコシ由来のバイオエタノール、家畜排せつ物、稲わらの農業残渣などを用いて発電などに活用されている。

固定価格買取制度 ② 再生可能エネルギーで発電された電気を、電力会社が一定価格で買い取る制度。再生可能エネルギー導入を推進するための制度で、費用の一部は電気利用者が負担している。

発送電分離 ① 電力会社の発電事業と送電事業を分離すること。地域によって偏在する再生可能エネルギー発電を効果的に活用するには、既存の送電網を越えて送電するしくみの必要性が指摘されていた。2020(令和2)年から、大手電力会社の送配電部門と発電部門や小売部門を別会社とすることになった。

電力自由化 ①「電力の小売自由化」を指す。これにより、企業や家庭が地域の制限を受けることなく、自由に電力会社と契約できるようになった。2000(平成12)年3月に特別高圧区分(大規模工場やオフィスビルなど)で始まり、2004(平成16)年4月に高圧区分(中小規模の事業者など)、2016(平成28)年4月に低圧区分(家庭や個人商店など)と対象を広げ、全面自由化となった。

スマートグリッド smart grid ①「賢い送電網」を意味する、次世代送電網のこと。IT技術などを駆使して電力の流れを供給側と需要側の双方から制御し、最適化することを目的とする。推進することにより、ピークシフト(昼夜間の電力消費移行)による省エネ化や、再生可能エネルギーの導入に効果があるとされている。

省資源・省エネルギー ④ 資源の枯渇や石油危機に対応するため、資源・エネルギーの効率的利用をはかること。地球環境問題やごみ問題への対策として、近年は特に重要視されている。

コージェネレーション(熱電併給) cogeneration ① 燃料を用いた発電の際に生じる熱を、廃棄せずに回収して活用するシステムのこと。廃熱は蒸気や温水として、工場の熱源や空調設備などに利用する。自動車のエンジン排熱を車内暖房の熱源として利用することも、この考え方である。廃熱はエネルギー効率も高いことから、有効に活用することで省エネにつながると期待されている。

石油代替エネルギー ① 石油にかえて利用できるエネルギーのこと。石炭、天然ガス、シェールガスや太陽光エネルギー、地熱エネルギーなど。

レアメタル rare metal ① 存在が希であるか、抽出が経済的・物理的に困難な金属のこと。半導体の製造のためのタングステン、モリブデン、ニッケル、自動車排出ガスを浄化する触媒として用いられる白金やパラジウムなど、先端産業にとって重要な資源となっている。産出地が中国、南アフリカ共和国、ロシアなどに偏在しているため、価格の高騰やその確保が大きな問題となっている。

レアアース rare earth ① サマリウムやユウロビウムなどの酸化物・塩化物のこと。レアメタルの一種で、小型の超強力磁石やディスプレイなどの製造に欠かせない材料となっている。地球上の限られた地域に偏在する資源で、中国の生産シェアが高い。日本は需要の約90%を中国から輸入していた時期もあったが、近年は輸入先を分散させている。

電気自動車(EV) electric vehicle ① ガソリンではなく、電気を動力源とする自動車のこと。車内のバッテリーに蓄電し、モーターを駆動させる。走行中は二酸化炭素を排出しない、動力への変換効率が非常に高い(90%超)、減速時などに生じる電気を用いることができる、災害時の非常用電源として活用できるなどの長所がある。一方、充電に費やす時間や電気スタンドなどのインフラ整備、車両コストの高さなどの課題がある。

燃料電池 ① 水素と酸素を化学反応させて発電する装置のこと。水の電気分解の原理を利用して、化学エネルギーを直接電気エネルギーに変換する。発電時に燃焼過程がないため、二酸化炭素などの排出ガスが発生しない。43万世帯以上に普及している家庭用燃料電池「エネファーム」など、実用化されている例もある。近年は各自動車メーカーが、燃料電池車の開発に力を入れている。

第5章 国際経済と国際協力

1 貿易と国際収支

1 国際経済

国際経済 ⑥ 国民経済を単位として、国家間で行なわれる経済のこと。自国内だけではなく、国境を越えて行なわれる経済。「世界経済」ともいう。

国民経済 ① 1国を単位として行なわれる経済のこと。金融制度や財政制度が同じで、同じ経済政策が実施される。「国際経済」に対する用語として用いられる。

ボーダーレス borderless ① 経済活動を中心に国境の壁が低くなり、人、モノ、金、情報が国境を越えて自由に行き交うこと、またはそうした社会のこと。ボーダーには境界という意味もあり、性別や年齢にとらわれない価値観や考え方にも用いられている。

グローバリゼーション globalization ⑤ 地球全体の経済や文化が一体化しつつあること。市場経済が地球上に普及したことで、各国経済や文化が連動し、相互依存性を高めている。

国際化 ② 国際的な規模に広がること。国家の枠を越えて、1つになろうとすること。「グローバル化」ともいう。

グローバル化 ⑤ 貿易を通じた商品・サービスの取り引きや資本、労働力などの国境を越えた移動が活発化すること。世界における経済的な結びつきが深まることを意味する。近年では情報技術などの伸長に伴い、国境や国籍などの境界が意味をなさないほど、企業活動の場が国際的に拡大する**ボーダーレス化**①も進行している。

金融の国際化 ③ 金融取り引きにおいて、対外取り引きが増えること。各国の金融機関や企業が、世界中の金融市場に参加し、各種の通貨建てで資金の調達や運用を行なう。当然、外国の金融機関も日本国内で自由に活動できるようになる。

経済のグローバル化 ⑥ 経済活動が国家の枠を越えて、相互依存を高めていること。モノの輸出入だけでなく、人も資金も情報も国境を越えて行き交って、各国経済のつながりが深まること。第二次世界大戦以降、急速に進展した。

グローバル・スタンダード global standard ①「世界標準」のこと。特定の国や地域、企業などに限らず、世界中どこでも適用される基準や規格を指す。工業規格や会計基準、信号機の並びや海洋・航空運航のルールなど。

2 貿易

国際分業 ⑥ 国と国との間の分業関係のこと。各国はすべての商品を生産するのではなく、比較的優位にある商品の生産に特化し、輸出する。逆に生産コストが割高な商品は輸入する。今日では商品貿易だけでなく、サービス貿易や直接投資、技術移転など多様な形態で国際分業が進んでいる。

国際分業の利益 ② 国際分業が進むことで、企業もしくは社会全体が得られる利益のこと。経営合理化に伴うコスト削減など、自由貿易を推進する根拠となっている。

特化 ⑤ 国の産業構造や輸出構成において、特定の産業や商品に重点を置くこと。あるいは比較的優位にある部門に生産を集中すること。

水平的分業 ③ 同じような経済水準にある先進工業国間でみられる分業。種類の違う工業製品の生産に各国が特化して交換する。または、同一種類の工業製品であっても、形式や精密度など特徴ある商品生産に各国が特化して交換する。近年は、発展途上国間での原材料や工業製品の交換もみられる。

垂直的分業 ③ 先進工業国が高度な工業製品を生産し、発展途上国がその原材料や部品、あるいは労働集約的な工業製品の生産に特化する形の分業。発展途上国の経済発展に伴い、水平的分業に転換していく。

グローバル・サプライチェーン global supply chain ② 国際的な供給連鎖のこと。製品の原材料や部品の調達から製造、物流、販売、消費までの一連の流れを指す。それらの経済活動を一括して管理・連携するこ

とで全体の効率化をはかる考え方が、POSシステムなどIT技術の普及により広まった。経済のグローバル化が進展した近年では、サプライチェーンの範囲が国内のみではなく国際的に拡大している。

グローバル・バリューチェーン global value chain ① 製品やサービスを供給する上で必要不可欠な、国境を越えた活動のこと。「サプライチェーン」が供給の連鎖を指すのに対し、「バリューチェーン」は価値の連鎖を指す。同一多国籍企業内で生産過程を重ねる中で、どのように製品やサービスの価値が増大するのかに着目した考え方。

自由貿易 ⑥ 国家の干渉がなく、貿易が自由に行なわれること。19世紀のイギリスで、アダム＝スミスやリカードらによって重商主義政策への批判から主張された。関税及び貿易に関する一般協定（GATT）や世界貿易機関（WTO）は、自由貿易体制を維持するための組織である。自由貿易協定や経済連携協定の締結など、現在も自由貿易の実現に向けた体制の構築を推進している。

自由貿易論 ① 関税や輸入制限などを撤廃して自由貿易を行なうことで、貿易に参加するすべての国が利益を得ることができるという主張。多くの国際貿易交渉で基盤となる考えであり、この主張の基礎となっているのが、比較生産費説による国際分業の利益の考え方である。

リカード Ricardo ⑥ 1772～1823 イギリスの経済学者で、古典派経済学を代表する一人。比較生産費説を唱えた。貿易に対する国家の干渉をやめ、自由貿易を行なうことで利益を得られると主張した。

『経済学及び課税の原理』 ③ 古典派経済学の完成者といわれるリカードの主著。価値論を、その財をつくるのに必要な労働量の投下労働論で説明しようとし、国際貿易における比較生産費説を展開した。以後の経済学に大きな影響を与えた。

比較生産費説 ⑥ リカードが主張した国際分業と貿易に関する理論。各国はそれぞれ生産費が相対的に安くつく財を生産して輸出し、他の財は外国から輸入することで利益を最大化できるという考え方。例えば、A国はB国と比べて商品Xも商品Yも生産費が低いが、より生産費が低い商品Xに生産を集中して商品YはB国から輸入し、逆にB国はより生産費の安い商品Yの生産に集中し、商品XはA国から輸入する。こうすることで両国の生産性が高まり、互いに利益を得ることができる。

	A国	B国
商品Xの生産費	80	110
商品Yの生産費	90	100

比較優位 ⑤ リカードが提唱した比較生産費説における、各国が自国の最も優位な分野に特化するという考え方のこと。アダム＝スミスが主張した「絶対優位」が各国の生産性を単純に比較した考え方だったことから、相対的な優位性を比較する「比較優位」と呼ばれるようになった。

保護貿易 ⑥ 国内産業を保護・育成するため、品目により輸入数量を制限し、関税を高くするなどの貿易制限を行なうこと。「保護貿易政策」も同じ意味。

保護貿易主義 ② 保護貿易政策をとるべきであるとする考え方。国際収支が赤字になると主張されやすい。第二次世界大戦前のブロック経済の反省を受けて、戦後は1970年代までは自由貿易主義が主流であったが、2度にわたる石油危機や1980年代の世界的不況を背景に、保護貿易の傾向が強まった。近年は、外交関係を原因とする制裁措置のための保護貿易が増えている。

リスト List ⑥ 1789～1846 ドイツの経済学者で、歴史学派の創始者。比較生産費説は先進工業国イギリスにのみ有利であり、後進工業国ドイツには保護貿易が必要である、と保護関税を主張した。

経済発展段階説 ① リストをはじめとするドイツ歴史学派が主張した経済モデル。経済発展の段階には未開状態、牧畜状態、農業状態、農工状態、農工商状態、の5段階があるとし、上位の段階に発展するためには工業化が欠かせないと主張した。リストは、イギリスは「農工商状態」である一方、ドイツは「農業状態」からの脱却を目指している段階であり、アダム＝スミスの主張する自由貿易では現状打破できないと説いた。

幼稚産業 ⑤ 将来は国際競争力を得て成長することが期待されるが、まだ競争力の弱い産業のこと。幼児と同様に、この種の産業は手厚く保護されなければ育たないという、保護貿易の論拠とされる考え方。

貿易 ⑥ 国と国との間で行なわれる商品売買のこと。狭義では工業製品や食料、燃料、原材料などの財の輸出入をいい、広義では運輸や知的所有権などのサービスも含めた商品の輸出入をいう。

:**輸出** ⑥ 自国で産出したモノや製造したモノ、技術、特許などを外国に売ること。自国の商品を外国に売ること。

:**輸入** ⑥ 外国の品物や技術、制度、文化などを買い入れること。「輸出」の反対語。

垂直貿易 ② 原材料となる一次産品と、完成された工業製品の貿易形態。発展途上国と先進工業国との貿易のあり方に多かった。高度経済成長期を中心に展開された日本の加工貿易は、垂直貿易の典型例である。

水平貿易 ② 最終生産物、または工業製品同士の貿易のこと。かつては先進国間の貿易であった。経済のグローバル化の進展やIT技術の発達などにより、国際的な工程間分業体制が築かれたため、発展途上国から先進国への製品輸出が増加するなど、垂直貿易から水平貿易への転換が進んでいる。

工程間分業 ② 生産工程を国際間で分業すること。例えば、パソコンでは精密機器部品の製造、機械部品の製造、組み立て、製品検査・解析、流通、販売、修理などの多くの工程がある。こういった工程を国際的に分業することで、より効率的な経営を目指す多国籍企業が増加している。

企業内貿易 ② 多国籍企業が企業内で行なう国際貿易のこと。各国の人件費や、得意とする産業の分野が労働集約型か資本集約型かなどの諸条件を踏まえて生産拠点などを展開し、比較優位に基づく経営の合理化や工程間分業による効率化などによってコスト削減を目指している。

貿易黒字 ③ 貿易収支が黒字になること。輸出額が輸入額を上回る場合に生じる。自国にとって利益が上がることを意味する。

貿易赤字 ② 貿易収支が赤字になること。輸入額が輸出額を上回る場合に生じる。自国にとって利益が下がることを意味する。

交易条件 ② 輸出商品の価格を輸入商品の価格で割った値のことで、貿易が有利か不利かを判断するのに用いられる。実際には指数であらわされ、輸出品1単位で輸入品何単位を受け取れるかをあらわす。貿易からの利益の増減を示す指標となる。

フォーディズム fordism ① アメリカの実業家で、“自動車王”とも呼ばれるヘンリー・フォードの経営理念及び生産方式のこと。社会貢献や高賃金・低価格などを理念とし、コンベアシステムによる単一車種の大量生産・販売という生産方式を生み出した。20世紀後半の世界経済の発展に大きく貢献したが、近年はグローバル化の進展や価値観の多様化などにより差別化製品を中心とする市場へと移行しており、新たな生産方式が生み出されている。

3　国際収支

国際収支 ⑥ 1年間に外国との間で行なった貨幣の収支決算のこと。この収支決算をまとめたものを「国際収支表」または「国際収支統計」という。2014(平成26)年に基準が見直され、(1)貿易・サービス収支と所得収支を内容とする経常収支、(2)直接投資と証券投資、金融派生商品及びその他投資と外貨準備を内容とする金融収支、(3)資本移転等収支、(4)誤差脱漏(だつろう)から構成される。

:**国際収支表** ① 国際収支をまとめた表のこと。「国際収支統計」ともいう。

日本の国際収支 ① 長らく黒字で推移している。なかでも貿易収支の大幅な黒字は日本の国際収支黒字を支えてきたが、エネルギー輸入の増加や日本製品輸出の伸び悩みなどの影響により、2000年代半ば以降は黒字幅が減少した。さらに2012(平成24)年には貿易赤字に転換、国際収支の黒字幅も大きく減少した。一方、徐々に黒字幅を増やした第1次所得収支が国際収支黒字をけん引するようになり、2005(平成17)年には貿易・サービス収支を上回るなど、貿易立国から金融立国への転換を示している。貿易収支は2016(平成28)年に再び黒字に転換したが、その黒字幅は以前と比較しても少なくなっており、第1次所得収支に支えられている状況にかわりはない。

経常収支 ⑥ 貿易・サービス収支、第1次所得収支、第2次所得収支をまとめた項目。

貿易・サービス収支 ⑤ 商品の輸出入による貿易収支と、輸送や旅行などのサービス収支を合わせたもの。

:**貿易収支** ③ 商品の輸出入による、外国との代金の収支。

:**サービス収支** ③ 輸送、旅行、通信、保険、情報などにかかわる外国との代金の収支。長らく赤字が続いていたが、訪日外国客数の増加に伴うインバウンド収入の増大により2015(平成27)年に旅行収支が黒字に転換し、赤字幅が減少した。しかし新型コロナウイルス感染症拡大の影響で、2020(令和2)年以降再び大幅な赤字となっている。

所得収支 ③ 国外で発生した国内の所得の受け取りと、国内で発生した国外の所得の支払いの収支。2014(平成26)年以降は、「第

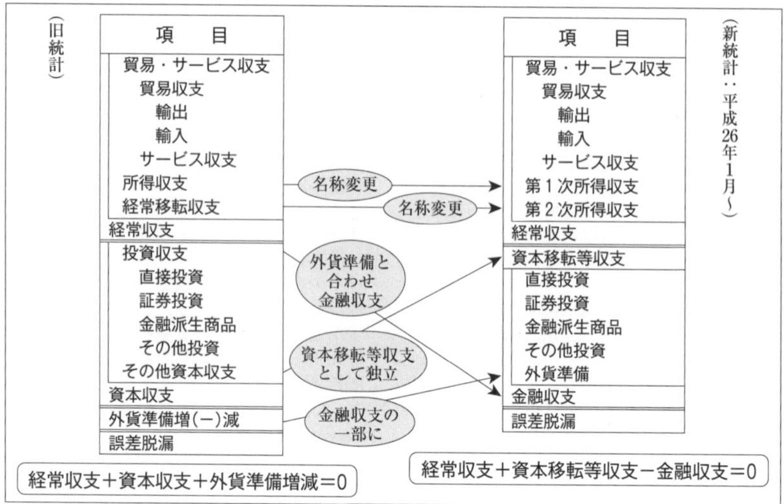

国際収支統計の変更

1次所得収支」と「第2次所得収支」により構成される。

：第1次所得収支 ② 従前の所得収支のことで、雇用者報酬(ほうしゅう)や利子・配当などの投資収益の収支。多国籍企業内の配当金や利子などの直接投資収益や、株式配当金や債券利子などの証券投資収益、貸付・借入にかかわる利子などのその他の投資収益により構成される。

：第2次所得収支 ② 従前の経常移転収支のことで、無償の資金援助や物資援助、国際機関への拠出金、寄付や贈与などの収支。国内居住者と非居住者との間の、対価を伴わない資産の提供にかかわる収支状況を示すもので、一般的に先進国は無償援助が多いので赤字となる傾向がある。

グローバル・インバランス　global imbalance ① 世界的にみて経常収支が不均衡であること。アメリカが巨額の経常収支赤字を計上する一方、ドイツや中国、産油国が経常収支黒字国となる状態が慢性化している。特に2000年代以降に不均衡が拡大した。

金融収支 ⑥ 従前の資本収支の中の投資収支と外貨準備を合わせた項目。直接投資、証券投資、金融派生商品、その他投資、外貨準備により構成される。

直接投資 ⑥ 外国で企業を設立するための投資や、外国の企業の経営権を取得する目的で株式を取得する投資のこと。現行の方式では、対外直接投資によって国内の資金は流出するが、国内の資産は増加するため、金融収支ではプラスに計上される。

：対外投資 ① 外国へ投資すること。直接投資、証券投資、その他の投資などがある。**海外投資**①、国際投資、**資本輸出**①ともいう。

：間接投資 ① 直接投資とは異なり、外国企業の経営への参加を目的としない投資のこと。証券投資により、利子・配当やキャピタルゲインを得ることを目的とする。

証券投資 ⑤ 投資信託、社債、株式などの有価証券への投資のこと。近年は上場投資信託や不動産投資信託など、新たな証券投資の方法も注目されている。

投資協定 ① 海外に投資を行なう企業や、その財産を保護するための国際協定のこと。EPA・FTAを含めて「投資関連協定」ともいう。直接投資など国家をまたぐ投資については多国間での包括的なルールがないため、主に2国間で投資関連協定が結ばれている。UNCTADの報告によると、2020（令和2）年6月時点で約2800件の投資関連協定が世界で結ばれており、日本は78の国・地域と51の協定を結んでいる。

外貨準備 ⑤ 政府や中央銀行が対外支払いに備えて保有している金や外貨のこと。日本では財務省と日本銀行が保有しており、為替介入などで用いる。2022(令和4)年11月末時点での外貨準備高は約1兆2263億ドルであり、世界第2位の保有国となっている。

資本移転等収支 ⑥ 従前の資本収支の中のその他資本収支にあたる項目。政府による、相手国の資本形成のための援助。発展途上国の道路や橋の建設のための援助などの収支。

誤差脱漏(だつろう) ② 国際収支統計作成時に生じる貸方・借方の誤差のこと。膨大な数量の取り引きが行なわれているため、種類や時期、評価方法の異なる資料を取り扱うことも多く、貸方・借方の合計は必ずしも一致しない。この誤差を統計上で示す項目である。

4 国際資本移動

国際金融市場(国際資本市場) ③ 国際間の金融取り引きが大規模に行なわれている市場のこと。国内企業ばかりではなく、外国の企業や政府のためにも開放されている大規模な資本市場で、証券の発行などにも応じる。かつてはニューヨーク、ロンドン、東京を世界3大金融市場と呼ぶことが多かったが、近年は東京市場の競争力低下が指摘されており、香港や上海、シンガポールといった金融市場が発展している。

国際金融 ② 国家間の資金の移動を指す言葉。通貨の異なる国同士の取り引きであり、各国の政策や国際的な取り決めによって調整する必要がある。

国際資本移動 ③ 資本が国境を越えて移動すること。直接投資、間接投資、経済援助、贈与などがある。国際金融取り引きの総称。単に**資本移動**④ともいう。

:短期資本移動 ① 外国短期証券への投資や外国為替手形の買い入れなど、国際取り引き決済時の資金移動のこと。取り引きは原則自由であるが、大量の資本が短期間に国外に流出すると為替相場に混乱を招き、通貨危機などに発展する危険性があるため、規制導入の是非(ぜひ)が議論されている。

:長期資本移動 ① 直接投資や間接投資など、外国で事業を展開するための資金移動のこと。

債権国 ① 資本輸出国のこと。対外純資産を持っている国ともいえる。経常収支が黒字であれば対外純資産は増えるから、債権国になっていく。日本は2021(令和3)年まで31年連続で世界最大の債権国である。

債務国 ① 対外純資産がマイナスになっている国のこと。経常収支が赤字を続けている国は外国から資本輸入をしなければならず、債務超過となって債務国となる。

重債務国 ① 債務国の中でも、特に対外純負債が過大な国のこと。

累積(るいせき)**債務問題** ⑥ 諸外国から借り入れた債務の元金と利子の残高が累積していくことで、返済が困難となる問題。返済負担が大きくなることで、国内経済の発展に悪影響を及ぼす。国内貯蓄が十分でないなど、経常収支が恒常的に赤字である発展途上国や、急速な工業化のために外資を導入した国などで起きた。特に世界的な景気停滞とアメリカの高金利政策が重なった、1980年代に浮き彫りとなった問題である。

デフォルト(債務不履行) default ④ 累積債務問題の結果、対外債務に対する利払いが遅れたり、元本の返済が不可能になったりした状態のこと。1980年代以降、メキシコ、ブラジル、ロシア、アルゼンチン、ギリシャなどで起きている。

リスケジューリング rescheduling ③ 債務返済の期限を先に延ばすこと。各国の企業レベルから国家間のレベルまで、事業・財政などの再生の実務で最も活用されている手法の1つ。

構造調整改革 ① 累積債務問題への対策として、世界銀行やIMFが要援助国に要請した政策等の改革案のこと。融資条件として、緊縮財政(経常赤字及び財政赤字の削減)、政府系企業の民営化、貿易や為替の自由化などの政策を提示した。各国に画一的な改革を強いたため、経済の混乱を招いた。

「失われた20年」 ① ある国や地域が陥った、約20年間にわたる経済の低迷を指す造語。中南米諸国では、累積債務問題と構造調整改革が招いた混乱による経済の低迷(1980〜90年代)を指す。日本では1990年代初頭のバブル経済崩壊後の平成不況から、2000年代後半の世界金融危機による世界同時不況までを指すことが多い。

重債務(じゅうさいむ)**貧困国(HIPC)** Heavily Indebted Poor Countries ② 1996(平成8)年に世界銀行及びIMFが認定した、世界で最も貧しく、かつ最も重い債務を負っている発展途上国のこと。1人あたりGNPや債務総額の基準を定め、約40カ国を認定した。発展途上国の長期的な債務返済を支援するために、SDGsではターゲットの1つとして、協調的な政策によりHIPCの債務リスクを軽減することを掲げている。

タックス・ヘイブン tax haven ⑤ 企業の

利益に対して、非課税または低率の課税をするなどの優遇措置を与えている国や地域のこと。外国企業などに対して戦略的に優遇措置を設定している。ルクセンブルク、モナコ、イギリス領ケイマン諸島など。多国籍企業や富裕層が資産を移すことで**租税回避**②に利用しており、移転先の国としても外貨を獲得できるというメリットがある。しかし、脱税行為や資金洗浄(マネーロンダリング)、犯罪などの資金隠しといった悪用事例が多く問題となっている。

トービン税　tobin tax ① 1972年にアメリカの経済学者ジェームズ＝トービンが提唱した税制度。為替取り引きに超低率の課税をすることで、短期的な投機目的の取り引きを抑制し、為替相場の安定を目指す。EUが導入を検討している金融取り引き税もトービン税の考え方に該当するが、対象となる金融商品や税率をめぐって各国の意見が一致せず、現在も協議が続いている。

2 国際経済の体制

1 外国為替相場

為替レート ⑤ 自国通貨と他国通貨との交換比率のこと。レートとは、割合や相場という意味。当初、IMF体制では固定相場制であったが、1973(昭和48)年以降は変動相場制となっている。外国為替相場が正式な名称。

外国為替相場 ⑤「為替レート」と同意語。1ドル＝100円、1ユーロ＝140円などとあらわされる。

外国為替手形 ② 通貨が異なる外国との貿易や資本取り引きの決済に用いられる手形のこと。かつては金を決済に用いていたが、輸送が困難であることから、為替手形を用いて決済するようになった。この決済方法のことを**外国為替**⑥という。また、この為替手形そのものを外国為替という場合がある。

為替(かわせ) ⑥ 離れた地域間で商品を売り買いする場合に、現金を輸送することなく支払いを済ませる方法のこと。手形や小切手、証書などを用いる。また、手形そのものを為替という。

為替差益 ② 為替レートの変動によって生じる利益のこと。例えば、日本の会社がアメリカの会社に商品を売って、ドルで代金を30日後に受け取る契約をしたとする。売買したときの為替レートが1ドル＝100円で、30日後の決済時の為替レートが1ドル＝110円になったとすると、ドルを円に交換すれば1ドルあたり10円の利益を得ることになる。逆に1ドル＝90円になったとすると、1ドルあたり10円の為替差損となる。

世界金融危機 ③ 2008年9月、サブプライムローン問題をきっかけとする、リーマン・ブラザーズの経営破綻(はたん)が招いた金融危機のこと。アメリカ有数の大手投資銀行の経営破綻は、アメリカ国内に世界恐慌(1929年)以来といわれる金融危機を引き起こしただけでなく、世界各国に多大な影響を及ぼした。同年10月に各国の株価は大暴落し、日本も輸出の低迷、企業の人員削減、激しい個人消費の落ち込みなどが起きた。

実物経済 ③ 財やサービスの生産や販売に関する経済活動のこと。財やサービスとお金など実体を伴うものの取り引きを指す。貿易取り引きも実物経済である。**実体経済**①ともいう。

金融経済 ② 財やサービスなどの実物を介さず、お金だけが動く経済活動のこと。実物経済(実体経済)と対になる語句。銀行への預金、株式などの金融商品への投資をいう。世界の通貨供給量は国内総生産 (GDP) 合計よりも多くなっており、実物経済 (実体経済) より金融経済の規模が大きくなっている。

カジノ資本主義 ① イギリスの国際政治経済学者スーザン＝ストレンジが命名した、国際的な金融自由化に伴って急速に拡大し大規模化した国際金融取り引きを指す造語。1980年代以降、国際資本移動の自由化が進み、短期的な投機目的の取り引きが活発になったことで、実物経済(実体経済)を反映しない形で金融経済が膨張したことが背景にある。ストレンジは「巨大なカジノと化した国際的マネーゲーム」と表現し、問題を指摘した。

外国為替市場 ⑤ 外国為替取り引きが行なわれる市場のこと。ここで為替レートが決まる。外国為替市場は銀行間取り引きが主であったが、1998(平成10)年の新外国為替法で、輸出入業者や保険会社なども市場に直接参加できるようになった。取り引きは電話やネット回線を通じて行なわれ、為替ブローカーと呼ばれる仲介業者を経由する場合が多い。市場には外国銀行も日本銀行も参加している。

外国為替取引 ② 異なる通貨を交換する取り引きのこと。基本的に2つの通貨を交換し、その交換比率が為替レートとなる。「通貨取引」ともいわれる。個人や企業が金融機関と行なう対顧客取り引きと、金融機関同士が行なうインターバンク取り引きがある。

円高 ⑥ 円の価値が高くなること。例えば、1ドル＝100円から80円になることを円高といい、100円出さないと買えなかった1ドルのハンバーガーが、円の価値が高くなったので80円で買えるようになるということ。円高になると日本では輸入品の価格が安くなるので輸入は増加するが、日本からの輸出品は外国で割高になるため、輸出量が落ち込むなど輸出関連企業にはマイナスの影響を及ぼす。

：**円高・ドル安** ⑤ 円とドルの2つの通貨でみたときの為替レートの状況を示す語句。円の価値が高くなる円高をドルの立場でみると、価値が安くなることであるからドル安となる。よって円高はドル安と同じことである。

円安 ⑤ 円の価値が安くなること。例えば、1ドル＝100円から120円になることを円安という。円安になると輸入品の価格が高くなり、物価が上がる傾向をみせる。一方で輸出品は外国では割安になるため、輸出量が増加するなど、輸出関連企業にはプラスの影響を及ぼす。

：**円安・ドル高** ④ 円とドルの2つの通貨でみたときの為替レートの状況を示す語句。円の価値が安くなる円安をドルの立場でみると、価値が高くなることであるからドル高となる。よって円安はドル高と同じことである。

円高不況 ⑤ 円高が原因となって生じる不況のこと。円高になると輸出産業がふるわなくなり、それが日本の景気全体に波及して不況をもたらす。特に1985(昭和60)年のプラザ合意後の円高不況は、日本経済に大きな影響を及ぼした。

為替介入 ⑤ 為替レートの過度な動きを緩和させるために、通貨当局(国や中央銀行)が外国為替市場で通貨を売買すること。正式名称は**外国為替平衡操作**①。1つの国が単独で行なう単独介入と、複数の国が協議して同時に行なう協調介入とがある。日本の場合は、財務大臣の指示に基づいて日本銀行が実施している。ドルを売って円を買う場合は、外国為替資金特別会計のドルを売って円を買う。円を売ってドルを買う場合は、政府短期証券を発行して円を調達しドルを買う。最近の円安の動きに対し、2022(令和4)年10月に月次ベースでは過去最高の円買い介入を実施した(6兆3499億円)。

外国為替資金特別会計 ① 為替介入のために設定されている特別会計。円売り介入で得た外貨を資産、円買い介入の資金調達のために発行した政府短期証券を負債として計上する。

ブロック経済 ⑥ 世界恐慌に際して、主要国が植民地や関連諸国との間に形成した閉鎖的で排他的な経済圏のこと。特恵関税を設定するための関税同盟を結び、圏外の国に対して高率の関税をかけた。ドイツと東・東南ヨーロッパとの広域経済圏であるマルク・ブロック、イギリスを中心とするスターリング・ブロック、フランスを中心とするフラン・ブロック、日本を中心とする大東亜共栄圏（日満支ブロック）を含む円・ブロックなどが代表的なもの。ブロック経済は国際経済を縮小させ、第二次世界大戦の原因にもなった。

：**スターリング・ブロック** ① イギリスを中心とする経済圏のこと。イギリス、カナダ、オーストラリア、ニュージーランドなど、主にイギリス連邦の国々によって形成された世界最初の経済圏。イギリスの通貨単位であるポンドは、正式にはポンド・スターリングという。ポンド・ブロックともいう。

：**フラン・ブロック** ① フランスを中心とする経済圏のこと。フランス、オランダ、ベルギー、スイスによって構成されていた。

為替切り下げ競争 ① 世界恐慌のもと、アメリカ、イギリス、フランス、日本などが行なった自国通貨を安くする競争のこと。例えば、日本が円を切り下げて輸出増加と輸入減少を目指すと、相対的にドルが切り上がり、アメリカは輸出減少・輸入増加となる。そうなるとアメリカもドルの切り下げを行なうため、切り下げ競争となる。その結果、国際経済は縮小に向かった。

2 国際通貨制度

国際通貨制度 ① 通貨の異なる国家間での、決済手段や為替相場の決定方法などに関する取り決め。19世紀末に国際金本位制（ポンド体制）が確立するなど、当初は金が決済手段として用いられた。第二次世界大戦後はIMF体制となり、金1オンス=35ドルとする固定相場制がとられた。1973（昭和48）年以降は変動相場制となり、米ドルやSDR（IMFの特別引き出し権）が決済手段として主に用いられている。

ブレトン・ウッズ協定 Bretton Woods Agreements ⑤ 第二次世界大戦後の国際通貨制度に関する協定。1944年7月、連合国側の44カ国がアメリカのブレトン・ウッズに集まり、各国通貨を安定させるために米ドルを基軸通貨とすること、国際通貨基金（IMF）と国際復興開発銀行（IBRD）を設立することに合意した。

国際復興開発銀行（IBRD） International Bank for Reconstruction and Development ⑥ ブレトン・ウッズ協定での合意により、1946年から業務を開始した銀行。戦後復興と経済開発援助を設立の目的とした。今日では、比較的信用力のある発展途上国や新興国に融資などを行ない、貧困の克服や持続可能な開発を促進している。国際連合の専門機関となっており、IBRDと国際開発協会（IDA）を合わせて「**世界銀行**」⑥と呼ぶ。さらに国際金融公社（IFC）、国際投資紛争解決センター（ICSID）、多数国間投資保証機関（MIGA）を加えると**世界銀行グループ**②となる。

国際復興開発銀行の融資 ① 加盟国の出資を資本として、国際金融市場への投資などで資金を調達し融資を行なう。日本も1950〜60年代に融資を受け、東海道新幹線や東名高速道路、火力発電所などを建設した。現在はアメリカについで世界第2位の出資国である。

国際開発協会（IDA） International Development Association ③ 1960年、最貧国の開発プロジェクトへ融資するために設立された機関。国際復興開発銀行（IBRD）は商業ベースでの貸し付けを行なうため、返済条件が厳しいことから、無利子の融資と技術協力を行なうための機関として設立された。

国際金融公社（IFC） International Finance

1929年	ニューヨークの株式市場で株価が大暴落
31	イギリス・日本、金本位制停止
33	世界の金本位制崩壊 その後、為替相場の切り下げ競争、為替管理の強化、ブロック経済、国際貿易の縮小が起こる
44	ブレトン・ウッズ協定調印
47	IMF体制始まる（金1オンス＝35ドル）：固定相場制
49	1ドル＝360円に決定
52	日本、IMF・世界銀行に加盟
67	ゴールドラッシュ（ドルと金との交換要求）起こる（〜68年）
68	金プール制禁止、金の二重価格制実施
70	SDRの第1回配分実施
71	アメリカ大統領ニクソン、金・ドル交換を停止し（ニクソン・ショック）、一時的に変動相場制に スミソニアン協定（多国間通貨調整）で固定相場制に復帰（金1オンス＝38ドル）
73	米ドル、対金・SDR10％切り下げ：変動相場制へ移行
76	キングストン合意（IMF協定の改正）：変動制の認知、SDRの重視で合意
79	ヨーロッパ通貨制度（EMS）発足
85	プラザ合意：ドル高是正（G5）
87	ルーブル合意：現状水準での安定（G7）

国際通貨制度の歩み

Corporation ② 1956年に、国際復興開発銀行（IBRD）では融資できない民間企業に融資を行なう目的で設立された機関。主に発展途上国の民間企業を対象とする、世界最大の国際開発機関である。

国際通貨基金（IMF） International Monetary Fund ⑥ 国際通貨問題に関する協議及び協力のための機関。ブレトン・ウッズ協定での合意により設立され、1947年から業務を開始した。国際通貨協力の強化、貿易の拡大と経済成長の促進、繁栄を損（そこ）なう政策の抑制を重要な任務として掲げる。加盟国の健全な経済発展に必要不可欠な金融の安定をはかるために、設立時は固定相場制を確立した。1973（昭和48）年に変動相場制に移行している。

IMF・GATT体制 ⑥ 第二次世界大戦後、資本主義世界の経済を再建するため、アメリカの主導のもとにつくられた国際経済体制。外国為替相場の安定をはかり（IMF）、自由貿易による国際貿易の拡大を目指す（GATT）体制のこと。

ブレトン・ウッズ体制 ③ 第二次世界大戦後の国際通貨体制のこと。国際貿易の促進を目的とし、そのために金・ドル本位制と固定相場制をとる体制。1971年の金・ドル交換停止でこの体制は崩壊した。**IMF体制** ①ともいう。

金・ドル本位制 ④ 資本主義諸国の国際通貨（基軸通貨）を米ドルとし、米ドルの価値を金で裏打ちした（**金１オンス＝35ドル** ③）国際通貨体制のこと。各国通貨は米ドルで表示する。米ドルを中心として各国の為替レートを固定することによって、IMF加盟国の通貨はすべて交換レートが固定された。この体制のもと、国際貿易の安定がはかられた。

固定為替相場制（固定相場制） ⑥ 外国為替相場を一定の値に固定しておく制度のこと。ブレトン・ウッズ体制では、上下１％以内の変動のみが認められる固定相場制だった。円はドッジ・ラインで１ドル＝360円と決定された。

基軸（きじく）通貨（キーカレンシー） key currency ⑥ 外国との経済取り引きにおいて決済手段として用いられる通貨で、なおかつ各国通貨の価値基準となる通貨のこと。ブレトン・ウッズ体制では米ドルが基軸通貨であった。**国際通貨**②ともいう。

平価（へいか） ③ 各国が自国通貨の対外価値を示すために定めた、金や基軸通貨との交換比率のこと。第二次世界大戦前の金本位制では金平価が、大戦後のブレトン・ウッズ体制ではIMF平価が定められた。

コンディショナリティー conditionality ② 債務返済が困難になった国に対し、国際通貨基金（IMF）が緊急融資する際に課す条件のこと。緊縮財政をとることや、インフレーションを抑制することなどの条件がつけられる。

緊縮（きんしゅく）財政 ② 国や地方公共団体の歳出を削減し、予算規模の縮小をはかる財政状況のこと。増税など、民間を用いた手段で財政赤字の削減を試みることも指す。公債や行政の整理、公共事業の打ち切り、公営企業の民営化、規制緩和などの手段により公的支出の抑制を目指す。

3　ドル危機と国際通貨制度の変容

ドル危機 ⑤ ブレトン・ウッズ体制における金・ドル本位制への信用低下により、国際通貨体制が不安定になったこと。対外経済援助費や対外軍事支出の増大などにより、アメリカの国際収支が大幅赤字を続けたことが原因。1971年８月、アメリカのニクソン大統領は金・ドル交換の停止を発表した。

金・ドル交換停止 ⑥ 金１オンス＝35ドルの交換を停止したこと。アメリカが自国経済の立て直しをはかるために交換を停止した。この決定は世界にショックを与え、「ニクソン・ショック」と呼ばれた。

ニクソン・ショック（ドル・ショック） Nixon shock ⑥ 1971年にアメリカ大統領ニクソン（当時）が行なった方針転換による影響のこと。世界秩序を大きく変革する方針転換を、事前の公表なく突如発表したため、世界中に大きな混乱を招いた。発表時、時差の関係で外国為替市場を開いていなかった欧州各国は即閉鎖を決定したが、日本ではすでに外国為替市場が開かれていたため、ドル売りが殺到し外貨準備高が急増するなど大混乱となった。これによりブレトン・ウッズ体制は終わりを迎え、その後の変動為替相場制への移行につながった。

ドル防衛 ② アメリカが行なったドル危機への対策。対外軍事支出や対外経済援助の削減などを行なったほか、1968年に民間に対する金・ドル交換を停止し、1971年８月に公的機関に対しても交換を停止した。さらに輸入品に対し、関税のほかに10％の税金（輸入課徴（かちょう）金）を課した。

国際流動性 ① 国際経済の決済手段として用いられる流動資産のこと。市場において豊富に流通しているほど、国際流動性が高い資産となる。米ドルや金、IMFの特別引き出し権（SDR）などを指すことが多い。また、ある国が有する外貨準備保有額と対外支払額を比較する際にも用い、外貨準備保有額が多いほど、国際流動性が高い状態となる。

国際流動性のジレンマ ① 金・ドル本位制のもとでは、基軸通貨である米ドルの供給と信用の維持が同時には達成できない、という矛盾のこと。国際経済の発展には高い国際流動性が必要不可欠であり、そのためには基軸通貨である米ドルを大量かつ持続的に供給しなければならない。しかしその結果、アメリカの国際収支は慢性的に赤字となり、最終的には金の準備量を超える米ドルの発行を余儀なくされるなど、基軸通貨としての信用を保てなくなってしまう。逆にアメリカが国際収支の改善策をとると、米ドルはアメリカに流入するため、国際流動性を失ってしまう。

SDR（IMFの特別引き出し権） Special Drawing Right ⑥ 1969年に国際通貨基金（IMF）がつくり出した国際通貨のこと。IMF出費額に比例して各国に分配されている。国際収支が赤字になった場合、SDRを用いることで、外貨準備が豊富な国から外貨を引き出すことができるというもの。金との交換性はない。

スミソニアン協定 ⑥ 1971年に締結された、各国通貨の平価調整を行なった協定。米ドルを切り下げて金１オンス35ドルから38ドルに調整したため、円は１ドル＝360円から308円に切り上がった。ニクソン・ショック後の外国為替相場を再建するための協定であり、新レートでの固定相場制再建を目指した。しかし1973年までしか続かず、主要国は変動相場制に移行した。

変動為替相場制（変動相場制） ⑥ 外国為替相場が、外国為替手形や外国通貨に対する需要と供給によって決定される制度。1973年、各国は固定相場制から変動相場制に移行し、国際通貨基金（IMF）は1976年のキングストン会議で正式に承認した。これを「キングストン合意」という。

キングストン合意 ⑤ ジャマイカのキングストンで開催された国際通貨基金（IMF）の暫定委員会で、変動相場制の正式承認を決定した1976年の合意のこと。この合意に基づく国際通貨制度をキングストン体制という。

：**キングストン体制** ② キングストン合意に基づき、1978年から発効した国際通貨制度のこと。変動相場制の正式承認や金の公定価格の廃止などを内容とし、金にかわってIMFの特別引き出し権（SDR）が中心的な準備通貨となった。

サミット summit ⑤ 主要国首脳会議のこと。1975年、石油危機以降の経済危機に対処するため、フランスの提唱で始まった。当初は先進資本主義国（アメリカ、イギリス、フランス、西ドイツ〈現ドイツ〉、日本）の首脳会議であったが、イタリア、カナダが加わってＧ７となり、EC（欧州共同体、現在のEU）も参加することとなった。1998年からはロシアが参加しＧ８と呼ばれ、日本語の名称も主要国首脳会議となる。その後、ロシアは2014年のクリミア併合により参加を停止された。毎年、構成国のいずれかの国で会議を開いており、2023（令和５）年は日本の広島で開催された。2008年からはG20も開催されている。

財務相・中央銀行総裁会議 ④ 財務大臣と中央銀行総裁が、一堂に会して行なう会議のこと。今日では、Ｇ７（７カ国）、G10（11カ国、Ｇ７とオランダ、ベルギー、スウェーデン、スイス、スイスが途中加入した後も当初の名称が使われている）、G20がある。通常は、Ｇ７を指す場合が多い。サミット（主要国首脳会議）も財務相・中央銀行総裁会議も「G」を頭文字として呼ぶために、混同しないよう注意が必要である。

Ｇ５（先進５カ国財務相・中央銀行総裁会議） group of five ⑤ アメリカ、イギリス、西ドイツ（現ドイツ）、フランス、日本の５カ国の財務大臣と中央銀行総裁が一堂に会して行なう会議。通貨安定策や経済政策協調について議論する。1985年の会議では、外国為替市場への協調介入によるドル高是正（ぜせい）、いわゆるプラザ合意が成立した。この年、日本は対米貿易を中心に輸出を拡大し、世界最大の貿易黒字国となった。

Ｇ７ group of seven ⑤ Ｇ５を構成した５カ国に、イタリアとカナダを加えた７カ国の首脳会議、もしくは財務大臣と中央銀行総裁の会議。1998年から2014年のロシアによるクリミア併合まで、首脳会議はロシアを加えたＧ８と呼ばれたが、その間も財務相・中央銀行総裁会議はＧ７で開催していたため、一時期は「Ｇ７＝先進７カ国財務

第５章

相・中央銀行首脳会議」であった。現在は首脳会議もG7と呼ぶため、注意が必要である。

G8（主要国首脳会議） group of eight ③ G7の7カ国に、ロシアが加わった主要国首脳会議（サミット）のこと。1998年のサミットにロシアが参加しG8となった。なお、財務相・中央銀行総裁会議にはロシアは参加しなかったため、G8は主要国首脳会議のみに用いる呼称である。

G20 group of twenty ⑥ 主要20カ国の首脳会議、もしくは財務大臣と中央銀行総裁の会議。G8に中国、インド、韓国、インドネシア、南アフリカ共和国、メキシコ、ブラジル、アルゼンチン、トルコ、サウジアラビア、オーストラリアを加えた20カ国とEU代表、IMFや世界銀行など関係する国際機関で構成される会議。1999年より財務相・中央銀行総裁会議が始まり、2008年から首脳会議（サミット）も始まった。**金融サミット**①とも呼ばれる。近年は金融や貿易のみではなく、環境やエネルギー、気候、デジタル化など各セクションに分かれて様々な会合が開かれている。

国際政策協調 ① 主要先進国が世界経済の安定と発展を目指し、足並みをそろえて政策を展開すること。そのために各国の経済政策を調整し、国際取り引き上のルールや制度などの枠組みを共同で構築すること。実現に向けてG7などの会議が設定されている。しかし国内事情を優先する傾向が強く、期待されていたような成果はあげられていないのが実情である。

プラザ合意 ⑥ 1985年のG5において結ばれた、為替市場への協調介入に関する合意。アメリカは純債務国に転落し、貿易黒字によって経済力を強化する必要に迫られていた。ドル高是正に向けて各国が協調し、イギリス、西ドイツ（現ドイツ）、フランス、日本が、自国通貨を一律10〜12%幅で切り上げた。その結果、日本では急速な円高で輸出が減少し、国内景気が低迷した。

協調介入 ⑥ 外国為替相場が大きく変動している状況において、主要先進国の中央銀行が互いに協調し、市場に介入して為替売買を行ない、相場の安定をはかること。

双子の赤字 ⑤ 国内の財政収支赤字と、国際関係における経常収支赤字が重なっている状態のこと。主に1980年代のレーガン政権下のアメリカを指す。当時、レーガノミックスによる大規模減税と軍事費増大でアメリカの財政赤字は膨らみ、合わせて貿易赤字（経常赤字）が巨額になっていた。プラザ合意によるドル安誘導により、1998年には29年ぶりに財政が黒字に転換したが、2000年代の同時多発テロやイラク戦争、リーマン・ショックなどの影響により、再び「双子の赤字」が膨らんでいる。

ルーブル合意 ① 1987年のG7（先進7カ国財務相・中央銀行総裁会議）において結ばれた、プラザ合意後の過度なドル安に歯止めをかけるための合意。為替相場の安定をはかることで合意したが、各国の足並みがそろわず、ドル安はさらに進行した。

通貨危機 ③ ある国の経済不安定（経常収支赤字）による通貨の下落が周辺各国に波及し、国際通貨体制そのものを不安定にしてしまうこと。1970年代のドル危機が典型例。1997年のアジア通貨危機、1998年のロシア通貨危機、1999年のブラジル通貨危機、2008年の韓国通貨危機など。

：**アジア通貨危機** ⑥ 1997年にタイの通貨バーツの暴落が引き金となって起こった国際通貨危機のこと。経常収支の赤字が拡大して対ドル相場が5割も下落した。その影響はインドネシア、マレーシア、韓国など東南アジア・東アジア諸国、さらにはロシアや南アメリカ諸国にも及んだ。

ヘッジファンド hedge fund ④ 金融派生商品など複数の金融商品や取り引き方法を活用し、市場の動向に関係なく高い運用収益を追求する投資信託のこと。ヘッジは回避を意味し、投資を分散することで、資産価値の目減りを避けることを目的とする。外国為替市場や株式市場などに膨大な資金を投資するため、各国の金融市場を混乱させるとの批判があり、実際にアジア通貨危機のきっかけにもなった。

レバレッジ leverage ① 小さな元手で大きな運用をすること。「てこの原理」を意味する。信用取り引きや金融派生商品などを用いることで、手持ちの資金の数倍もの金額を動かすことができる。ヘッジファンドはレバレッジを駆使する。

管理フロート制 ① 為替相場を決定する制度の1つ。管理変動相場制ともいう。発展途上国で多く採用されている制度で、その国の中央銀行が自国通貨の変動幅を固定・管理し、その幅の中で各国通貨が自由に取り引きされる。

4　GATTからWTOへ

GATT（関税及び貿易に関する一般協定） General Agreement on Tariffs and Trade ⑥ 1947年に23カ国で調印し翌年から発効した、貿易問題を扱う協定書及び事実上の国際組織のこと。加盟国が相互に同等の条件で貿易取り引きを行なうという無差別原則の確保、輸入制限の撤廃、関税の軽減などを目的とした。1994年のウルグアイ・ラウンドでの最終合意を受け、1995年に発足したWTO（世界貿易機関）に発展・改組された。

自由・無差別・多角 ② GATTが掲げる原則。GATT三原則ともいう。自由貿易を実現するために不可欠な要素を示したもの。

貿易障壁 ① 貿易に対する制限のこと。関税と非関税障壁がある。

関税 ⑥ 貿易にかかる税金のこと。多くは輸入税で、国内産業を保護するためや、内外価格差を調整する目的で課せられている。

非関税障壁 ⑥ 輸入を阻害する、関税以外の様々な手段や制度のこと。輸入数量制限、輸入許可制、輸入課徴金、煩雑な輸入手続きなど、1975年までにGATTが把握した項目で800を超える。国内の商慣習や流通機構の問題まで問われることもあり、日米貿易摩擦では、系列や指名入札制度などが非関税障壁としてアメリカに非難された。

輸入制限 ④ 関税や非関税障壁によって輸入を制限すること。このほか、為替管理による輸入制限もある。

セーフガード（緊急輸入制限） safeguard ⑥ 特定商品の輸入が急増したことで国内の産業が重大な損害を受ける場合、あるいはそうした恐れがある場合に、一時的に輸入制限をすること。国内産業への深刻な打撃を防ぐための手段として、GATTやWTOでも認められた手段である。

最恵国待遇 ⑤ ある国に与えた最も有利な通商上の待遇は、ほかのすべての国にも適用されるとする原則のこと。関税率などが対象となる。外国において差別を受けることなく、公正な貿易や商取り引きを保障する原則であり、GATTやWTOでも基本原則の1つとなっている。

内国民待遇 ⑤ 自国民や自国企業と同じ権利を、他国の国民や企業にも保障すること。GATTやWTOでも基本原則の1つとなっており、関税を除き、輸入品への差別的な扱いを禁じている。貿易以外でも、知的財産権や社会保障、船舶の処遇などにおいて保障されている。

多角主義 ④ 関税や非関税障壁の引き下げ交渉を、2国間ではなく多国間で行なうこと。GATTの原則であり、WTOにも引き継がれている。

多角的貿易交渉（ラウンド、Round） ⑤ 3カ国以上の多国間で行なわれる、貿易協定を審議するための交渉。GATTのもとでは、東京・ラウンドやウルグアイ・ラウンドなど計8回のラウンドが開かれた。WTO発足後はドーハ・開発アジェンダが開催されているが、一般的にはドーハ・ラウンドの名称で呼ばれることが多く、事実上の多角的貿易交渉となっている。

：多国間交渉 ④ 3カ国間以上で行なわれる交渉のこと。

ケネディ・ラウンド Kennedy Round ④ 1967年に成立したGATTの一括関税引き下げ交渉のこと。それまでの2国間引き下げ交渉と異なり、多国間での均等一律関税引き下げの構想を打ち出して開始し、すべての工業品の関税を平均35%引き下げることで合意するなど、過去最大の成果をあげた。アンチダンピング協定なども策定されている。ちなみに、アメリカのケネディ大統領（当時）の提唱により開かれたためケネディ・ラウンドと呼ばれるが、本人は開始を前に凶弾に倒れ参加できなかった。

東京・ラウンド ④ 1979年に成立したGATTの一括関税引き下げ交渉のこと。鉱工業製品は平均33%、農産物は平均41%、関税率を引き下げることに合意した。また非関税障壁の軽減に向けて、補助金と相殺関税、ダンピング防止、政府調達、技術規格、関税評価、輸入許可手続き、発展途上国への優遇措置、民間航空機への国際規約、食料と酪農品などに関する協定が結ばれている。

ウルグアイ・ラウンド Uruguay Round ⑥ 1986年から始まったGATTの多角的貿易交渉。この協議により、GATTを改組して世界貿易機関（WTO）を設立することが決定した。また、農産物の例外なき関税化やサービス貿易の最恵国待遇などで合意、先進国の鉱工業製品の関税は平均で約40%引き下げられることになった。サービス貿易など、商品貿易以外の国際取り引きが増加する中で、貿易をめぐる国際情勢の変化に合わせて包括的な投資ルールや知的財産権などについても協議したが、発展途上国から反発が起きるなど課題も残った。

マラケシュ marrakish ① モロッコ中央部に位置する都市。1994年にウルグアイ・ラウンドの一環としてこの地で開かれた閣僚会議にて、世界貿易機関（WTO）の設立が合意された。11世紀後半の王朝の都であり歴史的な建造物も数多く残ることから、1985年には世界文化遺産に登録されている。

WTO（世界貿易機関） World Trade Organization ⑥ ウルグアイ・ラウンドにおけるマラケシュ会議での合意により、1995年に設立された国際機関。GATTにかわって多角的貿易体制の中核を担い、貿易に関する様々なルールの実施・運用と、新たな貿易課題への取り組みを推進している。2023年時点での加盟国は164の国・地域。

ネガティブ・コンセンサス方式 negative consensus ① WTOにおける紛争解決手続きのこと。全加盟国が異議を唱えない限り、つまり１カ国でも賛成したら提案が採択される方式で、GATTよりも格段に強化した紛争処理能力を有する。ただし、対象とする範囲はパネルと呼ばれる小委員会の設置や対抗措置の承認などに限る。

TRIPs(トリップス)協定 agreement on Trade-Related aspects of Intellectual Property rights ① 知的所有権の貿易関連の側面に関する協定。1995年、WTO成立の際に協定の一部として発効した。国際市場の発展とともに、偽ブランド商品や海賊版作品など知的財産権を侵害する商品・サービスが増加していた中、甚大(じんだい)な被害への対策として初めて定められた国際的なルール。

知的財産権 ⑤ 人間の知的な創作物、あるいは営業上の信用や権利について、一定期間の独占権を与えるもの。著作権、特許権、意匠権、商標権、実用新案権、商品表示など法令によって権利として認められたものを指す。

：特許権 ④ 知的財産権の１つで、新しい発明に対して与えられる独占的な権利。他人が勝手にまねたり、利用したりすることは許されない。

：著作権 ④ 作者が著作物を独占的に支配できる権利。小説、音楽、美術、映画、コンピュータプログラムなど。他人が勝手(かって)にコピーしたり、翻訳(ほんやく)したり、上映(じょうえい)したりすることは許されない。

：商標権 ② 事業者が、自社の商品・サービスを他社のものと区別するためにつけた識別標識(マークなど)を独占的に使用できる権利。商品・サービスの名称も含む。

知的財産基本法 ① 2002年に制定された、知的財産の創造、保護、活用に関する基本事項を定めた法律。条文の最初に「我が国産業の国際競争力の強化を図ることの必要性が増大している状況にかんがみ」と記しているように、国内のみならず国際関係の中での知的財産権を念頭に置いて定められている。

ドーハ・ラウンド ⑥ WTO発足後、初となる多角的貿易交渉のこと。発展途上国がラウンドの名称使用に反発したため、正式には「ドーハ・開発アジェンダ」という。2001年に始まり、中国やインドなどの新興国も参加して貿易自由化や環境に配慮した開発ルールの策定を目指したが、2011年に全体合意は断念された。その後、部分合意などを積み上げる新たなアプローチに方針転換し、2013年に税関手続の迅速化による貿易円滑化などを定めたバリ合意が成立したほか、各国はWTO体制を補完するFTAやEPAの交渉に積極的に取り組むようになった。

3 国際経済の特質

1 欧州の地域統合

地域経済統合（経済統合） ⑥ 隣接する国々が、効率的な国際分業と市場の拡大を目指して組織する経済圏のこと。関税その他の輸出入規制を撤廃して自由貿易圏をつくり、さらにサービス、人、資本の移動の自由化を目指している。欧州連合（EU）、ASEANなどはその代表例。なお、NAFTAは現在USMCAに改組されている。

地域統合 ② 地域経済統合、**地域主義（リージョナリズム）**②と同意語。同一のルールで、差別なく自由貿易を拡大していこうとする「グローバリズム」に対し、特定の地域で自由貿易圏をつくろうとする動きのこと。

欧州石炭鉄鋼共同体（ECSC） European Coal and Steel Community ④ 石炭と鉄鋼に関して単一の市場をつくろうとして結成された組織。フランス、西ドイツ、イタリア、ベルギー、オランダ、ルクセンブルクの6カ国が、1951年にパリ条約に調印した。その結果、石炭と鉄鋼に関しての全面的な経済統合が実現した。

ローマ条約 ② 1957年、ECSC加盟6カ国で結んだ条約。欧州経済共同体（EEC）と欧州原子力共同体（EURATOM）を設立することに合意した。この条約により、共同市場の創設と原子力開発の共同管理を目指すこととなった。

欧州経済共同体（EEC） European Economic Community ④ ローマ条約に基づき、ECSC加盟6カ国によって1958年に設立された経済統合。工業製品に対する域内（いきない）関税の撤廃、域外（いきがい）共通関税の設定、共通農業政策の実施、資本と労働力の域内自由移動などの方針により共同市場をつくり出すことを目指した。1967年、ECへと発展した。

欧州原子力共同体（EURATOM（ユーラトム）） European Atomic Energy Community ④ ローマ条約に基づき、ECSC加盟6カ国によって1958年に設立された原子力に関する組織。原子力の共同開発と管理を目指し、共同研究や共同企業への投資などを定めた。背景には東西冷戦下の米ソ2大国による核開発競争があるが、EURATOMではあくまでも平和的な利用を目的とした。

欧州共同体（EC） European Community ⑥ 1967年、「ECSC」「EEC」「EURATOM」の3つの組織の執行機関を統合してつくった組織。非関税障壁の撤廃によって、労働力、商品、資本、サービスなどの自由移動を認める統一市場を形成した。その後、加盟国を増やすと同時に政治や安全保障の面でも統合を進めていった。1993年、EUに改組された。

拡大EC ① EC加盟国は当初6カ国であったが、1973年にイギリス、デンマーク、アイルランドが加盟して9カ国となり、「拡大EC」と呼ばれるようになった。その後、1981年にギリシャ、1986年にスペインとポルトガルが加盟している。

シェンゲン協定 the Schengen agreement ② 1985年に結ばれた、域内国境を段階的に撤廃することに合意した協定。ローマ条約の理念に基づくもので、国境検査なしに国境を越えることを可能にした。当時、ECに加盟していた10カ国のうち、西ドイツ、フランス、ベルギー、オランダ、ルクセンブルクの5カ国の間で締結。1990年の「シェンゲン協定を施行するための協定」とともに、のちにアムステルダム条約に組み入れられている。2023年4月時点で、EU非加盟国を含む27カ国が加盟している。

単一欧州議定書 ③ EC加盟国による統一域内市場の完成により、欧州統合を加速させることを目的とする取り決め。1987年にローマ条約を改正する形で成立した。特に政治分野で重要な修正を加えたが、経済分野に関してはマーストリヒト条約に持ち越しとなった。

マーストリヒト条約（欧州連合条約） ⑥ 1993年に発効した、EUの創設を定めた条約。単一通貨（ユーロ）の創設、欧州市民権の確立、欧州議会の権限強化、新たな警察機構の設置などが打ち出される。この条約により、経済に加えて、政治、外交、安全保障の統合を推進することとなった。

EU（欧州連合） European Union ⑥ 1993年に発効したマーストリヒト条約により、欧州共同体（EC）を改組して形成された地域経済統合。欧州共同体で形成された統一市場のさらなる発展を目指している。2023年時点で27カ国が加盟。最後に加盟したのは2013年のクロアチアで、2020年にはイギリスが初の離脱国となった。2002年から共通通貨ユーロが流通を開始し、フラン（フランス）やマルク（ドイツ）などの各国通貨は消滅した。政治統合では、共通外交、共通安全保障政策が導入されている。圏内総人口は約4.5億人。

EU理事会 ② EUの政策決定機関。閣僚理事会とも呼ばれ、EU各国の閣僚級代表によって構成される。欧州議会と協力し、EUの法律の成立と政策の調整を行なうことを主たる役割とする。加盟国の大統領や首相といった首脳級によって構成される欧州理事会とは異なる機関であり、欧州理事会が政策の方向性を示す最高協議機関、EU理事会が意思決定と立法を担う機関となっている。

欧州議会 ② EUの議会。特定分野の立法におけるEU理事会との共同決定権や、EU予算の承認権などを有する。議員は各国を1つの選挙区とする直接選挙で選ばれる。定員は加盟各国の人口を考慮して配分されている。

欧州委員会 ① EUの行政執行機関。各加盟国から1人ずつ委員を選出し、27人でEUの行財政運営にあたる。委員は各国の利益よりも欧州全体の利益を追求することを使命とされる。欧州委員会のもとで、日本の省庁に相当する44(2021年時点)の総局が特定の政策分野や業務を担当し、政策の実施や法案の準備などを行なっている。

欧州司法裁判所 ① EUにおける最高裁判所。1952年に設立されたECSC司法裁判所を前身とし、リスボン条約により現名称となる。EU理事会や欧州議会などで制定されたEUを対象とする法が、ローマ条約やマーストリヒト条約などの基本条約に反しないかを判断する。国内における裁判所の違憲審査と構図は同じ。EU加盟国がそれぞれの国で司法判断をすると統一的なものにならないため、欧州司法裁判所に排他的な判断の権限を付与している。

アムステルダム条約 ① 1999年に発効した、新たなEUの条約。ローマ条約、マーストリヒト条約に大幅な変更を加えた。欧州議会の権限強化、外交や安全保障に関する加盟国の連携強化、将来的なEU拡大に向けた機構改革などについて定めている。

ニース条約 ① 2003年に発効した、アムステルダム条約にかわる新たなEUの基本条約。2004年に予定していたEU加盟国の拡大(中南欧の10カ国が新たに加盟し25カ国となる)に対応する機構改革を目指した。欧州委員会の委員数制限、欧州議会の議席再分配、EU理事会の改革などを行なった。

EU憲法 ① 正式名称は、2004年に加盟国政府間会議で締結された「ヨーロッパの憲法を定める条約(欧州憲法条約)」。ECSCからEUまでに締結された50以上の条約や議定書の理念・効力を一本化し、“憲法”という形にまとめたもの。EU加盟国の統一した意思決定、統治原則、統治機構、人権保障、EUの歌や記念日など幅広く定めたが、フランスとオランダにおける国民投票で批准が拒否され廃案となった。内容の大部分はリスボン条約に受け継がれている。

リスボン条約 ⑤ 2009年に発効したEUの新しい基本条約。廃案になった欧州憲法条約から統治機構改革など多くの部分を引き継ぎつつ、より簡素化する形で修正して成立した。EU大統領とEU外相の新設、人権保障に関するEU基本権憲章への法的拘束力の付与、運営の効率化と民主化の推進などを内容とする。

欧州理事会常任議長 ② EUの最高協議機関である欧州理事会の議長であり、EUの代表者。その立場から「EU大統領」とも呼ばれる。任期は2年6カ月で、一度に限り再任ができる。それまで半年で交代する輪番制だった欧州理事会議長を、リスボン条約によって法的根拠を定めて常任化した。EUを代表して首脳外交を展開し、サミットなどにも参加する。

外務・安全保障政策上級代表 ② EU共通の外交・安全保障政策の提案と調整を担う役職で、欧州対外行動局を代表する立場。その立場から「EU外相」とも呼ばれる。任期は5年。EU外相も欧州対外行動局も、2009年のリスボン条約により新設された。

ユーロ Euro money ⑥ 2023年4月現在、27のEU加盟国中20カ国で使用されている共通通貨。外国為替市場において、規模・取り引き高ともに米ドルにつぐ世界第2位の国際通貨となっている。

経済通貨同盟(EMU) Economic and Monetary Union ③ 1999年からスタートしたEUにおける新しい通貨体制。その中心は共通通貨ユーロを用いることである。2001年までは自国通貨とユーロを併用したが、2002年からユーロ使用国では自国通貨を放棄した。

: **欧州通貨制度(EMS)** European Monetary System ① 1979年、EC諸国が通貨統合を目指して発足させた制度。加盟国間の外国為替相場の変動率を一定の幅に抑えることを目指していた。EMU発足と同時に終了した。

ユーロ危機 ② 2009年から始まった、EUにおける経済危機。ギリシャ財政危機がきっかけではあるが、背景にはリーマン・ショック(世界金融危機)があり、またアイルランドやポルトガル、スペイン、イタリアなども同様の危機に陥った。EU及び欧州中央銀行(ECB)による危機対策により、2013年半ば頃から景気回復に転調した。

欧州安定メカニズム(ESM) European Stability Mechanism ① 2012年に設立された金融支援機関。ギリシャ財政危機をきっかけに発足した欧州金融安定基金(EFSF)から業務を引き継ぎ、恒久機関として設立された。財政危機に陥ったEU加盟国や銀行への融資、ユーロ圏の金融安定化を目的とする。EU版IMFとも呼ばれる。

ギリシャ財政危機 ③ 2009年、ギリシャで政権交代時に国家財政(慢性(まんせい)的な財政赤字)の粉飾(ふんしょく)決算が暴露(ばくろ)されたことをきっかけに、財政運営が破綻(はたん)したこと。ユーロ圏全体の経済を脅(おびや)かすこととなった。問題発覚当初より、欧州委員会、欧州中央銀行(ECB)、国際通貨基金(IMF)によるトロイカ体制の支援が行なわれ、欧州安定メカニズムによる金融支援も行なわれた。支援により徐々に回復したため、2018年に追加支援を行なわないことが発表された。

欧州中央銀行(ECB) European Central Bank ⑥ ユーロ圏20カ国の統一的な金融政策を担う中央銀行。本部はドイツのフランクフルト。ECBの政策理事会が金融政策を決定し、そのもとで各国の中央銀行が公開市場操作などを実施する。

共通農業政策 ② EUにおける農業補助に関する制度や計画を扱う政策のこと。農家に対しては適切な生活水準を、消費者には適正価格で良質な食品を提供し、さらには農業という文化的な遺産を保護することを目的とする。価格・所得政策(農業者の所得保障)、農村振興政策(農業部門の構造改革及び農業環境施策など)を柱としている。

欧州自由貿易連合(EFTA(エフタ)) European Free Trade Association ③ EECに対抗して、1960年にイギリスが中心となって組織したヨーロッパの地域的経済統合。EECと違い、工業製品のみの自由貿易を目指した。イギリス含む7カ国で発足したが、その後に加盟と脱退を重ね、現在はノルウェー、スイス、アイスランド、リヒテンシュタインで組織されている。脱退した国はいずれもECもしくはEUに加盟している。

欧州経済地域(EEA) European Economic Area ① EUとEFTA間で形成する統合市場。関税を撤廃し、人、モノ、資本、サービスの流れを自由にしようとしている。1994年から実施。EFTA 4カ国のうち、スイスはEEAには参加していない。

ブレグジット brexit ④ イギリスによるEU離脱のこと。イギリス(British)と出口(exit)による造語。2016年に行なった国民投票においてEU離脱派が僅差で上回り、その後の3度にわたる延期を経て、2020年に正式に離脱した。背景にはEU圏内の移動の自由による圏内移民の増加や貿易問題などがあり、離脱により主権国家として独自の政策を推進することを目指した。

欧州評議会 ① 1949年に設立された、人権や法の支配などの面で国際社会の基準策定を主導する国際機関。EUとは異なる機関であり、2022年12月時点の加盟国数は46(3月にロシアが除名)。サイバー犯罪やテロ対策などの社会課題や、女性や子どもなどの人権課題にも取り組んでいる。

欧州人権裁判所 ① 欧州評議会加盟国を対象とする人権救済機関。1953年に発効した**欧州人権条約**①に基づく司法機関で、加盟国には判決に従う義務がある。1998年の条約改正により、併置(へいち)されていた欧州人権委員会が廃止され、常設機関となって司法システムも一本化された。国際司法裁判所と異なり、個人や団体からの対国家提訴も受け付けている。

新型コロナウイルス復興基金 ① 2020年、特別欧州理事会で決定した復興基金。補助金と融資をあわせて約92兆円の、EUにおける過去最大規模の共同債務である。2058年までの40年償還計画を立てており、2021年に国境炭素税など3つの財源案を公表した。

2 欧州以外の地域統合

関税同盟 ③ 複数の国家が共同の関税地域を設け、域内における関税やその他の貿易制限を廃止し、域外に対しては共通の関税やその他の貿易制限を適用すること。域外に対する関税を共通にせず、各国の裁量で決定する場合は自由貿易協定(FTA)となる。地域経済統合の段階としては第3段階に位置づけられ、さらに資本や労働力の移動制限を廃止すると共同市場、さらに金融政策や財政政策など経済政策の調整が行なわれている場合は経済同盟に分類される。

単一市場 ② 様々なルールが一本化され、域内の移動の自由が保障された環境を有する経済圏のこと。具体的には、食品安全基準や金融規制など細部にわたるルールが統一され、財やサービスに限らず人や資本の移動の自由も保障されている状態。共同市場をより進展させた形態ともいわれる。EUは世界最大の単一市場とされている。

自由貿易協定（FTA） Free Trade Agreement ⑥ 2国間あるいは多国間で、関税やその他の貿易制限を撤廃し、自由貿易地域の実現に向けて結ばれる協定のこと。2国間協定が多いが、USMCAのような多国間協定もある。

メガFTA ② 主要経済大国を含む複数の国・地域によって結ばれるFTAのこと。TPP、日EU経済連携協定、RCEP（東アジア地域包括的経済連携）など。

経済連携協定（EPA） Economic Partnership Agreement ⑥ 貿易の自由化に加えて、労働力の移動、知的財産権の保護、投資など幅広い分野での連携を目指す協定のこと。WTOを通じた多国間交渉（ラウンド）は多くの時間がかかり難航するため、FTAやEPAなど特定の2国間での交渉が活発化した。その結果、規則や基準が乱立する事態となり、より広範囲かつ規模の大きな地域統合型FTA(EPA)が志向されるようになった。

貿易創出効果 ① FTAやEPAによる効果・影響の1つ。関税の削減もしくは撤廃により締結国間の貿易が増加し、自国経済にプラスに働くとされている。

貿易転換効果 ① FTAやEPAによる効果・影響の1つ。締結国間の貿易が増加した結果、非締結国からの輸入が減少すること。WTOの原則（無差別自由化、最恵国待遇など）に照らし合わせると、貿易転換効果のあるFTAやEPAは認められないものであるが、「地域を限定した自由化」という観点でみたときに高度な自由化を推進するものという条件で、FTAやEPAは例外的に交渉が認められている。

日本の経済連携協定（EPA）

日本は、自由貿易協定（FTA）より対象分野の幅が広い経済連携協定（EPA）の締結に積極的である。EPAは自由貿易協定の要素に加えて、貿易以外の分野、例えば流通・金融などサービス分野の自由化、投資の自由化、観光などの人の移動の自由化などを含めて締結される包括的な協定であるからである。

最初のEPAはシンガポールとの間で締結され、2002（平成14）年に発効した。その後、メキシコやチリ、インドネシア、スイス、インド、アメリカ、イギリスなどとも締結。2021（令和3）年1月時点で発行済の国は16カ国とASEAN（アセアン）全体、EU、RCEP、TPP11、であり、トルコや日中韓EPAなどが交渉中である。

日英EPA ① 日本とイギリスで結ばれた経済連携協定。イギリスのEU離脱により、日EU経済連携協定にかわる日英間の新たな貿易や投資に関する枠組みが必要となり、2020（令和2）年に合意、翌年発効となった。

東南アジア諸国連合（ASEAN） Association of South-East Asian Nations ⑥ 1967年、インドネシア、マレーシア、フィリピン、シンガポール、タイの5カ国で結成した地域連合。その後、ブルネイ、ベトナム、ミャンマー、ラオス、カンボジアが加盟し、現在の加盟国は10カ国。2022年11月には東ティモールの加盟が原則承認された。EUと比較すると、経済規模は及ばないものの人口は超えており、また積極的に外資を導入して輸出促進に努め、高い経済成長をみせるなど影響力を高めている。

ASEAN自由貿易地域（AFTA） ASEAN Free Trade Area ④ 1993年に発足した、ASEAN域内の貿易自由化と経済協力推進を目指す協定。段階的に関税を引き下げ、貿易の自由化と活性化をはかり、さらに域外からの直接投資などを促進して国際競争力を強化しようとした。その後、ASEAN経済共同体(AEC)に継承されている。

ASEAN経済共同体（AEC） ② 2015年に発足した、ASEAN加盟国で構成する経済共同体。AFTAをさらに高度化したもの。財、サービス、投資、資本、労働力などの移動を自由化して1つの経済共同体となることを目指しており、域内の物品関税についてはほぼ撤廃されている。このほかに、政治安全保障共同体（APSC）と社会文化共同体（ASCC）を合わせた「ASEAN共同体」の構築を方向性として示している。

アジア太平洋経済協力（APEC） Asia-Pacific Economic Cooperation ⑥ アジア太平洋地域の持続可能な成長と繁栄に向けて、貿易・投資の自由化と円滑化、地域経済統合の推進、技術協力などを目指す経済協力の枠組み。「自由で開かれたインド太平洋」を掲げる。1989年、オーストラリア提唱の閣僚会議から始まり、首脳会議へと発展していった。現在の参加国はオーストラリア、日本、中国、ホンコン、アメリカ、ロシア、韓国、台湾、シンガポール、タイなど21の国と地域。

環(かん)太平洋パートナーシップ協定（TPP11協定） Trans Pacific Partnership ⑥ 2016年、日米を含む環太平洋の国々12カ国で締結された包括的な経済協定。関税の撤廃や削減、サービス貿易、投資などの分野で合意し、さらに知的財産や電子商取り引き、国有企業の規律など幅広い分野で21世紀型の新たなルール構築を目指している。その後、アメリカのトランプ大統領（当時）が離脱を決定したため、2018年にアメリカを除く11カ国が新たに「TPP11（もしくはCPTPP）」に署名した。現在、11カ国中1カ国（ブルネイ）が未発効であり、またイギリスの新規加入手続きも進められている。

東アジア地域包括的経済連携（RCEP(アールセップ)） Regional Comprehensive Economic Partnership agreement ⑤ 2022年に発効した協定。1月に日本、中国、オーストラリア、ニュージーランド、シンガポール、タイ、ベトナム、カンボジア、ラオス、ブルネイ、2月に韓国、3月にマレーシア、2023年1月にインドネシアで発効し、現在は13カ国が加盟。当初はインドも交渉に加わっていたが撤退した。加盟国合計で、人口、GDP、貿易額いずれも世界全体の約3割を占め、また日本の貿易総額の約5割を占めるなど、日本及び世界に多大な影響力を有する経済連携協定となっている。

北米自由貿易協定（NAFTA(ナフタ)） North American Free Trade Agreement ⑤ アメリカ、カナダ、メキシコの3カ国間で調印され、1994年に発効した協定。2008年までに3カ国間のすべての貿易品目の関税が撤廃され、金融市場の自由化や知的財産の保護も進んだ。結果、安い人件費を背景としてメキシコへの生産拠点移動が増え、メキシコの経済は大きく発展したが、アメリカでは産業の空洞化が生じ、域内貿易赤字も膨(ふく)らんだ。アメリカのトランプ大統領（当時）は保護主義的政策を打ち出し、その意向を受けて2020年にUSMCAが発効したことにより、NAFTAは効力を失った。

アメリカ・メキシコ・カナダ協定（USMCA） United States-Mexico-Canada Agreement ⑤ 2020年に発効した、NAFTAにかわる貿易協定のこと。非公式ではあるが**新NAFTA**①とも呼ばれる。原産地規則を大幅に厳密(げんみつ)化し、満たさない製品は関税削減の対象としないほか、乗用車の対米輸出台数制限や、他国による通貨安誘導を防ぐ為替条項などが新たに導入された。この協定の内容及び自由貿易のない名称からも、保護貿易の傾向が強いことが示されている。

原産地規則 ② 物品の国籍を決める規則のこと。FTAやEPAによる恩恵を受けるための迂回(うかい)輸入などを防ぐために、厳格な規則が定められている。USMCAでは特に自動車に関して原産地規則を厳密に定め、75%の域内原産比率（NAFTAから12.5%の上昇）、自動車生産に使用する鉄鋼・アルミの購入額70%は北米産などとしている。

南米南部共同市場（MERCOSUR(メルコスール)） Mercado Común del Sur ⑤ 1995年に発足した、ブラジル、アルゼンチン、ウルグアイ、パラグアイ、ベネズエラ（2016年から加盟資格停止）による、4カ国加盟の地域経済統合。域内の貿易自由化と域外共通関税を実施している。ボリビア（正式加盟に向けてブラジルの批准(ひじゅん)待ち）、チリ、コロンビア、エクアドル、ペルー、ガイアナ、スリナムは準加盟国となっている。

太平洋島しょ会議（PIF） Pacific Islands Forum ① 太平洋諸島フォーラムのこと。1971年に開かれた南太平洋フォーラム（SPF）を前身とする、オセアニアの独立国及び自治政府が対象の地域経済協力機構。オーストラリア、ニュージーランド、パプアニューギニアなど15カ国及び2地域が加盟している。経済規模の小さな国が多く、経済自立に課題を抱えているほか、島しょ国が直面する環境問題もあり、ほかの地域経済統合とは異なる課題に直面している。

3　発展途上国の経済

南北問題 ⑥ 先進国と発展途上国との間の経済格差の問題と、経済格差に基づいて起こっている政治・社会問題のこと。先進国の多くが北半球に位置し、発展途上国の多くが赤道付近の低緯度地域や南半球に位置していることから、こう呼ばれる。南北問題は単に経済上の問題ではなく、教育や医療など社会全般にかかわる問題である。

南北格差 ① 南の発展途上国と北の先進工業国との経済格差のこと。第二次世界大戦後、

IMF・GATT体制のもとで先進工業国は自由貿易の恩恵を受けたが、農産物や鉱産物などの一次産品輸出に頼る南側の発展途上国は自由貿易の恩恵を受けることができず、経済状態は悪化した。その結果、南北の経済格差は拡大した。

先進国④ 高度な工業化を達成して経済力や技術力で他国より先行し、国民の生活水準も高い、経済発展が大きく進んだ国のこと。語句としての明確な定義がないため統一された線引きはない。内閣府が公表する経済財政白書などでは、世界各国を先進国・新興国・途上国に分類し、先進国は「経済協力開発機構(OECD)に加盟している国」としている。

OECD(経済協力開発機構) Organization for Economic Cooperation and Development ⑥ 先進国間の自由な意見・情報交換を通じて、経済成長、貿易自由化、発展途上国支援に貢献することを目的とする国際機関。先進国クラブと表現されることもある。1961年に発足。日本は1964(昭和39)年に加盟している。2023年2月時点の加盟国は38カ国。

欧州経済協力機構(OEEC) Organization for European Economic Cooperation ② 1948年に欧州16カ国で結成された、マーシャル・プラン(アメリカによる欧州復興計画)の受け入れ機関。欧州諸国の経済復興が進んだことから、国際社会の構造変化に対応するため、1961年にOECDに改組された。

発展途上国(開発途上国)⑤ 経済の発展や開発の水準が先進国に比べて低く、経済成長の途中にある国のこと。開発途上国とも呼ばれる。OECDが公表する政府開発援助(ODA)受け取り国、もしくは国連の指定する後発発展途上国とする考え方が一般的だが、明確な定義ではない。内閣府は途上国を「先進国・新興国(先進国以外の国でG20に参加する国)以外の国」としている。

後発発展途上国(LDC) Least Developed Countries ⑥ 発展途上国の中でも、特に経済発展が遅れている国のこと。**最貧国**② ともいう。国連開発計画委員会が定める基準に基づき、国連総会の決議により認定され、3年に一度リストが見直される。現在は認定に際し、一人あたり国民所得(GNI)、HAI(人的資源指数、栄養不足人口割合や成人識字率などから算出)、EVI(環境や経済構造などの外的ショックからの経済的脆弱性を表す指標)の3つの基準を定めている。2022年8月時点で46カ国が認定されており、そのうちアフリカが33カ国を占めている。

:識字率① 満15歳以上の人で文字を読める人がどの位いるのか、という割合。教育の普及が十分でないことが発展途上国の発展の障がいになっており、なかには3人に1人しか文字を読めない国もある。

南南問題⑤ 発展途上国とされる国の間での経済格差のこと。資源を有する産油国や、輸出志向工業化などの戦略により工業化が進んだ新興国など、特に1980年代以降に経済発展に成功した国々がある。その一方、後発発展途上国のように貧困から脱却できない国々も存在する。先進国を含めると"三極化"しつつあり、格差が広がる中で必要な支援などが議論されている。

モノカルチャー経済 monoculture ⑤ 1国の経済が、単一または少数の生産物に依存している経済のこと。発展途上国の中には、特定の農産物や鉱産物といった一次産品に依存する国があることから、そうした国の経済を指す。多くの場合、列強による植民地時代に形成された経済構造である。

一次産品④ 未加工の自然形態のこと。農産物、水産物、木材、鉱産物(石油・鉄鉱石など)を指す。

国際商品協定① 一次産品価格の下落や急激な変動を回避し、消費国への安定的な供給を確保することにより、発展途上国の持続的発展を目指す協定のこと。南北問題が注目されるようになった1970年代以降、一次産品に関する諸課題を解決する手段の1つとして位置づけられるようになった。

特恵関税① 特定の国を対象とする関税上の特別優遇措置のこと。先進国が発展途上国から輸入する場合に、通常よりも特別に低い関税率か無税にすることで発展途上国の輸出を拡大し、工業化と経済発展の促進をはかることなど。一般特恵関税制度ともいう。

一般特恵関税制度④ 特恵関税と同意語。日本では1971(昭和46)年に適用を開始、2022(令和4)年4月時点で131の国と地域を特恵受益国として指定しており、さらにその中の45カ国を特別特恵受益国に指定している。

国連開発のための10年① 1961年の国際連合総会で採択された宣言。1960年代を「国連開発のための10年」と定め、先進国の援助増大により、発展途上国全体の経済成長率を年率5％まで伸長させることを目的とした。南北問題に注目が集まるきっかけとなり、また1964年の国連貿易開発会議(UNCTAD）設立につながった。1970年代以降も数次計画に移行し、2000年代の第5次まで継続された。

国連貿易開発会議（UNCTAD(アンクタッド)） United Nations Conference on Trade and Development ⑥ 南北問題を検討し、貿易、援助、経済開発に関して南北交渉を行なう国際連合の機関。1964年、発展途上国側の要求により国連総会で設立された。発展途上国の貿易や開発の機会を最大化し、対等な立場で国際経済へ統合することを目的とする。

プレビッシュ報告 ⑤ 1964年、第1回のUNCTADにて事務局長プレビッシュが提出した報告書。「**援助よりも貿易を**」③をスローガンに掲げ、発展途上国の立場からGATTの自由貿易制度に不満を表明し、特恵関税や一次産品の価格安定などを要求した。その後の南北問題に関する議論に大きな影響を及ぼしている。

経済援助 ③ 発展途上国に対する先進国の資金援助や技術協力などのこと。国際機関による活動のほか、NGOや企業などの民間ベースと政府開発援助(ODA)がある。

政府開発援助(ODA) Official Development Assistance ⑥ 発展途上国への経済援助のうち、政府が行なう資金・技術協力のこと。開発援助委員会（DAC）が一人あたりGNPをもとにリストアップした発展途上国への贈与・貸付のうち、公的機関が供与(きょうよ)し、発展途上国の経済開発や福祉向上に寄与するものを指す。有償資金協力については、グラント・エレメント（GE）が25％以上という条件がある。2022年のODA実績では、日本はアメリカ、ドイツにつぐ世界第3位となっている。

二国間援助 ① ODAの形態の1つ。技術協力(専門家の派遣や研修員の受け入れなど)、有償資金協力(借款)、無償資金協力(贈与)、その他(ボランティア派遣や民間連携など)の方法で行なわれる。日本では国際協力機構(JICA)などを通じて実施する。

多国間援助 ① ODAの形態の1つ。国際機関への出資や拠出を通じて行なう援助のこと。

開発援助委員会（DAC(ダック)） Development Assistance Committee ⑥ OECDの下部機関で、先進29カ国とEUの合計30のメンバーで構成される。持続的な経済成長や貧困撲滅(ぼくめつ)などを達成し、援助に依存する国のない未来に貢献するよう、加盟国による発展途上国援助を調整し、開発協力及び関連政策を促進することを目的とする。

グラント・エレメント（GE） Grant Element ② 経済援助条件のゆるやかさを示す指標のこと。「贈与(ぞうよ)相当分」と訳される。借款(しゃっかん)の利率と返済期間を反映し、パーセントであらわす。数値が大きいほど譲許性が高い、つまり条件がゆるやかであることを示しており、贈与は100％となる。ODAでは25％以上という条件がある。2018年より開発援助委員会が公表するODA実績の算出方式においても用いられ、従来の支出純額方式からグラント・エレメントを用いた方式(贈与相当額計上方式)にかわっている。

コロンボ・プラン Colombo plan ① 1951年に活動を開始した、最も早く組織された発展途上国支援のための国際機関。主に技術協力を通じて、アジア太平洋地域の国々の経済及び社会発展に貢献することを目的とした。日本は1954(昭和29)年に加盟を決定し、翌年から技術協力を開始した。現在も活動を完全に停止してはいないが、ODAによる支援が中心となっており、活発ではない。

無償(むしょう)援助 ② 返済義務のない援助のこと。「無償資金協力(贈与)」といっても同じ。資金贈与が中心で、現物供与は行なっていない。給水や保健衛生などの基礎生活分野、社会基盤整備、環境保全、人材育成などを中心に行なっているほか、近年は災害復興支援や地雷対策などの平和の構築・定着支援も行なっている。

借款(しゃっかん) ② 語句の意味は「金銭の借り入れ」であるが、主に政府や公的機関による長期の資金貸借のことを指す。先進国が供与し、発展途上国が被供与国となる。ODAの形態の1つであるが、無償ではなく有償の資金協力であり、低利かつゆるやかな条件を設定することが多い。

ひもつき援助 ① 援助の供与国が被供与国に対し、インフラ整備などのプロジェクトに用いる資材や労働力の調達先を自国に限定するよう要求した援助方法のこと。援助供与国は国内産業を保護できるが、被供与国の産業育成にはまったく貢献できないため、援助の意味が薄れるとして問題視されていた。2000年代以降、開発援助委員会を中心に規制を目指し、成果をあげている。

絶対的貧困 ③ 最低限必要とされる食糧などを購入できる所得水準に達していないこと。国や地域の生活レベルに関係なく、最低限の生活水準に達していないことを指す。世界銀行が定める国際貧困ラインは「1日1.90ドル」(2015年設定) となっており、その時点で世界の約7億3400万人が絶対的貧困に該当すると算出されている。

貧困の克服 ① 低所得の状態を改善し、生活を向上させること。まずは援助が必要であり、次には経済手段の不足と教育の不足を解決していくことが必要である。インドの経済学者で、アジア人初のノーベル経済学賞を受賞したアマルティア＝センの著書の題名としても有名。

国連開発計画 (UNDP) United Nations Development Programme ⑥ 国際連合に加盟する国々の自発的な特別拠出金をもとに、発展途上国への技術援助を行なっている国連の機関。1966年に発足。「国家にとって真の宝は人々である」という信念のもと、貧困の根絶や不平等の是正を目指す。援助は国連の専門機関などによって実施されることが多い。

国連資源特別総会 ③ 1974年に資源問題を議論するために開かれた会議。天然資源に対する資源保有国の恒久主権は、新国際経済秩序において完全に尊重されるべき原則の1つである、とする宣言が採択された。また、発展途上国に不利な国際経済の構造を変更するため、発展途上国の要求をほぼ受け入れた「新国際経済秩序樹立に関する宣言」も採択された。

新国際経済秩序 (NIEO) New International Economic Order ⑥ 発展途上国を含めた形での、新しい国際経済秩序のこと。第二次世界大戦後の国際経済秩序は先進国に有利な形でつくられており、発展途上国の正常な経済発展が阻まれている、という発展途上国側の主張に立って採択された。天然資源を保有国が自由に管理する権利、多国籍企業の規制、一次産品の価格保障、先進国による特恵関税や保護主義の撤廃、公的開発援助の拡大など、公正な貿易の拡大を目指した。

新国際経済秩序 (NIEO) 樹立に関する宣言 ④ 1974年、国連資源特別総会で発展途上国側から提案され、投票なしに採択された宣言。1970年代に入り、発展途上国77カ国によるリマ宣言や石油危機など、先進国中心の経済秩序に対する発展途上国の不満が宣言や行動によってあらわされる中、新しい国際経済秩序を構築する第一歩として採択された。

ベーシック・ヒューマン・ニーズ (BHN) Basic Human Needs ② 人間が生活する上で最低限必要な基本的なもの。衣食住に加えて、教育や保健衛生などの社会インフラや安定した雇用などが含まれる。1976年の国際労働機関 (ILO) 会議で主張され、世界銀行なども同時期に貧困問題への取り組みを始めた。この指標を用いることで、その国や地域に足りない項目を明らかにし、効率的な援助につなげようとしている。

4 新しい動き

新興国 ④ 政治や経済など様々な分野において、急速な発展をとげつつある国のこと。時代ごとに新興国は存在するが、特に2000年代以降に語句として使われるようになった。アジアNIES、BRICSなど新興国をあらわす語句がつぎつぎと生まれており、近年はVISTA (ベトナム、インドネシア、南アフリカ共和国、トルコ、アルゼンチン) やネクスト11 (ベトナム、韓国、インドネシア、フィリピン、バングラデシュ、パキスタン、イラン、エジプト、トルコ、ナイジェリア、メキシコ) といった表現もされている。なお、内閣府が公表する経済財政白書などでは、新興国を「先進国以外のうち、G20に参加する国」としている。

新興工業経済地域 (NIES) Newly Industrializing Economies ⑤ 発展途上国の中でも、工業化に成功して経済発展をとげた国や地域のこと。1960年代から急速な工業化が始まり、1970〜80年代には世界経済に大きな影響力を有するようになった。1979年のOECDレポートでは、韓国、シンガポール、台湾、香港(当時イギリス領)、メキシコ、ブラジル、ギリシャ、ポルトガル、スペイン、ユーゴスラビア (当時) の10の国・地域が指定されている。

アジアNIES ④ 1970年代以降に、急速な工業化と高い経済成長率を達成したアジアの国・地域のこと。韓国、シンガポール、台湾、香港を指す。「アジア四小竜」と呼ぶこともある。いずれも天然資源が乏しく国内市場が小規模であるという特徴を有していたため、高質で豊富な労働力を活かした輸出志向工業化政策を展開した。中心産業の高度化による構造変化をとげながら経済成長を持続したが、1990年代後半のアジア通貨危機によりマイナス成長に転換した。かわってBRICSの台頭やASEAN諸国の成長の時代となった。

輸出志向工業化政策 ① 工業製品輸出の拡大によって経済成長を目指す政策及び方針のこと。アジアNIESやASEAN諸国の経済成長を支えた。低価格、高質、豊富な労働力を売りに先進国の多国籍企業を国内に誘致し、労働集約的な製品の生産・輸出を目指す。経済成長を強く促進するためには、輸入代替工業化政策から輸出志向工業化政策への転換が必要とされている。

輸入代替工業化政策 ① 工業製品の輸入を制限し国産化を促すことで、工業化と経済成長を目指す政策及び方針のこと。第二次世界大戦後の経済成長理論の主流だったが、高関税や補助金といった保護政策が必要となるため国内企業の競争力強化につながらず、また財政負担も増大したため、しだいに輸出志向型工業化政策を採用する国が増えていった。

BRICS ⑤ 21世紀に入って経済発展が目覚ましい、ブラジル(Brazil)、ロシア(Russia)、インド(India)、中国(China)、南アフリカ共和国(South Africa)のこと。頭文字をとってBRICSと呼ぶ。いずれも国土が広く豊富な天然資源を有し、人口大国である。

:**BRICS銀行** ① 正式名称は「新開発銀行(New development bank)」。BRICSの5カ国が運営する国際開発金融機関。発展途上国への融資などを行ない、独自の開発支援の枠組みを示すなど、既存の先進国主導による国際金融秩序(＝IMF体制)の変革を目指している。しかし各国の政治制度などの違いにより、完全に足並みはそろっていない。

オフショアリング offshoring ③ 自社業務の一部または全部を、国外企業に委託するもしくは現地法人を設立して移管すること。アウトソーシング(外部委託)を国外に行なうこと。主たる目的は人件費の削減であるが、近年は高度な技術や知識を有する他国人材を活用するための手段としても行なわれている。日本の場合はアジア諸国が多く、例えばコールセンターや食品加工工場などをオフショアリングしている。

フェアトレード(公正な貿易) fair trade ⑤ 発展途上国の原料や製品を、適正な価格で継続的に購入すること。発展途上国の生産者や労働者の生活改善や自立を目指す運動であり、援助の1つの形である。小規模生産であるため、ハイコストや品質のばらつき、大量仕入れが困難であるなどの課題がある。主品目としてはコーヒー豆やバナナ、カカオなどがあげられる。

BOP市場 ④「Bottom of the Pyramid」の略で、社会構造の最下層、つまり貧困層を対象とする市場のこと。購買力平価ベースでみたときの年間所得が3000ドル以下の層を指し、世界人口の約7割を占めるといわれている。援助を中心としつつ、その市場規模をビジネスターゲットとしても有望とみる考え方であり、社会貢献性の観点に立った財やサービスの提供が進められている。政府の援助政策とも関係性が深いため、官民連携でのビジネス展開も行なわれている。

ソーシャル・ビジネス social business ④ 貧困などの社会問題の解決をはかるための取り組みを、収益のあがる持続的な事業として展開すること。利潤を第一目的とせず、利他の精神で社会的な利益を追求するという特徴がある。国際的な社会問題のみでなく、介護・福祉、子育て支援、環境保護など地域の社会問題についても取り組みが展開されている。バングラデシュのグラミン銀行によるマイクロファイナンスは代表例である。

グラミン銀行 Grameen bank ③ バングラデシュにある銀行。「村の銀行」という意味。主に農村部の貧困層を対象に、比較的低金利の無担保融資(マイクロクレジット)を行なっている。非常に貧しい人々(ほとんどが女性)が個人事業に取り組み、収入を得て貧困から脱出することを可能にしている。

:**ムハマド＝ユヌス** Muhammad Yunus ① バングラデシュの経済学者で実業家。グラミン銀行を創設し、その活動により2006年にノーベル平和賞を受賞した。ソーシャル・ビジネスという概念を提唱し、マイクロクレジットの創始者としても知られている。

:**マイクロクレジット** microcredit ③ 貧困、低所得、失業などの理由により銀行から資金を借りることのできない人々に対し、無担保で少額の資金を提供する金融サービスのこと。1970年代にバングラデシュで始まり、その後アジア各地へと広がった。

:**マイクロファイナンス** microfinance ① マイクロクレジットのサービス対象を、貯蓄や送金、保険など幅広い金融サービスにまで拡大したもの。近年は発展途上国に限らず、先進国を含む世界各地で取り組みが展開されている。

移民送金 ① 外国人労働者による母国(ぼこく)への送金のこと。発展途上国によっては開発のための重要な資金源となっている。2021年の低・中所得国(中国を除く)への送金額は5890億ドルに達し、外国直接投資と政府開発援助の合計額を上回っている。新型コロナウイルス感染症による世界的な景気停滞の中でも、送金総額はわずかな減少にとどまるなど、現在もなお大きな資金の流れとなっている。

国連ミレニアム開発目標(MDGs) Millennium Development Goals ④ 2000年に国際連合が打ち出した、貧困と飢餓の撲滅(ぼくめつ)などの目標のこと。開発分野における国際社会共通の目標として設定された。2015年までに1日1ドル未満で生活する人々を半減させるなど、8つの目標を掲げている。一定の成果はあげたが完全な達成には至らず、持続可能な開発のための2030アジェンダ(＝SDGs)に引き継がれた。

：**国連ミレニアム宣言** ① 2000年の国連ミレニアムサミットで採択された宣言。平和と安全、開発と貧困、環境、人権などの課題に対し、21世紀の国連に求められる役割に関する方向性を提示した。この宣言をもとに示されたのが国連ミレニアム開発目標(MDGs)である。

持続可能な開発目標(SDGs) Sustainable Development Goals ⑥ 2015年に国連で採択された、**持続可能な開発のための2030アジェンダ**②の中核となる目標。MDGsの後継。2030年までに、貧困や飢餓(きが)、エネルギー、気候変動、平和的社会など、持続可能な開発目標として17の目標と169のターゲットを設定している。国家間レベルにとどまらず、民間レベルでも多くの企業が社会的責任(CSR)の一環として様々な取り組みを展開している。またSDGsの達成に向けて、国連では2020年から「行動の10年」を開始した。

：**「誰一人取り残さない」社会** ② SDGsの原則。前身のMDGsでは、貧困や飢餓に苦しむ多くの人に効率よく恩恵をもたらすような取り組みを優先したため少数者が後回しとなり、格差が生じる結果を招いた。その反省から、数や効率よりも格差是正(ぜせい)に重きを置く目標を設定している。

：**サステナビリティ** sustainability ② 持続可能性のこと。SDGsの考え方が世界中に広く普及・浸透したことにより、近年では日本国内でもカタカナ英語のように、社会や経済、環境、企業広告・社会的責任など、様々な場面で用いられている。

エレファントカーブ ② 2012年にセルビア出身の経済学者ブランコ＝ミラノヴィッチが提唱した理論。世界の経済格差に起きている変化について示した。2008年までの20年間における所得の伸び率を縦軸に、所得分布を横軸にしてグラフ分布をみると、象の姿にみえることからこの名称で呼ばれる。新興国の中間層の所得が大幅に増加しており、世界全体でみると経済格差は縮小した。一方、先進国の富裕層が所得を伸ばしているが、中間層は所得を減らしており、先進国に限ると格差が拡大している。このような状況を可視(かし)化し、大きな反響を呼んだ。

アジアインフラ投資銀行(AIIB) Asian Infrastructure Investment Bank ⑥ 2015年に発足した国際開発金融機関。「一帯(いったい)一路(いちろ)」構想に基づき中国が主導して創設した、アジア新興国を対象にインフラ開発などへの融資を行なう金融機関であり、日米が主導するアジア開発銀行(ADB)では賄(まかな)い切れないニーズにこたえることを目的とする。2021年末時点での加盟国は103カ国。不透明な運営体制への不信感や中国の影響力拡大への懸念(けねん)から、日本やアメリカは参加していない。

「一帯(いったい)一路(いちろ)」構想 ⑤ 2013年に中国の習近平(しゅうきんぺい)国家主席が提唱した経済圏構想。かつて中国とヨーロッパを結んだシルクロードを模(も)し、中央アジア経由の陸路(一帯、シルクロード経済ベルト)とインド洋経由の海路(一路、21世紀海洋シルクロード)でインフラ整備を進め、貿易と金融を促進することを目的とする。発展途上国は自国の経済発展を期待し、先進国は自国企業の参入をねらう一方で、中国による巨大経済圏構想だという警戒を高める国もあるなど、各国の反応は様々である。

中国のシリコンバレー ① 中国の広東省に位置する深圳(シンセン)市を指す。経済特区に指定されており、華為(ファーウェイ)やテンセントといった巨大IT企業が多く本社を構えることから、このように呼ばれる。

米中経済貿易協定 ① 2020年に2国間交渉の第1段階として、米中両国間で結ばれた協定。知的財産権や技術移転、金融サービス、貿易の拡大など幅広い項目で構成され、

第Ⅱ部 第5章 国際経済と国際協力

アメリカが中国に求めていた知的財産保護と貿易赤字削減にこたえる内容となっている。しかし、2021年末時点の統計では中国が約束した対米輸入額の約6割にとどまるなど、米中貿易摩擦が完全に解消したわけではない。

デカップリング decoupling ① 2国間の経済や市場が連動していないこと。低迷する先進国経済と、好調な内需に支えられて高成長が続く新興国経済を比較し、先進国の経済状況に関係なく新興国経済は成長するとする考え方のこと。アメリカでサブプライムローン問題が顕在化したときに主張されたが、その後の世界金融危機など疑問視する意見もある。

中国・アフリカ協力フォーラム（FOCAC） Forum On China-Africa Cooperation ① 2000年以降、3年おきに開催されている中国とアフリカ諸国による公式フォーラム。このフォーラムが開催されて以降、中国の対アフリカ貿易額及び投資額は増加の一途をたどり、民営企業を中心に1万社以上の中国企業がアフリカ諸国で活動するなど影響力を高めている。

アフリカ開発会議（TICAD(ティカッド)） Tokyo International Conference on African Development ① 日本の主導で開催される、アフリカの開発をテーマとする国際会議。FOCACと異なり、国連、国連開発計画（UNDP）、世界銀行などが正式な共同開催組織となっている。第1回会議は1993年に開かれており、アフリカ諸国の開発と発展の重要性を示した先駆的組織である。

自由で開かれたインド太平洋 ① 2016（平成28）年に安倍首相（当時）が提唱した外交方針。法の支配の実現（航行の自由など）、自由貿易の定着と経済的繁栄の追求、平和と安定の確保を柱とする構想で、実現に向けて世界各国とビジョンの共有をはかっている。アフリカ開発会議での演説を端緒としており、アジアとアフリカの連携による国際社会の安定と繁栄を目指している。

チャイナ＋1 ① 主に製造業において、生産拠点や子会社を中国に集中するリスクを避け、他の国・地域にも分散投資する経営戦略のこと。2010（平成22）年に生じた尖閣諸島沖の中国漁船衝突事件をきっかけに日中関係が緊迫化し、反日運動が起きたことに加え、賃金水準の上昇や知的財産の流出といったリスクが顕在化したため、ベトナムやカンボジアなど、中国からも近く人件費も安価で、協定によって貿易環境が整っているASEAN諸国が移転先として人気になっている。

ベンガルール（バンガロール） Bengaluru ① インド南部に位置する、インド第4位の大都市圏。1980年代以降、国策としてソフトウェア開発に注力した結果、マイクロソフト、インテル、グーグルなどの世界的企業や、トヨタなどの日本企業も多く拠点を構えるIT都市として発展した。「インドのシリコンバレー」とも呼ばれる。インドにおいてIT産業が発展した背景には、数学教育を充実させたこと、IT産業がカースト制に規定のない新産業であったこと、シリコンバレーのあるアメリカ西海岸との時差（12時間）の関係でタスク進行の補完性が高かったことなどの要因があるとされる。

メイク・イン・インディア ① インドのモディ首相による製造業振興策のスローガン。2014年の首相就任時に掲げた。投資環境を整備して直接投資誘致を促進、製造業を振興し、雇用創出、貿易赤字縮小、輸出拡大を目指した。しかしIT大国として成長した結果、サービス業が主要産業となったため製造業の振興が思うように進まず、国内需要の増加を輸入で賄(まかな)うという貿易赤字体質は改善できていない。

アメリカ・ファースト ② アメリカ合衆国第一主義のこと。国内の諸問題解決や経済立て直しを最優先し、国際社会への関与や貢献を可能な限り抑えるべきとする考え方。もともとは20世紀前半の大戦期に用いられた語句だったが、トランプ大統領（当時）が選挙期間中からスローガンとして掲げたことで注目を集めた。各国との貿易摩擦解消や「世界の警察」からの解放など、国内経済立て直しに向けた強力な方針を示したが、同時に国際条約や国際組織からの離脱を一方的に進め、排外主義的な政策を実施するなど、批判も集める結果となった。

4 地球環境問題

1 地球環境問題

地球環境問題 ⑥ 国境を越えた地球規模での環境汚染や環境破壊の問題のこと。酸性雨、オゾン層の破壊、地球温暖化、熱帯雨林の消失、砂漠化、生態系破壊など、1980年代以降から特に大きな問題になっている。産業の発展や開発の進展が原因と考えられている。

環境問題 ③ 人間の生産・消費活動による、自然浄化能力を超えた環境汚染や環境破壊がもとで発生する諸問題。地球温暖化などの地球環境問題と、ごみ焼却場からのダイオキシン汚染などの地域環境問題がある。

環境破壊 ③ 人間が手を加えて環境を壊すこと、または人間の活動によって有害な物質が多くなり、間接的に影響を受けて環境が壊されること。森林破壊や環境汚染、生態系破壊など、ただ破壊されるだけでなく、その他の様々な環境問題の誘因となることが多い。

環境汚染 ② 人間の生活や生産活動によって、空気や水、土壌、海などが汚されていくこと。静かできれいな環境が劣悪化すること。火山の噴火など、自然災害によるものを含む場合もある。

生態系(エコシステム) ecosystem ② ある地域に生息する生物群と、それを取り巻く自然環境の機能的なまとまりのしくみのこと。生産者・消費者・分解者による捕食関係や食物連鎖、河川、森林、湖沼などの周辺環境が、複合的にかかわってバランスが保たれている。このバランスを崩すことが環境破壊である。

人口問題 ① 地球上の人口が増加することによって引き起こされる問題のこと。水や食料などの資源が不足する問題、環境汚染が進んで地球に対する負荷が増大する問題、貧富の差の拡大や貧困の問題などが起こる。

人口爆発 ① 人口が急激に増加すること。産業革命が起きた18世紀頃や、第二次世界大戦以降に顕著にみられる。人口増加率は低下しているが、それでも世界人口は増加しており、2022年末には80億人に達すると推計されている。また、現在の推計では2080年代に約104億人に達し、ピークを迎えるとされている。

食料危機 ① 紛争、気候変動、感染症拡大による不況、物価高騰などの要因により、世界的に食料が不足し、飢餓が広がる状況のこと。国連世界食糧計画(WFP)によると、約8億3000万人の人々が毎晩空腹状態で眠りにつき、45カ国5000万人の人々が緊急レベルの飢餓に直面している。また深刻な飢餓に苦しむ人々の数は、新型コロナウイルスのパンデミック前と比較して約2億人増加しており、問題を抱える国の数も増えるなど、深刻な課題となっている。

水資源の減少 ① 限りある水資源が減少・枯渇し、水不足が深刻化している問題。人口増加に伴う水資源使用量の増加、気候変動や異常気象に伴う飲み水不足などの現状があり、水資源をめぐる紛争も世界各地で生じている。SDGsでも17のゴールの1つに「安全な水とトイレを世界中に」を定めており、世界が今後取り組むべき喫緊の課題となっている。

地球温暖化 ⑥ 二酸化炭素(炭酸ガス)やメタンなどの温室効果ガスの増加により、気温が上昇すること。発電や交通手段、冷暖房など、豊かな生活のために化石燃料を大量消費することによって起こっている。異常気象、生態系破壊、海面上昇、熱中症による健康被害、食料危機、水資源の減少など、様々な影響をもたらす恐れがある。

温室効果ガス ⑤ 地球温暖化の原因物質の総称。二酸化炭素(炭酸ガス)、メタン、フロンなど。太陽光線は通すが、地球が放射する熱エネルギーは吸収する性質を持つ。

二酸化炭素(炭酸ガス) ⑤ 物が燃やされると発生する物質。ごくありふれた物質であるが、大気中の濃度が高まると、温室効果ガスとして作用する。

オゾン層の破壊 ④ 成層圏上部にあるオゾン層が破壊される地球環境問題。原因物質はフロンガスなど。オゾン層が破壊されることで、太陽光に含まれる有害な紫外線が増加し、皮膚がんや白内障といった健康被害や、農作物の収穫量減少などの被害がもたらされる。

:オゾン層 ② 地球を取り巻いている大気圏の中で、オゾンの濃度が高い層のこと。高度約10〜50kmの成層圏に多く存在し、有害な紫外線を吸収する。ちなみに、上空のオゾンを地上に集めて気温0度にすると、わずか3mmの厚さにしかならない。

:オゾンホール ozone hole ② 南極や北極上空のオゾン層のオゾン濃度が、毎年春に通常の半分程度にまで急激に減少すること。人工衛星からの映像が、あたかも穴の開いたようにみえることから、「オゾンホール」と呼ばれる。環境省の調査報告では、21世紀末には地球全域でオゾン層破壊前（1960年代）の水準に回復すると見込んでいる。

紫外線 ② 太陽光の中に含まれる電磁波。化学的な作用がいちじるしく、人体が長時間さらされると、皮膚や目、免疫系がおかされる危険性がある。

フロンガス flon gas ④ 炭素とフッ素の化合物のこと。無毒性、不燃性、化学的安定性といった優れた性質を持つ。種類は何種類もあり、クーラーや冷蔵庫の冷媒（れいばい）、スプレーの噴霧（ふんむ）剤、半導体の洗浄などに利用されていた。オゾン層破壊の原因とわかり、1980年代以降に生産や消費が全廃されることになる。日本でも2015（平成27）年施行のフロン排出抑制法など、対策実施のための法整備が進められた。

オゾン層保護条約（ウィーン条約） ① オゾン層保護のために、1985年に採択された「オゾン層保護のためのウィーン条約」のこと。オゾン層やオゾン層を破壊する物質について研究すること、国際的に協調して各国が適切な対策をとることなどを定めている。

モントリオール議定書 ③ オゾン層保護条約（ウィーン条約）に基づき、1987年に採択されたオゾン層の破壊物質に関する取り決め。オゾン層破壊物質の全廃スケジュールを設定し、最新の科学や技術などの情報に基づく規制措置の評価と再検討を推進することなどを決定した。2016年の改正では、一部の代替（だいたい）フロンについても段階的に削減することを決定している。

砂漠化 ② 乾燥地、半乾燥地の生態系が破壊されて不毛化し、植生（しょくせい）がなくなること。人口増大に伴う過剰な開発（都市の拡大）、食糧増産（農地の拡大）、家畜の過放牧（かほうぼく）、資源開発などの人為的要因と、気候変動や異常気象などの気候的要因があげられる。すでに地球上の陸地の4分の1が砂漠化の影響を受けているとされる。

：**過放牧**（かほうぼく） ② 土地の広さに比べて、家畜頭数が多すぎる状態のこと。家畜の餌（えさ）の量が草の成長速度を超えることで植物生産が追いつかなくなり、草地がなくなって、やがては砂漠化の原因となる。

森林破壊 ④ 熱帯雨林を中心とする急速な森林面積の減少のこと。2020年時点での世界の森林面積は約40億haあるが逓減（ていげん）しており、地域別でみると現在はアフリカの森林減少がいちじるしくなっている。過去30年間での森林減少面積は1億7800万haで、日本の面積の約5倍である。

：**熱帯雨林の消失** ② 世界の森林面積の半分を占める熱帯雨林が大幅に減少している問題。その原因には、発展途上国の伐採、先進国による商品作物用の農地や放牧地を拡大するための伐採、商業用材のための伐採、人口爆発による大規模な焼畑農業などがある。熱帯雨林の消失そのものも問題だが、それによって引き起こされる地球温暖化、土壌流失、生物種の減少なども大きな問題となっている。

焼畑農業 ① 主に熱帯地方で伝統的に行なわれている農業形態。熱帯雨林に火をつけて開拓し、灰を肥料として活用する農業。手間がかからず、かつ土壌改良や害虫駆除（くじょ）の効果もあるが、熱帯雨林が消失してしまう原因の1つとなっている。

野生生物種の減少（種の絶滅） ③ 熱帯雨林や湿地の消失、海洋汚染などにより、生態系が破壊され、生物種が減少している問題。過去50年間で世界の生物多様性は68％喪失されているという調査結果もあり、また過去100年間の種の絶滅速度は、それまでの平均より1000倍以上の速さとなっている。2017（平成29）年に環境省が公表した第5次レッドリストには、陸海合わせて3690種の生物が登録されている。

ラムサール条約 ② 正式名称は「特に水鳥の生息地として国際的に重要な湿地に関する条約」。渡り鳥などの生息地として重要度の高い湿地の保全及び再生と賢明な利用、そしてそれらを促進する交流と学習を基盤とする。日本で最初の登録地は釧路（くしろ）湿原であり、2021年11月時点で53カ所が登録されている。

ワシントン条約 ② 正式名称は「絶滅のおそれのある野生動植物の種の国際取引に関する条約」。オランウータンやゴリラなどの絶滅の恐れのある野生動植物の保護をはかるための条約。絶滅の危機の度合いにより規制され、商業目的取り引きの全面禁止や、その他の取り引きであっても輸出国政府の許可証か証明書が必要とされている。

酸性雨 ② pH5.6以下の強い酸性の雨が降ること。自動車の排気ガス中の窒素酸化物（NOx）や、工場の排出ガス中の硫黄酸化物（SOx）が、大気中で硫酸（りゅうさん）イオンや硝酸（しょうさん）イオンに化学変化し、雨に溶けて降る。特に北欧やドイツ、カナダで被害が大きく、木を枯らす、湖沼の魚の生息を不可能にするなどの被害が出ている。近年、中国でも酸性雨による被害が報告されている。

窒素酸化物 ② 物が高温で燃えると発生する物質。人体の呼吸器に悪影響を及ぼすほか、光化学スモッグや酸性雨の原因となる。工場や火力発電所など多くの発生源があるが、最も多いのは自動車の排気ガスである。

硫黄酸化物 ② 硫黄を含む化石燃料などを燃焼させたときに発生する物質。主に工場の排出ガスに含まれ、喘息や酸性雨の原因となる。日本では、硫黄酸化物の排出規制と、排煙脱硫装置などの技術進歩で、大気中への排出は激減している。

海洋汚染 ① タンカーの原油流出事故や船舶からの廃油の投棄、工場から排出された各種廃棄物、家庭廃水、戦争などにより、海洋が汚染されること。海洋動物や海洋資源に被害を与えるだけでなく、濃縮効果による人体への悪影響も心配されている。1989年のアラスカ沖のエクソン・バルディーズ号事件をきっかけに、民間企業が環境保全に責任を持つという「セリーズ(バルディーズ)原則」ができた。近年はマイクロプラスチック問題などが注目を集めている。

2　放射能汚染

放射性物質 ① 放射線を出す性質を持つ物質のこと。放射線を出す力(能力)のことを放射能という。ウラン、プルトニウム、トリウムといった核燃料物質や、カリウム、セシウム、ヨウ素などを指す。

：**放射能汚染** ① 外部に放出された放射性物質による汚染のこと。原水爆の実験、原発事故、原発や原子力艦船の廃棄物、核燃料製造工場の事故などが原因となる。国際原子力機関(IAEA)は、原子力事象による放射能汚染などの深刻度を7つのカテゴリーに分類しており、最大レベルのレベル7「深刻な事故」には、1986年のチョルノービリ原発事故と2011(平成23)年の福島第一原発事故が指定されている。

：**放射性廃棄物** ③ 原子力関連施設から出される廃棄物のこと。使用済み燃料などの高レベル放射性廃棄物と、原子力発電所などの稼働に伴い発生する器具や衣服などの低レベル放射性廃棄物に分かれる。廃棄後も放射能を持っているため動植物に重大な障がいをもたらす危険性があり、その処理が課題となっている。

：**第五福竜丸事件** ⑥ 1954(昭和29)年、アメリカ軍によるビキニ環礁での水爆実験に、静岡県焼津港所属の遠洋漁船「第五福竜丸」が巻き込まれて被ばくした事件。多量の放射性降下物(死の灰)を浴び、船員23人全員が被ばく、1人が死亡した。

：**太平洋ビキニ環礁** ① オーストラリア北東のマーシャル諸島に位置する。かつて日本の統治下にあったが、第二次世界大戦後はアメリカが占領して核実験場とし、1946年から1958年にかけて周辺で67回の実験を行なった。死産や先天性障がいなど人的被害も報告されており、一部地域では現在も居住ができない状況となっている。いわゆる負の遺産として、2010(平成22)年にUNESCO世界遺産に認定された。

：**死の灰** ① 原子爆弾や水素爆弾など、原子核分裂をする際に生じる生成物の俗称。ビキニ環礁での実験では、爆発の際に付近のサンゴ礁の微小粒子に放射性生成物などが付着し、100km以上離れた周辺海域にまで降下した。

スリーマイル島原子力発電所事故 ① 1979年、アメリカのペンシルバニア州スリーマイル島の原子力発電所で発生した重大事故のこと。原子炉から冷却水が失われ、露出した炉心が過熱し原子炉が空焚き状態となり、炉心溶融(メルトダウン)を起こした。その結果、10万人を超す周辺住民が避難した。

チョルノービリ原子力発電所事故 ① 1986年、ソ連のウクライナ共和国(現ウクライナ)のチョルノービリ原子力発電所で発生した大事故。原子炉の実験中に大爆発が発生して崩壊し、大量の放射性物質が飛散して周辺やヨーロッパ各地を汚染した。周辺住民や農作物に大きな被害を与え、半径約30kmが立ち入り禁止区域となった。2016年には炉心や建屋を覆うシェルターが完成したが、現在も立ち入り制限は解除されていない。ロシアによるウクライナ侵攻により、2022年2月、ロシア軍によって一時占拠されたことも話題となった。

東海村臨界事故 ② 1999(平成11)年、茨城県東海村にあるウラン加工工場で発生した臨界事故。高速実験炉燃料の製造を規定通りに行なっていなかったため、核分裂連鎖反応が起き、作業員2人が被ばくにより死亡した。約20時間にわたって周辺に放射線が放出され続け、国内初の住民避難が行なわれた。臨界事故とは、濃縮のうしゅくウランやプルトニウムの扱い方を誤って、意図いとせずに核分裂連鎖反応が起こってしまう事故のことで、放出される中性子は人間にとってきわめて危険である。

福島第一原子力発電所事故 ⑥ 2011（平成23）年3月、東日本大震災において、東京電力福島第一原子力発電所で起きた事故。津波により原子力発電所の1～4号機がすべての電源を失ったことで冷却機能を喪失、燃料の温度上昇に対応がとれず、大量に発生した水素によって炉心溶融（メルトダウン）や格納容器の損傷が引き起こされ、原子炉建屋内に水素とともに放射性物質が放出された。その後、水素爆発を起こして大気中に放射性物質が放出され、土壌・海洋・食品などの汚染、風評ふうひょう被害、住民避難など様々な問題が生じた。

東日本大震災 ⑥ 2011（平成23）年3月11日に発生した東北地方太平洋沖地震及びその余震による、津波や建物倒壊などの大規模な地震災害のこと。地震の規模をあらわすマグニチュードは9.0を記録、これは国内観測史上最大規模である。また各地の津波の高さも過去最大規模で、宮城県女川おながわ漁港では14.8mの痕跡も確認されている。東北地方を中心とする12の都道府県で、死者と行方不明者を合わせて2万人弱の人々が犠牲になった。

原子力規制委員会 ① 環境省の外局に位置する日本の行政機関。2011(平成23)年の福島第一原子力発電所事故の教訓と反省を活かすため、行政機関の再編により2012（平成24）年に新たに設置された。原子力に対する確かな規制を通じて、人と環境を守ることを使命とする。過去の反省から独立性の高い機関として設置されており、大臣からの指揮・監督は受けない。

原子力基本法 ① 1955（昭和30）年に成立した、原子力の研究、開発、利用の促進に関する法律。原子力開発利用の基本方針として、平和の目的に限り、安全の確保を旨とすることが明記されている。

原子力発電所の安全神話 ① 原子力発電所は安全である、ということが絶対的なこととして信じられていたこと。最悪の場合でも炉心溶融(メルトダウン)は起こらないと信じられていたが、2011(平成23)年の福島第一原子力発電所事故では炉心溶融が起こり、放射性物質が飛散した。

3 地球環境の保全

環境保全 ③ 環境破壊を防止し、調和のとれた環境を保持しようとすること。環境が破壊されないように防止策を講じて、環境を守ろうとすること。

『沈黙の春』 silent spring ① アメリカの生物学者**レイチェル＝カーソン**①が1962年に出版した著書。日本語訳版は1964（昭和39）年に刊行されている。殺虫剤や農薬などの化学物質が地球環境に及ぼす影響の危険性を訴え、大きな反響を呼ぶベストセラーとなった。また出版から10年後に国連人間環境会議が開催されるなど、環境保全活動を広めるきっかけとなった。

ローマクラブ club of Roma ① 科学者や経済学者など、様々な学問分野の専門家によって構成されるスイスの研究機関。1968年に第1回会合がローマで開かれたことからこの名称となる。1972年に初めての報告書**『成長の限界』**①を発表し、世界的に注目を集める。世界人口が指数関数的に増加する一方、人類の生活を支える食糧や資源の生産増大には限りがあるばかりか、環境汚染や資源枯渇によるマイナス因子いんしも大きいため、いずれは経済成長が頭打ちとなって限界に達すると主張した。その後の環境保全活動や持続可能な開発を推進するきっかけの1つとなった。

国連人間環境会議 ④ 1972年にスウェーデンのストックホルムで開催された、地球環境に関する初めての国際会議。人間環境宣言を採択し、国連環境計画(UNEP)の設立を決めた。20年後の国連環境開発会議（地球サミット）、30年後の持続可能な開発に関する世界首脳会議へとつながった。

「かけがえのない地球」 only one earth ③ 国連人間環境会議のキャッチフレーズ。たった1つの地球、ということ。1974年より、会議が開催された6月5日を「世界環境デー」と定め、その最初のテーマとしても使用された。

人間環境宣言 ③ 国連人間環境会議において採択された宣言。環境問題に取り組む際の原則を明らかにした。地球環境の保全と向上について、環境・資源の保護責任、環境教育の必要性、核兵器などによる人間と環境の大量破壊からの回避などの共通の見解と原則を示した。ストックホルム宣言ともいう。

国連環境計画（UNEP） United Nations Environment Programme ③ 国連人間環境会議の決議に基づき、1972年に設立された環境保全を目的とした国連の機関。地球環境モニタリングシステムの運営や、環境を保護するための多くの決議や条約づくりを推進している。2012年の国連持続可能な開発会議では、世界の主たる環境当局としての役割強化が成果文書に盛り込まれている。

国連環境開発会議（地球サミット） ⑥ 1992年、ブラジルのリオデジャネイロで開催された環境と開発に関する国際会議。国連加盟国のほぼすべてが参加し、そのうち約100カ国は国家元首及び首相が参加するなど、類をみない大規模な会議となる。「持続可能な開発（発展）」を共通理念とし、リオ宣言、気候変動枠組み条約（地球温暖化防止条約）や生物多様性条約の調印、森林原則声明、行動計画であるアジェンダ21などが採択され、その後の地球環境問題対策に大きな影響を及ぼした。地球サミットともいう。

「持続可能な開発（発展）」 ⑥ 地球サミットの基本理念。現在の世代だけでなく、将来の世代も経済的・社会的利益を享受できるように、開発・経済発展と環境保全を調和させ、発展を持続可能にしようとする考え方。その後の国際経済に関する国際会議でも主要なテーマとなっている。もともとは、1987年の環境と開発に関する世界委員会（ブルントラント委員会）が発行した最終報告書で示された考え方である。

環境と開発に関する世界委員会 ① 日本政府の提案によって、1984（昭和59）年に国連に設置された委員会。委員長のブルントラントの名前を付し、ブルントラント委員会とも呼ばれる。環境保全と開発の関係について、将来世代のニーズを損なうことなく現代世代のニーズを満たすこと、という「持続可能な開発（発展）」の概念を打ち出した。

われら共通の未来 ① 環境と開発に関する世界委員会が、約4年間計8回の会合を経てまとめた最終報告書の題名。原題は「Our Common Future」。

リオ宣言 ③ 正式名称は「環境と開発に関するリオデジャネイロ宣言」。人間環境宣言の再確認と発展を目指す。「持続可能な開発（発展）」の理念に基づき、21世紀に向けた世界の環境保全のあり方を示す原則を27項目にわたって掲げた。

共通だが差異のある責任 ① 地球温暖化対策における基本原則。地球サミットで合意に至り、リオ宣言に初めて盛り込まれた。気候変動枠組み条約にも明記されている。地球温暖化への責任を有するという点は世界各国で共通だが、温室効果ガスの大部分は現在の先進国が過去に排出したものであり、また対処能力にも差があることから、これから経済発展する発展途上国と先進国では責任の差異があるという考え方。

予防原則 ② 新技術が人の健康や環境に重大かつ不可逆的な影響を及ぼす可能性がある場合、科学的な確実性が十分でなくても、未然に防止措置をとるべきとする考え方。1992年の国連環境開発会議で採択されたリオ宣言で言及されたほか、1997（平成9）年の京都議定書では環境政策の原則として各国が採用した。

アジェンダ21 Agenda21 ⑤ リオ宣言の原則を実現するために、国際機関、世界各国、地方公共団体、事業者などがとるべき具体的な行動計画のこと。社会的・経済的観点や実施手段など4つのセクションから構成される長大な文書となっている。計画の実施状況を評価するため、持続可能な開発委員会（CSD）が国連に設置された。

気候変動枠組み条約 ⑤ 1992年に採択された、地球温暖化対策に関する国際的な枠組みを定めた条約。**地球温暖化防止条約**②ともいう。198カ国と機関が締約。二酸化炭素やメタンといった温室効果ガスの濃度を安定化させることを究極の目的と定め、温室効果ガスの排出・吸収の記録や、対策の国別計画策定などを締約国の義務としている。1994年に発効し、翌年から毎年、気候変動枠組み条約締結国会議（COP）が開催されている。

気候変動枠組み条約締約国会議（COP） Conference of the Parties ③ 温室効果ガスの排出防止などを協議する会議のこと。地球サミットで採択された気候変動枠組み条約を締約した国によって毎年開催される。1995年に第1回会議がベルリンで開催され、第3回会議は京都で開催された。京都議定書やパリ協定など、その後の地球温暖化対策の国際的枠組みも締結される重要な会議である。

生物多様性条約 ④ 地球上のあらゆる生物種の多様性を、生態系、種、遺伝子の3つの観点でとらえ、その保全と持続可能な利用、及び遺伝資源から生じる利益の公平な配分を目的とした条約。地球サミットで調印され、1993年に発効した。バイオテクノロジーやバイオミミクリーなどの近代産業においても欠かせない考え方である。

遺伝資源 ② 植物や動物、微生物などの遺伝機能のうち、現実もしくは潜在的な価値を有するものを指す。生物多様性条約で初めて明確に定義された。遺伝子は一度失われると完全復元は不可能であり、豊かな遺伝資源を保全するためには、生物多様性の考え方が必要不可欠である。

名古屋議定書 ① 2010（平成22）年に名古屋で開催された、第10回生物多様性条約締結国会議にて採択された国際文書。遺伝資源の取得機会と、その利用によって得る利益の公正・衡平な分配に関して定められた。遺伝資源の提供国、及び利用国がとる措置などについて定めている。

森林原則声明 ① 1992年の地球サミットで採択された、森林に関する諸問題について世界で初めて合意した声明文。各国協力のもとで、すべての種類の森林経営について、持続可能な開発と保全に関する取り組みを推進することを目指す。木材を主要な資源とする発展途上国などの反対によって条約の締結には至らず、法的拘束力のない声明として発表した。

京都会議（COP 3） ③ 1997（平成９）年に京都で開催された気候変動枠組み条約第３回締約国会議（COP３）のこと。温室効果ガスの削減目標を定める京都議定書を採択した。

京都議定書 ③ 温室効果ガスの削減目標を定めたもの。1990（平成２）年を基準として、2008（平成20）年から2012（平成24）年の排出量平均を、日本は６％、アメリカは７％、EUは８％、先進国全体では5.2％削減する、という法的拘束力のある数値目標を設定した。また各国連携のもとで温室効果ガス削減に取り組めるよう、排出量取り引き、クリーン開発メカニズム、共同実施の３つの運用方法を定めた。京都メカニズムとも呼ばれる。2005（平成17）年に発効したが、発展途上国には削減が義務づけられていないことなどを理由に、アメリカが不支持を表明した。

排出量取り引き ③ 京都メカニズムの１つ。温室効果ガス削減の目標達成が厳しい先進国が、他の先進国であまった削減分を排出権という形で購入して、不足分を穴埋めすること。各国の削減量の過不足分を売買できるようにすることで、世界全体で削減目標を達成するしくみをつくり、結果的に温暖化防止を達成することを目的としている。

クリーン開発メカニズム ① 京都メカニズムの１つ。先進国が発展途上国に資金や技術を投資することで、その国の温室効果ガス削減に貢献し、その削減量の一部を投資した先進国の削減目標達成に充当する制度。発展途上国の持続可能な開発援助にもつながるため、双方にメリットがある制度として注目されている。

共同実施 ① 京都メカニズムの１つ。先進国が他の先進国に資金や技術を投資し、共同で実施した温室効果ガス削減事業の削減成果を、投資した国が削減目標達成に利用できる制度。先進国同士の取り組みなので、京都議定書で定めた先進国全体の削減目標に貢献できないという問題点がある。

環境開発サミット ① 2002年、南アフリカ共和国のヨハネスブルグで開催された持続可能な開発に関する世界首脳会議のこと。ヨハネスブルグ・サミットやリオ＋10ともいう。1992年の地球サミットで採択された行動計画の実施状況や、新たな課題などを検証して、今後の取り組みの強化をはかる目的で開催された。

ヨハネスブルグ宣言 ② 環境開発サミットで出された宣言。1992年の地球サミットから10年経ったところで、持続可能な開発への公約を再確認した。清浄な水や衛生へのアクセス改善や、国際的に合意されたODAレベルの達成なども新たに記述している。

国連持続可能な開発会議（リオ＋20） ① 2012年にリオデジャネイロで開催された国際会議。1992年の地球サミットから20年後のフォローアップ会議であり、それまでの取り組みの検証とその後の経済・社会・環境のあり方について議論した。

パリ協定 ⑥ 2015年のCOP21にて採択された、2020年以降の温室効果ガス排出削減などのための新たな国際的枠組み。京都議定書にかわる協定であり、史上初めて、すべての国が参加する公平な合意がなされた。努力義務のため法的拘束力は京都議定書より弱いが、発展途上国を含むすべての国が参加するという意義は大きく、運用面の検討が現在も続いている。2020年にアメリカは離脱したが、2021年に就任したバイデン大統領はすぐに復帰に署名した。

脱炭素社会 ② 温室効果ガスの排出量が“実

質”ゼロの社会のこと。また、その状態を目指すこと。**カーボンニュートラル**①も同義語として用いられている。温室効果ガスの排出量抑制と同時に、森林管理や新技術による吸収・回収を促進することで、実質的な排出ゼロを目指す考え方。日本では2020(令和2)年、菅首相(当時)が「2050年までのカーボンニュートラル実現」を宣言して話題となった。

CCS Carbon dioxide Capture and Storage ①「二酸化炭素の回収・貯留」技術のこと。工場や発電所などで発生する二酸化炭素を排出する前に回収し、地下などに圧入して長期間保存する技術。資源エネルギー庁では2030(令和12)年までの商用化を目指し、実証試験を進めている。カーボンニュートラルを実現可能とする新技術の1つとして注目されている。

BECCS Bioenergy with Carbon Capture and Storage ① CCSとバイオマスエネルギーを組み合わせた技術のこと。廃材などを用いるバイオマスエネルギーは、カーボンニュートラルの観点から、燃焼しても二酸化炭素の排出量に計上しなくてよいしくみになっている。このしくみとCCSを組み合わせることで、計算上は大気中の二酸化炭素量が純減となる。パリ協定、そしてカーボンニュートラルの実現に向けて、今後の実用化が期待されている技術である。

直接空気回収(DAC) Direct Air Capture ① 大気中の二酸化炭素を直接回収する技術のこと。工場や発電所から二酸化炭素を回収する技術を指すCCSとは区別されているが、双方を組み合わせてDACCSと呼ぶことも多い。限られた土地と水の使用で二酸化炭素を回収できるが、現状では運用に莫大なコストがかかるため、実用化に向けた研究段階となっている。

ネガティブ・エミッション negative emissions ① 大気中の温室効果ガスを回収・吸収し、貯留・固定化する技術の総称。DACCSやBECCSのほか、植林や風化作用促進技術、海洋アルカリ化技術(海水にアルカリ性物質を添加し、自然な酸素吸収を促進する)などが含まれる。

風化作用促進 ① ネガティブ・エミッションに該当する技術の1つ。玄武岩などを粉砕してケイ酸塩材料とし、土壌に散布することで風化を人工的に促進する。ケイ酸塩は二酸化炭素と反応して炭酸塩を生成するため、空気中の二酸化炭素を削減することができる。

グリーン経済 green economy ① 2011年に国連環境計画(UNEP)が公表した概念。環境問題に伴うリスクと生態系の損失を軽減しながら、人間の生活の質を改善し、社会の不平等を解消するための経済のあり方としている。同年に経済協力開発機構(OECD)が公表した「グリーン成長」も同じような考え方であるが、こちらは持続可能な経済成長に焦点をあてた考え方である。

バーゼル条約 ③ 1992年に発効した、有害廃棄物の国境を越える移動と処分の規制に関する条約。1970年代以降、欧米を中心に有害廃棄物の国際移動が行なわれ、移動先の発展途上国で環境汚染などの問題が生じていた。ブラウン管や使用済みニッケル電池などが有害廃棄物として定められている。

環境ISO ① ISO(国際標準化機構)が環境マネジメントに関して定めた規格のこと。持続可能な開発(発展)の実現に向けて、企業の活動や製品によって生じる環境への有害な影響を、可能な限り減少・改善するシステムづくりの枠組みを定める、各企業の組織努力を促すための規格。

ナショナル・トラスト National Trust ① 19世紀のイギリスで発祥した、国民のために国民自身の手で自然環境などの資産を入手・保全する活動。寄付金や寄贈により入手し、その後の管理と保全も行なう。環境保護のみではなく、歴史的建造物や景勝地も対象となる。日本では、しれとこ100平方メートル運動(北海道斜里町)、埼玉県狭山丘陵の里山を守るトトロのふるさと財団などが有名。

グリーンピース green peace ① 環境保護と平和のために活動する、世界約40カ国に拠点を置く国際環境NGO。政府や企業からの資金援助は受けず個人の寄付で運営され、非暴力直接行動と呼ばれる活動方針のもと、海洋汚染や地球温暖化といった様々な地球環境問題に対して海上での抗議活動などを行なう。

Think Globally, Act Locally ①「地球規模で考え、足元から行動せよ」という意味の標語。もともとは地球環境問題への取り組みを考える上で必要な姿勢として、1960〜70年代頃にアメリカなどの市民活動で用いられるようになったとされる。企業のグローバル経営やエネルギー問題など、グローバル化が進展する現代においては様々な問題において必要な姿勢となっている。

環境クズネッツカーブ ② 経済成長と環境負荷の相関性を示した曲線のこと。一人あたり所得を横軸、環境汚染レベルを縦軸とすると、所得増加に相関して環境汚染レベルも上昇するが、一定レベルに達すると逆相関となり、描かれる曲線は逆U字型となる。ただし、あくまで経済発展によって環境規制が進む前提での全体傾向を示したものであり、経済発展と環境負荷減少が直結するわけではない。経済成長と所得格差の相関性を示したクズネッツカーブと同じ曲線を描くことから、このような名称がつけられている。

5 国際経済と日本

国際競争力 ③ ある国が生産する財やサービスの、国際経済取り引きにおける競争力のこと。その国の経済状況や人的資源の厚み、技術力などを要因とし、価格競争力と品質などの非価格競争力によって決定する。世界有数のビジネススクール、国際経営開発研究所（IMD）が毎年発表する世界競争力年鑑によると、日本の総合順位はバブル期の1989(平成元)～1992(平成４)年は１位だったが、1997(平成９)年の金融不安を機に急落し、2022(令和４)年は34位、アジアでも14カ国・地域中10位となっている。

加工貿易 ① 原材料を輸入し、それを加工して工業製品を輸出する貿易。日本やドイツなど、原材料の海外依存度が高い先進工業国などが行なう。第二次世界大戦前の日本は、綿花を輸入して綿糸や綿布を輸出し、戦後は鉄鉱石などを輸入して鋼材や自動車などを輸出してきた。現在は経済のグローバル化や多国籍企業の増加などにより、海外拠点での製品生産が増加しており、貿易構造も変化している。

貿易摩擦 ⑤ 貿易をめぐって生じる国家間の対立のこと。貿易収支の不均衡が大きな要因。２国間の輸出と輸入が極端に偏り、輸入する側の国で同一産業の倒産や失業が増加するなど、国内経済に悪影響が及ぶ場合に生じる。

米中貿易摩擦 ① アメリカと中国の間の貿易摩擦。アメリカのトランプ大統領(当時)は、選挙期間中より米中間の膨大な貿易不均衡を問題として掲げ、就任後の米中首脳会談で解消に向けた取り組みの開始に合意した。しかし具体的な進展がなく、2018年に中国製品への追加関税措置を決定。中国も同規模の報復関税を発動するなど、大規模な貿易摩擦へと発展した。背景には中国の国際経済における影響力拡大への懸念もあり、現在も対立は続いている。

スーパー301条 ③ 1988年に施行された、アメリカの対外制裁に関する条項の１つ。通商法301条を強化したものであることから、スーパーを付して呼ばれる。この法律を根拠として、不公正な貿易政策や輸入障壁があると疑われる国を特定して改善を交渉し、成果が得られない場合は報復措置をとる。日本も1989(平成元)年にスーパーコンピューターなど３分野で特定され、最終的には日本が譲歩して決着した。米中貿易摩擦のきっかけも、トランプ大統領(当時)の意向を受けて、中国製品約1300品目が特定されたとされている。

経済摩擦 ② 国家間の経済的な利害対立から生じる問題のこと。貿易摩擦に限らず、投資摩擦や文化摩擦など経済政策や社会制度のあり方まで含めた対立関係を指す。1960～80年代に多く生じた。1995年に発足したWTOには、経済摩擦の政治問題化を防ぐための紛争解決手続きのシステムが設定されている。

日米経済摩擦 ① 日本とアメリカの間の経済摩擦。日本が高度経済成長を迎えて以降、貿易収支不均衡の拡大が政治問題にまで発展し、貿易摩擦から経済摩擦へと及んだ。カラーテレビや牛肉・オレンジ、自動車などを経て、近年はハイテク産業や金融市場、規制緩和など多くの面で摩擦が生じ、解決に向けた取り組みがなされている。

牛肉・オレンジの輸入自由化 ① 1977(昭和52)年から始まった、牛肉とオレンジの輸入自由化に向けての日米交渉のこと。当初は輸入数量拡大のみだったが、1988(昭和63)年に輸入数量制限の撤廃で合意した。1991(平成3)年4月から自由化となり、自由化までの輸入枠の段階的拡大、関税率の段階的引き下げなどが進められた。その後、様々な分野で自由化への交渉が進められている。

前川レポート ① 1986(昭和61)年、中曽根内閣(当時)の私的諮問機関である国際協調のための経済構造調整研究会が提出した報告書の通称。研究会座長の元日銀総裁前川氏から名をとっている。日米経済摩擦への対応として、内需拡大や市場開放、金融自由化・国際化、産業構造の転換などを提言した。内需拡大のための金融緩和策により、バブル経済を招いたとの見方もある。

規制緩和(ディレギュレーション) deregulation ④ 政府が民間の経済活動に対して行なっている様々な規制を撤廃・縮小すること。安全基準や事業範囲など、企業活動における様々な規制を対象とするため、規制緩和といっても多くの形がある。市場競争を促進し経済活性化を目指す政策だが、セーフティネットの構築など、市場の変化への対策も必要となる。

内需拡大 ③ 国内の需要を増やすこと。内需を刺激する政策により、国内で生産されたものはできるだけ国内で消費する、また輸入品に対する需要も拡大する、といった効果が期待される。そうすることで輸出減少・輸入増加となり、貿易黒字が縮小する。日本は長らく、輸出主導型の経済から内需主導型の経済への転換を迫られてきた。

内需主導型の経済 ③ 国内の需要が経済成長の大きな要因となる経済構造のこと。構造改革や財政再建などを実施して国内の需要を高め、輸出主導ではなく内需拡大によって経済成長を達成できる経済のこと。

市場開放 ③ 外国からの商品や投資を制限しないで、自由に国内に受け入れること。自国産業保護のために設定されている、関税などの貿易障壁や排他的な商慣習を撤廃・縮小すること。1980年代、日本の市場は閉鎖的で外国商品や資本が入りにくくなっており、市場開放の要求が欧米などから強く出された。

輸出自主規制 ① 輸出国が意図的に輸出量を規制すること。日米経済摩擦に対し、日本は繊維、鉄鋼、カラーテレビ、自動車などの品目において、アメリカの輸入規制を回避するために自主規制を行なった。世界貿易機関(WTO)の設立により、この規制は撤廃されている。

日米構造協議 ③ 1989(平成元)年から1990(平成2)年に行なわれた、貿易不均衡是正を目的とする協議。プラザ合意後の円高ドル安や日本の内需拡大の状況下でもアメリカの対日貿易赤字が縮小しないことから、日本経済の閉鎖性を原因として指摘するアメリカの発案で開催。公共投資拡大や大規模小売店舗法の規制緩和などの方向性が示された。

大規模小売店舗法(大店法) ① 中小小売業者の経営基盤を保護するため、大規模な売場面積を持つデパートやスーパーマーケットの出店を規制する法律。日米構造協議において非関税障壁として非難され、法改正により運用が大幅に緩和された。その後、世界貿易機関(WTO)の紛争処理にまで発展した写真フィルム市場における日米紛争を経て、2000(平成12)年に廃止された。かわって大規模小売店舗立地法(大店立地法)が制定されている。

日米包括経済協議 ③ 日米構造協議の継続・拡大のため、1993(平成5)年から2001(平成13)年まで行なわれた協議。主に日本の貿易障壁や国内経済構造について話し合った。アメリカは日本の貿易黒字削減などに数値目標を設定することなどを求め、交涉は難航したが、保険、自動車、金融サービス、半導体などの分野で合意した。

日米貿易協定 ③ 2019（令和元）年の日米首脳会談で合意し、2020（令和２）年１月に発効された貿易協定。日本とアメリカとの間の事実上の自由貿易協定（FTA）。日米間の貿易を強力かつ安定的で互恵的な形で拡大することを目指し、アメリカ側は主に工業製品、日本側は主に農産品の関税を撤廃・縮小することに合意した。撤廃・縮小の範囲・規模については、TPPと同程度としている。また日米デジタル貿易協定についても合意された。

集中豪雨的輸出 ① 短期間に特定商品を集中的に輸出すること。貿易相手国から輸出国に向けて、非難的に使われる言葉。外国から安い商品が大量に入ってくれば、自国でその商品を生産している人々は失業や不況といった不利益を受けることになるため、秩序ある輸出が求められる。1960年代の鉄鋼やテレビ、1970年代の自動車など、日米経済摩擦でも問題視された。

ダンピング（不当廉売） dumping ⑤ 採算度外視の低価格で商品を販売すること。価格差別の意味もあり、国内市場と外国市場で異なる価格にて販売することも指す。生産コストを下げるため大量に商品を生産し、国内で販売し切れない分を安い価格で輸出して商品を売りさばき、国内の販売と合わせて利潤を生み出すなどのケースがある。公正な経済活動を阻害する行為であり、各国の法律や国際条約によって規制されている。

アンチダンピング関税 ② ダンピング価格で輸入された商品に対する特別な課税措置のこと。輸入により国内同一産業に損害などが生じる場合、国内産業の保護を理由に、正常価格との差額の範囲内で割増関税を課す。世界貿易機関（WTO）も一定の規律のもとで認めている。

購買力平価（PPP） purchasing power parity ③ 為替相場を決定するメカニズムに関する仮説の１つ。１単位の通貨でどれだけの商品を買うことができるかを比較し、各国通貨の交換比率を示したもので、物価指数を用いて算出する。ただし、完全な自由貿易を前提とする仮説であるため、厳密な成立は難しい。世界各国に店舗を有するマクドナルドの商品価格を用いた「ビッグマック指数」が有名。

金利平価説 ① 為替相場を決定するメカニズムに関する仮説の１つ。資産を自国通貨建てで運用する場合と外国通貨建てで運用する場合の、予想収益率が等しくなるように為替相場が決定されるとする考え方。例えば、円よりドルの利率が高い場合、ドル建て投資が増加するので円売りドル買いが進む。その結果円安となり、高利率でドルを多く手に入れても、円に換算すると円建て投資と同じ収益率に収束する、ということ。ただし理論であり、実際の経済では金利と通貨価値は必ず連動するわけではない。

内外価格差 ① 同一商品やサービスの、国内と国外での価格の差のこと。指標としてみる場合は購買力平価を為替相場で除して求める。例えば、同一商品が日本で150円、アメリカでは１ドルで販売されていた場合、購買力平価は１ドル＝150円となる。このとき、仮に為替相場が１ドル＝100円であるとすると150/100で内外価格差は1.5倍となり、アメリカで買う方が安くなる。経済産業省が算出した2021（令和３）年の内外価格差は、アメリカで1.26倍、中国で2.13倍となっており、全体的には縮小傾向にある。

ファンダメンタルズ（基礎的条件） fundamentals ② 一国や企業の経済状態を示す基礎的な条件のこと。ある国の経済における、経済成長率、物価上昇率、失業率、景気動向、財政収支、国際収支など。また企業における、業績、財務状況、株価収益率、株主資本利益率なども該当する。

産業の空洞化 ⑤ 国内産業の生産拠点を海外に移転した結果、その産業が国内で衰退してしまうこと。円高による輸出減少、輸入代替による国内生産規模の縮小、対外直接投資の増加などが原因とされ、その背景として、自由貿易の推進や国際金融政策、外国の安い人件費などがあげられる。この問題により、国際競争力の低下や国内雇用への悪影響などが懸念される。

ODA大綱（ODA四原則） ④ 1992（平成４）年に閣議決定された、日本のODA（政府開発援助）の基本理念のこと。援助実施の原則として、環境と開発の両立、軍事的用途への使用回避、大量破壊兵器等の動向注意、民主化等に注意の４つを定めている。

新ODA大綱 ① 2003（平成15）年にODA大綱を改正して定められた新たな基本理念。ODA四原則を継承しつつ、経済の国際化が進展する中で浮上した新たな課題などに対応した。重点課題として貧困削減、持続可能な経済成長、世界的規模の課題への取り組み、世界平和の構築をあげている。

開発協力大綱 ④ 2015（平成27）年に閣議決定した、日本のODAに関する新たな基本理念。新たな重点課題としては、質の高い成長による貧困撲滅（ぼくめつ）、法の支配や基本的人権の尊重といった普遍的価値の共有、平和で安全な社会の実現、国際課題への取り組みを通じた持続可能で強靭（きょうじん）な国際社会の構築をあげている。また、開発援助委員会が定める対象国以外への協力や民間活動との連携なども示している。

グッドガバナンス good governance ②「良い統治」のこと。政治体制や権力行使のあり方などを指すが、明確な定義はない。開発協力大綱でも重点課題にあげている普遍的価値に含まれており、持続可能な社会に欠かすことのできない概念として、発展途上国での構築を支援することが重要視されている。

円借款 ② 貸し付けを円建てで行なうこと。被供与国の自立を促すため、日本政府のODAは伝統的に贈与ではなく円借款を重視しており、発展途上国でも可能な返済条件を設定している。

インバウンド inbouud ①「内向きの」という意味の形容詞だが、そこから転じて外国人観光客も指す言葉。外国人観光客による国内消費をインバウンド消費と呼ぶ。2003（平成15）年に日本政府が観光立国を掲げて以降、注目を浴びた。東日本大震災や超円高などの状況により2010年代前半には1兆円を割ったが、その後は徐々に増え、新型コロナウイルス感染症流行前は約5兆円規模にまで拡大した。国別でみると中国人の消費が最も多く、その消費量の大きさから「爆買（ばくが）い」という流行語まで生まれた。

課徴金（かちょうきん） ② 国家が徴収する租税以外の金銭のこと。独占禁止法や金融商品取引法などに違反した場合に納付が命じられる。例えば独占禁止法では、違法カルテルや入札談合などの違反行為防止のため、違反事業者に対して行政庁が金銭的不利益、つまり課徴金を課すことを定めている。

索引

1. この索引は、見出し項目、:を付した関連項目、副見出し項目〔項目のすぐ後の（　）内の語、例えば「民主主義（デモクラシー）」のデモクラシー〕、解説文中の項目を五十音順に配列し、各項目の次に頻度数①〜⑥を示したものである。
2. 欧文略語については、わ行の次に「欧文略語索引」としてまとめ、アルファベット順に配列した。
3. 書名には『　』を、引用句などには「　」を付した。
4. ●印を付した項目は、身近な時事的項目を本文中で囲み記事として解説したものである。

あ

い

う

え

お

か

き

索引

く

け

索引

こ

索引

さ

索引

し

す

せ

ち

つ

て

と

索引

な

に

索引

索引

索引

索引

欧文略語索引

A

B

C

D

E

F

G

I

J

L

M

N

O

P

R

S

T

U

W

政治・経済用語集

2023年12月　初版発行

編　者　政治・経済教育研究会
発行者　野澤武史
印刷所　明和印刷株式会社
製本所　牧製本印刷株式会社
発行所　株式会社　山川出版社
〒101-0047　東京都千代田区内神田1-13-13
電話03（3293）8131（営業）　03（3293）8135（編集）
https://www.yamakawa.co.jp/
装　幀　水戸部功
本文デザイン　中村竜太郎

ISBN978-4-634-05114-0　NMIN0101